新人文

梦境、幻想与记忆

墨白 自选集

河南大学出版社

图书在版编目(CIP)数据

梦境、幻想与记忆:墨白自选集/墨白著. —郑州:河南大学出版社,2013.10

ISBN 978-7-5649-1366-3

Ⅰ.①梦… Ⅱ.①墨… Ⅲ.①中国文学－当代文学－作品综合集 Ⅳ.I217.2

中国版本图书馆CIP数据核字(2013)第244848号

责任编辑　张云鹏
责任校对　贺　达
封面设计　翟淼淼

出　版	河南大学出版社
	地址:郑州市郑东新区商务外环中华大厦2401号　邮编:450046
	电话:0371－86059701(营销部)　网址:www.hupress.com
排　版	郑州市今日文教印制有限公司
印　刷	郑州市今日文教印制有限公司
版　次	2013年12月第1版　　印　次　2013年12月第1次印刷
开　本	787mm×1092mm　1/16　　印　张　32.75
字　数	536千字　　　　　　　　　　定　价　59.00元

(本书如有印装质量问题,请与河南大学出版社营销部联系调换)

作者像

目 录

中篇小说

风车 …………………………………………………… （ 3 ）
幽玄之门 ……………………………………………… （ 35 ）
父亲的黄昏 …………………………………………… （ 68 ）
雨中的墓园 …………………………………………… （ 97 ）
局部麻醉 ……………………………………………… （122）
讨债者 ………………………………………………… （155）
光荣院 ………………………………………………… （188）

长篇小说

梦游症患者 ………………………………………… （223）
  1. 梦中的乡村 ……………………………………… （223）
  2. 行走 ……………………………………………… （225）
  3. 狂欢 ……………………………………………… （234）
  4. 裸露 ……………………………………………… （237）
  5. 行走（续） ……………………………………… （239）
  6. 裸露（续） ……………………………………… （250）
  7. 缺席者 …………………………………………… （255）
  8. 传播者 …………………………………………… （262）
  9. 寻找 ……………………………………………… （271）
  10. 把戏 …………………………………………… （278）
  11. 家 ……………………………………………… （280）
  12. 沉迷 …………………………………………… （288）
  13. 欲望 …………………………………………… （296）
  14. 家（续） ……………………………………… （300）
  15. 传播者（续） ………………………………… （305）
  16. 弥留 …………………………………………… （309）
  17. 焚烧 …………………………………………… （311）
  18. 破碎 …………………………………………… （320）
  19. 嚎叫 …………………………………………… （323）

20. 奔丧 ……………………………………………… (327)
21. 种人 ……………………………………………… (333)
22. 欲望(续) ………………………………………… (336)
23. 杀手 ……………………………………………… (343)
24. 夜半鼓声 ………………………………………… (350)
25. 造反者 …………………………………………… (359)
26. 焚烧(续) ………………………………………… (364)
27. 审判 ……………………………………………… (367)
28. 弥留(续) ………………………………………… (373)
29. 叛逆 ……………………………………………… (377)
30. 沉没 ……………………………………………… (381)
31. 劳动 ……………………………………………… (388)
32. 调查者的旅行 …………………………………… (391)
33. 离乡 ……………………………………………… (396)
34. 动物 ……………………………………………… (402)
35. 飘失 ……………………………………………… (407)

序言、后记与随笔

我为什么而动容 ……………………………………… (413)
《梦游症患者》后记 …………………………………… (417)
《怀念拥有阳光的日子》后记 ………………………… (419)
一个人,一座小镇和一条河流 ………………………… (420)
梦境、幻想与记忆 …………………………………… (422)
小说的叙事语言 ……………………………………… (425)
生命在时间里燃烧 …………………………………… (426)
写作的精神实质 ……………………………………… (428)
精神蜕变与人格尊严 ………………………………… (429)
写作与历史的关系 …………………………………… (430)
颍河镇与世界的关系 ………………………………… (432)
三个内容相关的梦境 ………………………………… (434)
    狗心 …………………………………………… (434)
    地槽 …………………………………………… (436)
    盐 ……………………………………………… (439)
    三个内容相关的梦境 ………………………… (440)
《洛丽塔》的灵与肉 …………………………………… (443)
    出生 …………………………………………… (443)

- 序文 …… (444)
- 视角 …… (445)
- 情结 …… (447)
- 审视 …… (448)
- 情绪 …… (451)
- 隐喻 …… (452)
- 语言 …… (453)
- 细节 …… (454)
- 成长 …… (455)
- 冲突 …… (457)
- 恐惧 …… (458)
- 创造 …… (459)

博尔赫斯的宫殿 …… (461)
- 书籍的现实 …… (461)
- 想象与幻想 …… (466)
- 语境的差异 …… (469)
- 时间与空间 …… (473)
- 记忆的本质 …… (478)
- 历史与真实 …… (483)
- 梦中的情景 …… (487)
- 瞬间的变化 …… (490)
- 叙事的策略 …… (493)
- 简洁与复杂 …… (499)
- 故事的元素 …… (503)
- 镜子与隐喻 …… (507)
- 沙粒的世界 …… (510)

后记 …… (516)

中篇小说

风　车

　　理论家在一个初冬的下午接受了一项特殊使命,他将要到各地去对人民公社的社员进行一次广泛且深入的共产主义理论教育。尽管在这片广阔而肥沃的土地上已经实行了生产资料集体所有制,但在这些生产队里,在那些还充斥着资产阶级思想和小农经济思想的头脑里,共产主义的思想还没有扎下牢固的根基。这使理论家感到了任务的艰巨和沉重,但他没有因此而悲观。他抬头看着正在等待他回话的党委书记说:"好吧,我很有信心。"接着他从朱黑的太师椅上站起来,由于黑色窗幔垂放着,他的脸色很沉暗。理论家说:"那我先到哪里去呢?"

　　党委书记仍旧稳坐在太师椅里,他弹了一下烟灰说:"去土屯吧。那里正在准备挖一口大池塘。到了春天,就可以用风车车水浇田了。"

　　"风车?你说在豫东的土地上将出现一部风车?"理论家立刻兴奋起来,显示出知识分子的热情来:"自古以来,我们这里还从来没有出现过一部风车!风车只有南方才有。"在理论家的脑海里立刻呈现出了一幅美丽的江南风光,花朵一样的窈窕淑女在稻田里一边劳动一边歌唱,高大的风车在河岸旁哗哗地车水。

　　"是的,这将是一个奇迹,我们要在全县放一颗刺目的卫星。"

　　"是不是那里将实行机械化?"

　　党委书记纠正道:"不是那里,是这里。在一切能使用机器操作的部门和地方,我们将要统统使用机器操作,这是党的号召。"

　　"这样才能使社会经济面貌全部改观!"

　　党委书记站起来走近理论家:"到底是我们的理论家。"说完,他有力的大手落在了理论家的肩膀上。这使理论家感到了党的温暖。理论家说:"我可以动身了吗?"

　　党委书记微笑着点点头说:"可以。在今后的日子里,你不要为吃饭问题操心,我们这里已经实行财产集体所有制。我们的社员都已经愉快地迁往新的居住区,那里有公社的食堂。你到那里可以看到一派欣欣向荣的景象!"他们肩并肩地踱向门口,冬天已经来临,太阳光哆哆嗦嗦地在树影里走来走去。党委书记朝门外指了一下说:"你顺便把他也带去。"

理论家看到院子里的老槐树下蹲着一个人,满地黄叶把他的精神淘洗得非常的凄伤。他皱了皱眉头说:"那是谁?"

"一个右派,我们的敌人!要他到那里去好好地接受无产阶级的改造!"

他们沿着方砖铺就的甬道往前走。道边的青苔由于季节的变更颜色已经开始发黄。甬道两边高大且陈旧的房顶上长满了暗红色的瓦松,在这个季节里呈现出一种病态。

右派分子一边跟在理论家的后面一边注意着那些瓦松说:"那是一种药草。"

理论家停住脚步说:"药草?"

"那一年俺爹得了一种怪病……"右派分子朝房顶上指了指说:"就需要这种药草。我寻遍了镇子才在这里找到。可是有一条大黄狗咬伤了我的腿,后来我才知道这是地主雷九少的家。"

理论家说:"现在你还需要吗?剥削阶级已经消灭,这房子已经公有制。"

右派分子说:"不需要了。俺爹已经死了十年了。俺爹死得好惨。"那个遥远的黄昏仿佛电影画面一样出现在右派分子的眼前。爹被裹在一领破席里,在娘悲怆的哭泣声中被人抬进墓地,枯黄的秋草在暗淡下来的光线里一动不动。

"听口气你对贫下中农挺有感情的嘛,可是,你怎么就成了右派?"

"不知道。我对这一点始终没有弄明白。那天我正在做手术,就被人们从手术台上赶了下来,有人对我宣布:你是右派!我不清楚何为右派,我历来对右派左派什么的不感兴趣。我只知道前两天院长也被打成了右派。可我知道院长是个好人,院长就成了右派这右派有什么不好?我说右派就右派吧,手术台上还躺着病人,病人的肚子已经被切开,不缝上能中?于是我就成了右派。"

"你罪有应得!"理论家说:"你是一个糊涂的人!你是一个没有阶级立场的人!你同情右派分子,你不关心我们国家的命运,你不关心我们民族的命运,我将要你到课堂里去听我讲述有关共产主义的理论,我将用这些理论把你糊涂的头脑洗清楚,我将要把蒙在你眼睛上的尘埃擦去,使你脱胎换骨,使你成为一个新人!"理论家激动地舞动着双手,他说话溅出的唾沫喷了右派分子一脸。右派分子说:"你喷我一脸吐沫。"

"这才是个开始!用这些吐沫擦擦你的脸吧!看看你的脸有多么的肮脏!你这个长在贫下中农身上的病瘤,我告诉你,我将用你使过的手术刀把你割除掉!"理论家说完把头扬起来,他的鼻翼被斜射过来的阳光照得通红。他再也不理睬右派分子,独自一人往前走。右派分子愣愣地站在那里,看着理论家穿过一座门楼的阴影又走到阳光里。在右派分子的感觉里,他蓝色的棉袄在阳光里映射出一股刺骨的寒风。

太阳光照在镇子街道北边的铺子里。铺子里的门板一块一块地都被摘下来,灰色的屋肚里模糊不清,仿佛一个呼吸困难的人再也不愿意闭上他的嘴。铺子奄奄一息的样子使右派分子感到闷气,他由此想到了垂危的病人。可是人们再也不需要这些用来出售油米酱醋柴的铺子了。在这里,除了女人,所有的财产都已经集体所有制,你要什么都可以从公社里领取而得到满足。右派分子行走在杂乱无章的大街上,他的影子清晰地投向大街的一侧,仿佛一片灰纸在墙与门洞之间沉浮不定。在前面,有几个人正在往太平车上装门板,门板与门板的撞击声夸张而刺耳。他看到理论家在太平车前停住脚,理论家立在那里流露出渴望交流的神情。可是那几个汉子并没有理睬他,其中有一个汉子倒先发现了右派分子,那人停下手中的活惊喜地叫道:"田医生。"

其余的人也都停住手,朝右派分子看。右派分子看到那几个人的脸被尘土和汗水涂抹得一塌糊涂,他不认得他们之中任何一个人,但他还是朝他们笑了笑,说:"往哪儿拉?"

"工地。"那人又说:"你到哪儿去?"

"不知道。"说完他看了理论家一眼。理论家一脸地不高兴,这些人为什么偏对一个右派分子这么亲热?他的脸色渐渐地变得同猪肝一个颜色。

说话的汉子也看了理论家一眼,可他仍对右派分子说:"东街酱菜厂的老穆砍了自己的腿,你不去看看?"右派分子吃了一惊,他急忙穿过太平车与理论家之间的空地,来到了在这一带很有名气的酱菜作坊里。作坊里的工棚大部分都已被拆除,人们将要把这些棍棍棒棒运往工地。右派分子在这里看到了包括队长在内的许多人。院子里有几口酱菜坛子被捣碎,暗红色的酱菜撒满了一地,浓重的酱气如同热浪一股股地朝右派分子扑来,最后右派分子看到了老穆。老穆右腿的棉裤已被斧头砍破,有鲜红的血从他裂开的肌肉里淌出来。老穆痛苦不堪地躺在那里,汗珠在他苍老的脸上流动。

右派分子说:"他咋啦?"

队长说:"他在砸坛子,却一下子砍伤了自己的腿。"

右派分子说:"他疯了?"

队长说:"比疯还可怕!他不愿意离开这里,不愿到新的居住区去,他不愿意把这些东西归集体所有。他说他准备死在这里,他用死来吓唬我们!"

右派分子说:"我们不能这样看着他不管。他这样下去说不定真的就死了。我们起码得帮他一下。"说着他朝老穆走去。

"你站住!"这个时候理论家出现在大家的面前,他说:"谁给你的这种权力?"

右派分子站住了,他回过头来用陌生的目光看着理论家。

队长说:"你是谁?"

理论家从兜里掏出一张纸递给队长。队长展开看了一遍说:"理论家同志,欢迎欢迎!"理论家和队长热烈地握了一下手说:"他是右派,我们没有给他这种同情帮助别人的权力!"

队长说:"对,你过来,站到一边去,我们没有给你这种权力!"

理论家走过去弯腰对老穆说:"你真的不愿意到工地去,不愿意到新的居住区去?"

老穆说:"我哪儿也不去,我不离开我的家,我就死在这里!我累死累活积起的家业凭什么给你们?"说着又挣扎着去拾斧子。可是由于腿的疼痛,他又倒下了。他不停地嘶叫着,像一条被打急的狗。他把暗红色的酱液疯了一样地往自己的衣服上涂抹。

理论家直起腰来说:"同志们,大家听到没有?他自绝于我们,他的脑袋已经被资产阶级地主剥削阶级的思想禁锢了,他看到我们新的居住区会恨之入骨的。好吧,我们来满足他的要求。"说完他朝四周看了一下,在一个角落里他看到一口黑漆棺材,他说:"来,我们把他抬到那里去!"

有几个汉子过来把那个瘦弱的老头抬到棺材那儿,而后在理论家的指挥下打开棺盖把老穆放进去。

理论家说:"你真的愿意这样吗?如果你想脱胎换骨现在还来得及。"

老穆虚弱地说:"我死,我就死在这里。"

理论家说:"大家都听到没有?我们并没有强迫他,他这是自己愿意走进坟墓,他这个资产阶级地主剥削阶级的孝子贤孙,已经看到了自己的末日,那好吧,我们就满足他吧!"说完就命令人们合上棺盖,然后他挥了一下手说:"好了,我们出发!"

人们扛着木棍依次走在大街上。太阳沉到西边的树后去,已经没有能力照亮蓝色的天空,有几片白色的云已经开始变灰。风吹过来,无头无尾,充满凉意,毫无道理地往人们的脸上贴,不怀好意地摇着周围的树,成群焦黄的叶子从人们的头上落下来。右派分子不明白今年的树叶为什么一直到了冬天还没有落尽,在正常的情况下秋天才是落叶的季节。黄叶一片片打在右派分子的脸上和身上,这使他得以联想。现在他把自己比成落叶,死已注定却还要挣扎。他想冬天比秋天会更残酷。这种联想使他黯然伤神。突然,理论家在前面停住了,理论家说:"怎么,真的叫我拖着你走吗?"右派分子没有看到理论家的脸,理论家的脸紧紧地贴在一根木棍上,那根木棍在他俩的肩上压着。在抬棍的时候,理论家把右派分子调到后面去,理论家说:"只有我才能把你带到幸福的地方去。"现在理论家说:"放下来,把木棍放下来。"理论家拍着肩上的尘土,阴沉着脸。右派分子因此而不知所措。这个时候那辆太平车在坑坑洼洼的大街上缓慢地走过来,几个汉子有气无力地跟在车子的左右,一头毛发焦黄的老牛吃力地拉着往前走。这种现象使理论家很生气,他让队长命令队伍停下来,拦住了走过来的太平车。他扫了几个汉子一眼问道:"这牛是谁家的?"

一个汉子说:"集体的。"

"你们明明知道这是集体的为什么还要这样对待它?你们明明看到它累成这个样子却不肯帮它一把,还自由自在地在一边看笑话!你们这群对人民公社缺乏感情的小农经济者!"由于愤怒,理论家放了一个非常响亮的屁。那屁底气十足震动了每一个在场者的耳膜,那几个跟车的汉子把不住哧哧地笑了起来,这使本来就对他们没有好感的理论家更加仇视他们。理论家说:"你们笑什么?无产者放个屁难道就这么可笑?这屁是一个好的证明,这说明我们无产阶级的肌体是健康的,我们就是要放这样的屁!让那些仇恨我们的敌人发抖吧!让那些对无产阶级缺乏感情的人在这屁声中清醒吧!"理论家又说:"现在你们应该减轻这头牛的负担,你们应该把车上的木板搬下来,像其他劳动者一样扛到肩上去!"他看了队长一眼又说:"好吧,你对他们下命令吧!"

"为啥还都站着不动?"队长又说:"难道你们忘记了我们的笤面战?"一听说笤面战那几个汉子的脸色都吓得灰黄,目光也变得畏缩。他们乖乖地从太平车上卸下两三块木板扛在肩上加入到开始走动的队伍里。有两个汉子抬起了理论家和右派分子放在地上的木棍。理论家看着他们渐渐走远,才走到老牛的身边用手抚摩着汗水淋淋的老牛,眼睛里不由得充满泪水。

他说:"他们竟这样对待你。"然后他朝右派分子说:"来,我们帮帮它。"可是无论理论家怎样吆喝那头牛都不动,就那样细眯着眼睛站着。右派分子说:"来吧,让我试一试。"他吆喝了一句朝牛腔上拍了一下,太平车又走动了。太平车的木轮在坑坑洼洼的街道上发出刺耳的如同刮锅底一样的摩擦声。理论家说:"停下来,这声音为什么这样难听?"

右派分子说:"是不是车轴缺油了?"

理论家说:"那咋办?"

右派分子想了想走过去解开裤子掏出东西对着车轴就尿,边尿边说:"没有更好的办法,只有先加点水了。"

理论家突然喝住了他:"停住!咋能用你的尿来浇集体的车?"

右派分子感到茫然,他的尿水哗哗地注在了地上。他看到理论家解开裤子把东西掏出来把尿注到车轴里,尿了一半,止住,转到另一侧又尿。然后理论家提着裤子对右派分子说:"好了,可以走了。"太平车再走动时,车轴的摩擦声就不那么难听了。理论家长长地出了一口气,他前后望望,街道里空空地没有一个瞎鬼。

太平车缓缓地驶出镇子的时候,东边的天上已经有半轮新月在一朵一朵的灰云里穿行。田野里大片大片没有播种的田地寂寞地躺在那里,等待着昼夜的交替,它们被公社仓促的种植计划闲置在这里。理论家知道,在冬天来临之后,在白雪与寒风之中这些土地会更加寂寞,它们会在这寂寞里望着身边的绿色麦田而叹息。在幻觉里,理论家已经听到了土地的叹息声,这种叹息声将使我们得到安慰,在这块连土地都不肯闲置的土地上共产主义还有什么理由不能实现呢?完全没有这个理由!理论家想,能不能培养一种能种植的理论种子?如果能,那可就太棒了!把那些共产主义的理论种子种植在这些闲放的土地里,就会扎根发芽开花,然后结出像小麦或者豆子一样的果实,让那些缺乏共产主义理想的人吃下去,共产主义思想就会像维生素、蛋白质和糖一样被人体吸收,就会在那些人的心里扎下根来!理论家想到这里激动得就要跳起来。他想,应该尽快建立一个这样的种子培育室,这将是人类有史以来进行思想教育的独创,这种独创将深刻地影响本世纪所剩余的全部时光!现在,他很想把自己的这个想法对谁说一下,哪怕是他的敌人也好,他的敌人听后也会为此而颤栗!可是现在土路上没有一个人。车轴的摩擦声消失了,太平车像一艘货船停泊在黄土道的中央,只有老牛站在那里喘息。他走过去托住了老牛的嘴,老牛的嘴很光柔,有几丝透明的唾液从牛嘴里流出来。理论家说:"我准备培育一种理论种子,然后把种子播到土地里去!"老牛睁开眼睛,老牛的眼睛里放射出一种奇异的光彩。理论家的设想得到了老牛的赞许。理论家放掉老牛的嘴,老牛就极其快乐地扬起头颅"哞"叫了一声,那叫声在傍晚的凉风里如同一片黄叶被吹卷着飞出很远。这声音使正行走在田埂上的右派分子停住了脚。他转过身,看到理论家也沿着田埂走过来。

理论家也看到了那几个正在出树的汉子,汉子们的身影在暗淡下来的光线里开始变得如同影子,只有斧头吃进树根里的沉闷声在田野里回荡。理论家越过右派分子,他们一前一后地走到树下停住了。那棵树很粗,庞大的树冠使得这里比田野里的光线更暗淡,他们好大一会儿才看清那几个人的面目。右派分子在他们中间认出一个木匠。在他母亲去世的时候,他曾经和这个木匠打过交道,木匠做棺材的姿势又闪回到他的脑海里。

木匠看着他们两个走近也停下手中的家伙。理论家看到这棵大楸树的根土已被掏空。理论家说:"你们为啥要出这棵树?"

"这是党委书记的指示……"木匠说:"我们将要用这棵树做一架风车。"

"风车?你来做吗?"

"眼下是这样。我们这里没有谁会做风车,甚至连见过风车的人都很少。我只是听我爷爷讲起过风车这种东西。"

"那你应该停下来,先设计一个图纸。"

"不行。我们不能停下来,我们要日夜不停地把树出倒。你们知道这树有多难出吗?我们已经在这里干了两天两夜了,我们然后再不停地把这棵树锯开,然后再日夜不停地把风车做出来,这是公社池塘工程的一部分,我们要在春天来临之前把风车做好!"

"你们这样太盲目了,起码也得有个草图。"

"这你不用担心,党委书记是南方人,这个风车就是他提出来的,他是我们这个工程的设计师。"

理论家不再言语。他锁着眉头紧张地思索着这个问题。右派分子在这几个汉子的身边蹲下来,向他们讨烟吸。木匠从地上掇起一个褂子从兜里取出一张发黄的书纸,又从一个兜里掏出一小撮叶子来三下五除二就裹成了一支喇叭递给右派分子。右派分子燃着后狠狠地吸了两口,他被烟气熏得猛咳了一阵子。右派分子达到了目的就往回走,走到土路上那支烟就灭了。他从那支烟里剥出一些叶子来在暗淡的光线里仔细辨认,发现那并不是烟叶,而是一些焦黄的南瓜叶子。右派分子对此很不满意,他看了理论家一眼,扬手就把叶子连同那片残纸扔到田野里去了。现在他们已经看不见树下的那几个汉子,楸树的枝冠黑黑地悬在半空中,他们只听到斧子吃进树根里的声音,那声音十分疲劳,像一只在暮色之中寻找家园的小鸟。右派分子的精神为此而凄伤。在月光下,孤独的太平车像一只甲壳虫爬动着。车轴的叽扭声使右派分子想起了母亲的田园。在这个时候母亲摇水的辘轳声已经停止,由于劳累母亲已经倒在潮湿的土地上睡着了。

"你为什么悲伤?"理论家说。

"我想起了母亲。"

"你这个人看来已经不可救药!想起母亲应该高兴才是。我们的祖国像一匹千里马正在飞跃地前进,而你却在这里悲伤!你个不孝的子孙!你抬起头来看看我们集体的老牛吧,它尽管十分劳累,却没有一声怨言。可它吃的是什么呢?那些可恶的对无产阶级缺乏感情的小农经济者却让它吃干草,让它喝清水,这太不公平了!我们应该让老牛吃蒸馍加肥肉,这样它才会更有劲。"

右派分子没有反驳他的话,因为他看到在前面的土路上躺着两个人。他喝住老牛走过去,在月光里他同理论家一同看到了两个脸色苍白的女人。

"你们为啥躺在这里?"

"我们走不动了。"其中一个中年妇女从地上艰难地坐起来说。

"你们到哪里去?"

"我们要去寻找她的父亲。"中年妇女指着她身边的姑娘说。

"她的父亲到哪里去了?"

"他被公社派去支援一个池塘工地,可是我们不知道工地在哪里。"

理论家思索了一会儿说:"好吧,你跟我们一起到前面去,那里正准备挖一口池塘。"

"我们走不动了。我们这样不停地走了一天一夜,我们的脚上满是血泡。"

"血泡?"理论家指了一下右派分子说:"到地方你们找他,他是医生。现在你们先坐到车上去吧。"理论家说着伸手从地上抱起姑娘,姑娘挣扎着推他,可怎么也推不开。理论家一手托着她的大腿一手托着她的腰,姑娘呼出的气息打在他的脸上,立刻有一股热流涌遍他的全身,把他的阳物烧硬起来。他突然想起无产者的接班人问题,他想,目前无产阶级传宗接代的问题是当务之急!姑娘的母亲站起来一把抓住理论家的衣角,说:"放开她,我们自己上去。"

理论家很不情愿地放下姑娘,他两只饥饿的眼睛盯着她们往车上爬,就忍不住上去扶了一下姑娘的屁股,然后才走到老牛的身边。他一边拍着老牛的脖子一边说:"看来只有委屈你啦,因为她们是我们的阶级姐妹。"

在公社社员新的居住区里,理论家见到了队长。队长正站在一个土台子上用铁皮喇叭吆喝这里所有的居民到居住区中央的空地上去开大会。空地那里正响着喧天的锣鼓。在大片大片新搭起的棚屋中间的土道上人影憧憧,被荡起的黄尘弥漫了整个居住区的上空。理论家拦住匆匆忙忙的队长说:"我给你带来两个人,她们是我们的阶级姐妹。"

队长看着那两个立在月光里模糊的面孔说:"好吧。"他指了一下那个中年妇女说:"你到公社的食堂里去,那里正缺人手。"

"那我的闺女哩?"

队长思考了一下说:"到姊妹队去吧。"队长随手朝前指了指,母女俩就相依着走过去。理论家看着她们的身影说:"你把理论教室安排在哪儿了?"

"这个还没有定下来,明天再说吧。现在我们应该到会场去。"他们忘记了右派分子,他们把右派分子和那头老牛遗弃在这里,他们在荡扬着尘埃的土路上一直走到空地上。尽管有月光,但在新搭起的台子上还是点燃了几盏老憋灯。姊妹队里的几个姑娘正在台子上忙乎着张贴标语。队长和理论家依次走上台子。队长朝乐鼓队摆了一下手,锣鼓声停了下来,随后,整个会场也安静下来。队长清了清嗓门说:"同志们,动员大会现在开始。"说完他带头鼓了一次掌。等掌声平息下来之后队长又说:"我的学问不高,我也没有什么好说的,我在这里只说一个字:干!是不是?一个老大的池塘,能是我们睡觉睡出来的吗?不是!共产主义也不是躺在那里让老鸹往你嘴里屙着吃!那叫什么?"说着他看了理论家一眼。

理论家说:"各尽所能,按需分配!"

"对对对。"队长说:"这些大道理我也说不好,下面请上级派来的理论家给我们讲话。"

理论家朝台下的掌声摆了摆手。他听着掌声在台下黑压压的人头里再度消失,他激动不安地把双手握在胸前:"同志们,你们想想看,现在这里还是一片平整的土地,可是到了明年,这里就将会出现一口大池塘,池里是满塘清亮亮的水,我们在水里养上鱼、种上藕,到了秋季,满塘里开着粉红色的荷花!我们还要在池塘边上装上风车,我们要把池塘里的水车出来灌溉我们的土地,我们要在这里种出白花花的大米来!"

理论家的讲话被热烈的掌声所打断。理论家朝公社社员们举起双手摆动着,等掌声平息下来他又说:"你们谁见过在我们这块土地上能长出大米来?同志们,我们正干着前所未有的伟大事业!现在我们居住在这些简陋的棚屋里,可是用不了多久,我们这里将会高楼林立,到处是鲜花,到处是歌声!"

理论家的讲话再度被雷鸣般的掌声所打断。队长感动地握住理论家的手说:"讲得好,讲得好!"队长清了清嗓门朝台下说:"同志们,会就开到这儿,下面我宣布:开饭!"

人们洪流一般涌向公社的食堂,食堂前的空地上到处蹲着共进晚餐的社员们,他们之中没有一个人说话,只有牙齿的咀嚼声和牙齿的撞击声。理论家和队长最后来到食堂前面,理论家看着吃饭的社员感慨地说:"他们多么幸福呀!"

理论家和队长在那些蹲着进餐的社员们中间走动,月光把他们的脸照得很生动。牙齿的咀嚼声和嘴巴的撞击声在人们身边的空隙里水浪一样起伏不定,最后俩人走进了食堂里。食堂安在一间老大的棚屋里,在棚屋的后墙边一拉溜支着五口大锅。在山墙下一拉溜置放着四张木案子,在其中一个案子上排放着几扇白亮的猪肉。队长说:"今天我们一下子杀了八头猪!"

他们在悬浮着白色蒸汽的食堂里走动,理论家看着几个伙夫仍在忙着搬动盛蒸馍的簸箩,忙着用一只铁皮桶往食堂门口的大缸里添菜。队长走过去拍了拍其中一个人的肩膀说:"受累了。"队长看到那个人朝他龇牙笑了笑,接着他看到有个女人正站在东山墙根上剥葱,她的脚下是一大堆堆放着的萝卜白菜,可在印象里他没有见过这个女人。他走过去说:"你怎么不吃饭?"

妇女看了他一眼说:"我吃罢了。"这时队长突然想起这就是那个他安排过来帮厨的女人,他很想看清她的面目,但是马灯的光亮被灰白的蒸汽减弱了,队长一直凑到她脸前也没有看清她的面目,他只看到女人嘴唇上闪亮的猪油。队长说:"你为什么不坐下来干活?"

女人的脸发起烧来,她说:"我蹲不下去。我吃得太饱了,这里的饭菜太好吃了。"

队长说:"你吃了几碗?"

女人说:"五碗。"

女人的话使队长忍不住拿眼睛打量女人的肚子,他仿佛看到那肚子膨胀起来,就像一个将要临产的孕妇,队长说:"五碗?"

"还有四个馍。"女人说完有些不好意思地垂下了头。

队长伸出手说:"来,我帮你松松裤腰带吧。"女人说:"不中不中。"她说着慌忙用拿葱的手护着裤腰。队长说:"你别这样,要不然,我会请几个人来开箅面战给你消饱。"他说着手已经伸到了女人的腰里去。女人不敢再挣扎,在蒸汽里队长好一会儿才帮女人解开了腰带。他在那个女人的肚皮上捞了一把然后抓住了女人的手,女人的裤子像幕布一样落下去。女人使劲推开队长的手,艰难地弯下腰去提裤子。队长看着她的样子不由得哈哈大笑起来:"你不是弯不下腰吗?"

这个时候理论家在蒸汽里朝队长喊:"哎,我们用啥吃?"

队长不再理睬那女人,走过去和理论家找吃饭的家伙。可是他们找遍了食堂也没有找到一双碗筷。最后队长出去折了几根秫秫莛子,他递给理论家一对说:"来吧,我们就锅吃吧,这才叫大锅饭。"

吃过饭后,理论家和队长走出了食堂,那个时候大部分社员都已经吃过饭到居住区中央的空地上去了,公社的社员将在那里放火焰进行联欢。理论家看到仍有一个人蹲在地上看着他面前的饭碗发呆。理论家走过去在月光的帮助下看清了那碗里仍旧堆放着雪白的肥肉。理论家说:"为什么不吃了?"

那个人抬头看了看理论家,可是他没有说话。

理论家说:"你是不是想起了万恶的旧社会?"

那个人说:"不是,我不敢再吃了。"

"为什么不敢再吃了?"

"吃了太可惜了……"

"那你这样放在碗里明天丢掉不是更可惜吗?"

"我……我在拉肚子……"

"你以前拉吗?"

"以前不拉,可是我一吃这肥肉就拉肚子。"

理论家对围过来的社员们说:"你们拉肚子吗?"

社员们纷纷地说:"我们不拉,我们吃得再多也不拉。"

"可你为什么拉?难道是公社食堂里的饭菜使你拉肚子的吗?"理论家说。

队长说:"你这个恶棍,把碗给我端起来,吃!我到底要看看公社食堂里的饭菜是怎样让你拉肚子的。"

那人在众目睽睽之下只有乖乖地端起碗来,雪白的肥肉一片一片地走进他的嘴里,他艰难地咀嚼着,嘴角里溢出的油水往下滴落着。他像吃药一样吃完了一碗。队长说:"再给他端一碗来!"说着,就有人端来一碗雪白的肥肉来。队长命令道:"接着吃!"

那汉子哀求道:"饶了我吧……"

队长说:"不行,我到底要看看,公社食堂里的饭怎样让你拉肚子!"

那汉子一手端着饭碗一手捂着肚子说:"我顶不了,我真的顶不了了……"

队长说:"顶不了也得顶,吃!"众人看到那个汉子更加艰难地往嘴里送肥肉,豆大的汗珠从他的脸上滚落下来,月光里如同许多明亮的晶珠,他一边吃一边把腰弯下去,他说:"饶了我吧,饶了我吧……"

"拉不拉肚子?"

"不拉,不拉……"他刚说完,众人就听"噗——"地一声闷响,像一个皮球放了气似的,接着就有一股子热臭从那汉子的裤裆里飘出来。汉子说:"憋不住了,真的憋不住了……"众人捂着鼻子倒退着,队长嘴里骂道:"这个龟孙,这个龟孙……"

这时,空地那边的锣鼓响了……

理论家和队长赶到空地的时候,那里已经聚集了许多人。一个白须老者已在空地上摆放了许多用方砖改做成的焰花。一个光头汉子蹲在地上迅速地点燃焰火的捻子,火焰就连续在广场上喷放出来,喷放的火焰发出"哧哧"的声响,把人们的脸都照得炽黄。不知谁在空地的中央点燃了一堆篝火,人们欢呼跳跃,开始在浓烈的硝烟气息里扭起秧歌来。有人不断地从那辆太平车上搬来门板投到火里去,篝火照亮了天空,冬夜的寒冷远远地止住脚步不敢近前。人们在这里一直闹腾了半夜才慢慢散去。理论家没有找到队长,他望着安静下来的广场不知道应该到何处去。他站在已经熄灭的篝火边,仍感到有阵阵热气朝他扑过来。那车门板已经化成一堆漆黑的灰碳,残留下来的木块还在不时地发出哀叹。理论家感到有些疲劳,他想,应该找个地方去睡一觉。他朝四周看看,全是影影绰绰的棚屋。有几盏马灯的光在远处或近处被黑夜围困着。他思索了一会儿,就盲目地走进一间棚屋。他在棚屋里的马灯下看到那里整齐地排放着十几口黑色的棺材。棺材的出现使他感到恐惧。他不知道这里为什么会有这么多棺材,他想退出去,就在这时他听到了老牛嚼草的声音,接着他看到了那头拉车的老牛。老牛的出现使他感到了温暖。他犹豫一下还是走到老牛的身边。那头老牛正卧在棺材的后面大口大口地吃着干草,在它的嘴边还放着一碗雪白的肥肉,可是老牛一点也没有动。理论家感动地蹲下来,他抚摸着老牛的头说:"这才是我们无产者的本质,吃苦耐劳,却从来不讲享受。"老牛抬头看看他,老牛的眼里含着热泪。理论家说:"你不要难过,我们不能因为这碗肥肉而败坏了你伟大的品质。来吧,我替你把这碗肥肉吃掉吧,我来替你打消这个顾虑!"理论家端起那碗肉,在老牛的身边坐下来。可是肥肉已经冰凉,他想,为了老牛的荣誉,哪怕是一碗药我也要喝下去!他用手撮起一块放到嘴里,坚硬的肥肉就一点点地软下来,随后他的牙齿开始发出与肥肉的摩擦声。

"你这就不对了,无产阶级不应该吃肥肉的。"

突然间,在棚屋里响起了一个声音。理论家慌忙站起来,瞅了一圈也没有看到一个人影。这时他身后的棺材里发出"咚咚"的响声,接着,从棺材里冒出一个人头来。在灯光里,理论家看清了那人是右派分子。理论家说:"你怎么在这里?"

"我正在和老牛交流阶级感情,我正在学着老牛吃干草,可是不知怎地,我一口也咽不下去。"

"人是不能吃干草的。"

"可无产阶级也不能吃肥肉呀?你没有看到电影里那些吃肥肉的都是地主资本家、国民党反动派吗?无产者都是吃糠咽菜的。"

"你有什么资格来这样评论无产阶级?"理论家放下手中的肉碗说:"你是右派,是无产阶级的敌人!"右派分子再不言语,他愣愣地坐了一会儿又躺到棺材里去。

理论家说:"这才对,棺材里才是你们的归宿!"

右派分子说:"不管怎样说,我是要睡了,你不睡?"

"你用心何其毒也!你想叫我们无产者也躺到棺材里去吗?你办不到。我清楚地告诉你,我们在本质上有着根本的区别。"理论家说着在老牛的身边坐下来,他说:"牛同志,我来陪伴着你。"他倚着老牛,手伸到牛肚子上,牛的身体使他感到了温暖,这种温暖使他想起了家,想起了舒软的大床,想起了妻子伸到他胸前光滑的手,他的眼睛不由得湿润了。他在这种柔情绵绵的思想中慢慢地沉入梦乡。

不知过了多久,外边的口号声惊醒了理论家。他惺忪着眼睛离开仍在咀嚼的老牛,来到棚屋的外面,深夜的寒气使他不由得打了一个冷颤。他看到有一伙人正在空地上从太平车上往下卸一棵大树。理论家走过去看到了杂在其中的木匠,木匠手里的马灯高高地擎着,一边朝那几个汉子喊着口号。那棵大树终于从太平车上滚下来。木匠把马灯放在太平车上,灯光照亮了木匠的脸。理论家看到木匠的脸被树枝划破了,干涸的血一道一道地凝聚在他的脸上。从木匠的身上理论家看到了一种献身精神,这使他很感动。他为自己刚才坐在老牛身边所产生出来的小资产阶级的温情而感到内疚。他想,自己在向他们传播共产主义理论的同时,还应该加强自身的改造,使自己的一言一行更加布尔什维克化。他对木匠说:"我能帮着干些什么呢?"

木匠看了他一眼说:"你去吧,我们这里不需要你。"这句话使理论家的情绪颓丧起来。他这样独自立了一会儿,等那伙人走散了他才往回走。可是他再怎么也找不到那所存放棺材的棚屋。他犹豫了一会儿走进一间棚屋,棚屋里漆黑一团。他从兜里掏出火柴划一根,在火柴微弱的光亮里他看到里面存放着从四处运来的门板,门板一叠一叠地放在那里没有一点生气。火柴燃完了,他从棚屋里退出来,又走进紧挨着的另一间棚屋里。这间棚屋里同样没有光亮。他又划着一根火柴,看到棚屋里存满了大大小小的铁锅。他想,这些铁锅都是从小农经济者那里收来的,这些铁锅过不了多久就会被重新炼成钢铁,为我们的事业而显示着它们的神威。火柴燃完了,他又从那间棚屋里退出来。他站在棚屋中间的土道上,一种孤独感油然而生。他怔怔地望着前面一间棚屋前挂着的马灯出神,夜风吹得马灯下的黑影摇摆不定。最后,他走进了那所挂着马灯的棚屋。在棚屋两侧的地铺上,理论家看到了因劳累而沉睡着的社员们。棚屋里散发出来的热烘烘的臭屁气使他感到温暖。这才是我们无产阶级的气息!理论家行走在地铺的中间,他想,到他们中间去!他选择了一个狭窄的缝隙,在两个社员中间和衣躺下去,很快就睡着了。

第二天,在池塘工地上,理论家彻底地感受到了人民公社力量的强大。尽管天气已经寒冷,可是人们的干劲仿佛一台巨大的蒸汽机烘烤着整个工地。公社社员们组成各种各样的战斗队,他们从四面八方汇集到这里,要在这块平坦而肥沃的土地上毁去数百亩绿油油的麦田,挖一口一平方公里大的池塘,他们要把这里的土一筐筐地搬运到异处去堆积成山。在不久的将来那里将被改造成人民公园,在公园里种植上松柏垂柳,四季都将有绿色的冬青在生长。在假山上或者假山下将出现雕梁画栋的凉亭。在春季,公园里开满鲜花。在香气四溢的公园里到处游人如织。而在这里,在社员们现在正在劳动的地方,将出现一口荡漾着绿波的人工湖。人们在水上划船在岸边垂钓。理论家想,那该是多么动人的情景呀!

现在,在麦地里,人们正在向着那个美丽的目标奋进,他们用铁锨挖掉麦苗装进条筐里去的同时,有许多红薯也出现在黄土里条筐里。右派分子一边收捡着红薯一边自言自语地说:"真可惜,真可惜呀。"

队长说:"你别这样磨磨蹭蹭的,像你这样,我们什么时候才能实现公社的计划?"

右派分子说:"应该派出一些人把这红薯收起来。"

队长说:"你这人真是,干活婆婆妈妈的!你知道吗?这二十亩红薯地是我们五个社员一天出完的!这是大跃进的年代,你知道吗?"

右派分子固执地说:"可红薯要是烂在地里,也太心疼人了。"

"到底是右派,你没看见我们的住地到处都堆放着粮食吗?"

"可是,这也是辛辛苦苦干出来的呀?这也是社会的财富,为什么要烂在地里呢?我真不明白。"

"你有权力来管我们的事情吗?"理论家看了队长一眼说:"他是个右派分子,有什么权力来对我们指指点点?"队长的鼻孔因理论家的眼光而剧烈地扇动着,他丢掉铁锨走过去一把抓起正在弯腰拾红薯的右派分子说:"你想明白吗?这回我就叫你明白!"他一伸手就给了他一个耳光,又用力一推,右派分子就踉踉跄跄地往后退,还没站稳,又被他身后的人推过来。在很短的时间里,他的周围就站满了人,那个圈子密不透风。在公社里,社员们曾一度热衷于这种对敌方式,他们无师自通地把这种方式改造得完美无缺。这种斗争形式将同我们的事业一样而被载入史册!右派分子在这个圈子里被人们用拳头推来推去,他感到浑身到处遭受着拳头的袭击,他感到天旋地转,太阳在他的头顶上一会儿荡到南边一会儿又荡到北边,他多么想倒到土地上去呀,可是有一种仇恨他的力量把他推过来推过去,不让他停下来,也不让他倒下去。他想,这就是那使人一提起来就吓得面色灰黄的箩面战吧?他在恍惚之中看到了老母亲坐在磨房里的面箱前箩面的情景。母亲手里的箩不停地在两根光滑的小棍上滑动,母亲手里的箩不停地撞击着面箱,细小的面尘从箩里飞荡出来,落白了母亲的头发……

"让他倒下去吧!"

"让他闭上他腥臭的嘴吧!"

"可是他的脑子里还残留着右倾机会主义的思想。"理论家说:"他的脑袋还需要我们无产阶级来占领!"

人们不再言语,人们站在冬日的阳光下看着右派分子像一条死狗躺在那里,他的嘴角里流出了鲜红的血。队长说:"他这种人的嘴里为什么会流出红色的血?"

"看来他还有挽救的希望,他身上的血还没有变黑。"理论家说着突然想起了党委书记的话,他接着说:"我们干吧,等他醒过来之后,让他继续接受我们的改造。"

在工地的另一处,公社社员挖塘的计划遭到了地主婆的干扰。理论家和队长赶到那里的时候,那个地主婆还趴在一个坟头上哭嚎,在这片坟地里干活的社员都停下了手中的工具。

队长说:"为什么停下来?"

"她在咒骂我们,她说我们挖了她家的祖坟。"

队长走过去拉着地主婆说:"起来起来!"

地主婆一下推开队长的手,她坐在地上一把鼻涕一把泪地哭嚎:"这可是丧天害理的事呀,你们不能挖我家的祖坟呀!"

队长说:"她贼心不死,还在梦想着她失去的天堂。"

理论家走过来说:"你为什么在这里哭?"

"这是我们家的祖坟。"

"你知道这些坟里埋的都是什么人吗?他们都是喝人民的鲜血撑死的罪人!好吧,让这些罪人从我们的土地上滚出去吧!同志们,把这些罪人的臭骨头扒出来,扔到路沟里去!"

社员们在理论家的号召下开始挖掘那些坟头,地主婆疯了一样用身子去护那些坟,她滚到一处那里的社员就无可奈何地停下手中的活。

队长说:"你找死呀?"

"我找死,我就找死!我不想活了!"

队长说:"好吧,我叫你死!"他命令人们拿来绳子,分别绑在她的两只手上和两只脚上,然后又用四根粗壮的木橛子把地主婆紧紧地固定在地上。地主婆四肢分开像一个大字仰面躺在那儿,太阳光刺得她睁不开眼睛,可是她仍旧不停地嚎叫,她的棉衣被风撩开,露出满是皱纹的肚子,一根红线腰带在阳光下格外刺目。

队长命令说:"挖!"

在很短的时间里,许多棺材显露在阳光下,他们对那些还没有腐烂的木头感叹不已。队长说:"砸烂它们,他们凭什么躺在这么好的棺材里?"接着就响起了铁器撞击棺材的声音,那声音每响一次,地主婆就在那里嚎叫一声,仿佛那些锤子就砸在她的身上。一口棺材破裂了,里面除了一些白色的骨头就是些零碎的陪葬物。

队长说:"把这骨头堆到她的身边,让他们团聚去吧!"社员们就用铁锨把那些头骨肋骨什么的都端到地主婆的身边。随后许多具人骨头就像被拆散的机器零件一样堆放在地主婆的身边,阳光下仿佛一片陪葬的白凌。

接下来人们遇到了一套棺椁,这使许多没有见过世面的青年人止住了手脚。队长让人请来了老会手。老会手哆哆嗦嗦地指挥着人们去掉外椁,人们看到在棺的四周还积存着一种灿灿的黄水,人们不明白这些水为什么不流开或者浸入到更深一层的土里去。

老会手说:"这是九少他爹的坟,听说埋在这儿快有四十年了。"

队长说:"扒!"

人们在老会手的指挥下用撬杠撬开了棺盖,让人惊讶的是死者的尸首还没有化去,他面目平静地躺在那里,但在打开棺盖的片刻间。棺里的人和物都迅速地退去本来的颜色。老会手说:"好风水呀,好风水呀,这下可就完了!"

理论家说:"让他滚出来,应该叫他横尸荒野!"

队长说:"对,把他弄到地主婆那儿去!"

理论家说:"对,让他罪恶的灵魂和肉体团聚去吧!"

在这同时,在工地的其他地方,也挖出了十几座坟墓,在那些坟墓里甚至找不到一块木板。一根根一块块发黄的骨头被挖出来。理论家说:"那是我们的阶级兄弟呀!你们想想,在万恶的旧社会他们死去了,可是他们连一口棺材都买不起,他们就这样用领破席被埋掉了,这是多么不公平呀!来,同志们,把我们阶级兄弟的寒骨请一些到这棺材里来,让他们得到现在应该得到的权力,他们会在九泉之下感激我们的!"

在理论家的号召下,社员们纷纷把一些发黄的骨头放进那口棺材里去。在这之前,那具埋了四十多年还没有化去的老地主的尸体已被移到那个地主婆的身边,开始在阳光下腐烂,发出阵阵臭气。社员们纷纷离开这里,理论家想,让这地主婆躺在尸体的身边,饱尝他祖先为她留下来的气味吧!

年迈的地主婆躺在她公爹的身边,越来越感到呼吸困难,她的思想越来越接近一片白茫茫的世界,她不知道那是撒满阳光的空间,她感到自己变得轻飘飘的,像一片叶子升到半空中去,她不知道那就是她的灵魂。

傍晚的时候,右派分子苏醒过来。公社社员们已经开始收工,他们把抬土用的条筐和铁锹都遗弃在工地上。一天的劳动已经使池塘显示出它的形影。但一天的强度劳动也使人们精疲力尽,他们不再高声喧哗,个个疲惫不堪暮气沉沉,脚步轻飘地往居住区去。右派分子想,到开饭的时候了,他的脑海里呈现出公社食堂里堆放在簸箩里的蒸馍和大桶大桶的炒菜,他似乎已经闻到了那饭菜的香气,他因此而感到了饥饿。他想,应该赶快到那儿去。他吃力地站起来,感到有些头晕。他在那里站了一会儿才开始随着人们越过被挖得坑洼不平的土地往回走。在池塘的边缘,他遇到了正在那里指手划脚的队长和理论家。

　　理论家说:"你站住。"

　　右派分子停住了脚步。

　　理论家说:"你干什么去?"

　　右派分子说:"吃饭。"

　　理论家说:"饭是给劳动者准备的,你在地上躺了大半天,没有挖一锹土,怎么好意思去公社食堂里同劳动者一起端起饭碗?"

　　"那我怎么办?我一个人留在这里继续挖土?"

　　队长说:"留下来看管工具吧。"

　　理论家说:"如果你闲得发慌,也可以把工地上的骨头都收集起来,弄到一边去。"

　　右派分子迟疑了一会儿就拾起一根筐绳拖着条筐走进工地。最后,整个老大的工地就剩下他一个人。他拖着条筐像一个幽灵在工地上走来走去,他把扔在地上的颅骨胸骨骶骨拾起来,而后拖运到工地的边缘。随着夜幕的降临,在月光下他的收捡工作越来越困难。他知道对付那些大的骨块眼睛还可以,可是对付那些腕骨指骨掌骨跗骨趾骨就不那么容易了。他必需蹲下来用手在黄土里翻找,而后伸到月光里去仔细地辨认,他像在手术台上一样工作得一丝不苟。最后,在工地的某一处,他见到了地主婆和那具已经被寒冷封住气味的尸体。他说:"你为什么这样躺着?你总这样来锤炼自己的筋骨吗?"

　　可是他没有听到地主婆的回声,他伸手去挡地主婆的鼻孔,在那里他已经感觉不到呼吸。他帮着她把四肢上的绳子解开,然后仔细地摸着她的手脖,她的脉搏还在微弱地跳动。右派分子说:"你不要这样来吓我,你以为你不呼吸就能吓住我了?你要知道我是医生,活者和死者对我来说都一样,我最看重的是人的本身。"说着,他就在地主婆的身边坐下来,他想和这个女人作一些交谈,可他一时又找不到交谈的话题。他抬起头,就看到了月亮。右派分子说:"你看月亮多么明亮,小时候母亲给我讲过那个住在月亮里的女人,她的名字叫嫦娥,在她的身边还有一只玉兔,这你知道吗?月亮里面还有一个叫吴刚的男人,他终日在用一把斧头砍那棵桂花树。咚——咚——你听到那声音了吗?"

可是那个女人不愿意回答他。右派分子自言自语地说了很多,最后他感到了疲劳,就不再说话。他一直坐在那里,看着月光无声无息地在他的面前走来走去。后来他再次感到了饥饿,就站起来捡了些还没有来得及烂掉的红薯有滋有味地吃着。吃饱之后,他拖着一筐骨头往公社社员的居住区走去。他要把这些骨头一筐筐地拖回去,这是他在一瞬间所产生的念头。他想,这些都是公社的财产。

在空地上,公社未来的广场里,那棵用来做风车的大楸树已经像大炮一样一头着地一头伸向空中被一根树桩支了起来,那几个汉子在木匠的带领下昼夜不停地拉着大锯:"嚓——嚓——"那声音一刻不停地从空地上传来,鼓舞着沉睡的人们如同拉风箱似地打呼噜。潮湿的白色锯末随着"嚓——嚓——"的声音在大树下积成一堆,那棵大楸树渐渐地被发烫的大锯锯开,将成为一块块平坦的木板。这是用木料做风车的第一道工序,这道工序大约需要十天才能完成。在那"嚓——嚓——"的声音响到第四天的夜间,队长和理论家再次来到这里视察工作。他们在开始寒冷起来的夜间袖手而行,十五的月亮变得没有一丝温意。他们一边走一边捂着冻得生疼的耳朵,在空地的边缘他们看到了创造者们的身影。拉锯人的身影被月光衬托得十分清晰。在他们身影的边缘似乎有一种绒绒的银光,这使理论家很受感动。理论家说:"应该嘉奖他们。"

木匠对他们的到来没有一点察觉。他两腿支开,右腿往前弓着,腰微微地向前探着,伸开双手抓住锯把一晃一晃地动。锯齿不再锋利,锯齿走过木槽的声音变得如同一根绳子从木头上拉过的声音。

队长说:"像这样的进度还得几天?"

木匠疲劳得已经睁不开眼睛。他听到队长的声音就停下手中的锯,一停下来那位站在斜树身上的汉子就像一个肉布袋似地掉了下来,他掉在地上时发出一种沉闷的声响。这声音使他们吃了一惊,队长走过去摸摸他说:"他睡着了。"

理论家说:"可是这不能停下来呀,这是我们实现机械化的关键。"

木匠闭着眼睛,可他的思维仍在活动,他听了理论家的话就说:"不能停下来!"他又开始拉锯,那把锯被他自己拉过来推进去,可是却没有一丝锯末飘下来,他像个机器人那样不停地机械地晃动着身子。

理论家说:"他这样没有一点进展。"

队长说:"那怎么办?"

"其余的人呢?"

"不知道,他们到哪儿去了?这些逃兵!我决不放过他们!"

理论家说:"那些逃兵明天再处置吧,我们应该尽快地去选几个意志坚强的同志来这里支援他们。"

"那他呢?"队长指了一下木匠说:"让他去睡觉?"

"不!"理论家说:"这种鼓舞我们前进的声音不能停下来,我们赶快去选人吧!"说完,他们并排朝居住区走去。他们来到第一座社员们休息的棚屋里,棚屋里到处都响着粗壮的呼吸声。哪些是意志坚强的同志呢?理论家想。他在地铺边上蹲下来,可是无论他怎样努力都看不清那个人的面孔。队长从门口取下马灯走过来,他们一同看到那是吃肉拉肚子者。理论家说:"不行,他不行!一泡稀屎都顶不住,他不能被选去干那神圣的工作。"

这个时候有一个说梦话者在梦中自言自语地叙说着什么,理论家突然有了主意。他说:"我们就在说梦话者中间来寻找这样的同志吧。常言说'日有所思,夜有所梦'嘛。"于是他们就走到那个做梦者的跟前。理论家对梦者说:"选你去做艰苦的工作你去不去?"

梦者说:"我的……"

理论家说:"这个人不行,私心太重。"接着,他们又来到第二个说梦话者的身边。理论家对梦者说:"选你去做艰苦的工作你去不去?"

第二个梦者说:"来……来……"

理论家说:"他算一个。"队长就把那个人拉起来,那个人的身材又瘦又小。队长命令他:"穿上你的衣服!"

接着他们又来到第三个说梦话者的身边。理论家对梦者说:"你去不去?"

第三个梦者说:"我日……"

理论家说:"他也算一个吧。"队长把他叫起来,那个人竟是个瘸子。队长看了理论家一眼,说:"就这吧。我领着他们去!"队长把马灯交给理论家就领着两个说梦话者出了棚屋。在那空地的边缘,他们看到木匠仍是独自一个人立在那儿拉着空锯。队长说:"你们把他的活接下来。"

癞子对木匠说:"哎,下来!"木匠对他的话理也不理,癞子伸手拉住木匠的衣服,木匠就朝癞子倒过来,癞子扶不住木匠沉重的身体,两个人就一起直杠杠地摔倒在地上。队长走过去扶木匠,木匠的身体仿佛僵硬了一般,胳膊腿都不打弯,怎么也扶不起来。队长说:"把他抬到住处去。"

癞子和瘦子一人抬着木匠的头一人抬着木匠的脚,木匠的身子仿佛一截木桩悬在空中,木匠的右腿仍朝前弓着,两只胳膊朝向灰白的天空伸着。癞子不平衡的走动使木匠弓起的腿和伸向天空的手一摆一摆的。

随着池塘的掘深,工程的进度越来越缓慢。尽管工地的某一处已经挖出了泉水,但这并没有再度掀起人们的热情。由于缺少防寒工具,冻疮普遍地出现在社员们的脸上和手上,人们都不愿意到稀泥里去,寒冷使得社员们的士气消沉。这严重影响了工程的进展。在出现泉水的地方,工程的进度几乎等于零。这使队长和理论家都非常焦急。

理论家说:"现在最关键的是在他们中间缺乏对共产主义的信念。"

队长说:"那这就是你的失职了。"

理论家说:"要从你的身上找原因。因为你没有及时地给我提供理论教室!"在这个问题上,队长和理论家之间发生了分歧。队长为此非常生气。队长说:"现在给你找一间教室,怎么样?让同志们停下手中的活,都去上课?"

理论家说:"看来现在只有这样。不过现在我准备把教室改成培育室,我要培养出一种理论种子来,让我们的社员一吃就干劲猛增。"

队长激动地搓着双手说:"这消息真让人高兴,那你都需要什么呢?"

理论家说:"给我一个帮手就足够了。"

队长说:"好吧,那你赶快行动吧。"理论家就到姊妹队去挑选了一个姑娘。他和这姑娘十多天前见过面,那是理论家和右派分子赶着太平车在前往居住区的路上。理论家说:"找没找到你的父亲?"

姑娘说:"没有。"

"他不在这里?"

"没有。不过我们不打算离开这里。"

"跟我一起去干一项重要的工作,高兴吗?"

姑娘笑了一下,姑娘嘴角边的笑靥里斟满了香甜的美酒。理论家很满意,他朝队长说:"就她吧!"说完他就领着姑娘离开工地朝居住区走去。冬日的阳光照着他们的背影,理论家蓝色的棉袄和姑娘深红色的方巾在队长的眼睛里一点点地褪去颜色,直到变成一种灰白他才转回身。他对身边的社员说:"挖,继续挖!"

自从开工以后,劳动者在工地上从来没有坐下来休息过,因为那样对工程的进展不利。社员们每天太阳没出来就来到工地,一直干到送早饭的来到。吃过早饭到午饭这段时间里,工地的领导者和组织者也没有给社员们留出任何休息的时间。在劳动的过程中,如有屙滑屎撒滑尿者将会得到箩面战的报应,于是,社员们不停地劳动,但动作逐渐变得迟缓,就像电影里的慢镜头。他们已经默默地学会用这种方法恢复和调节自身的体力。在没有领导者和组织者的地方,社员们就把条筐反扣过来,把泥土装在筐底上。这种新发明被劳动者迅速地推广开来,在黄昏来临的时候和夜间加班的时候,这种新发明默默无声地流行在劳动者中间。但队长始终没有看到这种新发明,他看到的是越来越多的因劳动而损坏了的条筐,破烂不堪的条筐堆积在工地的边缘,这使他得到安慰。他和其他领导者不断地穿行在工地上,处理一些意外发生的事件。这天接近傍晚的时刻,在工地的某一处,劳动者从土里挖出一件样子古怪的陶罐和一些铜钱。劳动者争抢着那些铜钱,没有人理睬那个装满泥土的陶罐。等到队长赶到这里的时候那里只剩下那只陶罐了。那陶罐呈黑色,上面布着简单的鱼纹。队长用手挖挖,陶罐里的土很结实。有人说:"摔,摔!"队长把陶罐搬起来,这时红色的霞光布满了西边的天空,他看到陶罐的边缘绒绒地映放着一种紫光,他迟疑了一下还是朝地上掼去。陶罐破了,陶罐的残骸四处飞溅,陶罐的黄土里出现了一个陶人,那陶人被满天红霞映照得闪闪发光。队长蹲下去把陶人拾起来,那是一个深红色的陶人,一个赤身裸体的女性,女性的乳房、女性的臀部、女性的阴部都真实而夸张地出现在队长的眼前,他似乎感到那陶人灼灼地有些烫手。众人一起惊叫着:"陶人,陶人……"

队长看了他们一眼,那几个喊叫者都静下来,队长说:"这是集体的财产!"他把陶人小心翼翼地装到兜里去,然后他说:"干吧,接着干!"他穿过一片劳动者来到池塘工地的边缘然后爬上高高的土堆,整个工地就展现在他的面前,他看到整个工地都被天上的红光所笼罩,这种迷离的景象使他感到茫然。他转过身看到西边的居住区被夕阳烧得一塌糊涂,分不出形体来,只有公社食堂里冒出的炊烟像一条紫红色的带子晃浮在半空。不知怎地他想起了理论家,在感觉里理论家仿佛已经离开他很长时间了。

在集体的粮仓里,理论家面对杂乱无章地堆放着的粮食拿不定主意,他不知道应该选择哪一种粮食来当作他的实验对象。他拿起一个玉米棒子凑到光亮里仔细地观看,从棚墙的缝隙里穿过来的阳光照在玉米上,一排排牙齿般的玉米发出金子般的光泽。这光使他犹豫不决,他把玉米扔回去,又来到一个粮食芡子边伸手掬起一捧小米。黄色的小米从他的手缝里流淌下来,发出沙沙的声响。等小米淌完了,他用双手把米坑抚平了,无数的小米平静地躺在芡子里仿佛一片暮色之中的沙滩。最后理论家的目光落在了墙角里堆着的一片还没有来得及脱粒的秫秫穗,红色的秫秫穗如一带起伏不定的山岭静静地卧在那里,理论家仿佛感觉到一阵阵彪悍的山风从那些峡峪里滚过来吹荡着他的心。他走过去弯腰拿一穗沉甸甸的秫秫在手上,而后转回身对姑娘说:"就选这种吧。"

姑娘咯咯地笑了:"用秫秫?用秫秫怎么发?俺爹都是用黄豆和绿豆……"

理论家起初很不高兴,但慢慢地他被姑娘的笑声征服了,他把秫秫穗扔在地上说:"你爹用黄豆和绿豆?"

"对呀。"姑娘说:"还得用盆,盆底上还得有眼子。"

"盆底上有眼子?"

"没有眼子咋淋水?水一遍遍地换,还得温水,屋子里还得暖和。"

"你做过这种工作?"

"以前俺爹就是生豆芽卖的,绿豆芽,黄豆芽。"

理论家很兴奋,他从刚才的沉思里走出来,他说:"那就用黄豆,用黄豆。"他们一同走到盛黄豆的芡子边灌了大半袋子,用一根棍抬着往外走。理论家走在姑娘的后面,一手扶着粮袋不让包打跩,姑娘的条绒裤子在走动时发出叽扭叽扭的摩擦声,这声音引起了理论家的极大兴趣。他想看看姑娘的腿,可是粮袋挡住了他的视线,结果他只看到了姑娘的屁股。姑娘的屁股很丰满,把蓝色的条绒裤子绷得一道明一道暗,那些明暗交替的被肌肉绷得圆圆的布面仿佛一把刷子刷着他的心,他的心一揪一揪地激动,在很长一段时间里他都忘记了他在干什么。

夜很深的时候,队长才从公社的食堂里出来,他要到磨坊里去催促在那里工作的社员往食堂里送面粉。夜色如一盘灰黑色的水把他浸泡在里面,使他一时看不清脚下的路。他在土道上停立了一会儿,从食堂里带出来的温气迅速消失,冬夜的风使他感到了寒冷。他把棉帽的耳朵放下来系在下巴上,袖着双手摸索着朝前走。土路两边的棚屋黑魆魆地卧着,仿佛许多只庞大的面目不清的狗。这期间他路过了一间铁匠用的棚屋,棚屋里的炉火还没有熄灭,炉火把正在作业的铁匠们的脸映得半边红半边黑,铁匠们正在赶修白天工地上用坏了的工具,叮叮当当的锤子声不时地从棚屋里传出来畏畏缩缩地在夜间行走,但很快就消失了。接着他路过了一间编条筐的作坊,作坊里很静,他透过门缝看到一个篾匠正在油灯下捉虱子。他直起腰来咳嗽一声,棚屋里的灯光呼地一下消失了。他想那家伙肯定听出来是他的声音了,他不由得板起面孔,把袖着的手抽出来交到背后去,他威严地走了十几步又感到寒风在咬他的手,就又不得不把手收回到胸前袖起来。他这样走了一阵,远远地听到一种刺耳的声音,这使他感到难受,他心里因此而憋足了火气,他在那间发出声音的棚屋前停下来,一脚踢开了门。那难听的声音消失了,两颗挤在灯光里的黑色头颅抬起来,他意外地看到了理论家和姑娘。

突来的门响使专心致志的理论家停住了手中的活儿。起初他以为是风推开了门,接着才看清在他们的身边立着一个人,他没有看清那人的脸,他命令道:"把门关上。"说着手中的钢锉又在一口翻扣过来的锅底上锉动着。"哧啦——""哧啦——"那刺耳的声音又重新响起来。队长蹙了蹙眉头在他们的身边蹲下来,队长说:"锉锅干什么?"

理论家停住手,他抬头看到了队长,他说:"是你呀。"说完他把锉把竖起来对着锉平了的锅底只轻轻一击,锅底上就出现一个小洞。他抬头朝队长笑了笑说:"又一个。"他对掌灯的姑娘说:"齐了吧?"姑娘说:"齐了。"理论家站起来把锅翻过来拎到一边,队长透过昏黄的灯光看到了满屋子里堆放着的铁锅,有十几口被提出来摆在走道里。理论家拍拍手上的铁末子朝队长说:"怎样,用这锅行吗?我们找遍了整个居住区也没有找到一个瓦盆,后来我才决定用这铁锅。"

"用这铁锅培育种子?"

"是的。我决定用这些铁锅在这所棚屋里培育种子。"说着他问姑娘:"下一步怎么办?"

姑娘把手里的灯放在一块临时搭起来的木板上说:"把种子倒进锅里去。"

队长看着他们把大半袋子黄豆分别倒进了十几口铁锅里。理论家说:"我们还要往这些铁锅里加水。"

队长说:"加水?天这么冷能中?"

理论家说:"我们还要在中间燃起一堆火来增加温度。"

"这不是生豆芽吗？"

理论家说："怎么是生豆芽？在生长的过程中，我们还要对这些种子进行各种理论教育，我得一遍遍地讲述无产阶级的理论，让共产主义思想深化到种子的肌体里去，融化到种子的骨子里去！"

队长弄不懂这些椭圆的黄豆怎样才能听懂人类的语言，并能接受人类的思想。他跟着理论家和姑娘来到门外。队长站在那里，看着理论家和姑娘走进黑暗里，这使他感到茫然。他呆呆地立在那里半天才醒悟过来。他搓了搓冻得冰凉的双手喃喃地说："天真冷。"他不知道那个时候西伯利亚的寒流已经开始侵袭这个地区。他跺一下冻得发麻的脚转身向前走，在这天黑夜里，队长和理论家背道而驰。他行走在冰冷的土地上，用桐油油过的棉鞋在冻地上发出"当当"的声响。在那段时间里，他一度忘记了自己是要到磨坊里去，忘记了那里还有一群青年妇女。他孤独地走在冬天的黑夜里，仿佛一个梦游者。最后他听到了有水击在地上的声音，他停住脚步看到一个棚屋的木门微微地张开着，一个汉子披着棉袄正哆哆嗦嗦地站在那里撒尿，棚屋里的灯光映托着撒尿者的身影。队长说："谁，妈那个×，又尿在门口上！"

撒尿者在一瞬间就消失了。队长两步跨到门边，谁知脚下一滑，身子就朝前趴过去，他被重重地摔倒在地上，还没有来得及上冻的热尿涂满了他棉袄的前襟，手上也湿漉漉的，一股臊气扑鼻而来。他挣扎着站了两下，可是身下更多的尿所结成的冰破坏了他的这种企图，他的身子一直滑到土道中央才停下来，这使他更加恼火。他叫骂着站起来小心翼翼地走进棚屋，他骂道："妈那个×，谁尿的？出来！"

当权者没有听到回声，整个棚屋里都被昏黄的灯光所弥漫，这使他没有看清灯光下那些人的面孔，他支着腰气汹汹地喘着气，棚顶上挂着的马灯投下的阴影牢牢地罩住了他。这个时候他听到有手指滑过皮肤的声音从各个角落里响起来，好像一阵秋风吹过一片成熟的豆地，豆角里的豆子和焦黄的叶子不停地撞击着，仿佛一条蛇爬过一片焦叶，这声音越来越清晰，使他感到恐惧。他蹲下来捉住他身边汉子的头发说："谁尿的？"

那汉子的双手裸露在被子外边，不停地互相犁过皮肤，他失声地叫道："痒，痒死我啦！"队长探了一下身子抓住里面的一个汉子的头发说："谁尿的？"那个汉子的双手也不停地在脸上抚摩，他也叫道："痒，痒死我了——"队长丢掉那汉子，弯着腰沿着炕沿去寻找撒尿者，然而他看到每一个人都被冻疮折磨得痛苦不堪。他手上的冻疮似乎也受到了感染，棚屋里的热气开始慢慢地浸入他的手脚,他脸上和手上的皮肤开始有小虫在爬动。刚开始他只是感到有些麻木,到后来那些小虫子就开始剧烈地活动起来,在他的肌肉里钻过来钻过去,奇痒难忍,他也忍不住用双手互相抚摩起来,可是到处又都碰不得,一碰那痒就变成了疼痛,他也像众人一样"唏唏"地叫着:"痒,痒死我了——"他在走道上不停地躁动着,他身下的黑影在灯光里一会儿拉长一会儿缩短,最后他无力地在地铺上坐下来。一个汉子蹬着他的屁股说:"这得想办法呀。"

"想什么办法?"

"不想办法谁还睡得着?"

汉子的话使队长突然感到了这件事的严重性。社员们夜里休息不好明天谁还有劲去干活?没有精神干活就直接影响工程的进度。是得想个办法。用什么办法才能止住这痒呢?这时候他猛然间想起右派分子来,他蹭地一下站起来说:"我去找他!"

一个汉子说:"找谁?"

队长说:"医生。"队长重新来到寒冷的冬夜里,可是他走了两步立住了,他不知道往何处去,他不知道右派分子居住在哪个棚子里,这使他感到迷惘。但最后他还是决定一个棚屋一个棚屋地去寻找,这其间他经过了做风车的工棚。由于天气寒冷,做风车的工作由露天移到棚屋里来了,在那里队长见到了那个因劳作过度而瘫痪的木匠。瘫木匠坐在两扇做好的巨大的风叶后面,他的身下铺满了白花花的刨花,一条蓝色的被子紧紧地围住他的身子。队长说:"你应该躺下去,为什么老这样坐着?"

木匠说:"我不能躺下去。"他的神色很凄怆:"我现在不能走动了,我不能再站起来去做风车了。"

"你不要伤心,不是还有我们吗?"

木匠说:"我成了废人了,我再也不能干活了……"木匠说着伤心地哭泣起来,他的样子就像一个受了委屈的小孩子。最后他说:"队长,可我不能闲着,我想来想去终于想出一个好办法,我现在正在给集体孵小鸡。"

"孵小鸡?"木匠的话使队长感到惊奇:"怎么孵小鸡?"

木匠伸手从被子里取出一个鸡蛋在队长的眼前晃了晃说:"就这样,用我的体温来孵。"队长走过去掀开木匠的被子,灯光里队长看到在木匠的大腿根下摆着十几个白色的鸡蛋。瘫子的精神使队长大受感动,他就像父亲抚摩儿子一样伸手抚摩了一下木匠的脸颊,木匠因此得到了鼓励。队长在木匠的身边待了一会儿,就走出了做风车的工棚。最后他来到了那间装满了棺材的棚屋里。棚屋里出现的情景使得他毛骨悚然,在那些棺材上他看到了一架架森森的白骨,那些骨头就像先前存放在这里的死尸,死尸在炎热的夏季里一点点地融化,最终把这些骨架遗留在这里。起初他以为自己走进了一个噩梦,可是当他看到在角落里的一幅棺材前忙活着的右派分子时才明白这不是梦。他小心地越过堆在地上的一堆骨头,来到右派分子的身边。右派分子的脸被不远处的马灯照得一片灰黄。他没有发现队长的到来,他正在凝神专注地组合一架骨骼,他的胸前摆放着十几根股骨,他一根一根地试,但那些股骨不是长就是短,最后他不得不停下来叹口气说:"你们不要吵了好不好?"

队长说:"谁在吵?"

右派分子头也不扭地唠叨着:"你说谁在吵?你在吵!你们这么多人挤在一堆,男的女的老的少的,穷人呀富人呀,当官的老百姓……我哪能分得清你们谁是谁?他说我把女人的头安到了他的脖子上,你说我把穷人的胳膊安在了你身上,可我有什么办法?我又不是老天爷!你们就这样迁就些吧,总比你们这样老挤在一堆强呀……"

队长拉了一下右派分子的棉袄。右派分子说:"你拉什么拉?拉也不行!好好地躺着睡去吧!"

队长的腿哆嗦了一下,他拍了拍右派分子的肩膀。右派分子转回身,他看到了队长,一看到队长他手中的骨头就脱落下去,砸痛了他的脚。他"唏唏"地叫着,弯下腰去安慰他的脚。

队长说:"你在跟谁说话?"

右派分子说:"跟你呀。"右派分子胡乱地指了一下说:"你听他们说得多热闹。"他的头晃来晃去不敢抬起来看队长一眼。他的动作使队长清醒了,在一瞬间他就恢复了元气。他一把捉住了右派分子的耳朵,他像拉一头驴那样扯着右派分子的耳朵把他拉到棚屋外边。队长在前面走,右派分子弯着腰双手护着耳朵嘘嘘地叫着小碎步跟在后面,就这样他们一块儿来到居住着社员们的第一个棚屋里队长才松开手,他抬起手在灯光里看到手指上有两片榆钱大小深红色的血疤。由于用力过狠,队长把右派分子耳朵上的冻疮疤夹掉了,队长感到很恶心,但他还是耐着性子对右派分子说:"冻疮,有什么法儿治这冻疮?"

在这个黑夜里,右派分子的思维始终没有从那些骨骼里走出来,刚才当他转身看到队长时见到的就是一架骨骼,使他感到惊奇的是这架骨头怎么站起来了?接着那架骨头就把他领到这臭烘烘的棚屋里来了。在棚屋里他同样看到了许多活动着的骨头架子。后来他听到一个声音说:"冻疮,都是冻疮,你有什么办法治这些冻疮?"

右派分子在地铺上坐下来,开始在记忆里搜寻有关治疗冻疮的方子。在很短的时间里他几乎是机械地背出了两个治疗的单方:"冻疮?没有破头的用茄子根加红辣椒烧水洗。破了头的冻疮用白狗屎……"

"白狗屎?"

"对,白狗屎。"

"什么样的是白狗屎,白狗屙的屎吗?"

"不是。只要是狗屎上落了霜的都是白狗屎,然后在火上烧,再擀成面子就成了。"

住在这间棚屋里的所有民工都听到了这个治疗冻疮的单方。民工们呼叫着穿起衣服,他们涌出棚屋,寻些干柴蘸些油物当火把,到居住区的各个角落里去寻找白狗屎。这个单方很快传遍了整个居住区,许多社员都在寻找这种中药。这个冬夜里,在居住区和周围的田野里,到处都是明亮的火把和马灯,到处晃动着社员们寻找白狗屎的身影。

理论家对这天夜里所发生的事儿一无所知。从棚屋外边走过的"嗵嗵"的脚步声和熙熙攘攘的说话声也没能够把他和姑娘从专注里惊醒过来。十几口铁锅平稳地支起一个圆,圆的中央是一堆由劈柴和刨花燃起的火。劈柴和刨花是理论家和姑娘从做风车的工棚里弄来的。姑娘不停地往火堆里加些柴禾,火光在这间棚屋里时明时暗,姑娘的脸色一会儿白一会儿黄。由于棚屋里的温度一直很平稳,铁锅里的水才都没有结冰。水慢慢地从锅底的小洞里渗出去,在理论家挖好的小沟里集结,慢慢地流向棚外。那些水在流向棚外的过程中由于气温下降的缘故,又慢慢地变成了晶明的固体。理论家对这些同样一无所知,在很长一段时间里他都在伏案而书,他在一些条状的白纸上写了一段又一段有关无产阶级的精辟理论,而后把这些纸条贴满了每一口铁锅的周围。他一遍一遍地对着铁锅里的黄豆们朗读着纸条上的理论,他的唾液不时地击起铁锅里的水荡起一些微弱的波纹,他的话语不时地穿过水面像红外线一样渗到黄豆们的中间,黄豆们在这温和的环境里慢慢地舒展自己的身子。理论家一遍又一遍地在铁锅的周围向黄豆们朗读纸条上的理论。不知过了多长时间,最后他感到有些疲劳,他对坐在火边的姑娘说:"你来接着我读吧。"

姑娘没动。姑娘坐在火堆旁,下巴架在双手上,她的发辫懒懒地垂着。

理论家走过去扳了一下姑娘的肩膀,姑娘就倒了下来,他忙用脚依住了姑娘的背,姑娘睡着了。他迟疑了一会儿把姑娘抱起来,姑娘呼出的气体打在他的脸上,他的浑身立刻被一股热流烧得颤抖不止,许多天前那个充满月光的夜晚在来居住区路上所产生的渴望又一次从他的脑海里冒出来,他又一次想起了无产者接班人的问题,他想,现在无产者传宗接代的问题已是燃眉之急。他把姑娘放在刨花上哆嗦着手一件一件地解开她的衣裳……

第二天凌晨,在那些寻找白狗屎的社员们陆续回到了各自的棚屋之后,队长冷不丁地想起他还要到磨坊里去。他整了整衣帽再次走进黑暗里,寒冷的风像刀子一样刮在他的脸上,但这并没有能改变他去磨坊的信念。走到磨坊的时候他没有听到石磨的转动声,这没有出乎他的意料。磨坊每天都是三班倒,可是当夜班的女人们总是这样投机取巧。他轻轻地推开木门看到三盘石磨都死在那里,马灯被拧得很小放在靠里的石磨上。他轻轻地往里走,看到三五一十五个当班的妇女都和衣顺头躺在地铺上,她们的身上总共横盖着三条被子,她们像十几只温顺的山羊对危险混沌不知。队长把灯光拧亮些,他一手提着马灯一边弯腰去察看每一个女人的脸,每看一张脸他的心就揪一下,最后他把马灯放回到原处,接着他又来到她们身边先跪下一只腿,在第一个女人的脸前探下头去亲她的嘴。那女人在沉睡中扭了一下脸哼了一声把身子侧到一边去。他停了一下又去亲第二个女人的脸。在第三个女人面前,他看着那张因患麻疹而残留着小坑的脸犹豫了一会儿,但最后他还是把头探下去。他这样一直亲到最后一个女人才停下来。之后,他在地铺上坐下来,双目凝视着那张朦胧的脸,忍不住伸出手去抚摩。女人在睡梦里把手搭在他的胳膊上。女人的手使他得到了鼓舞,他身上的热血涌动起来。他轻轻地掀开被子,女人的袄襟敞开着,一件浅红色的裲子被奶子顶得高高的,那两个奶子仿佛两个暄腾腾冒着热气的馒头。处于饥饿之中的队长浑身哆嗦了一下,双手就像捕两只小兔似地把女人的奶子捉住了。正在睡梦里的女人被落在胸口上冰凉的东西所惊醒,她惊叫一声坐起来,在惺忪之中她看到一个男人。队长好像没有听到她的叫声,他专注地捉住那两只奶子。女人的惊叫声唤醒了其他女人,她们叽叽喳喳地叫着。那个被捉了奶子的女人终于清醒过来,她高声地叫着:"哪个鳖孙,敢欺负你老娘?"她叫着朝男人抓过去,一边抓一边招呼那群女人:"来呀,快来呀,打这个鳖孙!"那群女人弄明白事情之后就一拥而上,她们在地铺上挤来挤去,朝那个男人的身上头上乱捶乱打,最后把那个男人压倒在地上。一个女人说:"来,扒掉他的棉裤!"她们三下五除二就把那个男人的棉裤扒掉了。一个女人说:"来,按住,把俺鳖孙的屌毛都择下来,看他改不改!"于是有人提来马灯,把一根硬硬的生殖器和一袋黑黑的蛋皮都照得清清楚楚,女人们就更加愤怒了,她们叫道:"择,给俺鳖孙择净!"接着,那丛黑色的杂草就被一根一根地择下来,每择一根躺在下面的那个男人就嚎叫一声,最后那里变成了一片荒芜的土地。一个女人说:"放开他,看看是哪个鳖儿!"

等队长从地上爬起来,一群女人都愣了。她们看着队长艰难地提上裤子,腿一叉拉叉拉地往外走,半天都没有回过神来。

队长回到住所,一头钻进被窝里,他感到两腿之间的那块肉处于麻木状态。他伸手去那里抚摩,那块肉几乎没有了感觉。一阵凄伤不由得袭上心头,他喃喃地叫道:"完了,我这辈子算完了!"他想坐起来仔细察看一下那块肌肉,可是有一件硬硬的东西硌痛了他的胳膊。他侧着身子将那件东西从棉袄里掏出来,原来是那个陶人。他支起身子把马灯移到身边,那陶人就在马灯下放射出灿烂的红光,他一遍又一遍地抚摩着那陶人高高的乳房,抚摩那陶人的阴部,他渐渐地感到两腿之中火辣辣地胀得难受。他把手伸进去,那根东西坚硬如铁地耸立在那里,发出一阵阵疼痛。他始终感到有一股东西要流出来。在接近天亮的这段时间里,那股要流出来的东西时刻都在残酷地折磨着他,他想让那根东西软下来,可是他一次次的努力都归于失败。在天亮的时候,他再也难以忍受这种折磨就站起身来往外走。由于两腿之间的东西坚硬地挺着,在走路的时候他不得不把腰弯下去,以免产生更强烈的疼痛。他在寒风凛冽的早晨行走着,他往前探着腰穿过一所又一所沉睡的棚屋,最后来到了公社食堂里。公社食堂里到处都蒸腾着水汽,可是他没有看到一个人,由于夜间的疲劳,伙夫们在这个早晨里都处在昏睡之中。几口大铁锅里仍旧滚沸着用茄子根和辣椒熬成的用来治疗冻疮的药水,队长在锅灶前看到了那个帮厨的女人。那个女人半卧在灶前的柴禾上睡着了。他蹲下来看着女人的脸,女人的脸被灶堂里的余火映得一片灰红。他迟疑了一会儿开始解女人的裤带,在他脱她的棉裤的时候那个女人醒了。那个女人怔怔地躺在那里看着他在她的身上劳作,那男人死死地搂住她在她的身上晃动。突然那个男人手足搐搦,牙关紧闭,一下子从她的身上翻倒下去。她躺在那里不知何故,就朝那个男人叫了一声:"哎。"可是她没有听到回声。她坐起来,她看到那个男人的脸被淡弱下来的火映得一片灰紫。她推推他,他没有动,她看到他的双手死死地捉住裆里的东西,腰像煮熟的虾米一样弓在一起。她用手去挡他的鼻子,那里已经没有了一点呼吸。她怔了半天才愣过神来,她鬼一样地叫着窜出食堂。那天早晨,几个被屎尿憋得难受的汉子出来方便的时候,都看到了那个女人提着棉裤在居住区的土路上奔跑的情景,她纷乱的头发被寒风吹起来仿佛一团黑烟。

理论家被女人的嚎叫声所惊醒,他披上棉袄开门探出头来,但在居住区的土道上他没有看到一个人影。寒冷的风争先恐后地挤进他的衣服里,他哆嗦了一下关上了门。他转过身发现那堆火早已熄灭,看到那十几口铁锅里的黄豆已被冰封住就不由得惊慌起来,他不知道他培育的这些理论种子是否因此而受到伤害。他转身拍拍仍在熟睡的姑娘的脸,焦急地喊叫着:"醒醒,醒醒。"

姑娘被他摇醒了,她惺忪着眼睛顺着理论家的手看到了一口口铁锅里都上了冻。理论家说:"这怎么办?这怎么办?"

姑娘说:"生火,快生火。"理论家和姑娘手忙脚乱地把火生起来。火一点点地旺盛起来,理论家感到了温暖,他说:"加柴禾,往里面加柴禾!"姑娘把身边垛着的劈柴一趟一趟地抱过去支架在火堆上,劈柴在火里噼噼啪啪地裂叫着,理论家用手摁着锅里的冰块,冰块在一点点地融化。理论家高兴地叫道:"再加柴,火越大越好!"姑娘不停地往火里加着柴,被架起的柴越来越高,火越来越大,火焰窜出老高呼呼地叫着去舔棚顶,棚顶上的木棍秫秸箔很快都被烤糊了,而下面的火越来越大,最后棚顶再也顶不了火的诱惑,就热烈地和火拥抱在一起,接着是顶上的麦秸。火像一把钢刀很快就把棚顶给戳穿了。风从外边窜过来助着火势发出呼呼的声响,这怪异的声音唤起了姑娘的注意,姑娘一时没有弄清这声音从何而来,直到棚顶上带火的柴草落下来砸在她的身上时她才惊叫起来:"火,失火了!"

那个时候理论家正在专心致志地看着锅里黄豆的变化。锅里的冰块被火映得一片金黄,锅里的黄豆在这金黄里慢慢地舒展着身子,他思索着现在应该不应该开始对黄豆朗读那些精辟的无产阶级理论,就在这时他的手被姑娘抓住了,他听到姑娘向他喊叫着:"失火了!"他被姑娘拉着奔出门外。等他们来到居住区的土道上,清冷的空气一下子使理论家的头脑清醒了。他看到熊熊的大火冲天而起,在呼呼的寒风中像一个巨大的浪头在空中摆来摆去,那火很快就殃及了第二所棚屋,那火的浪头势不可挡地向前滚去。理论家被这阵势吓坏了,他的腿一软就瘫倒在地。

那所放满棺材的棚屋着起来的时候,右派分子正在熟睡。他走进了一片秋天的梦境,在他的周围到处是一片金黄。成熟的果实在他的四周发出叮叮当当的撞击声,太阳在他的头顶上越来越毒辣,直晒得他大汗淋漓,最后他被噼噼啪啪的声响所震惊,但那些声音似乎离他十分遥远。他睁开眼睛看到在棺材的上方跳跃着火苗,他站起来看到四周到处都是火,那些骨架在他的周围跳动着,他感到呼吸越来越困难,他感到有一双手紧紧地卡住了他的脖子,他极力地想摆脱那只手。在这之前,他始终没弄明白自己是在现实里还是在梦境里,他想,是个噩梦吧。他想摆脱这个漫长的噩梦,可是他失败了。他的手慢慢地垂下来,身子靠在了已经着火的棺壁上。在最后的时刻里,他仿佛听到有许多人的呼吸声从遥远的地方传过来。

这天早晨燃起的大火无情地吞噬着居住区的棚屋,人们惊恐地从各个棚屋里逃出来,像无王的蜂乱作一团。他们一会儿哄叫着涌向这边,一会儿又哄叫着涌向那边。在风车的工棚前,众人看到了瘸木匠。瘸木匠一边朝外边爬一边向人们喊叫:"风车,风车……"他一边叫一边用手指着工棚。挤在人群里的理论家立刻明白了他的意思,他向吓傻了的人们高叫着:"快,快去扛风车!"人们在他的带动下,涌进去把风车的风叶和其他没有完工的部件抬出来,在最后一片风叶抬出来时,大火就扑了过来。

那场无情的大火一直着到傍晚,面对大火,人们始终束手无策。在附近,人们找不到一点可以用来灭火的水,水在不远处的池塘里还没有挖出来。这场大火几乎烧毁了居住区里所有的棚屋,居住区里到处散发着灰白的焦烟气息。

傍晚的时候党委书记赶来了,他望着一片焦黑的残迹久久地立在那里。最后他拍了拍完好无损的风车的某个部件对理论家说:"把风车运到工地上去吧。"

社员们没有一个人说话,人们在党委书记和理论家的带动下默默地扛起风车的部件,浩浩荡荡地往工地而去,他们仿佛一支送葬的队伍。夕阳在西边弄出一带紫红色的霞光铺天盖地而来,那光改变了每一个人脸上的颜色。理论家停住脚步回过身来,他看到那霞光把眼前的一切都弄得迷迷茫茫。

1991 年 9 月作,原载《花城》2002 年第 1 期。

幽玄之门

浓重的寒冷是大地的被单，
浓重的寒冷渗透了我的灵魂。

——（俄）古皮乌斯①《白昼》

临近腊月的一天，一个名叫狗眼的民间艺人出现在吴庄东边的村道上。那个时候，太阳迷迷瞪瞪地从云层里钻出来，把他眼前的土道照得一片灰白。土道边上有几株秃秃的杨树呆立着，一两片干死的树叶被枝条穿过胸膛，在寒风中一上一下地舞动。狗眼被突然出现的阳光镇住了，他收住脚。阳光照耀下的麦田呈一带灰色，这颜色和他记忆里的秋后旷野没有什么两样。狗眼看到田野里远远近近有十几只白色的羊，随着羊群的走动，他把目光再次移到脚下的土道上。路边的杨树在他的视线里一棵低于一棵，随后他看到了被一片云彩罩住的村子。村子里的树和房屋呈着各种不同的灰色，这或许是云的缘故。云的身影被风一点一点地驱赶着，最后走出村子。在狗眼的经验里，这种情景只有在炎热的夏季里才出现。

此刻，村子里走出一个人，那个人仿佛影子一样在他的视线里晃动。随着那个人变得越来越真实，他才看清那个人骑着一辆车子。那个人在他身边停下来，他看到那人的脸是灰色的，头发和衣服都是黑色的。

"哎，前面是吴庄吗？"

"是吴庄。你找谁？"

狗眼把挎在身上的蓝布袋子朝他举了举，说："吴殿臣。"

"噢，你就是狗眼？上车吧，我是来接你的。"

"你是……"

"吴殿臣是俺爹。"

---

① 古皮乌斯（1869～1945），俄罗斯白银时代最具有个性、最富宗教感的女诗人之一。

"噢。"

狗眼坐在车架上,一只手扒着他的肩,说:"你大爷周年?"

"是哩。你忘了?俺大爷事上就是你来的,那个时候我去舞阳拉沙子。听俺哥说,你的响器盖了帽了!"

"你哥?"

"俺哥你不认识?难闻。我叫臭,是他老二,俺兄弟叫粪堆……俺大爷那事你总还记得呀,炸死的,裹摔炮。"

"噢,那你说这村子我来过?"

"当然来过。"

"我这眼不打实了,冬天的景儿和夏天没啥分别。"狗眼坐在车上身子一颠一颠的,长年的流浪把这位曾经做过眼球摘移手术的民间艺人的记忆力磨钝了。十天后,也就是腊月初八,当狗眼在那个雪后的日子里又一次光临吴庄的时候,他已把这次吴庄之行记成是许多年前的往事了。

村子像一顶破旧的毡帽抛在地上。楝树、椿树、槐树、榆树、枣树、柿树如一片疯长的杂草刺破帽顶胡乱地长出来,没有一点绿色。夏天雨季里被村人崴出来的脚窝大都完好无损地卧在村中的土道上,在臭的车轮下躲躲闪闪,狗眼的屁股被颠起来又落下去。一道道灰色的墙壁像被风吹动的高粱在狗眼的视线里晃动,一群孩子嘴里呼叫着跟在车子后面跑,这使狗眼想起两只狗在交媾时被人追赶的情景,狗眼说:"慢点,你慢点。"

"到了到了。"臭说着车轮已撞到一棵树上,车把一拧,俩人就在孩子们的欢叫声中倒在路边的粪堆上,粪堆上刚泼上去的脏水沾了他们一身。狗眼一只手摁在了一堆稀乎乎的东西上,起初他以为那是一堆泥巴,接着就闻到了一股臭气,他嘴里不由得连声叫起来:"你看看,你看看……"

从院里拥出来的人都看到了这情景,狗眼手掌上灿灿的黄屎如同一种兴奋药粉在这群皮肤干燥的村人中弥荡,有人说:"狗眼,这回你可捞一爪子。"

臭看到爹拨开人群走过来,爹前襟上的油腻在阳光下闪闪发光。爹说:"妈那个×,几辈子没有骑过车子?"爹瞪了他一眼就去拉狗眼,爹说:"看看,看看。"爹新剃的光头上仍戴着那顶油腻腻的旧布帽子,帽子口小,紧紧地箍在他青色的头皮上,两只被冻烂的耳朵上结满了紫红色的痂,在他弯腰拉狗眼时,一道青皮从他的后脖颈上凸起来。

狗眼在吴殿臣的帮助下像一条瘦狗拱了两下才站起来。臭看到难闻慌慌张张地从院门里挤出来,难闻的脖子上拧着青筋,他从粪堆边扶起车子拍了两下又倒了一下飞轮,这才盯着臭黑着脸说:"你慌个屁也。"

难闻说完推着车子朝东走。臭立在那里,有泪在他的眼眶里转动,那些泪毫无理由地把哥的身影变成双,哥的身影在冬日的阳光下拐进路边的一个院子消失了。

狗眼跟着吴殿臣走进院子。他看到有几张满是油腻的八仙桌摆在门口西边,桌边通长用木凳架着几根桐树条子。

粪堆端着半盆热水来到狗眼跟前,吴殿臣说:"洗手洗手。"

狗眼就洗手,等洗完就忙从袋子里取出响器查看,他对吴殿臣说:"老吴,你看看你看看,家伙都压扁了!"

吴殿臣冷着脸从狗眼手里接过响器扳了扳说:"试试,还响不响?"

狗眼伸手从袄兜里摸出一个弥子安在响器上,接着鼓着腮帮子吹了一声。

吴殿臣说:"没伤着筋骨,还是那屌音。"

"那屌音?"狗眼看着吴殿臣说:"把你的长脸捏圆,试试?错着是个东西,不会吭声,你知道,我全仗着这玩意吃饭哩。"

"那是那是。"

"老吴,你看这天,冷呀。"

"那是那是,今年的天气格外。哎,看我这人!"吴殿臣伸手拍着脑袋说:"弄二两吧? 先烤烤里火。"

"中中,可别弄多。"狗眼看到吴殿臣的灰脸上刻着几道讨好的皱纹,又说,"哎,伙计,别忘了切个萝卜胯子。"

"那是,能叫你淡嘴喝?"

一会儿,菜来了。一盘猪头肉,肉条厚厚的,上面粘着白糊糊的猪油。一盘羊肚,被染成橘红色,切得细细的拌了几根葱白。吴殿臣一手端着酒壶一手捏着一只酒盅过来放在狗眼面前的桌子上。狗眼放下响器,朝吴殿臣笑一笑,说:"那就不客气了。"

一圈人都停下手中的活,深一眼浅一眼地朝这里看,有唾沫从喉咙里走下去,喉结像桃子一样在他们的脖子里滑动。

吴殿臣说:"快了快了,先入座。"一帮人走到桌前,跳过桐树身子落下屁股来,嘴里各自叼了香烟,有的用手轻轻地敲击着桌边,一同拿眼睛往东边看那个麻脸厨子在案前像一只狗熊拌凉菜。

有人说:"这个龟孙一辈子真值。"

有人说:"那是。淹三年旱三年,饿不死的炊事员。"

有人说:"这货黑了回去给老婆咋办事?"

有人说:"一准得打四个掌子。"

一帮人就哄地笑起来,有的笑得激动,就把脸扬起来。麻脸听到动静也朝这里看,他以为别人讲了什么笑话,也跟着笑。麻脸的笑容像一个屠夫在一扇刚煺净的肥肉上拍了一下,颤动着。

"殿臣,拿烟。"坐在大门口方桌前的一位戴了花镜的老先生说。吴殿臣忙走过去,接过刚进门那人手里的草纸说:"看你,来就来了,还破费。"

"破费啥,都不是外人。"

吴殿臣朝老先生说:"记上记上。"老先生捺捺笔,在一本草纸上记下:吴殿德:火纸一份。

吴殿德说:"殿臣,贺喜了。"

"笑我哩,有啥喜贺?"

"刚才土屯的媒婆来说你家老二的事,人家愿意,叫明儿就上镇去照相。媳妇就要成了,还不是喜事?"

"中中,你先坐。"吴殿臣转脸看到又来一个人,就说:"咦,磨墩来了?"

众人一齐朝门口看,那里果然站着一个矮胖的汉子,脸中间长了一个大鼻子,鼻孔里有两撮黄色的鼻毛露出来,像两撇淡淡的胡子。

吴殿臣迎上去说:"让你破费了。来,入座入座,这就开始。"

磨墩笑一笑,没话,就径直地往桌边去。有人说:"咦,谁的裤裆烂了,拱出一个圣头来?"一帮人哄地一下又笑了。

吴殿臣说:"别没大没小,人家是队长。"说完朝老先生说:"二叔,差不多了吧?"

老先生拿起那份草纸本,念道:"吴文民,火纸一份;吴文军,火纸一份;吴殿东,火纸一份……"老先生每念一个就朝人群里瞭一眼,念到最后,一共三十四人。他说:"家家都有,开始吧。"

吴殿臣说:"开始。"于是就由粪堆上筷子酒盅调羹,臭端着托盘上凉菜。吴殿臣说:"老少爷们都在这里,俺哥就剩这一宗子事啦,俺哥死得惨……"

吴殿臣说着,就往西边看一眼,一帮人也都跟着往西看。在人们的视线里,立着两架黑色的屋山。一年前那个黑夜里的一声巨响,把那两间房子的上盖掀了下来,只留下这两架被火药熏黑的山墙立在那里,像钢锉一样日夜锉着人们的神经。

"我知道大伙时光金贵,眼看要过年了,都想抓紧裹些摔炮出去换几个钱,别讲弄好弄歹,今儿咱没外人,大家包涵点,别讲吃好吃歹,咱算过个饭时。"吴殿臣说完朝一边坐着的狗眼说:"响吧。"

狗眼打了一个饱嗝儿,就把家伙放在嘴边开始吹,响器声凄凄哀哀地响起来,带有一股子酒气。那帮人在响器声里伸筷子端酒盅,听得嘴片子撞得"叭叭叭叭"响,臭就闻到有一种浓重的火药味从那些人的手纹里散出来,在整个村子的上空弥漫。太阳光寒寒地从空中照下来,连他们身下的影子都在颤抖。

吴殿臣瞅了一圈对身边的臭说:"你哥哩?去,叫你哥,上坟。"

吴殿臣的身后跟着狗眼,狗眼吹响器的腮帮子一鼓一鼓的。粪堆扛着纸篮子走在臭的前面,臭回头看一眼,他没有看见娘,臭知道娘在家等着给那帮人上热菜。想到这一层,臭心里就恨恨的,日他奶奶!等恁家死了人咱再讲!臭这样想着又回过头看。臭看到嫂子抱着儿子和哥已经走出了门。他们一群上坟的人就朝田野里去。

中午的麦田在阳光的照耀下呈一带粉绿色,麦浪在风中荡过来荡过去,大爷的坟墓像一只快要沉没的小船。他们在响器声里放了一串鞭炮,烧了几刀火纸。爹对着坟头说:"哥,起来拾钱哩!"完了,一群人就离开坟地往村里走。可是臭没有动,臭仍旧立在大爷的坟前,一动不动。臭看爹走了一阵回过头来看他一眼。臭等爹扭回身去,就恶狠狠地朝坟头踹了一脚,骂道:"老龟孙,死了还得为你花钱!"说完,臭就把手指握得格格响。臭抬起头,远处的村庄在他的视线里灰灰地卧着,像一只秃毛的瘦牛,只有大爷家留下的黑色山墙,铁块一样戳在牛肚子上。

臭立在坟地里一动不动,眼前的坟墓激起了他心中的仇恨。天一片淡白,地一片淡绿,唯有村子一片灰黄,被灰色的天空挤压着,仿佛大爷那张失血的脸。一年前那个冬天的早晨,大爷被人从废墟里扒出来的时候,脸色就是这样。大爷躺在地上满面痛苦,剧烈的炮药已经削去了他的右臂,乌血涂在他敞开了衣襟的胸膛上,这情景给臭留下了很深的印象。可是爹却说:"走你哩。"第二天他就走了,伙同村里的几个小青年去舞阳拉沙子,臭知道爹等着用沙子裹摔炮。在那几天里,大爷那张脸夜夜走进他的梦里,使他常常在恐惧中惊醒。在后来许多漫长的黑夜里他躺在床上时,大爷那张脸就会来到他的眼前折磨他。他讨厌大爷那张脸,就像他讨厌眼前这座村庄一样。这个令他讨厌的村庄如同魔鬼一样,在冬季里就会发出一种让他发怵的声音。那魔鬼一样的声音从每一所住宅里响起来,即使在白天也不会终止。臭只要一躺在床上,就能听到那种声音从门窗里钻进来,那声音使得他焦灼不安,他常常如坐针毡。那声音仿佛一座即将爆发的火山,只要你待在那里,随时都有被突然燃起的火药送上天的可能,然后,你会像一片青瓦从空中落下来,摔得四分五裂。这情景强烈地刺激着臭的神经,每到这时,臭都会猛地掀开被子跳到外间朝爹娘喊叫着:"别弄了!"

爹和娘停下手中的活,一盏昏暗的油灯把爹和娘的脸映照得一边明一边暗。娘看了他一会儿,又抬起手中的锤子去砸石子,消失的声音又重新响起来。爹说:"叫你弄了?"爹说着拿起一张纸用木勺挖起半勺掺和了碎石子的火药,而后小心翼翼地裹起来,裹好后就放进一个小竹筐里。爹抬起头恶狠狠地看他一眼,说:"妈那个×,有本事使去也!偷也中,抢也中!只要你弄个千儿八百的,日你娘,我想弄?"

臭攥紧的拳头慢慢地散开了,可他却无法抑制内心的焦躁,他走到门边拉开门,一股寒风吹过来,他就不由得哆嗦了一下,身后的灯光也哆嗦了一下。臭走出家门,娘砸石子的声音消失了,夜一片漆黑,寒风吹动树梢呜呜地作响,然后跌下来钻进他单薄的秋裤里。臭掏出东西支在那里,尿液颤颤抖抖地击在地上,在夜静里格外响亮,接着,那股淡淡的尿臊气很快就被寒气消融了。臭立在黑夜里,由于寒冷,他只好重新回到屋里,在锤子撞击石子的声音里重新躺下,仍旧忍受着大爷那张脸的折磨。

在许多时候,臭都会产生同一个念头:离开这个鬼地方,到远方去谋生。就像眼下一样,这个念头又一次从他心里冒出来。臭看着那群上坟的人最后消失在村子里,就想从这里出走。臭无目的地在麦田里游走,沿着村子转了一圈儿,最后,又回到了大爷的坟前,这使他感到吃惊。大爷的坟墓如同一个巨大的感叹号一下子提醒了他,那个出走的念头,在他的思想里渐渐地淡弱下来。他知道,出走的时机还不成熟,如果他要离开,就要做一些准备。由于缺钱,具体的准备工作却怎么也具体不起来。

臭在大爷的坟前停下来,那时他没有发现太阳毫无理由地把西天的一片云彩涂红了。这种情景,似乎不应该出现在这个季节里。几天后的一个傍晚里,这种景象再次出现,臭和娘同时看到了太阳烧红了西天的一片云彩,他们被这突然出现的情景弄得惶惶不安。臭说:"娘,你看。"

娘没有说话,娘呆呆地立在那里一直看着那片云彩的颜色淡弱下去,而后她说:"裹吧。"娘说完走回屋去。臭看着娘的背影消失在门里,屋里的光线开始发暗,而西天里的那片云彩,如同融了水的血液,很容易地流下来把西边大爷遗留下来的屋山涂盖了。可惜的是,现在臭没有发现他背后的云霞。这会儿,他头脑里很乱,机械地迈着步子往村里走。那时他只是朦胧地看到麦苗的叶子上有一些灰红,他没有深究是什么使绿色的麦苗变得灰红。村庄在他的眼前渐渐清晰起来,最后他在村子的东边看到一个骑车人,那个人的行走方向正好和他相反。在他们相视行走渐渐接近的时候,臭看清了那个人的面孔。臭觉得这个人很熟悉,但纷乱的思想使他没有立即想起那人的名字。那个人从车上下来朝他说:"下地了?"

那个人的声音立刻使臭想起了他,臭忙迎上去说:"是孙老师。"

孙老师的头发已经花白,这使臭吃了一惊,臭说:"您的头发都白了?"臭清楚地记得他在镇上读初中的时候,孙老师还是满头的青丝。

孙老师朝他笑了笑,伸出手拍了拍他的肩膀说:"真快,你都毕业五年了。"

臭说:"是呀是呀,已经五年了。"

五年前的往事仿佛还近在眼前。臭一下子变得兴奋起来,臭说:"毕业那年您还领着我们去春游,咱们一路唱着歌。那天,我还在麦田里捉了一只受伤的燕子,后来您把伤给它养好,又放了。那天我们一块儿走到颍河边,太阳暖洋洋的,柳树也发出了新芽,那只燕子飞到一棵开满桃花的桃树上,叫了两声就飞走了。"

"是的是的,你还记得那些事儿?"

臭说:"记得记得,我啥时候都忘不了。"

孙老师说:"你这几年咋样?"

臭一下子被孙老师的问题问住了,他不知道应该如何回答老师提出的这个简单的问题。臭一回到现实里就显得迟钝,他思索了一会才说,"你咋到这儿来了?"

孙老师说:"恁村里有个叫吴文学的学生,不知为啥突然不干了,我来看看。"

"吴文学?他是我弟弟。"

"你弟弟?"孙老师为此感到意外,他说:"你弟为啥不上了?他学习成绩中呀。"

臭说:"没说不上。爹说,就让他停年头里这一节。"

孙老师说:"为啥停一节?"

"忙。家里裹摔炮,人手不够。"

"裹摔炮?你们还裹摔炮?"

"裹,我们全村人家家都裹。"

"你们裹摔炮,到底有多少利?"

"一斤药两三块,裹成摔炮就卖五六十,你说,啥本啥利?"

"那不是很危险吗,你大爷不就是……"

"那你说俺干啥?一天就挣那俩工分。"

"那也不能误了你兄弟的前程呀?"

臭的情绪突然坏起来,他说:"这我管不了,你得去问俺爹。"

孙老师没有再说话,他跟在臭的身后沿着村路往西走。他们走进院子,摆酒席的桌子已经消失了,只有两口八仙锅灶还在挣扎着散尽最后的热量。臭朝屋里喊着:"爹,孙老师来了。"说着,臭就把手伸到锅灶上去,他的手感到了温暖。接着他肚子里叽咕一声,臭这才想起来,上午的饭他还没来得及吃。臭的胃里一阵发酸,就有一股水涌到喉头,那水在他嘴里打了个滚,他又咽了下去。

听到声音,吴殿臣从屋里迎出来:"屋里坐,屋里坐。"

孙老师说:"我来看看吴文学。"

臭看一眼孙老师,他感到孙老师的面孔很朦胧。这时粪堆从屋里走出来,叫一声:"孙老师。"然后就立住了。臭看到粪堆不停地用右手去搓左手。

孙老师说:"老吴,文学成绩中呀,不能耽误孩子的前程呀。"

爹说:"看你说哩孙老师,有啥前程?老二不也初中毕业吗,前程在哪儿?不照样在家待着?"

臭的脸热辣辣的,他真想扑过去给爹两个耳光,但是他一转身钻进了灶屋。娘正驼着背在一锅热水里洗餐具,他抓起一个馍狠狠地咬了一口,由于咬得太猛,那块馍在他的嘴里翻不过身来,把嘴都顶出一个大包来。臭在案板上寻找着可吃的东西,可是案板上有半盆杂七杂八的退桌子菜,猪食一样拥挤在那里。那半盆菜使臭感到恶心,他使劲咽下那口馍对娘说:"肉哩?"

娘抬起头说:"没有了。"

臭看着娘说:"咋就没有了?"

娘说:"剩一块,你爹切开了,给麻子一半,给狗眼一半。"

愤怒的烈火从臭的心里升上来,顶住他嘴里的第二口馍咽不下去。臭恶狠狠地把手里的馍摔在案子上,那馍像个没气的皮球在案子上跳一下滚到了地上。娘弯腰把馍拾起来,拍了拍,吹吹上面的土,又重新递给臭。臭立在那里,一动不动。臭没有去接娘手中的馍。可是娘非常固执,娘拿馍的手一直那样在他的面前支着,娘那只拿馍的手在他的视线越来越模糊,这一点使他很感动。愤怒慢慢地从他的胸口退下去,臭犹豫了一下,最后接过娘手中的馍,又从墙根上拾起一根葱,三下两下剥去葱皮,蹲在地上吃起来。臭咬一口馍,咬一口葱,葱的气味强烈地刺激着他的鼻孔,接着,他的眼睛里就盈满了委屈的泪水。

臭很快就消灭了一个馍,他停下来,屋外没了声音。他走出来,院子里空无一人,孙老师不知道啥时候已经走了。粪堆压抑的哭声从屋里隐隐地传出来。爹从院门外径直地走回屋里,爹对粪堆说:"哭啥!爹啥心里不清楚?谁不知道上出来了风光?可钱哩?上哪儿去弄钱?你说说,孩子乖?就这,你哥明儿到镇里去照相哩,五百六百能中?就咱家这房子,能把你二嫂娶过来?"

臭僵直地立在那里,看着爹从堂屋里走出来,又从他面前走进灶屋。等爹出来时,手里多了两个馍,爹狠狠地咬一口咽下去,这才看着臭说:"去,喊你大哥去。"

臭知道决定他终身大事的日子就快到了。在走向大哥家的时候,臭的脑海里始终回忆着有关他未婚妻的点点滴滴。未婚妻长满暗红色斑点的脸蛋在他眼前晃来晃去,他们并排倚在生产队里的麦秸垛上,阳光暖融融地从空中照下来。臭看到远处有两个肩背长筒猎枪的猎人在粉绿色的田地里走来走去。未婚妻一边把长长的发辫从脑后拉过来在手上绕着一边说:"他们找啥哩?"

"兔子。"他看她一眼说:"冬天里,兔子只有在麦地里做窝。"

"你打过兔子?"

"打过。兔子肉好吃。"

"啥吃头,淡别别的,没味。"

"你吃过?"

"当然吃过。秋后队里打干渠,打着打着,就从河坡里窜出来一只兔子。好多人都举着铁锨在地里追,追了一圈又一圈,最后俺爹一铁锨把兔子打死了。"

"真的?"

"当然真的。"

"咦!那有意思,一地的人都伸长脖子喊叫着追,真有意思。咦——"臭拉了她一把:"你看,兔子。"

"在哪?"

未婚妻的身子靠过来,肥肥的奶子挤在他肩上,臭把手伸过去,就感觉到软软的一团。她真的看到有一只灰色的兔子在田野里逃窜,两个猎人手里提着猎枪在后面追喊。未婚妻推开他的手说:"不要脸。"臭嘿嘿地笑着说:"真软和,像海绵一样。"未婚妻抓一把麦糠撒过来,说:"你真不要脸。"臭躲闪着,但麦糠还是落了他一头。他咦咦地叫着:"看你看你,撒脖子里啦,快点,痒。"说着,臭就勾着头,把脖颈伸给她。她翻开衣领,却没有找到麦糠。臭趁机把头抵在她的胸口上,伸手揽住她的腰,一下子就把她放倒在麦草堆里。她显得很有经验,稳稳地躺在他的下面,手两下就摸进了臭的裤裆里,把他摆弄得像个孩子在她的身上拱来拱去。这段经历在臭的生命接近终点的几天里让他感到幸福,每当走到村头的麦秸垛前,即便是黄昏来临的时候,他也会感觉到初冬的阳光在天上暖烘烘地抚摸着他,一想起未婚妻的奶子,臭的身上就有一股不可名状的热潮在涌动。臭忍不住在村子的土道上跑起来,猛地往上跳两下,即使降临的黑夜,也无法压住从他体内流淌出来的青春火焰。臭对夜似乎有一种特别的好感,臭总是在心里想,这世上最不要脸的事和最神圣的事,都是在夜间干出来的。你天能,臭有时恨恨地想,你就是皇帝老子,也是你爹娘在夜间播下的种!我日他娘,明儿就给我老婆去镇上照相哩,等照了相,离结婚还有多远呢?等结了婚,那不是等于在每一个黑夜里都有了播种的权利了?哎——我日他奶奶,那才叫人!臭走着想着,等他走出村子才突然醒悟过来,爹是叫他出来喊哥哩,喊哥去商量钱的事。说到天边,就是哥结了婚分了家,我的婚事他也不能甩手不粘泥!臭这样想着,转回身小跑着来到他哥家的院子前,推开栅门就喊:"哥,咱爹叫你哩。"

"他二叔吗?"臭站在哥家门前,看到嫂子一只胳膊抱着他侄儿,一只手掌着油灯从里间走出来。臭说:"俺哥哩?"

嫂子说:"找小军商量事去了。"

臭说:"车子装好了?"

嫂子把灯放在当门桌子上说:"装好了。"

在灯光里,臭看到装了摔炮的车子上面,还有一排大葱没装上去。臭说:"明儿就走?"

"明儿走。"嫂子说:"过年没几天了。"

臭没有再说话,他在桌边的凳子上坐下来。

嫂子说:"有事吗?"

"有事。爹找他哩。"臭说完并没有走的意思,他觉得,这事儿应该当面给哥说清楚。哥明天就要出远门去卖摔炮了,哥卖了摔炮就有钱了。他坐在寂静里,耳孔里突然有一种轻微的鸣叫声响起来,就像夏日里的一种昆虫发出的声音。嫂子坐在他对面给孩子喂奶,嫂子的动作又一次使臭想起未婚妻的奶子,他身上突然涌过一阵热浪。臭本想先对嫂子说说明天去照相的事,他清了清嗓子,可等话到了嘴边,他又咽了下去。就在这时候,臭听到哥的脚步在院子里响起来。

臭忙站起来对嫂子说:"俺哥回来了。"

难闻推门走进来,他看一眼臭说:"我见咱爹了。"

"咱爹给你说了?"

"说了,先把猪卖了。"

"卖猪?"

"不卖猪咋弄?我兜里就剩十四块五毛钱,还得给你嫂子搁家里十块。"难闻看着臭说:"我出门能不带俩零花钱?"

臭迟疑了一下说:"今年还过黄河吗?"

"走着看,到哪儿算哪。能不过就不过,过黄河太难了。"难闻说着蹲在地上又去整葱。他一边整葱一边说:"咱爹叫你回去,你还得趁黑去镇上表叔那儿,叫他来拉猪。"

嫂子说:"明儿不中?"

"不中。"难闻说,"他偷着干哩,杀猪还得先朝猪头上砸一铁棍,谁敢明打明地干?想游街哩。"

臭说:"哥,你车子我骑一下。"

难闻说:"慢点,别冒失,咱家就这一辆破车子。"臭推着哥家那辆破自行车走出去,难闻跟到院子里先把栅门关了,然后回到屋里对妻子说:"一会儿我就走。"

妻子说:"不是明儿一早吗?"

难闻说:"人多嘴杂,要是谁一多嘴,大队里来几个人,你还走得了?"

难闻说着,把一个草苫子盖在装好葱的车顶上,他一边用绳子刹车子一边对妻子说:"孩子睡着了吗?"

妻子说:"睡着了。"

难闻说:"睡着了还不放床上去?"难闻说着,三下两下就把车子刹好了,他拍拍手跟到里间,看妻子正在给孩子披被子,上来一下子就搂住她,说:"快点,快点,一走就是十来天。"妻子也不说话,脱打脱打就上了床。他们正干到兴处,突然听到门外有沓沓的脚步声,有人走到门口轻轻地拍打着房门说:"难闻,难闻。"

妻子正在难闻身下咦咦地浑身颤抖着,难闻上去一把捂住了她的嘴,他一边喘息一边对门外的人说:"来了……来了……"

"这货,正打井哩!"外边的人说完,就嘻嘻地笑起来。难闻忙翻身下床,一边系腰带一边往外走。等开了门,军和民从外边走进来。军说:"咋样,出水没有?"

难闻的脸都臊红了,他说:"别闹别闹,赶紧盘车子。"

说完,三个人就小心翼翼地把架子车盘到屋外去。难闻的妻子从屋里出来,手里提着一兜馍。难闻接过馍兜和被子捆在一起,然后对妻子说:"我走了。"

妻子没说话,她立在门口,油灯的光亮把她照成一个黑色的影子。妻子放下油灯,跟着丈夫把架子车推到村街上。

难闻说:"回去吧。"

妻子说:"到村外。"

夫妻俩一个推一个拉,没有谁说话,只有缺油的钢珠在车轴里"呼啦呼啦"地响。等到了村外,丈夫说:"回去吧,家里没人。"

妻子说:"别光喝凉水,多喝热汤,天冷,别在乎钱。"说着说着,声音就湿湿地。

丈夫说:"回去吧,看好孩子。"

难闻走了一阵停下车,他看到妻子仍旧立在村头,立在冬天的夜色里,难闻的喉头不由得有些发紧,心里凄凄的。

十多天后,在同样的一个黑夜里,难闻回到了村里,在那盏凄迷的油灯下,他看到了两眼干涸的老娘。娘的背驼得更凶了,她一只手机械地拍打着怀里的孙子,而妻子的头上,则戴着一顶白色的孝帽。那顶孝帽如同雾一般在他的视线里弥漫开来,悲怆的热泪泉水一样从他的眼睛里涌出来。

臭跳下车子,还没把车子支好,就急忙把手插进袖筒里,一边跺着冻得生疼的脚一边骂:"日他奶奶,这熊天,叫人冻死了。"

爹从屋里迎出来,对臭身后的人说:"他表叔,快进屋。"

他们先后进到屋里,娘忙着把砸碎的石子拢成一堆,又把爹裹好的摔炮端起来。娘说:"他表叔,天冷,烤烤吧?"

表叔说:"中,烤烤,真冷。"

娘小心地掌着灯往外走,几个人跟着她从堂屋来到灶屋里。看娘抱了豆秸燃着,他们就围着火蹲下来。豆秸火一点点地旺起来,火舌在他们的面前舞来舞去。臭先把手伸过去烤暖了,又拉一把豆秸垫在屁股底下,脱了鞋在火上一只只地烤脚。

娘说:"他表叔,饿不饿?"

表叔说:"不饿。"

爹说:"去,抓把花生。"

听爹这么说,娘就起身出去了。片刻娘用袄襟兜了一包花生过来丢在火里。片刻,就有花生从火里蹦出来,爹把蹦出来的花生又用棍子拨到火里去,爹一边拨一边看着表叔说:"臭都给你说了?"

表叔说:"说了。"表叔说完就再没人言语。几个人的脸都被火苗烤得红一块灰一块,火里不停地有花生"叭叭"地炸响。娘说:"焦了,管吃了。"爹就用棍子把花生从火堆里扒出来,拨到表叔的脚边说:"吃。"

表叔说:"吃,都吃。"

臭和爹陪着表叔,时不时地剥一个花生放到嘴里去。表叔吃得很有兴致,一会儿,豆秸灰就涂黑了他的嘴唇。等花生吃完了,火也跟着弱下去。表叔拍了拍手上的灰站起来说:"弄吧?"

爹说:"弄。"

娘掌了灯走在前面进了猪圈,猪正躺在窝里睡得香。爹说:"慢点。"爹过去蹲在猪的身边给它抓痒。猪醒过来,睁开惺忪的眼看看是爹,就一动没动。表叔送一块红薯过去,猪就张嘴咬,表叔趁机把一根尼龙绳下到猪嘴里,表叔两下就把猪嘴扎住了。猪发现上当挣扎时,已被爹牢牢地按住,表叔又三下两下把猪捆牢了。猪哼哼地叫着,却发不出声来。

等他们把猪装到架子车上,表叔对爹说:"老表,你过来。"

爹就跟着表叔走进屋,臭看到表叔从腰里掏出一个包来,他从包里掏出一叠钱数了数递给爹说:"二百五,先拿着,等称了斤两再算账。"

爹说:"中,中。"爹说着把钱递给了娘,爹对表叔说:"走吧?"

表叔说:"走。"

他们一起走到院子里,爹回身对娘说:"恁睡吧,我不一定啥时候回来哩。"

娘说:"路上小心。"娘跟着他们来到村道上。

爹说:"回去吧。"

可是娘没动,娘一直站在那里,听着车轮和他们的脚步声渐渐消失在黑暗里。

臭对娘说:"天冷,回屋吧。"娘这才跟着儿子回到屋里。娘对臭说:"你睡吧。"

臭说:"你不睡?"

"别管我。"娘说完叹了一口气:"一进腊月就快了。"

臭躺在床上时,外间又响起了娘砸石子的声音,那些核桃大小的石子都被娘一个个地砸碎,然后掺到火药里,再被爹裹进书纸里,那样,摔炮就成了。爹裹的摔炮真响。过年的时候不能卖完,说啥也得留两捆,捏一个朝地上用力一摔,"咣——"摔炮就响了,捏起一个高高地抛上去,"咣——"一落地,摔炮就响了。臭突然对摔炮发出的声音产生了好感。在恍惚里,臭看到那些石子被娘的锤子砸得四处飞溅。娘的锤子声在臭的睡意里渐渐淡弱下去。在睡梦里,臭梦见了未婚妻,梦见未婚妻和他在那堵被烧焦的墙下做爱。正做着,臭听到一种断裂的声音。臭抬头一看,那堵黑色的山墙朝他们压过来。臭叫一声,拉起未婚妻就跑,可是那堵山墙太高了,无论他们跑到哪儿,都无法逃脱倒下来的山墙。臭吓得浑身是汗,他绝望地叫一声,就醒了。

山墙消失了。未婚妻也消失了。臭擦一下身上的冷汗,但他感到自己仍然被那堵黑色山墙的阴影笼罩着,使他无法摆脱。在黑夜里,臭呆呆地坐着,听着娘砸石子的声音从外间一下一下地传过来。

娘不停地挥动着手里的锤子,不敢停下来,在这夜深人静的时候,她离不开这声音。如果一旦停下来,砸石子的声音一消失,娘的耳孔里就会响起一种轰鸣声,那轰鸣声在娘的头颅里飓风一样奔突。娘知道,她没有力量去抵抗那风对她的折磨,就像她无法从头脑里排除那突然闯进来的爆炸声一样。那爆炸声一直在娘的感觉里响了一年。在夜深人静的时候,那爆炸声就会钻进她的耳朵里,一声接一声地响,最终刺破了她的耳膜,化作一团不停顿的轰鸣声。然而,娘头脑里的轰鸣声却惧怕光明,在早晨,娘只要一走出房门,看一眼西边那堵黑色的山墙,娘头脑里的轰鸣声就会嘎地一下停住了。那轰鸣声也惧怕娘用铁锤击打石子的声音。在黑夜里,娘一旦拿起锤子,她头颅里的轰鸣就会消失。这个无法医治的病魔使得这个勤劳的村妇感到不知所措,她无法排解那轰鸣带给她的恐惧和折磨,她的脊梁被那恐惧过早地压弯了。仿佛是在一夜间,娘的头发就变得一片灰白,娘原来红润的面容现在也变得像春日里耕好晒垡的土地一样灰黄。现在,娘不得不停下手中的锤子,因为在她的手边已经没有可砸的石子了。娘静静地坐在那里,听着头脑里的轰鸣声像一辆古老的木轮马车从冰冻的土地上慢慢地驶过来,轰鸣声越过那堵黑色的山墙,朝娘压过来,这使娘惶悚不安。为了抵御那带给她恐惧的声音,娘只好把小石子再次拢在石墩上,抬起手中的锤子,一下一下地砸着。娘就这样不停地砸下去,锤子下的小石子被敲击成细末,但娘手中的锤子仍旧不停,一下接一下。十多天后的一个深夜,娘搂着孙子坐在那盏幽暗的油灯下,由于她头颅里的轰鸣声,使她没能听到一个渐渐走近她的脚步声。最后,那个走近的脚步声在她面前停住了。娘抬起头来,却对出现在她面前的这个人毫无感觉。那个人慢慢地在她的面前蹲下来,颤抖地伸出双手哽咽地叫道:"娘。"

娘睁开眼睛看到眼前有一个朦胧的身影,即使这么近的距离娘也没能看清他的面容。但娘闻到了一股熟悉的气息,娘哆嗦着手在那人的脸上走了一遍,最后落在了他的手上,娘嘶哑的喉咙里终于挤出了几个字:"乖,你可回来了。"

太阳光从灶屋顶上斜射过来的时候,吴殿臣才惺忪着眼睛从堂屋里走出来。娘端着热水从灶屋里走出来,放在凳子上说:"你不换换衣裳?"

爹横了娘一眼说:"换衣裳?你给我弄新衣裳?"

臭说:"爹,把俺哥的褂子拿来你穿吧?"

吴殿臣白了臭一眼,然后弯腰去洗脸。臭看到爹裆里的棉裤拥拥挤挤像装着一个牛蛋,一截灰色的布条从他腰里垂下来,随着他洗脸的身子晃动着。

臭说:"爹,看你的裤腰带。"

"妈那个×,我不知道?"爹说着,伸手把布条掖到腰里去。爹抹下帽子,用湿手巾在青头皮上擦一把说:"去,看你殿德叔收拾好没有。"

臭看到爹的头皮被帽子勒出了一道深深的红印,就想起爹戴着帽子睡觉的样子,这一点使他激动不安。有一回他趁爹睡熟了,想偷偷地把爹的帽子抹下来,臭没想爹一下子坐起来,朝他脸上就是一个耳光。臭看到爹从帽子里摸出几张纸币数了数,然后又放进去。那一天,臭发现爹的帽子里还有个小口袋,爹的钱就装在那口袋里。爹把那顶帽子终日戴在头上,从来没有洗过,污垢涂得爹的帽子放出一片光亮。爹的帽子像一枚金光闪闪的钱币常常出现在臭的梦幻里。现在,爹的帽子里就藏着今天他相亲要用的钱。臭一边往院子外边走,一边不由得回过头来去看爹。那个时候爹正用湿毛巾擦着他手里的帽子,爹的脑袋上像长着一只眼睛,爹突然抬起头来看着回头看他的臭说:"看啥看?"

臭感觉到爹看他的眼神里带着一种铜臭气,爹说:"趁着喊你嫂子一声,叫她也去。"

他们一行人走出村子的时候,土路上已经开始化冻了。吴殿德说:"快点吧,马上就不好走了。"说着就上了吴殿臣的车子。臭说:"嫂子,快点。"嫂子就抱着儿子坐在车架上,臭看一眼路边站着看热闹的人,推着车子跑几步上了自行车。臭骑着车子带着嫂子走出了村子,但在他的感觉里,仍有许多目光在他的后背上扫来扫去,那些目光就像迎面而来的阳光一样让他无法完全睁开眼睛。臭知道,他和未婚妻去镇里照相这件事,是他们吴庄今天最重要的新闻,在这个寂寞而寒冷的冬日里,这件新闻很快就会传遍了全村,家喻户晓人人皆知。但是,臭没有想到,在同一天里,也就是太阳西落的时候,吴庄又发生了另外一件重要的事。起初,这件使人惶惶不安的事件和臭没有太大的关联,可是当臭重新出现在村街上的时候,臭就演变成了那件事的主角。现在,处在兴奋之中的臭没有预感到这一点。臭骑着他哥家的旧自行车,在渐渐化冻的土路上,很快就超过了他爹的自行车首先来到公路上。在公路上,臭看到磨墩正撅着屁股在通他车瓦里面的黄泥。

磨墩听到声音直起腰来说:"干啥去?"

臭说:"照相。"

磨墩说:"咦,今儿有酒席呀。"

臭说:"那是。你这干啥去?"

磨墩说:"去公社开会。"

他们正说着,吴殿臣也跟上来,他们一伙人就沿着公路往颍河镇去。他们身下的公路年久失修,柏油路面一块块地残缺,坑连着洼洼连着坑,在坑洼的边缘,裸露着嵌进柏油里的青色的石子。臭当时并没有意识到这石子对他的重要性,到后来,也就是当天的夜里,他坐在院子里听着爹在屋里咳嗽时,臭突然又一次想起了这些坑坑洼洼的路面。然而,臭这会儿却没有注意到这些路面,现在,他脑海里漂浮的全是对即将到来的照相事件的幻想。

他们一行人来到颍河镇的时候,未婚妻还没有来到。他们只好在颍河镇北边的兽医站门口停下来,焦急地等待着女方人马的出现。他们视线里那条女方即将通过的村道,在粉绿色的麦田里就像一条白色的带子,在阳光下闪闪发光。臭站在路口,一次次地渴望着在那路的尽头出现的人马,但是,他一次次地失望了。在焦急的等待过程中,时间显得特别的漫长。在无聊的等待之中,臭突然被兽医站里发生的一件事所吸引,那件有趣的事情使他暂时忘掉了等待的烦恼。一头高大的毛驴,正伸着鼻子在一匹漂亮的母马的阴处嗅来嗅去,最后那头公驴叫一声,两只前蹄就高高地腾起,架在了母马的后背上,公驴的圣头在阳光下显得非常的粗大。母马温顺地站在那里,眯缝着眼儿把它的尾巴翘起来。臭屏住气看着那头公驴在母马的身上用力,自己裆里的家伙就不由得强壮起来,把他的裤子顶得老高。臭看一眼身边的嫂子,脸忽地一下就红了,臭急忙把手插进裤兜里,把裆里那个坚硬的东西扳倒了。

这时,吴殿德叫了一声:"来了。"说完他就迎过去。臭顺着吴殿德的小屁股看到了一队渐渐走近的女人。臭首先看到了他的未婚妻。未婚妻穿一件蓝色绒领小大衣,一条枣红色的方巾围住了她的半个脸,臭没有看清未婚妻的眼,未婚妻的眼被她垂下来的头发遮住了。那群人除去未婚妻,还有一位老太太。老太头上顶一条土布驴皮手巾,身上的大红袄被短了一截的大襟皂色褂子罩着,一对三寸金莲之上裹着玄色的裹带,黑色的棉裤在裹腿上面一下松散开来和袄连成一片,远远看过去,就像一只架着翅膀走路的企鹅。在老太太的身后,走着另外三个中年妇女,她们各顶一条白底红道的羊肚子手巾,下身穿着臃肿的黑色条绒裤子,在她们走路的时候,条绒就发出"叽扭叽扭"的摩擦声。吴殿德忙着迎上去拉住老太的手说:"大娘,你这身子骨硬朗呀!"

老太的牙齿已经脱落,深陷的嘴轮在不停地颤动:"不中啦,走不上来了。可还是想来看看,哪个是呀?"

吴殿德指着臭说:"这个。"

臭的脸就红了,他不好意思地勾下头。臭感到那群女人的目光仿佛刷子一样在他的身上刷来刷去。吴殿臣也过来对老太说:"大娘。"

老太拉住吴殿臣的手说:"这是你跟前的?"

吴殿臣忙应和着:"是,我二孩子。"

老太说:"有福呀,你看,人高马大的,不缺力,中,中。"

吴殿德说:"渴了吧?走了恁远的路。"

老太说:"不渴不渴。"

几个中年女人也附和着说:"不渴不渴。"

吴殿德朝吴殿臣使个眼色,吴殿臣忙走到路边的小摊前,买来几棵甜秫秸,推让了半天,除了臭的未婚妻,其余的都接住了。吴殿德对老太说:"大娘,咱走吧?"

老太说:"走。"

说着,老企鹅就头前带路,手拿秫秸当了拐杖。三位农妇,已经开始啃起来,她们一边走一边"吧唧吧唧"地啃着,就像圈里的老母猪啃红薯一样发出声响,用牙齿榨着甜液。臭和爹他们一行人,在三位农妇的条绒裤子的摩擦声中,浩浩荡荡地朝镇子里奔去。臭走在未婚妻的后面,他发现未婚妻的屁股很丰满。未婚妻的屁股在臭的视线里一错一错地移动着,那屁股在阳光下一会儿变成母马的屁股,一会儿又变成人的屁股。在接下来的时间里,臭的脑海里始终晃动着两匹牲口交配时的情景,因此,到后来臭怎么也回忆不起来他和未婚妻怎样照的相,怎么也回忆不起来他和未婚妻到镇上唯一的合作社里撕了多少布,买了多少东西。在被撕裂的布丝的惨叫声里,臭一次次地希望自己变成一匹公驴。一想到这一层,他的腿根子就一回回地发紧。等到他们一帮人去食堂里吃酒席的时候,公驴和母马交配的情景突然在他的脑海里消失了,因为这个时候,他看到在那几个中年女人的身后,不知道什么时候就跟上来一群大大小小高低不等的男孩子,他数了数,总共七个。

走在前面的老太一边走一边骂:"妈那个×,谁叫恁来的?"

走在一边的吴殿德打着圆场说:"来了就来了,几个小孩,又不是外人。"

等到了供销社的食堂里,吴殿德就把吴殿臣拉到一边商量说:"开两桌吧?一桌坐不下。"

臭看到爹一脸的紧张,爹回头看一眼老太那群人,只好说:"中,中。"爹说完,回身压着嗓音说:"没钱啦。"

吴殿德说:"没了?你带多钱?"

爹说:"四百多。"

"弄那吧。"吴殿德看了那群女人和孩子说,"先吃,我去给老雷说一声,一会儿咱再想办法。"吴殿德说着,就走过一个小门,不见了。臭看到爹抹下帽子拍打着,爹头皮上被帽子箍出来的印子有些发紫。臭看到爹的脑门上冒出了小米一样大小的汗珠,臭知道爹是为钱愁的了。这个时候,臭看到吴殿德领着一个光头厨子从那个小门里走出来,径直地往卖票的窗口那里去了。又过片刻,吴殿德走出来对众人说:"都坐都坐,两桌,两桌。"

说完,吴殿德又吩咐嫂子说:"他嫂子,你坐那一桌。"而后,男人和女人就分开坐了,男人这一桌,连上女方新来的五个男孩一共坐了八个人。女人那一桌,加上嫂子和两个男孩子,正好也是八个人。等凉菜齐了,吴殿德就对几个男孩子说:"恁几个也喝两盅?"

坐在另一桌的老太就发了话,她说:"别让他们喝,小孩子家。"

几个半大孩子就不喝,无论吴殿德怎么让,他们都不喝。吴殿德只好说:"那恁几个就吃菜吧。"几个半大孩子就吃菜,筷子不停地在他们手里舞动着,风扫残云似的,片刻,盘子里的凉菜就快光了,到了最后,他们干脆一人端一盘子放到自己面前。老太见了就骂道:"妈那个×,没出息。"

吴殿臣就笑着说:"没事没事,小孩家。"

一会儿,盘子里的凉菜就没了,桌子上一片狼藉。等一盘热菜上来,几个半大孩子就一齐站起来叨,等臭他们再去叨第二筷子的时候,盘子里的菜已经叨完了。等吃完后,那群孩子就一齐往送菜的窗口望,他们手中的筷子,个个枪通条似的,拿在手里捣过来捣过去。看着那群饿鬼一样的半大孩子,臭压不住内心的厌恶。臭朝东看一眼,那会儿老太正颤抖着把一片肥肉送到嘴里去,一圈女人都停下手中的筷子,瞪着眼睛张着嘴给她使劲,臭忍不住在心里骂道:"老×,吃不好噎死你!"

吴殿德也看不下去,就对吴殿臣说:"殿臣。"

那个时候,坐在桌前的吴殿臣正不知所措,臭看着爹跟着吴殿德站起来往后院走,也忙站起来跟过去。等到了外面,吴殿德小声说:"得想法弄钱呀。"

臭看到爹脸上僵硬的笑容消失了,爹的脸皮变得皱巴巴的,就像一片秋后的田地。爹无奈地蹲在地上,双手捧住头,爹那根灰色的腰带不知啥时候又脱落下来,正好垂在地上的一口浓痰上,这使臭心里的厌烦更深一层。爹抬头看了臭一眼,然后站起来说:"你去,给你表叔先借一百块钱。"

爹说完又看着吴殿德说:"一百中不中?"

吴殿德说:"一百恐怕不中吧?你算呀,光酒席,没有这个数也出不去。"吴殿德说着,伸手比画了个"一"字,然后他又说:"还得给她们封果子,一人两封。"

爹又对臭说:"那就一百二。"

臭说:"给表叔咋说?"

爹说:"咋说啥?就说先转借一下,明儿就给他送来。"

吴殿德说:"臭,你回来的时候,先买五条手巾,好给她们兜果子。"

臭转身走进席间,然后穿过门面往街上去,就这个时候,他看到磨墩正坐在一张桌子上喝汤。磨墩放下碗站起来说:"你不说照相吗,照了吗?"

臭说:"照了。"

磨墩说:"人呢?也让哥看一眼。"

臭说:"正在里面吃饭哩。"

磨墩说:"酒席吗?"

臭说:"酒席。"

内心的厌恶在臭的心里翻过来滚过去,当时臭并没有把磨墩看在眼里,他匆匆地走出食堂,把磨墩一个人晾在了那里。臭当时犯了一个错误,他没有请磨墩入席,而这个错误,给他接下来的生活,抹上了一笔暗淡的色彩。

臭和爹立在公社供销社食堂门前的大街上,看着那帮女人每人手里拎着一兜果子朝东街走去,西斜的阳光照在她们后背上,却使臭感觉到一些冷气。那些灰色的身影,在臭冰冷的目光里渐渐地融成一团,只有挂在未婚妻胳膊弯里的那个装满衣料的红包袱像火球一样燃烧着,那个燃烧的火球在臭急促的呼吸声里一晃一晃地移动着,最后拐向北街,嗵地一下就消失了。

这时吴殿德用一根火柴剔着牙从食堂里走出来,他朝东街看一眼对爹说:"走吧?"

爹对吴殿德这句话反应迟钝,爹当时深陷在痴呆里。那队女人已经消失了,可是爹还茫然地看着她们已经走失的街道,爹下意识抹下帽子摸拉一下发青的头皮。臭知道,藏在爹帽子里头的那几百块钱已经像小鸟一样一张一张地飞向街道上空那些瓦蓝瓦蓝的天空,像那群走失的女人一样消失不见了。臭看到爹抬头久久地仰视天空,臭就叫一声:"爹。"

吴殿臣从痴呆里醒过来,吴殿德把手中的火柴根扔在地上说:"咱走吧?"

吴殿臣说:"走。"

吴殿臣机械地朝前走了两步突然停下来说:"你先带着他嫂子走吧。"

吴殿德说:"你哩?"

"我想到老曲那儿再买二斤硫黄。"吴殿臣说完看着臭说:"你兜里还有多钱?"

臭就把兜里的钱掏出来,数了数递给爹说:"五块二。"

吴殿臣说:"走,去老曲那儿。"

吴庄的人都认识颍河镇的老曲。吴庄人裹摔炮所需要的木硝、木炭、硫黄之类的东西都是从老曲那儿买来的。老曲这人讲义气,秤给得够头。老曲的脸上脖子上积满了被火药烧伤而残留下来的白色疤痕,那张脸像所有看到他的人讲述着一个神秘的故事。在骑车子带着爹回吴庄的路上,臭的眼前始终晃动着老曲的那张脸。在臭的嗅觉里,空气里到处布满了浓重的火药味,使他无法摆脱。无处不在的硝烟裹挟着他,这使臭的神情恍惚。到后来,也就是这天夜里,臭和小弟又一次行走在这条通向吴庄的土道上时才突然感觉到这条路的存在。臭说不清是谁指使着他稳稳当当把背着二斤硫黄的老爹带回吴庄的,可是当他们回到村口时,却看到公社派出所那辆三轮摩托拦住了他们的去路。臭和爹看到有三个人从村街里走出来,走在前面的两个民警抬着半袋子东西,公社派出所的所长老郑旱鸭子一样跟在他们的身后。老郑一见吴殿臣就呵斥道:"老吴,找死呀你!"

吴殿臣立在路边,把一只胳膊背到身后,那只装了硫黄的袋子在他的屁股上晃动着。

老郑冷冷地看着吴殿臣说:"咋又裹了?"

吴殿臣说:"没裹呀。"

老郑说:"没裹?你狗日的哄谁呀?裹的我给你毁罢了!还有这石子,看看是你的不是?唉,你身子后面藏的啥?"

吴殿臣说:"没藏啥。"

"没藏啥?拿出来我看看!"

老郑说着转到吴殿臣身后接过他手中的袋子,老郑打开袋子看了看,他突然朝吴殿臣的屁股上踢了一脚骂道:"妈那个×,这不是硫黄吗?真想死呀!你哥才被炸死几天?"

老郑说着,命令民警把从村里抬出来的东西装进车斗里,然后伸手指着吴殿臣说:"再裹,我抓起来你!"

吴殿臣忙弯着腰说:"不裹了,不裹了。"

臭站在一边,他真想上去踹老郑个鳖儿两脚。可是,臭看到吊在老郑屁股后面的手枪头一晃一晃的,他只好冷眼看着他们上了摩托,看着那辆三轮摩托屁股上冒着黑烟沿着土路走远了。

回到家,爹颓丧地坐在板凳上,嘴里不停地嘟哝着:"摸着姑子×啦,日他奶奶,摸着姑子×啦……"

臭站在门口,他从爹的话语里听出一种绝望来,臭立在那里,爹的话语透出一层又一层的寒凉来,像冰凌一样一层一层地结在屋里的家具上。臭看到娘像一个冻僵的人坐在矮凳上,两眼没有一点光泽。

爹仍旧坐在那里嘟哝着:"去球啦,拿啥还人家钱?日他奶奶,我算摸着姑子×了,我犯着谁啦?老郑个龟孙也是,东家不去,西家不去,咋就单上咱家来哩?"

爹的话激活了臭的思维,臭顺着爹的话把村里所有的熟人都想了个遍。

不知怎的,磨墩"噌"地一下子就跳到了他的眼前。臭骂一句:"鳖孙家儿!"臭骂完,拎起门边的铁锨就往外走。臭来到村路上,把铁锨拖在身后,明灿灿的铁锨在刚刚结冻的土路上发出刺耳的声响。金属撞击冻土的声音惊动了村里人,他们走出院子,远远地跟在臭的身后,他们还都没有从老郑进村的恐慌里摆脱出来,最后,他们看到臭在磨墩家的门前立住了。臭说:"磨墩,你出来!"

  磨墩的老婆从屋里走出来,隔着院子的栅门说:"有事吗?"

  臭不理她,仍旧喊叫着:"磨墩,你出来!"

  磨墩也从屋里走出来,他看着臭说:"有事吗?进屋来说。"

  臭说:"你包我家的摔炮!"

  磨墩说:"我咋包你家的摔炮?"

  臭骂道:"我尻你妈!你包不包?"

  磨墩也跟着骂道:"我尻你妈!你骂谁?"

  臭说:"我就骂你!"

  磨墩说:"你凭啥骂我?"

  臭说:"老郑把俺家的摔炮收走了,你包!"

  磨墩说:"我凭啥包?这没影的事儿!"

  "中呀!没影的事儿!"

臭说着,提起铁锨来到磨墩家门前,对着门前的一棵桐树"哧——哧——"砍起来,一条一条白茬树皮被剥下来,一会儿,一把粗的桐树身就露出了一圈白。臭停下铁锨伸手指着磨墩说:"我尻你妈,你包不包?"

  磨墩说:"尻你妈!我凭啥包,欺负人不是?"

  "中呀,你不包!"臭说着,提着铁锨就去铲第二棵桐树。这时吴殿臣跑过来,一把推开了臭说:"反了不是?回家!"

  臭没有回家,他仍旧伸手指着磨墩说:"你包不包?"

  磨墩说:"这怹爹在这儿,你说,咋怨着我了?"

  臭说:"就是你!"

  吴殿臣对臭说:"给我滚回去!"

  可是臭没有动,他指着磨墩说:"就是你,没二人!"

  吴殿臣突然脱下鞋,弯腰拾起来就往臭的头上打,臭一手捂着头一手指着磨墩骂个不停。吴殿德上前拉住了吴殿臣,然后对臭说:"回家,这孩子!"臭这才提起铁锨,穿过看热闹的村里人,气冲冲地沿着村街往回走。磨墩家里的突然哭嚎起来,她拉开栅门朝吴殿臣一头撞过来,被吴殿德伸手拉住了。

磨墩也从院里走出来，对大伙说："老少爷们都看看，这不是欺负人吗？"

吴殿臣突然一拍大胯跳了起来，他说："谁知道哪个龟孙欺负人？谁知道哪个龟孙去告哩？他去告，就不是人做的！"

磨墩说："对，狠劲骂！他诬赖人也不是人做的！"

吴殿臣说："谁告谁心里清楚！"

这时臭又提着铁锨走回来，他指着磨墩说："谁要告人，把他娘挂到大街上，让一万个人日！"

臭正骂着，他娘小跑着过来，用拳头朝臭身上乱打，一边打一边说："找事不是？找事不是？俺爷！回家！"

磨墩说："对，狠劲骂，反正恁娘在跟前听着哩！"

娘停下来对磨墩说："磨墩，你少说一句中不中，我这不正吵他吗！"娘说完，又对吴殿臣说："你个死东西，还不回家！你是有权还是有势？嗯，这样恶？"

臭和爹就不哼声，怏怏地往家走。在他们身后，磨墩家里的哭声在冬天的傍晚里显得那样的干涩。

等回到院子里，娘埋怨说："都是你找事，有谁给你扛着了？"

臭说："我谁也不让扛！"

娘说："你咋知道人家告你啦？"

臭说："就是他，二人都没有！"

娘说："你咋知道是他？"

臭说："他没得吃酒席，不是他是谁？"

娘说："你抓着人家手脖了？"

臭不哼声，他恶狠狠地把铁锨扔出去，那铁锨在空中带着响，飞到他家的麦秸垛上。臭听到娘惊叫一声。臭不知道发生了什么，娘哆哆嗦嗦地指着麦秸垛说："你疯了，吓死我了，麦秸垛里有摔炮呀。"

一听有摔炮，吴殿臣就来了精神："他们没有毁完？"

站在一边的粪堆说："我正在村头等恁，看见有摩托开过来，就跑回来对娘说了。"

爹瞪了臭一眼说："你今儿是恶啥了，嗯？"

爹说着走到麦秸垛前，小心翼翼地扒开一层麦秸，里面就露出了四个装有摔炮的纸烟箱子。爹说"这下好了，赶紧再裹点，够一车子就出门。"

吴殿臣又用麦秸把纸箱子盖好，这才直起腰来自言自语地说："这下好了，不该破这个财！"吴殿臣回身对臭说："去你哥家，看看还有多少硫黄。"

爹说："就这些？"

臭说："就这些，收底了。"

爹看着臭把硫黄放在地上，然后说："去，把火硝掂出来。"爹看着臭往里间去又说："在床头边上的小缸里。"

在黑暗里，臭顺着床头走到墙边，伸手摸住了爹说的那个小缸。臭去掉盖子从缸里取了一个袋子，臭提着那个袋子重新回到外间，那个时候爹已经在小凳上坐了下来，爹的影子被摇曳的灯苗推倒在地上晃动着。爹说："恁都出去。"

臭看了娘一眼，娘没吱声，娘驼着背就往外走。臭和小弟跟着娘来到院子里。天已经黑下来了，暗淡的灯光像浑浊的水一样从门洞里流出来。臭说："去灶屋吧，灶屋暖和。"

臭说着就和小弟进了灶屋，但娘没进来，娘仍然立在灯影里，面朝北看着屋里的爹。爹的影子从房门里投出来在地上一晃一晃的，爹的身影一会儿离开了娘，一会儿又和娘的身子重叠了。爹弄出的声音不停地从屋里传出来，在空中嗡嗡作响。那嗡嗡的声音无数次来到臭的噩梦里。噩梦里，臭无法弄清那声音是谁弄出来的，是爹？可是爹在每次掺药的时候只有冷冰冰的一句话："出去！"是大爷？臭不能确定。臭抬头目光穿过门洞朝西望，在黑暗里，臭没能看清大爷家留下的那堵黑色的山墙。可是，那堵黑色的山墙像魔鬼一样，会在黑夜来临之后长出一个巨大的翅膀，那翅膀像夜色一样膨胀着，然后把整个村庄都覆盖住。在臭的感觉里，这黑色的夜就是大爷家留下的那堵黑色的山墙，那堵山墙就是这无边的黑夜，没有谁能逃出去。如果谁企图逃出去，那他一准就会碰得头破血流。那堵黑色的山墙就像他们呼吸的空气一样无处不在，就像爹在屋子里弄出来的声音一样，即使那声音终止了，但你仍然能感觉到它在空中嗡嗡作响。那声音已经渗入你的神经，那声音已经融进你的血液，那声音已经化成你生命的一部分，那声音就在臭的耳边嗡嗡作响。臭痛苦地捂着自己的头颅，恐惧就像流淌的颍河，风掀起水浪撞击着泥土的河堤。河堤上的泥土一块块地脱落，河堤上的泥土不停地流失，那河的堤岸已经到了崩溃的边缘。臭再也忍受不住了，他跳起来，狂叫一声冲到外边去。

屋外很冷，风猛地扑过来，抓着把臭按到一盆凉水里，嗡嗡作响的声音消失了。娘仍驼着背站在寒夜里，爹停住手中的活往门外看，但臭没有看清爹那背光的脸，爹的脸模糊一团。爹呆立着，胳膊又活动起来。臭听到了那些药末小心翼翼地走过箩底的声音。

爹说:"还有石子吗?"

娘说:"都让老郑掂走了。"

爹说:"都掂走了?"

娘说:"都掂走了。"

臭恶狠狠地骂道:"这个龟孙,回去挡不了翻车,摔死他!"

臭这样说着,眼前就浮现出那辆三轮摩托翻倒在公路上的情景。老郑个龟孙一头撞在坑坑洼洼的柏油路上,他脸上血肉模糊,有几颗石子钻进了他裂开的脑门里。石子?对了,公路上有石子!他回身朝灶屋叫了一声:"粪堆,走!"

娘说:"弄啥去?"

臭说:"我和粪堆去弄点石子。"

娘说:"上哪弄?"

臭说:"你别管。"

臭有些激动,他到灶屋里找到一个布袋,又摸一把锤子装进去递给粪堆,自己提了一把铁锨,他们兄弟就一前一后出了院门。

臭说:"你冷吗?"

粪堆说:"不冷。"

臭说:"不冷你说话咋哆嗦?"

粪堆就没了言语。

臭伸手摸了一下小弟说:"咦,冰凉。我也冷,咱俩跑吧,一跑就暖和了。"

粪堆说:"中,咱跑。"

说着,两个人就跑起来,他们的脚步撞击着冰冻的土地,起初还有些零乱,到后来,就慢慢地整齐了:"嗒、嗒、嗒、嗒……"他们的脚步声在土路上响起来,很快就消失在空旷的田野里。他们沿着土路往前跑,为了取暖,粪堆把布袋扎在腰里,袋子里的锤子就像一把枪别在他腰里,他袖着手,身子一晃一晃。正跑着,粪堆突然停下来,说:"哥,你看。"

臭也停下来,粗声喘着气。他们看到有辆汽车从前面的公路上由北向南开过来,汽车雪亮的灯光把黑夜劈开,慢慢朝颍河镇的方向驶去了。

臭说:"到了。"

粪堆说:"哥,我有点怕。"

臭说:"怕啥,看看咱庄里,谁没到公路上扫过石子?"

粪堆说:"人家那是扫呀,咱这是刎。"

臭说:"都一样。"

臭说完,兄弟俩就往公路那边走。在臭的记忆里,那晚天上没有星星,他的一双眼被雪亮的汽车灯照花了。实际,那天晚上他们的头顶上闪烁着无数颗寒星,他们在星光下走上公路,公路像一条冻僵的蛇躺在那里。臭从粪堆手里接过锤子,选了一个洼坑,举起锤子就砸。锤子撞击着路面发出刺耳的声音,在寂静的黑夜里传出很远。臭砸两下停下来,他有些紧张地搜索着四周的反应。停了一会儿,他们没有听到别的声音。臭的胆子就大了,他砸一阵,拿铁锨用力一刎,柏油路面就掉下一块来。

臭说:"快,撑着袋子。"

就这样,他们兄弟反反复复地劳作,把石子和柏油结成的路面一块一块地掀下来,然后装到袋子里去。粪堆突然拉住臭紧张地说:"哥,你听。"

臭扬在空中的锤子停下了,他们听到有"突突突"的机器声从远处传过来。接着,他们看到有灯光把前面村子的上空照得一片明亮。粪堆说:"哥,汽车。"说着,那辆汽车已拐过弯来,把他们两个暴露在光亮里。臭说:"快点!"说着,臭拉着袋子就往路边上去。臭和粪堆躲在路边的树后边。那辆汽车越来越近,最后从他们身边开过去了。臭从地上站起来说:"是货车,夜间过的都是货车,不躲也没事儿!"

接着,他们又砸,等又有汽车开过来时,臭真的没躲。臭用手罩在眼上,看着那辆汽车从他的身边开过去,真的没事儿。

粪堆说:"哥,中了吧?"

臭掂了掂袋子说:"再弄点。"说完又砸。这时又有一辆汽车开过来,臭就站起来走到路边,等那车过去。那辆车的灯光太强了,把臭的眼都照花了。臭骂一句:"妈那个×!"臭站在那里,一手提着锤子一手打着眼罩看着那辆朝他们开过来的汽车。谁知那辆汽车却在不到他们一丈远的地方停了下来。臭听到一声车门响,就看到有两个人影从车上跳下来。臭的头皮一跳,就喊了一声:"快跑——"

臭没有顾上身边那个装满柏油石子的袋子,转身跑到公路边,连滚带爬地跌到了路沟里。臭从沟里爬起来时,有灯光照在了他的身上,臭听一个人恶狠狠地骂道:"妈那个×,跑!"

臭在灯光里爬上公路沟,在麦田里飞快地奔跑。脆弱的麦苗在他的脚下哀叫着,他身后的灯光一晃一晃朝他追赶着。臭就像一只惊了魂的兔子,在猎人的枪口下仓皇地逃遁。臭身后的灯光一点点地远了,最后停住了。臭也停下来,他喘着气看着追他的人往回走。臭远远看着那两个人拾起他家的铁锨,抬起那个装满了柏油和石子的布袋装上车,然后调头朝颍河镇驶去。黑夜渐渐地平静下来,这时臭突然想起了小弟,他就叫一声:"粪堆。"

臭没有听到粪堆的声音,他又在黑暗里叫一声:"粪堆——"

"俺哥——"

臭听到了粪堆的哭腔,粪堆的声音从四下里响起来,臭一时竟没有弄清他兄弟到底在哪个方向,他又叫了一声:"粪堆——"

"哥,我在这儿——"臭听准了那声音的方向,飞快地跑过去。臭看到一个黑影朝他迎过来,上来一把就抓住了他。粪堆说:"哥。"

臭没有说话,臭用手摸一下小弟的脸,就拉着他往回去。在回村的路上,他们谁也没有说话,回村的路变得十分漫长,他们一直走了很长时间,才回到了村子里。然而,被黑暗笼罩的村子让他们感到陌生,他们在村街上走来走去竟找不到家门。最后,他们来到一个黑黢黢的地方,四周都是漆黑的墙壁,如同一口深井。这使他们感到恐惧,粪堆紧紧地拉着臭的衣裳说:"哥。"

他们兄弟久久地立在那里,不敢动。他们惊恐地听着凄厉的风从某个方向走过来,渐渐地,他们在风里听到了爹和娘的说话声。

爹说:"也该回来了?"

娘说:"看看去吧。"

爹说:"上哪去看?"

……

起初,臭以为自己深陷在一个噩梦里,直到粪堆的喊叫声从他的身边响起时,他才惊醒过来。粪堆在黑暗里喊着:"俺爹——"

风中的声音停顿了一下,又响起来,娘说:"回来了。"

接着,他们兄弟就看到有灯光挤破了无边的黑暗,爹说:"小臭,在哪?"

粪堆说:"爹,在这里。"

远处的灯光慢慢地朝他们移过来,他们兄弟看到爹朦胧的面孔出现在一截短墙上,爹说:"我的乖,怎咋摸这儿来了?"

臭抬起头,他看到自己站在大爷家那堵黑色的山墙下,就惊怵不已。

臭醒了。他被一种声音弄醒了,可他没有弄清那是一种什么声音,那声音把他弄醒之后就消失了。臭睡眼惺忪地坐在那里,仍沉溺在昨天的往事里。外间响起了爹的咳嗽声,爹的咳嗽声强烈地刺激了他的小腹,臭急忙穿上衣服趿拉着棉鞋走出来,臭看到爹仍旧坐在外间的小凳上包摔炮。爹抬起头来,臭看到爹的眼睛里充满了红丝。臭不知道爹是早早地起来还是一夜都没有睡,爹就那样坐着,动作机械地裹着摔炮,臭的心里猛地抽了一下,等走到门外,臭才发现起了大雾。

这场雾下得真是奇怪,在臭的经验里,冬天里是很少起雾的。臭立在门口,看见眼前的一切都被雾笼罩了,如同云烟的雾丝在臭的面前轻轻地飘浮着,就像水底的海草一样在他的眼前晃动。这样的景象,让臭不能分辨自己是在睡梦中还是在现实里。臭深深地吸了一口气,空气异常的清冷。臭愣了一下,肚里的东西又催促着他往西边的厕所里走。在臭来到厕所的时候,他听到有一种熟悉的机器声从雾气里渐渐地响起来,那声音随着雾丝如音乐一样在他眼前飘动着。那越来越响的机器声来到他家门口时突然消失了,接着,臭听到有杂乱的脚步声涌到他家的院子里。臭急忙提起裤子钻到猪窝里,猪窝里已经没有猪,臭趴在猪窝墙壁上的一个小洞朝外张望。可是,浓重的雾如同蒸腾的水汽遮住了他的视线,臭只看到几个模糊的影子。接着,臭听到了爹的喊叫声:"弄啥,恁弄啥?"

一个男人说:"弄啥?你说弄啥?"

"别拧胳膊也,咦——"爹喊叫着:"我的娘也——"

"这个布袋是不是你的?"

"我没这样的袋子。"

"没有,还不老实!"

"咦——"爹又喊叫起来:"我的娘也——"

"吴殿臣是不是你?这布袋上写着呢!"

娘说:"就是俺的布袋,恁也不能捆人呀?"

"捆是轻的,你知道吗,破坏公路,还要判刑!"

娘就哭喊起来:"我的天呀,没法活了——"

一个陌生男人恶狠狠地说:"走!"

娘扑上去护爹,却被人推开了。杂乱的脚步声朝外边涌去,接着,机器声又从雾气里响起来,渐渐地远了。臭从猪窝钻出来,走到院子里。臭看到娘坐在潮湿的冻地上,手握着脚脖子哭嚎,一条透明的鼻涕从娘的嘴上垂下来。

臭来到村街上,村街上残留着三轮摩托刚刚留下的车印子。有几个村人匆匆从臭的身边经过,可是臭没有看清他们都是谁。那些人走到他家的院子里去劝娘。臭抬起头来,眼前的树和房屋如同梦境,一切都和往日不同,臭很想置身到这如梦一样的景象里去。臭一步步朝前走,朦胧的房屋和树却离他越来越远,最后,在他的视线里消失了,替代那些的是一片灰白。在白色的笼罩下,脚下的土地和麦苗都失去了本有的面目。臭沿着一条田埂往前走,走了一阵停下来,这才发现四周都是一样的灰白,在他的视线之内,臭找不到一样可标明方位的东西,一棵树或一个柴禾垛。

  臭迷失了方向。臭不知道自己在哪里,就像一条小船在茫茫的大海上漂泊。臭急切地想看到岸,一道黄土之岸,可是,那岸始终不肯出现在他的视线里。臭的胸口开始发闷,焦躁的情绪挤压着他的胸膛,他紧紧地握住拳头,想把自己的胸膛撕裂。臭开始在田野上奔走,像一条疯狗去寻找他要发泄的目标。在臭精疲力竭的时候,他看到了一个黄色的土堆,那是一座坟。臭来到坟前,从被雾气打湿的炮纸和火纸灰黑的残骸里,臭认出了这是他大爷的坟。一看到这坟,臭胸中的仇恨就岩浆一样地喷发出来,臭跳起来,朝大爷的坟头又是踢又是踹,黄土从臭的脚下飞溅出去,他一边踢一边恶狠狠地喊叫着:"我叫你!我叫你!"

  坟头在臭猛烈的袭击下渐渐矮小下去,冰冻的泥土成块成块地横躺在坟头的周围,可是臭还在一脚一脚地踢,直到他累得抬不动脚。臭站在那里,双腿颤抖不止。

  就在这个时候,臭看到天空中出现了一个淡黄色的毛茸茸的圆球,那淡黄色的圆球飞快地在雾气中走动着。臭入神地看着那个毛茸茸的圆球,那圆球像一只没有瞳孔的眼睛在注视着他,暗黄色的光泽在臭的脸上滑动着,臭久久地立在那里,任凭那光泽的抚摸。有一会儿臭突然明白过来,那个毛茸茸的东西就是太阳。

  太阳终于驱散了大雾,那座灰色的村庄又真实地呈现在臭的眼前。

  臭从梦的情景里醒过来。苍天灰茫茫的一片急促地朝远处逃离,在远处不幸跌倒了,天空哀丧地伏身于大地之上。村道上空无一人,臭不知道这会儿村里人都在干什么。一头黑色的猪逃出监禁它的栅栏,在开始解冻的土路上哼叫着走过。一只红公鸡发晕地在矮墙上鸣叫着。雾气化成的水珠从头顶的树枝上滴落下来,这使臭恍如隔世。

  臭游魂一样地走进家门。院子里化冻的土地水汪汪地映射着太阳的光芒,仿佛一面破碎的镜子。家门敞开着,屋里灰灰的一片,这使站在泥泞中的臭一时没有看到后墙。臭走到门口站住了,眼睛逐渐适应了屋中的光线。

屋里没有娘。屋里没有粪堆。屋子里没有人。臭看到父亲坐过的小凳子不知被谁踢翻了,父亲没有裹完的炸药仍旧放在一只红色的瓦盆里,父亲裹好的摔炮整齐地排在小竹筐里。在幻觉里,臭听到了父亲的咳嗽声。

臭迟疑着,最后他走过去,把那只小凳子扶正,然后坐下来。臭拿起一张父亲裁好的纸条看着,他发现那纸条是用小弟的课本撕成的。臭坐在那里犹豫着,最后他拿起药盆里的小木勺,挖了一勺放到纸上,臭开始学着爹的样子裹摔炮。爹从来没有让他裹过,可是他一次次地立在爹的身边,他把爹的每一个动作都默记在心。臭在不知不觉之中裹好了一个,而且动作是那样的熟练。这种不练而就的本领使臭产生了兴趣,臭一次一次地演习着裹摔炮的操作过程。时间在臭的身边一分一秒地走掉,臭看到他脚前的小筐子渐渐地被他裹好的摔炮塞满了。由于全神贯注,臭没有听到有一双踏着泥泞的脚自远而近来到了他家的院子里,最后在他家的门口停住了。那个人的身子挡住了屋外的光线,光线的变化使臭从专注里醒过来。臭抬起头,看到门洞里站着一个黑影。

黑影说:"你娘哩?"

臭说:"不知道。"

那黑影迟疑了一会,然后走过来在臭的对面坐了下来。西斜的阳光从门洞里射过来,照在他那双沾满黄色烂泥的草鞋上,接着,臭看清了那个人的真实面目。

"你没有去看你爹?"

"没有。"

"你爹在镇上游街了。"

那个人的话像针刺了臭一下,他抬头看着那个人。

"哎——"那人叹了一口气,然后说:"刚才土屯来人了,人家都知道了。"

"知道啥了?"

"这孩子,你说知道啥了?你爹游街。人家不愿意了。"

"啥不愿意了?"

"这孩子,今儿咋啦?你的婚事,人家不愿意了。"

臭噌地一下从凳子上站起来,对那人吼道:"她敢!"

"人家有啥不敢?"

那人站起来,走到门外站住然后回过头来又说:"你娘回来了,给她说一声。"

臭没有回答他,臭攥着拳头立在那里,看着那个人走出他家的院门。臭久久地攥着拳头站着,直到他的手哆嗦起来。臭慢慢地在板凳上坐下来,他身上的骨架仿佛散了一般。臭就那样坐着一动不动,直到娘驼着背袖着手出现在门前,臭看到娘身后跟着磨墩。臭看着他们先后走进屋里,娘对磨墩说:"坐,恁哥。"

磨墩就在另一只凳子上坐下来,他说:"你跟臭商量商量,这事咋办?"

娘说:"我上哪去弄二百块钱?"

磨墩说:"没钱俺叔就回不来。"

娘说:"求你啦,恁哥,求你再去说说情。"

"哎——"磨墩叹了一口气,站起来说,"我再去试试吧。"

磨墩说完就往外走。娘站起来往外送,臭跟在娘后面也来到院子里。臭看到磨墩走到院门前停住了,他回头看着娘说:"这钱省不了。"

娘说:"恁哥,求你了。"

磨墩看上去有些无奈,他看了臭一眼。臭看懂了,磨墩的眼神里有些幸灾乐祸,臭站在那里,愤愤地看着磨墩走出他家的院门。也就这个时候,臭看到了西边天空上那片红色的霞光,臭被那红色的霞光弄得有些不知所措,他说:"娘,你看。"

娘也愣在那里,太阳就像一炉熊熊燃烧的炭火,在沉落的时候把她神秘的光彩施放出来,大地被那炭火烤得焦赭一片,远远看去就像升腾着一股烟气。臭听到有一种声音从那血色的云朵里发出来,在整个西天里漫荡,那声音说:"裹吧。"娘说:"裹吧。"娘说着,一边往屋里走一边自言自语地说:"只有这摔炮能救你爹了。"

臭看着娘的背影消失在门洞里,屋里的光线已经开始发暗。西天里的那片血色的云彩像注了水,那光从天空里流淌下来,把西边大爷家遗留的黑色山墙覆盖了。

黄昏悄悄而至,接着,黑夜就降临了。臭坐在娘的身边用细麻绳捆着摔炮,他要把裹好的摔炮二十支捆成一捆,由于精神恍惚,一捆摔炮臭数几次都数不准。臭只好停下来,看着坐在他对面的粪堆,不知为什么,在昏黄的光线里,粪堆的脸色却一片灰白,臭拿着摔炮的手不由得哆嗦起来。臭想止住哆嗦的手,可是他努力了几次都失败了。正在这个时候,他听到有个人跑进院子里来。臭放下手里的摔炮,还没等他站起来,爹就出现在门洞里。爹急促地喘着气,他说:"快……快……装……炮……"

娘站起来说:"他们放你出来了?"

"我跳厕所……跑回来的。"爹捂着自己的胸口说,"他们……明儿要来……搜炮哩……都搜……挨家挨户……"

娘说："那咋弄？"

"装车。"爹慢慢地缓过气来，爹对娘说："我这就走。去，你赶紧给我和面烙几个馍。"娘拍拍手上的药末，匆匆地走出屋子，往灶屋里去了。臭看到爹来到架子车边蹲下去，用手放气。放了一阵爹站起来按了按轮子，车轮就被压下去半截。臭知道，出去卖摔炮的车子都是这样，气不能足，如果气太足，车子走在坑坑洼洼的土路上，就会跳动。装了摔炮的架子车是不能跳的，不然，就会出事。爹做完这些，对身边的臭说："去，弄麦秸。"

臭出门去，天已经完全黑下来了。臭走到院子里的麦秸垛边，抱了麦秸回屋帮爹铺在车厢里。爹把一对荆条栅子分别卡在车厢的两边，然后系牢了。等把架子车收拾好，爹转身走出门，一会儿就搬回来一纸烟箱子摔炮。爹小心翼翼地把纸箱子放在地上，打开，从里面一捆一捆地拿出来往车厢里放。粪堆走过去给爹帮忙，他从箱子里往外拿，而后递给爹。

爹接过粪堆递过来的摔炮，看一眼站在一边的臭。即使在昏暗里，臭也能感觉到爹的目光里有一种怨恨，这使臭对粪堆产生了仇视心理。臭知道，如果站在那里给爹递炮的是他，那样或许能减弱爹对他的怨恨。可是现在那个位置被粪堆占住了。臭站在那里，看着爹和粪堆摆完箱子里的摔炮。等爹出去又搬回来一箱子摔炮时，臭觉得自己也应该干点什么，他不能老这样站着，不然，就会引起爹对他更多的怨恨。

臭走出门，迎面扑来的寒风使得他打了一个冷战。臭看到娘正在灶屋里给爹烙馍，做着出发前的准备工作。臭站在那里犹豫了一下，还是朝麦秸垛边上走去。臭走到麦秸垛前蹲下来，伸手摸着藏在麦秸垛里剩下的两纸箱摔炮，臭托着箱底往外拉了拉，箱子很沉。臭蹲在那里迟疑了一会儿，最后还是搬起来。臭搬起纸箱的时候，他胳膊上的肌肉突突地跳了几下。但臭没有放下，他转身咬着牙一步一步地往屋里走。等走到爹的身后，臭的胳膊和手就哆嗦起来，他就不由得叫了一声："爹。"

爹正在往车厢里装摔炮，没有理他。粪堆停住手，他看到了臭搬着摔炮箱子的样子，粪堆也叫了一声："爹。"粪堆叫完就站起来。臭感觉到怀里的箱子开始往下脱落，等到爹直起身来看他时，臭抱着的箱子已经滑过他的手指。爹说："慢点！"

爹话没说完就扑过来，可是那箱子已经重重地落在了地上。在最后的时光里，臭听到了一声震耳欲聋的巨响从他的脚下爆发出来。

农历腊月初八,一个名叫狗眼的民间艺人出现在吴庄东边的村道上。那个时候,太阳已经升到了半空中把狗眼面前的世界照得一片冰白。那场刚刚降落的大雪已经开始融化,在颍河两岸广阔的土地上,到处都响着积雪在阳光里哧哧的融化声。狗眼走得浑身燥热就停下歇息。狗眼站在那里,村道两边光秃秃的杨树在他的视线里一棵比一棵低下去,最后,他看到了远处灰白的村庄。闪亮亮的白雪堆积在远远近近的屋顶上,把狗眼的眼都照花了,狗眼误认为那是夏季里炽热的阳光。狗眼立在那里,享受着感觉里的夏日阳光的抚摸。可是,狗眼却没有看到一点绿色,这使他感到迷惘。在狗眼的经验里,这种情景只有在寒冷的冬季才会出现。

1991年3月作,原载《收获》1992年第5期。

父亲的黄昏

1991年12月上旬的一天,我心满意足地走出一家名曰"又一村"的小饭铺,立在满是泥泞的街道上。阳光从我的头顶上倾泻而下,把一条长长的街道弄出许多霉烂的辉煌。就是这个时候,我看到了满头灰发的老父亲从街里走过来,父亲削瘦的面孔在阳光下一片灰黄,我看到有一丝恐慌凝聚在父亲的脸上。父亲的脚步踏在肮脏的街道上,没有半点回避的意思,灰黑的泥泞在他的脚下四向炸开,有的溅在裤腿上,写意般地涂弄出一些圆形的图案来。冬日的阳光在雪后显得无比的灿烂,然而父亲的脸却一片灰黄,如同大雪来临之前那种湿潮的天色,父亲的神色仿佛一只突然飞临而至的秃鹫,它的翅膀遮住了我面前的阳光,我说,爹。

父亲抬起他灰白的头颅,脸上的颧骨像两个干瘪的核桃壳镶在面颊上,一双眼睛里布满了猩红的血丝。我从父亲的目光里,感受了冬天深夜里的寒冷,我说爹。

父亲立住了。父亲的思想仿佛刚从一个遥远的地方走回来,父亲的两只胳膊弯垂着,他定神看清了立在他面前的三儿子。父亲说,你回来。父亲的话语短促而匆忙,他说完又走,把一切都抛在了身后:阳光、泥泞的街道、灰色的建筑和他的三儿子。他三儿的情绪立刻低沉下来,父亲的情绪感染了他,这使他面前的阳光恍惚起来,他不由得打了一个冷颤,过去有关苦难的经历迅速从他的脑海里一次次闪过,最后,他的目光又一次落在了父亲的后背上,父亲走在泥泞里的身影充满了凄凉,那背影牢牢地储进了我的脑海里。在后来的许多日子里,父亲的背影如同他情人的面容一样,频繁地出现在他的现实生活里。

同年临近春节的某一日,镇里一个乳名叫狗儿的老人去世了,那天我望着焚烧的火纸,望着许多陌生的面孔出现在葬礼上的时候,我又突然想起了父亲远去的驼背。许多年前,父亲满头青丝、腰杆挺立、面色红润,他常常气度非凡地走在春天的街道上,他的潇洒曾经赢得过许多女孩的春心。在我的感觉里,父亲仿佛在那条街上一直走了许多年,那个腰板挺直的青年,最后和这个有些驼背的身影重叠了,这使我生出许多苍凉之感。在安葬老人的日子里,我在一张灰黄的火纸上,写下了一首题为《远道而来》的诗:

> 没有血缘,只有先人的遗嘱
> 我们来送一个过世的老人入土
> 一个黑漆的托盘,郑重地
> 送给你一顶白色的孝布
>
> 我们都为此走了许多年
> 但有人比我们来得更早
> 在一个无比寂静的世界里
> 等待着你,和你以外的人
>
> 我们大家都是远道而来
> 不要说在你年轻的岁月里
> 没有过长眠的经历,总有一天
> 无边的黑夜会来敲打你的耳鼓

不知道这些能不能印证我父亲漫长的生命旅程,但上面的句子,最终将验证一个生命的终结。我父亲的三儿子在一个寒冷的冬日里,突然想到这样一个终将会出现的事实,就感到了寒冷。这种念头的出现深深地刺伤了他的良心,他陡地发现,他是那样爱着他的父亲,他的父亲把他养育成人,在失去的时光里,他们兄妹几乎榨干了父亲的血肉,那个满头青丝、腰板挺立、满面红光的父亲,现在终于变成了驼背,他忧伤地踏着乌黑的泥泞往家走,我刚刚在小饭铺里得到的一丝满足,现在化成了一阵清风飘散了。我不得不对身边的张老师说,你先回去歇着吧。

那个阳光灿烂的冬日,我行走在颍河镇满是泥泞的街道上,那时候,那个乳名叫做狗儿的老人,正躺在一间灰暗的屋子里等待着死亡的来临,那个时候我还没有意识到,我走在街道上的情景和多年前的父亲有着几分的相似。年青的父亲在我的感觉里一直匆匆忙忙地行走,无数的日子如晨雾一样散得无踪无影,皱纹慢慢地长在他的脸上。我不知道在多年之后,自己会不会走成父亲现在的模样。在这之前,我和一个姓张的小学美术教师,坐在镇政府的某间办公室里正在制作计划生育板面。在那些日子里,我系统地了解到了有关人类遗传的部分奥秘:精子、卵子、染色体等等。实际在这之前我和我的妻子已经有过这种实践,那个时候我已经是两个孩子的父亲了,我生命的本能已经证明了有关精子、卵子、染色体这些东西的存在,这个事实从而导致了我两千元现金的丧失。两千元,整整两千元,几乎等于我一年半的工资,换来的只是一张计划生育罚款单,这使我的现实生活陷入了一种窘迫之境。现在说来我很后悔,我已经清醒地认识到,多一个儿子我肩上的担子就多一份重量。可是几年前我和妻子躺在床上快乐的时候,妻子搂却住我的脖子说,再要一个吧,再要一个吧。结果为了一时的快乐,我丢失了两千元。只两千元吗?不止,我知道我的肩上又多了一副担子,那担子在我的肩上会越来越重,那担子也将会榨干我的血肉,使我变成一个老人,变成像现在的父亲一样。我现在还不知道,若干年后我的儿子会不会把一个满头青丝、满面红光的青年人,和一个满脸皱纹的驼背老人联系在一起,我真的不敢肯定,多年之后我的儿子会像我现在一样想起他的父亲。现在我还年轻,在镇政府的某间办公室里,我正在为生活的紧迫而劳作着,画图、刻字、拼板面,北风呼呼地穿窗而过,寒冷折磨得他的面色发青。每天他都渴望着能在街上的食堂里吃上一顿酒席,可是那个长着一张猪脸的计生办主任却让他们顿顿去吃食堂,一份清豆腐两个热馒头。日他娘,喂猪的一样。张老师说,不干了,日他娘,给谁干活都比这强。我看着眼角里长满了鱼尾纹的张老师说,咱给他磨闲工,反正回去也得上课,咱在这儿一天,就能混上两顿饭。啥熊饭!张老师生气地说,我出去干活,哪顿饭不是人家头头陪着?说实话,我也想那样,就给他出谋划策。我说,想不想宰他一顿?张老师说当然想。我说,今天会计进城了,咱就说碗被锁在屋里了,咱去下馆子!张老师立刻兴奋起来,说中!他的眼里放着绿光说,宰他一顿!于是我们就盼着时光过得快一些,老担心会计会回来,食堂的饭铃一响,我就对张老师说走吧?张老师说中,走。于是我们就匆匆地走出镇政府,来到了一家名曰"又一村"的饭铺里,狠着心要了一碗鱼、一碗鸡,还有四碗米饭。我和张老师个个吃得满头大汗心满意足,很为我们的小计谋得意。在记账的时候,我们又很内行地加了两盒烟钱,尽管我还没有学会抽烟,但我还是小心翼翼地把那盒纸烟装进衣兜里,然后才和张老师一前一后走出小饭铺,站在冬日灿烂的阳光里。就是这会儿,爹一脸灰黄地从西边的街道里走过来对我说,你回来。

我行走在满是泥泞的街道上,温暖的阳光在我的感觉里渐渐消失,我看到父亲走进一所灰头灰脑的门洞里消失了,那就是我的家。在三十年前一个初冬的深夜里,有一个满脸褶皱的孩子降生到人世上。现在我立在这所陈旧的房子前,想象着那个孩子出生之后的情景,童年的一些往事从我的脑海一闪而过,一晃之间,那个孩子和他的两个哥哥,还有一个姐姐三个妹妹都已长大成人,而且那个孩子现在已经成了两个儿子的父亲,他现在就立在家门前,满街的泥泞映耀着冬日的阳光反射过来,把他的脸涂抹得像一条花狗的屁股。他看着眼前熟悉而陌生的家门,脚步有些迟缓。他知道他对这个家充满了亲情,因为那里有他的母亲和亲人,可同时这个家也让他感到恐惧,使他的心情灰暗如冬日的寒冷之夜。家曾经像一具枷锁套住了他的脖子和双手,为了挣脱这具枷锁,他在十年前就搬到了镇上的小学里,住在一间土墙草顶的办公室里,靠着他微薄的工资,和他的妻儿过着清贫的生活,可他仍然常常意识到,他并没有摆脱这沉重的枷锁。1991年12月上旬的一天,当他心满意足地走出那个名曰"又一村"的饭铺时,父亲对他说,你回来。

他得回去,他没有理由不回去。在那条生长小叶杨的黄沙路上,他来来回回走了许多日子,他一次次地穿过被黄河水淹没过的土地,来到一道铁丝网前,铁丝网拦住了他的去路,可他的心却像一只燕子飞出去,穿过蓝色的天空,飞回到老家的房椽上,在那里衔泥做窝。他一天天地看着自己年迈的父亲,看着自己的妻子儿女在他的面前进进出出,就感到深深地内疚,可是他没有丝毫的办法,他面前的黄土路长无尽头,高大的杨树林把他和外面的世界隔开了,只留下一片灰蓝的天空。二十年前一个美丽的黄昏里,我正领着小妹坐在俺家的石磨上,聆听着从河道里传来的船工号子,有一个人出现在俺家的过道里。那时过道里的光线已经发暗,使我看不清来人的面孔,只有过道前后的门洞清晰地映衬出他削瘦的身影。我从石磨上下来,朝他问,谁?可是那个人没有吭声,他手中的行李掉在了地上,他来到我的身边蹲下来,一下把小妹搂在怀里,小妹被他的举动吓哭了。我看到泪水也从那个人的眼里流出来,他叫道,乖,是爹呀,乖,是爹呀。我清醒过来,飞快地朝灶屋里奔去,我惊叫着,妈,俺爹回来了,妈,俺爹回来了。可是,现在那盘石磨已经不存在了,那盘石磨已经在许多年前被一个乡下人买走了。在我穿过那间已经被翻修过的过道时,就突然想起了那个夏日的黄昏,那个黄昏十分遥远而又仿佛近在眼前。那时父亲正当中年,我正当中年的父亲,在那个黄昏里搂住自己没有见过面的小女儿泪如泉涌,他想从涌出来的孩子中间寻找他的妻子,可是没有,他的目光穿过孩子们的肩头,在灶屋的门口看到了她,我的母亲。那会儿母亲一手握住火钩一手扶着门框站在那里,灰白的炊烟从她的头上缓缓地游出来,消失在越来越浓的夜色里。父亲站起来,抱着小妹走过去,他想看清母亲的面容,可是泪水却像一块茶色玻璃横在他的眼前,他说,爹哩?在那个美丽的黄昏里,爷爷最迟一个出现在父亲的面前,爷爷手持一个黄铜烟嘴左肩靠在堂屋的门框上,疲惫浮在他的脸上,爷爷长长地出了一口气,就顺着门框滑坐在地上。父亲放下小妹走过去扶他,爷爷却推开了他的手说,别动我,让我好好地歇歇。

现在我穿过过道,被眼前的情景惊呆了,父亲披着一件旧大衣,倚着门框立在那里,手指里燃尽的烟头就要烧着他的肌肉,父亲花白的头发和胡须使天空的太阳突然暗淡下来,二十年前的那个黄昏又一次出现在我的眼前,那个夏日黄昏的情景,和二十年后这个冬日午后的情景重叠了,父亲的身影盖住了当年爷爷的身影,以至在以后的许多日子里,我都没有办法把这两个身影分开,这种情景延续了很长时间,一直到那个名叫狗儿的老人去世的日子。那个时候,我站在老人的床前,看着他形如枯槁的面容,抚摩着他满是骨骼的手,我感觉到了死神就在他的身边徘徊。老人依在厚厚的棉被上,艰难地扬起他的手臂,他说,去……都来……叫他们都来……他知道他已经看到了死神的身影,而他看着站在他面前的一片子孙,却显得那样从容,面对死亡他心静如水。

许多日子以后,当我坐在桌前给一个名叫梁伦润的青年朋友写回信的时候,我突然又看到了老人那淡淡的目光,于是我在信中这样写道:我出身在一个农民的家庭,父母亲都是文盲,父亲是在解放后的夜校里脱的盲。我的故乡偏僻而落后,生活使我饱尝了苦难的滋味。我的父亲在1964年的"四清"运动中,因为经济问题而被判刑三年,在我十二岁以前,我整天都扛着荆条篮子在河道里拾柴禾,在河水里捞砂礓。在上小学五年级的时候,我已经是个半劳力。月光明亮的夜晚,我挑着臭烘烘的粪挑子走在坑坑洼洼的街道上。高中没毕业我就独自出外去谋生,搞长途运输,在火车站里当装卸工人,到山上打炮眼采石头,去石灰窑上装煤烧石灰。几年后我又回到故乡做了一名小学教师,之后就和一个农村姑娘成了亲,在颍河边的一个小镇上一待就是十年。我的人生经历基本上就铺就了我作品的两大母体:性爱和死亡……我就这样唠唠叨叨地给一个名叫梁伦润的青年朋友写回信,那个时候他正在一个名叫厦门的海滨城市里读大学,他在他的导师杨聪凤先生的指导下写毕业论文。他们在南方那个美丽的海滨城市里,却选择了北方一

个名叫墨白的人,来拿他的小说作为论述对象,这使我很受感动,于是我又接着写了下面这句话:

生活是美好的,一切苦难都已过去,正在出现的苦难最终也将成为过去。

当时我自认为这句话很有哲理,现在看来这句话已经臭不可闻,苦难是可以成为过去,可是谁又希望自己生活在苦难之中呢?但我没有办法,现在面对立在门前的老父亲,我就深深地陷在苦难之中,我没有能力自拔,我就忍不住叫了一声,爹。

爹没有说话,爹转身走进屋里,陷入一只破旧的藤椅里。母亲从里屋走出来,她老人家的脸上现出了焦急的神情,那焦急在屋里的每一个空间流动着。

母亲说,看看咋弄,看看咋弄……

父亲说,咋弄啥?

母亲说,是哩,啥事都是你摆弄的,看看这咋弄?我不管!

妈那个×,谁叫你管了!父亲灰白的头颅愤怒而无奈地扬起来,他说,谁叫你管了?一道道青筋在父亲灰黄的脖子里爆起来,我似乎听到了枣红色的血液在父亲的血管里流动的声音。我说,妈,你少说一句。

就在这会儿,大哥和小哥出现在门前,大哥看一眼父亲说,爹,有事?

父亲没有看他,父亲夹着纸烟的手一动不动,一缕淡蓝色的烟雾径直而上,而后在父亲的脸前盘绕。小哥说,又出事了?

父亲抬头看一眼他面前的三个儿子,仍然没有说话,又一次把头勾了下去。

蒜钱。母亲终于按捺不住说,蒜钱,还是豆门的那笔蒜钱,人家到法院告了。

大哥说,不是几个人的吗?

母亲说,问恁爹也,几个人,看看都是谁?看看还能找着谁?有俩是西平的,他连地址都说不清。还有一个锦城的,恁都见过,大胡子,脸黑蛋皮一样。来回都在家里吃住,顿顿还得给他弄两菜,吃罢喝罢,临走还给他拿着盘缠,日他娘,喷得大,家里有这有那,干着这生意那生意,谁知到他家里一看,就两间破房子,欠一屁股账……

你嘟噜个啥!父亲瞪妈一眼,可他很快就把目光移开了。在我的印象里,父亲的面孔就是这个家庭的权力,父亲长久地以威严的形象立在我们的面前,父亲的话在这个家庭历来都是不可篡改的法律。可是现在,我面前的父亲却显示出一种颓败来,父亲的威严父亲的神圣如同解冻的河道一样,我清晰地看到,无数冰凌在春日的阳光下无奈地化开,这使我有一种凄凉的失去依靠的感觉,这样的事实使我心痛。有时躺在床上,抚摸着儿子幼嫩的肌体时我就会想,有朝一日,我会不会像爹一样面对困境束手无策,难堪地在儿子面前丢丑?那该是一种多么惨不忍睹的境遇呀!父子之情使我不能轻易地接受这种事实,可是事实就摆在我们面前,使我们不能拒绝。到后来,当我看到父亲表情木然地站在那个名叫狗儿的老人面前的时候,我彻底地接受了这样一个事实:我心中无所不能的父亲,被一个对生活丧失信念的老头儿顶替了。现在我能真切地感到,父亲那因在儿子面前失去尊严而显示出来的羞耻而胆怯的目光,在屋子里四处游走,手中的烟头烧住了父亲的手,他慌忙把烟头丢在地上,用脚在上面无可奈何地蹭着。

母亲说,我嘟噜?你啥时候听我嘟噜啦?听我嘟噜你好了,听我嘟噜你也到不了这一步!看看咋弄?人家告你,你拿钱也?我看你上哪儿去弄钱!

父亲蹭烟的脚停住了,父亲骂道,妈那个×,想咋着,叫我死?

父亲仍然是父亲,父亲的话尽管底气不足,可是他仍然让你感受到他在这个家庭中的地位。我说,妈,你就少说一句,俺哥这不都来了,商量商量咋办。事到了这一步,你再说也没用。母亲就不再说,母亲气鼓鼓地倚在门框上,这使我突然想起了二十年前那个美丽夏日的黄昏,母亲一手拿火钩,一手扶门框立在灰白的烟气里站着,我突然感觉到,母亲似乎一直就这样站立着,立成了满头的灰发,立成了满面的褶皱。

大哥说,到底多少钱?

九千。

小哥说,不是说要回三千了吗?

妈说,顶账了。恁爹有多大出息恁也知道,心一个一个地操,盖房子娶媳妇,恁爹花多少钱?还有恁妹妹的事儿,哪个不得几千?恁爹有啥本事?不就是来回跑着弄几个?那三千多还给人家,还欠四千多。本想把蒜钱拿回来抵一阵子,可谁知一下子栽了,剩的钱锦城那个龟孙全拿走了,要吧,要不回来,这恁几个都在这里,说吧,咋弄?

咱也去法院告他!

告他?咋告?妈说,去豆门拉蒜的时候,是恁爹签的字。一说这事儿我就生恁爹的气,就你能,几个人都不签就你签,你的名字金贵?

父亲说,你还有完没有?出去,你出去,这事用不着你管!父亲一发火,母亲就不说话,我们也都沉沉地坐着。阳光在屋外淡下去,阳光已经没有能力再走进屋里来了,寒气冷飕飕地从暗处生出来,像猫一样开始啃我的手脚。

大哥说,他才告,总得给点时间拼钱吧?

母亲说,啥才告,俩月了,人家都来了几趟了。

小哥说,爹,咋没有听你说?

看他那样,像个扯不破的毡帽子!妈说着说着又来气了,恁看你爹现在像啥,啥事都不长不圆哩!

咋长?咋圆?父亲抬起头说,钱是硬头货!

妈还要说,被大哥拦住了,大哥说,妈,你少说一句。吵就是办法了?现在得想个法过了这一关再说。妈气鼓鼓地在凳子上坐下来,说,我不管!随恁咋弄。母亲一不说话,屋里就静下来,那静很沉重,压得屋里所有的人都难以忍受,我们彼此都能听到对方粗粗的呼吸声,淡蓝色的烟雾从我们每个人的指间摇升直上,而后在我们的头颅之间盘旋,盘旋的烟雾使我的感觉恍惚,父亲母亲哥哥在我的感觉里渐渐远去,我的脑海里只想着一个字:钱。到哪里去弄钱?钱!到哪里去弄钱呢?父亲坐在春天的阳光下,父亲坐在那盘还没有来得及卖掉的石磨上。父亲看一眼蹲在门口卷烟吸的爷爷,蹭地一下站起来,父亲狠狠地扔掉手中的烟头,果断地说,扒!父亲说完就不再看爷爷,搬着梯子就往房子上爬,父亲要扒掉我家用老砖盖起的那两间草房子。在许多年前的那个春季里,父亲的决定使我们兄弟兴奋不已,我们在两天时间里,就推倒了那两间砖墙草顶的房子,之后父亲领来了西街的张老拐,张老拐就把一块又一块笨重的老砖数给买砖的人。父亲站在春日的阳光里接过张老拐手中的钱,就在胳膊下夹了两个麻包上街了,回来时,那两个麻里就装满了红薯片,还有二十斤黄豆,在那个饥饿的春天里,我们全家人都被那两包红薯片那二十斤黄豆鼓舞着,那天夜里,我们兄妹在母亲的领导下,嘴里面一边嚼着红薯片一边推着俺家的那盘石磨,俺家那盘石磨在夜深人静的时候,发出隆隆的声响,我们一气之下把那二十斤黄豆还有掺进去的红薯片磨成了面粉。妈说,都睡吧,都去睡吧。可是我们躺在床上久久地不能入睡,我们在黑夜里等待着天亮,天亮之后,我们就可以吃上一顿久违的豆面条了,我们一家人都快有三个月没有吃上豆面条了。第二天早晨,我们兄妹都早早地起来,可是母亲比我们起得更早,母亲正在俺家的大红瓦盆里和面,我们围在母亲的身边,闻着从面团里散发出来的豆腥气,那是一个多么美好的早晨呀!我们围在母亲的身边,初升的太阳弄出了满天的朝霞,红色的霞光映照在母亲的脸上。母亲擀面条的身影捶打得空中的霞光呼呼地作响。在我长大成人之后,在我后来学习绘画过程里,我都十分偏爱红色。有些时候我走在大街上,一看到身穿红色衣服的女孩我的心里就会生出一股热浪,就会有一种去拥抱那红色的冲动。但那个早晨,那个春日的早晨,当霞光映红母亲面颊的时候,我还没有意识到这一点。我们兄妹围在母亲的身边,看着母亲把面团一块又一块地擀成面条,妈说,烧锅。

那个早晨我们都十分听话。在以往的日子里,我们兄妹常常为该谁去烧火争吵不休,可是那天早晨我们谁也没有吭声,小哥拉风箱,大哥往新支起的锅灶里填柴禾,我和几个小妹往灶边抱柴禾。锅里的水很快被烧沸了,水蒸气在早晨的红光里如烟如雾,我们望着母亲在那红雾里把面条下到锅里去,看着母亲往锅里放盐,把淘好的青菜放进去,还没等面条煮熟,我的胃就兴奋地蠕动起来,我们围在锅前,看着母亲把洗好的粗瓷大碗一个个地放在满是泥巴的锅台上。妈说,都站在一边等着,还能不叫恁吃?我们都往后退一步,看着母亲盛饭,妈先盛一碗对大哥说,给恁爷端去。妈又盛一碗对小哥说,给恁爹端去。我们望着大哥小哥给爷给爹端过去,大哥小哥刚走,不知从哪里刮过来一股风,那风卷着尘土落了一锅。我们都被这突来的风弄呆了,我们望着满是尘土的锅发呆,母亲把勺子伸进锅里搅一搅,那尘土就不见了。母亲盛一碗递给我说,吃。我什么也没说,端着碗就狼吞虎咽地吃起来,尽管那面条有些碜,但那天早晨,我们一家人还是吃得十分香甜,还是一点不剩地把那锅面条吃光了。那天父亲双手捧着碗坐在一堆杂乱灰黑的房草边,我看到了父亲的眼睛里有一种异样的神情,那神情仿佛那个春日的阳光温暖着我的心,给我以依靠,使我感到踏实。可是父亲现在给我的感觉却完全不同,父亲现在多么可怜,现在他深深地陷在一种困境之中,现在他多么需要他的儿子,需要他已经长大成人的儿子来拉他一拉,帮他渡过难关。可是,我有什么办法呢?我和我的妻子我的儿子,仍旧住在学校的破草房里,一家人完全依仗着我那点微薄的工资来生活,尽管父亲已经帮我在镇东的宅基地上盖起了三间瓦房,可屋里四壁空空。难道我得卖掉那房子来还父亲的债务吗?不,这不可能呀,父亲,那里将是我今后的立身之地,我不能没有家,父亲,您的儿子您的儿媳您的孙子不能没有一个家,父亲,您让我怎么帮您呢?父亲,您把我养育成人,给我娶来媳妇又帮我安了一个窝,可是父亲,儿子拿什么回报您呢?父亲,儿子实在没有什么办法。我抬头看一眼坐在灰暗里的父亲,父亲抬起他的头,父亲的眼角里积满了米黄色的眼屎,父亲用一种乞求的目光望着我们,父亲的目光使我感到人生的凄凉,父亲的威严在我心头里一跌千丈。父亲的声音有些颤抖,他有些乞求地说,咋弄,都说说,看咋弄。

大哥说,九千可不是个小数,上哪儿弄?我一年的工资不吃不喝还不到两千块钱。

小哥说,大哥说的是,九千不是个小数,就是借,谁能一下子借这么多?

妈一听这话就急了,她说,那就不管了?那就看着恁爹不管了?

妈,看你说哩,咋能会不管,这不是正想办法么。

啥办法,叫人家来抓,杀他刮他随人家!

哎……大哥叹口气说,爹,我不是怨你,一出事儿,就应该先给俺几个说说,我们知道了,还能活动活动,现在一下子弄到这个地步,我看只有先出去躲一躲。

妈说,躲?躲哪去?躲了初一躲得了十五吗?

大哥说,妈,这你就不知道了,这样的经济案子多的是,只要当事人不在,谁也没办法。退一步说,这钱咱还,这一来,不把几家都弄得紧巴巴的?这样你心里好受?俺爹出去了,不照样做生意?就是不做生意,俺兄弟几个年年给他对个千儿八百,还能饿着恁。

一听这话,妈的泪水就出来了。妈说,你是叫俺都走呀,我跟恁爹到了这个岁数,倒没个家了,俺不走,谁也不叫恁管,不叫恁管……妈的声音在屋子里抖动着,挤压着我的心。说实在的,大哥说的,倒是个没有办法的办法,让爹出去躲一躲,一年两年,等过了这段再回来……想到这儿我突然感到浑身发冷,我哆嗦了一下,又哆嗦了一下。我看着爹,爹的脸在灰暗的屋子里没有一点血色。爹站起来,爹的手抖动着,爹说,恁都这样想?我们没有一个人抬头,都闷闷地抽烟。

咦……中,中中……爹说。爹的声音抖动着,爹说,我走,去新疆……今个我先过河上你二姨家,叫恁妈收拾东西,明个过去,恁仨想法弄几个钱……

我们坐着没动,我们都不敢看父亲的脸。父亲在那张破藤椅前站了一会儿,就往外走,父亲的脚步显得有些轻飘,就像一片从空中落下来的叶子,摇呀摇呀,那片叶子一直摇到门外,我们兄弟几个才回过神来,我们一齐站起来,我说爹。小哥说爹。大哥说爹。可是父亲没有回头,父亲也没有停步。我们鱼贯而出,冬日的太阳斜挂在西天上,太阳光照在父亲驼背上,父亲身上那件破旧的军大衣在阳光下是那样的耀眼,父亲灰白的头颅在绿色的衬映下仿佛一片秋后的枯草。

我的脚步迟疑了一下,回身就看到了母亲,老母亲泪汪汪地倚在门框上。我说,妈。妈没有吭声,妈的腿一软,就顺着门框滑坐在冬日的土地上。

我看到了母亲.在那个夏季的黄昏来临之前,当我穿过长长的街道抱着我的儿子回到家里的时候,我看到了母亲,母亲侧身躺在一片蒜秸上睡着了。我放下儿子,轻轻地在母亲的身边蹲下来,小心翼翼地捏去落在母亲头发上的一片草叶,妈,我小声地叫着,心里一酸,泪水就涌出来,模糊了我的眼睛。

秋季来临的时候,母亲对爹这样说,种点蒜吧?

爹说,想种啥种啥,我不管。

谁叫你管了。母亲生气了,母亲不再理会父亲。母亲昼夜不停地剥蒜头,而后用簸箕把蒜皮簸得干干净净。母亲立在院子里,用力地扇动着簸箕,那些粉红的蒜瓣在簸箕里发出呼呼的声响,轻飘飘的蒜皮被母亲扇起的风吹得四处飞扬,落白了母亲的头。我说,妈,你歇会儿。妈说,不累。妈拉下头巾抽打着身上的尘土,而后在一只小凳上坐下来,看着我。母亲劳累的时候,总是这样坐下来仔细地观望她的儿女,这样她身上就会有使不完的劲。母亲从来不会闲着,家里每天三顿饭总是由母亲来做。母亲还要和我们一块儿下地,去地里一垄一垄地种蒜,去地里一垄一垄地出蒜。在大蒜收获的季节,母亲就开始在家里劳作,她切去干枯的蒜秸,切去杂乱的胡子。一地的蒜都要靠母亲自己来切,她一头头地切,母亲切出的蒜头堆得小山似的,母亲切出的蒜秸也小山似的,母亲从早切到晚,切累了,就在蒜秸上躺下来睡着了。我擦擦眼,目光潮湿地看着母亲,她老人家的身子显得是那样的瘦小,一只手枕在纷乱的灰发下,一把贴满了蒜液的菜刀横卧在她的脸边。

黄昏正从远方走过来,西方就要消失的霞光映红了她的脸,接着,潮湿的水汽就会降临,来浸湿她的衣服和皮肤,这就是那个养育了七个儿女的身躯吗?我的心揪揪地疼,我终于忍不住去拉母亲的手。母亲的手显得是那样的干燥,仿佛一段枯亡的树干,我说,妈。我的声音嘶哑,我晃动着母亲说,妈。妈醒过来,她老人家一边支起身子一边说,你看你看,咋睡着了?我说躺着歇一会儿,咋就睡着了?

妈,瞌睡就去屋里,你看这地多潮。

睡醒了睡醒了。妈说着就把她的孙子搂在怀里,看着怀里胖乎乎的孙子,母亲布满红丝的眼睛里放射着一种欣慰的光。母亲坐在地上,怀抱着她的孙子望着她的儿子,那会儿母亲是多么的幸福呀,可这会儿母亲心里充满了凄伤,母亲顺着门框滑下来,我就叫一句,妈……两个妹妹也跑过来去扶母亲,母亲嘴里只是说,去新疆……去新疆……怕是恁爹……再也回不来了……

听着母亲的话,我十分地伤感。等我转身看父亲,爹的身影早已消失了,大哥小哥也走出了家,我就站起来匆匆追出去,等我来到大堤上,看到父亲已经朝河边走去。父亲前面走,他的两个儿子尾随在身后,父亲将在晚年到异乡去流浪,父亲就像一个罪犯,跟在他身后的儿子就像两个表情冷漠的遣送者,将要押着他送往遥远的边疆。在这个时候,父亲一定想着他远在新疆的哥哥。四十多年前,父亲的大哥就在一个名叫石河子的地方居住下来,在漫长的岁月里,我发如白雪的伯父,只回到故乡一次,之后就传来了他去世的消息。

1989年10月3日,我像往常一样从学校里出来,而后穿过长长的街道往家走,在镇子的东街上,我碰到了邮局的老李,老李的车子在我的身边停了下来,他一脚支地,从车篮拿出一封信递到我的手上,说,信。老李没等我说声谢谢,他的脚尖一用力,就朝前骑去,我看一眼走远的邮递员,这才打开那封信,就是那封信,给我们带来了伯父死亡的消息。1989年8月24日,在遥远的西北一个叫做石河子的地方,有一个老人悄然去世了,我表情悲伤地走到父亲的身边,把信递给他,父亲看着我,我迟疑了片刻告诉爹说,大大爷不在了。父亲愣住了,父亲红润的脸一下子变得蜡黄,父亲的手颤抖着,他信没看完就抽泣起来,父亲的肩膀在深秋的田野里,在苍茫的黄土地上,一耸,一耸,全家都被这突来的噩耗震住了,父亲的哭声在我们的心头撞击着。

父亲像一个孩子坐在黄土地上
灰白的头颅深深地埋在两腿里
他的肩膀像树叶在秋风中抖动
他的凄泣声像只小鸟飞向天宇

父亲没踏过石河子那边的热土
但他却熟悉那里的沙枣和麦子
父亲没有喝过石河子那边的水
他耳边却时常响着伯父的话语

他们相处的日子闪电一样短促

但却有一条血管连着他们的心
熟睡的伯父再听不到这哭声了
他已经沉睡在我父亲的眼泪里

事隔两年,在这个冬季的午后,当我站在颍河大堤上望着父亲一步步走下河堤,踏上一条小船的时候,我又记起了这首题为《深秋的风》的小诗,父亲要到远方去了,可是远方已经没有了他的哥哥,在远方等待父亲的只是一堆黄土。我仿佛看到父亲独自一人坐在那堆黄土前,久久不动,面容凄然,在他的四周,是一片冬日的旷野,旷野像一匹出栏的骏马,头也不回地奔向远方,把父亲和那堆黄土留在了身后。我想,父亲回不来了。父亲跨上了小船,小船因为失重突然在水面上晃动起来,父亲趔趄了一下,坐在了船头上。小哥跟着跳上去,小哥双手支起船桨,小船往对岸驶去。父亲就要走了,父亲在他年迈的时候,要离开故土到远方去流浪,他的心里该是一种怎样的悲伤呀。我和大哥木木地站在岸边,看着那只小船渐渐地远离我们,朝河对岸驶去。就在这时,我看到了父亲从船头上站了起来,他的目光越过我们的头顶,朝岸上观看,他老人家是不是希望有什么奇迹出现?我和大哥也回过头来,我们看到小妹从岸上奔下来,风掀扬着小妹的黑发发出呼呼的声响,小妹一边往河下奔跑一边气喘吁吁地朝我们喊,爹……俺妈被人家抓走了……

现在我们兄弟不能不面对这个事实,我们的母亲被头戴大檐帽的警察抓走了,这件事风一样迅速在镇里传开,成为当天人们谈论的主要话题,我们走在大街上,就能感受到异样的目光在我们身上走来走去,这使我们兄弟在镇人的面前抬不起头来。那个冬日的午后,我们回到家再没有见到母亲,只有几个妹妹在屋里低声哭泣。没有了母亲,这个家在突然之间就倒塌下来。在我的人生经验里,母亲就是家。在我独自一人在外闯荡的岁月里,在我躺在异乡的土地上望着黑夜的时候,我常常想起家,想起母亲,想起母亲和蔼的面容。

1976年秋季一个细雨霏霏的日子里,在一个名叫汝南的小城中,我独自坐在一家客栈里就突然想起了母亲,对母亲的思念像浪潮一样击打着我的胸怀,使我再坐立不安,我不顾一切拉起架子车就上了路,雨水击打着我身上的塑料布,发出哗哗的声响,雨水打湿了我的头发我的面颊,雨水打湿了我的裤腿我脚上的布鞋,我的嘴唇冻得发紫,我的手冻得像针扎似的生疼,可是我仍然一刻不停地往家赶,走在秋天的雨季里遥想着我的母亲。那天我在秋雨里一直那样走呀走呀,在半夜时分,我终于回到了我的故乡,我已经离开了两年多的颍河镇,既是漆黑的雨夜也没能涂住我思念她的亮光。我拉着架子车,吃力地走过坑坑洼洼满是泥泞的街道,听到街里的声响,家乡的狗在屋里汪叫起来,夜的风把我头顶上的树吹得哗哗作响,一片树叶从空中飘落下来,贴在我的脸上,可在我的感觉里,这一切都是那样的亲切。我走过长长的街道,终于来到了家门前,一看到家门,我浑身的骨架都散了,一下子瘫坐在泥水里,我朝那扇门爬过去,我满身泥水地爬到门边,伸出我颤抖的手,用冻僵的手扣响了屋门。听到敲门声,屋子里立刻传来了母亲的声音,母亲说谁?

我说妈,是我,妈,我回来了,妈……

咦,我的儿,咦,我的儿,是你吗?是你吗……

妈在屋里叠声地叫着,屋里的油灯亮了,妈披着衣服拉开门,妈说,我的儿。

我的声音嘶哑了,我喊不出声来,我的眼睛模糊了,我看不清妈的面容。妈说,咦,乖乖……快脱快脱……妈帮我把湿衣服脱掉,妈扶着我躺进温暖的被窝里。妈说,我给擀面条,擀碗热面条喝喝。我躺在床上,突然间脑子里一片空白,在那片空白里,慢慢地流进一道浑浊的水,我慢慢地入睡了。

在那个细雨霏霏的秋夜里,妈把下好的面条端在了我的面前,妈叫醒我说,吃,吃了再睡。我混混沌沌地被妈扶起来,混混沌沌地吃了一碗面条,然后倒头又睡。在那个秋夜里,母亲一直坐在我的身边,母亲小心地为我擦干头发,母亲在昏暗的油灯下久久地注视着她流浪归来的儿子……可是现在母亲不在家,母亲被当作人质抓走了,我年迈的母亲,坐在鸣着警笛的三轮摩托上被法院的人带走了。寒冷的风迎面吹来,掀扬着母亲的头发,我的心如刀绞般地疼痛。我对大哥说,走,咱得去呀,咱得把妈找回来。大哥说,走。大哥一边走一边说,咋能随便抓人呢?

我和大哥从屋里走出来,来到过道里,我们看到了爹,父亲的表情一片冰凉。大哥对父亲说,俺进城了。说完,我们穿过父亲那冰凉的表情,走向满是泥泞的大街。

1991年12月上旬的一天上午,我和大哥一块穿行在满是泥泞的大街上,在那泥泞里,还残留有刚驶过不久的三轮摩托的车印。这使我又一次想起了母亲,想起了母亲坐在三轮里凄凄而恐慌的表情。我们沿着摩托的车印,匆匆地来到颍河镇北边的公路上,拦住了一辆中巴车。坐在行驶的客车上,我感到有些劳累。我把头依在车窗的玻璃上,冬日的田野在我的视线里不停地抖动,这使我感到眩晕。我闭上眼睛,脑海里就出现了一条漫长而陌生的公路,公路两旁高大的杨树在细细的秋风里发出哗哗的声响,片片黄叶从空中落下来,一个驼背老人,正在用一把骨瘦的扫帚把那些落叶赶到沟壑里去,这个不带任何感情色彩的画面,却给我留下了难以磨灭的印象。小哥对我说,走吧。我说,走。小哥骑上车子,我坐在小哥的身后,沿着那条陌生的公路往前走。大哥说,把咱妈抓哪儿去了?法院?我睁开眼睛看了大哥一眼,没有说话。大哥好像是在喃喃自语,大哥的话语在汽车的机器声里显得很微弱,我又闭上了眼睛。我在心里说,那谁知道呢?怎么会不知道?小哥说,我们鼻子底下不是有嘴吗?是的,我们就依靠了那张嘴,目标明确地穿过了一片又一片栽满果木的树林,我和小哥从车子上跳下来,向一个在路边摆摊的老婆婆问路。

  吴河林场?老婆婆的牙齿掉光了,她的嘴半张着,粉红的舌头和苍白的嘴唇在不停地抖动着,她细眯着眼睛望着我们。

  小哥说,是哩,吴河林场。

  就到了,来看谁?

  小哥说,看俺爹。

  恁爹?老婆婆说,不给恁爹带点啥?她的嘴唇仍然在颤抖着,没有一刻停下来,她的眼睛睁开了,目光有些干燥。我看一眼小哥说,给爹带两盒烟吧。我掏出两毛钱,递给老婆婆,她哆嗦着拿掉盖在木盒子上的一块玻璃,给我拿出了两包白鹅牌香烟。白鹅牌香烟八分钱一盒,是漯河卷烟厂生产的,那个时候这个牌子的香烟在我们这一带风行一时,为乡下人所青睐,因为有了那两盒白鹅烟,我和小哥的心里就踏实了。那天我们又穿过一片树林,来到了那个名叫吴河的林场,我们看到了十几匹枣红色的马和灰色的骡子,看到一个穿灰色制服的光头男人正在背对着我们,给一匹马刷毛。有一个穿蓝警服的中年人看到了我们,他朝我们走过来,用平淡的目光看着我们。

  他说,找谁?

  俺爹。

  这时,那个给马刷毛的光头男人转过脸来,他一看到我们就叫一句,刷子从他的手里脱落下来。

  是爹,那个光头汉子就是爹。长久的干渴突然得到了雨露,突然降临的雨露使我不知所措,在短暂的惊讶之后,我飞快地朝爹奔跑过去,一下子搂住了父亲的腿,我说,爹……父亲用他粗糙的手抚摸着我的头,一下,一下,又一下。大哥说,他们把妈送哪儿去了呢?监狱?大哥的声音仿佛一场沙沙的秋雨从我的感觉里流过,那场秋雨是那样的意外,那场秋雨毫不留情地飘落下来。我对小哥说,走不到家了,今个一准走不到家了。那个时候父亲站在树林下朝我们摆手的身影,已经成了我们的记忆,在我们离开父亲之后,我们就往回赶,在回家的路上,父亲的身影一直在我的眼前闪动,可是我们还没有走到锦城,天就下起了雨。小哥说,走不到家了。我们无奈地走进锦城汽车站的候车室,在一个小角落里停下来,望着天上的雨水不停地倾泻下来。

小哥说,租一条席吧。

我们就租了一条蒲席。我们兄弟坐在那条蒲席上望着黑夜一步步走近我们,我们饥肠滚滚地看着坐在我们对面的人狼吞虎咽地吃烧饼,可是我们连一分钱也没有,我们用兜里仅有的二毛四分钱租了屁股底下的蒲席。小哥说,睡吧,睡着了就不饿了。我们就在那张席子上躺下来,相互依偎着,裹紧自己的衣服,我们躺在冰凉的水泥地上,慢慢地睡着了。那天夜里我做了一个梦,梦见父亲站在远处不停地向我摆手,泪水从我的眼睛里流下来,打湿了身下的蒲席。大哥说,他们把妈送哪儿去了呢?拘留所?我看了大哥一眼,那个时候,我和大哥已经走下那辆中巴车,我说,说不准。在那个冬日的午后我和大哥站在县城的街道上,感到渺茫。

我说,咱得去找,找找看,总得有个地方。

大哥说,咱先去法院吧。人家是告到法院的。

我说,中,先去法院。

法院宽宽的甬道两边长着绿色的冬青,积雪仍旧躺在冬青的枝叶下,这使那道绿色给人一种更加寒冷的感觉,让人觉得那绿色一点都不真实。在一所大楼前,胡乱地停放着一些杂色的车子,有一对身穿皮夹克的中年男女,从挂着"经济一庭"牌子的门里走出来,一个穿警服的男人微笑着跟在他们后面。

男皮夹克说,拜托了。

警服说,这点小事,请放心。

男皮夹克停住了,他伸手和警服握了握手,女皮夹克脱掉手上的手套,把手伸到警服的面前,她的动作有些夸张,但她没有说话,只是微笑着。警服也没有说话,他握住她的手,在他们之间,好像有一种不用言说的默契,他们的表情,犹如一对半进口的良种狼狗,男皮夹克说,留步吧。警服就留步了,他站在那里,一直看着那对皮夹克气宇昂然地从我们面前走过,钻进一辆白色的伏尔加驶走了。那个警服就像我们不存在似的,他连看我们一眼都没有,转身就走回屋里去。

这种情景的出现,使我的情绪更加低沉。我和大哥先后跟进去,那个时候,微笑已从那个警服的面上消失,他冰了我们一眼说,找谁?

大哥说,颍河镇那个要蒜钱的案子是不是在这儿?

颍河镇?颍河镇上二庭。

好好,谢谢了。

那位警服没有回话,也不再看我们,我们兄弟像一对得到施舍的乞丐,尴尬地从房间里退出来。在一楼的走道里,我们只看到诸如女厕所男厕所保卫科等等字样的牌子,却没有看到有经济二庭。

我对大哥说,我上楼看看。来到二楼,我在左手的第二个门上找到了写有经济二庭的牌子,可是牌子下的门却紧闭着。我小心翼翼地敲了两下门,里面传来一个女人的声音,谁?我说,我。那女人说,干啥?

我说,我想问一下,颍河镇上那个要蒜钱的案子在这儿吗?

等一会儿。屋里的女人说完,就再没了声音。我立在那里,看着那扇绿色的门,那是一扇新漆的门,在我的感觉里,那门的颜色和楼下的冬青一样的不真实,那颜色犹如一阵凝聚了的狂风在我的感觉里呼啸,使我有些眩晕,我站立不住,就后退了两步,倚在了栏杆上。

有吗?大哥的声音从下面传上来,我转过身,看到大哥立在甬道边的冬青旁边扬着头颅朝我望。

有。我朝那扇绿色的门指了指,说,有人,还没开门。

在感觉里,我仿佛在那门前等了很久的时间,我的渴望慢慢地变成了焦躁,我的焦躁又慢慢地加进了仇恨的情绪。但最终那扇门还是开了,从门里走出来一位女警服,女警服面色红润,像一片春天开放的桃花,她看我一眼却没理我,而是手里握着一团东西往女厕所里去了。我看着厕所的门在我的视线里晃动,那也是一团绿色,那绿色的晃动由快到慢,最后停下来,静止了。那扇静止的绿色的门,使我想起了女人身上的一种生理现象:月经。我猜想走进那团绿色的女警服一定来了月经,那位面色如粉的女人在那团绿色里要做的事情使我想入非非。

大哥在下面也等不及了,他说,还没开门吗?

我朝楼下看的时候,厕所的门响了,女警服再度出现在我的视线里,我就忙微笑着迎上去,我说,请问,颍河镇那个要蒜钱的案子,是在这儿吗?

颍河镇?姓啥?

姓孙。

转走了。

转哪儿?

执行庭。

女警服说话的时候,她手中的钥匙已经插入了锁孔,站在她的身后,我看到有许多根纷乱的头发从她的帽檐下散露出来,我看着她打开门,可是她没有给我一点往屋里偷视的机会,在她闪身进门之后,那扇门咚地一下又合上了。我在二楼的楼道里寻找着,那里只有诸如女厕所男厕所之类的牌子,没有执行庭,于是我又穿过一片灰暗来到三楼,在挂有执行庭牌子的门前停下来,敲敲门,没有声音。又敲敲门,仍没有声音。我嘟囔了一句,没人。我朝楼下看,大哥已经后退了好几步,他的头颅半扬着,朝我问道,有吗?我说,有,没人。大哥说,再找找。我重新回过头来,听到另外一间房子里传来说话的声音,我就走过去。那个门前挂着一个深蓝色暖帘,我迟疑了一下掀开暖帘朝屋里看,有两个身穿警服的男女正坐在一架炉子前谈话。我说,同志,执行庭的人哪去了?

男警服说,不知道。

那个女警服背对着我,她回过头来看我一眼说,好像是去颍河镇了吧。女警服说着,她好像突然又想起了什么,接着肯定地说,去颍河镇抓人了。

我说,人抓回来了。

那个女警服本来已经回身过去,听我这么说,她又回过头来看着我,说,谁说回来了?我怎么没见?

我说,真的回来了。

女警服说,你咋知道?

我说,他们抓的是俺妈。

女警服说,噢。她说完就转回身去,再不看我。那个男警服有些不耐烦了,他说,你老掀着帘子干啥,天这么冷。我有些不知所措,就忙把暖帘放下来,可是放下之后我又接开了,我说,我想知道他们去哪儿了?

女警服头也没回对我说,不是去吃饭,就是去监狱了。

我说,去监狱?他们把人送监狱了?

这回男警服真的不耐烦了,他像赶一头猪似的朝我摆着手说,去吧去

· 85 ·

吧,去监狱找吧。

我的心被他的语气挤压着,在放下暖帘的那一刻,我听到我的心惨叫了一声。那天我和大哥走出法院的大门的时候,太阳就不见了。我们来到公路上,望着那片辽阔的城湖,冷飕飕的寒风从湖面上吹过来,掀动着我的头发和衣服,身后那些疾驶而过的车辆和匆匆的行人,离我十分的遥远,那个昏暗无光的冬日,后来成为我记忆里的一首凄伤的歌,那首歌的主题就是:寻找母亲。

寻找母亲寻找母亲呀!那个昏暗无光的冬日,我和大哥急匆匆地沿着环城公路由北往南,而后左拐再由西往东,我们要到监狱去,去寻找母亲。那个无光的冬日我和大哥一直走了很长时间,我们有些茫然地穿行在时间的隧道里。那天我们意外而幸运地遇到了表姐夫。表姐夫是我的妻子的姑妈的女儿的丈夫,那个名叫王村的警察,正好在这所监狱里供职,由于王村的出现,他很快证实了我们的母亲并不在这所监狱里。

怎么会在监狱呢?王村给我们分析道,像这种情况,只有送拘留所。

拘留所?

对,肯定是拘留所,去拘留所看看吧。

王村说着,朝城湖里指了一下。顺着他指的方向,我们看到了那座立在城湖里的古建筑。那座古建筑名叫玄歌台,在两千多年前,有一个名叫孔子的老夫子和他的学生,曾经在那里被围困了七天,现在那里成了看押犯人的所在。王村说,拘留所里有咱一个老乡,姓张,到那儿找他。

我们告别了王村,踏上了一条宽宽的土埂。我们沿着土埂往前走,走着走着,土埂越来越窄,越来越低,最后隐到湖水里去了,路在我们的脚下中断了。这种情况的出现使我们感到茫然。在附近的湖田里,有两个身穿皮叉裤的男子正在黑泥里挖藕,还有一个穿着红色羽绒服的女孩,正在撅着硕大的屁股洗藕菜。

喂——我朝湖田里喊。

那两个汉子停下手中的铁锹,那个女孩也直起了腰,她用手背拢了一下散在脸上的头发,朝这里观望。

我说,去玄歌台还有路吗?

退回去,这路不通。

我们回过身来,我们走过的路已经隐在了芦苇里。我说,这能趟过去吗?

能。一个汉子说,不深,只到膝盖。

我看着大哥说,趟吧?

大哥说,趟。

于是我们脱去鞋子,又脱去裤子,我们小心翼翼地走进湖水里,湖水刺骨的凉,在很短的时间里,我们的嘴唇就冻得发紫,我们的腿很快就失去了正常的温度。灰暗的天空悬在我的记忆里,那首旋律凄伤的歌曲会时常出现在我的记忆里,那首没有歌词的曲子却有着一个明确的主题:寻找母亲。

在穿过那段刺骨的湖水之后,我们来到了玄歌台。我们沿着坑坑洼洼的砖路走上了一个高高的台阶,又穿过一座古老高大的灰砖拱门,看到有一道铁门把第二个更大的灰砖拱门给关住了。大哥登上台阶,用手扣了扣,铁门发出咚咚的声响,声响过后,我们听到有脚步声朝门边响过来,随后,铁门上的一个小窗子打开了,窗子里露出了一双冰冷的眼睛,那眼睛说:干啥?

找人。

找谁?

有没有一个老婆婆送进来?

啥时候?

今个。

今个只送来一个老头。

大哥回头看我一眼说,没有。到底送哪儿去了?

我说,咱再去法院看看吧,说不准妈就在法院里。

我们失望地离开了拘留所,在灰暗的天空下,我们又去了法院,那天我们在县城里找来找去,然而在回家之前,我们没有得到任何有关母亲的消息。黄昏的时候,我们乘上了一辆开往颍河镇的机动三轮车,坐在颠簸的车厢里,我们仍然愁眉不展。可是当我们回到家的时候,却意外地看到母亲就坐在灯光里。母亲的出现使我们喜出望外,我长长地出了一口气。我说,妈,你回来了?

大哥说,他们把你带哪去了?

母亲说,哪也没带,就在派出所里。原来母亲根本就没有离开颍河镇。

我说,俺爹哩?

母亲说,恁没见着?恁爹叫人家抓走了。

听完妈的话,我忽地一下明白了,在去玄歌台之前,我们的父亲就被关进了拘留所,那个看门人说的老头,就是我的父亲。情况的突然转变,使得我和大哥相对无言。我们去拘留所寻找母亲,而我们的父亲却正蹲在寒冷的狱房里,目光痴呆地望着古老湿潮的墙壁,形如一个刚刚出土的陶俑。

夜色凝重,如一团雾漆黑了我们的面孔,街里的泥泞,已被寒冷所凝固。凝固的泥泞,使得我们的脚步声像铁块一样冰冷,一盏孤独的路灯,立在街道里,昏黄如水的光亮从我们的头上漫下来,我和大哥好像两尾鱼,急匆匆地游过去,在一片暗处停下来。大哥说,明个你先去,找着王村,给咱爹送条被子。

没等我回答,大哥就转身消失在一条胡同里。我知道,这个时候大哥和我一样怀着沉重的心情往家走,那里有他的妻子,那里有他的儿女,家在这个寒冷的黑夜里,使每一个漂流的人感到温暖。这个时候,我的父亲正蹲在寒冷的冬夜里,思想穿过古老而漆黑的墙壁,想着他的家。假如在这个时候,那扇关闭的铁门被打开,有一个声音仁慈地向爹宣布:你自由了。我想,父亲一定会毫不迟疑地做出选择:回家!哪怕在他的面前是遥无边际的寒冷和黑夜。我穿过长长的街道,走进颍河镇小学,在小学的后院里,我看到有灯光从我住室门窗的缝隙里露出来,我想,会的,假如我是父亲,我也会穿过遥无边际的寒冷和黑夜,回到这一线的灯光前,那个时候,父亲的心里该是一种怎样的情感?然而没有,那扇铁门没有打开,我的父亲仍然蹲在寒冷的黑夜里,等待着儿子们去解救他。门开了,妻子和儿子出现在我的面前,灯光追打着他们的身影向我扑来。儿子说,爸。我抚摩了一下大儿子,又从妻子的怀里接过小儿子,我说,乖。

妻子关住门,就去灶边给我盛饭。在这个漫长的冬日,妻子一定心情焦急地等待着丈夫的归来,这使我想起了母亲。母亲说,我不心疼他,他死吧……母亲说完就泪如泉涌。我们兄弟都呆呆地坐着,大哥说,妈,你别哭,哭有啥用?现在咱得想个办法。

九千块,上哪儿给他弄九千块?妈说,九千块是个小数?

是的,九千块对于我们来说的确不是个小数。尽管我们兄弟在镇上都是些有脸面的人物,可我们家底薄呀,大哥在镇里搞通讯,空闲里偷偷摸摸在写些短稿,长年熬夜,累光了头顶,一年才能挣几个稿费?他要供儿女上学,他一家要吃要喝,几个稿费顶得住折腾?小哥虽说自从民师转了正,可穷教师能有啥出息?我们都清楚,在我们每一个人成家立业的过程中,父亲都起了啥作用,父亲给我们盖房子,父亲给我们娶媳妇,父亲用他的血肉筑起了我们的幸福,父亲现在形如枯蒿,可是还有三个女儿等着他去操心!现在我们的父亲负债累累!面对这种事实我束手无策。

妻子说,别愁。妻子说完叹了一口气。

我说，不愁，能不愁吗？我几年才能挣九千块钱？

妻子说，这能是一家的事儿？

我知道不是一家的事儿，就摊，咱至少也得拿两千吧？

妻子不再言语，妻子也锁一脸忧愁，小心洗碗刷锅，小心铺床叠被。妻子说，睡吧，天冷，睡吧。我们都不再说话，上床灭灯。妻子把头枕在我的胳膊上，妻子用手抚摸着我的脸，妻子总爱在夜色里抚摸我的脸，这使我想起了母亲，之后我又想起了父亲。父亲和母亲一生养育了七个儿女，现在他们已经老了。我越过妻子伸手去摸熟睡的儿子，我的儿子。我的儿子也将在漫长的岁月里长大成人，总将有一天，我也会像父亲一样老成一块干枯的树皮，我突然有一种想留住时光的渴望，时光你静止吧！朝阳你永远烧红东方的天际吧！不要升起也不要落下。可是不能，转眼间我的小儿子已经两岁了。在两年前那个寒冷的冬季，一个被称作腊月十二的深夜里，我的妻子挺着个大肚子频繁地从床上下来，蹲到尿盆上去撒尿。

我说，快上来，冻着了。

妻子说，老想尿，老想尿，又尿不出来。

我说睡吧，快睡吧。

妻子说，不中，憋得慌，怕是要生了。

妻子躺在床上，妻子说，不中，憋死我了……你快看看咋弄的，单子咋湿了……怕是羊水破了，快要生了。

我说，别慌别慌。我就飞快地穿衣服，赤着脚裹了一件大衣对妻子说，你先忍着，我去拉架子车。我兔子一样蹿出窝，一路小跑，我要去岳父家拉架子车。在路上，我幻想着妻子能给我生个女儿。在那个冬夜里，我敲响了岳父家的大门，急促的敲门声在寂静里四处炸开，我朝屋里喊，开门开门快开门。岳父披一件棉衣，用一双惺忪的小眼睛望着我。我说，用一下架子车，去医院。那个黑夜里，我身后的架子车在坚硬的泥路上跳跃，如鞭炮一路响过来。可是等我气喘吁吁地回到学校，那个小生命已经露出了头颅，妻子不停地呼叫着我的名字，妻子说，这咋弄，这咋弄……

血液和羊水湿透了妻子身下的被子，那个时候，我真的像一只热锅上的蚂蚁，我就那样眼睁睁地看着一个小生命从母体里滑落下来，落在寒冷的季节里。

> 看粉红色的山涧
> 流成血色的小溪

有一黑色的头颅
滑过了生命之阴

看到了吗
那就是你
一个怎样的果实呀
小小额头布满皱纹

远处是无边的寒冷
远处是恐惧的声音
你却手舞足蹈
就这样走出家门

  儿子落进血水里,那血水如一片红光,在我的视野里漫延。在那红光里,我的儿子慢慢地长大。在那红光里,我慢慢地变老。是的,有朝一日,我也会像爹一样变得满头白发、一脸皱纹,我的眼角里也会积满米黄色的眼屎,我的牙齿会脱落得一颗不剩,我空空的嘴唇敞开着,说不定,我也会像父亲一样,蹲在那所古老而寒冷的墙壁下,等待着儿子的解救。你哭了?妻子说。
  我说,没有。我擦一把眼泪说,睡吧,明个还得给爹送被子。

  我们应该信命,当你赤裸裸地被父母接到世上的时候,你能抗拒吗?你不能。你出生在一个贫困的农民家庭,或者一个地位显赫的名门贵族,这就是两种不同的命运,这是两种不同的有着巨大差别的境遇。但我们也相信一个人的命运是可以改变的。随着时间的流逝,一个农民的儿子,可能成为一个伟大的政治家,成为一个伟大的科学家或者文学家;一个皇帝的儿子,也可能在日月转换的岁月里,变成一个乞丐。可是一个穷人家的孩子要改变自己的命运,要比另一种人多付出多少代价呀!这就是命运的不公平。1992年12月上旬,在某一天的早晨,当我背着被子立在公路边等车的时候,就深深地感受到了这一点。那个寒冷的早晨,我立在公路边,看着一辆又一辆漂亮的小轿车从我的身边开过去,心里就生出一种自卑来,这自卑像阴潮的天空一样笼罩着,使我情绪低沉,我躲开朝我看过来的一道又一道目光。我背着被子穿过县城那条最为繁华的街道,熙熙攘攘的声音像寒风一样往我的衣服里面钻,我没有勇气抬起头来,匆匆忙忙地和那些漂亮的裤腿相错而过,实际上我并不认识那些人,那些人也不认识我,可我就是没有勇气抬起头来看他们一眼。我穿过一条小巷,最后立在了一片浩荡的湖水边,那座古老建筑出现在我的视线里,远远地望去,水上的玄歌台就像一座年久失修的陵墓,生出一种幽霉之气,这使我的心里生出几分胆怯。我回头看一眼,身后是一片陌生的世界,这里只有我的父亲在前面的拘留所里等我,我把冻得生疼的手放在嘴上吹了一口热气,提着被卷,沿着那条通往湖中小道朝父亲走去。

那扇只能露出一双眼睛的小窗子打开了,从窗子里看过来的目光像凛冽的风把我的头发吹了起来,那眼睛说,找谁?

我说,俺爹。

上午不见。

那眼睛说完哗地一声把小窗子关闭了。我像个傻子站在那扇生满红锈的铁门前,我变成了一片焦黄的叶子从空中飘下来,一头栽落在地上,我几乎丧失了思想和记忆。我无力地在铁门前坐下来,脚下坑坑洼洼的路面发出一声无奈的叹息,那叹息从古老的砖块里滋生出来,很快布满了四周,像雾一样打湿了我的头发和筋骨,打湿了我的目光和血肉。我像一棵小草,沉没在那浩瀚的气体里,默然无声,等待着灿烂的阳光来驱散那雾气,来把我拯救。可是没有阳光,在我记忆里那个日子里没有阳光,我记忆的头顶上永远是一个巨大的灰色天穹,那天穹把我罩住了,我驮着沉重的灰色天穹在县城的街道走动,我要去找我的表姐夫王村,找他来帮我打开那扇如血的铁门。

在那个寒冷的日子里,当我和身穿军大衣的王村又一次来到玄歌台时,那对铁门终于打开了。我跟在王村的身后,穿过一道长长的砖砌的弓形门洞,最后来到一所院子里,首先映入我眼帘的是一座高大的殿堂,在殿堂的四周有灰白色的石柱,殿堂的两侧与通道相隔有两排古旧的厢房,那些建筑的墙壁是灰色的,就像凝聚的时间一样冰冷而湿潮,那冰冷和湿潮化作一只巨大的魔手卡住了我的脖子,使我呼吸艰难。在我艰难的呼吸中,有一个精瘦的警察走过来,他和王村打招呼,他们两个站在一株落光叶子的槐树下耳语,他们一来一往,就像两个动作滑稽的木偶,最后他们一起拿目光来看我,王村对我打了一个手势说,来。

我跟着他们往东厢房走,我和他们的鞋子同时踏在砖块上,却发出了两种完全不同的声响,那声音一强一弱。在大殿与厢房的间隙里,我看到了一道高深的墙壁,墙壁上拉着一道电网,在那高深的墙壁上,只有一扇单薄而瘦小的门,那门关闭着。一看到那门,我的心就往上提了一寸,那扇门使我感到压抑。我想,父亲就是从这扇小门里走进去的吗?父亲就被关押在这道高墙后面的某一间房子里吗?

我和王村坐在东厢房的一间屋子里,等待我的父亲。我听到有脚步声从外面传过来,那脚步声有些胆怯,有些颤抖。我站起来,有些紧张地搂住怀里的被子,两眼直直地望着门口。父亲像一个灰色的影子,嵌在了门洞里,我想迎过去,可是我的腿却石块一样沉重,我脸上的肌肉突突地跳了几下,我说爹。可是我的声音却被悲怆的情绪堵在喉咙里。这就是我的父亲吗?爹一夜之间变老了许多,爹的头发变得一片雪白,爹的颧骨高高地耸着,在高大的厢房里,他显得是那样的瘦弱,精神是那样的颓丧。爹一下子拉住了王村的手说,恁哥……父亲的咽喉在灰暗的光线里一下一下地滑动,爹说,得想法把我弄出去呀。爹说完像个孩子一样用袖口擦着眼角,爹突然间变得那样脆弱,爹的声音有些哽咽,不能把我丢在这儿不管呀……

王村说,看你说的表叔,咋会不管,我几个表弟在镇里都是有脸面的人,咋会把你丢在这里不管呢?

王村说,表弟,回去想想办法,恁兄弟几个弄几千块钱总不会有啥问题吧?

我迈着沉重的脚步回到了学校,正是下课时间,穿着五颜六色的学生,在灰色的天空下嬉闹着奔跑着,他们的欢笑声在校园里沸沸扬扬,这使我感到了自己的苍老。我的脚步有些机械地穿过杂乱的声音,走进我的住室,我在板凳上坐下来,感到十分的劳累。门口响起了脚步声,那是我的妻子。妻走进来把怀里的儿子放在床上,在我的身边坐下来,她拍了拍我肩上的灰尘说,还没有吃饭吧?

没等我说话,妻就站起来,从锅里端出饭菜放在我面前的小桌上,妻说,趁热吃吧。小桌上的饭菜冒着热气,这使我想到了父亲。这个时候,我的父亲正坐在潮湿寒冰的监狱里望着灰色的墙壁,我说,得把爹弄出来。

妻把饭碗往我面前推了推说,吃饭,吃了饭再说。

我说,得把爹弄出来。

妻说,咱大哥咱小哥才走没多大会儿。

听妻这样说,我噌地一下站起来,妻拉住我的手说,吃饭,吃了饭再说。

我说,我不饿。

我真的不饿。从早晨到现在,我只在县城里喝了一碗胡辣汤,可我却没感觉到饥饿,凄伤和忧愁已经积满了我的胸膛和肠胃。我走到床前,看着躺在被窝里的儿子,儿子睡着了,儿子均匀的呼吸像流水一样从我的眼前缓缓地流过。妻子依在我的身边,我侧身把她搂在怀里,闭上了眼睛。爹又一次出现在我的面前,爹坐在冰冷的地铺上,望着一方窄小的铁窗,满目的凄伤。我说,得把爹弄出来。

我走在大街上,身边的一切都像风一样从我的耳边飘过,我只想着一句,得把爹弄出来。钱,九千块钱,我们兄弟三人平均拿,一个人也得三千。三千块钱,我上哪儿去弄三千块钱呢?我在满是泥泞的街道上走着,我在不觉之中来到了我的新屋前,这是三间崭新的混砖瓦屋,这就是我的家,连门窗还没来得及安上的家,父亲为了给我盖这三间房子吃尽了苦。

那个秋雨潇潇的黑夜里,我从妻的身边坐起来,我说不中,我得去看看房子。

妻说咱爹不是在那儿看着吗?

我说,不中,我得去看看。

我走出门,打着伞,秋雨满世界地飘落,我微弱的手电灯光在漆黑的夜里一闪一闪,泥泞在我的脚下四处炸开。我的房子还没有盖好,刚刚钉上椽子,我来到建房工地上,看到了爹的小兜床。爹躺在小兜床上,上面盖一块塑料布在那儿守夜,我在爹的床边蹲下来,在心里叫一声,爹,就有东西在我的喉咙里滚动。这没盖好的房子连片挡雨的地方都没有,雨水哗哗地砸在塑料布上,我年迈的父亲为他的儿子在这里守夜。我在心里默默地叫着,爹,你老受苦了……

爹突然说,雨的泥的,来干啥?回吧,这里没事。

原来父亲醒着,父亲醒着。站在空空的房子里,我在心里一遍一遍地说,得把爹弄出来。可是我去哪儿弄三千块钱呢?把这新屋卖掉吧。我走在满是泥泞的街道上,心里这样想,把房子卖掉吧。可这是大事,得回去给妻商量商量,那是我们的窝呀,没窝我咋为自己妻儿挡风遮雨?小鸟还有个窝哩,我得有个窝。在穿过老宅那座过道的时候,我仍在冥思苦想,我上哪儿去弄三千块钱呢?那个时候全家人都在屋里等我。妈说,见着恁爹了?

见着了,我掏给他20块钱。

爹咋说?

爹说得想法把他弄出去。

一屋子人都不言语,默默地坐着,一缕又一缕青烟,从大哥小哥的指间升上去,在我们的头顶盘绕。我们都在想:钱。

妈终于耐不住寂寞,妈说,弄出来,咋弄出来?不得钱?他死吧,谁上哪儿去给他弄九千块钱?他死吧,死了我都不心疼他……妈说着就呜呜地哭起来,妈哭小妹也跟着哭,妈和小妹一哭,两个大妹也都跟着流眼泪。

大哥说,哭就顶用了?要是能把俺爹哭出来,咱都坐这儿哭,这不正在想办法吗?

妈和妹的哭声就低下来,我们又都不言语。大哥把手中的烟屁股丢在地上,用脚趾了趾说,想想办法,都回去想想办法。

我对妻说,把房子卖了吧。妻愣住了,她看我好像一个陌生人,而后她扑在床上哭起来。我拉着小儿子,站在那里无可奈何地看着她的肩膀在抖动。我把她的身子扳过来说,别哭。我一边给她擦着眼泪一边说,别哭。妻猛地坐起来捶打着我的肩膀,她哭述着,卖吧卖吧卖吧,卖了我就领着你俩儿去要饭!说完又倒在床上哭。儿子被眼前的情景吓哭了,我抱起儿子走出住室,乡村小学陈旧的教舍,在我的视线里呈现出一种苍凉破落的景象。我抱着儿子脚步沉重地穿过空荡荡的操场,我却看到了妻子和儿子在秋雨飘落的乡村土路艰难行走的情景,那种虚构的情景使我泪流满面。可那个时候我又一次想起了父亲,那天我回到了家里,对妈说,把我那房子卖了吧。

妈说,你说啥?卖房子?

我把儿子搂在怀里,低下头来,我说,跑了几家才借了三百块钱,三百块钱咋能把爹弄出来?

不管他,不管他……妈说着又哽咽起来。

大哥说,看你,咋管卖房子。

妈说,不管他,杀他判他随人家……

小哥说,妈,看你说哩,几个钱咋能杀人呢?他们把俺爹抓起来,就是为了要钱,没钱看他咋办?顶多判个三年两年。

大哥说,爹就是出来,三年两年能挣九千块钱?要我说,一分也不拿,看他咋办?

我也不能不承认,大哥说的,是目前唯一最好的办法。判个三年两年又咋了?在哪儿不是生活?

妈说,恁真的都不管了?妈哭起来,妈说,白养活恁啦,恁都不管恁爹啦……

我们都不言语,一个个铁青着脸。

在那个灰色沉长的日子里,我们谁也没想到王村会出现在我们的面前,当王村的牛皮鞋敲击在我家坚硬的冻地上的时候,我们还都沉溺在一片无望之中。

王村说,我来镇上办事儿,随便过来看看。王村点着大哥递过去的香烟又说,钱准备得咋样了?

我说,像俺爹这样的情况,要是真没钱,能判几年?

判几年?王村生气了,王村说,恁咋会这样想?恁几个都是镇上有脸面的人,就这样看着把俺表叔判了?你们出去还有脸见人吗?再说,恁以为人家会轻易把你判了?像表叔这样的情况,拘留期到了,他就把你丢到南监里去,他才不管你呢,你啥时候拿钱,他啥时候放你出来。他抓你干啥了?就是为了挤你的钱,你不拿钱他就不放你,你咋办?

我们兄弟在王村的视线里,都无地自容,大哥的脸一片灰黄,大哥说,咋会不管?不管咋弄?只是一时弄不来这么多钱。

王村说,没多有少也中呀,先拿个三千两千,然后再找保人。我给法院都说好了,今天下午就得把表叔放出来,出来后慢慢地还。

中中,这中。妈一边擦泪一边说,保人找谁?我中不中?

王村说,你不中,恁表弟谁都中。

妈说,恁恁,看看谁保。

谁担保呢?我们都知道,谁担保将来责任就是谁的,这样的事咋管摊到一个人头上呢?小哥说,大哥,你看咋办?

大哥说,都保吧,咱恁都保,都把名字签上。

那个日子在我记忆里永远都是灰色的。我跟着我的表姐夫王村,要到县城的拘留所里去把父亲接回来。当我坐上王村的三轮摩托时,我又一次想到了爹,我年迈的父亲就是坐着这样的三轮摩托被带走的,那个时候他双手带着手铐,脸色一片灰黄,一想到父亲,我就有一种犯人的感觉。我发誓,今后我不会再坐这种三轮摩托车。王村说,走吧。我说走。我对大哥小哥和妈说,我去了。妈说去吧。大哥小哥用一种灰淡的目光看着我。就这个时候,小妹突然从院子里跑出来,小妹说,哥,咱爷叫你哩。

由于父亲的事情,我们全家人都把爷爷给忽视了,就连父亲本人也忽略了这一点。在父亲准备离家前往异乡的时候,他也把爷爷忘记了。如果父亲那天能成行,这一点将使他悔恨终生。父亲坐在我想象中的班房里,一准会想到这一点,那个时候他老人家一准会泪流满面。由于爷爷长年卧病在床,这使他成了个多余的人,他在我们的日常生活中几乎失去了影响。一个人长久地躺在床上终日等待着死亡的降临,那是一种多么凄惨而荒凉的景象呀!当我们来到爷爷的床前,看着老人形如枯槁的面容时,我再也忍不住自己的泪水。爷爷树皮一样的老手抬起来,颤抖着滑过我的面颊,为我擦去眼泪,他的嘴唇哆嗦着,他用我几乎听不到的声音说,别哭。

我知道老人已经慢慢地接近死亡,可是这位老人面对死亡却心静如水,这不能不使我震惊。这个时候我还没有写出那首题为《远道而来》的诗篇。在后来安葬老人的日子里,那首诗化成了一个悠扬的曲子,在我的感觉里,在充满暗红色的黄昏里,慢慢地飘荡。

1992年8月作,原载《山花》2004年第4期

雨中的墓园

> 我们来这里为的是治疗
> 脓包中心的平静
> 我们来自厨房里凶猛、突发的争吵
> 那里思想像面包一样
> 分解在水里
> ——德里克·沃尔科特①《克罗索之岛》

后来,我认识了晓霞。在一个春天的黄昏里,我向她讲述了这次苦涩的旅行。

起因是什么呢?晓霞说。

你提这个问题很突然。我看了晓霞一眼,那个时候她正坐在我的斜对面,浓重如酒一样的昏黄从窗子里涌进来,这样我只看到了她的剪影。晓霞属于那种丰满而且性感的女性。她说她最大的优点就是好玩,好搞个恶作剧,她说这是她生活的一部分。比如,用一些小手段把公司里的一对对男女都搞得含情脉脉。我真感到可笑,晓霞说。

你总是站在高处去俯视他们,是吧?

晓霞没有回答我,她只是用一只手托着下颏静静地看着我,从窗子里拥进来的光线使我只能看清她从眉骨到嘴唇之间的一段优美的曲线,其余的半个脸全都蒙上了一层神秘的灰色,在那里没有了像她那种年龄的少妇所拥有的红润色彩,但我知道她的皮肤非常光滑,到目前为止我还不能找出一个恰当的词语来形容在我拥有她时的感觉。我说,这事儿我还没有认真想过。

---

① 德里克·沃尔科特,1930年生于圣·卢西亚,画家、剧作家,而他最重要的是一个诗人,他的诗因"具有伟大的光彩,历史的视野,献身多元文化的结果"而获1992年诺贝尔文学奖。布罗斯基把他誉为"今日英语文学中最好的诗人"。主要著作有《在绿夜里》、《海葡萄》、《海滩余生》、《最后的狂欢》等。

晓霞说,总得有个大体的时间吧?

初秋。我想了一下又肯定地说,是初秋,一个细雨霏霏的天气里。

是早晨还是上午?

我想了一下说,是早晨。说完我又补充了一句,应该是早晨。因为那天我醒来时客厅里还亮着灯,他们几个狗男女还在呼呼啦啦地洗着麻将,屋里充满了污秽的空气,他们打了一夜的麻将,吸烟,放屁,呼出许多二氧化碳,空气还有不污秽的?

那时我很烦躁,耳朵里有一种穿火的感觉,头皮一紧一紧的,我知道我的老毛病又犯了,每当我忍受不了的时候都是这样,我强忍着不让自己发脾气。你知道头天晚上十点钟我才从外地出差回来,出了车站,我就想象着她等我回家等得焦急的样子,你想我一出去就是半个月,时间也够长了,在回家的路上我就想拥有她。可回到家里等待我的却是一片狼藉,她把两个男人一个女人领回家来吃饭,吃完饭就把餐具堆在水池里开始打麻将。他们看我回来都黑着脸盯着我,她用眼翻我一下对他们说,来,打牌! 她说话都有一股子酒气。我说,你喝酒了? 她说,我喝了,咋啦? 你知道那会儿我真想冲过去抓住她的头发狠狠地揍她一顿,可是我没敢,因为坐在她身边的那个女的是她的表妹,那两个男的一个是我小舅子,一个是她表妹的丈夫,我不是他们的对手。你知道那个时候我坐了一天车,感到很累,我倒在床上不一会儿就进入了梦乡。谁知我一觉醒来他们还在打,我真是忍受不了了,这哪还像个家? 我攥紧拳头走到客厅里,在日光灯下,我看到憔悴和疲倦都溶解在他们脸上。我说,还打吗? 她回头看我一眼什么也没说又继续去洗牌。我说,你还打吗? 她噌地一下站起来,把手里的两张牌"叭"地拍在桌子上,她的嘴唇动了一下就有一口浓痰吐到了我脸上,她恶狠狠地说,你不领着那个婊子在外边逛足逛够你回来干啥?

你想想看,我和单位的女性一块出差她就怀疑,这哪是人过的日子? 我上去抽了她一个耳光,一脚就把牌桌蹬翻了,我喊叫着,我叫你打,我日你那浪娘我叫你打!

起初她真被我的气势给吓住了,可是只一瞬间,她就扑过来抓我的脸,嘴里不停地叫骂着,我不得不和她打成一团。那会儿我忘记了危险,你想她几个兄弟妹子会放过我? 我知道他们就是来找茬的,他们一拥而上,把我摁倒在地。她在一边喊叫着,打,朝软和地方打,打他的脸,叫他没法出去! 于是他们就打我的脸,打我身上软和的地方,我的鼻子里,嘴里都流着血,我真是疼痛难忍。你知道狗急了还跳墙呢,是吧? 我就不顾一切地乱踢乱蹬,有一下就踢在我小舅子的裆里,你知道那是男人致命的地方,他嚎叫一声就蹲在了地上,其他人被那一声尖叫吓住了,我趁机从地上爬起来,拉开门跑到外边去。在下到二楼的时候我险些撞到墙上,我听她在后面喊叫着,别让他走,打死他!我一边跑一边回过头朝她骂道,打吧,打死我好跟你兄弟过!我像个丧家之犬逃出了楼洞,那个时候天刚蒙蒙亮,院子里还没有一个人,我怕他们追上来打我,就赶快跑到街道上。我看到有一辆三轮停在不远的十字路口,脚夫缩成一团正窝在车厢里睡觉,我就喊,三轮,三轮!

  脚夫被我喊醒了,他惺忪的眼睛看着我,我说,快走。还没等他明白过来就被我从车上推了下来,我手脚并用爬上车,还没有坐稳我就对他喊叫着,快走,快走!脚夫说,上哪儿?我说,往前。那会儿我小舅子他们已经拿着棍子什么的追了出来,我说,快点!那个脚夫一看顿时来了精神,他脚下生风,以最快的速度推着我往前行,等把身后的那伙人甩掉来到了一处灰暗的地方,脚夫停下来气喘吁吁地对我说,伙计,咋样,我救了你吧?

  我说,谢谢你。

  他说,你也别谢我,我是冒着犯法救你的,把你弄来的东西分给我一半好了。

  听他这样一说,我愣住了,啥东西?

  啥东西?这还让我说吗?

  没有啥东西呀?

  咦,你还非让我说出那个难听的字吗?

  哪句难听的字?

  偷!你在偷人家!你要是不分我就把你送到派出所里!

  当时我哭笑不得,你还想黑吃黑呀?我对你说,我是给我老婆生气!要不你还把我推回去吧!

  脚夫不说话了,他一边收了我的钱一边嘟嘟囔囔地骑着三轮车离开了,初秋的晨风吹扬着他灰色的上衣,路边高大的法国梧桐在他的头顶上哗哗地作响。有个清洁工在远处的街道上劳作,我只听到他扫地的哗哗声,却看不清他的形象,他的形象被灰白的水汽所朦胧。那个时候我突然感到冷,感到有凉凉的水珠打在我脸上,下雨了,细细的小雨,那会儿我并不知道那就是那场漫长的秋雨的开始,我也不知道我即将在秋雨里做一次苦涩的旅行。我像一条丧家犬在空荡荡的大街上游荡,这时从后面开过来一辆车,那辆车的灯光穿过水雾显得非常虚弱,我清晰地听到黑色的橡胶轮胎摩擦路面的声音,接着我听到一个女子的喊叫声,青台青台,青台走了。那辆车开到我身边慢了下来,那个站在车门边的女子朝我说,上青台吗?上来就走。我迟疑了一下还是跳上车,那辆中型的面包车里座无虚席。站在我身后的女子又说,上青台吗?我没有回答她,只是对她点了点头。说实话,那个时候我还是第一次听说有青台这样一个地名,至于青台是个什么样子,在什么方位我一概不知,甚至当时我连青台这个名字都没有记住,我只知道那是一次毫无目的的、丧失了方向的旅行,这使我感到迷茫。但那辆行驶的车使我产生了一种安全的感觉。

怎么不讲了?晓霞说。

我朝晓霞苦笑了一下,实际无论是现在还是后来我和晓霞坐在那间昏暗的屋里时我都被那场霏霏的秋雨所淋湿,所不同的是现实之中是我的肉体,而后来的时光里则是我的思想。在春日的黄昏到来的时候,一切都显得那样的安静,外边的楼道里没有一个人,窗外西天的亮光映衬出高大建筑的灰色身影,这使我感到压抑。这种感觉使我渴望交流,渴望用语言表达这种感觉。我默默地看着她不由得想起几句诗来:

黄昏如酒
如酒的黄昏
灌醉了我的痴情

我的心头不由得涌过一阵热潮,我用手轻轻地抚摸着她富有弹性的大腿。我的手一直滑到她的大腿深处,晓霞把我的手移开说,讲,接着讲,我想听。

好吧,我说,我接着给你讲。

在一个细雨霏霏的秋日的早晨,我离开了家,要到一个名叫青台的地方去。青台是个什么样子在我以往的生活经历里没有丝毫的印象,是一个周围长满了青草的高台子还是住了许多人家的镇子,这我一无所知,我在晃动的客车中想象着青台的样子,霏霏的细雨在行走的车外弥漫了灰黄的秋日旷野,青台是个什么样子呢?我在不停地思索,实际我的思索都是多余的,我没有想到在不久的时间里这辆客车把我带到一个我一无所知的地方,事实将向我展示一切。

那天我乘上了那辆开往青台的中巴车,在那辆车上我看到的全是陌生的旅人,他们中间有男有女,个个表情沉郁,在我上车的时候他们全都用一种异样的目光看着我,尽管当时光线灰暗,但我还是能感觉出他们的目光里有一种异样的东西,我当时说不清那是一种什么东西,那东西就像车外的雨水把我的思想给淋湿了,他们的目光仿佛让我置身于无边无际的雨水里,我孤零零地站在车厢的走道里孤独无援,就像一条被猎人捕获的野狗。我想在他们中间坐下来,可是却找不到一个座位。在我的耳边响着嗡嗡的机器声,余下的就是无边的沉静。我想,要是能有人说一句什么也好呀,这样就可以打破尴尬的局面,可是他们全都不说话,他们坐在那里,好像都是刚刚从墓穴里扒出来似的。我想对他们说一句,可是我不知道他们要到哪里去,我只好哆哆嗦嗦地站在行走的中巴车上,我不敢看他们,只好把目光移到窗外去,窗外灰色的天空笼罩着路边连绵不断的树林,路边的树林被风雨吹打着,就像电视里的动画片一样在不停地移动。这样不知道过了多久,那辆中巴终于在路边上停下来,人们纷纷站起来。这时车门打开了,车门边的人开始下车。我想,他们干什么?下车方便吗?可是不对呀,他们手中还都提着篮子,那就说明他们已经到站了。趁人们不注意我一弯腰就钻到一个座位上去,我想这下我也有座位坐了。我坐在那里却感觉到身后有许多目光在注视着我,我不敢回头看他们,就又把目光移到窗外。我看到那些下车的人在雨水里提着东西一个跟一个穿过公路朝树林里走去。等我回过头来,车厢里已经空无一人,只有司机坐在前面吸烟。我清了清嗓子说,哎,怎么不走了?司机回头看了我一眼说,上哪儿?我说你们不是说上青台吗?司机又看了我一眼说,这不就是青台吗?你不下去还等什么?你没看人家都下去了吗?我恍恍惚惚地站起来一边往下走一边自言自语地说,这么快就到了?

　　看着四周黑压压的树林我当时站在公路上犹豫不决,同时我也感觉到司机通过玻璃盯着我的目光,他审视的目光使我下定决心穿过公路沿着那条唯一的小路朝对面的树林里走去。

　　青台的事实和我想象的出入很大,那里既没有高高的台子也没有住户,我尾随着乘客来到一片茂密的松柏树林前。近处的杨树叶上水汪汪地呈现出一种凄荒荒的亮光,我想如果当时我注意的话,小路两边的杨树叶子应该是一种不太干燥的青黄色,叶子的质地也不应该像冬天里我们在路边的冻地上所看到的那种叶子的样子。如果那个时候我注意的话,我面前的空中一定也有落叶,你想那个时候已经是秋日的天气,但是当时我没有注意到。你看我老是用这个词:当时。这个词很容易把我们带回过去的时光,是吧?实际有些时候人就是在回忆过去的时光里度过的,你说是不是?当我的注意力放到那个司机身上的时候,就导致了许多同时在我身边发生的事儿像风一样从我的感觉里飘逝。就同咱们两个坐在这里说话一样,在我们之外肯定还有许多事儿正在发生,但是那些正在发生的事情对于我们一点也不重要,是不是?世界上任何一个人他都不可能把世界上所发生的事儿全都知晓,不可能,但这里面有一个规律可循,任何事儿都有规律,比如生命,比如爱情,无论你怎样生活,有钱也好没钱也好,有权也好没权也好,坐小轿车也好步行也好,实际上没有太大的差别,只是生活方式不一样。随着时间的推移这一切都是次要的,没有太大的意义。但没有意义本身也是一种意义,这种意义的本身就是生命的延续。实际上人都在旅途中,在生命的旅途中。在那个初秋的雨季里,当我在青台遇到了种种出乎意料的事件之后,我深深地懂得了这一点。

那个时候树林里到处都是雨水击打树叶的声音,你现在可以想象一个陌生人走在异乡的小路上的情景,四处灰暗无光,没有一个人,脚下的小路上长满了青苔,一不小心你就可能滑倒。当时我的心都提到了喉咙眼里,我真担心会有一条蛇从路边的草丛里爬出来。

晓霞说,真有蛇吗?

没有。你想,前面刚有一群人走过,有多少蛇还不被吓跑?

晓霞说,前面树林里到底有什么?

我在松柏树林的边缘停下来,由于树叶的缘故,雨水明显地减少了,但我的头顶上却多出了一种沙沙的声音,你应该明白那是雨水击打松柏树叶的声音。其实那声音一开始就存在着,只是最初我没有注意到,那种声音很低弱但非常广大,你就好像置身于一片成熟的桑蚕之中,它们发出的连绵不断的吞食桑叶的沙沙声把我吞没了。我朝树林里观望,起初我以为我只是来到了一片平常的小树林里,但等我的眼睛适应了林子里的光线之后,我才发现那是一片墓地。那片墓地很大,一个坟头又一个坟头,坟与坟之间长着野草。我看到先来到这里的那些陌生人已经分布在坟地里,几乎每一个坟前都有人影在晃动,他们有的已经开始在坟前摆放供品,到那会儿我才明白,原来这些人来这里是上坟的,我当时就不明白,清明已经过去很长时间了,这些人为什么这个时候来上坟呢?我很想问个清楚,就朝一个老人走去。从后面看上去那个老人的背驼得非常厉害,因而我没有看清他的面容。我立在他的身后,看着他燃起的火纸在潮湿的空气里挣扎,我说,老先生,来看谁呀?

那个老人一动没动,好像没有听到我的问话,他像一个周身长满了黑色麻斑的蜗牛蹲在那里。

我又说,老先生,来看谁呀?

老人仍旧没有动,他艰难地抬起头看着眼前的碑文,我在淡弱的火光中看到了那个潮湿的青石碑上刻着一行字:

一九六七年九月七日

我又说,老先生,你来看谁呀?

老人依然石雕一样蹲在那里,于是我判定他是一个聋子,这使我很失望。我又沿着人们刚刚趟出的小路来到另一个祭奠者的身边,这是一个中年妇女,由于她面前火纸的火光已经淡弱,我看到她的脸被映照成灰红色。我说,你来看谁呀?

她抬起一张木然的脸看着我,她没有说话,只是用手指了指她面前的墓碑。墓碑上的许多文字已经被发黄的青苔涂抹得一塌糊涂,我只看清了靠左则的一段文字:

一九六七年九月七日

现在我告诉你,那天在许多墓碑上我都看到了这样的文字:

一九六七年九月七日

这段文字对于那群前来祭奠的人们一定显示出一种特殊的意义,这一点已经不可否定。但这个具体的时间标数却使我感到迷茫,这个时间对我有什么意义?那个时候我在干什么?也就是说在1967年9月7日这一天里在这个地方发生了一件很重要的事情,而我对此却一无所知,你也一样是不是?后来在我穿过那片松柏树林来到一条河边的时候,突然想起这个时间标数我非常的熟悉,只是当时我怎么也想不起来它对我有什么意义,或许是那条突然出现在我面前的河堤分散了我的注意力。那条突然出现的河堤确实让我激动,本来我是应该最先就看到那条河堤的,可是由于松柏树林和阴雨的缘故直到我来到它的身边时才看清它。实际上那个松柏树林与河堤紧紧相连,我几乎是弯着腰小跑着冲到河堤上去的。当空旷的充满水雾的河道出现在我面前的时候,我一下子惊呆了。这条河的清秀与神秘气息一下子镇住了我,她使我突然想起了1967年9月7日这个时间标数与我的关系,那是我的生日。在许多表格中我不止一次地书写这个数字:

一九六七年九月七日

1967年9月7日在我刚刚出生的时候在这条清秀而神秘的河道旁一下子死去了很多人,这真是一种巧合。实际在这一天出生的人肯定不止我自己,在这一天死去的人也远远不止埋在这里的这些,但为什么偏偏让我遇上?你说这是不是一种让人难以置信的巧合?

是巧合。晓霞说,但我相信这是真的。

一些事有时候你还真是说不清,现在我突然认识到有些事情就是巧合。比如我和你,在我们没有认识以前的二十多年里,我们各自地生活,甚至不知道世界上有你或者我这样一个人存在,可是现在你对于我和我对于你都是这样的重要,是吧?

晓霞笑了笑,露出她那对好看的小虎牙,尽管是在昏暗的光线里那对好看的小虎牙也是雪一样白。那对雪白的小虎牙使我周身涌过一潮热浪,我捉住她的手,立起身,一用力就把她拉到我的怀里,紧紧地拥抱她。我颤抖的手轻轻地滑过她的后背,抚摸她瓷细的脖子和光滑的头发,而后用力挤压她丰满的乳房。她的一切都是丰满的,在我们相处的许多日子里,我很幸福地欣赏过她的裸体,那简直是一幅了不起的杰作,不,不是简直,就是!她也把自己的身子当作一件艺术品来珍惜,在我们相处的时候,几乎每次都是她动手来脱掉自己的衣服,她说,转过身去,别看。

那个时候我的心就狂跳不止。每当我转过身去就会看到一团浑白的光,那是她亭亭玉立的肌体。她的右胳膊抬上去弯在颈后,左手则自然地滑到大腿的外侧,她的头微微地后倾,她的腰微微地弯曲。呀,我的天!我真是没办法对你说清我看到她裸体时的感觉,每次都是这样,当我拥有她时,她湿润而渴望的声音就像海浪一样地在我的耳边涌起,哥哥,哥哥,我的亲哥哥……

当我们一块儿躺在床上的时候,一切都显得那样的安静。我把她圈在我的胳膊里,不知道什么时候月光穿过窗子走过来照在她脸上,她的脸仿佛一潭温柔的水。她用手抚摸我的脸,最后那手在我的嘴边停住了,她说,还讲,讲那条清秀而神秘的河,讲那片阴森的松柏树林和那些坟墓。说实话,刚才我真有些害怕。

现在呢?

现在我在你的怀抱里。

害怕就不讲了吧?

不!晓霞说,我要听。

我说,那好吧。

一直到现在我也不知道那条河叫什么名字,从哪里流来,又流向哪里。在后来的许多日子里我都企图弄清这些简单的问题,我查过地图,随后又骑车不停地去寻找,可是在我见到的河流中没有一条是我要寻找的,这真是没办法。于是我只有在不断的回忆里去追忆在潇潇秋雨之中呈现在我面前的那条河流。

那条河流最初给我的印象是空旷,对岸灰色的树林在蒙蒙的细雨里是那样的遥远,灰色的厂房是那样的陈旧。连绵的河坡呈一种褐黄色。接着我看到了河水。实际上那些奔流的浑浊的河水最初也出现在我的视线里,但我不可能一下子把一齐出现在我面前的东西同时都牢牢地记住,这里得有个先后,有个程序。比如我先注意到了对岸灰色的树林,就得而后注意河水的颜色。比如我先看到河水是黄色的,就得而后看到对岸灰色的树林。这是一般的规律。实际那天还有三种物体也同时走进了我的视线里,但后来我还是把它们分成先后,这是没有办法的事,但这三种物体对我那次苦涩的旅行都非常重要。

哪三种物体?

我吻了她一下说,这三种物体是:

扳网。

渠首。

活动的白房子。

下面我分别给你们讲一讲这三种物体。

扳　　网

说句实话,在这之前我没有见过这种扳网,这种捕鱼的工具和我在故乡的河道里所见到的捕鱼工具有着很大的差别。在我童年的乡村经验里,在我们河道里劳作的渔夫都是赤臂袒胸,哪怕在已经接近寒冷的初冬,那些渔夫也是赤着双脚,一手提着渔网在河道里行走,每走一小段距离他就会停下来抖着手中的渔网,而后拉开架式把渔网扇面一样抡到河面上,一阵网坠击打水面的声响过后那网就消失在水里,渔夫顿一顿系在手腕上的网绳,就开始拉网了,那副被他撒出去的网又慢慢地被他收回来,就有白色的鲢鱼在网里跳动,我们一群小孩子很兴奋,而渔夫却无动于衷,他只是把网里的鱼捏起来丢到挂在屁股上的鱼篓里,而后又往前走,把一些小鱼小虾遗弃在河岸上。而扳网这种捕鱼的方法是固定不动的。扳网的网面呈六角形,这里的网角不是我们通常见到过的五角星六角星,或者在数学课上见到的那种很分明的角,而是用三根宽厚的竹板固定而成的。那三根竹板很长,成弧形,它们在中间交织在一起,形成很均匀的六根翅,网面的六个角就牢系在那六根翅上,这样网面就形成了。扳网和网面被一根木桅子吊起来,木桅子中间是一个用三根木棍架起来的支点,木桅子的另一端上绑着一块暗红色的石头。现在你该明白那扳网是个什么样子了吧?

听你这样说,扳网很像一根盘子秤。

是的,像一根盘子秤。当扳网落进水里去的时候那块石头就会随着桅杆升到空中去,当起网的时候你就得用力拉动桅杆后面的绳子。但那个初秋细雨的天气里,我站在河岸上还不知道那是扳鱼用的网,那个时候我只看到一个架子立在河水里,显得很孤独。之后我在岸边看到了一座用白色的塑料布搭成的棚子。这个时候我看到一个身穿雨衣的人走出棚子,沿着用砖块铺成的小路朝河边去。我站在雨水里望着那个人拉动桅杆后端的绳子,之后我就看到有一架网慢慢地露出水面,当网完全出现在水面上的时候有几条半尺长的鱼在拼命地跳跃,这引起了我极大的兴趣,我暂时忘记了烦恼,沿着小路朝河道里走去。

由于长年的践踏,被雨水渗透的路面上仿佛涂了一层润滑油,我小心翼翼地沿着小路边发黄的草坡走。由于河岸的坡度很陡,我行走的身子几乎弯成一个几字,我抓着坡面上一些较大的野生植物的枝条,用来分散我身体的重量,尽管这样,在我快下到坡底的时候还是滑倒了,我惊叫着一直滚落到河底,在一片纷乱的泥泞里停住了。

当时我的样子一定很狼狈,我一身泥水地坐在泥泞里,我抬起头时看到那个身穿雨衣的人立在我的身旁,使我意外的是从那件雨衣里露出来的却是一张女人的脸,由于雨水的缘故,我分不清她是个姑娘还是个少妇,但她当时也一定被我的突然出现吓了一跳,她手里拿着一个长把鱼舀站在那里愣愣地看着我。我对她苦笑了一下,挣扎着想站起来,可是我站了两次都没能达到目的。

起初她有些犹豫,但她看到我的样子还是丢掉手中的鱼舀走过来,她说,摔着了吧?

我说没有。可我却站不起来,我感到我的膝异常地疼痛。她走过来拉住我的胳膊说,来,我帮你一把。女人的脸离我很近,我从她那里闻到了一股腥气,这给了我很深的印象,现在我还能感觉到那腥气从窗外的空气里飘过来,这使我仿佛又一次看到了她的脸。可能是由于风吹日晒的原因,那个女人的皮肤非常粗糙,但她的手非常有力量,我在她的帮助下来到了塑料棚里。棚子里有一架兜床,此外还有一些简单的生活用具。那个女人说,先把湿衣服脱下来吧,不然会冻着的。

说完她走出棚子,一直走到河边,她面河而立,一动不动。河风掀动着她雨衣的衣角,发出湿漉漉的声响。她说,躺到被子里去。她说话的时候没有转身,面是面对河面。她说完走到扳网前,用力拉起扳网。我脱掉被雨水淋湿的衣服躺到潮湿的被子里去,目光穿过在空中滑落的雨水看着她把渔网扳出水面,虽然这次网里只有一条小鱼在跳跃,但这次却有十多只蚂虾。女人把鱼和蚂虾舀进一个红色的塑料桶里,然后提着水桶回到棚子里,这次她脱去了雨衣,她把我的湿衣服拿到河边洗去泥巴,又拎起来拧净水搭到棚子中间的绳子上,衣服从空中垂下来几乎碰到了我的脸。那女人看我一眼说,只有这样了。说完她就在我的身边坐下来,身下的竹凳被压得吱吱地响。她伸手抓过那只红色的塑料桶,把鱼扔进床下竹篮里,然后抓起一只蚂虾,她用手指掐去蚂虾的头和尾巴,那只被掐去头和尾巴的蚂虾在挣扎之中被她送进嘴里,而后她又拿起第二只。这个时候她仿佛突然想起了我,她看我一眼说,你吃吗?

这样的场景和她异常的动作使我如同走进一个梦境,我痴呆地看着她。那个时候我冻得发抖的身子刚刚得到了一些温暖,我双手紧紧地抓着被子看着那个女人吃蚂虾,她很夸张的咀嚼声如风一样在我的耳边响起,那股腥潮的风已经彻底地贯穿了我的肺腑,使我再也感觉不到那浓重的腥气了。但当时我还没有意识到这一点,没有,一点也没有,我只是呆呆地看着那个女人吃蚂虾,她吃完之后看我一眼说,你是来烧纸的?

烧纸?

你一定是来烧纸的。去年这个时候你就来了,我见过你,你忘了?我对你说,你忘了我可没忘。那一天也是这样,下着雨,你打一把黑色的雨伞,蹲在我身后看着我扳鱼,你一直看着我,却不肯和我说一句话,天黑的时候你买了几条鱼,给了我十块钱,可我没有零钱给你,你说算了。这是你那天说的唯一的一句话,之后你就爬上河堤走了。一晃就是一年,我知道你今年还会来,你果然来了,我知道你是来烧纸的,青台这个地方你不能不来。

她说话的语速很快,她好像不假思索地说出这些话,或许是她每天都思索这些问题,这些话语才这样自然地流出来。最后她说,你的腿是不是崴着了,伸出来让我看看。

我把腿从被子里伸出来,她用手抚摸了一下说,是崴着了,膝盖已经肿了,看来你今天是走不成了。说完她站起来,走到棚子外面,我看到雨水已经停止了飘落,那女人在棚子外边迟疑了一下,还是沿着河道往前走去,她的脚步踏在泥泞里声音逐渐地轻淡下来。我吃力地抬起头透过塑料布的缝隙望着她逐渐变小的身子,直到这个时候我才注意到她身上穿的衣服是白色的,她白色的衣服在那个灰淡的天气里显得非常突出,如同一身雪白的丧服。

这使我突然想起了那群前来青台烧纸的同路人,我不知道他们现在的情况怎么样,他们是不是已经走了?把我一个人丢在这里?这使我很担心。我坐起来,试着下到地上,但不行,那只崴着的脚痛得厉害。慢慢大起来的河风吹着棚子的一角,发出呼呼哒哒的声响,这使我感到寒冷,我不得不重新回到潮湿的被子里去。这个时候整个空旷的河道里没有一个人,只有我孤零零地躺在那个棚子里,我望着那个用褐色的三脚架支起的扳网,扳网的桅杆被流水冲得来回摆动着,发出咯吱咯吱的声响,那声音仿佛从很远的地方传过来,走得很累,可它又没有一点停歇的意思。那块暗红色的石头被绑在空中,像一只被拔光了羽毛的鸟,现在我想那支架的咯吱声或许就是它痛苦的呻吟了。那或许就是我。我不由得暗自凄伤起来,我又一次想起那群前来青台上坟的同路人。那些埋在坟墓里的人和他们都是什么关系呢?他们怎么会在同一天死在这个地方?他们会不会把我丢在这里?我不认识他们当中的任何一个人,他们或许已经把我给忘了,他们都把我当成了一个乘车到青台的人,我不能这样待下去,我要到他们中间去。我忍着疼痛下到地上,河道里的风又一次使我感到寒冷。我伸手摸了摸搭在绳子上的衣服,衣服还湿漉漉的,显然是不能穿的。我环视四周,我看到了那件雨衣,那件女人脱下来的放在竹凳上的雨衣。我把雨衣拎起来,披在身上。

我穿着雨衣试着走出棚子,就在这个时候我看到一个身穿黑衣的老者从那个女人走失的方向走过来。那个黑衣老者戴着一顶斗笠,一种在南方才有的那种斗笠。可你知道,我们这里离南方非常遥远,在我们居住的乡村和城市里很少有人戴这种斗笠。我立在秋日潮湿的空气里,一直望着那位头戴斗笠的老者接近我。在看到我之前,那个老者的目光一直注意着他脚下泥泞的小路,他偶尔停下来朝前方看一下,但他的目光非常短暂,最后他在我面前停住了。当时我注意到那顶斗笠非常焦脆,仿佛一用力就能捣出一个洞似的。那个老者在风中取下他头上的斗笠,他面红耳赤,灰白的头发如同道士一样盘结在头上,他的双目炯炯有神,他抬起头来目不转睛地看着我说,你出汗了。

经他的提醒我才感觉到额头上浸满了汗珠,你知道那是由疼痛而产生的。

你的腿伤了。老人肯定地说,你回到棚子里去。

我的腿很疼,我希望老人过来帮我一把。老人似乎看出了我的心思,可他却说,你自己走回去,你自己走。

在我艰难地走回棚子的过程中,那位老者一直站在风中看我行走的姿势,当我在棚子里的小兜床上坐下来的时候,他走过来对我说,你的腿脱臼了。

脱臼了?

是的。他走过来在我身边的竹凳上坐下来,随手把斗笠放在身后。把腿伸出来,他对我这样说着,却不看我一眼,那双有神的眼睛只注视着我伸到他膝盖上的腿。他的手落在我腿上,我没想到他的手是那样的柔软,他柔软的手掌滑过我的膝盖,让我感觉到一种彻骨的凉意。

他说,你是步行来的吗?

不,我是坐车来的。

坐车?你是今天来青台的?

对。可我以前从来没有听说过这个地方。

从来没有听说过?那你来青台干什么?你不是来青台上坟的?

不是,我来到这里才看到青台原来是一片坟地,我不知道这么多人为什么会在同一天死去。

黑衣老者抬头看我一眼平静地说,这里的人都知道那一天这里所发生的事,你为什么不知道?

1967年9月7日?

对。

我是来到青台以后才知道的,这个日子和我的生日相同。

那你更应该知道那一天在这里所发生的事。

那一天这里到底发生了啥事?

很多人一块儿走进了坟墓。

他们是怎样死的？

中毒。

中毒？

是的。那时这里正在修建一条在这一带非常有名的水渠，决策者决定把这条河里的水通过这条水渠送到远方的田野里去。可是就在九月七日的午后，在渠首大伙上吃过饭的人都感到肚子剧烈疼痛，许多人没有来得及送往医院就已经死亡了，他们之中大部分都是来自城里的干部和工程技术人员。

怎么会发生这样的事？是有人故意的还是因为食物中毒？

当时有好几种说法，但最后判定是那个伙夫下的毒。

伙夫？他为什么下毒？

修建渠首的地方，原先是他家的祖坟，有人挖了他家的祖坟，他一直怀恨在心。

那伙夫呢？

枪毙了。

枪毙了？

是的，在开宣判大会那天，这里人山人海。

你当时也在这儿？

在这儿。我来这里已经三十年了。三十年前我跟着我外公来到了这里，当时我外公是这里的党委书记。他最初领着这里的人民挖了一口老大的池塘，把我们南方的风车引进到这里，后来他又领着他们修建那条水渠，但是这两项水利工程都是半途而废。你看这里的水土几乎改变了我的一切，我的声音，我的生活习惯，现在我已经记不起来南方是个什么样子了。

你从南方来？

是的。黑衣老者从他的身边拿起那只斗笠说，你看看这只斗笠，它已经跟着我许多年了。黑衣老者说完把那只斗笠递给我，我的思想完全被那只斗笠所吸引。就在这个时候我感到我的腿一阵疼痛，还没有等我弄清怎么回事，黑衣老者已经站了起来，他拍了拍手，接过我手中的斗笠对我说，好了，你的腿已经好了。黑衣老者又说，你下来试试。

我把腿慢慢地放在地上，站起来，果然不疼了。我看一眼黑衣老者，他戴上了斗笠，我已经看不见他的眼睛了，但是不知怎的，我仍然感觉到他眼睛的力量。他说，怎么样？

不疼了。

这就好。

我说,你是医生?

他笑了笑,却没有说话,他转回身,顺着来路往回走,走了几步他停下来说,你上去吧,不然你赶不上回城的车。

我没有按他的话立刻爬上岸去,而是看着他一团黑风似地顺着来路而去,最后他拐过一个河湾不见了。

后来你见过他吗?晓霞说。

没有。

他是医生吗?

是的,后来我才知道他是一个很有名的医生,我指的是在那一带,他住在青台附近的一座道观里,但他经常不在家,而是出去云游。

像神仙一样?

有点。由于当时我急着要到岸上去赶那辆车,就没有去细想这些。实际上当时我的思想里一片空白,我忘记自己是怎样爬上岸去的,但是在那片树林里我没有看到一个人,只有一堆堆被雨水打湿的火纸的残骸。我沿着那条黄沙小路来到公路上,那里早已没有了车的影子,他们把我丢在了这里。这个时候,我的身上还穿着那个女人的雨衣,就是车没有走,我总不能就这样把别人的雨衣穿走吧?我得给她送回去,无论如何我也得把雨衣给她送回去,人不能不讲信誉你说是不是?可是在穿过那片树林的时候,我却意外地遇到了一个盲人。那个盲人的年龄看上去已经很老了,他的脸上长着一把又脏又乱的长胡子,盲眼老人手拄一根拐杖坐在一块倒地的石碑上,听到我的脚步声他抬起头来翻了一下他灰白浑浊的眼睛说,是你吗?

他的问话使我吃惊,我愣愣地立在那里,不知所措。他说,是你,一定是你,你可回来了,我一直在这里等了你许多年。

他怎么会认识你?

我和晓霞同时坐起来,我说,当时我也不知道,那个时候他伸出颤抖的手拉住我,和我一块走向河堤,朝渠首走去。那个时候我不知道自己正在扮演着什么样的角色,但那个时候那个庞大的渠首已经走进了我的思想。

就是那个许多人中毒的地方?

是的,下面我给你讲讲渠首。

渠　　首

应该说这是我有生以来见到过的最为庞大的渠首,尽管我的幼年也生活在乡村,生活在一条河边,可是我没有见到过这么有气势的渠首,但我指的是在二十年前这条水渠刚刚建成的时候。在那个阴雨的初秋里,当我拉着那位盲眼老人走进渠首时,它呈现在我眼前的已经是一派残破的景象。现在我来给你讲一讲这个渠首的基本格局。

　　当然,首先有一点我要对你说,我不知道这个渠首的方位,渠首在河的南岸还是在河的北岸我说不清楚,按我们中原的地形来说是西高东低,一般的河流都应该是东西走向,所以我在这里对你说河南或者河北是有道理的,但说不定也会有特殊的情况,比如河转了弯什么的,现在这些我不讲,你来看看这个渠首。渠首的主要建筑是安装输水设施的楼房,它的高度相当于五层楼那么高,但实际上它只有二层,它的底层全部是用钢筋和混凝土建成的,在面向河道的一方也就是它的外形呈下宽上窄的形状,整个建筑面上又被六个半圆形的脊背所分割,它的脚一直伸到河底的深潭里。从那六个半圆形的脊背里伸出来六根粗大的钢管,这就是用来输水的管道。在我看到这些管道的时候它们已经变成了铁红色,表面已经开始腐烂。在主建筑的里侧,有一个巨大的蓄水池,这个蓄水池要承受六个输水管道同时从河里输上来的水,然后再通过水渠输送到远方去。现在蓄水池已经干涸,深深的池底被长年的尘土所覆盖,有许多杂草的种子在这里扎根生长,几乎改变了蓄水池原来的面貌。在渠首的右侧,有十几间高大的厂房,这些当年渠首的附属建筑都已经残破,房顶有些地方已经塌陷。在渠首所有建筑的墙壁上和堆放的杂物上都长满了青苔,即使在这个秋日里它们也显示出一种生机勃勃的样子,可是院子里的许多高大的杨树却呈现出一种死亡的景象,那些杨树的叶子几乎已经都被虫子吃光了。在那个阴雨的天气里,当我扶着盲眼老人走进渠首那锈迹斑斑的大门时,就听到了一种沙沙的声音传过来,我当时错认为天又下雨了,我抬起头,可是我没感受到飘落的秋雨。老人说,不是雨,那是虫屎。

　　虫屎?

　　是虫屎,是虫屎落地的声音。这么多年来每年都是这样,我坐在这些大杨树下等你回来。说话时,我们已经来到了大树下,那些黑色的虫屎从天而降,发出经久不息的沙沙声,在老人坐过的小凳子的周围,那些黑色的虫屎已经堆积有几寸厚。

　　现在你可回来了,老人说,我等了你这么多年,我一直在这儿等你,从你爹死那一天起我就发誓在这儿等你回来,你终于回来了。

　　我爹?

是呀,你说话的声音这么像你爹。老人停下来,松开我的手来抚摸我的脸。在我和他从墓地走回渠首这段时间里他一直这样握着我的手,死死地握着,已经握出了湿漉漉的汗来了。我始终想摆脱那只手,每当我要抽回自己的手时,他就会说,别动,我不会放开你。现在那只湿漉漉的手又走到我的脸上,他说,这么像,这鼻梁、这嘴唇、这脸盘,太像了。

像谁?

你爹,太像你爹了。来,孩子,跟我到屋里去,我要好好地跟你说。

我跟着盲眼老人来到渠首左侧的一排较低的房子前,而后走进最外侧的一间屋子里,他说,当年我和你爹就住在这间屋子里,真快呀,一晃许多年过去了,你都长这么大了,你爹死的时候你还没有出生,一晃你就长这么大了。

我爹咋死的?你知道我当时没有别的选择,那位盲眼老人一准把我当成他长年思念的人了,我没有办法就只有来充当他意念中的那个人。我说,我爹是咋死的?

中毒。

不是有人说他没有中毒吗?

谁说的,就他自己中毒了,要不是他,那天在这个大伙上吃饭的人全都会死去。

我说,你说那次就死了他自己?

是的,那天我和他做好饭,他说他有点饿,就先吃了一点,那个时候我去了厕所,等我回来他已经在地上滚成一团,要不是他,我也得死,所有的人都得死,是他救了我,救了大伙。

那树林里埋那么多人是咋死的?

淹死的。

淹死的?

是淹死的,整整一大客车人,全都是那天晚上准备回城去的领导和工程技术人员,我记得很清楚。那天那个汽车司机不想回去,因为他的家在附近,他的妻子就要生产了,他的情绪很不好,而那些等着回家过星期的人早已坐在车里等得不耐烦了,他们坐在车里气鼓鼓地看着那个司机慢腾腾地从远处的大堤上走过来。那个时候正是傍晚,西边的紫色霞光把那辆汽车和那个司机都涂成了灰红色,这一点我也记得非常清楚,当时这个渠首刚刚建成了一小部分,许多建筑材料堆积在河岸的开阔地上,我和许多民工就坐在那些杂乱的材料上望着那个司机披一身紫色的霞光走近那辆汽车。车里的人等不及就探出头来朝他喊叫,你快点不中吗?那个人不说还好些,一说那个司机反而停下来不走了。又有两个人从车窗里探出身来朝司机喊叫。于是司机就和他们吵起来,吵得很凶,双方都不相让,最后还是一个领导出面制止了这场争吵,因为领导当时找不到第二个司机,最后还是决定让这个司机把这一车人送回城里去。那天傍晚,也就是你爹中毒死去的那天我和许多民工都看到了那个司机气鼓鼓地走上了汽车,他恶狠狠地关上了车门,我们看到那辆汽车在一片紫色的光亮中启动,没有走出五百米,那辆汽车就飞快地顺着一个缓坡开到河底去,接着一头扎进深水里不见了。

那一车人都死了?

都死了。那还会有活的?他们全都被水闷死了,后来就被埋进了那片树林里。

那个司机呢?

司机也死了。

他的妻子呢?

他的妻子当天夜里生下了一个女孩,她就带着她的女儿在出事的河坡边搭了一个棚子,长年以扳鱼为生,那个女的在三年前夏天的一个雨夜里淹死在河里,后来她的女儿就继续替她母亲守着那架扳网。在这一带许多人都知道这个事故,先前每天都有人来河边看这个守扳网的女人,后来人们把这件事当成一个传说,大人讲给小孩听。那个女人一直在这里守了很多年。每年前来青台上坟的城里人都会在河道里看到这个女人和她的女儿,每年的这一天,这对母女都会把从河水里扳上来的鱼放回去,只是把蚂虾留下来,这些年来,她们养成了生吃蚂虾的习惯,她们几乎不再吃别的什么东西……

那么是谁在食物里下的毒呢?

你爹。

我爹?

是的,是他自己,那一天他在饭锅里下了很多剧毒农药,后来我们在他的衣服上他的手上都发现了这种农药。

那他为什么要下药?

为了你妈。在他来渠首出工的时候,你妈怀着你和他的情人,也就是你现在的爹一块儿跑新疆去了,几个月来你爹都黑着脸闷闷不乐,有几次我听到他在睡梦里咒骂那些派他来水利工地干活的干部。有些时候他坐在那里会自言自语说,我要是不来工地就好了,我要是不来工地就好了,结果他就闷出了那种事儿。那天我从外面回来就见他在床上打滚,他嘴里一边吐着白沫一边断断续续地对我说,饭……里……有毒……

后来我突然发现这个盲眼老人是一个渴望表述者,由于他一个人长年守着这个残破的渠首,没有人和他进行交流,他就感到孤独,为了消解这种孤独他就对所见到的人不停地表述,在他这里,他所叙说的对象已经降到了次要的地位,你现在就是变成一棵草或者一块石头他也能对你说上一个小时又一个小时。在那个阴雨的天气里,我被盲眼老人的话语所围困,在他如同流水一样的语音里我的头脑感到昏昏沉沉,到后来我一点也记不清他所说的内容了,他的话语变成了一种催眠剂,在他苍老的表述里,我渐渐地睡着了。

你就那样坐着睡着了?

我当时可能就是坐在那儿睡着的,可是等我醒来的时候我却躺在老人的床上,那位盲眼老人已经不知了去向。我惺忪着眼睛走出屋子,我几乎找遍了渠首的每一个角落,也没有看到他的身影,但在我的感觉里,这里的每一件物体上都印满了盲眼老人的语言,那些语言就像那里随处可见的生机勃勃的青苔。

到后来你一直没有见到过那个盲人?

没有,但我知道他去哪里了。那天在我找遍渠首的很多地方之后,仍然没有见到他。我知道我不应该漏掉每一处可能找到他的地方。最后我沿着蓄水池东边的小道来到了通往渠首主要建筑底层的通道,通道的水泥台阶上同样长满了青苔,为了防止滑倒,我几乎是蹲着沿着一个又一个陡峭的台阶下到底部去的。在底部的正中间,有对长满红锈的铁门,铁门好像刚刚启开过,但铁门却从里面锁住了。我用手敲了敲,铁门发出嗡嗡的声响,这声音使我感到恐惧,我抬起头,天空在我的头顶上变得是那样窄小,我如同掉进了一口深井里,当时我的头发全都倒竖了起来,我哆哆嗦嗦地爬出那个通道,但我仍旧不死心,我又顺着那个唯一能通往渠首的天桥来到了二楼。二楼门上的锁已经锈死,我只好从一个破碎的窗子里爬进去。在这里,所有的窗玻璃都已经破碎,风从窗子里自由地来往。但当时我没有注意到这些,我只看到二楼的中间有一个修建时就留下的长方形的空洞,正常的情况下从这里可以看到楼底下也就是渠首底部的全部内容,但那天由于天空灰暗的缘故,我看到的只是一个黑洞,黑洞好像没有根底,加之空洞四周的栏杆都不存在了,我没有敢走近它的勇气,在我的感觉里有许多阴森森的气息从黑洞里冒出来,压迫得我不敢出气,我就那样哆哆嗦嗦地站着。透过眼前的窗子,我看到了空旷的河道,许多灰白的水汽如雾一样在窗前飘过,这种情景使我有一种如同立身于悬崖峭壁之上的感觉。

那位盲人呢?

我不知道他的去向,或许,他走进了那个黑洞。

那后来呢?

就在这个时候我看到了那个活动的白房子。

活动的白房子?

对,活动的白房子。下面我就给你讲讲活动的白房子。

活动的白房子

实际上那天在我最初站到河堤上的时候,我就看到了那座活动的白房子,但由于这座活动的白房子偏离了我的视线,所以它最后才走进我的记忆里。在这里用记忆这个词不是太准确,是吧?应该说是思想里,或者说是现实里。

那天在我走出渠首的时候,我想我应该把身上的雨衣还给那个女人的女儿,我没有想到那个脸面很黑的女人那个浑身散发着腥气的女人竟和我是同一天出生的。我想我应该到那里去,那时我就有一种想再见她一次的强烈愿望。可是当我赶到她安放扳网的那段河道里的时候,那里却空无一人,只有那座孤单的塑料棚和那架在水里晃动的扳网。

我环视四周,河道里除了充满潮湿的空气就是灰暗的光线,我来到棚子里的兜床上坐下来,下决心等待那个女人的归来。在我等待那个女人的时候,我又一次对那个扳网发生了兴趣。我沿着泥泞小路来到扳网前,从空中垂下来的绳子使我想到被剪断的绳索。我站在扳网前迟疑了一会儿还是伸手拉住了那根绳子,那根绳子湿漉漉的,如同握着一条水蛇。我用力拉那根绳子,一边拉一边抬头看着那只被拔光了羽毛的肉鸟从我的头上飞下来,从绳子里挤压出来的水一滴一滴地落到我脸上,但我没有太在意,我第一次拉动扳网的新鲜感使我把一切都忘记了。扳网在我拉动的桅杆的带动下,慢慢地露出了水面,当网全部都露出水面时,我没有看到一条鱼或者一只蚂虾,在那网里我只看到了一截被河水泡得发白的肠子,那截肠子被一根麻绳牢牢地系在网中间,我想那东西一定是为了吸引鱼虾,可是我在网里没有看到一条活鱼。在我等待那个女人回来的过程中我一次次地把扳网放进水里又扳上来,但是我没有捕到一条鱼,在网里我看到的只是一些被流水冲来的杂草和被水泡发的木棍,一些被人吃剩的瓜皮和几只死老鼠,这使我感到失望。就在我对扳网失去兴趣的时候,我听到了有船桨击打河水的声音,我抬起头,看到有一只小船从下游划过来,划船的就是我要等待的那个女人。

我丢掉手中的绳子,扳网就慢慢地滑进水里,我看着那个女人把船靠在岸边,从船上扔下来一只铁锚,她从船上跳下来,风一样地走过来,她说,你没走?

我说,没走,他们都走了。

你也应该走,你不应该留在这里。

我到哪里去呢?我没有地方可去。

你想待在这儿?这可没有什么好待的。她说着走回棚子,在床上坐下来。我拍了拍手跟过去在竹凳上坐下来对她说,没什么可待的?你为啥和你母亲在这里一待就是几十年?

我母亲?我母亲从来没有在这里待过,这么多年来就我一个人在这里扳鱼,这些年到我这里来的都是一些男人,你没有看到在这片河道里到处叠满了男人的脚印吗?你还年轻,所以我说你不应该留在这里,你留在这里说不准就会出点什么事儿。

在这河道里?

是的,在这河道里有许多冤死鬼。

就是埋在岸上树林里的那些人吗?

是的。

那些人是怎样从汽车里弄出来的呢?

啥汽车?

那些人不都是被开进水里的客车闷死的吗?

真新鲜,我从来没有听说过。

你没听说过?你说那些人是怎么死的?

被炸死的。

炸死的?

对,炸死的。出事的那一天我还没有来这里扳鱼,但那一天我在河道里洗衣服。那个时候这条水渠刚刚开工不久,由于这段河道没有较深的主河道,他们就决定开一条。那些日子里每天河道里都会传来轰轰的爆炸声,黄色的泥浆像天女散花似的飞满天空,把河水搞得终日混浊不堪。可是有两天爆炸声突然停了,我们这些在家积了许多脏衣服的女孩子都坐不住了,扛着大篮子小篮子的脏衣服涌到河边,河道里到处都是棒槌击打衣服的声音。大约是半晌午的时候吧,从上游的河道里开来了一条船,船上装了许多胳膊上戴着红袖章的城里人,你知道六七年那阵子正在搞"文化大革命",我当时也弄不清他们是哪一派的,他们每个人手里都拿着红色的毛主席语录,下到岸来涌到水利工地上,可能是船上下来的那一派和水利工地上的那一派发生了什么矛盾,没有多大一会儿两帮子人就汇到了一起,在那里熙熙嚷嚷地争论。他们在那里一直争论了好长时间,不知道为什么两帮人就打了起来。他们好像没了王子的蜂,在那片开阔地上涌来涌去,最后有人被打倒了才算结局。从船上下来的那帮人可能伤了五个,但都不是太重;水利工地上的人伤了三个,有一个因伤势严重在天没黑的时候就死了。这是第一天的情景,第一天那只船开走的时候船上的人谁也没有想到岸上有一个被打伤的人会死,他们只觉得多伤了两个人,吃了大亏,所以第二天他们又带了更多的人开着船来到水利工地上,他们有了第一天的经验,就没敢轻易地把船开到水边,而是把船停在了河中间,他们打开了船上的大喇叭,喇叭刺耳的声音如同那天的阳光一样撒满了河道。正当船上的人手里挥着毛主席语录高呼口号的时候,在船的四周翻起了滔天的水浪,接着就是震耳欲聋的爆炸声,当河水平静的时候,河里的那只大船不见了,河水几乎被血染红了,水面上到处漂着各种各样的破碎的布块。你知道那天的爆炸声在十几里地之外都能听得到,在这一带没有人不知道那场大事故的。

船上的人都死了吗?

都死了,没有一个人活着上来的。

那是谁装的炸药呢?

那个被打死的人的儿子。

那个人呢?

后来被枪毙了。

你当时在哪里呢?

我当时就在河道里洗衣服。噢……那个女人好像突然明白了什么,她看着我说,你是来调查那个案件的是不是?这个案子不是早已了结了吗?你们为什么还年年来呢?你要想知道得更清楚更详细就去找蛮子吧。

蛮子?

对。他初从南方来的时候说话听不懂,我们都叫他蛮子,那天晚上就是他和那个被枪毙的小伙子一块儿去河道里下的炸药,他知道得更清楚。

就是那个头戴斗笠的黑衣老者吗?

是他,他就住在那座白房子里。说完她就朝河道里指了指。

在她的指点下我又一次看到了那座修建在河面上的白房子。我不解地问道,那座房子怎么建在河水里呢?

她说,你去吧,到了那里你就明白了。说完她不再理我,站起来去收拾她的扳网。

我说,那我咋过河去呢?

划船,划着这只船过去,这船就是蛮子的。女人头也不回地走近她的扳网。我按照她的意思上了那只小船,可是那只小船不听我的使唤,它在水里不停地兜圈子。在小船兜圈子的时候我又看到那个女人从拉出的扳网里捕到了半笤子白花花的蚂虾,她一边在岸上吃着活蚂虾一边教我划桨的方法,最后在她如风一样的咀嚼声中我终于学会了划桨。在那个阴沉沉的秋日里,我独自一人划着蛮子的小船穿过空荡荡的水面到那座建在水面上的白房子里去。

你不是说那是一座活动的白房子吗?

是的,但当时我不知道。实际上很简单,那是两间修建在一条水泥船上的木房子,木房子的外面又被涂成了白色,就这么简单。

你见到那个黑衣老者了吗?

没有,那天我划着船来到那座活动的白房子前,没有见到那个黑衣老者,但那房子的门是开着的,我自作主张地走进了船舱,船舱里的一切都收拾得井井有条,我在一只白色的小凳子上坐下来,等待着蛮子的归来。在我等待主人归来的时候,我突然发现这里的一切家具都被他的主人漆成了白色,我几乎是坐在一片白光之中,但由于外边光线的暗淡,那白光也在渐渐减弱。后来天慢慢地黑了下来,那个时候我实在是太累了,我不知不觉地就在那座不停地晃动着的白房子里睡着了。那天夜里我做了一个梦,我梦见了那片树林,在树林里我迷失了方向,在许多墓碑上我再次看到了那个时间的标数:

一九六七年九月七日

1967年9月7日。晓霞重复了一下这个数字,她慢慢地把目光转向窗外喃喃自语地说道,这是一个什么样的日子呢?月光从窗子里射过来照在她脸上,窗外树叶的影子在她的脸上摇来晃去。她停了一会儿回过头来看着我说,那天黑衣老者一直没有回去吗?

没有。第二天醒来的时候,我吃惊地发现在我身居的白房子里到处都蓄积着厚厚的灰尘,船舱板上只有我一个人走过来走过去的脚印,由此推断这座白房子里已经有很长时间没有来过人了。眼前的情景顿时让我感到毛骨悚然，我忙走出船舱，看到整个河道都被灰白的雾气所笼罩。在那场大雾里我划着蛮子的小船在河道里迷失了方向。起初我想把那件雨衣还给那个扳鱼的女人，可当时我怎么也看不到堤岸，最后我放弃了这个想法，毫无目的地一直在水上漂泊了好长时间，我一直划呀划呀，那天的雾真大，我从来没有见过这么大的雾，那雾无边无沿，就像一块巨大的灰布挂在我的四周，使我看不清任何物体。到后来我实在累得不行，就放弃了船桨，我在船舱里坐了下来，任船顺水漂流，在船漂流的过程中我又一次昏昏入睡。

晓霞说，后来呢？

我醒来的时候，雾已经散去，但天却黑了，使我感到幸运的是船靠在岸边，我又冷又饿，实在顾不了蛮子的船了，就弃船而去。我爬上岸，穿过一片树林，最后来到一条公路上。那个时候公路上没有一个人，我在公路上等了好久才看见从公路的一侧过来一辆马车，那辆马车的右侧还挂着一盏马灯，马灯在一匹高头大马的蹄子声中有规律地晃动着，那马车离我越来越近，我看到有一股淡淡的白雾环绕在那辆马车的四周，那辆行走的马车被一束不知从何处而来的光照着，马车巨大的阴影在寂静的公路上晃来晃去，有一种神秘的气息在我的四周涌动着，我就感到紧张，后背一紧一紧地有一股凉气透出来……

后来呢？

后来我乘上了那辆马辆，车夫可能是一个中年人。

可能？

对，可能，因为在黑暗里我没有看清他的面孔。

那你怎么知道他是一个中年人呢？

我是从他说话的声音来判断的。那天夜里我和那个车夫说了很多话，可是后来我一句也记不起来了。在接近城市边缘的时候，我不得不和他分手，因为他要到另外一个地方去。为了报答他，我把女人那件雨衣从身上脱下来送给了他。

后来呢？

后来我们就分手了。

晓霞沉默了一会儿说，这是一个梦。

或许是吧。说完我就晃了一下自己的头，由于长时间的坐立，我的脖子有些生疼，我把身子端正说，人生就是一场梦，你信吗？

晓霞说，我信，一个很长很长的梦。可是什么时候才能醒呢？

当一个人走进坟墓的时候,他就醒了。

晓霞看我一眼,而后沉默不语。她再次感受到了我的语调里充满了忧伤,或许我对人生的看法使她感到迷茫。一切在突然之间都变得那样的不真实,茫茫的田野,弥蒙的细雨,一些刚刚经历的往事,一切都变得那样的不真实,一切都变得恍恍惚惚,离我们那样的遥远。

我们坐在那里,静静地看着月光映照下来的树叶的影子在窗子上摇晃,摇晃,四周一片沉静。那沉静好像一片无边的旷野,慢慢地在我们的思想里伸展着。

1993年作,原载《山花》2001年第11期。

局部麻醉

一

在夜间,身体瘦弱的外科大夫白帆常常被邻居袁屠户杀猪的声音所惊醒。他拥被而坐,惺忪着眼睛望着从窗外射进来的灯光穿过他面前的空间落印在东边的墙壁上。屠户和他妻子的身影在他屋里的墙壁上晃来晃去,他看到袁屠户扬起一根影子又恶狠狠地砸下去,他听到窗外传来"扑哧"一声闷响,那头被捆绑的猪的嚎叫声消失了。白帆知道那是一根铁棍落在了猪头上,直接的暴力行为使那头猪处于昏迷状态。猪的颅骨一定是粉碎性骨折。他仿佛看到许多血管因暴力而破裂,从破裂的血管里涌出大量的血停留在颅腔内,形成了颅内血肿。那些血肿压迫着大脑神经导致呕吐、烦躁、头痛、昏迷、偏瘫、意识丧失等症状,他的病人大多都是这样,像这样的情况原则上都要开颅清除。这是一句写在外科教学书上的话,他记得非常清楚。那位面容清癯、头发花白的老教授在朗读完这句话后用审视的目光在教室里看一眼,然后他拿起笔在那句话的下面画了一条横线,又在那一行字的下面加了几个着重号。是的,白帆想,像这样的情况一定要开颅清除。他这样想着,让自己的思想尽量地沉溺在对一些美好往事的回忆之中,但是袁屠户弄出来的声音仍不时地从窗外传过来,他说,抓紧,抓紧!

屠户的妻子说,谁没抓紧?

抓紧了抬,来,抬!

白帆感觉到屠户夫妻把吃奶的劲儿都使上了,他仿佛看到因用力屠户的脸都变得苍白。他没有想到一个曾经做过疝气手术的男人和一个做过痔疮手术的女人还这么大的劲,他们合力把那头猪抬上了那条涂满血迹和尿液的木案子上,他仿佛看到袁屠户亮起了一把细长的尖刀刺进了猪的脖子里,他听到了肌肉组织被切开的声音。袁屠户尖声地叫道,盆!

袁屠户的妻子就喘着粗气在木案子下放了一只瓦盆。白帆听到有一种液体注进了盆里,他坐在那里,极力地想象着那股液体的颜色。那种液体从血管里喷出来,打在了他脸上,他闻到了一种血腥的气息慢慢地荡过来。他轻轻地扬起手放在鼻孔下。在感觉里,从他的指纹里随时都会散发出那种血的气息,血的气息仿佛已经穿过皮肤,渗透了肌肉,无论用什么都不能把那种气味清除掉。他的手在他面前支着一种持刀的姿势,这是他的职业习惯。但他无论如何也想象不出袁屠户手持尖刀并把尖刀送进猪脖子里的姿势应该归在他手术上的哪一类,是执弓式还是执笔式?是抓持式还是反挑式?都不是。屠户的凶狠在无影灯下一点点也用不上,他这样想。他听到袁屠户那只粘满鲜血的手把那尖刀又往猪脖子里送送,而后抽出来,在猪身上滗了两下。袁屠户走到案子后面,抓起一只猪腿在上面轻轻地切了一个口,他对妻子说,拿过来。

　　白帆闭上眼睛,把背靠在床头上,但他的脑海里始终晃动着袁屠户那高大的身影。他看到屠户接过妻子递过来的那根长长的捅条,那根光滑满是猪油的捅条在灯光下闪闪发亮,屠户熟练地把捅条插进刚刚割开的切口里,那根捅条仿佛一条蛇钻进了猪皮里,那条蛇一会儿钻到猪腿里,一会儿钻到猪头里。白帆想,这样的捅条在人体里没法使用。有时候他隔着窗子看见那根靠在屠户家墙边闪闪发光的捅条手都有些颤抖,他知道他没有力量或勇气拿起那根捅条。现在那根捅条已经从猪身上褪了出来,他听到屠户把捅条扔在地上的声音,那根捅条的一端不知撞在了什么铁器上,金属相撞的声音使白帆想起手术室里的情景。他知道器械护士每次都是很小心地把手术刀或者手术剪之类的器械放进瓷盘里,但他仍然能感觉到那种金属器械互相摩擦的声音很刺耳,他对那声音特别敏感,从窗外传来的强烈的铁器撞击声,使得他的头皮紧了一下。他听到屠户的妻子对屠户说,你慢点,人家正在睡觉。

　　屠户说,谁睡觉?躺在床上还嫌不舒坦?

　　白帆睁开眼,他从心里厌恶这个自以为是的屠户。屠户几乎每天都以这样的形式侵入他的生活,让他从睡梦中醒来不得安宁。或许这个可恶的屠户压根就没有把我放在眼里。白帆知道这个人的禀性来自他腰里的几个臭钱。那一年他求他为他做疝气手术的时候,他压根就不是这个样子,他一手托着两腿之间的疝气袋一边弯着腰在街上行走的时候,家里连吃盐的钱都没有,现在他杀猪手里有几个臭钱了,有几个臭钱他就不知道他家的锅台门朝哪儿了!这个杂种常常一边啃着油乎乎的猪蹄子一边隔着窗子对他的妻子柳鹅说,弟妹,现在这世道,有钱能使鬼推磨,你信不?现在公家的人不吃香,俺兄弟一把好手,能开人脑袋,一月才拿几个熊钱?还不如我起早杀两头猪!那个时候白帆正坐在被阳光照耀着的竹椅里,屠户的话使他受到了莫大的耻辱,他想跳起来走过去啐屠户一脸,指着屠户的鼻子说,你能给我比?但他没有,他看到自己的妻子正笑吟吟地接过屠户隔着窗子递过来的两个油汪汪黄灿灿的猪蹄子。看到柳鹅瞟他一眼,他立刻就感到无地自容了,因为他没有更多的钱去满足妻子那张好吃肉的嘴。妈那个×!白帆在心里这样骂道,他听到袁屠户趴在猪蹄子的切口上一口一口地往猪身子里吹气,屠户的妻子用一根棍在猪身上扑哧扑哧地不停地敲打着,使屠户吹进去的气走遍猪身上的每一个角落,那猪很快地肥胖起来,白帆看到袁屠户那张沾满了鲜血和猪毛的嘴在阳光下发亮,这使他感到恶心。屠户一边用衣袖擦着嘴上的血一边朝他的妻子叫道,水热了吗?

他妻子说,热了。

来,抬过去!白帆听到屠户两口子呼呼哧哧地把那头猪又从木案子上抬到冒着热气的锅里。他知道那口大锅就支在他家屋后窗子的左侧,他睁着双眼听着袁屠户用棍子捣水的声音,接着又传来了嚓嚓嚓的煺猪毛的声音。屠户说,水太热,退火!屠户的妻子就撅着屁股去退火。他们隔窗发出的噪音使白帆的情绪坏到了极点,他凭什么这样来干扰我的生活?白帆愤怒地想到,他的头颅嗡嗡作响,再也不能容忍,他忽一下把被子掀开,他想跳过去对着窗子大声嚎叫。这个时候,睡在他身边的柳鹅醒了。她坐起来,惺忪着眼睛问他,你神经啥了?黑更半夜你掀被子干啥?你想冻死我?说完,她一下把被子拉回来盖在了身上。

白帆没好气地说,我受不了,每天都这样。

柳鹅说,有本事你也起来捣弄,让他也睡不着!

白帆说,我头痛。

柳鹅说,有本事你搬走,搬到医院里去,那里清静。

白帆不再言语,几乎每次都是这样,妻子的话像棍一样把他打闷了。妻子在往他的伤口里撒盐,这使他痛苦。他烦躁而固执地光着身子坐在那儿一动也不动。屋外袁屠户煺猪毛的声音像火一样烧燎着他的心。柳鹅伸手一下把他拉倒在床上,说,冻着你了。说完,就把被子盖在他身上,把他小猫似地搂在怀里,妻子肥胖的身子软软地把他包在里面,使他感到温暖。她肉乎乎的手在他的背上游走,一直滑到他瘦小的屁股上,那只手轻轻地抬起来,五个手指像猫爪子一样在他的皮肤上滑动,滑动的手指使白帆的心一揪一揪的,他知道那是妻子又在向他发出做爱的信号了。他知道,对于床上的生活,她是一个永无止境的渴望者。每天在入睡前和清晨醒来之后,她都不会放过他,即便是夜里再加上一次也不能使她得到满足。这一点,常常使白帆感到恐惧。现在,他躺在妻子的怀抱里就有些发抖,但他还是在妻子的引诱下来到了她身上。可一上去他就大汗淋漓,还没有动作,他就感到了劳累。但他仍然强迫着自己,我快不行了,我真的快不行了。他像一个溺水者,就要沉到海底去了,那海水闷得他透不过气来,那海水是那样的黑暗。救救我吧,我真的快不行了……就在这时,他听到有脚步声从院子里传过来,那声音在他家的门边消失了,接着又响起了咚咚的敲门声。那声音仿佛从很远的海面上传过来,那声音振动着水面,在恍惚之中,他听到有一个声音在呼唤他,白帆,白帆……

白帆停下来,他想趁势结束那恐惧,但妻子仍旧紧紧地搂着他的屁股,要他用力。她说,弄呀,你弄呀!可是那个呼唤他的声音在门外越来越急,白帆说,有人。

妻子抽出一只手揽住他的脖子,然后把嘴摁在了他嘴上把舌头伸进他嘴里,身子在他的身下一下一下地扭动着。

这时,窗后袁屠户家煺猪毛的嚓嚓声消失了,袁屠户走过来拍打着窗子说,白大夫,白大夫,醒一醒,有人找你。袁屠户的喊叫声彻底地把白帆给打垮了。他挣扎着从妻子身上滚下来一边喘着粗气一边对着窗子说,你拍啥拍!

袁屠户说,有人叫你。

白帆说,有人叫我碍你啥事!

袁屠户说,你这人,真不知道好歹……

袁屠户又要说啥,被他妻子拦住了。这时门外又响起了敲门的声音,那人一边敲一边叫,白帆,睡醒了没有?

白帆没好气地说,谁,敲啥敲?接着,他又小声嘟囔道,跟死了娘似的。

门外的人说,我是黄文斌。

柳鹅说,是黄院长?你还不快点!

黄院长?白帆一边飞快地穿着衣服一边对门外的院长说,稍等一下。他一边穿衣一边又嘟嘟囔囔地说,我咋就没有听出是院长的声音呢?说着,他趿拉着鞋往门边去,他拉开门对站在门外的院长说,进屋来,快进屋来。但出乎意外的是,出现在灯光里的人并不是黄院长,而是院里那个长了一脸横肉的麻醉师。白帆一边把他让到屋里还一边往门外的黑暗里瞅。他说,院长呢?

麻醉师整了一下衣领说,别瞅了,是院长让我来叫你。

白帆说,天还没亮呢,有事?

当然有事,没事会来叫你?

白帆说,有急病号?

麻醉师说,是的,院长他娘。

院长他娘?白帆说,院长他娘有啥病?

麻醉师说,你忘了?几个月前还是你给她做的诊断。

白帆突然明白了,噢,她不是一直在乡下住着吗,咋又回来了?

麻醉师说,难产。弄了一天两夜,生不下来,就拉回来了。院长没办法,才让我来喊你。说完麻醉师又说,这事院长挺要面子,不让乱说,只有你我知道。

白帆说,哦,是这样。

麻醉师说,快走吧。

白帆在水盆里洗了一把脸,就和麻醉师一块儿走出去。临出门的时候,他对床上的柳鹅说,我去医院了。

柳鹅躺在床上一动也不动,她听着关门的声音从外边传过来,等两个男人的脚步声渐渐地走远了她才噌地一下坐起来,三下两下穿上衣服,一下推开后墙上的窗子对屠户说,唉,你过来。

那个时候袁屠户和他的妻子已经把那头煺得雪白的猪挂到肉架子上,他刚用刀切开猪肚子,把热腾腾的猪内脏下到一口红盆里。他转身对嵌在窗子里的柳鹅说,啥事儿?

柳鹅说,院长的老娘要生孩子了。

谁?黄院长的老娘?你听错了吧,是他老婆吧?屠户的妻子一边滤着猪肠子一边说。

咋会听错?不会,就是他娘。

屠户说,院长他娘没有六十多?

柳鹅说,六十六了。

屠户的妻子说,院长他爹都死了二十多年了,没想到他娘又要生孩子了。

柳鹅说,最初他娘的肚子鼓起来的时候,院长还以为是得了水肿,谁知一查,都怀上五个月了。院长让她流产,她死活不让,非要生下来不可。

屠户说,不知道是谁给她下的种。说完,他就龇着大牙在那里笑。

他妻子说,这是你操的心?

屠户说,我说说又咋了?他娘都让人日过了,还日大了肚子,我说说都不行?

你能！屠户的妻子生气地说。

屠户把眼一瞪说，这大清早，你找气不是？去河里洗肠子去！

屠户的妻子不再理他，就提着装了猪内脏的竹篮子往外走，她走到大门边，伸手把灯拉灭了。她嘟囔了一句说，天都亮了。他们一同抬头看天，天果然已经发亮了。她回头对屠户说，我下河了。说完，她提着篮子走出门。屠户看着妻子走出门，回身从红盆里掂起那挂猪心猪肝走到窗前对柳鹅说，接着，快找东西接着。

柳鹅飞快地下床，端过一个瓷盆伸过去，让屠户把猪的心肝放进去，屠户顺势扬起带血的手在她的脸上捞摸了一把说，今个没弄得法吧？

白帆的妻子说，你那臭手。

屠户说，你哼哼叽叽地我都听见了。说着，他一下子捉住了她的乳房，说，你还想得法吗？

白帆的妻子说，放开，你那臭手，洗干净再来。

屠户一听这话，就屁颠颠地跑到压水井边去洗手，可还没等他洗完，柳鹅就嘭地一下把窗子关上了。屠户转过身来一边用毛巾擦手一边回到窗前，屠户敲着窗子说，开开，让我过去。

屠户站在窗前，小声地一遍一遍地哀求，可是等了半天，他也没见柳鹅的影子。屠户生气地嘟囔着，浪×，逮住你再讲！逮住我日袄你！他一边嘟囔一边回到肉架子前，操起砍刀嚓嚓地砍起肉来，那些骨骼和肌肉的碎片，在渐渐明亮起来的晨光里被他砍得四处飞溅。

二

秋日的黎明已经有了几分凉意，白帆坐在麻醉师晃晃荡荡的车子后面，感到那些迎面而来的秋风钻进袖口里来，他不由得裹紧了自己的衣服。麻醉师一边骑车一边说，你冷吗？

白帆说，有一点。

麻醉师从车子上跳下来，一手扶着车子一手从兜里掏出手帕来，他一边擦着头上的汗一边对白帆说，要不你来骑吧，这样你会暖和些。说完，他又补充道，你看，我都骑出一身汗来了。白帆朝前看一眼，空荡荡的街道里冷冷清清只有几个起早赶集的农民，这比白天挤满了行人的街道宽敞了许多。他从麻醉师手里接过车子，在黎明的光线里看一眼麻醉师那脸横肉说，我能带动你？

麻醉师说，能。你没看这段路是下坡吗。

白帆看看前面的街道,果然全是下坡。他犹豫了一下最后说,那好吧,让我试试。

那个秋日的黎明,身体瘦弱的外科大夫白帆,就这样骑上了那辆半旧的二六型自行车,带着长了一脸横肉的麻醉师,穿过颍河镇里平坦的街道,往坐落在镇外的医院里去。那个时候,颍河镇的居民大都还在睡梦里,整个镇子还都处在惺忪的状态里。街道两边的灰色或红色的住宅还有那些品种繁杂的落叶乔木仿佛梦中的影子,从白帆的视线里一一闪过,这也是白帆目前的状况,他本人还完全没有从睡意和烦躁中清醒过来。在很多时候,白帆都处在这种情景之中,他的思想仿佛处在手术过后,麻醉还没有完全解除的状态之中。可他以前的情景并不是这样,他在上海第二医科大学进修的那段时光里,还是个感情丰富、精力充沛的小伙子。现在,清冷的空气使他渐渐从麻醉状态里清醒过来,他的脑海里不时地闪现出他在那个大都市里度过的一些快乐的时光,那些美好的日子常常使他忘记自己所处的闭塞而偏僻的乡间。等他清醒之后他就会发出无奈的叹息。他知道,这里和远方的都市有着天壤之别,但远方的都市往往只存在于他的梦境之中。在他忧郁和伤感的时候,他都会深深怀念花园似的校园和慈祥如父的教授们。他知道,他今后无论怎样努力,自己的身心再也无法达到那种如梦的境界了,这或许就是他忧郁和伤感的根源。他一边这样想着,一边带着麻醉师穿过仍在沉睡之中的颍河镇,由于精力分散,他的车子险些撞在路边的一根电线杆上。

麻醉师惊慌地从车上跳下来,他说,白帆,你咋回事儿?下来下来,我来带你。白帆从车上下来,麻醉师一边接过车子一边说,你骑车不中。

白帆没再说话,在这年秋季的一个早晨,他默认了麻醉师对他所下的评语。当他重新坐在麻醉师的车子后面渐渐接近颍河镇医院的这段时间里,这位外科大夫再也没有说话,他们各自想着心事,在清爽的空气里走进了医院。他们穿过一排又一排房舍,当看到种植在甬道两边的冬青树丛的叶子上落满了白色的灰尘时,白帆突然意识到,在这里,已经有很多日子没有下雨了。在南方,在他记忆里的南方总是阴雨连绵。那些热带植物常常被雨水冲洗得干干净净,然后呈现在人们的视线里,使行走的人感到世界的清爽。但这里不行,白帆想,这里是偏僻而闭塞的北方乡村。尽管种植了一些南方的植物,但这里仍旧到处充满灰尘,这是不易更改又无可奈何的事情。他想,这里的植物就像这里的人一样。在那个秋季的早晨,当外科大夫还没有见到他所在医院的院长时,他对某些事物作出了这样的定论。因为有一些南方的生活经验,他从心里瞧不起这里的人和物,尽管他曾经被这里的土地所生养,但他却把自己暗暗地视为一个南方人,他甚至盲目地用一个南方人的生活习惯来要求自己,使自己尽量做得与众不同。因而,他总觉得自己和这里的人格格不入。因而,他总觉得自己孤独无助,总觉得身边的这些人离他十分遥远。现实里的一切,远远没有他记忆或幻想里的人和物亲近。他这样胡乱地想着,却没有注意到麻醉师骑车带着他已经接近了院长。那个时候,院长正焦急地等在医院的通道上,一看到麻醉师出现在他的视线里就急忙迎过来,他说,来了吗?

麻醉师说,来了。

白帆听到院长说话忙从车上跳下来。身体瘦弱的白帆,在清晨的光线里看到一向稳重斯文的院长脸上呈现出了一种不安的神态。院长急切地说,你可来了。

白帆的思想最终又回到了现实里,他说,人呢?

院长说,在我屋里。

他们一同走进院里的时候,院长的老婆正黑着脸儿站在黎明的门口,白帆听到院长老娘的呻吟声从屋里传出来。白帆和院长先后走进屋,他看到院长的老娘半裸着下身躺在板床上,她隆起的肚皮在明亮的日光灯下暴着一根又一根青筋,白帆看到有一些淡红色的液体从她叉开的双腿之间流出来。白帆伸出手来,说,听诊器。

院长忙从桌上拿过来一副听诊器。白帆接过听诊器来到她的身边,把听诊器的一端放在她隆起的肚子上,她两腿之间发出的气味使他恶心,他感到有一种东西在他胸中往上顶撞,他想呕吐。

院长说,咋样?

院长的话使白帆忍住了要呕吐的愿望,他站起来,对院长说,已经没有胎音了,只有保大人了。

院长说,又生不下来,咋办?

白帆说,剖腹产。

院长犹豫了一下说,有没有别的办法,她这么大的年纪。

她死了才好哩!院长的老婆小声地恶狠狠地咒骂着。院长阴沉着脸看她一眼,她就低着头走到门边立住了。

白帆沉思了一会儿,然后走到院长老娘的身边,一手架起她的右腿,另一只手探进她的阴道。片刻,他把手抽出来,在水盆里洗了洗说,胎儿的头颅堵在那儿,让我试试看吧。随后,他对身后的麻醉师说,你去做麻醉准备吧。

麻醉师看了院长一眼,然后走出去,白帆看着麻醉师晃动的身影对院长说,把她抬到手术室里去。

在这儿不中吗?

白帆有些意外地看了院长一眼,说,这是手术。

院长仇恨而无可奈何地说,丢人呀!

这时院长的老娘又在板床上鬼一样地嚎叫起来。白帆有些生气地对院长说,都啥时候了,你还要面子?走吧,我帮你把她抬过去。

院长在白帆和妻子的帮助下,把他老娘抬到了手术室。那个年过六十的老女人被抬上手术台的时候,还在不停地嚎叫,她说,我要生,我要生……

白帆在心里想,已经没有这种可能了。在无影灯的照耀下,他把那个嚎叫不止的老女人绑在了手术台上,他从墙边存放器械的柜子里寻出一把刮脸用的刀架,换上一枚新刀片,然后来到老女人的身边,很细心地刮去了她那苍老的阴毛,那片生长了几十年杂乱的毛丛,被他慢慢地清理干净了。白帆在做这一切的时候,感触到了院长从背后射过来的复杂的目光,那片丛生的杂草,使他感到了耻辱。白帆想,你不应该用这样的目光看着你的出生之门,实际我们每一个人都是来自这里。可是,多年以后,当我们长大成人重新来面对自己的出生地的时候,为什么要用一种羞耻和仇恨的目光来对待她呢?她错在哪里?她错就错在把我们生在这个人世上。这样想着,白帆回头看了一眼那个长得一表人才白白净净的院长,那个时候,院长没敢正视他的目光,他好像做了一件见不得人的丑事把目光移到一边去了。

白帆不再看他,他对身边的麻醉师说,好了,开始吧。说完之后,他走向水池,在水池边他一边打开水龙头一边用肥皂清洗着自己的手。他在哗哗的流水声中闻到了麻醉师擦在那个老女人两腿之间的药物的气味。是新洁而灭还是洗必太?他分不清,但那肯定不是碘酊。他知道,在口腔或者会阴部位做手术,是禁止使用碘酊进行皮肤消毒的,这一点他记得非常清楚。或许是当时他出于对"会阴"这两个字的好奇,或者是一种特别敏锐的感觉,他在这两个字下面画了一横,同"要开颅清除"那几个字一样,他在"会阴"两个字下面作了着重号。会阴是个什么样的概念呢?后来他专门为此查了辞典,会阴是指男人或女人两腿之间的区域。在当时,这两个字对他充满了神秘,当那位面目清癯的老教授用标准的普通话读出那两个字的时候,他甚至都感到有些脸红。可现在,当他面对真正的会阴部位的时候,却没有了丝毫的感觉。在已逝的时光里,他在手术台上已经记不清自己见过多少女人的会阴,年轻的女人和年老的女人,结过婚的女人或没有结过婚的女人,无论她是谁,只要来到他的手术台上,她都要把赤裸裸的身子一览无余地呈现在他的视线里。当他拿起手术刀面对人体的某个部位的时候,他就忘记了那个人,在思想里,他面对的只是某个发生了病变的生物器官,他要在这个器官上施展他的手艺,那个以前清洁完美的器官在时间的淘洗下,受到了某种污染,就像院子里那些冬青树丛上落满了灰尘。他的手术就应该像某个季节里的一场清爽的细雨把那些灰尘清除掉,使某个器官继续干净卫生地生存下去。

　　白帆想,是这样。这个突来的奇特的比喻使他的嘴角上溢出了掩饰不住的笑容。他面带笑容走到存放器械的柜子边,在手术柜里取出了一些消过毒的器械放在一个白色的瓷盘里,那些器械里包括一把榔头和一把金属凿。由于突来的手术,这位身体瘦弱的外科大夫不得不连器械护士的工作也做了。好在这只是给一个老女人引产,并不是严格的无菌手术。白帆面带笑容,端着装有手术器械的瓷盘来到那位已经做了局部麻醉的女人身边,他看了院长一眼,但由于光线强烈,他没有看清院长因为他的笑容而变得发青的脸。那个早晨里,在白帆端着手术器械走近院长老娘两腿之间的时候,他面部的笑容使院长产生了不容解释的误会,那笑容像一把刀在院长的心里狠狠地割了一下。而年轻的外科大夫对此却全然不知,他十分从容地来到手术台边,开始了他的工作。

　　白帆先把扩张器下到被手术者的阴道里,他把那个器官扩张到最大的使患者能承受的限度,在那里,他看到了胎儿的头颅。他从瓷盘里取出榔头和金属凿,他把金属凿通过那个扩张阴道的器械探到里面去,对准胎儿的头颅,然后用榔头轻轻地敲击金属凿,一下,一下,又一下,金属的撞击声和金属凿吃进胎儿头颅的声音在白帆的感觉里形成了鲜明的对比,而实际的情况是,金属的撞击声把另一种金属撞击肌肉的声音吞噬了。金属器械的撞击声在寂静的手术室里一下又一下地响起来,充满了整个白色的空间。胎儿的头颅在那声音里慢慢地被粉碎,变成粉红色的肉浆流淌下来,落到一个土黄色的塑料桶里。白帆想,在这人类的出生之门,时常会发生一些让人意想不到的变故。那些最初丑陋不堪的人们,那些最初生死未卜的人类在后来干着疯狂的勾当的时候,他们都忘记了自己是怎样来到这个世界上的,这包括文质彬彬的院长,长了一脸横肉的麻醉师和我自己。现在,白帆很认真地用金属器械敲击着胎儿的头颅,他做得残忍而又心安理得,他在院长老娘的呻吟声里不动声色地敲碎了那个胎儿的头颅,肉浆沾满了他的双手。最后他放下榔头和金属凿,取下扩张器,轻轻地把手伸到阴道里去,一用力,那个已经死掉的胎儿就从母体里滑了下来。那个胎儿像一条鱼,咚的一声掉进了土黄色的塑料桶里。他回头对站在他身边的院长说,好了,这下用不着切腹了。

院长似乎很感激地看着他,他从衣兜里摸出一团卫生纸来,给外科大夫擦着额头上的汗水,白帆在不知不觉之中已经累得满头大汗。院长那天早晨擦得很细心,他仿佛一下子回到了给白帆当助手的那些日子里,那天院长和白帆还有麻醉师一块走出手术室的时候,他还没有从那种感觉里走出来。院长细眯着眼睛,看着从屋顶后边的树枝间射过来的阳光,他叫住了白帆和麻醉师,他说,走,吃饭去,今天我请客。

麻醉师和外科大夫没有客气,他们跟着院长行走在医院的甬道上,那个时候,医院里到处都是走动的病人和身穿白大褂的护士。最后他们来到医院外边的一家小饭馆里,院长先要了两个凉菜和两瓶啤酒,院长说,不喝白酒了,一会儿还得上班。麻醉师说这就中这就中。他们一边喝一边说些无关紧要的话题。院长说,这事真让我伤脑筋,你说我咋着她?她是俺娘,她要是俺闺女,我一棍下去……

麻醉师说,别放在心里,这不都过去了?这事又没人知道,麻醉师看了白帆一眼说,我们两个不说谁会知道?

白帆应和道,就是就是,我们不说谁会知道?

院长给他们一边往杯子里泻酒一边说,你们这样说我就放心了。正说着,老板娘又上了两个热菜,才吃了两筷子,有个人过来找麻醉师。麻醉师站起来对院长和白帆说,我出去看看。麻醉师走后,院长从兜子里掏出一个表格来递给白帆,说,你回去把这表填填。

白帆说,啥表?

院长说,拔尖人才。

白帆身上突然涌过一阵热流,他说,让你操心了。

院长说,我心里有数。我在医院里靠谁?靠你。你是咱院里的台柱子。咱院里就这一个指标,是我给你争取过来的。这事儿你别对外人讲,填好交给我就是了。

白帆站起来说,那我得给你端杯酒。

院长说,咱们兄弟,谁跟谁?来,咱俩碰一杯。

说完,他们都很郑重地站起来,举起杯子。白帆说,我还有一件小事儿。

院长说,你说。

白帆说,咱院里新建的宿舍楼……

院长说，你放心，我争取给你弄一套。

白帆说，我很想改变一下目前的环境，住在老丈人家，怎样都觉得不顺气。

院长说，这你放心吧。

白帆说，那就太感谢了。说完，他们又碰了一下杯子，然后一饮而尽。他们坐下来，又等了片刻，仍不见麻醉师回来，白帆说，就这吧。院长说，中。他们就一起走出来，来到阳光里。

在户外，白帆突然感到空气格外的清新，视线里的一切都被阳光沐浴得让人感到亲切。那个上午，外科大夫不知劳累地一直待在手术室里工作，他先为一个小青年做了阴茎包皮过长手术，随后又为一个乡村女孩切除了发生病变的阑尾。

三

这天上午，白帆为那个乡村女孩成功地做了阑尾切除手术之后站在刚刚关闭的无影灯的手术室里，灰暗的光线使他以为时光已经接近了黄昏。手术室里白色的墙壁被厚重的窗帘改变了本有的色彩。白帆看着麻醉师推着患者和他的助手一起走出手术室，年轻的女器械护士才走到窗前拉开窗帘，在那一瞬间，灿烂的秋日阳光从窗子里倾泻而进，这使白帆感到了迷茫。他站在那儿注视着光线的转换，耳边仍然响着窗帘上的铁环相撞的声音。这时，年轻的女护士又拉开了第二扇窗子的窗帘，接着，她又拉开了第三个窗子上的窗帘。由于阳光的侵入，这间手术室里的白色墙壁恢复了本来的面目。有一只鸟，在窗外那棵低矮的槐树上蹦来蹦去，这引起了白帆极大的兴趣。一些有关乡村的绿色往事来到了他的记忆里，他先想起了母亲，接着，他又想起了风筝。在以往的时光里，他偶尔在南方的都市里看过一个有关民间艺术的展览之后突然意识到，自己的母亲也应该是一个了不起的民间艺术家。母亲在春日里扎起的风筝和在冬季里剪出的窗花丝毫不比那些挂在玻璃框里的东西逊色，可母亲却认为那些东西很平常，母亲没有认识到她本身的价值。但正是这些平常的东西构成了白帆快乐的童年。在白帆的记忆里，他往往是一个手扯风筝线在绿色田野里奔跑的少年，在他的记忆里满是快乐的风笛，那风笛在春天的空中发出动听的鸣叫。由于沉浸在往事里，他没有注意到那个年轻的女器械护士来到他的身后，她轻轻地帮他解开了手术衣后面的带子。她说，想啥了？

她铃铛一样的声音从他的耳边如暖气吹过，这使他感到舒服，他脱口而出,风筝。

风筝? 她有些惊喜地问道,这个时候你咋会想起风筝?

他回头看了她一眼,她离他很近,他闻到了从她身上散发出来的女性特有的粉脂的香味。他曾经告诫过她,在进手术室之前应该洗掉这种东西。但这次他没有责怪她,那种气息使他仿佛看到了春天里鲜花盛开的情景。他说,是的,是风筝。随后他一边脱下手术衣一边对她说,小时候,我常常在春天来临的时候放风筝。

她欣喜地说,是吗?

是的。白帆一边走出手术室一边说,闲下来的时候,我常常能听到风筝上的风笛声。女护士跟在他身后来到了更衣室,她顺手接过他手里的手术衣放在衣架上,然后回过头来说,你还放风筝吗?

他几乎是用一种怀念的口气说,我已经有很多年头没有放过风筝了。

从什么时候开始的? 女护士看着他说。

他很诚实地对她说,我没有认真想过这个问题。

上大学以后? 她用一种纯净的目光看着他,还没有等他回答,她又说,还是走进这间手术室之后?

白帆思索着说,说不准,我真的没想过这个问题。他们一边说一边走出手术室,来到阳光里。秋日的阳光还很热烈,但这丝毫没有影响他们谈话的兴趣。

她说,还想放风筝吗?

白帆在甬道上站住了,他回过身来,仔细看着那个皮肤如瓷的女孩子。她今年夏季刚刚从锦城卫校毕业分配到这里,白帆喜欢这个常常提一些让他感到意外问题的女孩子,他对她铜铃一样的声音充满了好感,身体瘦弱的外科大夫在这个秋日的上午看着她情不自禁地笑了。他对她说,想,每年春天来临的时候,我都想去放风筝。

但你一直没有去,是不是?

是。

春天再来的时候,我陪你去好吗?

她的话语使他感到快乐,他答应了她的要求。他说,到时候,我亲自扎一个老大的风筝。

那个女孩高兴得几乎要跳起来,她说,太棒了!

在他们说话的时候,从前面的圆门里走进来两个男人。其中一个中年人走过来叫道,白大夫。那人说着掏出烟来递给白帆。白帆伸手挡住了,白帆说,不会抽。随后他问道,有事吗?中年人说,有事。他回身指了指身边的老头说,俺爹病了,想让你看看。

顺着中年人的目光,白帆看到了一个弯腰老人。白帆走过来说,咋啦?腰痛?

老头儿说,不是。

白帆又说,你驼背?

老头儿摇了摇头,说,也不是。

把腰直起来,直起来我看看。

老头儿的脸就红了。儿子看了女护士一眼说,不敢直。

白帆说,不敢直腰咋给他看病?来,直起腰来。

老头儿无奈,就直起腰来,可他的双手不由自主地去护腰前的裤子。白帆看到老头的裤子被一个东西顶出老远。老头儿说,它老不下去,胀得难受。

女护士也看到了老头儿支起的裤子,她的脸红了,她嘟囔了一句,说,老不正经。说完,她就闪身走了出去。白帆一直看着她的身影拐过圆门,这才看着老头儿说,脱,脱下来让我看看。

老头儿说,在这儿吗?

白帆说,就在这儿,没人看你。

老头儿就一脸地通红,他四下看看,最后走到墙边把裤子脱了下来。

白帆看到老头儿的阴茎像一根棍子支在那里,他说,多大岁数了?

中年人说,七十六。

白帆说,你摆弄它了?

老头儿没有说话,他一边往上艰难地提着裤子一边又把腰弯下去,老头儿突然蹲在地上呜呜地哭了起来,他一边哭一边说,没脸见人了,我没脸活了……

这使白帆感到意外,他回头对老头的儿子说,你爹到底是咋回事?

中年人说,前两天他起早上厕所,一不小心撞在了树上,后来,那个东西就一直硬着不下去。

白帆说,可能是碰着兴奋神经了。

中年人说,那咋弄?

白帆说,像他这种情况,得住院。

中年人说,中,只要能给俺爹看好。

白帆说,我先把他安排在病房里,然后再办个住院手续。

在白帆的安排下,那个老头儿住进了四号病室。在四号病室里,住着另外两个颅脑损伤的病人,他们一个是饥饿症患者,一个是瞌睡症患者。饥饿症患者不停地向看护他的人要吃的,而瞌睡症患者则日日夜夜地睡不醒,他们都在等待着白帆的手术。白帆陪着那个老头儿来到四号病室,老头一看,就不愿意住下来,他哭泣着说,我不住这儿,我要回家。老头儿的哭泣声引来了许多围观者,片刻之间,这里的许多人都知道了这个哭泣的老头儿得了一种奇怪的病。老头的儿子为难地说,你不住院咋弄?许多围观的人都劝他在这里住下来,老头儿无奈,只好在众人的注视下走进病房,四号病室的门口,就此再也没有断过围观的人。

医院里的四号病室,历来都住一些得了奇怪病症的患者,这在颍河镇一带,是不言而喻的,人们往往用一种神秘的口气来讲述住进四号室里的患者。可白帆却对此感觉麻木,这或许是他见过太多奇怪病症的缘故。那个上午,他心情平静地走出住院区,到医院的食堂里去吃饭。之后,他回到了外科门诊室。在中午,他常常不回家吃饭,他想趁中午这段时光躺在门诊室里的长椅上睡一觉。这样,能使他弥补一些在夜间消耗的精力和因为袁屠户而浪费的睡眠时间。在门诊室里,他一躺到长椅上,劳累就会像血液一样迅速流遍他的全身,片刻之间,他就能进入梦乡。

下午四点钟,院长来到了外科门诊,那个时候,白帆刚刚为一个病号看过病。院长把白帆叫到外边的走廊里对他说,表填好了吗?

白帆说,一直忙,还没填。

院长说,那你抓紧时间填,等着送走哩。院长朝门诊室看一下说,这会儿正好没人,你抽空去填一下。白帆说,中。可是白帆在医院里找了几个地方都不能使他单独待下去,他想了想,就向麻醉师借了他那辆半旧的车子,骑着往镇上去。

白帆骑车走在颍河镇纷乱的大街上,他看到阳光照耀着那些行迹匆忙的人们,这情景和他在黎明时分看到的相去甚远。那个刚刚过去的早晨,似乎离他十分遥远,这使他一度陷入恍惚之中。秋日里焦躁的空气使他的喉头有些发痒,路上的行人不停地和他打着招呼,于是,他不得不停地上上下下,到最后,他干脆推着车子在大街上行走。瘦弱的外科大夫在这个镇子上普遍受到人们的尊敬,这多少弥补了一些他在其他方面所丧失的自信。

回家吗?有人这样朝他问道。

他说,是,回家。

镇上的人都知道,外科大夫继承了他岳父的遗产,这惹起了很多人的嫉妒。一个乡下孩子！外科大夫尽管受人尊敬，但仍然会有人用一种蔑视的口气谈论着身体瘦弱的白帆。那些风言风语，使白帆产生了一种如同在旅店里寄宿的感觉。在家里，那个被称为他妻子的女人不但好吃懒做，而且盛气凌人。她认为，是她给他带来了今天的一切，那个被她摆弄得零乱不堪的家，给外科大夫带了许多烦恼。可是在每天下班之后，他又不得不回到这里，只有在万般无奈的情况下，他才会像今天这样提前回家。白帆推着车子走进大门，把车子放在院子里，然后推门走进屋里。可意外的是他在里屋的床边上看到了袁屠户，袁屠户正把柳鹅的双腿架在肩上一下一下地用力。由于那个女人的呻吟声，他们没有听到白帆走进来的脚步声。眼前的情景使外科大夫的头轰地一声炸了，他有些站立不稳，他的身子撞在了身后的盆架上，盆架上的脸盆被撞掉在了地上，发出了刺耳的声响。袁屠户回过头来看到了白帆，突然出现的白帆使他惊慌得不知所措。

　　柳鹅从床上坐起来，她伸手就给了袁屠户一个耳光。她骂道，龟孙家儿，你慌哩啥？连门都不关！

　　袁屠户一身的赘肉都在抖动，他一下子跪在了白帆面前，他朝自己的脸上扇了一个耳光说，我不是人，我不是人！他慌乱地从衣兜里摸出一把票子来递给白帆说，都给您，都给您，这够不够？

　　白帆回过神来，他从门后操起一根棍来咬牙切齿地骂道，妈那个×，我今个要你的命！他手里的棍还没有扬起来，柳鹅就一下子扑过来搂住了白帆，朝跪在地上的袁屠户骂道，鳖孙，还不滚！

　　袁屠户把钱丢在地上，爬上床，推开后墙上的窗子，逃走了。

　　白帆瘦弱的身体在柳鹅的怀抱里挣扎着，放开我，你放开我！

　　柳鹅放开他，劈手夺过他手中的木棍，说，放开你，你还能上天？

　　白帆愤怒地说，我打死他！

　　柳鹅说，你是他的对手？他一根指头就能把你戳倒。

　　白帆指着她的脸说，不要脸的婊子，你还有脸给我说！

　　柳鹅说，我咋了？有本事你把我弄得劲！你把我弄得劲，我谁也不找！

　　柳鹅的话把白帆噎住了，他伸手指着她的脸，气得半天说不出一个字来。

　　你指啥指！柳鹅说，论挣钱，人家一个杀猪的顶你几个，论有权，你不如你们的院长，夜里连你老婆都侍候不了，你还像个男人？

　　白帆的脸变得青紫，他的两腿打颤，一下子跌坐在地上。这时，他们听到有脚步声从院子里传过来，还没有等白帆站起来，那脚步声已经响到了屋里。白帆看到了母亲,白帆的母亲看到屋里纷乱的样子立刻惊慌起来,她说,小帆,弄啥了?你和小鹅生气了?

柳鹅一看是乡下来的婆婆,就不再言语,她黑着脸站起来去收拾东西。白帆的母亲一边把白帆扶起来一边说,到底弄啥了?你给我说。

白帆看着一日比一日苍老的母亲,耳边突然响起了风笛声。那风笛从遥远的天际里飘荡而来,他忍不住泪流满面。母亲看着儿子的样子不由得心疼起来,她一边用衣袖为儿子擦着眼泪一边说,小帆,到底弄啥了,你说呀。白帆有些痴呆地坐着,母亲说,你看你,过几天你三弟就要结婚了,我是过来给你说事哩,你这个样子叫我给你咋说?

柳鹅从门边走过来,她在床边拾起袁屠户丢下的钱,数了数递给婆婆说,有啥好说的,不就是要钱吗?给,拿着,都拿着!

母亲对白帆说,是因为钱生气?

白帆说,不是。

母亲说,不是因为钱生气,那我就接着了。母亲伸手接过柳鹅递过来的钱,装在衣兜里。母亲说,有啥事恁俩商量着来,别生气。你看柳鹅,这闺女多好。母亲一边说一边站起来,说,恁要是没啥事,我就回去了,家里还有好些事儿,等着我去做。

柳鹅说,让你儿子去送你。

母亲说,也中,送送我。母亲说完看着白帆说,还坐着干啥,走。

白帆只好站起来,恍恍惚惚地跟着母亲走出去。白帆一言不发地推着车子来到大街上,然后骑着车子把母亲送回乡下。说也奇怪,那天他车子骑得很稳,在苍白的黄泥路上,他没出一点错。那个晚上,他没有在老家里住下来,而是在黄昏来临的时候,又回到镇里。临回来的时候,母亲捂着自己的肚子对他说,我老是这个地方疼,就像喘不过气一样。白帆说,跟我去医院看看吧。母亲说,忙过这一阵子吧,等你三弟结了婚。他推着车子刚走了两步,又被母亲叫住了。母亲说,我安排你,好好给人家过日子。咱乡下人,在镇上安个家不容易,只要人家不嫌弃咱,到头来,那片家业不就是咱白家的吗?

白帆说,我知道。说完,他头也不回,骑上车子就往镇里赶。秋季田野里的庄稼已经成熟了,干死的叶子在夜风的吹拂下发出哗哗的声响。在一片还没有收割的豆地边白帆下了车,在地边坐下来。望着茫茫的田野,白帆突然感到了劳累,他有一种不堪重负的感觉。茫茫的田野使他感到孤独无助,他不由得一阵心酸,忍不住哭泣起来。外科大夫悲痛的哭泣声在秋日的田野里如夜风一样地涌动。

那天夜晚,白帆在田野里坐了很久,当他重新启程时,却没有回到镇里的家中,而是去了医院,他对那个家产生了厌恶的情绪。可是,在医院里他无处可去,外科门诊室的房门已经上了锁,他记不得自己的钥匙丢在了何处。最后他来到了手术室的门边,使他感到幸运的是,手术室的门没有上锁。他想,这可能是那个年轻的器械护士一时的疏忽。他推门走进去,来到手术台前。手术台平静地躺在那里,他小心地坐上去,他想,我终日地在手术台前忙来忙去,可从来没有在这上面躺下来休息过。他这样想着,就在手术台上躺了下来,他感到那上面很舒服。外科大夫躺在手术台上,胡乱地想着一些问题,就渐渐地睡着了。

四

一个春光明媚的早晨,白帆乘上了一辆由远渐近的客车。车里全是一些出外踏青的少女,她们的脸在车厢里摇摇晃晃,如同一园子开放的鲜花。白帆在一个靠窗的位子坐了下来,他的视线里,全是一些黄色的稻田,稻田里有几个戴斗笠的农人走来走去,黑色的水牛站在池塘边喝水。这不是我终日渴望的江南水乡吗?他大声地对司机叫道,停车,停车。他的声音刚一落地,车就停下了,没想那群少女嬉笑着先他而去,等他下了车,那群少女已经化成了一群金黄的蝴蝶,在蓝天里飞舞。他独自朝水塘边走去,他想去看看那些久违的老水牛。那片池塘仿佛一面镜子,或者是天上的半轮新月,无论他怎样努力,都没法接近她。他怀疑自己是在梦中,他抬头看天,天上就涌过来一大片黑色的云。云彩来到他的头上就哗哗地下起雨来。那雨下得好大,一会儿就淋湿了他的衣服,他感到浑身发冷。这时他听到雨中有人咳嗽就转过身,他看到袁屠户手持一把尖刀走过来。他说,你咋来了?袁屠户说,你到哪儿我都不会放过你!袁屠户亮了亮手中的尖刀说,我就是不让你安生。白帆说,你这个畜生!袁屠户恶狠狠地说,你敢骂我畜生?今天我要像杀猪一样先给你放放血!白帆一听就不由得打了一个冷战。这一抖,把白帆给抖醒了。白帆睁开眼睛,他看到了天花板上的那盏无影灯。

外科大夫静静地躺在那里,他听到屋外有沙沙的雨声。抬起头,他看到窗外的天色已经发亮。在夜间,不知道什么时候下起了雨。现在,雨和风仍在外边把一些树叶弄得哗哗啦啦地响。白帆看到雨水打在窗子上,把窗子涂得花花搭搭,那窗子给白帆一种破碎的感觉,在破碎的玻璃后面,他看到在那棵槐树下面站着一个人。他想,这人,下着雨,站在外边干什么?他从手术台上下来走到窗前,敲着窗子说,哎……

外科大夫没有听到回声,在模模糊糊的窗子前,他看到那个人站在那里一动也不动。他就打开窗子,外边的情景使他倒吸了一口凉气。他看到那个人的脖子吊在了树杈上,在飘落的雨水里,他看清是那个阴茎充血的老人。白帆三下两下蹿到门外,飞快来到四号病室。那时,老人的儿子还在熟睡之中。白帆推了推那个中年人说,快点,是你爹。

中年人一个机灵坐起来,俺爹?他四下里看了看说,俺爹哩?

白帆说,在树上,吊着哩。

中年人怔了一下,他突然站起来就往雨中跑,连鞋子都顾不上穿。可是他跑了几步又停下来,朝跟在后面的白帆问道,在哪儿?

白帆朝手术室那儿指了一下说,手术室后面。中年人就跑过去,他一边跑一边叫,爹——俺爹——

白帆停下来,他在雨中喘息。一些打着各种颜色雨伞的人跟着那个中年人,朝手术室后面涌去。白帆被这种情景震住了,他想,这么多的人是从哪儿突然冒出来的?外科大夫正在发愣,突然听到有人叫他,他回过身来,在雨水中,外科大夫看到了院长。

院长说,你上哪儿去了?我派人到处找你。

白帆说,我哪也没去呀。白帆一边说一边朝前走。

院长说,看你,说着说着咋硬走呀!院长过来,把雨伞遮在他头上,雨伞就在他们的头顶上发出呼呼啦啦的声响。

白帆指了指手术室那边说,老头儿。

院长说,啥老头儿?

白帆说,他吊在树上了。白帆的话还没有说完,手术室那边就传来了一个男人的哭叫声。那哭声仿佛空中的雨水,哗哗啦啦地引来了更多的观看者。

院长说,真吊在树上了?

白帆说,那还有假,我亲眼看见的。

院长说,怕是没救了。那样吧,我找人去处理,你跟我过来,说正事儿。院长拉着白帆来到走廊里,然后把雨伞合上。院长说,孙书记和王镇长,昨天晚上就来了,我派人去找你,咋找都找不到。

白帆说,我去乡下了。

院长说,乡下也去人了。

白帆说,我又回来了。

院长说,回来上哪儿啦?

白帆说,我在手术室里。

院长说,你在手术室里干啥?

白帆说,睡觉。

院长生气了,说,你看你,书记镇长摆一桌子酒席,一直等到十点。

白帆有些受宠若惊,他说,有事儿?

院长说,镇里计划生育开始了。你知道这事儿的重要性吗?搞不好,到换届的时候一票否决。书记和镇长都急得要命,你却在手术室里睡觉。

白帆说,我咋会知道呢。

院长说,算了,今天结扎,你去准备准备吧,人一会儿就到。今天三个行政村,二十六个人。

白帆看了院长一眼,院长的面孔在潮湿的空气里仿佛一张灰纸。一些房屋和树在渐渐稠密起来的雨水里晃来晃去如同长了腿在雨中奔跑。那个男人的哭嚎声从手术室后边传过来,湿漉漉的越来越近,最终,中年人在一群人的拥挤下出现在白帆和院长的视线里。中年人背着他的老爹和从外边进来的一群人擦肩而过。那群人被那个男人的哭嚎声和他肩上的死者所吸引,他们立在雨中仔细观看。那群人披着雨衣,或打着雨伞,由于雨水的缘故,使得白帆看不清他们的面孔。那群好奇的人一直看着中年人在雨中渐行渐远,其中一个人说,这不是柳庄的柳毛吗,他爹咋了?

另一个人说,鸡巴硬。七八十了,鸡巴还硬,下都下不去,自己觉得没脸见人,就上吊了。那人说完,一群人就哈哈地大笑起来。正笑着,有两个身披雨衣的人看到了黄院长。于是他们就走过来,其中一个矮子说,院长,俺的人来了,啥时候开始?

院长说,齐了就开始。他对身边的白帆说,开始吧,早开始早结束。

那群人就过来,拥着白帆在雨水里往手术室走。在手术室门口,麻醉师拦住了那帮人。麻醉师说,都过去咋办?乱糟糟的!

披雨衣的矮子说,去,都到门诊室里等着。说完他挥了一下手,又说,叫着谁谁来!

来到更衣室里,麻醉师对白帆说,你昨天去哪儿了?我到处找你。

白帆说,又是你去的?说完他把褂子挂在衣架上,或许是他心不在焉,衣服没挂好掉在了地上。白帆拾起来,抖了抖,没想一张折叠的纸从衣兜里掉了出来,在空中像小鸟一样拽了两下滑落在了麻醉师的脚下。麻醉师弯腰从地上捡起那张纸,说,这是啥?

白帆说，不知道。白帆已经记不起来那是一张什么样的纸了。

麻醉师说，给谁的情书？

白帆笑了，他说，你。

麻醉师说，给我写的情书？那我就看了。他一边说一边展开那张纸，他看了一眼就笑了。他说，这个婊子养的！他把那张纸还给白帆说，你被人当猴耍了。

白帆接过那张纸，看到那是院长让他填的表格。外科大夫迷惑地看着麻醉师，你说这话是啥意思？

麻醉师说，这表格谁让你填的？

白帆说，院长。

麻醉师说，院长对你说，表格就这一张，特地为你争取过来的，是不是？

白帆说，你怎么知道？

麻醉师不理他，继续问道，他还不让你告诉别人，对不对？白帆怔怔地看着他。麻醉师又说，因为他也是这样对我说的，这个婊子养的！昨天晚上我往县里打电话，我表弟告诉我，咱县的科技拔尖人才已经定了，你说咱院里是谁？

白帆说，谁？

麻醉师咬牙切齿地说，黄文斌！

白帆感到意外，他自己？

麻醉师笑了一下说，这下你明白了吧？他们正说着，院长走了进来。麻醉师一看是院长，转身走进了手术室。由于院长的到来，白帆手中的那张表格再次滑落在地。院长看了白帆一眼，弯腰从地上拾起那张纸，院长的脸色变得如同屋里的光线一样暗淡。他用手指弹了弹那张纸，那张有些潮湿的纸片在空中发出了一种近似风吹枯叶的声音。然后，他叠了叠，装进了衣兜里。院长说，你这人，真是，咋给你说的？

随后院长用命令的口气说，开始吧，这可是政治任务！

白帆就糊里糊涂地上了手术台。手术台上的无影灯把他照得满头大汗，站在夜里他躺过的手术台前，一直给那些从乡下赶来的男人们作输精管结扎手术。麻醉师一次又一次地给那些身带泥土气息，双腿间散发着汗腥味的乡间男人刮去阴毛，清洗会阴部位，往阴茎上注射麻醉药液。白帆一次次地寻找那些壮汉们的输精管，然后扎住。上午晚些时候，突然上来了一位女人，女人的结扎手术要比男扎复杂得多，这要切开女人的小腹。麻醉师疲倦地伸了一下懒腰，他嘴里嘟囔了一句，这个婊子养的。那天上午，麻醉师的话使白帆再次想起了院长。在沙沙的秋雨里,外科大夫的肚子突然有些发胀,他感到肚子里有东西一直在往下坠。可是面对刚刚切开的女人的肚子,他又没法离开,他的肚里越来越沉,最后他实在忍不住,一泡稀屎就拉在了裤裆里。那泡稀屎的热臭气息,片刻就布满了整个手术室的空间。在那臭气里,外科大夫感到双腿都在打战。在无影灯下,外科大夫大汗淋漓,器械护士掏出手帕,一次又一次地给他擦汗,白帆就那样站着,直到他为那个女人缝完最后一针。

那天上午,白帆清洗完自己身上的脏物换了一条裤子之后,感到自己的骨头就要散架了,他突然有一种强烈的想躺下来休息的愿望。当人们离去之后,他就在堆满手术衣的长椅上躺下来,那些布满血迹的手术衣在渐渐沉睡下来的白帆身下散发着血腥气。手术室里慢慢地沉静下来,只有白帆微弱的呼吸声像一只秋后的蚊子在无力地飞行。窗外的秋雨在他的睡梦里没完没了地下着,那天他睡着之后,梦见了那个阴茎充血的老人。白帆看到他赤条条地站在他的面前双手握着自己的生殖器。白帆说,你不是走了吗?

老头儿说,我上哪儿去?你看它一直不下去,我胀得难受。一群女护士站在他的身后指着老头儿嘻嘻地发笑,白帆回过头来对她们说,这有什么好笑?他只不过是得了一种病。

老头儿在白帆的面前跪了下来说,大夫,求求你,给我作了吧,我真的没脸见人了。白帆说,那好吧。白帆说完,就领着那个老头儿走进了手术室。在他的面前,是一条长长的走廊,那走廊好像没有尽头,白帆一直沿着长长的走廊行走,他走得好累好累,却怎么也走不到头。走廊的两边没有窗子,自然的风光和季节的变换离他十分遥远,在灰红的灯光里,他不知道自己身处何地。在一面镜子前,他看到自己变成了一个白发苍苍的老者,他赤身裸体,他的阴茎在他的双腿之间不停地膨胀,那阴茎越来越大,最后充满了长长的走廊。

五

白帆在睡梦里感到耳朵发疼,睁开眼睛,就看到了妻子柳鹅。柳鹅一边拧着他的耳朵一边指着他的脸说,好呀,你个鳖孙,家也不要了,躲到这儿来睡了!

白帆说,放开手。

放开手?你光想哩,走!柳鹅拧着白帆的耳朵,拉着他就往外走。

外边的雨不知道啥时候停了,医院里的许多人都在那个空气潮湿的午后看到了瘦弱的外科大夫被他肥胖的妻子拧着耳朵拉着往外走,白帆弯着腰,小跑着跟在柳鹅的屁股后面,他一边用手护着自己的耳朵一边说,放开我,放开我……

柳鹅不理他,只管拧着他的耳朵在众目睽睽之下往外走。这时,一个身穿白大褂的医生拦住了她,说,放开他,有啥事不好说?

柳鹅说,放开他?没那么便宜。家里的房子漏得哗哗淌,他管都不管,躺在这里睡大觉。说完,拉着又走。这时院长走过来,院长说,放开他,下午还有工作。

工作?柳鹅说,有工作看着俺了,有好处咋没有看着俺?说完,拉着又走。

院长又要拦,柳鹅说,谁拦我,我日他娘!院长的脸一红,就让开了。柳鹅拉着白帆又走。就这样,她拎着白帆的耳朵穿过镇子回到家里。柳鹅咚的一下上了门,抱起白帆,把他丢到床上。

白帆一手捂着耳朵一边看着屋顶说,哪儿漏了?

柳鹅说,哪也不漏,恁老娘的裤裆漏了!说完过来,三下两下就剥了白帆的衣服,接着,她那一身白白的肥肉就压上去。白帆可怜巴巴地躺在她的身下,任她怎样摆弄也强壮不起来。白帆颤抖着说,我不中了,我不中了……

柳鹅说,鳖孙,啥不中了?你来。说着,就把他的手拉到她的腿间,另一只胳膊揽住他的头,把一个乳头塞到他嘴里。白帆像个婴儿缩在柳鹅的怀里,用手用嘴侍候着她,片刻,她的身子就扭成一团,嘴里不停地哼叫着。她的哼叫声像针一样刺着白帆的心,这让他无比的痛苦,外科大夫突然像个孩子坐在那里哭泣起来。他的哭泣声,把她从快乐里拖出来,她一个耳光扇在白帆的脸上,说,哭,好好的哭个啥?

白帆不但没有停住,他哭得更伤心,他哭得泪水涟涟。这下可把柳鹅给吓住了,她搂着白帆说,你看你,不是给你玩的吗,你哭啥哭?跟死了老娘似的。

白帆说,柳鹅……

柳鹅说,弄啥,你说?

白帆一边擦着鼻涕一边说,我不中了……

柳鹅说,这是啥话,好好的,咋不中了?

白帆说,硬不起来了。

柳鹅笑了,她说,笨蛋!我想啥事呢,年轻轻的,多吃些东西,多睡几觉,就过来了。你别伤心,往后我不找别人还不中?柳鹅一边给他穿衣服一边说,看你,真像个孩子。起来,好好吃饭,我给你弄肉,好好地吃一顿,休息休息就过来了。

柳鹅说着,就从柜子里端出来一盘猪杂碎,她说,吃吧,吃了就好了。

白帆看着那些油汪汪的猪杂碎,突然想起了袁屠户。他说,这肉从哪儿弄的?

柳鹅说,你问从哪儿弄的干啥?是肉就香。说着,自己倒先拿起半个猪耳朵吃起来。这时,袁屠户劈猪头的声音从窗子外边传进来,嚓——嚓——油亮的砍刀把带血丝的骨头劈得四处飞溅。柳鹅拿起一块肉塞到白帆手里,她一边嚼着一边说,吃吧,吃了就好了。

白帆闻到猪肉的香气就想呕吐,可是柳鹅却把一块猪肉塞进他嘴里,柳鹅一边塞一边骂道,鳖孙,吃呀,不吃啥时候会好?

猪肉的香味像一只手塞到白帆的胃里去,这使白帆感到恶心,有一股热酸的东西从他的嘴里喷射出来,他蹲在地上,想把胃里的东西都掏出来。外科大夫呕吐着,脑海里却奇怪地闪现出一些人体的器官来,他时常要把那些器官切开。肌肉,大肠,盲肠,胃,头颅,等等。那些东西现在仿佛变成一筐子煮熟的食物放在他的面前,呼呼地冒着热气。这种想象使他感到更加恶心,他不停地呕吐,连胆汁都快给吐出来了,他吐得面色蜡黄,像一个接近死亡的人。

这个时候,后墙上的窗子突然被拉开了,他听到袁屠户说,咋啦?

柳鹅说,吐哩,一吃肉就吐。

屠户嘲笑道,不能吃肉,还算个男人?

白帆猛地站起来,由于头晕他险些跌倒,他挣扎着抬起手指着屠户的脸说,滚!他转身端起那盘猪杂碎朝袁屠户砸去,可惜他没有力气,那盘东西没有飞到窗前,就掉在了床上。柳鹅一边叫着一边爬上床,把肉捡起来,她指着白帆的鼻子说,你不想叫老娘吃了是不是?有本事你给我钱!

面前的情景使白帆感到绝望,他又蹲在地上哭泣起来,他的哭泣声像一株在寒风里摇摆的柳树,他难受的样子,使柳鹅都动了心,她把他抱起来,像哄孩子一样哄着他。柳鹅说,哭啥哭,真不像男人。白帆的身子在她的怀里缩成一团,白帆说,我怕。

柳鹅说,在自己家里,你怕个啥?

白帆指着窗子说,我怕他夜里掂着刀子过来……

柳鹅说,他反哩!说着,她自己的后背也有些凉飕飕的。

白帆哀求着说,咱把窗子堵上吧?

柳鹅说,堵上就不怕了?

白帆说,好一点。

好一点咱就堵。柳鹅说,说实话,我也有点怕。

白帆说,你怕个啥?

柳鹅说,屠户的鸡巴上有个疙瘩,还淌脓,我怕他有病。要不,你先给我看看吧。说着,她就脱下裤子让白帆看。在她的双腿间,白帆闻到了一股子腥臭。白帆说,你染上病了。

柳鹅一脸的恐惧,她叫道,你得赶紧给我治呀。

白帆说,治病好说,咱得先把窗子堵上。

柳鹅说,堵窗子容易。她站起来,三下五去二就把屋子收拾了,接着她出去喊了两个泥水匠,两个小时没过,就把窗子给堵上了。晚上白帆回来,给她弄了几包中药,放在药罐里熬,然后连喝带洗,一连七天,才除去那里的腥臭。到了第八天夜里,在柳鹅的引诱下,白帆无论怎样努力也不能使自己更像一个男人。他哭着对她说,我不中了,我一点都硬不起来了。柳鹅说,这咋弄?都年轻轻的,这事儿跟吃饭干活一样,不能干这事儿,人活着还有啥意思?

白帆擦一把眼泪说,你不就是想快活吗,我叫你快活就是了。于是,他就使尽了全身的解数,想法使她快活。一到晚上,柳鹅就躺在那里对他叫。一到那个时候,白帆就想扑过去一下子掐死她,可他没那个勇气,他真的像一条狗,在她的生活里走来走去。有一天,他痴呆地坐在门诊室里望着外边的阳光发呆,脑海里突然产生了一个古怪的念头,他想,要是太阳永远不落那该有多好呀,他开始惧怕黑夜的来临。他一边想一边自言自语地说,要是太阳不落,那该有多好呀。

年轻的女器械护士停下手中的毛线活儿说,那不可能,天总会黑的。

白帆说,要是不黑有多好,那样我就可以不回家了。

多情的女护士看他一眼说,你不想回家?

白帆说,我不想回家。白帆惧怕黑夜的降临,就是惧怕回家。一到天黑他就会忍不住哆嗦起来。他喃喃自语地说,我不想回家。

女护士错误地认为这是年轻有为的外科大夫对她的暗示,或者是一种情感的表达,她激动地把打了半截的毛衣搭在白帆身上量着大小。她说,这样的颜色你喜欢吗?

白帆握着她的手,像一个孩子看着她说,我真的不想回家。

女护士说,不想回家还不容易,医院里的住宅楼不是盖好了吗,你去要一套,不就有自己的家了吗?在那个阳光灿烂的下午,女护士的话提醒了外科大夫,随后,白帆找到了院长。那个时候,院长正躺在沙发上挖耳屎,他一看是白帆,脸色就变得一片阴暗。院长说,我正要找人去叫你。

白帆说,有事吗?

院长说,我问你,俺娘那事儿,你都给谁说了?

白帆说,啥事?

院长说,你忘了?那事就你跟麻醉师知道。

白帆还是想不起来院长说的是啥事,那些日子闯进他脑海里的事儿实在太多了。看白帆不明白,院长又提醒到,你给俺娘做手术的事儿。

白帆这才想起来,但在他的感觉里,那事儿似乎离他已经十分遥远,他恍惚地记得,有过这么一个手术。在这期间,他已经做过大量的手术,大量的手术把他的记忆给搅乱了。白帆说,那咋了?

院长生气地说,你都给谁说了?

白帆说,没有呀,谁也没有。

院长说,没说?没说外边的人咋都知道了?传得满城风雨,让我都没脸出门了。

白帆想了想又说,我真的没给谁说过。

院长说,你再仔细想想,比如你老婆?

白帆摇摇头说,没有。

没有?院长不相信,仍用审问的口气逼问道,你知道这事儿是谁讲的?

白帆说,谁?

院长恶狠狠地一字一句地说,袁屠户!袁屠户离谁家最近?离你家最近,恁两家只隔了一道窗子!

听了这话,白帆就心虚起来,他不敢去看院长,但他仍旧坚持说,我真的没有说。

院长叹了一口气,他站起来很大度地拍了拍白帆的肩膀说,说不说我心里有数,我还不知道你?你自己掏良心说,我待你怎样?你掏良心说。

白帆就更加心虚,他仿佛真的做了对不起院长的事儿,他的脸刷地一下就红了,他有些内疚地说,院长……

院长又拍了拍他的肩膀,安慰道,你是咱院里的技术骨干,啥事我还不为你想?就说房子的事吧,为了你,一圈子人我都得罪了。

白帆说,房子分过了?

院长说，分过了。

白帆迫切地问道，有我的吗？

你呀，你咋弄的事儿？院长说，一圈人都在咬你，说你镇上有房子，住都住不完，说你得了片宅子，没掏一分钱，说你进院的时间短，咋排都排不上。人家都这样说，别说我，让你自己说，咋弄？院长还没等白帆说话，自己又叹口气说，下次吧，下一次。再说，那房子谁住谁得交钱，眼下，你能拿出钱来吗？

院长看白帆坐在那里不言语，就说，好了好了，今天咱不说这烦人的事儿，走，咱到馆子里喝酒去，解解闷！说完，他拉着白帆就往外走。在大门口，他们碰到了麻醉师。麻醉师这回分了一套房子，正高兴，就说，今天我请客。三个人就来到饭馆里，要了几个凉菜。可是白帆一看见桌上的肉就想吐，他说，给我烧个豆腐吧。

麻醉师说，咋了，过斋哩？

白帆说，不是不是，不能吃肉，也不能喝酒。

麻醉师说，随你便。说完，就陪着院长喝酒，他们一直喝到十点钟，眼看着二斤大曲就要喝完了，麻醉师还不放过。院长站起来说，不，不，不喝了……

麻醉师说，壶下酒，喝完散场。

院长说，我一点都不能喝了，说着站起来，扶着桌子往外走。

白帆说，能走吗？

院长说，没事。可是还没走到门口，他就像个木桩跌倒下去，咚的一下，头撞在了墙壁上，躺在地上不动了。他们过来一看，院长满脸是血，这下可吓坏了饭馆里的老板，他忙叫人把院长抬回去。谁知第二天，就传来院长昏迷不醒的消息。白帆想，可能是把大脑撞出了毛病。过了两天，院长渐渐清醒过来，却得了个偏瘫。通过颅骨钻孔诊断，白帆确诊为积血压迫了院长的中枢神经。

六

这年的深秋，身体瘦弱的外科大夫给院长作了颅内血肿的开颅清除手术。

最初，院长偏瘫的消息如同那年的最后一场秋雨，很快浸透了医院和颍河镇里的角角落落，各种各样的有关院长的传闻和闲言碎语像风一样在空气中传播，而外科大夫却对此不闻不问，那些话语真的像风从他的耳边吹过,没有给他留下一点记忆,因为那个时候,他正在全心全意地投入使院长恢复健康的工作当中。在院长昏迷的时候,他突然有一种失去方向和依靠的感觉,面对杂乱无章的医院,他有些迷茫。他在心里这样想,没有领导真不中,没人管也真不中。外科大夫深深地为没有人来管自己而感到恐慌。

在家里,是妻子来管他,就连做爱这样的家务事,也取决于妻子的心情。那个庸俗透顶的女人用最庸俗的手法消解了他自由思考的能力,他成了她的某种器官快活的工具,这就最大限度地导致了外科大夫的奴性。她的行为,使这个丧失了性功能的瘦小的男人意识到,他就是某种工具,只有这样,他才不至于失去那个使他一到天黑就感到恐惧的家。在外部生活里,外科大夫把这种奴性深刻地表现出来。

在医院里,他像畏惧黑夜一样畏惧权势。他觉得,自己只不过是院长手中的一张牌,一张黑桃三或者方块四。现在到处都在实行院长责任制,院长就是这里的一家之主。他往往有一种随时都会被解聘的危机感。他热爱他的手术室,他想,我只有这么一点点技术,假如我的某些不慎行为在某些方面使院长烦恼,院长要是在一气之下像清除颅内血肿一样清除了我,到那时,我该怎么办?那样,我就会失去我可爱的手术室。他想,好在现在院长很器重我,所以我不能没有院长。他还这样设想:假如现在要是换一个院长,那么我的处境将是一个什么样子呢?他深深地为自己以后的生活和前途感到忧虑,并为此而惶惶不可终日。他想,既然这样,还不如我现在用心地给院长治病了?院长的病好了,仍旧是他的院长。他这样想着,心里就感觉到好受一些。于是,他就像在床上侍候柳鹅一样尽心尽力地为院长治病。他在院长卧床的第四天,就给他作了颅骨钻孔诊断,接着他又运用了超声波、脑电图、脑血管造影等等诊断手段,来给院长确诊。最后他对哭哭啼啼的院长老婆说,像这样的情况,原则上都要开颅清血。说完之后,他立刻想起了那位面目清癯的老教授。

最终,在那年深秋里,白帆给院长作了开颅清除血肿的手术。院长的手术是那天上午九点钟开始的。在这之前,白帆和麻醉师作了细致的准备工作。近日来,麻醉师很为自己的行为感到内疚。他暗自以为,是那天夜晚的饮酒才导致了院长今天的后果。现在面对院长的头颅,他把以往和院长的某些过节都抛在了脑后,他真心实意地想使这个手术做成功,这样多少可以减轻一些他心里的负担。麻醉师细心地剃去院长的头发,用碘酊为那颗头颅清灭皮肤上的细菌,他用局部浸润的麻醉方法完成了最后的工作。做完这些之后,他看了一眼身体瘦弱脸色有些苍白的外科大夫。

外科大夫站在手术台前,突然想起了多年前他第一次走进手术室的情景,那个时候,面对切开的肌肉所喷出的鲜血他突然哆嗦起来,他像病人一样瘫倒在地。可是现在,他再也不会有丝毫的惊慌,在他看来,院长的头颅只不过是一个人体器官,一个发生了病变的物体。现在,不是别人,正是他来使这个器官恢复健康。只有到了这个时候,外科大夫做人的自信才完全被释放出来。他想,这头颅不就是一个器官吗?每一个人都长着这样一个器官,这有什么可怕的呢?谁能在明亮的无影灯下把这个头颅打开?在这里,还有谁有这样的能力?没有!他想,只有我!

白帆站在无影灯下拿起手术刀,他就要切开这个表面上看去完好无损而内部发生了病变的头颅。他的手术刀慢慢地走动,他听到了皮肤被切开的声音。他看到了在手术刀走过的地方立刻涌出了鲜血。他毫不犹豫地把院长的头皮剥开,他听到带血的头皮和颅骨分离的声音,那声音使他想起了一片茂盛的桑林。桑林里有无数的桑蚕在嚓嚓地吃着叶子,那片被春天的细雨清洗得一片新绿的桑林呀!那嚓嚓如同春雨里蚕吃桑叶的声音呀!白帆在春蚕吞食桑叶的声音里剥下了院长的一些头皮,接着,他戴着无菌手套的手触到了一层坚硬的东西。他的助手帮他止血,清除上面的血迹。随后,他看到了白森森的颅骨。啊,颅骨!这使他刻骨铭心的颅骨!在那片无垠的黄土地上,他幼小的身子在烈日下不停地晃动,他在用一把铁锹翻动土地,那颗在地下不知埋藏了多少年的颅骨被挖出来的时候,他的头发都被吓得惊颤起来。在寂静的田野里,在炎炎的烈日之下,他蹲在地上小心翼翼地捧起那个已经发黄的颅骨。他想,这是谁的头颅呢?他拿起那把手摇钻放到那片雪白的颅骨上轻轻地用力,开始在那颅骨上打孔。他要在这颗颅骨上钻出一个个小孔,这是他打开颅骨的手段之一。他想,这是谁的颅骨呢?阳光似乎离他十分遥远,黄色的土地也莽莽无垠。金属钻头像老鼠的牙齿啃着坚硬的木头,咯吱咯吱,一些带血的骨头碎片被钻头吐出来,那些圆孔一个挨一个,最后形成了一个圈。他放下钻头拿起一把钳子。他把尖嘴钳子插进小孔里,他在用力,他把白森森的颅骨一片片地用力掰下来。那是谁的颅骨呢?他想。他掰断颅骨的声音是那样的清晰,周围的人都屏着气,麻醉师、他的助手、他的第二个助手、器械护士、巡回护士,他们看着他把院长的颅骨一块一块地掰下来。在叭叭作响的颅骨断裂的声音里,白帆突然觉得自己是那样的残忍,这一闪念的感觉,使他倒吸了一口凉气,他的目光也立刻变得冰冷无情。他不知道这是谁的颅骨,但他知道每个人都有这样一个颅骨,这包括他自己。他不知道,在许多年后他的颅骨能不能被一个劳动者从深深的黄土里挖出来,重新晾在阳光下,他也不知道自己有一天会不会像这个人一样躺在手术台上,让别人来切开他的头颅,他不知道。那么这是谁的头颅呢？他想,无论是谁的头颅,现在他都要打碎它,一下,一下,又一下……最终,他在那颅骨上打出了一个洞。在他清除完破碎的骨片之后,他找到了那片压迫中枢神经的积血。望着那片暗红色的凝固体,白帆的心胸似乎一下子开阔起来,这使他想到了茫茫的雪原和世纪不变的冰山,从那冰川里渗透出来的气息迅速流遍了他身上的每一根毛细血管。白帆从此变成了一个冰冷如铁的人。

现在,外科大夫走在大街上,他冰冷的目光能剥去在他面前行走的任何一个人的衣服,那些他熟悉的男人和女人。院长、麻醉师、袁屠户、年轻的女器械护士等等,那些人一旦走进他的视线,他就能把他们肢解。在他的眼里,那些人一会儿是一架骨头在行走,一会儿是一身肌肉在行走。那些人的心脏,在他眼里一紧一缩地跳动。血液如渠水一样在血管里流淌。那些被咀嚼之后变得破碎的绿色食物,在肠道里如粪便一样滑动。一些细小的精液聚集在睾丸里蠢蠢欲动。还有那些悬挂的五脏六腑,没有依靠滚来滚去的眼球……现在,他像机械师熟悉机器的每一个零件一样熟悉人体了。当一个人躺在手术台上,他看到的不再是一个人,而是一台机器。面对人体的某个器官,他就像看到了某台机器的零件,他可以熟练地把某个器官打开,把病变的部分切除,然后再放进去。现在,他的技术比袁屠户杀猪剔骨头都要熟练。有一次,袁屠户当着他的面,在众目睽睽之下肆无忌惮地表演着他肢解猪体的能耐,而后他对白帆说,我这手艺比你的怎样？

白帆冷冷地看他一眼说,你要是躺在手术台上,你要啥,我就能给你取啥。要心能取心,要肝能取肝,你信不信？

袁屠户听完外科大夫的话吓得目瞪口呆,站在那里没敢动。

白帆说,我不用一个小时,就能剔净你身上的骨头,你信不信？

袁屠户再也不敢看外科大夫的眼睛,他的手一哆嗦,砍刀就掉在了地上,他呆呆地看着白帆瘦小的身体在开始暗淡下来的光线里慢慢地走远。后来的某一天,袁屠户又拉着腿来到了颍河镇医院,他找到白帆,乞求他给他治疗生殖器上的疾病。屠户的阴茎上长了一个肿瘤,肿瘤里分泌出一种黄脓一样的液体,发出阵阵的恶臭,他的阴茎上已经出现了如同菜花一样的溃烂物。屠户说,我已经有好多日子没有碰过女人了。

外科大夫说,恐怕你这一辈子也碰不上了。

屠户说,求求你,给我治治吧。

外科大夫说,知道你这是啥病吗?

屠户说,不知道。

外科大夫说,阴茎癌。

屠户一听就哭叫起来,求你了,给我治治吧。

外科大夫说,你要命,还是要女人?

屠户说,两样我都要。

外科大夫冷冰冰地说,不行!要女人不要命,要命不要女人,你只能选择其中之一。

屠户无奈地说,那就要命吧。

那年第一场大雪来临的时候,身体瘦弱的外科大夫为袁屠户作了阴茎切除手术,他的尿道移到了会阴部的右侧。肥胖的屠户再也不能站着排尿,他像个女人一样,大小便都得蹲在地上,屠户变成了一个没有欲望或者叫做丧失欲望的人。而院长在那次手术之后,由于大量输血,使他一改过去的文质彬彬,他变成了一个性情暴躁的人。而在这段时间里,白帆的妻子得了一种腿疼病,她行走不便,但一到夜晚,她仍旧不停地对白帆喊叫,用舌头,用舌头⋯⋯

这年冬季来临的时候,外科大夫家里的灾难一个又一个接踵而来。先是他的母亲得了肠梗阻。在手术台上,面对母亲切开的腹部,他突然显得有些束手无策。从母亲的血管里喷出的鲜血射到了雪白的天花板上,他的助手用高频电刀为她止血,他在肌肉烧焦的气息里,看到了母亲被打开的腹部。白帆这时突然想到,三十六年前,我就是在这里被孕育成人的吗?最初,我也是一对微小的精子和卵子的结合体吗?我丑陋的身体,就是在这里待了十个月吗?是的!现在,在无影灯下,他把它打开了。他想,这就是我待过的地方吗?是的,白帆想,是我待过的地方,是所有人待过的地方!我们世间的每一个人,都在这个黑暗而温暖的地方待过,是它给了我们生命。白帆想,这不是那片辽阔而富饶的土地吗?这不是那片埋葬了颅骨也孕育了生命的土地吗?他出生在这里,如今他又在这里翻耕。白帆毫无表情地站在手术台前,他想,这是谁待过的地方呢?他一边这样想,一边从腹部里掏出那堆大肠和小肠,把那些蠕动的肠子放进一个塑料盆里,他用手过滤着那肠子,他要在那肠子上找出病变的部位,然后再把它切除掉。

那个初冬的上午,当白帆在母亲的肚子上缝合了最后一针之后,他走出了手术室。他在更衣室里脱去手术衣之后就扬长而去,他忘记了躺在手术台上的是他的母亲。他漫无目标地在初冬的黄昏里行走,目中的一切毫无生命色彩,脚下的土地,在冬天的气温下正慢慢地变得沉默,快乐的鸟儿都飞到南方去了,连西天那片红色的晚霞也让人感到寒冷已经来临。

接下来,是他的妻子柳鹅。柳鹅的腿疼最终确诊是一种骨巨细胞瘤,那个恶性的细胞肿瘤生长在股骨的骨骺端。在冬日的阳光下,外科大夫拿着从柳鹅腿上拍出的片子对他的助手说,这样的情况得截肢。于是,在一个阳光很好的上午,白帆切开了一个女人腿上的皮肤和肌肉,露出了森森的白骨。可是由于麻醉师的缺席,白帆忽略了麻醉这种能减轻病人痛苦的手段,柳鹅痛苦的嚎叫声几乎要冲破手术室的房顶。在无影灯下,白帆拿起了一把锯,他要用锯一下一下地锯掉那根股骨。金属锯吃进骨头的声音,突然变得十分刺耳,白帆每锯一下,头皮就要麻一下,他每锯一下,柳鹅就会发出鬼一样的喊叫声,那声音使他难以忍受,每锯一下,他的头就会像锥子钻的一样疼一下,他的头颅都要炸裂了。由于柳鹅的嚎叫,使得手术变得漫长而艰苦,汗水湿透了外科大夫的衣服。锯子锯骨头的声音和柳鹅鬼一样的嚎叫声浸透了他的每一个毛孔,白帆感到自己的每一根血管都要爆裂了,他变得像一头关在笼子里的困兽,当手术完成之后,白帆就瘫倒在地。

年轻的女器械护士把他扶出手术室,然而,白帆的耳边仍旧响着锯子锯骨头的声音,响着柳鹅的嚎叫声。他挣扎着往前跑,但那混杂的声音紧紧地追着他。在医院的通道上,由于匆忙他撞了正提着水瓶走过来的黄院长,院长手中的水瓶像一颗炸弹掉在地上爆裂了。院长愤怒地指着他的脸说,慌啥,慌得像去投胎一样!院长的吼叫声和水瓶爆裂的声音化成了锯子锯骨头的声音刺着他的太阳穴,这使他疼痛难忍,外科大夫双手抱着自己的头颅逃走了。

在镇上,白帆遇见了正在卖卤肉的袁屠户。袁屠户洪亮的叫卖声在颍河镇的街道上传荡,那叫卖声也化成了锯子锯骨头的声音来刺他的头。在白帆的听觉里,一切声音都化成了锯子锯骨头的声音,他每到一处,那锯骨头的声音就会不停地响起来,狠狠地刺着他的头,刺着他的每一根神经,使他一刻也得不到安静。到后来,那声音干脆钻进了他的脑袋里,那声音变成了一把锯,一下又一下地锯着他的头骨,这使他痛不欲生。他双手抱着自己的头漫无边际地在道路和田野上奔跑,可是,他始终都不能摆脱那把锯子对他的折磨。他一边跑一边想,我的头就要炸了,我的头就要炸了!他再也承受不住那声音对他的折磨了!

那天晚上,身体瘦弱的外科大夫痛苦不堪地搂着自己的头回到了医院的手术室。他想找一个清静的地方,他想躲开世上的一切声音。可是,在手术室里,仍旧有风在窗子外边呼呼地摇动着树枝,最后他实在不能忍受,就来到了器械柜前。在无影灯下,他想找一把手术刀切断自己的血管。可是器械柜里的器械都被器械护士拿去消毒了,他只在一个铝盒里找到了一根针管。这时他突然想到了麻醉,他想,或许麻醉这种方法能使他失去痛苦的感觉,这使他欣喜若狂。他在麻醉师的柜子里找到了一些安定药液,他打开玻璃瓶口,然后把药液抽到针管里。在做这一切的时候,他的手颤抖不止。最后外科大夫把针头刺进自己左边的脖颈里,他用力把针管里的药液推进去,然后拔掉了针头。

接着,外科大夫在手术台上躺了下来,外部肮脏和纷乱的世界在他的感觉里慢慢地退了出去,如那群南去的大雁一样,在辽阔的天空里越飞越远。

1995年9月作,原载《花城》1998第1期。

讨 债 者

讨债者怀着阴郁的心情接近颍河的时候,那场蓄谋已久的大雪已经下得纷纷扬扬。讨债者忧心忡忡地立在河岸上,看到对岸有一些高高低低呈各种走向的房屋默默地蹲在飘雪里,他不由得对面前这条流淌着像酱油一样的河流产生了怀疑。这就是颍河吗?讨债者过去曾经许多次造访颍河镇,可他每次都是从北路进入镇子的腹部,由于生意上的种种杂事使他一次都没有来到过这条河边。夏季或者秋季里的傍晚,是他每每在镇子里闲逛的时光,他曾经产生过到河边看一看的想法,但这种想法都被一些意外的事情所冲淡。现在当他真地面对这条河流的时候,却对自己的到达心存疑虑。这就是颍河吗?他又一次在心里朝自己问道。北风迎面吹过来打在他的脸上,一些雪花企图钻进他的脖子里去,但都被他竖起的衣领挡住了。这就是颍河。他拉了一下帽檐这样鼓励自己说,然后小心翼翼地走下河道。在河道里,他看到一些船停靠在码头边,船上已经落满了积雪,如同一些僵尸抛在水里。在船上,讨债者没有看到一个人,这种情景的出现使讨债者有些慌乱而茫然,他如同来到一个梦境里,不知所措地立在岸边望着如同他脸色一样灰暗的河流。

喂,过河吗?

这时讨债者突然听到一个声音,他回头朝码头的引道观望,但除了飘飘扬扬的大雪和一些杂乱的树丛他什么也没看到。讨债者想,这声音来自哪里?

问你啦,过河吗?

从声音里判断这是一个男人,男人的声音意外地从河道里传来,讨债者又转回头朝河道里观看。讨债者看到一个身穿雨衣的人从船头舱里爬出来,由于雨衣的缘故,他没有看清那个人的脸。那个人一边用脚驱着船板上的积雪一边说,你是哑巴吗,为啥不说话?

讨债者终于明白这个人就是摆渡者。摆渡者一边把船板弄得呱咚呱咚地发出声响一边又说,你这熊人,聋子吗?不过我就下去了。

讨债者有些惊慌,他迭声地说道,过过过,咋不过。

摆渡者说,过还不上船来。

讨债者有些内疚地战战兢兢地沿着跳板上了渡船,但摆渡者却又跳到渡船边上的一条小船上去,他一边探着身子解着系在大船上的缆绳一边对讨债者说,下来,就你一个熊人,值不得开机器。

讨债者愣了一下就按摆渡者的吩咐下到小船上。小船在河水里晃动,讨债者有些害怕,就急忙蹲到船舱里去,他伸手抓住两边的船舷,才有些放心。他蹲在那里看到如酱的水面离他更近了,他看到那些飘扬的雪花一落到河水里就无声无息地消失了。讨债者抬起头,在不远处的河道里有几只水鸟在水面上漂漂浮浮。这时摆渡者解开了缆绳,他一只胳膊摁在船帮上一用力小船就离开了,摆渡者一边摇着船桨一边对讨债者说,下着雪过河干啥去?

讨债。

讨债?讨啥债?

蒜钱。讨债者说,夏天里有几车蒜卖给镇上的脱水厂,钱到现在还没有打过来。

谁欠你的钱?

老黄。

老黄?哪个老黄?

摆渡者的问话使讨债者吃了一惊,讨债者说,这岸上不是颍河镇吗?

是颍河镇,可是没有叫老黄的呀。

是颍河镇你就应该认识老黄,他在镇上挺有名的,个不高,长一嘴黄牙,几家脱水厂数他开的大,家里都盖上楼了。

噢,你说的是赖渣,对对对,我想起来了,赖渣姓黄,是他是他,赖渣谁不认识。

赖渣?

是呀,外号叫赖渣,赖的掉渣。赖渣腰粗,这些年没少弄钱。摆渡者停顿了一下说,他欠你多少钱?

一万六。

摆渡者停下手中的船桨,他用一只手掀开盖在脸上的雨帽说,一万六?

讨债者看了他一眼,他发现摆渡者只有一只眼睛,另一只眼睛不知道什么时候瞎去了,他的相貌看上去很可怕。摆渡者用那只眼睛看他一眼就放下了雨帽。摆渡者又开始往对岸划船,他一边划船一边自言自语地说,是呀,是该要了,眼看就要过年了。说完他不再言语,又去用力划桨,船桨哗哗的击水声代替了他的语言。讨债者回头望了一下南岸,莽莽的堤岸上已经铺满了白色,那些歪歪斜斜的柳树仿佛一些影子立在他的视线里,弥漫的飘雪使他看不清天空的颜色。

讨债者在这年冬季的一个上午立在颍河镇的码头嘴上,他看到了一些陌生的行人和房屋,他似乎从来没有见过这种格局的街道。由于大雪的缘故,讨债者在颍河镇的街道里迷失了方向。讨债者努力地回忆着他前几次来到颍河镇的情景,但那些已逝的往事和经验不但没有帮助他,反而使讨债者越来越感到视线上和心理上的迷乱。

在讨债者的记忆里老黄的家在一条街道右边的胡同里,那条胡同口有一块长方形的青石条,沿着胡同走过一些房屋,就看到路左边有一口坑。夏季里那口坑里长满了厚厚的绿色的如同毯子一样的浮萍草,那个时候讨债者在等待外出要债的老黄,他无事可干就提个篮子来到坑边捞浮萍,然后扛回去喂老黄家的那群鹅。老黄家的那群鹅终日被关在院子里呱呱乱叫,令无所事事的讨债者心焦意乱,他就对正在撅着屁股在那儿给鹅拌食的老黄的爱人说,我去给鹅捞浮萍吧。老黄的爱人就笑了,她直起腰来用手背拨了一下散在眼前的头发说,你歇着吧,咋能劳驾你,你是客哩。说完又撅着屁股去拌食。这是一个很胖的女人,她一弯腰屁股就显得更大了,她的单裤被弯下的腰带上去,露出一线白白的肌肤。看见那线肌肤讨债者的身上就一阵燥热,那屁股在阳光下闪闪发光,讨债者想,要是上去抱住就能办成那事了。讨债者感到腰下鼓胀起来,就连忙提起身边的一只篮子出了门。可是现在讨债者走在颍河镇的街道上,怎样也找不到那条胡同。讨债者望望眼前,街道上的一切都是陌生的,讨债者想,难道是这场大雪改变了镇子的模样?讨债者停下来自言自语地说,我记得是在这儿呀,怎么没了那条胡同?他立在街道上,想在纷扬的飘雪里找一个人问问路,可是远远近近讨债者都没有看到一个人影。讨债者看看天色心想,现在是什么时间呢?街道上怎么会没有一个人呢?讨债者迟疑了一会儿走到路边的一所房子前,在一个黑漆门前停住了,他听到屋里有斧头劈砍东西的声音,就伸手敲了敲门。屋里的声音消失了,有呼嗒呼嗒的脚步声走过来,片刻,那对黑色的门拉开了,雪花趁势拥进去。讨债者看到一只满是血迹的手扶在门边上,随后就听到一个陌生的男人恶声恶气地说,进来!

讨债者就像雪花一样从门缝里钻进去,他一进去,身后的门就咣当一下关住了。屋里的光线非常暗淡,只有屋子深处支着一架煤火,有蓝色的火苗四处映射。煤火上坐着一口锅,锅里的水沸腾着,一些东西被煮得咕嘟咕嘟地发响,这使讨债者身上有了一丝暖意。他回头看一眼关门的汉子,可是在灰暗的光线里他只看到了他宽大的后背。那汉子关好门像一只影子从他身边走过去,在一架案子前立住了。讨债者看他操起一把砍刀朝一个模糊不清的猪头上砍去,他砍了两下回头对讨债者说,等一会儿,肉还没熟。说完又自顾自地干他的活。

讨债者立在那里,在灰红色的光线中他看清那是一个满脸横肉的屠夫。屠夫专心致志地在灰红色的光线里干着自己的活,锋利的砍刀吃进骨头的声音不停地响起来。讨债者闻到了散发在空气中的某种气味,他想,屠夫把我当成了一个食客。他犹豫了一下还是朝他问道,请问老黄家在哪儿?

屠夫停下手中的砍刀说,谁?你说谁?

老黄,开脱水厂的,小名叫赖渣。

噢,听你口音不是本地人吧?

不是。讨债者看到屋子深处的火光把屠夫的身子映得十分高大。他说,我是临泉人,来这里讨债。

讨债?赖渣欠你的钱?

是的,他欠我的蒜钱。我从夏天就跑着上这儿来要账,这段时间我跑了不下十回,可是每次来都没有见到老黄,他总是出门在外。

屠夫放下手中的砍刀说,是呀,是该要了,眼看就要过年了。

可是……讨债者犹豫了一下才说,我找不到他家了。

屠夫说,你在这里咋会找到呢?他住在另一条街上。

另一条街?我记得他就在这条街上住的。

不对,他在另一条街上住。屠夫说,你出去往左拐,一直往前走,见到街口再往右拐,再往前走就到了。

麻烦你了。讨债者说着走到门边。屠夫说,我来给你开门吧。说着他走过来,讨债者从他身上闻到了一股血腥气,那气息使他打了一个冷颤。讨债者忙从门缝里钻出来,等他在大街上立住回头看的时候那对黑漆木门已经关上了。他定了定神,按照屠夫的指点,果然找到了他要找的那个通向老黄家去的胡同口。可是这个胡同的方位却和他记忆里的正好相反。这种情况的出现使讨债者感到心里难受。立在大街上望着那个面目全非的胡同他突然感到了劳累,他用脚驱了驱路边那块石头上的积雪坐下来,他望着飘着雪花却空无一人的街道感觉到时光仿佛已到了深夜。在这个大雪纷飞的日子里,讨债者在迷失了方向之后,又失去了对时间的观念。

讨债者坐在雪花纷扬的大街上,想着老黄家那个盖有两层楼房的大院子,他想,老黄,这回你一定在家吧?讨债者在心里这样祈祷着正准备起身沿着胡同往里走,突然听到了嚓嚓嚓的脚步踏在积雪上的声音。那声音有些杂乱,讨债者抬起头来,看到有三个身穿灰色雨衣的人来到讨债者面前停住了。其中有一个人从兜里掏出一张纸来在飘雪里观看,其余的两个也拢过去。最后那个拿纸的矮个说,就是这。

讨债者听到那是一个女人的声音。听到那个女人这样说另外两个男人就应和着,就是这,这同图上画的一样,就是这个胡同。

其中一个男人又说,要不问问这个老乡吧。说着他们都转过脸来看着讨债者。讨债者慌忙站起来,拍打着身上的积雪。眼前的三个人面目模糊不清,讨债者只能从他们说话的声音里来辨别他们的性别。他听到一个男人对他说,从这条胡同里能到老黄家去吗?

能,能。讨债者忙应和道。

那个女人看他一眼朝他晃了晃手中的纸说,这个图就是你寄给我们的吧?

图?啥图?

通往老黄家的地图。

没有,讨债者说,我没有寄过。

那个女人说,这有什么呢?我们正在寻找寄信的人,他这次立了大功,这不,我们来了,我们按照这个图找到了老黄家。你寄了信有什么不敢承认呢?我们还要奖赏你呢。

奖赏我?

对,奖赏你。是你来信告诉我们老黄家的基本情况,我们这次要罚他三万,我们要百分之十地奖励你。百分之十,你算算是多少?三万就能奖你三千。

你奖的再多,可是那信不是我寄的。

不是?不是下着这么大的雪你蹲在这里干什么?你不是等着给我们指点方向的吗?

不是不是。讨债者慌忙答道,压根不是。我也是要到老黄家去的,我是个外地人,我是来讨债的,老黄他欠我的蒜钱。

哦,原来是这样。那好吧,既然是这样你就跟我们一块到老黄家去吧。

说着,那三个身穿雨衣面目不清的人就沿着胡同朝前走。讨债者站在那里望着他们的背影犹豫了一会儿正准备跟上去,他的肩膀突然被一只手拍了一下。这只从后面突然出现的手吓了讨债者一跳,讨债者惊慌地回过头来,他看到一个头发纷乱的女人立在他的面前。那个女人腰里系着一个黑围裙,眼角里夹着两蛋金黄色的眼屎,她笑眯眯地一脸讨好的神情,接着讨债者听到一个沙哑的声音,她说,你们都是到黄厂长家去的?

女人的声音在风雪里飘飘摇摇,好像从天边的某处传过来,在讨债者的感觉里那声音很不真实。但讨债者还是应和道,是哩。

女人高兴地笑起来,她的笑声仿佛是一个农妇在成熟的玉米地里穿行时所发出的声音,她拍了一下手说,好了,这下生意来了。说着她就转身往回走,走了两步又回过头来用沙哑的声音说,你们一共几个人?

讨债者没有明白女人问话的意思,几个人?讨债者说,就我自己呀。

女人指了指前面的几个人说,咋就你自己,他们呢?

讨债者回身朝胡同里看了一眼,那几个面目不清的人已经走出去很远了,讨债者明白了,这个女人把他当作和前面那群人是一伙的了。讨债者就说,四五个吧。

四五个?女人更加高兴,她说,加上老黄家的人就快一桌了。说完转身小跑起来,她的脚步在积雪上发出沙沙的声响,一转眼就挤进路边的门里不见了。在木门的上方讨债者看到了一个牌子,牌子上写着几个字:路西饭店。讨债者怔怔地站着,他一边看着牌子下的那排木门缝里冒着的热气一边想,怪了,我刚才咋就没有看到这个饭店呢?在讨债者以往的记忆里,老黄家附近并没有饭店和这样一个开饭店的女人。这就怪了,讨债者想着沿着胡同往里走,那几个人已经不见了,只有几排脚步留在雪地上。老黄在家吗?这回千万别再扑个空。讨债者想。自从今年的夏季讨债者把几车大蒜卖到老黄的脱水厂里之后,他每次来都赶上老黄外出去要账。老黄脱水厂里生产出来的大量的蒜片都卖到沿海的一些城市里去了。在讨债者的想象里那个身材瘦弱却有些非凡智慧的生意人整天在外奔波,每次来讨债者都会先在心里一遍又一遍地祷告能让他赶上老黄在家,可是他每次来老黄都不在家,他不是去了泉州就是去了青岛,不是去了宁波就是去了威海,老黄好像是在有意躲开他似的。讨债者想,我有什么可躲的呢?不就是一两万块钱吗?这在你老黄还能不是九牛一毛吗?老黄,你要是还不在家你就可苦了我了,老黄,我种的一季蒜还有我掏钱收的蒜都给你了,我把我的家底都押在这上面了,老黄,为了这蒜钱我都快妻离子散了!老黄,我都快家破人亡了!老黄,你真想逼疯我吗?讨债者想,这回你不回来我就不走了!讨债者每次来都是这样下决心,可是他每次都等得心急火燎,直到自己再也住不下去。讨债者对老黄的大屁股女人说,下次吧,下次再来。讨债者想,这回再见不着你,拿不到钱我就准备吊死在你家门口,老黄!讨债者沿着胡同往前走,他看到那口夏季里长满了浮萍草的水坑现在已经干涸,深深的坑底上落满了积雪。接着,讨债者就看到了老黄家的那片柿树园。在秋天里,讨债者记得这些柿树上结满了橘红色的柿子,老黄他爹腰里系着大带子手里举着一根老长的竹竿扬着他的秃头往网里套柿子。秃老头扬疼了脖子就停下来对正在帮他收柿子的讨债者说,老孙,你下次来就能吃到我用柿子酿制的果醋了。讨债者在心里骂道,老秃驴,还想让我等到下次吗?这回拿不到钱我就不走了。他一边这样在心里说着脑海里就浮现出故乡的田园,想着那等他收获的秋庄稼和他那满脸企盼的孩子和老婆。讨债者一边在雪地上行走一边望着那园子铁色的树木,心里想,还真让这个老秃驴说中了,我还真得来吃他酿制的果醋了。

讨债者在这年的第一场大雪里沿着纷乱的脚印在灰暗的天色下逐渐接近老黄的家。当他来到老黄家那高大的门楼下的时候,那三个穿雨衣的人正在敲门。这会儿那三个人都摘掉了头上戴着的雨帽,但他们的面孔仍然模糊不清,那两个男人的区别就是一个戴着眼镜一个没有戴眼镜,但那个矮个子女人却长得小巧而眉目清秀,她站在那两个皮肤干燥的男人面前仿佛是一朵粉红的花儿。讨债者有些不安地立在他们身后,他被两个男人模糊不清的目光看得抬不起头来,他只好摘下头上的帽子去抽打背上的雪,同时他还听到了那条狼狗的叫声。讨债者见过这条狗,这条狗眼光发绿耳朵直竖虎视眈眈立在院子里让人发抖。这时,讨债者听到院子里有一个男人的咳嗽声。是老黄吗?好得是老黄吧。讨债者这样祈祷着,就听门足发出了吃重而沉闷的叽扭声,讨债者隔着几个人头之间的缝隙看到了一个熟悉的面孔,是秃老头。

来了?秃老头说。

那个女人说,这是黄厂长的家吗?

是哩是哩,你们从哪儿来?

那个小巧的女人又说,我们是县外贸局的。

外贸局?

是的,戴眼镜的男人说,我们是来给黄厂长订明年的蒜片出口合同的。

哦,是这样。进来吧,进来吧。秃老头把门拉大些,又朝身后汪叫着的狼狗喝了一声,那狗就止住了叫声。讨债者随他们走进去,那个没戴眼镜的男人就惊叫起来,哎,这狗恁大。

秃老头有些得意,他一边关门一边回头说,比一个人吃的还多。

真是一条好狗。戴眼镜的男人也称赞道。那条狼狗在雪地里抖了一下身子,转身钻进狗窝里去了。它脖子里的锁链在雪地上发出哗哗啦啦的声响。

小巧的女人一边走一边对秃老头说,你老人家真是好福气呀,看这楼盖的,院墙打的,铁桶一般。那两个男人也应和着说,就是就是。秃老头显得高兴,他一边呵呵地笑着一边把众人让到屋里。由于天阴,屋里的光线很暗淡。秃老头走到门后叭地一下拉亮了灯。几个人站在客厅里四处看望,随后脱了雨衣,落了座。秃老头又是拿烟又是倒茶。那小巧的女人说,别忙别忙,都不是外人。

秃老头说,那是,能来这儿的都不是外人。

女人说,黄厂长呢?

他去大连了。

去大连了?讨债者忍不住脱口而出,他看到那个没戴眼镜的男人盯了他一眼,随后站起来,拉一拉他后背的衣服,把他腰里那把手枪盖住了。讨债者看到那个男人有意做给他看的这个动作身子不由得哆嗦了一下,就不敢言语了。

秃老头说,是哩,去要账了。有二十吨的蒜片卖到那里,不知为啥一直没有打回来钱。

女人说,外边该的账多吗?

秃老头说,我也说不清,反正成年不在家,到处去要账,山南海北的去要账。

小巧的女人笑了笑说,你真有福呀,有这么个有本事的儿子。

啥本事哩,秃老头说,我经常给他唠叨,弄恁大事干啥?够吃的算了。

戴眼镜的男人说,你老这是说风凉话。

不戴眼镜的男人也说,就是,谁不眼气老黄呢?

正说着,从里间传来一个小女孩的哭叫声。秃老头说,孙女儿醒了。他站起来就往里间走,一会儿抱出来一个有两三岁的小女孩。

女人说,这是你孙女儿?

秃老头说,孙女儿。

她是老几呀?

老四。

这时戴眼镜的男人不知从哪儿弄出来一架照相机,他对秃老头说,来,老人家,抱着孙女坐好,我给你们照张相。

秃老头说,照啥相,不照不照。还没等他说完,就见闪光灯一亮就照上了。眼镜一连照了几张才停住,秃老头说,算了,照两张算了。

小巧的女人说,那仨孩子呢?

秃老头说,大的在城里上高中,二的在镇里上中学,三孩子去她姥娘家了。

哦,女人说,真是四个,这在城里可不行。独生子女,多一个都不行。

秃老头说,那是那是,城里管得严,乡下就不同了,有钱就能多生一个。哎,秃老头突然警觉起来,你们到底是干啥的?

女人说,外贸局,专管出口的。说完他们几个都笑了。

秃老头说,也管蒜片吗?

小巧的女人说,管,这不,我们这次来,就是准备给黄厂长订合同的。

正说着,听到外边有人敲门。秃老头说,你们先坐,我看是谁。秃老头抱着孩子一走出屋子,那三个男女就对视了一下。戴眼镜的男人小声说,这回拿准了。讨债者看到那个小巧的女人伸出三个指头悄声地说,不能少于这个数,不然,咱就抓人。没戴眼镜的男人说,抓谁?抓这老头吗?女人说,不中,要抓抓老黄,抓不住老黄抓他女人。

讨债者一听心里就嗵嗵地直跳,老黄呀,你这会儿千万可别回来,这会儿有人等着抓你哩,要是把你一抓走,我还找谁去要钱?这几个人到底是干啥的?是搞计划生育的吧?讨债者想,说不准,搞计划生育的会不知道老黄的家?搞计划生育的还带着枪?不像不像。税务局哩?税务局里罚什么款?外贸局?肯定不是外贸局!讨债者想,他们几个骗人的。可是他们是什么人呢?讨债者明白这三个陌生人跟那张地图有关,那个画图的人一定跟老黄有仇,或者是老黄还不上别人的钱,人家就把老黄给告下了。这几个人说不准是法院的?是的,肯定是法院哩,他们是来抓老黄归案的!

讨债者正这样想着,就听秃老头在屋外跟一个人说话,一听沙哑的声音讨债者就知道那人是谁了。

秃老头说,我没叫菜呀。

沙哑的声音说,这还用你去叫吗?你没看家里来客人了吗?来了客人就该吃饭是不是?这还用你老人家去叫吗?说着,那个头发纷乱的女人已经出现在屋子里,她一边扭动着身子一边回头对跟过来的秃老头说,上你家来的都是客人是不是?客人来了哪有不吃饭的道理?那个大眼角里挂着一对金黄色眼屎的女人双手托着一托板凉菜对众人说,下雪天,你们几个大老远的跑来,总得先喝几杯烧酒暖暖身子吧。

秃老头一脸的铅灰,他不高兴地说,有你这样做生意的吗?

女人沙哑着声音说,看你老说哩,我的生意还不是你的生意?你的客人还不是我的客人?这点忙我还不应该帮吗?她一边往茶几上放酒菜餐具一边对众人说,你们来了,也没啥好的,先送几个凉菜喝着,热菜一会儿就送来。说完,就一扭一扭地出去了。

没戴眼镜的男人说,哎呀,这真是服务到家。他一边搓着手一边盯着茶几上的菜说,你别说,一看到酒我身上还真有些哆嗦哩。

秃老头说,别哆嗦,喝点吧,喝点暖和暖和。

小巧的女人对秃老头说,那俺就不客气了。说着他们把屁股底下的沙发往前拢拢,眼镜朝讨债者说,你也来吧。讨债者这才敢往前靠了靠,他也有些饥饿和寒冷了。讨债者朝秃老头说,你也坐吧。讨债者很想让秃老头认出他来,让他明白他跟这几个人不是一伙的。可是秃老头似乎沉溺在那个声音沙哑的女人带给他的烦恼里,他一直没往他脸上看。小巧的女人也说,你也坐下来吧。

秃老头说,吃吧吃吧,我得哄孙女儿睡觉呢。

女人说,孩子他妈呢?

秃老头说,也去大连了。前天她爸从大连打来电话,让她妈去接他。

女人说,你说黄厂长这两天就回来?

说不准,但愿他能早一天回来。秃老头说,你们吃吧,我哄小妮睡觉。说着就抱着孙女儿走出去。

眼镜悄悄地说,还抓不抓?

女人说,抓谁?人都不在家。这事先放放,吃了饭再定。

中,咱吃。两个男人应和道。仨人一开杯就上了劲,特别是那小巧的女人,她的酒量真让讨债者大吃一惊,拳也划的好,看得讨债者有些眼花缭乱。讨债者想,乖乖,这真是女中豪杰,我算长了见识了。讨债者想,老黄,这会儿你可千万别回来呀,这仨人在你家里吃着你的喝着你的还准备抓你呢!那个大屁股女人去接老黄都两三天了,要是这会儿回来了怎么办?一回来他们抓起来他就走,老黄一走我还给谁去要钱?我得出去给秃老头报报信儿,老黄就是这会儿回到颍河镇也不能让他回家来。讨债者这样想着就站起来,他小声地对眼镜说,我去解个手。说完就离开了酒席。讨债者来到院子里,大雪仍然没有小下来的意思。讨债者叹口气心里说,这雪,早不下晚不下,哎——可是他在院子里并没有看到秃老头,他抬头看了看楼上,就从左边的楼梯上了楼,在楼上的一间房子里讨债者果然找到了秃老头。秃老头怀抱着孙女儿似乎沉浸在伤感里,讨债者走过去叫了一声,大爷。

秃老头抬起头来,他看到了一个模糊的人影。

讨债者说,是我呀,大爷。讨债者走到秃老头面前,转过身来让外边的光亮照着他的脸,讨债者说,还认识我吗?

秃老头怔怔地看着他说,叫不上名来,看着有些面熟。

讨债者说,我是安徽临泉的,老黄的朋友。

秃老头仿佛突然清醒过来,他叫道,是你呀,你啥时候来的?

讨债者说,我是跟那几个人一块进来的。

跟那几个人一块儿进来的?

是呀,讨债者焦急地说,我对你说,这群人可是来抓黄厂长的呀。

秃老头吃了一惊,来抓他?

讨债者说,是呀,他们还带了枪。

秃老头说,为啥要抓他?

讨债者说,说不了,可能是有人把老黄告了,他们是拿着那个告他的人画的地图来的,说是准备罚悬三万块钱呢。

秃老头说,我的天……

讨债者说,老黄今天回不回来?

秃老头说,说不准哩。

讨债者说,要是回来得想办法别让老黄进家,他们见不着老黄就没办法了。

秃老头说,也是理。那样吧,你先去镇外的厂里,去厂里等他,要是他从大连回来一定会先去厂里,你在哪儿见了他就让他先躲一躲。

讨债者说,也中,那我就去吧?

秃老头说,中中,你知道地方吗?

讨债者说,我知道,厂子我还能不知道?讨债者说着就往外走。他站在二楼的走廊里,看到飘雪把镇子里远远近近的房屋都改变了模样。讨债者想,这雪下的。讨债者听着楼下屋里划拳的声音突然想起了家。他想,这一下雪路上就更不好走了,我什么时候才能踏上回家的路途呢?这种未卜的事实使得远道而来的讨债者忧心忡忡。

讨债者把衣领竖起来挡着迎面而来的风雪,他一边沿着胡同往前走一边想着老黄的模样,老黄身穿裤头头戴一顶草帽站在遥远的夏季里朝他摆手,老黄说,过几天来拿钱吧。这是老黄留给他的最后印象和最后一句话,好像老黄说了这句话就被风吹走了似的,一阵风真的能把他吹走吗?他为啥那样瘦呢?阳光下看上去他骨瘦如柴。他整天就不吃饭吗?讨债者对那个胖女人说,他把好吃的都让给你了吧?老黄的胖女人听他这样说就咯咯地笑了,她说,没有撑死他!他就那样的人,你就是整天把他埋在麦堆里泡在肉锅里他也吃不胖,生就的瘦猴。可老黄,这会儿我咋就记不起你长得啥样了呢?这回见不着你我真的就不走了,我见不着你我真的没法回家跟我老婆孩子说,我真的没脸再见人了。当初把几车大蒜卖给你全是我一个人的主张,我本来打算多卖几个,可是到头来……老黄,你个鳖孙可把恁爷给害了!讨债者想到这里站住了,他回过头来往老黄家的楼房又看了一眼。当他又回过头时,他看到从街口拐进胡同里一个人来,是老黄吗?讨债者突然紧张起来,他想,好得是老黄吧!是老黄我拉着他就往回走。可是等那人走近了,却是一个手端托板的青年人。讨债者看到托板上有两盘菜,菜被两只碗反扣住了。讨债者想,原来是饭店的伙计。那个青年人吱吱扭扭地踏着积雪走过来,他看一眼站在胡同里的讨债者,是黄家的客吗?

讨债者说,是哩。

青年人说,来催热菜的吗?

讨债者说,不是,我出来解手,可怎么也找不到厕所。

青年人笑了。青年人和讨债者擦肩而过的时候说,不就是尿尿吗?这下雪天往哪儿一站不管呢?到底是公家人,屙屎尿尿都这样讲究。

讨债者说,我是大便,不找厕所能中?

大便?青年人走了两步又停住了,他说,你到大街上去吧,饭店对过有一个厕所。

讨债者听青年人这样说才想起那个声音沙哑的女人来,他说,刚才那个送菜的女人是谁?

青年人头也没回地说,那是俺娘。青年人说完继续往前走。讨债者站在那儿看着青年人一直走到黄家院子的转角才回身朝大街上走。讨债者来到大街上看到路西饭店的对过真的有一个厕所。一看到厕所讨债者还真的想解大手,讨债者想,解就解吧。讨债者就朝厕所走去,刚走到门口就听到身后的街面上传来了车子压雪的声音,讨债者回过头来看到一个高大的汉子骑着一辆三轮车停在了路西饭店的门口,在纷扬的雪花里讨债者看到了那个汉子满脸的横肉,讨债者想,好像在哪儿见过这个人?讨债者看到那个汉子扭身从三轮车的盒板上提起两块猪脸肉推门进了饭庄的门。讨债者想,这是谁呢?讨债者蹲在厕所里一边屙屎一边想着那个汉子,一直到他提着裤子往外走的时候他才想起来,这不是那个给我指路的屠夫吗?是他。讨债者一边这样想着就绕过那辆三轮来到饭店的门前,他推推门,开着,他就走进屋里。屋里的热气扑面而来。讨债者想,还是屋里暖和呀。讨债者看到有一口煤火上坐着一副三节的蒸笼,热气呼呼地从蒸笼的缝隙里冒出来弥漫着光线暗淡的空间,因而使得讨债者看不清饭店内部的格局。在门口的近处,讨债者只看到两张空闲的满是油腻的餐桌和几条面目丑陋的板凳,可是他没有看到那个满脸横肉的屠夫和那个头发纷乱的女人,但是通过充满蒸汽的空间讨债者听到了他们在饭店的某个地方弄出来的声音。看你……咦——咦——咦——那个女人轻微的沙哑声如同从蒸笼里被挤出来的一样,她每咦一声好像身子都在晃动,那女人似乎有些情不自禁地把声音从嗓子眼里挤出来,咦——咦——咦——讨债者一时没弄明白他们正在干什么,那女人咦着咦着说道,快点,要回来了。讨债者想这两个人在干什么鬼勾当?讨债者正准备往里走却看到了在蒸笼右边的案子上放着两块猪脸肉,讨债者走过去操刀就在猪脸上切下一只猪耳朵来,讨债者拿着猪耳朵回到靠窗子的桌前坐下来,他一边大口大口地吃着猪耳朵一边通过玻璃窗去看外边的大街。讨债者想我得看着点老黄,老黄要是这个时间从大街上走过去那可就坏事了。讨债者刚吃完猪耳朵就听到蒸汽里传来了脚步声,他转过脸来看到屠夫模糊的身影往外走,跟在他身后的头发纷乱的女人说,肉哩?肉你放哪儿了?

案子上。屠夫没好气地说,问一遍又一遍,好像吃多大亏似的。

女人说,那是吗,你吃我的肉我吃你的肉,你别想赚老娘的便宜。

屠夫说,我有俩钱都花在你身上了,我啥时赚过你的便宜?屠夫说着推门走出去,骑上车一会儿就消失在风雪里。那个女人回过头来,等拉亮电灯,这才看到坐在窗前的讨债者,她有些吃惊地说,你啥时进来的?

讨债者说,刚才。怎么,不认识我了?我是从老黄家出来的。

女人走过来看他一眼好像突然间想起来了,哦,她说,是你呀。你不在那儿喝酒跑这来干啥?

讨债者说,催热菜来了。

热菜?热菜已经送过去了。

讨债者说,这我知道。讨债者停了一下说,我跟他们不是一块的。

不是一块的?那女人说,那你是干啥的?

讨债者说，我是来找老黄要蒜钱的。

蒜钱？女人说，现在钱不好要，赖渣的钱不好要，你去问问街坊邻居，哪一天没有人来找赖渣要钱？

讨债者说，他的钱不好要，你为啥还要争着往他家里送酒菜？你的饭钱好要吗？

女人笑了，她沙哑着声音说，我和你不一样，我是该他的钱。前年我男人死的时候我欠了赖渣五千块钱，我拿啥还他？我就拿这一顿一顿的饭钱还他。

讨债者想，这你别骗我，你们和老黄是街坊，都护着他呢。讨债者说，这样说老黄在你面前也够意思。

那当然。那女人说，我同赖渣啥关系？赖渣喊我妹子哩。

老黄喊你妹子？你还没有老黄大？

那女人笑了。她沙哑的笑声使讨债者想到了几片在风中舞动着的干枯树叶。她对讨债者说，你看我有多大？

讨债者说，猜不准。

女人说，你去镇上打听打听，让他们说路西饭店的老板娘有多大岁数，说不定也管做你的妹子呢。

这时讨债者突然听到大街上有人走过的声音，他忙扭头观望。在灰暗的光线里他看到有两个人快步从他的视线里走过，沿着大街往前走了。

看啥？你在等赖渣吗？

讨债者回过头来说，是哩，我就是在等他，现在不能让他回去，他家里那几个人正等着抓他哩。

女人有些吃惊地说，那几个人是来抓赖渣的？

讨债者说，是的，来抓他。恁这儿有人把他告了。

告他，谁告了赖渣？

不知道。讨债者说，反正有人告了他，告他的人还给他们画了老黄家的地图。

女人说，为啥告他？

讨债者说，我也说不清楚，可能是老黄得罪谁了。

那女人笑了，她说，让他们抓吧，他们抓不住他。

讨债者被那女人的表情和话语弄糊涂了，讨债者说，为啥抓不住，老黄现在要是从大连回来一准会被他们抓住。

女人说，大连？狗屁！问问这几个月镇上的人谁见过赖渣的面？他早就躲起来了。

躲起来了？讨债者说，他干着这么大的生意为啥要躲？他该人家很多钱吗？

这倒说不准。女人说，反正没人在白天见过他。他们正说着，那个送菜的青年人回来了，青年人一进屋就对讨债者说，你咋在这儿，他们几个找你呢。

讨债者说，谁找我？

青年人说，在赖渣家吃饭的那几个人。

讨债者有些紧张，他忙走出门去。他朝通往老黄家的胡同口看一眼，就匆匆地沿着大街往镇外走。他一边走一边想，你们谁也别想骗我！躲起来了，干着这么大的生意他躲哪儿去？他有家，他还有孩子老婆！他还该着我的蒜钱！你们谁也骗不了我，这回见不着老黄我就是死在这里也不会走！

讨债者沿着街道往前走，雪中的风似乎大了些，雪在空中有些身不由己。讨债者把衣领竖起来，把头缩进去，刚才在饭店里偷吃的那个凉猪耳不但没能给他带来温暖，反而使他有些冷。讨债者想，要是能喝碗热汤就好了，喝不上热汤能喝碗热茶也中呀。可是上哪儿去喝碗热茶呢？讨债者一边在风雪弥漫的街道上行走一边眯缝着眼睛往路边观看。由于积雪的原因，街道两边的房子变得一模一样，一座门面房，又一座门面房。最后讨债者来到一个十字路口在路中央站住了，他四下里张望，觉得自己以前好像来过这里。可是，从老黄家出来到镇外的脱水厂中间并没有这样的十字路口呀？哪来的十字路口呢？到老黄的脱水厂去中间有个十字路口吗？眼前的事实使讨债者对以往的记忆产生了疑惑，我这是在哪里？脱水厂离这儿还有多远呢？正这样想着，讨债者看到从对面过来一个骑三轮车的人，走近了他认出这是那个曾经给他指过路的屠夫。讨债者对他扬了扬手说，唉。

屠夫在他的对面停住了。屠夫说，买肉吗？

讨债者说，不是不是，我是想问一下往老黄家的脱水厂咋走？

脱水厂？屠夫伸出手往他身后一指说，往那。说完再不理他，骑车从他身边绕过去走了。讨债者按照屠夫指出的方向往前走，走着走着讨债者感到自己的身子在哆嗦，他想，要是能喝碗热汤就好了。没有热汤有碗热茶也中呀，可是我到哪儿去喝呢？讨债者想，要是在家就能喝上热汤了。讨债者又想起了自己的家。讨债者想，我的老婆孩子还都在家盼着我回去呢，可是现在我两手空空没有要到钱咋有脸回去呢？我得等老黄回来，不见到老黄拿不到蒜钱我坚决不回去！讨债者一边想着一边把头缩进衣领里往前走，可是走着走着脚下没路了，抬头一看面前横着一条空旷的河流。我的天哪！我咋又回到河边来了？这不就是我今天渡过的那条河吗？我是今天渡的这条河吗？过河的经历在讨债者的记忆里仿佛已是很久以前的事情了。讨债者想，我咋又拐回来了？是那个屠夫骗了我吗？讨债者站在码头嘴上，感到河道的风更大，风把河里酱色的水掀起波浪，波浪撞击着河岸发出哗哗的声响，撞击着码头边的渡船发出呱咚呱咚的声音。这时讨债者想到了摆渡者，他想，我还是下去找摆渡者问一下路吧。讨债者这样想着来到河边，河里的渡船在水浪里一上一下地晃动，可是讨债者却没看到一个人。他一准是在船头舱里。讨债者哆嗦着声音喊道，有人吗？讨债者看到船头舱上的木门推开了，那个独眼睛的摆渡者探出头来说，过河吗？

不过河，讨债者说，我是想问你点事儿。

问事儿？那你上来吧。摆渡者接着又说，进来暖和暖和。

讨债者犹豫了一下跳到船上，他从那个窄小的舱门里吃力地钻进船头舱里去，摆渡者随手就推上了舱门，风立刻走远了，但船仍在摇晃，还有呱咚呱咚的声音从舱外传过来。讨债者注意到舱里的光线暗淡，腰也直不起来，他只好蹲着。

摆渡者说，坐下说。

讨债者就在船头舱里坐了下来，他看了摆渡者一眼，摆渡者盘腿坐在那里，像一个打坐的老僧。摆渡者说，喝杯酒吧，喝杯酒暖暖身子。接着讨债者就听到了倒酒的声音，而后有一杯酒递到了他的面前。讨债者想都没想就接过那酒一饮而尽，他感到有一团火穿肠而过。这样他一连喝了三杯，身子就不哆嗦了。

摆渡者说，吃肉吧，刚送来的猪脸肉。

讨债者说，不吃不吃，我问个事就走哩。

摆渡者说，有事你问。

是这样，讨债者说，我是安徽临泉的。

摆渡者说，这我知道。

讨债者有些吃惊，你咋会知道？

摆渡者说，我在这儿撑了一辈船，我一听口音就知道你是哪里人，你不是今天上午从这儿过的河吗？

讨债者说，对对，我是来这里要债的。

摆渡者说，见着赖渣了？

没有,见着就好了,他去大连了。

摆渡者说,他回来了。

老黄回来了?讨债者被这突然而来的消息惊喜住了,他说,他啥时回来的?

有半个小时了吧,是我把他从对岸送过来的。

讨债者说,就他自己吗?

就他自己,摆渡者说,没有别人。

讨债者说,他女人去接他,没有一块儿回来?

摆渡者说,这我就不知道了。

讨债者说,我得去找他。讨债者说着就站起来,他的头咚的一下撞在了船舱的顶盖上。由于兴奋,他忘记了他是在低矮的船头舱里。他一边捂着自己的头一边对摆渡者说,我得去找他!讨债者摸索着拉开船舱门,像条狗爬出去。突来的河风呼地一下把他头上的帽子给揭走了,讨债者喊叫着,我的帽子。讨债者的帽子像一片黑色的塑料布落到河水里去,他站在船上往河面上瞅他的帽子,可他看到的只是一河酱色的水浪。他的头发被风吹起来像一丛秋后的蒿草,风吹得他在摆动的船上站立不稳,就蹲下来。讨债者像一只企鹅蹲着走到跳板前。讨债者跳上河岸,他回过头来,看到摆渡者已把船头舱的小门关上了。他把头缩进衣领里匆匆地走上码头,他想,我得赶紧去找老黄。可是他走到半道又折了回来,他突然记起他还没有问清去老黄的脱水厂怎样个走法。

讨债者按照摆渡者的指点,上了码头沿着街道一直往前走,他在开始暗淡下来的光线里独自一人穿越了长长的街道,最终来到了坐落在颍河镇郊外的老黄家的脱水厂。讨债者一边抖动着棉袄上的积雪一边敲响了大门,他听到有个人踏着院里的积雪走到门边,从拉开的门缝里讨债者看到了一个陌生的面孔,那个男人操着外地口音对讨债者说,你找谁?

讨债者说,我找老黄。

陌生男人不再说话,丢下他往回走,他一边走一边抬头看天,他说,这老天劲还大着呢。讨债者挤进门来,他回身关上门跟着那个男人穿过一片空地,在拐过一排房子的房角时,讨债者看到墙边上一排站着三个正在排尿的男人,他们中间有两个一胖一瘦的人穿着灰色制服,余下的那个低个子同去开门的男人一样穿着黑皮衣,三个排尿的男人听到嚓嚓的脚步声一齐扭脸朝这边看。穿皮衣的矮个说,谁,是老黄吗?讨债者从口音上判断他和那个开门的男人是一个地方的人。开门的外地人说,不是,也是来找老黄的。

胖制服说,这会他还不该回来,估计着到晚上十点左右才能到家。

看来老黄没有到这里。讨债者想,老黄不在这儿我就拐回去吧,可一想又觉得刚来又走有些不合适,还是先进去坐坐再说吧,说不定就能等到老黄呢。他这样想着就跟着几个人进了屋。讨债者看到屋子中央盘着一炉煤火,煤火边上放着一张桌子,桌子上有一副松散油腻的扑克牌。讨债者跺了跺脚上的雪,他这才感到鞋里有些凉,低头看看,原来鞋子全被雪水浸湿了。那个矮个外地人对他说,你的鞋子湿了,坐火边烤烤吧。讨债者接受了他的建议来到炉子边找了一个凳子坐下来,然后把脚上的鞋脱下来放到煤火上又脱下袜子,袜子也浸湿了,他拧了拧就有几滴水从袜子里滴出来。这时那四个人又在小桌边落了座,坐在左手的瘦制服说,这一盘不算。其余的三个人没有提出异议,坐在右手的胖制服就开始洗牌,那个和矮个坐对面的外地人正好能看到正在烤袜子的讨债者,他说,你找老黄?

讨债者的双手一边在炉火上忙活一边说,是的。

瘦制服说,你找他有事?

有事。讨债者说,没事我大老远的下着雪来干啥。

瘦制服又说,事怪急呀?

讨债者说,是哩,来要蒜钱哩。

外地人说,你也是来要钱的?

是哩,你们也是来要钱的?

矮个外地人说,我们在这儿都住半月了,到现在还没有见着老黄的面。

讨债者一边在炉子上烤着袜子一边想,我的天爷,这么多要债的,老黄就是回来他能还得完吗?要是我跟他们一块这样等,说不定有钱我也要不上。他一边烤着袜子一边看着几个人起牌。讨债者想,等烤好袜子我就得先走。他一边这样想一边同对脸的外地人说,你们真的一直没见着他吗?

那个外地人一边起牌一边说,没有。

讨债者说,我听别人说老黄躲起来了,要是这样你们就是等到过年也见不着他。

躲起来了?外地人停下起牌看着讨债者说,你听谁说的?

路西饭店的老板娘。

矮个外地人对瘦制服说,你不是说他今天一准回来吗?

瘦制服说,回来,一准回来。

矮个说,可是他说老黄躲起来了,你这不是在骗我们吧?

瘦制服生气了,他说,我为啥要骗你?我骗你不是等于骗我自己吗?你能从老黄手里要回来一万,就有我一千的税钱,我为啥要骗你?你知道,至今我也没有见过他的面,我为啥要骗你?

胖制服也说,就是,我们没理由骗你,老黄今天回来是他爹亲口说的,当时你不是也在场吗?

两个外地人都不说话了。过了一会儿坐在讨债者对面的外地人愤怒而烦躁地拍着手中的牌说,我们都在这儿住半个月了!

瘦制服说,我们有啥办法?

外地人说,你这会儿没办法了,你就光知道收税!

瘦制服说,我能光收你的税吗!老黄的税我们没收吗?这次他回来单补税就得一万二,你知不知道?

外地人说,你收他五万,跟我有啥关系?

胖制服说,好了好了,抬杠有啥用?问题是得等老黄,老黄一回来啥事都好说。

讨债者一边烤着鞋子一边想,不能让老黄回厂里来,老黄要是回到厂里有这群人缠着,我还能顺顺当当地要手里钱吗?不能。讨债者这样想着鞋也不烤了,他急忙穿上袜子,在穿鞋的时候他感到湿得难受,可他还是一咬牙把脚伸进去了。讨债者穿上鞋就往外走。就这时,从外边传来了急促的脚步声,接着闯进一个人来。那个突然出现的人使讨债者有些心慌,是老黄吗?讨债者定眼一看,不是老黄,却是路西饭店老板娘的儿子,他一边站在门口喘气一边对打牌的几个人说,快,老黄回来了!

那四个人刷地一下站起来,异口同声地说,他在哪儿?

青年人说,在俺饭店里等恁哩。

走。四个人丢下手中的牌一起窜出门去,有一股风从外边灌进来,卷起桌上的纸牌满屋子飞舞。讨债者愣愣地看着那些纸牌一张一张从空中落下来时才回过神来。等他来到门口,那群人在暗淡下来的光线里已经模糊不清,只听到杂乱的脚步踏雪的声音嚓嚓地传过来,那声音在风雪里有些迫不及待。

讨债者是在通往镇子里的半道上追上那群人的。他认准那个青年人就上去拉了他一下,青年人回过头来看他一眼步子慢下来。讨债者喘着气朝他问道,老黄真回来了?

青年人说,这还有假,人都在饭店里坐着呢。

讨债者说,他去恁饭店里弄啥?

他一回来就去了,他说他还没有吃饭,俺妈就给他做俩菜让他喝酒。俺妈说厂里有几个人在等他,这不,他就让我来喊了。

讨债者一听心里就有些发急,他想走快一些赶到那群人头里去,他想先他们一步见到老黄。老黄,讨债者想,这回说啥你也得给我蒜钱,不然我就吊死在你的家门前。他这样想着就小跑起来,可是前面的那几个人似乎比他更急,他怎样也赶不上他们,他们的腿似乎长得特别长。讨债者在心中骂道,这群鳖孙,慌得跟投胎一样。就这样他们如风一样卷着雪花来到路西饭店门前,看到饭店里亮着灯,灯光从门缝里和窗子里泄出来使得街面上的雪格外地白,那群人拥过来直听木门叽扭叽扭响,就都进到了饭店里。

讨债者在饭店里并没有见到老黄。讨债者想,老黄出去解手了吧?他就转身往窗外看。这时身后一个沙哑的声音说,咦,你们可来了!讨债者回身看到那个头发纷乱的女人惊慌地从里屋走出来,似乎她一惊慌容貌就变得漂亮起来,她说,可吓死我了。

瘦制服说,老黄哩。

女人沙哑着声音说,被人抓走了。

胖制服说,抓走了?谁把他抓走了?

女人说,不知道哩,你们看看。女人指着身边桌子上放着刚吃了一半的两盘菜和一副酒具说,老黄正在这儿吃饭,突然从外面进来三个人,两个男的带着手枪,还有一个女的,他们给老黄戴上手铐就把他拉走了。

瘦制服说,他们没说是哪里?

没说。这群人早就来了,都在老黄家里等着,是我去给他们送的饭菜,他们就在老黄家里喝酒。女人说着看到了讨债者,她指着讨债者说,还有他,你问他是不是?他也在老黄家里吃饭,他们是一块儿的。

众人一起用目光盯着讨债者,胖制服恶狠狠地说,原来你是个探子?说,你们为啥要抓老黄?

讨债者惊慌地说,不是不是,我不认识他们。

胖制服上来一把揪住了讨债者的衣领,他嘴里喷着沫子说,说,你们是哪里来的?

讨债者哆嗦着说,我是临泉的,我是来找老黄要蒜钱的。

要蒜钱?外地人在一旁说,你们是不是要不到手里钱,就把老黄绑架了?说,你们准备把老黄弄哪儿去?

讨债者说,求求恁了,我真不知道,我也正在找老黄哩。

瘦制服说,他不说,打!

他的话音还没落,胖制服当胸就给了讨债者一拳,那一拳来势凶猛,讨债者还没有明白怎么回事就像一个秫秸个子给传到门外,跌倒在雪地上。那群人从屋里拥出来,纷纷用皮鞋往他身上踹。讨债者双手抱住头在雪地上打滚,他一边打滚一边发出瘆人的嚎叫声,讨债者感到不断地有尖硬的东西一下又一下地踢在他的大腿上,肋骨上,前胸和后背上,使他疼痛难忍。他一边惨叫一边向那群人哀求,可是他痛苦的哀求声都被他们恶狠狠的叫骂声给压下去了。这样不知过了多会儿,那几个人才停住手脚。只听那个声音沙哑的女人说,你们光打他也不是办法。

一个外地人说,啥是办法,我们都在这儿等他半个月了!

女人说,你们应该去找老黄,别让人把老黄弄走了才是理。

瘦制服说,他们抓住老黄往哪儿去了?

女人说,往镇里去了,说不定去了镇政府。

胖制服说,去镇政府咱就有办法。在咱家门口他们还想怎么着?走。讨债者听到有杂乱的脚步声匆匆地走远了。讨债者躺在雪地上感到全身都在疼。这时有一只手在拉他,耳边同时响起女人沙哑的声音,起来吧,快起来走吧,他们走远了。

讨债者把抱头的双手放下来,他挣扎着坐起来。

女人说,碍事吗?要不碍事就赶紧走吧,要是找不到老黄一会儿他们还会回来,到那时他们就不会轻饶你。

讨债者在那女人的帮助下站起来,可是他感到有一条腿疼得厉害,他的身子几乎有些支撑不住,就忙往前走两步扶住路边的一棵树。那个女人又说,碍事吗?

讨债者说,不碍事。

不碍事就赶紧走吧,不然他们回来会打坏你。

讨债者就咬着牙往前走。讨债者想,我到哪儿去呢?我无处可去。我是来找老黄哩,我是来找老黄要蒜钱哩,可是老黄让人家给抓走了。我到哪儿去找老黄?找不着老黄要不到蒜钱我还不如死了哩,死这回我也得死在老黄的家里,都是老黄害了我,都是老黄个鳖孙害了我!死我也得死他家!讨债者这样想着就沿着那条胡同往老黄家里走,他吃力地瘸着一条腿往前走,感到胸口一阵阵地发疼。他在暗淡的光线里走过那口夏季里漂满浮萍的大坑,要是夏天就好了,我一头就能投坑死了,可是现在这坑干了。他一瘸一瘸地扶着墙终于来到了老黄家的大门口,他吃力地叩动门环。他听到那条狼狗的叫声了,他听到走过来的脚步声了。秃老头拉开大门在雪光的映照下看到了站在门口的讨债者,他说,你找谁?

讨债者说,我找你。

秃老头说,你是谁?

我是临泉哩,来要蒜钱。

临泉?临泉的老孙吗?

是哩,临泉的老孙。

那就赶紧过来吧。秃老头说着把门缝拉大一些,让讨债者走进来,而后把门关上。他回身朝汪叫的狼狗喝叫一声。那狼狗站在雪地上,从屋里射出来的灯光照在它身上,它抖动一下身子就回窝里去了。讨债者捂着胸口一瘸一瘸地跟着秃老头来到屋里,秃老头转身看到满脸是血的讨债者大吃一惊,他叫道,咦,这是咋弄哩?

我让人打了。

谁打的?在这镇上谁敢打咱?

讨债者说,住在厂里的那俩外地人。

秃老头说,他们为啥打你?

讨债者说,还有两个税务所的人,他们说我跟抓老黄的人是一起的。

秃老头说,抓老黄?谁抓我儿子啦?

讨债者说,就是今天上午来你家的那三个人。

秃老头说,上我家来的人?今天没有谁上我家来呀?

讨债者说,咋没有,两个男的,一个女的。

秃老头笑了,他说,老孙你真会开玩笑。你是今儿上我家来的第一个客人,没有别的谁来。他们还抓走了我儿子?你真会说笑话,我儿子在大连还没有回来哩,刚才还打过来电话,他们上哪儿去抓他?

讨债者被秃老头的话给说糊涂了,他怔怔地看着他,胸口的疼痛使得他不由得弯下腰来蹲在地上,豆大的汗珠出现在他的额头上,他感到有一股东西从胸中往上涌,接着那东西从他嘴里喷出来,那些液体落在地上,在灯光里呈现出一种瘆人的色彩。秃老头看到地上的鲜血惊叫起来,咦,老孙,你……

讨债者一阵眩晕,他像一尊泥胎在雪地里瘫倒下来。

讨债者在恍惚之中醒来,可是他却睁不开眼。讨债者想,我这是在哪呢?孩子他妈?我这一觉睡得真死呀。孩子他妈,我做了一个噩梦,吓死我了。孩子他妈,我的胸口好疼呀,我的四肢好像被什么捆着,我动都动不了,孩子他妈,你来帮帮我,我今天是咋了?讨债者这样嘟囔着,孩子他妈,你为啥不理我?你来帮帮我。

他醒了,你看,他醒了。

讨债者听到一个柔声柔气的女人这样说。讨债者想,这是谁在说话?我这是在哪呢?

老孙,你醒醒。

讨债者想睁开眼睛,可他的眼皮就是不当家。他想,这是谁的声音?是谁在叫我?这声音有些耳熟呀。是全来吗?不是全来。是万振吗?不是万振。是多样吗?不是多样。他到底是谁呢?我在哪儿?

老孙,你醒醒。

讨债者想,这声音咋恁耳熟呢?讨债者再次鼓励自己睁开眼,那眼皮好沉重呀,像一扇大门。像谁家的大门?像老黄家的大门,是的,像老黄家的大门。讨债者吃力地推开大门,他就从那门缝里模模糊糊地看到了一个人,那是秃老头。

秃老头说,老孙,你可醒来了,你吓死我了。讨债者最终睁开了眼睛,他看着秃老头说,我这是在哪?

秃老头说,在医院里呀,我都在医院里守你一夜了。

讨债者说,我来找老黄要钱,咋到医院里来了?

秃老头说,看你伤这个样子,你不在医院还能上哪儿去?

讨债者说,我咋会在医院里呢?讨债者看到他身边放着吊针架,有药液正注到他的静脉里去。

秃老头说,你不是来找我儿子吗?昨天下着雪你上我家去,满脸是血,说着胡话,说我儿子被抓走了,没说两句你就倒在地上不省人事了,你可吓坏我了。

秃老头的话语终于让讨债者记起了一些已逝的往事,想起了那场飘扬的大雪。他说,老黄没有被抓走?

秃老头说,你头上一句脚上一句,谁抓他?

讨债者挣扎着要起来,却被秃老头按住了。秃老头说,别动别动。讨债者伸出另一只手抓住了秃老头的胳膊,他说,大爷,我是来要蒜钱的……还没说完,眼泪不知怎地就一下子盈满了眼眶。

秃老头说,这我知道。

讨债者泪汪汪地说,大爷,这钱再不给我可没法活了,真没法活了……

秃老头说,给,咋会不给。

讨债者哽咽着说,大爷,你知道为这蒜钱我作多少难吗?再不给我可真没法活了。

秃老头伸出手拍了拍他安慰道,给,这回他从大连回来无论如何也得把钱给你。

讨债者说,可是我现在咋弄?我现在躺在医院里。你知道为这蒜钱我作了多大难吗?再不给我可真没法活了……讨债者哭泣着,泪水不断地从他的眼睛里流出来。他说,我本来是来要蒜钱的,可是现在我却躺在医院里,大爷,你可怜可怜我吧,你就把那蒜钱给我吧,你家不是没钱,你家开着那么大的厂子,要个十万八万的不就跟打个哈欠一样容易吗……大爷,你就可怜可怜我吧。讨债者拉着秃老头的胳膊哭泣着。

秃老头说,别哭别哭。他把手从讨债者手里抽出来,伸进棉袄兜里掏出一叠子纸条来,他展开从中抽出来一张递给讨债者。然后又把那叠纸条放回袄兜里。他回头朝门口看看只有他和讨债者,这才悄声地对讨债者说,看来只有这样了,这是一张借条,条子上有一万块钱。

讨债者挣扎着坐起来,讨债者说,我不要条子,我要现钱。

秃老头又把他摁下去说,你躺下听我说。这条子是医院里的王院长打的,两年前医院里要去外地进药,可是钱不够,他们就找我儿子借了一万。说好三五天就还的,可是这一推就推了两年多。我也给他要过几次,每回都说给。

讨债者说,你也要不回来呢,我咋要哩?

秃老头说,你听我说呀,我主要是没有时间缠他。我教你个法,你一会觉得能动了就去找他,就说我叫来的,他不给钱你就跟着他,他上哪儿你上哪儿,他吃饭你跟着他吃饭,他去厕所你就在厕所门口守着,保证过不了两天,他就得把钱给你。

讨债者说,如果要不回来呢?

秃老头说,要不回来还是我的条子。

讨债者说,就是要回来,还差我六千呢。

你看你。秃老头说,现在这事儿,要回来一个是一个。你没看见刚才我兜里那把票吗?都是借我钱的条子,你这个要回来,我再给你一个,总比老在家等我儿子强吧?说完秃老头拍了拍讨债者的手说,就这样了,看样子你也没事了,我也该回去睡一会儿了,我都一夜没睡觉了。说着秃老头站起来朝外走,他走到门口回身又说,有事叫护士,她吃饭去了,一会儿就过来。说完回身把门带上了。讨债者躺在床上听着秃老头的脚步声慢慢地走远了,他的目光又落在了窗子上。通过窗子他看到外边的树枝上落满了积雪,他看到有一束淡红色的光照在树枝的积雪上。讨债者想,哪来的光呢?是天晴了吗?他这样想着又把目光收回来,看着还有大半截没下完的那瓶子注射液,讨债者想,这么多啥时候才能下完呢?我不能等着下完,我应该起来去要钱。眼看就要过年了,今天都腊月十六了,我得去找院长要钱。他这样想着就吃力地坐起来,他用手把扎在另一只手上的针头拔掉了。讨债者想,我得找院长去要钱!

讨债者瘸着一只腿走出病房的时候,看到外边的雪真的停了,天也放晴了。太阳黄黄的像一个绒球挂在东边的天上。讨债者看到有一个身穿白大褂的护士正在院子里扫雪,讨债者就一瘸一瘸地走过去,他朝她问道,请问王院长在哪儿?

女护士停住手中的笤帚看着他说,你说啥?

讨债者说,王院长在哪儿?

女护士说,他在后面的家属院。

看到讨债者不明白,女护士伸手朝圆圈门那边指了指又说,他家在后院住。

讨债者明白过来又继续往前走,他穿过一个圆门来到一条甬道上。甬道两边栽着冬青,有一个长了一脸雀斑的少妇头上缠着一条古铜色的方布正在用一根棍子轻轻地敲打冬青丛上的积雪。冬青上的积雪在她的敲打下纷纷飘落,而后她把身后盆里的一块又一块刚洗净的尿布搭上去。讨债者站在那里一直看着她把盆里的尿布搭完才朝她问道,请问王院长在哪儿?

那个少妇或许是刚做了母亲不久的缘故,她脸色红润。她看着他用哄婴儿吃奶的口气说,院长吗,你沿着这条道儿往后走,到了后院一问就知道了。讨债者沿着那条甬道往后走,他一瘸一瘸地又穿过一个圆门来到后院,看着那一排院门讨债者想,院长在哪一个门里住呢?他想,我还是挨着门问问吧。他就瘸着腿来到最左边的一个门前,他敲了敲门,出来开门的是一个孩子,这个男孩有十二三岁的样子,男孩说,你找谁?

讨债者说,我找王院长。

错了。男孩朝右边一指说,西边数第二个门。

讨债者朝那男孩干笑了一下又朝西边走,他来到西边第二个门前站住了。他想,这就是院长的家了。他深吸了一口气才扬起手来去敲门。来开门的是一个不到四十岁吃得白胖的男人。讨债者想,这就是院长吗?那个男人朝他说,看病吗?去前面的门诊等着。

讨债者说,我不看病,我是来找王院长的。

你找我有啥事?

讨债者说,你就是院长?那就好。说着他就把握在手中的条子递给了院长,这段时间里他一直把那张条子握在手里,他生怕这张像命一样的纸条丢失了。之后他紧张地看着院长,他看见院长在看完那张纸条后皱了一下眉头说,老黄叫你来的?

讨债者说,是他爹叫我来哩。

他爹,你给老黄啥关系?

讨债者想了想说,朋友。

院长又皱了一下眉头把纸条还给讨债者说,不错,条是我打的,可现在没钱,院里的职工连工资还发不上呢。

讨债者说,那我不管,没钱我就不走了。

院长说,这样吧,你先去前面的门诊等着,我给你想想办法。说着他就把门关上了。讨债者手里握着那张纸条看着院长家那扇油漆剥落的木门心里想,我到哪儿去等你?我哪也不去,我就在这儿等你。讨债者就在院长家的门边蹲下来,讨债者想,今个你不给我拿钱我就不走了。

讨债者蹲在院长家门前,看着太阳光把院子里的积雪照得更加刺眼。有一家的院门打开了,从里面走出来一个男人和一个女人,他们朝讨债者蹲着的地方看了一眼就匆匆地走失了。不知从哪儿跑来一条狗,沿着墙根嗅来嗅去,它走着走着就抬起后腿对着墙根尿尿。讨债者伸手从地上抓起一把雪在手里握成蛋子,恶狠狠地朝狗砸去。尿尿的狗突然遭到袭击,仓皇地掉过头逃跑了。就这时他身后的院门打开了,院长又一次出现在讨债者的面前,他看到了蹲在门口的讨债者,他说,你找谁?

讨债者站起来说,我找你。

院长说,看病吗?到前面门诊等着。

讨债者说,我不是来看病的,我是来要钱的。

要钱?院长拍了一下脑门说,噢,对了,你看我这记性,是老黄让你来要钱的是吧?

是哩,讨债者说。

院长说,那走吧,跟我到前面去。讨债者跟着院长一瘸一瘸地来到前院的一排房子前,院长掏出钥匙打开一扇门说,进来吧。院长又说,你先在这儿等着,我去给你想想办法。院长说着走了出去。讨债者一人走进屋里,他看到靠窗并排对脸放着两张桌子,左右墙边放着两排长椅,墙上挂着几张针灸图和一些表格。讨债者想,这是院长的门诊房吧?讨债者就在靠左边的长椅上坐了下来,他在心里暗暗地祈祷着,这回好歹也得顺顺利利地拿到钱吧。他就那样两眼盯着门外,等着院长回来。现在他的心情好了一些,他想,哪怕要不完就先拿这一万也中,有这一万块钱就能给孩子老婆交代了。这时有个陌生妇女出现在门口,她往屋里探视了一下说,院长哩?

讨债者朝她解释道,出去了,一会儿就回来。

那妇女就走了。过了一会儿又来了一对年轻夫妇,男的怀里还抱个两三岁的孩子。他们也站在门口朝屋里探视了一下,男的就对女的说,还没有上班哩。

讨债者就说,上班了,我跟院长一块儿出来的。

男的又说,他人呢?

讨债者说,出去了,一会儿就回来。

女的说,不等他了,找别的医生看不一样吗?

男的说,等等吧,院长看的好。正说着走进来一个穿白大褂的女医生,女医生戴副眼镜,看上去有四十多岁,她径直地走到桌前坐下来,从兜里掏出钥匙打开抽屉拿出一些零零碎碎的看门诊用的东西,就对坐在长椅上的讨债者说,你哪里不舒服?

讨债者说,我没有不舒服。

女医生说,看你脸色发黄,你不是来看病的?

讨债者说,不是,我是来找院长的。

女医生哦了一声,就不再理他,她又从抽屉里取出一本杂志放在桌子上翻看。讨债者想,院长也该回来了?正想着,走进来一位老人,老人骨瘦如柴,他一走一喘地被一个姑娘扶着走到医生的面前去看病。接下来门诊室里就热闹起来,不知从哪里一下子来了那么多的病人,两边的长椅上都坐满了,就这样走了一批又来一批,可是院长始终没有回来,讨债者等得焦急,有一泡尿憋在肚里都没敢去尿。他想,说不定我走院长就回来了,回来了找不到我怎么办?可是讨债者等得心急如焚,仍不见院长的影子。那泡尿憋得他直打冷颤,到后来实在憋不下去了就瘸着腿小跑到厕所里去,他一边尿还一边往外边探视着,生怕院长回来了。可是等他尿完回到门诊那儿院长仍然没有回来,他想,是不是我尿尿的空当院长回来又走了?他就问坐在长椅上的一个病人说,见院长回来了吗?

那个病人说,院长?我不认识。

坐在长椅上的另一个病人说,没有,院长没有回来。

讨债者又在长椅上坐下来,这个龟孙别是骗我呀?他刚这样想,就有一种受骗的感觉,随后,他心里就生出许多仇恨的情绪来,仇恨的情绪充塞了他的胸膛,那情绪使他变得固执起来,讨债者想,今儿我就在这里等你个龟孙,我就不信你不回来了!他就那样坐着,目光也变得冰冷起来。门诊室里的病人渐渐少了,最后只剩下了他自己。那个女医生看他一眼说,你不是看病的吗?

讨债者说,不是,我等院长。

等院长看吗?他今天不值班。女医生一边说一边往抽屉里收拾东西,她对讨债者,你到外边等他吧,要下班了。

讨债者说,是院长让我在这儿等他的。

你去他家吧,说不定他在家里。

讨债者想一想也是理,他就起身去了后院,可是他却敲不开院长家的门。讨债者骂道,这个杂种!我看你能钻老鼠洞里不能!讨债者就瘸着腿在医院里一排房子一排房子的找,他见人就问,见院长了吗?可是所有的人都不知道院长去哪儿了,讨债者变得两眼通红,像一条咬不住人的疯狗瘸着腿在医院里到处乱走,他一边寻找院长一边在心里骂道,我日你先人,我就不信等不着你!最后讨债者又来到了院长家,他恶狠狠地敲着门,可是门依然没人开,他一边用拳头砸着门一边无力地滑坐在地上,他感到了饥饿和劳累,他依着院长家的漆黑木门坐着,讨债者想,我快有一天没有吃饭了。讨债者坐在那里,阳光从西边的天上射过来照着他,今个我见不着你我就不走了,这回我要不到钱我就死在你这里。他一边这样想着一边靠着院长家的门慢慢地睡着了,阳光照在他的脸上却没有一丝红润,他的脸灰黄灰黄的,像蒙着一张盖在亡命者脸上的黄表纸。

讨债者被叫醒的时候,他看到有几个面目不清的人立在他的面前,其中一个男人说,喂,醒醒,你是谁?讨债者看不清那个说话人的面孔,讨债者想,我这是在哪?他一时竟记不起来这是在哪儿了。

喂,醒醒,你是谁?

讨债者说,我是谁?你说我是谁?

这人有病吧,其中一个女人说,他是来看病的吧?

讨债者说,我没病,我是来要钱的。

要钱？你找谁要钱？

讨债者说，我是来找蒜片厂的老黄要钱的，哦——讨债者突然清醒起来，他说，我是来找院长要钱的。

哦——我的天哪，你还没走？

走？讨债者说，我上哪去？找不着院长我哪儿也不去！

我是说老林没有对你说我进城了？

进城？讨债者清醒过来，那个和他说话的人就是院长。他说，你今个把我丢这儿你进城了？

哎呀——这个老林！我出去的时候正好有我的电话，电话是县卫生局打来的，有急事儿，我就让老林对你说今个不让你等了。

讨债者说，不让我等了？今个没钱我就不走了。

看看，院长说，咋会是这个样子呢？你还没有吃饭吧？走走走，咱先吃饭，吃了饭再说。

讨债者说，我又不是来吃饭的，我是来要钱的。

院长说，要钱也得先吃饭呀，就你那俩小钱还不好办？起来，东明，扶他起来先吃饭。

那个叫东明的人过来拉讨债者，可是讨债者的腿已经坐麻了，失去了知觉，他站起来却不知道自己还有没有腿，他在门前的雪地上晃了两下又倒在了地上。讨债者躺在地上，抬头看到东边的天空上挂着一枚红红的月亮。几个人一看讨债者又倒在地上都叫起来，咋弄哩咋弄哩？讨债者又被拉了起来，讨债者说没事没事，我的腿坐麻了。

没事就中，院长说，走，去吃饭。

其中一个男人说，让嫂子也去吧？

院长说，不去不去，让她跟孩子回去，咱走。院长又回过头来问讨债者，管走吗？

讨债者说，管走。

院长说，哎呀，真是对不起，我想你早走了哩，没想让你在这儿等了一天。

讨债者说，等两天也没事，只要有钱。

院长说，有钱有钱，我给老黄啥关系？是老黄他爹让你来这儿要钱我还有啥话说？有钱有钱，咱先去吃饭，吃了饭再说。他们一边说一边往外走，在渐渐明亮起来的月光里满地的积雪都放着光亮。他们穿过一个圆门又穿过一个圆门，讨债者跟在他们身后一瘸一瘸地走，讨债者想，我日恁先人，你说的再好,你今个不给我钱我就不走了,我天天跟着你吃,我是一步也不离开你啦!讨债者这样想着跟着他们来到院外的公路上,有一辆汽车从公路上慢慢地驶过,讨债者就对院长说,这条路通过老黄的厂门口吧?

是的,院长说,路过老黄的厂门口。

哦,讨债者说,这条路我走过。今年夏天里我来给老黄送蒜走的就是这条路。

是吗,院长说,这么说你跟老黄也是老关系了?

讨债者的心情在这样平和的对话之中渐渐好起来,他说是的,我今年种的蒜和收的蒜都卖给老黄了。他们就这样一边说一边走进路边的一家饭馆里。饭馆里明着灯,一个年轻女人迎上来说,院长来了。

院长说,有客过来吃饭。年轻女人就把他们几个先后让到一间屋子里,院长站在门口对讨债者说,你请,你里面请。

讨债者有些受宠若惊,在过去漫长的与土地打交道的生涯里,这个老实的农民何时受过这样的待遇呢?他有些自卑地说,我哪能呢?你是院长,你先坐。

院长说,你不坐谁坐?按理你是兄长,又是老黄的客人,老黄的客人就是我的客人,你不坐谁坐。院长一边说一边就把讨债者推到首席上。讨债者穿一身皱巴巴脏糊糊的衣服坐在那儿突然有些不自在起来,他想,老黄在这镇上是有面子,老黄这朋友也不错。他们几个刚坐好,就有热茶上来了。讨债者一双冰凉的手捧着茶杯感到了温暖。那个女人说,点菜吧。

院长说,不用点。院长看一眼讨债者说,这是老黄的客人,不用客气,选几样拿手菜上来就行,实惠些。

女人说,喝酒吗?

院长说,咋不喝酒,喝酒,先上几个凉菜。而后院长他们几个有一句没一句地说些闲话,谈论的都是院里过节给职工发奖金办年货的事儿。讨债者想,这几个人可都是来陪我的呀,你别说,这老黄个鳖儿面子还真大,我是托了老黄的福了。讨债者正想着凉菜就上来了。院长说,每人先喝三杯。众人就喝了三杯。那酒火一样地从讨债者的肚子里穿流,这酒使他想起了摆渡者,想起了他在摆渡者的船头舱里喝酒的情景。院长说吃菜吃菜。吃过菜后院长提着酒壶就站了起来,他对讨债者说,我先给老兄泻几个酒。

讨债者也慌忙站起来说,不敢不敢。

院长说,你是客人,泻几杯酒总应该吧?

讨债者说,我不能喝。

出门在外哪有不会喝酒的？就三杯。说着就把酒杯端了起来。讨债者无奈就喝了，讨债者想，我不能喝多了，喝多了会误事，我是来要钱的，可不是来喝酒的。院长接着又泻了三杯说，说起来真是对不起，让你等了一天，这三杯你喝了，算我赔礼了。

讨债者说，看看院长说哩，我真不能喝。

院长说，你还恼恨我吗？

讨债者说，我为啥要恼你呢？

院长说，不恼我就喝了这三杯，喝了就是原谅我了。说着院长又把酒端起来，讨债者无奈，就把酒喝了。喝完院长又泻三杯，他对讨债者说，你来了还没有见到老黄吧，我和老黄是好朋友，老黄不在家，我得替老黄为你泻三杯，这三杯不多吧？按理说你这做生意的得给你泻八杯。

讨债者说，院长，我真不能喝了。

院长说，这是啥话，我的酒能喝老黄的酒就不能喝？回来我给老黄说老黄会不生气？说着院长又端起酒杯，讨债者无奈，又喝了。喝了院长又泻了三杯，院长说，咱们兄弟今天相识也算有缘，无论如何今天你也得给老嫂子带回去几杯。讨债者被院长说得无言相对，讨债者红着脸说，喝了这三杯还有没有？

喝了这三杯就没有了。

讨债者就把三杯酒喝了。院长说吃菜吃菜，众人都吃菜。不知是空腹还是喝得太猛的缘故，讨债者喝得已经感到有些头晕了。可是刚一吃过菜院长就对身边的几个人说，客人轻易不来，你们几个不泻几杯吗？那个叫东明的先站起来给讨债者泻酒。讨债者几乎有些哀求地说，老弟，我真的不能喝了，再喝我就多了。

东明说，为啥不能喝？院长的酒能喝我的酒就不能喝吗？你这是看不起我呀，你要是看不起我我可站起来走了。讨债者被说得像做了亏心事，就把东明的酒也喝了。这样一圈人敬下来二斤酒就已经见底了，讨债者就顶不住了，他感到四周的东西都在晃动，肚子里也有一股东西在不停地往上撞。讨债者糊糊涂涂地想，不好，要出酒了。他就站起来，一下没站稳险些倒下去，他被身边的院长扶住了。院长说有事吗？讨债者说，没事没事，我出去一下。

讨债者晕晕乎乎地走出来。出了饭馆，夜风一吹他就感觉好受一些，可是他仍然感到天和地都在旋转，胸口的东西不停地往上撞，他走到公路边想呕吐，可是怎么也吐不出来，他感到胃里难受死了。讨债者想，我不能再拐回去了,再拐回去我非得喝多不中,喝多了我就要不到钱了!我还是先到别的地方躲一躲吧。讨债者一边这样想一边往前走,公路两边的积雪在月光下放着银色的光芒,一会儿就把讨债者的眼睛给照花了,讨债者沿公路晃晃荡荡地往前走,由于酒的缘故,他忘记了身上的疼痛,忘记了腿的疼痛,讨债者想,我得走,我不能再拐回去了。再拐回去我非得喝多不中,喝多了我就要不上钱了。讨债者就这样在冬夜的月光下行走,银白色的雪光照花了他的眼,他感到四周都是白晃晃的,无边无沿,讨债者走着走着不知怎地脚下就没有了路眼,地下软绵绵的。讨债者想,我这是在哪儿呀?我这是在往哪儿走呢?讨债者举目四望,四周都是白茫茫的积雪,那积雪连天盖地,放着银色的光亮。讨债者想,这些都是银子吗?讨债者想,这满地的银子是老黄给我的蒜钱吧?讨债者蹲下去抓一把雪握成蛋子,讨债者想,这么多银子,都是老黄给我的蒜钱吧?讨债者把那蛋子雪装进袄兜里去。讨债者想,我要是有个布袋就好了,有个布袋我就可以装上满满的一袋子银子啦,一袋银子就能顶住我的蒜钱了。讨债者一边在雪地上行走一边这样糊糊涂涂地想,可是我上哪儿去弄一个布袋呢?要不就把我的棉袄脱下来当布袋吧!可是当他把棉袄脱下来的时候就不由得打了一个冷颤。讨债者想,这样不行,这样太冷。那我就把毛衣脱下来吧,讨债者把毛衣脱下来又把棉袄穿上,讨债者想,这样还好受一些。讨债者就在地上拾银子,他把软软的银子握成蛋子,装到毛衣里去。可是他装进去的雪蛋子又都从领口里掉了下去,讨债者装呀装呀,怎么也装不满。他坐在地上趁着月光看他的布袋,讨债者想,怎么装不满呢?到后来他明白过来应该把布袋口扎上,可是现在到哪里去找绳子呢?他想了半天想到了自己的鞋带子,他就费了很大的劲儿才把鞋带子解下来把布袋口扎住了,而后又在地上拾银子。他在毛衣里装满了雪蛋子,就抱着往前走。讨债者想,或许这些银子就够我的蒜钱了。讨债者晕晕乎乎地走着,他感到四周的银光都在旋转,他体内的酒劲越来越大了,讨债者想,我不能拐回去了,拐回去我就会喝多,喝多了我就带不走这袋子蒜钱了。

  讨债者踏着厚厚的积雪往前走,最后他来到了一个木料场里。讨债者想,我这是在哪儿呢?讨债者就在一堆木料上坐下来,他实在有些走不动了,他的头也晕得厉害,他有些支持不住。讨债者想,我先躺这儿歇一会儿吧,歇一会儿我再走。他这样糊糊涂涂地想着,就在木料上躺下来。讨债者在睡着之前仍在恍恍惚惚地想,我不能回去,一喝多我就要不到蒜钱了……

  第二天天亮的时候,木料场的老板披着大衣出来巡看木料场的时候,在最东边的一垛木料边上发现了讨债者的尸体。讨债者被冻硬的尸体蜷缩成一团,他怀里抱着他的毛衣,毛衣里装着许许多多的雪蛋子。讨债者的头发上眉毛上胡须上都结满了晶白晶白的霜花,样子像一条无家可归的野狗。

1996年3月作,原载《花城》1997年第3期。

光 荣 院

梦是通往另一个世界的门。
——爱斯基摩人语

声　音

有一个人穿着一件黑色的雨衣,手里提着一挂鱼钩走在大雨滂沱的河岸边。虾米坐在空荡而光线暗淡的库房里,就能从狂风摇动树冠和雨点拍击房顶与地面的声音里,分辨出老金的脚步声。老金的赤脚从泥泞里扑哧一下扑哧一下拔出来,在他的感觉里是那样的清晰可见,就像秋季里的白萝卜堆满了后院的菜地。长久以来,那种声音都是伴随着潮湿的空气从河道里漫过来的,那种声音和老金磨鱼钩的声音一样通过呼吸留在了虾米的肺叶上。虾米一出气就能闻到沾在老金脚上的黑泥的腥气,他熟悉那种气息,那气息常常使得他的胸口发闷。

你应该在河里洗洗脚再回来。

老金仿佛压根就没有听到虾米说的话,虾米的话语就像悄悄降临的黄昏一样丝毫不影响他手中的活路。即使在黑暗里,老金也能哧哧地磨着那些永远也磨不完的鱼钩。面对鱼钩,他的手即使在黑暗里也能像阳光一样明亮。老金坐在一块被盐水浸泡过的黑色的木头上,劈开他的双腿,头也不抬地只顾在一块灰色的磨刀石上磨他的鱼具。一些干裂的黑泥从他的腿上脱落下来,露出了一疙瘩一疙瘩的青筋,那些青筋,就像一团又一团黑色的蝌蚪在他的动作里一晃一晃地游来游去。接着,虾米就看到了老金腿上那道明亮的伤疤。

伤疤的形状很像老钱做水桶时从白铁皮上裁下来的一片废料,时常映射出一些光亮,刺着虾米的眼睛。虾米知道那道伤疤来自十分遥远的一枚炮弹划过空中的声音。老金说,就像一声鸟叫,你说奇怪不奇怪?那个时候我怎么听着就像一声鸟叫呢?接着那颗炮弹就爆炸了。老金说着扬起他手中的鱼钩,放在眼前观看,那只鱼钩已经被他磨得十分明亮而锋利。虾米看到有一些水顺着老金的胳膊流下来,在灯光里悄悄地滑过,然后落在了那块灰色的磨刀石上。

睡吧。虾米这样嘟囔了一句,他有些乞求地望着坐在他面前的老金,他说,还不睡吗?

老金看了虾米一眼,他把鱼钩放进右边的那只红色的瓦盆里,然后又从左边的红色的瓦盆里拿起一只锈迹斑斑的鱼钩,在腿下的水盆里蘸了一下水,又开始哧——哧——的磨起来,他一边磨一边说,你还是不瞌睡,要是瞌睡,就是天上打雷该怎样睡还怎样睡。老金说着停下自己手中的动作,他看着虾米说,那一年在东北,我们行军一连走了三天三夜,到地方我一倒头就睡着了,我们班长硬是把我的耳朵拧下来一层皮也没有把我叫醒。说着,老金用手中的鱼钩指着虾米说,你这是瞌睡吗?你这是想给我过不去!

虾米说,你一磨钩我就头痛。

老金说,我知道你头痛,你头痛可以搬出去吗?院里有的是房子。

虾米说,我一直就在这儿住着,你没进院的时候我就在这儿住,总得讲个先来后到吧?

老金生气了,这房子是你的?你别忘了这是什么地方,这是光荣院!你自己说,你有没有资格住在这里?老金说着拍了拍自己腿上的那道伤疤说,这就是资格,你有吗?说完他就哧哧地磨起鱼钩来。

虾米感觉到老金弄出来的声音像一些小虫子使劲往他的脑门里钻,他捂着自己的耳朵说,老金,我求你了,我真的不能听这种声音,你一磨钩我就头痛。

老金得意地笑了,老金把自己磨钩的动作做得更加夸张,他一边磨一边说,你听得多了就好了,这就像打仗,最初谁不害怕隆隆的炮声?听得多了就好了。

虾米真的头痛,老金弄出来的声音化作更多的虫子在争先恐后地往他的头里钻,那些虫子张着大嘴在喝他的脑髓,他的头痛得要裂开一样。虾米使劲捂着自己的耳朵,用被子蒙着自己的头,可是那哧哧声只管往他的耳朵里钻。没有办法他就用两粒花生米塞住自己的耳孔,可那两粒花生米却像两只小老鼠一样,钻进耳孔里之后就不肯出来了,它们把虾米的耳门子都啃肿了。孙医生费了好大的劲儿才把那两粒花生米从他耳朵里掏出来。孙医生说,这下好了吧?虾米感觉到自己的耳孔轻松了许多,他没有听到老金磨鱼钩的声音。虾米往空荡荡的库房里看一眼,他没有看到老金,老金到河道里去了,可是他把一挂又一挂的鱼钩还留在这里,那些鱼钩静静地挂在灰暗的光线里,它们在等待着老金的归来。虾米坐在渐渐暗淡下来的光线里,望着门外不停地划过的雨丝,他想,这雨什么时候才能停下来呢?

这时虾米听到有一个急促的脚步声在雨水里响起来,那脚步踏在院子里的青砖通道上,离库房越来越近了。虾米想,是老金回来了?虾米看到有一个人闯进库房的大门,由于光线灰暗,虾米没有看清那个人是谁。那个人朝空荡的库房里看了一眼对虾米说,老金呢?

他到河里去了。虾米说完又补充道,他一早就出去了。

那个人说,这我知道,我问你他回来没有?

没有。

真的没有回来?那个人的语气听上去十分焦急,可是他还是没有听出来那个人是谁,他想,可能是镇上的小伙子吧,镇上有两个小伙子常常和老金一块到河道里去下钩。那个人没有等虾米说话又说道,坏了,老金一准是掉进河里去了。

这下轮到虾米吃惊了,他说,老金掉到河里去了?

是的,我回镇里去拿东西,回来后光见他的船在水上漂着,我还以为他回来了,可是早等晚等就是不见人,你看,现在河水又涨了,他肯定是一不小心掉到河里去了,我得赶紧去找他。那个人说完转身就走。虾米听到他急促的脚步声在雨水里走远了,他拄着拐杖来到门口的时候,那个人已经不见了。虾米突然感觉到老金的脚步声在雨水里消失了。虾米仇恨地想,他掉进河水里去了,老天爷保佑,淹死他吧!他死了就没人来折磨我了,他死了磨鱼钩的声音就消失了,让我安生一会儿吧。可就在这时,他听到了一种锤子敲打白铁皮的声音。

虾米知道那是老钱又开始工作了。老钱常常在这种时候开始工作,即使没有白铁活可做的时候,他也会拿起锤子不停地敲打铁砧。老钱敲击铁砧的声音被雨水洗得更加尖锐,那声音穿过空荡荡的院子来到了虾米的听觉里,这使得虾米的头颅疼痛难忍,虾米通过库房的大门望着同样灰暗的天空,真切地感受到了末日的来临,他知道他已经没有什么办法来对付那些杂噪的声音对他的折磨了。他想,还是让我躺到棺材里去吧。虾米这样想着,吃力地站起身来,用拐杖架着自己的残腿,一拐一拐地朝库房东边的山墙边走去。在山墙的东北角里,存放着一口黑漆棺材,虾米知道只有那口棺材才能治好他的头痛。在这世上,那棺材对于虾米来说是一副最好的良药。

棺　　材

　　一个春天的傍晚,个子矮胖的郜院长领着两个身材高大的木匠走进了院子里,他指着堆放在库房外边的那堆红松对木匠说,就用这些木料。虾米知道那些红松是从东北的某个森林里伐下来,又装上火车运到靠近颍河的某个码头,然后扎成木排从河的上游漂到颍河镇的码头上的。在时光里,堆放在院子里的红松一日一日地散发着浓烈的松香气,那个红脸膛的木匠指着那堆木材说,这能做多少呢?

　　郜院长回头朝院子里看了一眼,他从门窗的缝隙里看到了一些混浊的目光,就提高自己的嗓门说,能做几副就做几副吧。这时老金手里捏着一把鱼钩从库房里走出来,他看着郜院长说,你准备用这些木料做什么?

　　棺材。

　　给谁做棺材?

　　郜院长说,你看,院里这么多老人,总会有用着的时候吧。郜院长说完又补充了一句,他说,万一谁有个三长两短,到时候我上哪儿去弄?老金阴沉着脸说,你知道我们都是些什么人吗?郜院长笑笑说,我知道,功臣。老金说,那你为什么还要咒着我们死?郜院长抬起头来,他看着老金说,你是党员吗?老金说,我是党员。郜院长说,你知道党员是什么?党员就是唯物主义者。马克思是唯物主义者,列宁也是唯物主义者。你不是说你是从死人堆里爬出来的吗,还能怕这几口棺材?老金说,放屁,我什么时候怕过死?我们背着人头为你们打江山,还没享几天清福,你就来给我们做棺材?郜院长说,那你说怎么办?老金说,叫这两个木匠走开,别让我们这些老家伙心烦,要不然,我就去找老连长。郜院长说,这就是民政局赵局长的意思。老金瞪着眼睛看着郜院长,慢慢地,他充满血丝的眼睛就变得混浊起来,没了一点光彩,他的背突然间也驼得厉害,在傍晚的霞光里,他的身影显得是那样的虚弱。郜院长似乎有些得意地看了一眼走开的老金,这才清了清嗓门对木匠说,弄吧。

　　那俩木匠就开始在院子里没明没黑地劳作,最后他们把一大堆红松木材做成了十口一样大小的棺材。过了一些日子,那些棺材又被郜院长请来的漆匠漆成了黑色,然后抬到库房里存放在东山墙下。那十口棺材最初整齐地排放在那里显得十分壮观,老钱说,他妈的,再有两口就够一个班了!老德说,这比我们死在战场上强多了。我们那些战友都是软埋的,哪个轮得上这样一口好棺材?老德说着就走过去伸手拍了拍棺材盖子,刚漆上去不久的油漆粘了他一手。老德还没有来得及洗净手上的黑漆就在当天夜里死去了。他跟老金下河摸鱼的时候淹死了，老德成了第一个使用那批棺材的人。在后来的日子里那些棺材越来越少，现在只剩下靠在墙角里的那一口了。

虾米在棺材里躺下来，他的头痛也渐渐地减退了，一切似乎在一恍之间都平静了下来。多年过去了，虾米仍旧能从木头里闻到淡淡的松香气。那种淡淡的松香气仿佛一只细软的小手在一下又一下地抚摸着他的面孔和鼻翼，使他进入梦乡。他常常走进一片辽阔的水域，看到远处的阳光下有一片白色的帆船。他知道他的故乡就在那些像雾一样的地方，他常常在睡梦中泪水涟涟。

虾米醒来的时候，外边的雨还在下。想象中的雨水声和树木的摇动声在他惺忪的脑海里是那样的陌生。他伸手摸了一下棺壁，棺壁上的木纹像水浪一下倾泻下来，他彻底地醒来了。他懒懒地躺在棺材里，不想动。老金回来了吗？他正在磨他的鱼钩吗？老钱还在砸他的白铁皮吗？他知道，即使他们在外面不停地弄出那些声音他也听不到，棺材为他挡去了一切杂噪的声音。可是现在就剩下这一口棺材了。虾米一边这样想着一边动了一下身子。谁会从我的手里夺走这口棺材？这种念头的出现使他感到担心。院里现在还剩下十三个人，老金、老钱、老魁、来福，还有……下一个该轮着谁了？以前多少？二十二。他们一个一个都走了。每送一个人出门的那几天，院子里都会像深夜一样沉静。就连老金也不磨他的鱼钩了。老人们都呆呆地坐在自己的房间里，不吃也不喝。炊事员月红用勺子把锅敲得叮当作响，她用粗大的嗓门在院子里喊叫，开饭了——开饭了——可是没有一个人愿意从屋里走出来。麻雀落在院子里，在地上蹦来蹦去，叽叽喳喳地叫。虾米想，那九个人都到哪里去了？他们都回老家了，他们都睡着了，再也不会醒来。

虾米感到肚子里的尿这会儿憋得难受，他挣扎着支起身子，他知道，要不是肚子里这泡讨厌的尿，他会一直在棺材里躺着，他知道，在世上，再也没有比这里更安全更舒适的地方了。虾米从棺材里抬起身子，朝空荡荡的库房里看一眼。老金还没有回来，他想，老金真的被淹死了吗？现在库房里的一切都被越来越浓的黄昏给塞满了。

库 房

高大的库房始建于一九五二年，在那个炎热的夏季里，有一个年仅二十三岁的青年人从正在建造的房顶上掉下来摔破了头颅,白色的脑浆流了一地。

库房建成之后,那个青年人的未婚妻从乡下来到这里住下来,成了盐业仓库里的一名工人。县盐业公司在位于颍河边的这座仓库里一共建造了三栋这样高大的库房,那个时候每座库房里都存放着紫色的食盐,一些食盐被镇里的搬运工人装进麻袋里,然后一包一包地码上去,成了一道有城墙那么高的墙壁。在墙壁里,就是那些堆积如山的粒状的食盐。同样是在一个炎热的夏季里,仓库里的几名工人正坐在高大的盐垛下乘凉,盐垛突然倒塌了,那些紫色的食盐像水一样流下来,把那几个工人淹没了。

虾米那天上午也在那座盐垛下面坐着,那个时候他正为那个女孩红红的脸膛而着迷,她那两条长长的辫子光滑而整齐地垂在她鼓鼓的胸前。她说,虾米,你傻了?虾米从痴呆里醒过来。她说,你傻看个啥?去,去伙房里掂茶去。虾米就站了起来,他伸手拍了拍粘在裤衩上的盐疙瘩走出去。虾米走出库房的时候,他听到一个名叫小头的男人说,叶,虾米相中你了。在院子里,虾米立住了,他听到了他们发出的嬉笑声,那笑声使他感到有些眩晕。从头顶上射过来的阳光刺得他睁不开眼睛,他仿佛听到了强烈的阳光哧哧地穿过他的皮肤的声音。当他从伙房里提着半桶茶水沿着青砖铺成的通道走回那座库房的时候,就听到一声闷响。起初他以为又是颍河管理处的人在河道里炸航道,可是当他走到库房的门口看到倒塌下来的盐垛时,他明白了。他看到一条黑色的辫子从盐堆里爬了出来。

发生在盐业仓库里的事故惊动了当地的许多人。黑夜里,从盐垛里扒出来的四具尸体摆放在库房的空地上,可是到了第二天早上,仓库主任打开库房的大门时,那个名叫叶的女孩的尸体却不见了,他们几乎找遍了仓库里的角角落落,也没有找到那具尸体。那具尸体不翼而飞,有人说是那个从房顶上摔下来的青年人背走了他的未婚妻。当时的许多人都倾向于这种说法,就连那女孩的父母亲也默认了这种传说,因为她的未婚夫也是从那座库房上掉下去摔死的。女孩的父亲说,你说,怎么会这样巧呢?这是命,生是他的人死是他的鬼,你说说,好好的盐垛怎么会说塌就塌了呢?这件事给那座库房蒙上了一层神秘的色彩。库房在岁月的风雨里一年一年地陈旧,可是有关库房的传说却始终没有减退。在夜间,有人亲眼看到库房里闪出蓝色的火星,从里面发出了咚咚的敲击墙壁的声音。这些传说四处流传的时候,虾米一个人就住在这个空荡的库房里。库房确实宽大,它的房梁是用三根一丈五尺长的红松接成的,这样的房梁一共有八根。虾米的木床放在库房的中央显得是那样的弱小,就像一张在大海里飘荡的小船。食盐浸透了库房的墙壁和地上的青色的方砖,因而库房里到处都潮湿不堪,终年散发着一股盐的气息。那些潮湿带盐味的气息同时也浸透了虾米的被褥,即使他把被褥搭在夏季的烈日下暴晒,也从来没有晒干过。

老金也是在一个炎热的夏季走进这座库房的,他擦一把汗水,望着空荡的库房说,奶奶的,这里真凉快!然后他走到虾米的面前,对他说,这里就你一个人吗?虾米说,就我一个人。老金说,我来给你做个伴吧。虾米说,这里天天都闹鬼。老金说,闹鬼?你不怕?虾米对他点了点头。老金哈哈地笑了,笑完他拍了一下虾米的肩膀说,我这条命就是从死人堆里拣出来的,我怕个求!我倒听镇上的人说你是个灾门星,今天我倒要看看你这个灾门星是怎样个灾法!虾米看着老金和老德把一张板床抬进库房,放在东边的墙壁下。老金对虾米说,把你的床也搬过来。可是虾米坐在那里没有动,他仍旧把他的小床放在库房的中央。在夜里,虾米几乎每天都会梦见那个名叫叶的女孩,叶一丝不挂地从一片雾气里走出来,她的浑身通红,散发着一种迷人的气息,她一声不响地来到虾米的面前,在他的怀里坐下来,然后和他做爱。虾米常常在睡梦里急促地喘息着,发出咦咦呀呀的喊叫声,那声音也常常把老金弄醒。老金说,虾米,你夜里干啥?虾米红着脸说,我啥也没干。有一回虾米喊叫的时候老金正好起来解溲,老金看到虾米的身子在床上一拱一拱的,他用手电灯一照,看到虾米把手伸进裤头里晃动,他脸上的表情痛苦不堪,一会儿他的裤头就被一种液体浸湿了。老金说,这个龟孙,做梦也在想好事儿!

到了第二天夜里,老金就把老德、老钱、老魁、来福他们悄悄地领到了虾米的床前。那个名叫叶的女孩再次从一片雾气里朝虾米走过来,和他做爱,正当他们在盐堆上拧成一团的时候,他突然被一片声音叫醒了。虾米睁开眼睛,在明亮的灯光下,他看到床边站着一群人,那群人面目狰狞地看着他。

老金说,你在干啥?虾米说,我在睡觉。老金伸手拉住他湿淋淋的裤头说,睡觉?这是啥?怨不得你黄病寡瘦的!虾米说,我老做梦,一做梦就梦见一个女人。老金说,见天都是吗?虾米不说话,他感到那些目光像刀子一样剜着他,他想找个地逢钻进去。老金说,他妈的,你小子还见天当皇帝了?滚,还不起来滚!一群人当下就把虾米的床扔出了库房。可是到了夜里,老金还是被虾米的喊叫声所弄醒。老金打着手电灯走过来,他不知道虾米什么时候又回到了库房里,他赤身裸体地躺在潮湿的青砖地上,在那里扭成一团。

颍河镇上有一个姓尹的风水先生,听到这件事后就来到了光荣院,他在库房里转了一圈指着虾米睡觉的地方对老金说,这下面有一座坟,坟里埋着一个年青的女人。老金他们当即掀开了地上的青砖,果然在青砖的下面发现了一排木板。他们打开木板,见到了一口大缸,缸里满是清澈的盐水,有一个赤裸裸的女人缩卷在里面,她的躯体被盐水腌得通红透亮,仿佛是一个红色的玻璃人。在人们把那个女人弄出水缸之后,有人认出了她就是那具失踪的尸体。老金他们拿着棍子指着虾米的脸说,你说,这是怎么回事儿?可是虾米一句话都不说,他蹲在那里抖成一团。虾米因此而臭名远扬。他要是有事儿到镇上去,就有成群的孩子跟着他起哄,朝他扔砖头瓦块儿。虾米变得像一条狗溜着墙根走路,被人们戳着脊梁指指点点。

这件事儿再次在当地引起了轰动,使这座光荣院名扬百里。许多人从很远的地方赶到颍河镇来,就是为了看一看那具被盐水腌得透明的女尸,看一看虾米,看一看那座神秘的库房。可是当他们来到这里的时候,他们只看到了那座高大的库房,和那口从库房的地下扒出来的曾经装过那具女尸的大缸。那口蓝中有红色如海棠的瓷缸在阳光下闪闪发光,人们远远地指着那口放在库房门口的大肚子瓷缸说,你看,就是那口缸。

瓷　　缸

瓷缸从上游摇摇摆摆漂过来的时候,九生正在河道里撒网。那个时候天色已晚,九生的屁股上挂着一个用荆条编成的鱼篓,他一手提着一架鱼网赤着双脚哧哧地走在河边的淤泥里,他的赤脚溅起的浠泥像雨点一样飞出去落在水面上。九生走了一段在河边上立住了,他把鱼网放在河水里涮了涮,然后把网一把一把地抖开,在渐浓的夜色里,黄铜的网坠在晚风里发出叮叮当当的声响。九生弓着身子,把架在胳膊上的鱼网一用力就撒了出去,鱼网在水面上发出了啾啾的声响,最后变成一个圆落到水里。九生直起腰来,他抖了抖系在手腕上的网绳,准备把鱼网拉上来。就在九生抬头往河对岸观望的时候,他看到了从上游漂过来的那口瓷缸。由于光线的缘故,起初九生没有看清那是一口瓷缸,他以为那是一段从某个渔船上掉下来的木头。一直到那口瓷缸从他面前漂过的时候,他才看清了它的真面目,这使年青的九生感到了好奇,怎么会是一口缸呢?九生一边想着一边急急忙忙地拉出鱼网,去掉挂在屁股后面的鱼篓,就跳进河水里去了。那个时候两岁的虾米就躺在瓷缸里,他浑身的皮肤像煮熟的虾米一样红,眉毛头发都是白色的,他的身边除了十块袁大头之外,什么都没有。颍河镇上的人没有谁知道那口瓷缸是从何处漂来的,因而也就没有一个人知道这个皮肤虾红头发雪白的孩子来自何方。一个秋日的黄昏,渔夫九生成了这个孩子的养父和那口瓷缸的主人。

在此之前,颍河镇上的人除了在镇子东头的酱菜场里见过一些粗糙的陶缸之外,再也没有任何人见过像这一样漂亮的釉缸,就连知识渊博的尹先生也只能对此作一种猜测。清晨,九生背着鱼篓上街的时候,就把虾米带在身后,街上的人都围着虾米看。有人说,九生,这是谁?九生说,我儿子。有人说,你老婆都没有,哪儿来的儿子?是不是老鳖精给你生的?人们就哈哈大笑,那笑声把虾米吓哭了。尹先生那个时候还年青,他走过来看了虾米一眼说,怪胎,这是一个灾门星。他把九生拉到一边悄悄地说,他从哪里来,你还让他到哪里去吧。九生看了看尹先生,什么话也没说,抱起虾米就走了。在人们的视线里,那个红皮肤白头发的虾米真的像一个怪物。尹先生摇了摇头,什么也没说就走开了。果然,虾米没长到十岁,九生就在一个冬季患了伤寒死掉了。在关帝庙管事的冯掌柜抚摸着虾米的头说,你是一个苦命的孩子。冯掌柜就把虾米带到镇西的关帝庙,在大门边的一间厢房里住下来,因而那口缸也就存放在关帝庙的大门边。虾米从那个时候起就常常在夜里做梦,梦见他跟在九生的身后到河道里去捕鱼。可是他捕来的鱼放在镇里的渔市上从来没有卖掉过。开鱼行的有才常常一边用脚踢着他的鱼篓一边说,滚,滚到一边去。他常常背着鱼篓从麻石铺成的大街上在众人的目光下勾着头走过。他想,离开这里吧!可是我到哪里去呢?我的家在哪里?是谁把我放进那口缸里漂到这里来的?他对此一无所知,他常常在睡梦中泪流满面。

在梦中,他知道他的故乡在一片雾气缭绕的水面上。清醒的时候,他知道他永远也不可能回到他的家中,他想,是谁给了我这样一个与众不同的容貌呢?虾米,你说,你的皮肤为什么这样红?有一年虾米坐在码头上正在给往岸上扛盐包的工人发竹签,人高马大的袁武军抖动着肩上的披单在虾米的身边停住了,他望着虾米这样说道。可是虾米没有理他,袁武军一看虾米的样子就更加得意,他看着在他身边停下来的工人又对虾米说,你说呀?虾米感到他的脸热得发烫,他勾着头,从竹筐里抓起一把竹签在地上蹲着,竹签在他的手里互相磨擦着,发出哗哗的声响,他憎恨所有嘲笑他的人。袁武军说,是不是你妈生你的时候,把你夹在裆里夹的时间长了?袁武军还没说完,在场的人都哈哈大笑起来。谁也没想到这时虾米会像一头发怒的雄狮突然从地上一跃而起,他双手抱着那把竹签朝袁武军刺去。好在袁武军机灵,闪在了一边,要不他身上一准会扎出十几个窟窿。袁武军说你个鸡巴虾米说句笑话就恼了?他就扑过去,两人扭成一团,从岸上一直滚到河水里去,他们在河水里撕打着,岸上船上一片欢腾,人们兴奋地喊叫着,打呀,谁停下来谁就是妮子养的!虾米一下子抓住了袁武军的手指,一勾头就把他的大拇指给咬了下来。那个时候库房里的盐垛还没有倒塌,多年前把虾米漂来的那口大缸也在盐业仓库的院子里放着。

县盐业公司派来监工建库房的银须老者,年青的时候曾经在禹州的瓷窑里做过学徒,有一天他路过关帝庙的时候看到了那口蓝中带红色如海棠的瓷缸,那口瓷缸引起了他对许多往事的回忆,因而虾米就成了盐业仓库的看门人。当然那口瓷缸也被搬进了仓库,存放在院子里。可是由于那个夏季突然倒塌的盐垛,那口大缸被人忽视了。事实的真相是,当那个名叫叶的女孩的尸体失踪之后,那口放在院子里的瓷缸也不见了。可当时就是没人发现。被突然发生的事件吓傻的人们处在一种紧张的情绪之中,本来当时盐库里的人就不多,八个人一下子砸死了四个,谁还有心去注意那口瓷缸呢?当时的盐业经理连夜让剩下的人四处去通知死者的家属,就连炊事员也被派下去了,他自己则急急地赶往县城,他把虾米一个人留了下来。可是多年以来没有人知道那具尸体的下落,就更别说那口海棠色的瓷缸了。人们把那口瓷缸彻底地忘记了,一直到它重新被老金他们从地下挖上来。从远处赶来的人远远地看着那口瓷缸在阳光下闪闪发光,他们就会说,你看,就是那口缸。

虾米用胳膊支着身子从棺材里起来,在灰暗的光线里他看到那口放在库房里的瓷缸,一些雨水从房顶上的一个窟窿里流淌下来,发出哗哗的声响。老金扬起脸来,他看了一眼已经接近腐朽的房顶对虾米说,去,去把外边那口缸弄过来。虾米说,弄缸干啥?老金说,你是瞎子吗?你没看房顶漏雨了吗?去把那口缸弄回来接雨。虾米说,听说院长从镇上弄来修房子的钱了?老金停下手里正在磨着的鱼钩说,你想让我把那口缸砸了是不是?我告诉你,要不是那口缸好看,当初从地下挖上来的时候我就把它砸了!虾米说,这房子漏雨,总得修修吧。老金说,你也不撒泡尿照照,你有资格管这事吗?现在从缸里溢出来的雨水把库房里的地面弄得水汪汪的一片。虾米想,再这样下去库房就会到处都是积水。虾米望一眼库房里一挂又一挂的鱼钩,然后用拐杖架着身子走到门边,通过稠密的雨丝,他看到不远处的房子都被雨水改变了本有的颜色。虾米站在潮湿的空气里,他的眼睛又流下了泪水,他抬起衣袖擦了一下。之后他看到有一个身穿雨衣的人从中间那排房子里出来,沿着通道朝大门边走去。他们找到老金了吗?虾米想,天就要黑了,不知他们找没找到老金,难道他就这样被水淹死了吗?早起走的时候他还是好好的。虾米一边想着一边望着那个穿雨衣的人被雨水吞没了。由于他的眼睛老淌泪,他没有看清那个穿雨衣的人是谁。几年前他的眼球角膜发生了一次病变,那次病变在他的眼睛里留下了一片白翳,因而他视线里的一切都是混浊的。即使在没有下雨的日子里或者在白天里,光荣院在他的感觉里也是常常处在黄昏之中。

光 荣 院

光荣院坐落在镇子西边的那片长得参天的杨树林里。杨树是多年前县盐业公司植下的。从上游或下游开过来的装盐的船只就停靠在盐业公司仓库外的码头上。一船又一船的紫盐运过来,镇上的搬运工人就歌着号子一包一包地扛上岸去,然后又一车一车地拉出去,从颖河镇往北运往许多地方。有一天公司里那个姓孙的经理突然对正在大门边晒太阳的虾米说,上游的河道里修了一座大闸。虾米看着孙经理灰色的面容有些不解地说,闸?啥样的闸?孙经理伸手摸了一下他雪白的头发,然后摇了摇头就走开了。虾米长这么大从来没有见过闸,也没有谁对他讲述过闸是一种什么形状的东西,但他知道闸非常厉害,自从闸出现以来,那些运盐的货船就再也没有来过。虾米看着库房里的紫盐一日接一日地少下去,最后整个仓库都空了下来,虾米的腿就是那一年被盐包砸断的。那一天虾米和两个工人正在库房里清理垛下的盐底子,一个工人突然在盐里发现了一些新鲜的黄土,他说,哪来的黄土?越来越多的黄土使他们感到迷惑不解。一个青年说,这下面有黄鼠狼窝吧?另一个青年说,只听说过黄鼠狼拉鸡,没听说过黄鼠狼偷盐。一个青年又说,听说黄鼠狼要是偷吃了盐,浑身的毛都会变成白色的。他们说完就看了满头白发的虾米一眼。那个时候虾米感到呼吸困难,他依靠在盐垛边紧张地喘息着,那包盐就是这个时候从他的头顶上滑落下来的,在虾米的嚎叫声里,那个年青人忽视了那些新鲜的黄土。

在后来的日子里,虾米一个人守着空荡荡的院子,他像一个幽灵在院子里游荡。他从前面那一排瓦房里走出来,穿过一片空地,来到第一座高大的库房前站住,回过头来,他在阳光下或在霏霏的细雨里去看望那排红色的瓦房。空地上的杨树已经长得参天,空地上同时还长满了杂草。虾米常常能看到有蛇在草丛里游来游去,有的时候也能见到一两只黄鼠狼,而更多的时候他看到的是一些硕大的老鼠,那些吃盐的老鼠的皮毛都变成了灰白色,它们一边在草丛里奔跑一边发出叽叽的叫声。虾米往往就在那些叫声里停下脚步,他站在沉静空荡的院子里,常常感觉到有一股寒风穿过他的后背。他常常惊恐地回过头来,可是他只看到了一些从树叶里滑下来的零零碎碎的阳光。院子里没有一个人,只有从那些高大的杨树上不停地落下来的虫屎声,沙沙沙……虾米在恐惧里抬起头来,他看到了那排房子关闭的门。一些人曾经像影子从那些门里进进出出,虾米从那些人里可以看到那个名叫叶的女孩,可以看到那个长了一脸麻子的炊事员,还有那个小个子的孙经理。现在那些门都被一把又一把的铁锁给锁上了,那些铁锁被散发着咸味的空气腐蚀得锈迹斑斑。

虾米常常沿着那条砖缝里长满了杂草的通道穿过后面的两排库房,来到后院的菜地里。在夏季里,虾米就在那片肥沃的土地里种上一些蔬菜,他在寂静的风中劳作,常常能听到自己呼呼的喘息声和手中的锄头犁过黄土的声音。有的时候他在烈日下直起腰来,用手臂擦一下头上的汗水,看一眼不远处的那几个坟头。被盐垛砸死的那三个人就埋在围墙的下面。围墙边上生长着一些高大的杨树,杨树的树阴使得围墙的墙脚上长满了淡绿色的青苔,沿着墙边的那条小路走过来,现在你可以看到后院里有二排坟墓,在南边那一排你可以依次数到九个坟。随着时光的移动这里成了墓地。

老金说,不行,我们得给老德另外选一个地方,不能给那三座坟排在一起。

院长说,为什么?老金说,你是院长,就不知道为了啥?我问你,你当的谁的院长?没有我们这些老家伙,哪儿来的你这个院长?

院长说,那你说怎么办?

老金回头看了一眼他身后的那群老人说,我们得另起一行。院长说好吧,他就让虾米在老金指出的地方去打墓穴。虾米在阳光下再次抬起头来,他看到那三座坟头上长满了绿色的杂草,那三个被盐垛砸死的人使他想起了叶。虾米在阳光下伸了个懒腰,他回头看一下那座高大的库房,就放下手中的锄。虾米绕过库房的山墙,来到库房的大门边。他从裤带上取下一把钥匙打开库房的大门走进去,就感到有一股阴冷的气息扑鼻而来,但他还是走到库房的中央。库房的中央放着一个木板床,虾米就在那张小床上躺下来,慢慢地进入了梦乡。在梦里,有一个赤身裸体的女孩朝他走过来,他看清那是叶。叶的肌肤使他陶醉,他们就在灼灼的阳光下无拘无束地做爱,一些精液往往会弄湿他的裤子。有一天他刚刚看到叶从一片阳光里朝他走过来,他就被一只手掌给拍醒了。那个人说,哎,醒醒。虾米从睡梦里醒过来,他看到有两个陌生的中年人站在他的床前,那两个男人各自戴着一顶蓝色的呢帽,其中一个胖子对他说,是你在这儿看院子吗?

虾米用惺忪的眼睛看了他一眼,然后点了点头。另一个男人对虾米说,这是县民政局的赵局长。赵局长对虾米说,你能跟我一块儿看看这个院子吗?虾米就从他的木板床上站起来,领着那两个男人从后院的菜地一直转到前面那排瓦房前。赵局长说,不错,就是这个地方了。后来他指着中间那座高大的库房说,把中间这两座库房扒掉,再建两排像前面那样的瓦房就更理想了。虾米对他们的话感到迷惑不解,他说,为啥要扒掉这两座库房?这可是盐业的房子。赵局长笑了,他拍了一下虾米的肩膀说,往后这里就是光荣院了。

光荣院?

对。另一个男人补充到,这里要住下一些老战士,他们都是残疾军人,在战场上负过伤。

虾米说,那他们为啥不回家?

家?赵局长笑了,他说,他们要是有家还设这光荣院干什么?这光荣院就相当于敬老院你知道吗?我们要让那些从战场上下来的老战士安度晚年。虾米还是没有完全弄明白那个胖子的话,他用拐杖支着自己的身子在阳光下往前移动,他当时并不知道,他作为盐业公司的条件之一也被移交到民政部门,他一晃一晃地在那条青砖小道上行走,尽管是在夏季,院子的空气里仍然漂浮着潮湿的咸味,从高大的杨树上不停地往下落着黑色的虫屎,沙沙沙……院子里到处阴森森地充满了鬼气。到了春季,整个院子就被厚厚的树冠遮盖着,只有到了寒冷的冬季,从河对岸走过的人才能从那些灰色的树丛里看到那片潮湿的暗红色的屋顶。孙医生对虾米说,这个鬼地方,跟医院里的太平间没什么两样!

医　　生

雨前,虾米常坐在光荣院门前那片靠着河道的空地上晒太阳。他抬头看一下头顶上的天空,强烈的阳光使他的泪水涌出眼眶,他就用手背擦一下夹在眼角里的眼屎和泪水。虾米感到自己手上的肌肉已经没有一丁点的弹性了,骨骼也像孙医生从医院里拿回来的照片一样清晰地显露出来。

有一天,孙医生把放射照片放在他的面前对着灯光用手指着说,看到了吗?骨折,就这儿。那个时候孙医生正在夹着尾巴做人,他对光荣院里的每一个人说话都小心翼翼,他像一个木偶扭着他的小屁股在老人们中间不分高低贵贱地跑来跑去,因为他在颖河镇医院里刚刚把一个乡间女孩的子宫当作阑尾切下来,受到处分来到这里。现在虾米坐在一只破旧的藤椅里,正在用左手抚摸着那段被孙医生接错位的骨节。冬天里的一天,他挂着拐杖上厕所,不知谁把一泡尿洒在了厕所门口,结果导致了他左手的骨折。他思忖到,多年前我被砸断了左腿,现在左手也断了。那段骨节像一粒花生米常常使他想起一些更为遥远的往事。阳光像林中的虫屎一样沙沙地从空中或者他幽深的记忆里抖落下来,打在他的脸上和杂乱的白发上,打在他那时刻都在颤抖的长满老人斑的左手上。他抚摩一下手上的阳光,就听到手上的老皮干裂得像一张晾干的蛇蜕发出咝咝的声响。他眼里又有泪水流了下来,他掂起手边的衣襟擦了一下泪水,那衣襟像用浆子浆过一样生硬。

　　虾米,你怎么又用褂子擦眼了?孙医生骑着车子突然出现在他的身边,他伸手打掉了他手里的衣襟。孙医生总是这样,他总是这样像鬼魂似的在院子里飘来飘去,让你捉摸不定。可是当你有病的时候,找翻天你也找不到他,没事的时候他却像树林里的虫屎一样无处不在,或者像一条狗来到你的身边在你的腿上秒来秒去。现在他一边把车子支起来一边说,看看你的衣服都成什么颜色了,你还用这擦眼!

　　虾米说,你让我用啥擦?我的眼光流泪。

　　流泪就用褂子擦吗?孙医生说,你为什么不趴到树皮上去秒一秒?虾米好像忘记了他们正在讨论的话题,他又用手背擦了一下流下来的眼泪,还没等他把手放下来,孙医生就叫了起来,虾米,你就是一头驴,像你这样什么时候能治好眼睛?我给你说过多少次了?要注意卫生,闻闻你身上什么气,看看像不像个茅坑?

　　虾米争辨道,啥时候也好不了,你不舍得给我用好药。

　　什么样的药好?孙医生生气了,他说,保胎药好,你能用吗?再好的药用在你身上也不行,我看只有阎王爷才能治好你的病。

　　虾米也生气了,他想从那只破旧的藤椅上站起来,但是他努力了两下也没能站起来,他只有拿起身边的拐杖捣着地说,你咒我死吗?你咒我死我偏不死,你嫌我活得多了是吗?马……可是没等他说完,孙医生就打断了他的话,呀呀呀,虾米,你一嘴吞个砂锅子,光知道脆不知道碜呀,那马克思也是你说的?马克思来这光荣院里叫八百回也轮不到你呀!你听人家老金说马克思,你就觉得你也有资格说马克思了?马克思是干什么的你知道吗?马克思是个开药铺的,专给那些病入膏肓的人看病。你也有资格说这话?孙医生说着指着他们身后的大门说,看看咱院里的哪个人不比你有资格?

一说这话虾米就不再言语,他放下手中的拐杖,脸上因气愤而绷紧的肌肉也松弛下来。他知道在大门边下棋的残臂老钱和来福一准都停了下来,正在支棱着耳朵用蔑视的目光往这边看。虾米坐在那里扭动了两下身子,他的后背上好像爬上来一条浑身是毒的毛毛虫。孙医生一看虾米的样子,就把嗓门放得更大了,他想让呆在大门边的人听见他正在说什么,他用讥笑的语气挖苦虾米说,看看人家老钱和来福,人家哪个人身上没有几个枪眼子?你身上有什么你说说?你身上只有屁眼吧!

虾米坐在那里,这会儿他几乎变得像个受了恐吓的孩子,用乞求的目光望着医生,他说,你看看你,我……

孙医生突然哈哈大笑起来,他一边笑一边用手指着虾米说,虾米,哈哈,你这个虾米……孙医生把声音压低了,他趴在他的耳边说,他们身上的枪眼算个球,你还真在乎?医生说完推起他的车子,然后看着虾米说,捎东西吗?这回可是真的,不是给你开玩笑,我要到镇里去。

虾米坐在那里,目光有些痴呆地看着医生,他说,你和院长不是昨天才去过吗?

医生说,我能跟院长比吗?院长昨天就没回来。

虾米说,他夜里没回来?

医生说,怎么,他没有向你请示?他去逛妓院了你知不知道?

医生的话使虾米有些吃惊,他说,真的吗?镇上现在让开妓院了?医生一脸当真地说,是呀,要不要我带着你去找个肚皮搞搞?一听这话虾米就明白医生又在耍他,就不再理他,他看着医生那瘦弱的身影在河道边的土路上晃来晃去,他想,他在骗我,现在镇上会有妓院?他坐在阳光里,不由自主地摇着头,他仿佛看到了秋香那细细的腰肢了。秋香说,你是谁家的小子?脸红的像虾米一样……秋香还没说完,就想起来了,她拿腔捏调地说,哦,你就是当年那个坐在缸里从河里漂来的……虾米哆嗦着声音说,我有钱。虾米说着就从他的兜里掏出来一个小布包,他的手一抖,那十块袁大头就从布包里抖落下来,掉在地板上,发出了悦耳的声响。秋香两眼放光地看着地上的银元,她说,你也想吗?她一边说一边解开自己的衣襟,他看到了秋香怀里那两个又大又白的奶子,那奶子放出一种光,一下子把他给打晕了。他看着秋香一件一件地脱去自己的衣裳,她走过来伸手就搂住了虾米,她的手伸进他的裆里去。虾米的东西坚硬如铁,那东西胡乱地捣在她的肚皮上,没两下就有一股热乎乎的东西流了出来,弄了秋香一手。秋香生气了,她抽出手来,把手上的东西抹进了虾米的嘴里,秋香说,没出息。秋香说完就蹲在地上去拾她的袁大头。虾米站在那里不知所措,他看到秋香的长发散落下来盖住了脸,她在突然之间就变得像一个没有脸的女鬼。虾米发出一声惊叫,提上裤子转身就跑,他赤脚跑出了香春院,他听到楼上的秋香在窗子里朝他喊道,哎——肚皮,你弄的是肚皮!十块大洋才弄了一下肚皮,天哪……颍河镇上的麻石街道被虾米的赤脚拍击得吧唧吧唧响,虾米惊炸着他那白色的头发逃回了河边,逃回到九生留给他的渔船上,他把放在瓷缸里随他漂来的那十块大洋撒落在香春院里的地板上了。虾米想,他在骗我,现在哪里来的妓女院?除了你三天两头带回来一个大闺女吧!

孙医生常常把一个花枝招展的女孩从镇上带回到光荣院里来。到了夜里他们会在医疗室里弄出很响的声音,有时候那个女孩还会发出哎呀哎呀的喊叫声。每到这个时候老金就会从床上坐起来,他骂道,杂种,这不是折磨人吗?老金一边说一边穿上衣服走出库房,沿着那条青砖通道一边骂骂咧咧地往南走,在穿过中间那两排房子的时候,他看到黑暗里晃着一些身影,院里的人都被医生和那个女孩弄出来的声音折磨着,那些老家伙在黑暗里站着聆听着那来自生命内部的呐喊,没有一个人敢发出声音,就连咳嗽的时候,他们也小心翼翼地用衣襟捂着自己的嘴。可是老金却一路骂着走到医疗室的门前,他用手拍打着门说,开门开门。喊叫声消失了,医生说,谁?老金说,我。医生说,黑更半夜干什么?老金说,我胃疼。医生说,你拽什么洋文?什么胃?那不是肚子吗?猪肚子羊肚子,回去弄碗热茶喝喝就好了!医生的话常常让人不知道应该怎样来回答,有些时候就连院长也让他几分。虾米现在站在库房的门口,感觉到充满水汽的空气变凉了,他不由得裹了一下自己的衣服。这个时候,他看到有一个人打着一把黑色的雨伞,从哗哗的雨水里朝库房这边走过来。起初他以为是老金从河道里捕鱼回来了,可是等走近了,他才看清那个人是独臂老钱。老钱来到库房的门口停住了,他对虾米说,哎,见王院长了吗?

由于雨水拍击着周围的东西,老钱的声音听上去显得很遥远。

虾米说,没有。

老钱说,他是不是自从那天进了镇就一直没回来?

虾米说,我也不知道,那天我也是听医生说的。

医生呢?你见医生了吗?

医生?虾米看着老钱说,医生也不在吗?

老钱有些急焦地说,老魁病了,我把院子都找遍了,也没见他的影子,还有老金。

虾米说，老金咋了？

老金掉到河里去了。

虾米说，真的吗？

镇上的人都快捞了一下午了，这么大的水到哪儿去捞？说不定已经冲出去几十里路了，你说怎么办？这些熊人，都死了吗？前面的房子都漏水了，一个管事的人也找不到。老钱愤愤地说，我们这些老家伙没人管了！老钱说着就打着雨伞往回走。

虾米说，你去镇上找院长吗？走出几步远的老钱站住了，他回过头来，看了虾米一眼，在稠密的雨水里虾米变得模糊不清。他说，死他吧！我才不去找他呢。

虾米站在那里，看着老钱的身影一点一点地融进雨水里。大雨已经下了三天两夜，下雨的前一天王院长就到镇里去了，院长至少已经有四天没有回到院里来了。这种情况使虾米有些忧心忡忡。

院　　长

王院长说，老天兴，出牌呀！可是老天兴坐在那里望着他面前的牌阵犹豫不决。院长有些不耐烦了，他说，你还出不出牌？你看看你出一张牌有多难吧，就像日牌一样。老天兴看了院长一眼，这才从牌阵里抽出一张牌来，老天兴说，一万。还没等老天兴把牌放下，王院长唰的一下就把牌推倒了，他从老天兴的手下拿过那张一万，放在自己的牌阵里，说，这不妥了，一四万。老天兴就探着头去看院长的牌，他嘴里懊悔地叫道，看看，我就知道他赢万字，看看……来福伸手捋了一下老天兴的后脑勺说，老熊渣滓，知道你还出牌？院长显得十分高兴，他一边伸手洗牌一边对老天兴和来福他们说，进贡进贡，来福，你的一块，老天兴，你的两块，快掏。他们把牌弄得哗啦哗啦响。在夜间，那声音在空荡荡的院子里不时地响起来。老金放下手中的鱼钩，抬起头来朝黑暗里看了一眼说，他哪里像个院长？带头赌博！虾米躺在床上，他听到老金又说，以前的邵院长像他吗？在灰红的灯光里他看到老金的脸上充满了忌恨，他把自己的不满都发泄到他的鱼钩上了，他磨鱼钩的声音仍旧像刀子一样剜着虾米的头，虾米用被子蒙着自己的脸，用手使劲捂着自己的耳朵，可是那声音还是钻进来，在他听来，那磨钩的声音近在咫尺，虾米常常都是在老金磨钩的声音里慢慢地睡去。

虾米醒来的时候，他又一次听到洗牌的声音从南边的排房里传过来。他抬头看看，老金不知道什么时候也睡了。他听到王院长的声音从黑暗里传过来,他说,来福,出牌!虾米不知道他们坐在牌桌上有多长时间了,一天?一天一夜?还是两天?他们洗麻将的声音如同库房外的雨一样,不知击打多长时间了。老天兴坐在灯光下,他的秃头一闪一闪地映着灯光,可是他的眼睛里却充满了血丝,他望着院长打出的牌说,啥?院长说,七条,赢不?老天兴摇了摇头。院长有些得意地说,我就知道你不赢条子。老天兴说,我要你的干啥,我自摸。老天兴说着就伸手去起牌,王院长看到老天兴起牌的手都在哆嗦。老天兴哆嗦着手摸起一张牌,双手捂着举到眼前,他突然大叫一声,哈哈,扎子!他把那张牌叭地往牌桌上一摔,继续说道,也该老家伙翻翻身了!老天兴站起身来,可是他突然感觉到头痛欲裂,双眼冒着金星,天地都摇晃起来,随后他就一头栽倒在地上,死了。那个时候院长还正在察看老天兴的牌阵,他说,这老家伙,真的自摸吗?乖乖,他这一下就赢去我九块。

老天兴死于突发性的脑溢血,孙医生说,他太兴奋了。老金说,狗屁,那是他坐的时间长了,一连在牌桌上坐那么长时间,谁受得了?最后老金指着院长说,我去镇里告你。院长说,你告,也得先把老天兴葬了。于是,老天兴就用去了存放在库房里的第九副棺材。在那个阴雨连绵的春季里,院长从镇里请来了一帮青年人,把装了老天兴的那幅黑漆棺材抬到了后院的墓地里,埋了。在后来的几天里,光荣院里突然静了下来,仿佛这里是一个空荡荡的院子,连一个瞎鬼也没有。老金坐在库房里闷头闷脑地磨他的鱼钩,他突然停下来对虾米说,我要去镇里告他!

老金说着就站了起来,虾米就是这个时候,看到王院长走进库房里来的。他来到老金的身边,叫了一句,老金,我来找你汇报工作。老金黑阜着脸走到自己的床边坐下来。院长也走过去,在他的身边坐下来,他说,老金,我的工作做得不好,我向你检讨,你是个老前辈,你是老战士,你是老革命,你的老连长,也是我们的民政局长让我有事儿多向你请教。老金说,他是这样对你说的?院长说,那还会有假?按说咱们都是你们老连长的下级呀,你看着我哪点做得不对,就当面给我指出来,也是对我的关心么,今天你要是不说,那就是你的不对了。老金说,好,我说!这天兴的事儿咱就不说了,你说说,咱院里现在的伙食怎么样?你说我们这些老家伙一个月多钱的伙食费吧?院长说,老金,现在跟过去不太一样了,那个时候我们的钱是县民政上拨过来的,可现在一切开支都是乡镇财政包干,有些事儿不好说。老金打断了院长的话,他说,那我不管,我只问你,现在我们的生活费一个人到底是多少?院长说,一百二。老金说,一百二?你自己说,这一百二到我们这些老家伙嘴里有多少？我们十三个人抬一个炊事员吃饭我们认了，你顿顿吃饭不打钱我们也不说，你老婆来住个三五天吃饭不掏钱我们也忍了，可是你给我说，你三天两头请镇里的领导吃饭，那钱你从哪儿出？院长说，老金，你真是不知道我的难处，你看看我们院里的哪一间房子不漏雨？你看看棺材用的也就剩一副了，你说哪里不需要钱？我不是想给镇里多要点钱吗？现在的事儿，哎……老金说，这我能理解，你是为了大家，可是你总得关心关心我们这些老家伙吧？我还是那句话，要是没有了我们这些老家伙，你当谁的院长？我们不要求别的，我们洗脸的毛巾香皂你总得发一点吧？你说说，你有多长时间没有给我们发毛巾了？都快一年了！院长说，发，发，你看我不是忙吗？这样吧，明天我就到镇上去买，买回来后交给你，由你来发，往后去这样的事儿就由你来办了。一听这话，老金的脸就变了。有一段时间里，老金就帮着院长跑这跑那，就像他是一个副院长似的。他说，院长也不容易，院长真不容易。于是院长就有了更多的时间到镇上去，他常常在镇上一住就是三五天。不过院长也常常从镇子里带回一些消息。

　　王院长在伙房里说，镇子里正在修路，好多老房子都被扒掉了。虾米说，代家的药铺也扒了吗？众人一听虾米说这话，都哈哈地笑了起来，来福把吃到嘴里的饭都笑喷出来了。院长说，虾米，你说的那是哪一辈子的事儿？镇上有代家的药铺吗？虾米知道这个王院长根本不知道镇上曾经有过一个姓代的医生开过药铺，代家的药铺都扒了三十多年了，现在连在药铺的原址上盖的房子都要扒掉了，他怎么会知道？说不定那个时候他还在他妈的怀里吃奶呢。王院长说，大街要开三丈宽你知道吗？虾米不知道，他记不清自己已经有多少年没有进过镇子了，尽管那个镇子和光荣院近在咫尺，镇子里的街道和灰色的房顶却变成了一团黄色的雾霭在他的想象里漂浮，镇里的人都快把他这个红皮白毛的老怪物给忘记了。虾米望着稠密的雨帘想，雨已经下了三天了，院长已经有四天没有回来了，这使他有些担心。老金掉到河里去了，他会淹死吗？不知道院长什么时候才能回来。他们正在河里捞老金吗？虾米往院子里看看，雨水从天空中砸下来，在地上荡起了白色的水汽，没有一点要停下来的意思。虾米在雨水里看不到一个人影，就连前面的排房也模糊不清。人都到哪儿去了？老金真的掉进河里去了吗？他努力地想从雨水里辨别出老金走在雨水里的脚步声，可是无论他怎样努力，他都感觉不到。他想，老金真的掉进河里去了。虾米回过头来，朝老金的床前看了一眼，他突然发现老金的勋章不见了。虾米想，奇怪，老金的勋章哪儿去了？

勋　　章

老金的勋章别在一溜红布上，由于长年的抚摸，那溜红布都变成黑的了。勋章一共三枚，在红布上由上至下一字排开，就挂在老金的床头上方。老金在墙壁的砖缝里楔根木橛子，那块别着三枚勋章的红布溜就挂在那根木橛上，风一吹，那三枚勋章就会互相撞击发出当啷当啷的声响。老金喜欢听那声音，每当从库房的大门里吹过来的风摇动那几枚勋章的时候，老金都会停下手中的鱼钩，朝虾米看一眼，然后去看那三枚勋章。虾米明白老金的意思，他也去看那悬挂的勋章。镀在勋章上的那层铜色已经被磨损，露出了铁的本质。那些勋章看上去粗糙而不精巧，就像几块被人踩扁又晒干的黑色的粪饼。有时候孙医生从院子里走进库房，他朝坐在地上的老金说，磨钩了？老金抬起头来看了医生一眼，没有说话，又把头勾下来，继续磨他的鱼钩。虾米知道老金讨厌医生，可是医生却不在乎这些，他接着又朝坐在东墙下的虾米走过去。那个时候虾米的眼睛在流泪，正用他的衣襟擦眼睛。医生一看虾米的样子就叫起来，医生说，虾米，用啥擦？虾米停下来，看着模糊不清的医生朝他走来，医生一边走一边说道，你这把年纪了怎么就没长记性？就在这个时候，挂在老金床头上的勋章被风吹动起来，医生被那些勋章发出的当啷当啷的声音所吸引，他停下脚步，站在那里看着那几枚勋章，然后朝老金的床边走过去。医生来到老金的床前，两眼盯着那几枚勋章认真地看，他把手伸出去，想把那几枚勋章从木橛上摘下来。可是还没等他的手够着那溜红布，老金突然停住手中的鱼钩，朝他叫道，住手！

老金的喊叫声把医生吓了一跳，他伸出去的手又停了下来。他回头看了一眼老金说，什么东西，这么金贵？

老金把手中的鱼钩丢进身边红色的瓦盆里，站起身来，走到水盆边用水洗了洗手，然后走到医生的身边，他看了医生一眼指着挂在那里的勋章说，这可不能动，我告诉你，想看，就得先到水盆里去洗洗手。

医生说，我洗了手能看吗？

老金一边从木橛上取下勋章一边说，想看，就去洗手吧。

医生就忙跑到水盆边洗了一把手，回到老金的身边，对老金说，让我看看吧。

老金把勋章递给了医生。医生看了一眼抬起头来看着老金说，这是什么？

老金说，这就看不出来吗？

医生说，看不出来。

我问你，老金在衣襟上擦了一把手说，我们这是啥地方？

医生说，光荣院。

光荣院为什么光荣？老金伸手从医生的手中把勋章要了回来，他指着勋章说，就为这，这是勋章你知道吗？老金说着用一只手拉起自己的裤腿，露出了他腿上的那道伤疤，他用手把腿上的伤疤拍得叭叭响，他说，看到了吗？就是用这换来的！老金又摇着手上的勋章说，这是勋章，是用我的命换来的，你知道吗？

医生有些意外地说，这就是你常常说起的勋章吗？医生说着从老金的手里接过勋章仔细地看着，他指着上面那枚勋章说，这一块儿是在哪儿得的？

老金摇了摇头说，记不起来了。我只知道那一仗是给新五军干的，那一次我一口气用刺刀刺死了三个敌人。

医生说，敌人？你认识你杀死的那些人吗？

老金说，不认识。

医生说，不认识你怎么知道他们是你的敌人？

老金说，那是老连长说的。

医生说，你们连长认识他们吗？

老金说，不认识。

医生说，不认识他怎么知道他们是敌人？

老金生气了，他说，有你这样说话的吗？那战场上谁认识谁呀？连长说上我们就上，连长说打我们就打。

医生说，说了半天你是为你们连长卖命呀。

老金更加生气了，他说，你真是个混账东西！不为连长打仗哪儿来的这勋章？我告诉你，这勋章就是我们老连长发给我的，你说，要是没有这勋章，哪来的这光荣院？没有这光荣院，你会来这里享清福？

医生不屑地说，这些勋章是真的吗？

老金说，那还会有假！

医生说，可是老钱咋说你这勋章都是假的？

老金瞪着眼睛说，他敢这样说？

医生说，他就是这样说的。

老金的脸这会儿都气成紫色的了，他说，走，你给我一块去找他。虾米看到老金一把抓住医生的胳膊就往外走，虾米站起来，他用拐杖架着自己的身子也往库房的大门边走去,他看到老钱那个时候正在院子里和一个收破烂的青年人讨价还价,老金上去一把抓住了老钱,他说,你说,你都给医生说啥了?老钱说,没有说啥呀?老金把手中的勋章朝老钱晃了晃说,你说,这些是真的还是假的?

老钱说,拿过来,让我看看。

老金说,你不都看了多少遍了。

老钱说,再看看,不看咋知道是真还是假?老钱说着把老金手里的勋章夺了过来,他看了一眼递给那个卖破烂的青年人说,你看看这顶多钱?

收破烂的青年人把那勋章放在手里看了看说,几片生铁,不顶五分钱。

老钱笑了,他看着老金说,听到了没有?几片生铁,不顶五分钱。

老金一下把勋章从那个青年人手里夺过来,他两眼放着凶光,用手指着老钱说,我非杀了你不可!老钱笑呵呵地说,来呀,我早就活腻了。

老金说,你等着。老金说完转身就走。

老钱站在那里看着老金一直走进库房的大门,老钱骂道,你他妈的算老几,整天把你的勋章挂在床头上,你那是狗屁勋章!你那勋章都是从死人的身上摘下来的!真正的勋章在这里!老钱说着,用他的右手拉起他左边空荡荡的衣袖对医生说,你看到了吗,真正的勋章在这里!老钱说完放下他的衣袖,朝南边走去。站在库房门口的虾米看到老钱那只空荡荡的袖子被风吹起来,在他的身后一摆一摆的。这时气乎乎的老金又坐在库房中央哧哧地磨他的鱼钩,他把对老钱的仇恨全都发泄到那只鱼钩上了。他磨了几下把那鱼钩亮在眼前,好像是对虾米又好像是在自言自语,你等着,有一天我非把你当成一条鱼扔进河里不可,我让你的身上挂满鱼钩。虾米知道老金是在说老钱,老金在仇恨谁的时候,总是用这句话来发狠。虾米回过头来,库门外铺天盖地的雨水使他看不清屋子里那些一挂又一挂的鱼钩。虾米想,这个老金,到现在还没有回来,他真的掉进河水里去了吗?他又朝那个曾经挂着勋章的地方看了一眼,他想,老金的勋章哪里去了?

虾米走到老金的床边,拉亮了电灯,他想借助灯光寻找老金的勋章,他知道老金不会把他的勋章带走。他只是到河边下钩去了,他带勋章干什么?可是虾米找遍老金的床铺也没有找到那几枚勋章。最后他在床头的墙壁里发现了一溜红布,那溜红布从一个墙洞里露出来。虾米伸手捏着那溜布头往外拉,那几枚勋章就从墙洞里当啷当啷地滑出来。虾米把那几枚勋章放在手上,那几枚勋章好像是在突然间就变得锈迹斑斑。虾米想,是谁把老金的勋章弄到墙洞里去了?这时有两只老鼠追赶着从他的腿下跑过,他突然间好像明白了,是老鼠,是老鼠把老金的勋章拉到墙洞里去了。虾米站在那里,望着挂在墙上的勋章,他很早就想把那几枚勋章从墙上摘下来放在手里看一看。他想,我要是有一枚这样的勋章,在这光荣院里,谁还敢不把我当人看?他连做梦都渴望着能拥有一枚这样的勋章。可是每当他的手接近那几枚勋章的时候,老金都会出现在门口,老金说,虾米!虾米的手就给吓回去了。现在那几枚勋章就在虾米的手上,在暗淡的灯光下,他看到的只不过是几块锈迹斑斑的铁片,那个收破烂的青年人说顶不了五分钱。老金,看把你金贵的!虾米这样想着,又重新把那几枚勋章放到地上,塞到墙洞里,他又找了一根小木棍顺着墙洞把那几枚勋章往里面捣了捣,就连露在外边的那溜红布也捣进去了。虾米想,老金,这可不能怪我,要怪,你就去怪那些老鼠吧。

在做完那一切之后,虾米突然间感到有些饥饿。他这才想起来,由于雨水的缘故,他快有一天没有到前面的伙房里去吃饭了。虾米想,月红做好饭了吗?都什么时候了,怕是他们早都吃过了。虾米架着拐杖朝东墙边上的棺材走去,他的那件破雨衣还挂在棺材上。他准备穿上雨衣,然后到前边的伙房里去吃饭。

伙　　房

虾米冒雨穿过中间那两排房子的时候,看到娱乐室里亮着灯光。在雨中,他还隐隐约约地听到有人在屋里说话,他站在那里犹豫了一下,还是一瘸一拐地走进门去。在屋里,他闻到了一股酒气。虾米撩开头上的雨帽,他看到医生一个人正坐在茶几前喝酒。虾米四处看看,屋里再没有别的人,只有一个陌生的男人和一个陌生女人正在电视里讨论着什么。虾米朝医生说,哎——

医生听到声音抬起头来看着虾米,他的脸在灯光下显得一片蜡黄。医生朝虾米举了举杯子说,老钱,来,干一杯。

虾米说,我不是老钱。

医生说,你不是老钱,那你是谁?刘娜吗?

虾米说,我不是刘娜。

医生站了起来,他摇摇晃晃地往虾米的身边走,他说,那你是谁?他来到虾米的身边,看清了站在他面前的人,他伸手搂住了虾米的脖子,满嘴喷着酒气说,噢,是你呀,虾米……哈哈,虾米,我把你两头一掐卷烙馍吃了。俺妈烙的烙馍最好吃,世界一流,没有谁能比得上俺妈烙的烙馍,你说,你去不去？你要不去你就是俺爹……虾米推开医生说，你醉了。

医生说，你说谁醉了？鳖孙才醉了……

虾米说，老钱找到你了吗？

医生说，老钱？哪个老钱？

虾米说，就咱院里的老钱，断臂老钱。

医生说，他找我干什么？

虾米说，老魁病了，他让你给老魁去看病。

医生说，看病？放屁！老子也病了，谁来给我看？我现在什么也不干，老子就要喝酒。医生说着又摇摇晃晃地走回到茶几前坐下来，他掂起酒瓶倒了一杯酒举起来对虾米说，来，喝酒，咱俩喝酒。

虾米说，我不喝酒……

还没等虾米说完，医生就说，不喝？不喝你就滚吧，都滚吧，刘娜走了，你们也都滚吧！刘娜不要我了，她去和别的男人睡觉去了，她不要我了……医生手中的杯子掉在了地上，医生说，她不要我了，她不要我了……医生突然哭了起来，他哭得像个孩子。虾米站在那里不知所措，他不忍心看他的样子，就把目光移到一边去。虾米看到靠后墙的地方有两处房顶正在叭叭地往下漏着雨水。雨水不停地从高处落下来，砸在一只破旧的藤椅上。虾米看到藤椅的下面已经存了一汪水。虾米想，他喝醉了，其他人都到哪里去了？他们是不是都到伙房里去吃饭了？虾米一想到吃饭，胃口就有些隐隐地作痛，一股酸水从胃里涌上来。他又看了医生一眼，医生还在那里哭泣。他想，医生真是很伤心，还是让老钱来劝劝他吧。虾米这样想着，又重新戴上垂在脑后的雨帽，走进雨水里去。在雨水里，酒气消失了，可是他又隐隐地闻到了一股蒜白菜的气味。虾米想，这是月红的拿手好菜。月红说，伸碗，老金就把饭碗伸了过去。虾米想，今天她的气蛋又掉下来了。月红说，伸碗！可是虾米却把他的碗背到身后去，一想到她把手伸到裆里去他就感到恶心。月红说，怎么，不吃呀？虾米说，我就要俩馍。月红把眼一瞪说，咋，你不吃菜？做这么多剩下怎么办？伸碗！虾米无奈地把碗伸过去，月红从大红盆里舀一勺子菜，叭叭一下就扣在他的瓦碗里。菜汤子溅了虾米一脸，虾米看了她一眼说，你慢点不中吗？

月红说，咋，老娘见天侍候着你还嫌不舒坦？

虾米说，你骂谁？你是谁老娘？

月红说，你巴不得我是你老娘呢，我要是你老娘，你也不会坐在一个大水缸里从河里漂过来了。她这样一说，众人都哈哈地笑起来。老德对着月红说,你怎么把他弄成这个样子?月红说,夜里一下子没弄好,结果就做坏了。众人又哄地一下笑起来。虾米手中的碗落在地上,叭地一下子摔碎了,他咬牙切齿地说,我日……

虾米还没有骂完,月红就把勺子扔在了菜盆里,她哧啦一下拉开了自己的褂子,露出了两个又肥又黑的奶子,两个奶头像两粒黑枣一样安在上面。她接着就去解裤腰带,她一边解一边说,你日,我叫你日,你今个不日你就是妮子养的!虾米哪里还敢去日,他像一条落水狗,在众人的哄笑声中夹着尾巴逃走了。月红把手从腰间拿开,呵呵地笑着说,也不撒泡尿照照你那熊样,你日,我叫你日,老娘还能怕你日!月红跟她男人一嘟噜日出了七个孩子,她把自己都累成了大气蛋了,她还能怕你日?何况王院长还喊她二姨?院长的二姨还能怕你个白毛人精?月红说,伸碗。虾米就乖乖地把碗伸过去。叭叽一下,一勺菜就扣进了虾米的碗里,菜汤子仍旧溅到他的脸上,他红色的皮肤上就多了几个酱色的斑点,虾米伸了伸脖子就把嘴里的唾沫咽进肚里去了。

虾米,月红站在伙房里可着喉咙朝后面的库房里喊叫,过来帮你老娘择葱。虾米就挂着拐杖从库房里出来,穿过院子朝伙房里走,他知道那些老不死的都在门口站着看他,他感到那些目光都在嘲笑他。来福说,虾米,是不是你娘的气蛋又累出来了?虾米说,你娘的气蛋累出来了。医生说,什么气蛋?那是子宫你知道不知道?那是她的子宫从裤裆里掉下来了。来福又说,那她喊你干啥去了?虾米说,你没有听到她喊我去择葱吗?来福说,择葱?怕是择毛吗。说完他们就呵呵地笑起来。虾米感到自己的脸像火一样烫,在众人的目光下,他像一只老鼠灰溜溜地挂着拐杖一瘸一瘸地钻回库房里去了。

月红说,虾米,是不是他们又欺负你了?虾米坐在那里只顾择菜,一句话也不说。月红说,说,是谁欺负你了?对我说。月红比虾米整整小九岁,她却用哄孩子的口气对他说话。她说,虾米,你就不会过来帮我一把吗?老娘都快累死了。虾米看到月红正站在案板面前解腰带,就知道她把气蛋又给累出来了。月红说,闭上你的狗眼。虾米知道月红不能掏大劲,一掏大劲那东西就会从裆里掉下来。月红说,看啥看,没见过肚皮呀?月红又说,看吧,看也不怕,你个老童子。说完她自己笑起来,她来到虾米的身边,一伸手就把一块牛肉塞到虾米的嘴里,说,吃吧,就在这儿吃,别让他们看见了。虾米的嘴里就有一股子臊尿气,她摸罢气蛋没有洗手就摸块牛肉塞进他嘴里去了。虾米感到那股臊尿气有一种亲切感,他就服月红这一点,她是刀子嘴豆腐心。有些时候,虾米感觉到月红的目光就像阳光,抚在他的身上有一种暖融融的感觉,可是她说话的声音却像旱天的风吹动树梢的声音,只要你一听到那种声音,你的嘴唇就会感到干裂,你就会不由得伸出舌头舔一下自己的嘴唇,有一种渴望从她的声音里滋生出来。虾米停住脚,他抬起头,雨水落在他的脸上,他感觉到雨水明显地小下来了。现在那种蒜白菜的气息更加浓烈了,虾米在伙房的门口停顿了一下,然后才走进伙房。

虾米看到来福他们正散坐在几张桌子边在灯光下吃饭。那些人听到门口的声音都停下手中的筷子,抬起头来看着虾米站在门口脱雨衣。

谁呀?

虾米朝问话的瞎子看了一眼,他没有说话,只是用拐杖捣了捣地。瞎子说,噢,是虾米呀,我还以为你跟老金一块儿掉进河里去了呢。

虾米说,老金有信吗?

来福说,有。

虾米说,他没事吧?

来福说,没事儿,现在怕是都到正阳关了。

虾米说,哎呀,都冲了几百地,还会没事儿?

人们一听他这样说,都呵呵地笑起来。来福朝虾米骂了一句,傻×!虾米知道这些人又在逗他,他们仿佛对老金的事儿一点也不关心,他们至今也不知道老金的死活。虾米不敢看他们,就赶紧把目光移到打饭的木案子上去。木案子上放着一节蒸馍的笼,两个红色的瓦盆,虾米唯独没有看到站在案子后面的月红。虾米想,她干啥去了?平常吃饭的时候她都是在案子的后面站着给人打菜,她今天干啥去了?走到案子边,他看到菜盆里只剩下一只勺子,一点菜都没有了,另一只红盆里的稀饭也被人盛光了。虾米回过头来朝人们看了一眼说,人哩?

来福放下筷子站了起来,他说,你问谁呀?你看我们哪一个不是人?

虾米说,打饭的人。

来福说,噢,你说的是她吗?她的气蛋又掉下来了,可能是去找医生了。来福还没说完,瞎子就笑了起来。来福很是得意,他移开自己身边的板凳,往门口走去,他一边走一边放屁,他走一步放一个,一直到他消失在门外的雨水里,他的屁才停了下来。瞎子伸手摸住他的拐杖笑着说,这个龟孙,可以到镇上去开家炮铺了。虾米站在那里,酸水又从他的胃里涌上来,他回过身来,伸手从笼里抓了俩馍,来到吃饭的桌子边。他看到来福的碗里还残留着一些没有吃完的蒜白菜,虾米说,吃不完还盛恁些。他说着就在来福刚才的位置上坐下来,伸手把来福的菜碗端到自己的面前,他看了众人一眼说,能不知道还有人没有吃饭吗？虾米一边说一边拿起来福的筷子吃起来。来福这时又从外边回到屋里,他看到虾米正在吃他的菜,就叫到,虾米,滚,谁让你吃我的菜？

　　虾米嘴里一边嚼着一边说,你吃不完还盛恁些？

　　来福说,放屁,你咋知道我吃不完？说着他就把菜碗从虾米的手里夺了过来,虾米在他把碗夺走之前还是狠狠地夹了一筷子菜,放进嘴里嚼着。来福这下生气了,他把菜碗放在桌子上,过来用左手一把拧住了虾米的嘴,又用右手往他嘴里抠,他一边抠一边恶狠狠地说,我叫你吃！我叫你吃！那些人都围上来,一齐为来福叫好。瞎子说,抠,给他抠出来！

　　虾米吃到嘴里的菜都被来福给抠了出来,可是来福还不算完,他一边用手指在虾米的嘴里胡乱地抠着一边说,吃,我今天让你吃个够,我非把你平常比我们多吃的牛肉羊肉猪肉鸡肉鱼肉给抠出来不可！虾米那个时候坐在板凳上,他的身子被来福弄得倾斜着,他感觉到来福的手指像一根棍在他的嘴里捣来捣去,那根棍捣得他的嘴生疼,他喔喔噜噜地说着什么,最后实在受不住了,一用力,就咬住了来福的手指头。来福疼得嚎叫起来,来福抬起左手朝虾米的头上就是一家伙。虾米丢掉了来福的手指,身子像一袋粮食咚地一下摔在地上。来福捂着手指在地上疼得转了两个圈,然后又朝虾米的屁股上狠狠地踢了两脚,他一边踢一边骂,狗,咬人的狗！

　　这时突然有一个青年人从外边闯了进来,他喘息着朝人们说,快,老金……

　　来福停住了,他看着那个青年人说,老金怎么了？

　　青年人说,老金捞上来了。

　　来福说,在哪儿？

　　青年人说,在大门那儿。

　　众人都朝外走去,他们把虾米一个人丢在了伙房里。虾米躺在湿漉漉的地上,听着他们的脚步声消失在雨水里,挣扎着坐起来,他两眼含着泪水,他看到有一个蒸馍就掉在离他不远的地方,他伸手把那个蒸馍拾起来,狠狠地咬了一口,他感觉到有一粒煤渣也被他吃进嘴里去了,他一边往外吐着一边骂道,死吧,死光才好哩！

　　虾米从地上爬起来,找到自己的拐杖,他重新穿上雨衣,然后走出伙房,来到院子里。雨仍旧下着,他站在伙房的门口,突然听到有杂乱的脚步声从东边的通道上传过来。虾米掀起头上的雨帽,他看到有一群人晃着手电灯抬着一个人往后院走。虾米想,是老金,那个人一定是老金。

梦　　境

　　天好像是在片刻之间就黑下来了,那些晃动的灯光和人都消失在那排房子的后面了。由于雨水的缘故,虾米听不到他们的脚步声了。他们都到库房里去了。虾米一边这样想着一边沿着那排瓦房前的青砖小路往通道那儿走。许多年来,他不知道在这条自己亲手铺成的小路上走过多少回,他熟悉这里的一切,包括曾经在这里生活过的每一个人。许多往事在不同的地点和时间都会很清晰地呈现在他的眼前,由于那些陈年旧事就像刚刚发生过的一样,因而使得刚刚发生的事倒有些面目不清。虾米走到娱乐室门口的时候,他听到屋里有个女人在唱歌。他熟悉那种夹杂着某种乐器的声音,那声音使他再次想起医生。他想,或许这个时候医生能帮老金做点什么。虾米挂着拐杖走进了娱乐室,可是屋里没有人,只有那台电视机还在灰暗的屋子里一闪一闪地开着。医生呢?医生不知道什么时候离去了,在屋里,他还能闻到一些酒气,可是医生醉酒的事好像离他已经十分遥远了。虾米站在那里,他感到有些劳累,就在医生曾经坐过的沙发椅上坐了下来,在黑暗里,他看着那个红嘴唇的女人在离他不远的地方扭来扭去。他想,医生到哪里去了?医生可能已经到库房去看老金了。虾米坐在那里,荧屏上的光把他脸映照得花花达达的,他在那个女人的歌声里慢慢地睡着了。

　　虾米醒来的时候,他听到了老钱用锤敲打白铁皮的声音。虾米看了一眼正在电视里开枪的外国人,就用拐杖支撑着身子来到了院子里。黑夜里,老钱的锤子击打铁砧的声音更加清晰,那些锤子声仿佛被雨水洗过一样。医生说,老钱,你真有本事呀,你一只胳膊还要砸白铁,做水桶,你两只手要是都好好的你能干什么?

　　老钱停下手中的铁锤,朝医生瞟了一眼说,我要是两只手都好好的,就去拿手术刀,把别人的子宫割下来。医生听老钱找他的短处,就不再言语,他一声不吭地走开了。有一天老钱的牙疼,他捂着嘴找到了医生。医生说,你不怕我把你的好牙也拔下来?老钱疼得打圈转,他说,你能给我一般见识吗,说句笑话你就记在心上?医生不再说什么,他给老钱打了麻针,他真的先把老钱的一颗好牙给拔了下来,他用捏子夹着那颗好牙在老钱的面前晃了晃说,还痛吗?老钱说,不疼了不疼了。到后来老钱才知道医生真的把他的一只好牙也给拔了下来,气得他抱着锤子敲打了半夜铁砧子。他一边把铁砧子砸得叮当作响一边咒骂着医生,弄得全院的人都睡不着觉。老钱常常用那只铁锤来显示他的力量,用铁锤来发泄他对别人的仇恨和他自己的痛苦。

现在虾米站在老钱的窗前,他看着老钱被灯光映在窗子上的身影在雨水里晃来晃去,却不知道是什么事情使老钱这么痛苦。难道是为老金吗?虾米这个时候突然又想到老金,他想,我应该回去看看老金。虾米在雨水里沿着那条通道往后面的库房里走去。在黑夜里,雨水击打房顶和树木的声音同老钱的锤子声一样清晰,那些雨水把从杨树上落下来的哗哗的虫屎声吞食了。在虾米的感觉里,这场雨已经下了很长时间了,仿佛有一百年那么长。他感觉到这里到处都是雨水,连他的肺腑也被雨水泡胀了,更不用说那个房顶上到处都是窟窿的库房了。

虾米回到库房的时候,他看到库房里亮着灯。老金独自一人躺在库房中央的空地上,不知是谁还在他的身上盖了一条床单。虾米认出来那条床单是从老金的床上掀下来的。人都到哪里去了?那群送老金的人不知道是什么时候离开的。虾米站在库房的门口,脱掉身上的雨衣,然后朝躺在地上的老金叫了一声,老金。可是他没有听到老金回答他。虾米小心翼翼地放下雨衣,他唯恐惊醒了老金。他慢慢地来到库房的中央,在老金的身边蹲了下来,他又轻轻地叫了一声,老金。躺在地上的老金仍旧没有回答他。这时有一阵风从库房的大门里吹过来,掀掉了盖在老金身上的床单,突然出现的老金吓了他一跳。老金浑身都被水泡胀了,头上的五官都给泡胀的肌肉淤平了。一天不见,老金的身上就发生了很大的变化。虾米借着头顶上的灯光看到老金的脸上和手上还挂着一些没有取掉的鱼钩,连在鱼钩上的丝线不知被谁剪去了一些,余下的还都挂在他的脸上和手上,仿佛老金的肌肉都会吐丝似的。虾米想,这些鱼钩是谁给他挂上去的?虾米突然想起了一些曾经在河道里经历过的往事。老金肯定是在掉进河里以后,就被他的鱼钩挂住了,他像一条鱼一样被自己的鱼钩给挂住了。来福居然说老金已经到了正阳关了,放屁,老金哪里也没有去,他就在靠近光荣院的河道里。虾米知道,老金舍不得离开这个地方。

这时虾米听到雨水里有脚步声沿着通道朝库房走过来,那个脚步声最后来到库房里消失了。虾米抬起头来,他看到了院长。王院长站在库房的门口,他的手里垂着一把雨伞,从伞上淌下去的雨水在灯光的映照下像一条白线晃来晃去。院长迟疑了一下,还是把手中的伞靠在库门上。院长来到了虾米的身边,他朝躺在地上的老金看了一眼,对虾米说,你坐在这儿干什么?

虾米说，老金死了。

我知道。院长说完朝空荡的库房里看了一眼，然后他朝放在墙角里的那副棺材走过去。虾米看着院长走到棺材前停下了，院长伸手拍了拍棺材，回头看着虾米说，你见天还躺到这里睡觉吗？

虾米说，我不躺到那里睡不着。

院长说，这下怕你睡不成了。院长说完把手从棺材上拿开，双手拍了一下，他好像要拍掉手上的灰尘，他一边往回走一边对虾米说，这老金真是好福气，死了还能用上这么好的棺材。院长说完又回头往棺材那儿看了一眼。

虾米说，还得做棺材呀。

院长看着虾米说，还做棺材，你不是做梦吧？你知道现在镇里的财政有多紧张吗？院长好像是自言自语，他说，没钱做棺材了。

虾米说，那剩下的人怎么办？

院长说，怎么办？火葬。

院长的话使虾米感到吃惊，他有些痴呆地望着院长。院长看着虾米说，火葬不好吗？多少大人物都给烧掉。院长说着弯腰把床单拾起来，重新给老金盖上，然后他拍了拍虾米的头说，睡吧，该睡了，时候不早了。虾米坐在那里看着院长走到门边，拿起他的雨伞。院长一边撑开雨伞一边又回过头来对虾米说，睡吧。院长说完就走进了黑夜里，虾米听到了雨水击打院长雨伞的声音。虾米想，要火葬了。虾米站起身来，他几乎是摇晃着身子回到床边的。他想，要火葬了，我死后也要火葬了。医生说，把人放进一个火炉里，一推电闸，人就被烧着了，那个人好像要起来一样，他的身子猛地一下坐了起来，然后又慢慢地躺下去。老金说，放屁，那火炉的门关着，你咋会看得见？老金说完又在那个被盐水浸泡过的木头上坐下来，哧——哧——地磨他的鱼钩。虾米躺在床上，可是他怎么也睡不着，总觉得他的身边缺少一样什么东西。是啥东西呢？虾米无论如何也想不起来。虾米坐起来，他望着空荡荡的库房，他想在库房里找到那种东西。在灯光里，虾米再次看到躺在中央的老金，看到了一挂又一挂的鱼钩。他想，是什么东西呢？他隐隐约约地听到了一种声音，那声音仿佛雨季里的雨连绵不断地敲打着秋天里的树叶，树叶一片接一片地从空中飘落下来砸在他的头上。他感觉到的一切都是那样凄凉，那样的孤独，茫茫的荒野上只有他一个人在踽踽独行，风吹打着他那与众不同的皮肤，风吹打着他那与众不同的头发，吹打着他白色的眉毛。那是一种声音，一种什么样的声音呢？噢——虾米突然明白过来，那是老金磨鱼钩的声音。是老金磨钩的声音！他突然感到那种曾经使他痛苦不堪的声音现在对他是多么的重要，可是老金死了，再也没有人来弄出那种能使他感到痛苦的声音了，他已经习惯那种声音了，他已经适应那种声音了，那种声音的突然消失使他失去了依靠，好像有人猛地一下抽去了他的筋骨，他显得没有了一点力气，他就像一个吸毒的人毒瘾突然发作，他嘴里淌着口水，就要瘫软下去。那声音就像从天上落下来的雨打湿了他的衣服，衣服像皮肤一样紧紧地裹在他的身上，使他颤抖不止，他在恍惚之中看到老金的身影坐在那里一下一下地磨着鱼钩。

虾米支撑着身子来到老金的身边，在那个被盐水浸泡过的黑色的木头上坐了下来，他伸手拉过那个放着鱼钩的小红盆，从里面拿起一个鱼钩，放在磨刀石上轻轻地磨起来。哧——哧——他又听到了那种声音，那种哧哧的声音使他哆嗦起来，那种声音越来越强大，那种声音铺天盖地而来，向雷声一样四处轰鸣，那些声音变成了无数的明晃晃的针从空中朝他飞刺过来，刺着他的头，他的头疼痛欲裂。虾米丢掉那只鱼钩，用手捂着自己的头，可是他怎么也消除不了那疼痛。他想，我就要死了，我就要被送去火葬了。虾米转身看着那口棺材，他想，老金就要用去这口棺材了，我再头痛的时候用啥来治呢？虾米想，在这世上，只有那口棺材才能治好我的头痛，可是老金就要用掉这口棺材。他想，这不行，我不能让他用掉这口棺材，还是我先躺进去吧，我先躺进去他们就没办法了。可是明天咋办？明天我一醒来他们还是会帮老金用去这口棺材。虾米苦苦地想着怎样才能保住能治自己头痛病的这口棺材。他想，看来我只有先躺进这口棺材里，然后再像老金一样死掉才能保住这口棺材。他想，看来现在只有这样了。

这时他又听到了磨鱼钩的声音，那声音使他刚刚好一些的头痛又重起来。虾米回过头来，他看到有风从库房的大门里吹进来，那些挂着的鱼钩在风中发出当当的声响。虾米想，就是这些鱼钩！让我先吃掉它们吧！虾米这样想着，就来到那个红色的小瓦盆边，他伸手从盆里拿起一只鱼钩，他在灯光里看了一下，然后放进嘴里。他的舌头尝到了一股铁腥的气息。他恶狠狠地想，我吃掉你们！虾米蹲在那里，一只接一只地把鱼钩吃进肚里去，最后他感到肚子里有些难受，才停下来。他站起来，他朝地上的老金看了一眼，他想，老金，无论如何，这回你也抢不走这口能帮我治病的棺材了。

虾米这样想着，他挂着拐杖来到那口棺材前，他借助一只凳子爬进棺材里。一躺到棺材里，那种使他头痛的声音就消失了，他的头痛也跟着慢慢地减退了。

墓　地

那群被院长从镇里请来的人,在库房后面的墓地里和院长在钱的问题上发生了分歧。领头的中年人说,那不行,二百不行,你昨天说的是一个人,可是今天又多了一个人,二百不行。

院长说,那就三百吧。

中年人说,四百。

院长说,你知道,院里的经费很紧张。

中年人说,这样吧,你再给我们加五十,三百五。

院长叹口气说,哎,三百五就三百五吧。

中年人又说,这两个人就一口棺材咋埋?

院长说,就把他们装在一起吧。

这时独臂老钱说,放屁!虾米咋能和老金装到一口棺材里去?

院长说,那你说怎么办?

老钱说,当然是老金用棺材。

院长说,那虾米呢?

老钱想了想说,就用外边那口瓷缸吧。

院长好像突然醒悟过来,他说,对。听说多年以前,他就是坐在这口瓷缸里来到颍河镇的,那个时候他的头发和眉毛就是白的。

在解决了这两个问题之后,那些从镇上请来的人就开始挖墓穴。他们先把棺材埋进了地里,可是等他们给虾米挖墓穴的时候,天又突然下起雨来。装殓虾米的那口瓷缸刚一放进去,雨水就把墓穴给淹没了。院长叹口气说,哎,这个虾米就是水命,埋吧。众人就一齐动手用稀泥把虾米给埋了。

雨水越下越大,把送葬人的衣服都打湿了。

中年人对院长嘟哝着,干这活儿,三百五不值。

院长没有说话,他抬头看了看天,天阴得很重。院长自言自语地说,这天,还当个事地下。在院长的感觉里,这场没头没尾的雨仿佛已经下了许多日子了。

1998年8月作,郑州。原载《花城》1999年第2期。

长篇小说

梦游症患者

总是那一株,那株杨树
在思想之边缘
——保罗·策兰①《从初始到初始》

1. 梦中的乡村

  一个秋阳杲杲的上午,我跟着姥爷走上了开满野菊花的长堤,一条宽阔而弥荡着水汽的河流出现在我的面前。在河道里,我看到了一片褐色的木船,我说,姥爷,白帆呢?
  姥爷说,还没有升起来。
  白帆在哪儿呢?
  姥爷站住了,姥爷回过头来。我看到姥爷面红如赤,须髯如银。姥爷伸出手在我的头上抚摩了一下,然后指着宽阔的河道说,孩子,你看到那片林立的桅杆了吗?白帆就在那桅杆的下面。
  我说,白帆是白色的吗?
  姥爷笑了,姥爷笑声朗朗。我在姥爷的笑声里闻到了金色的秋菊弥荡在空中的芳香。姥爷说,傻孩子,当然是白的。姥爷又说,你见过冬天的积雪吗?白帆就是那个颜色。于是,我就在道劲的河风吹拂姥爷长衫的猎猎声中想象着那铺天盖地的白雪。那白帆就是那毛茸茸的白雪吗?我跟着姥爷登上了停泊在河岸边的木船,我坐在船头在船夫们喂哟来喂哟吼的号子

---

① 保罗·策兰,奥地利诗人。原名保尔·安切尔。1920年11月23日生于罗马尼亚的切尔诺蒂(今乌克兰切尔诺夫策)一个犹太人家庭。父母死于纳粹集中营,策兰本人历尽磨难,于1948年定居巴黎,在流亡中背负历史记忆的重压继续生活和写作,1970年5月1日深夜在巴黎投水自尽。策兰以诗集《罂粟与回忆》震动战后德语诗坛,之后出版多部诗集,其中包括《光的力量》。策兰毕生以诗为生存的依托,以诗人的天性对抗历史和遗忘,创造了一种"浓缩了我们所有年期记忆"的作品。他的诗歌,是我们这个既富足又贫困的时代依然缺少的一种安慰。策兰诗的艺术高度令人瞩目,成为继里尔克之后最有影响的德语诗人。

声里看着那渴望已久的白帆升起在高高的桅杆上,木船上的白帆立刻就吃满了苍劲的秋风在宽阔的河面上行驶,两岸如画的风光延绵不断,面前浩淼的水域长无尽头,水浪不停地击打着行驶的船头发出咚咚的声响。我立在船头上对身边的姥爷说,我们什么时候才能回到故乡呢?姥爷望着浩淼的水面沉默不语。

我又说,我们还要走很远很远的路程吗?

姥爷在暮色之中拍了一下我的肩头说,是的,乖乖。说完他转身走回船舱,我就在暮色之中想象着远方的乡村。

这样到了冬季,在一场大雪之后,我们结束了在淮河水面上的航行,进入了颍河水域。在温暖的船舱里我朝盘坐如僧的姥爷问道,我们什么时候才能到达故乡呢?

姥爷睁开微闭的眼睛在暗淡的光线里看我一眼说,我们还有很远的路程。

那么我们将要到达的是一个什么样的地方呢?

那是一个古老的集镇。

比你还老吗?

姥爷笑了,说,是的,比我还老。

我说,那里有房子吗?

姥爷说,有。街道两边有很多老式的房屋,从西到东一街两行全是带出厦的门面房子,在下雨天,你不用打伞就能从镇东走到镇西。

我说,那里有人吗?

姥爷又笑了,有人,有很多人。你大舅,你二舅,你三舅,还有你的表姐表妹表哥表弟。

我说,那里有土地吗?

姥爷说,有。镇子以外都是土地,多得望都望不到边,那是一片好地呀!那地种啥成啥,种金子长金子,种银子长银子。

能种人吗?

姥爷哈哈地大笑起来,姥爷说,能,能种人。

那真是一片肥沃的土地呀,连人都能种下。可是怎样种人呢?就那样把土挖开像丢种子一样把人丢进去吗?就那样埋上土人就能生长了吗?我一边想着一边在灰暗的光线里慢慢地睡着了。由于沉溺于一种幻想,我忽略了舱外的白帆涨满河风行走的姿态,忽略了如鼓一样的水浪敲打船舷的声响,忽略了匆匆而来的春天已经染绿了两岸的村庄。

在一个春日的中午,沉睡的我被姥爷喊醒,姥爷拍了拍我的肩膀说,文宝,你来。我在恍惚之中跟着姥爷走出船舱来到船头。姥爷伸手指着前方说,你看那是啥?

我揉了揉眼睛在阳光下看到了两岸莽莽的丛林,看到了银光闪烁的河面,最后我看到了河面上的水鸟。我说,那是水鸟。

姥爷说,对,那是水鸟。

姥爷不知什么时候已经提了一杆枪,姥爷端起枪对着河道扣动了机关。那群水鸟在枪声里惊飞而起,扑扑棱棱地飞出水面,飞向蓝色的天空,水鸟越飞越高越飞越远。姥爷指着水鸟飞去的地方对我说,那是啥?

我说,什么也没有。

姥爷生气了,姥爷说,咋啥也没有?那是天。

天?

对,天。姥爷说,那天底下就是我们要去的地方。

我看了一眼面目清癯的姥爷,而后又把目光朝那片蓝色的天空望去,那天空下就是我们要去的地方吗?那群水鸟也去了我们要去的地方吗?那里有很多很多的树木吗?那里有很多很多的房子吗?那里有许多放风筝和扭秧歌的人群吗?那些人都长着什么模样呢?

我站在温暖的阳光下苦苦地冥想,我将要到达的是一个什么样的地方呢?

2. 行走

文宝从梦中醒来,他惺忪着眼睛穿过门洞看到有一片红色的霞光照亮了他家的黄土院墙。黄土墙的顶端已经被风雨冲洗得沟壑纵横,夏日雨季的潮湿还存藏在土墙的根部,使得绿色的青苔得以生长。一棵树的影子长长地压下来,就使得土墙上的色彩复杂起来。文宝看到母亲正坐在门边的草垫上打盹,由于午间的炎热还在延续,文宝看到母亲光光的上身有一些汗水在流动,她有些松弛的奶子如同秋后干瘪的茄子挂在胸膛上。汗水从她的身上流下来,她的肚皮由于身子的弯曲而被挤成几条横长的细沟,**那是一些河流吗?这些河流能航行吗?**汗水流到那儿就改变了航向,最后从腰间流向胯间浸湿了她的裤子。文宝看到母亲的面前放着一只由于使用太久而变得破旧的簸箕,簸箕里放着一些金黄色的玉米。有一只母鸡正在用爪子扒着簸箕里的玉米,它的爪子与簸箕摩擦的时候发出了咴咴啦啦的声响。母鸡把玉米一部分一部分地扒到地上去,它却睁着圆圆的双眼去瞅其中的虫子。你还光想吃肉,你这个蠢货!文宝扬起胳膊朝那只母鸡喊了一声。

母亲被他的叫喊声所惊醒,母亲睁开眼睛混混沌沌地看他一眼就又睡去了。你真像一条老狗,连骨头都咬不动了,你把老骨头。那只被他驱赶的花母鸡咯咯咯地叫着跑出去,它的叫声引来了一只红公鸡。那只火红的公鸡从黄土墙的另一侧飞上来,立在墙头上,它的羽毛在傍晚的红光里更加瑰丽,它的眼睛里放射出一道淫光,它像一条恶棍朝那只花母鸡扑过去,在光天化日之下把它按倒在地上。人是种出来的吗?妈妈,我要种人!妈妈。是你种了我吗?是你种了文玉吗?是你种了我爹吗?我在哪块土地里生长呢?你在种我的时候也像那两只鸡一样快乐的鸣叫吗?妈妈?由于这种情景的出现使文宝暂时忘记了他刚才在梦中的所见。

文宝是一个能清楚地讲述自己梦中所见的人,无论事隔多久,他都能清晰地记起和讲述以前他在梦中的行为。但是在他生活的镇子里却没有一个人能听懂他的话语,他所陈述的对象往往都是一些很遥远很虚渺的对象,比如风,比如云,比如高不可测的夜空和闪烁的星星,或者是一些不同于人类的动物,比如狗,比如蛇,比如游动的鱼和飞翔的鸟,或者是一些按规律生长的植物和更换不停的季节,比如地里的庄稼和河边的树。在黄昏来临的时候,他往往一个人站在河道里对着走动的风唠唠叨叨地说个没完。夜晚降临的时候他就会依靠着岸边的一棵树,这时他所倾诉的对象就是远天里那半轮红色的月亮。没有月亮的时候他就来到水边,在河滩的沙地上坐下来,他看到了水中的星星,你还记得那年的夏天吗……于是,他就对星星讲述起很早以前的一些梦中的行为。

一个名叫鳌的渔夫拉着白船子从下游往上游行走的时候常常能听到文宝的喃喃自语,可是他同镇里所有的人一样听不懂文宝话语里所包涵的意义。渔夫往往一边胸前挎着纤板用力拉着白船子往上行走,一边回想着文宝的话语。渔夫想,他在胡乱地说些什么呢?这个傻子!

水浪在朦胧的夜色里敲打着船头和船舷,一些白鲢子不知死亡已经临近仍旧快乐地跳跃,结果落进了渔夫的网里。鱼儿在无水的空间里拼命地跳动并发出凄惨的呼叫,而渔夫对此却毫无感觉,他回过头来望望仍旧站在河边的文宝,鱼儿,你们为什么要跳到网里去呢?快下到水里去吧,你看水里多快乐多自由呀!文宝在朦胧的河岸边已经化成了夜色的一部分,两岸的树丛在夜风里发出连绵不绝的叹息声,在风的叹息里渔夫仍旧能听到文宝的话语,风呀,快来帮助那些可怜的鱼儿吧!浪呀,快些掀起来把那渔船打翻吧!文宝的话语变成风拍击着河水化作浪在远远近近的河道里响起,这使渔夫有些惊慌。渔夫想,文宝是在等鬼吧?只有等鬼的人才长久地站在河水边,哪怕是黑夜的降临也不能更改他的这种信念,他到底在说些什么呢?渔夫想,他是在对鬼说话吧,他是在召唤着鬼的幽灵吧。

渔夫在长年的捕鱼生涯中听到过许许多多有关鬼的故事。年轻的时候他身强力壮,秉气硬,他对那些同他讲述鬼故事的人拍拍自己的胸膛说,我不怕,鬼能不是人变的?其中有一个人说,是的,鬼是人变的,但只有被冤死的人才能变成鬼,比如淹死鬼饿死鬼吊死鬼等等。

渔夫说,哪些不是冤死的人呢?

那人笑了笑说,这你就不懂了!

同渔夫讲起有关鬼故事的是个很有学问的老者,在许多年前他在颍河镇里做过私塾先生,因为他姓许,镇子里的人都喊他许仙。许仙对渔夫说,鬼的影子叫幽灵,而那些寿终正寝的人死后他们的影子叫灵魂,这你知道吗?灵魂在夜间是不出来的,只有那些冤死的幽灵才在黑夜里游荡。许仙说,你听到远处的风声了吗?

渔夫说,听到了。

许仙说,那就是幽灵在呼号。

渔夫笑着说,你是不想让我打鱼了吧?鬼的幽灵我不怕,那些都是死人,他们没死的时候是那样的冤屈,受人欺凌,死后又有啥可怕的呢?只有活人变成的鬼才可怕。

教书先生对渔夫的话突然有了同感,他说,是呀,只有活着的人变成鬼才可怕。你看我们把日本人当成日本鬼子,把八国联军当成洋鬼子,把美国人当成美国鬼子,把我们身边的那些有恶习的人都叫成鬼,是的,烟鬼、酒鬼、色鬼、妒忌鬼、懒鬼、吝啬鬼、自私鬼、贪心鬼、黑心鬼,等等。

渔夫说,还有我们镇里的那些地富反坏右,我们也把他们当成鬼,牛鬼蛇神。

教书先生听了渔夫的话脸色有些发黄,他看一眼站在身边的文宝最后总结道:是的。**那么俺爹也是鬼吗?你也是鬼吗?**

渔夫接着许仙的话说,只有活鬼才是可怕的。许仙看着渔夫说完那句话再不言语,他看一眼立在水边的文宝和被月光照得闪闪发亮的河水就倒剪着双手驼着背扬长而去。渔夫怔怔地看他一眼又回身去拉他的白船子,他在河道里都快捕了一辈子鱼了,他从来没有怕过鬼,可是现在面对远处在河道里站着喃喃自语的文宝他突然害怕起来。他在说些什么呢?他是在给谁说话呢?他是在对鬼说话吗?他听不懂文宝的话语,这才是他感到害怕的真正原因。渔夫在心里这样对自己说,我活这么大还没有见过这样的孩子。

渔夫在夜风里不由得哆嗦了一回,他抬头看看河道,哪儿来的这阵凉风呢?他感到纳闷,是那些冤死的幽灵来到了文宝的身边吗?这些冤死的幽灵都是谁呢?是自己投河自尽的老娘吗?是自己冻死在河道里的老爹吗?娘,是你吗?爹,是你吗?渔夫这样想着,后背就有一股子凉气冒出来。渔夫匆匆地从白船子上取下纤绳系在岸边的柳丛上,把白船子靠在另一只小船边,独自提着鱼篓往镇里去。由于渔夫的讲述,文宝的行为一时间成为镇里居民所议论的中心。

在镇东边的码头嘴上,渔夫遇到了生产队里管豆腐坊的新民。新民长得尖嘴猴腮,说起话来声音却像个女人。新民那会儿正坐在豆腐坊的门前吸烟,一听从河道里传来的脚步他就知道是老鳖上岸了,新民站起来走到豆腐坊门外掏出东西松散地撒尿,而后他一边提着裤头一边在月光里拦住了走上码头的渔夫。他说,老鳖,你又见到文宝了?

见到了。老鳖说,他正在河边坐着呢。我拉着白船子往上游走的时候,他就在河边坐着,他还用手够一够我的纤绳。回来时,我远远地看见一个黑影在水边坐着,我猜那就是文宝,过去一看,就是文宝。

他在那儿干啥?

不知道。老鳖说,但我听见他在不停地说话,嘟嘟囔囔,像风一样。

他在给谁说话呢?

我不知道。老鳖说,我也听不懂,可能是对水里的鱼吧。

他是在对水里的鱼说话吗?

老鳖说,我想是吧。

新民说,是对鱼说话,那你也该听得懂,你也是水里的动物呀。

老鳖生气了,他知道新民在骂他。他白了新民一眼,不再理他,提起鱼篓就走,他对新民有意的问话有些反感。老鳖想,我就是听得懂又有啥呢?我就是像文宝那样说些别人听不懂的话又有啥呢?你顶多说我也是个傻子,你说我傻我就傻了?你说我傻我也听不懂文宝的话,你说我傻我也照样每天去河道里捕鱼,妈那×,你说我傻我就不打鱼了?

老鳖一边想着一边提着又腥又臭的鱼篓沿着狭窄的街道往镇子里去。

在月光里,渔夫穿过一道红石桥,他看到许多街坊正趁着月光蹲在门口边吃饭。铁匠秧子一听噗噗哧哧的赤脚拍打街面的声音就知道是老鳖收船回来了,他操着粗嗓门说,老鳖,今儿个咋样?

尽管月光明亮,但是老鳖还是没有看清铁匠眼睛里释放的光亮。老鳖说,不咋样。

铁匠说,够熬顿老鳖汤吗?

老鳖说,秧子,吃了饭没事儿回屋趴你老婆×上睡觉去吧。

许多街坊都发出哧哧的笑声。老鳖是个烂脊梁骨驴,镇上的男女老少都好和他开玩笑,他也会时不时地去抠抠人家的腚眼子或者摸摸别人的头把子。这会儿秧子咬了一嘴就得意地操着粗嗓门笑起来,他的笑声伙同从老鳖拎着的鱼篓里散发出来的腥气混成一体在充满月光的街道里散漫。老鳖不再理会铁匠,他径直地往镇子里走,他要把鱼送到给大队开茶馆的三爷家里去。

三爷的茶馆在镇中酒厂大门对过的街南边。酒厂的酒精楼上装着一个老大的灯泡,每天晚上酒厂里的发电机突突地一响,酒精楼上的灯泡就亮了。灯泡的光穿过街道把三爷茶馆前的茶棚照得通亮,一到晚上,镇里许多有头有面的人物都爱到三爷茶棚前的街道里走动。有时他们在三爷的茶棚里坐下来,要一壶浓茶,高声谈论着一些他们所见的趣事。由于灯泡的缘故,他们几乎忘记了月亮的存在。他们说,日他娘,这灯泡真亮!他们在灯光里一边喝着三爷泡的浓茶一边闻着从对面酒精楼里飘过来的酒气,那些用红薯干酿成的白干儿味道有些发苦,这是颍河镇里男人们的普遍感觉,可是却从来没有听谁在三爷的面前说酒有些苦味的话,因为三爷不高兴。人们都知道三爷护那酒厂的原因是他的二儿子在厂里当厂长。

这天三爷的二儿子王洪民推着一车酒糟从酒厂大门里出来,正好看到老鳖提着鱼篓从东边的街道里走过来,王洪民在灯光里看到渔夫的脸干燥得如晒干的树皮。他说,老鳖,你的脸色咋恁难看?

老鳖看了王洪民一眼,由于背着从酒精楼上射来的灯光,王洪民的脸色一片灰黄,如同一张死人的脸,这使渔夫不由得打了一个冷战。渔夫想,这个人怕是没有几天的活头了。当后来他的这个想法变成事实的时候,在那个阴雨的日子里他再次想到了这个闷热的夜晚,想到了他和王洪民的一些对话,这个人怕是没有几天的活头了,渔夫不敢往下想,就掂着鱼篓朝三爷走去。

这个时候三爷正坐在茶馆门边乘凉,从茶馆里冒出来的水汽被灯光照得如同一团浓雾,那浓雾衬着三爷的身子看上去他就像一个长生不老的仙人。三爷银须飘飘儿孙满堂,是颍河镇人普遍尊敬的老者,大人小孩见了他都要喊一声三爷。三爷德高望重,那是因为他有三个有能耐的儿子。三爷常常用手捋着他雪白的胡子坐在茶馆门前看着街道里来来往往的行人。

在这天黑夜来临之后不久,三爷看到他的二儿子推着一辆装了酒糟的独轮车从酒厂里出来和一个手提鱼篓的人说话,他知道那个人是老鳖。他害怕而又渴望老鳖的到来,因为老鳖能常常给他带来一些有关文宝的消息。

三爷在灯光下看着渔夫一步一步地朝他走近,他捋着胡子的手就不由得哆嗦了一下,他听到了渔夫那带有鱼腥味儿的声音在他的耳边响起,渔夫说,三哥。

三爷看他一眼,渔夫身上的气味使他感到恶心。三爷生来就讨厌吃鱼,可是他不能拒绝渔夫在黑夜来临之后一次又一次地带着腥臭的鱼篓来到他的身边,他只想让渔夫给他带来一些有关文宝的消息。三爷说,你来了。

我来了。渔夫接着压低声音说,文宝他……

三爷慢慢地闭上眼睛,但他嘴里却说,说呀。

渔夫说,文宝他在河边坐着。

知道了。三爷说,把鱼倒在门后的盆里,洗洗手去吃饭。

看渔夫按自己的吩咐走进茶馆,三爷轻轻地叹了一口气,他慢慢地从凳子上站起来,然后朝东街里走去。

三爷穿过从酒楼上射过来的灯光,在那些喝茶人的注视下头也不回地朝前走。有人小声地叽咕道,他又要去看文宝了。三爷知道那些人在说他,可是他全然不顾,只管自己往前走。

三爷沿着街道走到公社大门前的丁字路口时,他看到从北街里走过来一队身穿绿军装后背背包胳膊上戴着红袖章的学生,他们为首的扛着一面红旗。由于路途的遥远,他们看上去个个疲惫不堪,有的女孩子脚上似乎打了水泡,走起路来一拐一拐的。其中一个头上扎着两条辫子的女孩朝三爷走过来,对他说,哎,老同志,接待站往哪儿走?

基于长年的生活经验,那个女孩子的声音使三爷猜想这群学生可能来自遥远的北方,可是由于口音的障碍,使得三爷一时没有听懂那个女孩子的问话,三爷说,你说啥?

这时从女孩的身后过来一个个子较矮的男孩,男孩肩上扛着的红旗在无风的夜色里显得无精打采。他说,我们是红卫兵,我们是来革命大串联的。

噢,我知道了。三爷说,你们跟大燕和春玲一样。

那个女孩说,大燕和春玲是谁?

三爷说,她俩都是我的孙女,跟恁一样到外边去串联了。

那个女孩说,这么说你知道接待站在哪儿了?

接待站?三爷说,我没有听说过有啥接待站。

那群学生的情绪立刻低沉下来。扛红旗的男孩子说,外边的世界一片红彤彤,这里却死气沉沉。他说完接着又说,要不咱还继续往前走吧。

那群学生一时拿不定主意,在夜色里,面前陌生的路途使他们感到了迷茫。

三爷看着他们就想起了自己的孙女大燕和春玲。三爷想,我的孙女也跟他们一样在异乡的土地上行走吗?他不由得心疼起这群疲惫不堪远道而来的孩子们了。三爷说,你们今天一定走了很远的路吧?

是的。另一个戴军帽留着齐耳短发的女孩子说,快有一百里了吧。

三爷说,你们要到哪里去呢?

我们要到井冈山去,那个戴军帽的女孩子说,到红太阳升起的地方去。

这么说你们还要往南走呀?

是的,我们还要往南走。

可是,三爷说,夜晚已经没有人撑船了。

那个男孩子说,撑船?

三爷说,前面有一条河。就是有人把你们送过河去,那恁也得吃罢饭睡一觉歇歇脚再走呀,常言说,人是铁饭是钢,人不吃饭咋有劲走路呢?

那个扎辫子的女孩子说,可是我们到哪儿去呢?这儿又没有接待站。

三爷沉思了一下说,这样吧,你们跟我一块儿回茶馆吧。

茶馆?在夜色里,那群学生立刻兴奋起来。

由于这群学生的出现,使三爷暂时忘掉了行走的目的,他忘记了文宝一个人还孤独地坐在河边。三爷在淡淡的月色里往回走,那群陌生的外地学生跟着他。

在这群学生和三爷说话的时候,从街道里围过来一些人。一些小孩叽叽喳喳地在人们的身边跑来跑去。织袜子的涂二凑过来,他想同三爷说话。涂二的眼睛瞎了一只,另一只眼还有些斜,由于长年打袜子他把自己的眼睛都用成眼白了,很少有人能看到他的黑眼珠子了,所以涂二看人的时候就得把头侧到一边去,让耳朵对着别人。涂二斜着眼睛看到三爷领着那群学生走过来,就说,三爷,来客人了?

客人?三爷白了涂二一眼说,你睁眼看看。说完三爷指了指跟在他身后的那群学生,而后就不再理他。三爷抬起头来,他看到月光在一街两行的房顶上跳跃。

涂二有些尴尬,他不得不对站在身边的老鸡说,八成是大燕和春玲带回来的。

老鸡说,你咋知道?

涂二说,这不明摆着吗?要不是大燕对他们说,这些蛮子咋会到咱这儿来。

老鸡用干涩的声音嘲笑涂二说,我看你是整天坐在屋里打袜子打糊涂了,你没听广播里说吗?现在学生都在革命大串联,你到镇外的公路上去看看,哪天没有几队红卫兵在咱镇外路过?

涂二说,是吗,我咋不知道?

你不知道,那你咋知道大燕和春玲了?老鸡抬头看着那群走远的学生说,咱镇上的学生出去十几个哩,还有刘嘉生的二儿子文玉,你不知道?

涂二把耳朵对着老鸡,他定定地看着他,然后又把耳朵转过来,看着那群渐渐走到灯光里的人才从心里发出一声噢,他说,咱去茶馆里看看吧。

老鸡说,有啥好看哩,我打了一天水,我要回去睡觉了。

老鸡说着就往北街走。实际上老鸡刚才就是跟着那群疲惫的学生走过来的,他一直跟着他们从家门口来到公社大门口这儿,他想偷偷地看着这群学生往哪里去,他想得到一个结果,给明天的传播找一些更准确的事实根据。

老鸡长着一对薄薄细长的嘴唇,由于这嘴的特征,精通周易的许仙就暗下对别人说,这人嘴里把不住一个屁!许多事实果然验证了许仙的话,老鸡果然是个碎语连篇无事生非的人。老鸡想,他们住在队上的茶馆里,这样明天他就可以对晃着一对大奶子的尹素梅说,你知道我昨天看到啥了吗?尹素梅就会在两边摆满了褐黄色条缸的小路上停下来,尹素梅的目光穿过充满酱气的空间看着他说,你又看到啥了?那个时候在菜棚里切黄瓜的社员也都会停下来,伸长脖子在阳光里朝他看。老鸡这样想着突然停住了脚,因为他看到从公社大门里走出来一个人。

那个人戴着一顶军帽,尽管在夜色里老鸡看不到那顶帽子的颜色,但那顶帽子下的圆脸使他想到了一个问题,我这是瞎子点灯白费蜡了,我还等着明天去向尹队长讨巧呢,说不定现在她就知道了。从公社大门里走出来的这个人终于使老鸡明白过来尹素梅是三爷的二儿媳妇。老鸡叫住了那个走过来的中年人,王营长。

王营长停住脚,在淡淡的月光里他看清了那个和他说话的人,尽管眼前的老鸡使他有些扫兴,但他还是对他扬了扬手中的报纸说,毛主席又在天安门广场接见红卫兵了。

老鸡说,我听说了。

你听说了?王营长对老鸡的回答不以为然,你听谁说的?

老鸡说,我听广播里说的。

广播里?广播里啥时说的,我咋不知道?

老鸡想,你不知道广播里就不说了?可他嘴里却说,真的,广播里说的,毛主席还讲话哩。

噢。王营长有些懊悔,毛主席还讲了话?我咋没听到呢?我那会儿干啥去了?我每天都听新闻和报纸摘要呀。

老鸡说,那会儿你可能睡着了。

胡说!王营长生气了,你说我听着听着睡着了?怨不得许仙说你嘴臭!

老鸡听王营长这样说有些惊慌,他说,你别生气,算我没说还不中?

毛主席在广播里讲话我会不知道?王营长愤愤地对老鸡这样说道,说完就不再理他,转身继续往前走,王营长心里想,妈那个×,就你这样的熊人也配说这样的消息?他耳边似乎响起了从广播里传出来的那些激动人心的声音,他心里涌动着极大的热情,但那热情被堵在胸中得不到释放,他要尽快找一个能释放热情的去处。

王营长匆匆地往前走,又听到身后传来细碎的脚步声,接着是老鸡喊叫声,王营长……

王营长停住脚步,他回头看到老鸡快步赶过来,老鸡一边走一边说,茶馆里来了红卫兵。

这个消息又一次使王营长感到意外,他有些不相信自己的耳朵,你说啥?

老鸡讨好地说,茶馆里来了红卫兵。

红卫兵?王营长追问道,你怎么知道?

老鸡说,我咋会不知道,我亲眼看到的。

王营长有些不相信,你亲眼看到的?

真的,老鸡又补充道,我亲眼看见三爷领回去的。

噢!王营长兴奋起来,他抬脚踢了老鸡一下说,革命的火种来了。说完他转身就走。由于匆忙,他转身时和从西边走过来的一个人撞了个满怀,那个人被王营长撞翻在地,他一边从地上挣扎着起来一边恼怒地叫道,慌啥慌啥,投胎吗?随后他就在地上用双手胡乱地摸着。

王营长没有去拉他,而是在他的屁股上踹了一脚,王营长说,你说谁?

那个人在地上摸起了一副眼镜站起来,等戴上眼镜才看清站在面前的人,他说,是你呀,三弟。

王营长仍然满脸横气地说,不是我是谁?你说谁投胎?

那人说,对不起,三弟。

王营长说,谁是你三弟?

好好,你不是我三弟,你是龟孙家三弟,中不中,我是说我自己,中不中,我这慌里慌张是去投胎,中不中?

王营长说,投胎你也投不好,你投的是地主家的胎,投的是右派家的胎。王营长说完侧身闪过他就匆匆地往前走,把戴眼镜的人晾在那里。

老鸡走过来说,刘嘉生,你剃头也不先摸摸是谁的,好在你们不是外人。

刘嘉生说,我刚才都说啥了?

老鸡说,说啥咋了,他是你小舅子,他能吃了你不成,看你怕他怕的,就像老鼠见了猫,你就说他,他能把你怎样?

倒也是,刘嘉生说,看他匆匆忙忙的样子好像有事儿?

当然有事。老鸡说,你从街上过来,就没看到茶馆里有一帮子红卫兵?

刘嘉生说,看到了。

老鸡说,你家文玉不是也去串联了吗?

是呀,刘嘉生说,文玉也去串联了。

他们一边说一边往前走,走到公社门口,刘嘉生就和老鸡分手了。刘嘉生站在那儿看着老鸡沿着北街走远了,才转回身来,他透过镜片看到西街茶馆那边仍被从酒精楼上射下来的灯光照得一片明亮,灯光里,他恍惚地看到有一群人影在晃动,那群恍惚的人影使他有一种恍如隔世的感觉,他的思想沉溺在一种混沌的思绪里。他想,这些人都怎么了?是因为今年的秋季来得太晚的缘故吗?人们的情绪仿佛就像还没有远离的夏季里滚滚而来的热浪沸腾起来了。这种情景的出现使他忽视了身后由远及近的脚步声,那个走近他的人伸出一只手在他的肩膀上拍了一下。刘嘉生被突然而来的打击吓了一跳,他急忙转过身来,在颤抖之中,他看到了一个面容模糊的人。

3. 狂欢

在淡淡的月光里刘嘉生看到了满脸胡子的裁缝,裁缝姓汪,长了一脸麻子。刘嘉生对汪麻子说,你吓死我了。

裁缝笑嘻嘻地对他说,我吓着你啦?来吧!我给你叫叫魂吧。说着就拉着他往地上摁,刘嘉生一边叫着一边推开汪麻子,他说别乱别乱。但他终究不是身材高大魁梧的汪麻子的对手,麻子硬是把他摁蹲在地上,抽出一只手掂一下他的耳朵摸拉一下他的脸,他嘴里像神婆子一样用尖细的声音念叨着:掂掂耳回回音,嘉生回家来——嘉生回家来——而后他把刘嘉生掂起来,说,从小你吓着了,你那个地主老爹是不是这样给你叫魂?

瘦弱的刘嘉生被麻子整得满头是汗,可他又没办法逃脱麻子的那张大手,他说,放开我。

汪麻子说,放开你容易,你先给我说,我叫魂叫得像不像你爹?

刘嘉生愤怒地说,你放开我!

汪麻子说,咦,你还给我玩恼了!今儿个你不说我就不放你,说像不像?说着又把刘嘉生摁下去。

刘嘉生蹲在裁缝的身下,闻着从他裤裆里散发出来的汗臭气就好像蹲在臭烘烘的厕所里,可是他没有办法摆脱他,最后刘嘉生实在忍受不了才无奈地说,像,像中不中,你像我爹中不中!

汪麻子这才丢开刘嘉生,他哈哈地笑着说,真让我当你爹我还不干呢!

刘嘉生像一只小鸡从老鹰的爪子下逃脱出来,可是没走几步又被麻子叫住了,站住。

刘嘉生哆嗦一下站住了,但他却不敢回首。他听到汪麻子咚咚的脚步走近他,最后立住了,麻子说,我走了以后又剃几个头?

刘嘉生感到麻子哈出的热气打在他的脖子里,这使他难受,他说,两个,就两个,剃完我就回来了。

汪麻子说,就没有别的人了?

刘嘉生说,没有了,他们都签了字。说完他用胳膊擦了一下脸上的汗说,今儿个真热呀。

是有点热。汪麻子受到刘嘉生话语的感染,他抬头看看天说,是热,你看看树梢一动都不动,闷热,说不定是想下雨。

刘嘉生说,下吧,下了凉快。刘嘉生一边走一边说,再不下就会把人热死了。

汪麻子看到刘嘉生瘦小的身子走在月光里像一条影子就不由得暗自笑了一下,心里说,鳖儿,你还想兴吗?这才转身朝街里走,他突然感觉到从街道两侧的墙壁上散发出一浪又一浪的热气,他不知道这是他刚吃过饭还是走路走得太急的缘故,他实在是想不明白,今年的天气是怎么了?眼看都进了秋季,天气为什么还么热?真反常,这天气实在是太热了,汗水仿佛一些小虫子在他的身上爬动。这一身臭汗,怕是没办法回裁缝铺里去睡觉。他想,应该到河里洗个澡才对。他一边想着一边往前走,在走近三爷的茶馆时,他看到茶棚边围着一群看热闹的人。他想,是不是三爷又把说书的谭铁嘴请来了?可是当他走近人群的时候,他既没有看到谭铁嘴,也没有听到谭铁嘴敲出的鼓声。

在茶棚里,汪麻子看到几张茶桌边坐着一些陌生的孩子,一面红旗靠在棚子边的小兜床上,小兜床上堆满了他们的背包。汪麻子在那些孩子的衣袖上看到了红色的袖章,那些袖章在从酒精楼上射下来的灯光里显得十分醒目。汪麻子看到三爷从茶馆里走出来,他身后跟着手里拿着一卷报纸的王营长。

三爷来到那群红卫兵身边,他一边扇着扇子一边对他们说,你看这老天爷,真热,后响也没有这样热。要不你们先把褂子脱掉吧,这样会凉快一些。

那群学生中的男生听了三爷的话,都纷纷地把褂子脱下来,他们一脱褂子,红色的袖章就随着褂子离开了他们,落在那堆背包上。这样一来,他们在灯光里看上去与本镇的孩子就没有了区别。只是那几个女孩不好意思脱衣服,她们就把军帽从头上脱下来,拿在手里当扇子用。

三爷说,你们喝茶,先喝茶,一会儿饭就来了,你们先喝茶。接着他指着身边的王营长说,这是我的三儿子,是大队的民兵营长。

王营长对他们笑着说,王洪涛,我叫王洪涛。

三爷说,我去给你们弄水,让你们洗洗。三爷说着一边扇着扇子一边转身往茶馆里去。

王洪涛看着茶棚下的学生清了清嗓子说,你们一边喝茶,一边听我告诉你们一个特大喜讯。王洪涛显得有些迫不及待,他唯恐别人抢去了他说话的权利,他朝那群红卫兵扬一扬手中的报纸说,就在白天你们在路上行走的时候,我们的伟大领袖毛主席,在我们的伟大首都北京,又一次接见了红卫兵。

由于激动,王洪涛说话喷出的沫子正好落在一个女孩的脸上,那个女孩以为那是从天而降的雨露,她就像一株禾苗似的兴奋地生长起来。那群学生都为这突来的喜讯激动着,他们纷纷地站起来,相互热烈地拥抱着。不知是谁忍不住激动的心情就举起胳膊高呼一声,毛主席万岁!

在最初的时间里,人们都被这一声呼叫惊住了,当他们明白过来时都激动地随着呼起口号来。这情绪感染了他们身后的群众,他们也加入了高呼口号的人群里,他们因为共同的愿望拥挤在一起。

这个时候王洪民端了一笆斗子蒸馍从西街里走过来,他告诉热血沸腾的人们说,馍来了。

可他微弱的话语却被一浪高过一浪的口号声所淹没,他的身子被激荡的人群裹进去,他胳膊上的笆斗子由于装满的蒸馍而变得越来越重,他想寻找一片空地把笆斗子放下来,可是人们的热情像海浪一样撞击着他的身子,到最后他实在忍受不住,那只盛馍的笆斗子从他的胳膊上脱落下去。笆斗子一离开胳膊他就感到无比的轻松,他也不由得扬起胳膊喊了一声口号。

在这同时,人们脚下到处滚动着从供销社食堂里弄来的雪白的蒸馍。王洪涛及时传播的喜讯,使那群远道而来的红卫兵暂时忘记了饥饿,忘记了疲劳,忘记了天气的闷热,他们沉浸在幸福之中。

三爷端着水盆从茶馆里走出来,他被眼前的情景弄得糊里糊涂,他在茶馆的门口停住了。他端着水盆久久地站在那里,看着沉浸在灯光里的人群。到后来他感到了劳累,就放下手里的水盆,在身边的一只小凳上坐下来。

人们激动的情绪增加了空气的闷热,三爷忍不住擦了一下额头上的汗水,他记起了自己的扇子忘在了屋里。当他正想回去取扇子的时候,他看到自己的大儿媳妇正坐在一旁暗自流泪。三爷想,是这群远道而来的学生使她想起女儿大燕了?三爷也不由得一阵心酸。大燕和春玲出去都快一个月了,她们现在在哪儿呢?女孩子家出门在外总有些不让人放心。三爷本想过去安慰她,可是三爷看到了她面前放着的那半盆小鱼,在闷热的空气里三爷闻到了鱼的腥臭气,这使三爷再次想起了文宝。文宝还在河边孤独地坐着吗?这个可怜的孩子。

三爷一想到文宝,就转身朝外走,他离开那群激动的人独自沿着街道朝东去,一会儿三爷就置身在淡淡的月光里了。

三爷一边走一边想,文宝,你还在河边独自坐着吗?

4. 裸露

暮色之中我沿着一条红石小道往前奔走,姥爷,我这是在哪儿?这就是街道吗?街道的四周为什么都有墙壁呢?姥爷,我这是在哪儿呢?

姥爷说,你在一间房子里。

房子,我是在房子里吗?姥爷,你看多么温暖的房子,一间灰暗无光的房子,一间没有窗子和门的房子,一间没有阳光的房子,姥爷,我要出去,姥爷,我要出去。

姥爷说,那你就出来吧。

可是,姥爷,我找不到这间房子的门呀。

那你就等等吧,乖乖,等天明了,等你看到光亮了再出来吧。

姥爷,你在哪儿,我为什么看不到你呢?

姥爷说,那是因为你还在睡着,还在睡梦里,等你睡醒了,等你睁开眼睛就能看到我了。

姥爷,那我什么时候才能睡醒呢?

姥爷朗朗地笑了。姥爷说,等你不想睡的时候你就醒了。

我不想睡了,姥爷,我现在就不想睡了。

姥爷沉思了一下说,那样吧,你到麻婆家去吧,你到那儿她会叫醒你的。

姥爷,麻婆家在哪儿住?我不知道她家呀。

这孩子,真是。姥爷说,连麻婆家都不知道。麻婆家就在镇子西街的路南边,麻婆家支着烧饼炉子,麻婆的男人会打烧饼,你一闻到烧饼的香气就能找到麻婆的家了。

尽管我朦朦胧胧的,但我还是去了,我总不能这样待下去呀。于是我就起身前往麻婆家,去麻婆家的路可真远哪,要穿过一片空旷的田野,田野里没有一棵庄稼,路边长满了杂草,杂草里开满了各种各样的野花。我想,这些野花,为什么开得这样鲜艳呢?你们是在开给谁看呢?这里什么都没有,没有风没有雨,没有飞翔的鸟儿,没有如云的羊群,也没有牧童的柳笛声,那么你们是开给谁看呢?你们是开给我看的吗?这些鲜艳的花朵,有谁能看到这样鲜艳的花朵呢?只有我吗?姥爷你看到过这样的花朵吗?还有麻婆,你们看到过这样的花朵吗?没有。或许看到过。要不,我把你们领到这儿看一看吧?走呀,我得到麻婆家去,到麻婆家的路途可真遥远哪。眼看就要看到前面的镇子了,可是脚下的路却断了,路被一条河拦住了,一条好宽好宽的河呀,这就是我和姥爷曾经航行过的河流吗?那条我们从秋天一直航行到春天的河流吗?那条引导着我们走回故乡的河流吗?可是,那白帆在哪儿?那如风如光的号子声在哪儿?我怎样才能渡过这条河流呢?姥爷。

姥爷说,那只有靠你自己了,谁也帮不了你的忙,只有靠你自己了。

可是姥爷,我不会游泳呀。

姥爷说,你试试吧,说不定你一试就会游了。

好吧。我说,那就试一试吧。我就脱衣服下水。可是我身上没有衣服,我身上本来就没有穿衣服,我浑身赤条条的,我在暮色之中一丝不挂。好吧,那我就游吧。我就跳到水里去了,好温暖的水呀,像夏季里被阳光抚摩过的水一样的温和。姥爷,你也下来呀,你也下来洗澡呀。

姥爷说,洗吧,孩子。

可是我怕呀,姥爷,我怕河水把我冲走了呀。

姥爷坐在船头一边吸着烟一边对我说,洗吧,冲不走,有绳子系在你身上呢。于是我就在姥爷鼓励的目光下游过了河,那是一条多么温暖的河流呀,我几乎没有费劲就游过去了。过了河,我就进了镇子。镇子里为什么这样静呢?连一个人影都看不到,只有我的脚步踏在那条红色的石板路上所发出的声音,街道两边的房子和树木都看不清面目,我这是到哪儿去呢?姥爷。

姥爷说,傻孩子,你到麻婆家去呀,只有麻婆才能叫醒你。

可是麻婆的家在哪儿呢?

这孩子,我不都告诉过你了吗?麻婆家就在镇子西街的路南边,开烧饼铺的那一家。你仔细听听就能听到麻婆在叫你啦,孩子,麻婆在叫你啦。

我停下脚步,仔细地倾听,我真的听到麻婆的声音了,麻婆说,屙,使劲屙。我就感到有一只无形的大手在推我,我在一阵连绵不断的哼叫声中被那力量推着往前走,哟,我看到了那扇启开的大门了,那扇大门下有一条小溪,小溪流着红色的泉水。麻婆说,屙,使劲屙。我就在那只手的推动下来到了大门口。呀,我感觉到光亮了,我感觉到风了,我看到了我就要走出的大门是多么的光滑,大门两边是耸起的粉白色的山峰,我就是从那山涧里走出来的,我看到了阳光,我呼吸到了空气,我的天哪,多么冰凉的空气,我就哭嚷起来,我说,姥爷,我这是在哪儿呢?

姥爷说,傻孩子,你还能在哪儿呢?你在自己的家里,你回到自己的家了。姥爷拉着我的手指着床上的婴儿说,文宝,看到了吗?那就是你呀,你看到躺在你身边的妈妈了吗?来看看你的妈妈。在暮色之中我就看到了妈妈,看到了面带微笑的妈妈和一个沉沉入睡的婴儿。

5. 行走(续)

文宝望着面前流淌的河水,月亮在行走的水面上一晃一晃的。你也要走吗,月亮?你也要和文玉大燕春玲他们一样去行走吗?他们都走了,他们像那群水鸟一样飞到很远很远的天空里去了。文宝听到身后有踏踏的脚步声,她们正在走下河岸,她们一边走一边像小鸟一样说话,快走到水边的时候她们停住了,一个女孩说,别慌,河边有个人。

另一个女孩说,那是谁?

一个女孩说,是文宝吧?

另一个女孩说,是那个傻子。

一个女孩说,傻子不碍事,走,就在这儿洗。

不中。一个女孩说,傻子也是男人,走,咱到上边去。

中。咱到上边去,你听,上边有女的在洗澡。

是的,有很多女人在那里。

这个傻子!

有个女孩从地上拾起一块砂礓扔过来,打碎了月亮,月亮在水里惊慌地奔跑。文宝说,你慢些,那样会累的。文宝听着那些脚步声朝上游去了,那些女孩洗澡去了,你慢些。月亮在文宝思想的抚摩下慢慢地平静下来,文宝的脑海里出现了一些混沌的往事。在文宝的记忆里梦境和现实是不可分割的,就像空气和风。或者说是人的呼和吸。一些人常常像风一样走出他的视线,但他们的气息却存留在文宝的嗅觉里,比如刚刚过去的那群女孩子,无论她们走到哪里文宝都能闻到她们身上所散发出来的香甜的气味。文宝的思想像月光下的河水一样广阔而浩淼,他可以让世上所有的人都到他的思想里来游泳,来洗一洗他们身上的疲劳和灰尘。文宝说,你们下来洗一洗吧,那群女孩子就脱光了衣服下到河水里,她们的赤脚被稀泥里的砂礓扎疼了,她们在河道里发出夸张的尖叫声,**她们光着身子呀文玉,一个又一个,白白的,像一些美人鱼。她们在水里跳跃,她们要跳到渔船上去了,她们要跳到那些网里去了,文玉,你对我说,她们是一些鱼吗?** 文玉立住了,文玉说,她们不是鱼。

文宝在月光下抬头往河道里看,她们在河道里发出了一些弄水的声音。**文玉,她们是一些鱼吗**?

文玉说,她们不是鱼,她们是人,她们正在洗衣服。

哦。文宝说,她们不是鱼。

文玉说,你回去吧,我们要上船了。

文宝说,你要到哪里去?

文玉说,我们去串联,要到很远很远的地方。

文宝说,到很远的地方去?那儿有蓝色的天空吗?

文玉说。是的,有天空,不过那里的天空不是蓝色的,那里的天空是红色的,红彤彤的天空。

哦,你们要变成一群鸟吧?文宝说,我也要变成一只鸟。

文玉说,人不是鸟。文宝,你回去吧,他们在船上喊我了。

噢。文宝似乎明白了一些道理,他像一个思想者立在码头上,看着那群扛着红旗的人慢慢地过河去,他看到文玉在阳光下朝他扬了扬手,他听到文玉的声音随风一块飘过来,文玉说,回去吧。站在文玉身边扛着红旗的王洪成说,文玉,你哥真是个傻子。

文玉有些讨厌地蹙了一下眉。

春玲白了王洪成一眼说,你才是傻子!

大燕也看了王洪成一眼,大燕说,按辈分我和春玲该喊你叔呢,文玉和文宝按理说也该叫你小舅,你咋这样说话?大燕看到王洪成的脸红了,他把头扭过去,他看到了渐渐临近的河岸。大燕朝文玉身边走了一步小声说,他给你说着玩呢。

文玉说,他不是傻子。

大燕说,谁说他傻了。

文玉看她一眼说,都说他傻,他不傻!他只是一个没有睡醒的孩子,在我的记忆里,文宝从来都没有睡醒过。

大燕说,那就奇怪了,看着他好好的呀,也吃饭,也走路。

可是,文玉说,他始终都在睡梦里,他是在睡梦里行走。**文玉,这些都是梦吗?这阳光是梦中的阳光吗?这风是梦中的风吗?这树是梦中的树吗?这水是梦中的水吗?这人是梦中的人吗?文玉,这些离我是这样的远,这些又都离我这样近,文玉,你看,那些鸟儿是在梦中飞翔吗?**

大燕说,他不是有病吧?

文玉说,我不知道,他整天都在睡梦里,但我相信他总有一天会醒过来。

春玲说,你们看,文宝在岸上奔跑呢。

文玉和大燕就朝对岸望去,他们果然看到了在河岸上奔跑的文宝,河风掀扬起他的头发和衣服,他张扬着双手,他的姿态真的像一只飞翔的小鸟。

大燕说,他为啥要跑呢?

文玉说,不知道。**文玉,你看远方,那里有一片蓝色的天,有一群水鸟朝那儿飞去了,姥爷说,我们就要到那儿去。文宝,你看到啥了?**

王洪成有些得意地说,我说他是个傻子吧,你们还不信。

文玉瞪他一眼,文玉想对他说,你才是傻子呢。可这时船已经靠了岸,文玉把嘴边的话当唾沫咽了下去,他背起背包下了船。他们女生在前男生在后排着队沿着码头上岸,王洪成肩上的红旗在风中猎猎作响,他们在一些农人的注目下穿过一个村庄来到一条公路上,然后继续沿着公路和颍河并行,朝着他们心中向往的红太阳升起的地方行军。

这一群十六七岁的孩子最初的计划是先到有火车的城市里去,在行军的路途中他们和一些外地的红卫兵并肩而行,他们都对行走充满了热情,而他们对行走的目的却感到陌生。他们为此进行了一些浅显的交谈。文玉说,你们到哪儿去?

我们去北京,你们要到哪儿去?

我们去韶山,到红太阳升起的地方去。

你们不去北京吗?毛主席现在住在北京。

北京我们已经去过了。

他们都朝文玉投来羡慕的目光,他们说,到了韶山以后呢?

我们还要到井冈山去。

可是他们走不到五十里,那些女孩子就走不动了。他们在半道上停下来歇着。大燕说我走得脚疼。大燕把鞋脱下来就惊叫一声,她哭着说,文玉,我的脚打泡了。

几个女孩看了大燕的脚,都感到自己的脚也有些疼,就都重新坐下把鞋脱下来,她们一起惊叫着,泡、泡、血泡。她们脚上都起了大小不等的水泡。

春玲哭丧着脸说,文玉哥,这咋弄呀,这下走不了了。

王洪成说,恁还准备万里长征呢,还没开头脚就打泡了,那要是再去爬雪山呢?再去过草地呢?要是国民党反动派的军队在后面追赶着呢?

几个女孩子一听王洪成这样说就都不吭声了,可是走起路来她们的腿就一瘸一瘸的了,走不到半里地就得停下来歇一会儿。王洪成说,像恁这样啥时候才能走到韶山呢?

文玉皱了一下眉头,看着远处一片白茫茫的阳光,望着从他们脚下伸向前方的公路然后说,要不咱拦辆货车吧。

大燕说,人家停吗?

文玉说,试试吧。

文玉就站在路边拦车,可是汽车呼一辆呼一辆地都开过去了,没有一辆在他们跟前停下来。每过一辆车,文玉的脸红得就像被鞋底扇过一样,他觉得很没面子。文玉说,这些鳖孙!为啥不停车?我们是红卫兵,我们是出来闹革命!为啥不停车?不停车我们站在中间拦!

大燕说,那样中吗?撞着了咋办?

王洪成说闹革命就不能怕死!于是他们就手拉手站在路中央,文玉和王洪成站在当中,大燕和春玲她们站在两边,他们看到公路上远远的有镜子一闪一闪,有人就说,来了,汽车来了。

那汽车越来越近,没有一点减速的意思,那辆车好像要一直冲过来,几个女孩都吓得叫着跳到路边去了,只有文玉和王洪成还站在路当中,他们手拉手,咬着牙,闭着眼睛,他们听到越来越近的机器声腿都在颤抖,那辆货车最终还是在文玉他们面前两米远的地方刹住了,司机探出头来骂道,找死呀!

  文玉和王洪成两个人腿一软就坐在了地上。文玉睁开眼睛看着司机说,求求你啦,我们实在走不动了。

  司机说,走不动就这样拦车吗?不要命啦?起来上车吧!

  那个阳光灿烂的下午他们就这样乘上了一辆货车,那是一辆刚刚卸完煤的货车,煤灰在颤抖的车厢里四处飞扬,他们一个个鼻子眼里都荡满了灰尘,弄得灰猴似的。但他们却都很开心,大燕说,文玉,要不是恁俩勇敢,咱们今天无论如何也赶不到有火车的城市里。但是等他们真的到了有火车的城市里以后,他们又为去北京还是去韶山发生了方向上的分歧。

  王洪成说,我们去北京吧。

  那几个第一次出来串联的学生都赞成王洪成的意见。

  文玉不同意他们的主张,文玉说,咱们出来时不是说好往南去吗?

  王洪成说,就知道你们去过北京了吧?就知道你们见过毛主席了吧?我们也要见毛主席!

  春玲说,我也去北京,我也要见毛主席。

  大燕说,出来时咋说的?咱爷不是安排你要听话吗?

  春玲说,我要去见毛主席!

  王洪成说,走,咱们去见毛主席!

  王洪成拉着春玲就和别的几个学生上了北去的列车。

  文玉说,让他们去吧。可等他们走后文玉才发现,王洪成带走了他们的介绍信。大燕说,这咋弄?没有介绍信咋弄?没有介绍信我们连火车也坐不上。

  文玉说,坐不上我们就沿着铁路走吧。

  于是他们就排好队扛着红旗沿着铁路往南走,他们渐渐离开了城市走向旷野,渐渐地走进暮色里。看着一列列火车从他们身边开过去,大燕就说,我们要是有介绍信就好了。

  文玉默默不语,他扛着红旗领着她们行走在越来越重的暮色里。可是路途遥遥,他们不知道什么时候才能走到要去的地方,面对前途他们突然有些无所适从,他们在越来越暗的光线里感到了饥饿和劳累。他们在暮色之中看到离铁路不远的地方有个村庄,村庄里雾霭盘绕。文玉说,要不咱们就到村子里先住一夜吧。她们同意文玉的建议,就跟在文玉的后面离开铁路走向那座村庄。他们不停地行走,渐渐地看到了天空里升出一枚月亮。可是等他们走近那个村庄的时候,他们才发现那只是一片茂密的树林。

大燕说,这里没有人家呀。

文玉说,可是这树从哪儿来?有树就会有人家,再走走看吧。

他们又走了一阵,树丛越来越稠,却始终不见人家。大燕说我们这是到哪了?我害怕,要不咱还回去吧,回到铁路那儿去。

文玉也对前途失去了自信。他无奈地说,那就回去吧。于是他们就折回来,走了一阵才觉得已不是来时的样子,路边有一些小动物穿来穿去,吓得几个女孩子不时地惊叫起来。

文玉说,我们怕是迷路了。

大燕她们一听文玉这样说就哭泣起来,哭得文玉也没了主意。文玉说,光哭管啥用,我们不能停下,说不定这里会有野兽。一听有野兽几个女孩子就吓得不敢出声,相互抱在一起,文玉说,我们得走,得离开这个地方。

大燕说,可是我们往哪儿走呢!

文玉说,往哪儿走都得走,我们不能这样站着,说不定有蛇哩。

一听说有蛇几个女孩子又叫起来。

文玉说,蛇听到声音就会跑掉的。文玉就从棵树上折下了一根树枝在前面带路。他们就这样一个人拉着一个人的衣服像扯羊羔似的沿着一条小路往前走,他们在斑斑驳驳的月光下看到脚下渐渐出现了一些石头,最后他们来到一条小溪边。

文玉说,这下好了,我们顺着这条小溪就能走出去。

他们就顺着小溪走,一直走了很长时间,到最后走着走着小溪没有了,小溪跌到一个山崖下面去了。

大燕说,我们这是到哪了?

文玉也有些害怕,小溪跌落到山崖下的哗哗声在夜里很吓人。文玉想,我们这是到哪啦?文玉说,我们不能再走了,我们就在这儿等天亮吧。他们就在小溪边的一块大石头前坐下来,饥饿和恐惧簇拥着他们。

大燕说,我们要是有个介绍信就好了,都怨王洪成个龟孙儿。

文玉说,我们等天明了再说吧。

大燕说,我们就一直这样坐着等吗?

文玉说,你们先睡吧,我在这儿守着。

大燕她们几个就背靠背倚在一块儿慢慢地睡着了。文玉想,我们这是在哪儿呢？文玉想起了家，想起了文宝。文玉自言自语地说，要是文宝在这儿就好了。文玉，你这是在做梦。在梦中你不知道你是谁，你或许就是那风吧？昨天的风和今天的风一样吗？去年的风和今年的风一样吗？幼年的风和青年的风一样吗？死者的风和活人的风一样吗？文玉？文玉实在顶不住疲劳的侵袭，就在文宝的叙说中慢慢地睡去了。

  文玉醒来的时候，天已经亮了，可是在他的四周却满是雾气，一些透明的雾，透明的雾气使他看不到两丈远的地方，他只听到从雾气中传来的一些鸟鸣。他伸伸胳膊，看到身边那几个女孩子靠在一起睡得正香，文玉起身正想叫醒她们，却看到在她们身后有架死人的白骨，那些骨头使文玉毛骨悚然。他闭上眼睛使自己平静下来。文玉想，不能让她们看到这架白骨，不然她们会吓破胆的，我应该在她们醒来之前把这架骨头移到别处去。文玉这样想着就睁开眼，文玉走到那架骨头前，他想，这是谁呢？你是怎样来到这里又死在这里的呢？

  文玉想着就在那架骨头前蹲下来，文玉感到有森森的阴气从那架骨头里散发出来，使得他的手哆嗦不止。这是一个什么样的人呢？他是个男人还是个女人呢？他是个青年还是个老人呢？文玉想，看来我们得赶紧离开这里，文玉想着伸手拿起了那个人的头颅。

  大燕这时在他身后嘟囔了一句说，要是有介绍信就好了。

  文玉被大燕的声音吓了一跳，他转回身看到大燕又睡着了，她是在说梦话。文玉说，做梦，上哪去弄介绍信？

  回家，回家找俺爹。大燕又在梦里嘟囔了一句。

  文玉说，家在哪里？文玉想，大燕说得对，要是有介绍信我们也到不了这一步，要是有介绍信说不定我们早就坐上火车了。可是去哪儿弄介绍信呢？回家？可家在哪里？文玉看着那架白骨想，要是有封介绍信就好了。要不我自己写一封吧，说实话我的字也不比大舅的差。可是没章咋办呢？没章我就刻一枚！那章我又不是没刻过，我爹的那几枚藏书章不都是我刻的吗？可是这野山荒岭的上哪儿去弄章坯呢？对了，这骨头不是能刻章吗？文玉蹲在那堆骨头前，突然产生了要用这骨头刻一枚章的想法。

  文玉丢掉手中的头颅骨，在那架骨头中找了一会儿选中了一块骸骨，文玉想，看来只有这块骨头才能做章坯子了。可是那块骸骨的表面不是平的，文玉想，应该把这块骨头磨平。可到哪儿磨呢？文玉看了看身边的石头，知道那些粗糙的石头是不行的。这时他又把目光落回到那些骨头上，他想找一块大一些的骨面来当磨平这章坯子的工具，最后他又一次从那堆骨头里把那个人的颅骨拿起来,文玉想,看来就是你了。

文玉一手托着那颗颅骨一手拿着骶骨来到溪水边,他在哗哗流淌的溪水边坐下来,用清清的溪水洗了洗手,然后就开始在颅骨上磨起他的章坯来。那两块人体上的不同部位的骨头摩擦起来,它们摩擦的声音哧哧发响,带有一股血丝的潮味,那声音在清晨的浓雾里发出有节奏的声响,那声响叫醒了几个梦中的女孩子,她们惺忪着眼睛看到了坐在水边专心致志的文玉。

大燕说,文玉,你干啥呢?

文玉头也不回地说,我在磨章坯子。

一个女孩说,磨章坯子干啥?

文玉说,有章坯子就能刻章,有章我们就有了介绍信,有了介绍信我们就能坐火车,坐上火车我们就能到红太阳升起的地方去。

那群女孩子惊喜地叫起来,她们来到溪边,但她们都被文玉手中的颅骨吓呆了。大燕说,你手里拿的是啥?

文玉朝她们扬了扬手中的颅骨说,人头骨。

她们又都叫起来,吓得拥成一团。

文玉笑了一下说,看你们吓的,这只不过是一块颅骨,活着的时候它会思考问题,可现在它只不过是一块骨头,现在只有它才能帮助我们了。文玉说完又磨起手中的章坯子来,那群女孩子看着文玉镇静的样子也都慢慢平静下来,她们围坐在文玉的身边,渐渐地适应了文玉弄出来的骨头相摩擦的阴森森的声音:哧——哧——

大燕说,用这真能刻章吗?

文玉停下来把磨平的骶骨翻过来看,他不由得皱了皱眉头。

大燕急切地说,能用吗?

文玉抬头看着大燕说,人的骨头骨质稀松,不是刻章的材料。

几个女孩焦急地说,那怎么办?

文玉说,要是有动物的角就好了,比如说牛角,或者羊角。

大燕说,那去哪儿弄?

文玉站起来,看着离他们不远的那架白骨说,这可能是个猎人。有猎人就会有动物。文玉丢下手中的骨头说,走,我们再去找找。

文玉说着就朝那堆骨头走去。大燕他们互相看了一眼,也都跟着走过去。那群女孩子跟着文玉在那架白骨周围寻找,他们没有找到能用来刻章的动物骨骼,大燕却意外地在一棵树前发现了一把生锈的斧头。斧子,大燕高声地朝文玉叫起来。

文玉过来接下斧子看了看,然后拿着斧头来到小溪边,他把斧头的柄退下来。尽管经过了风雨泥土的腐蚀,那根斧头的柄仍然深重,文玉在石头上敲了敲说,好像是根枣木。

大燕说,枣木能刻章吗?

文玉说,我试试吧。

听文玉这样说,大燕她们内心里就充满了希望。她们在文玉身边蹲下来,看着文玉先在石头上磨那把生锈的斧头,然后又用磨得锋利的斧头去削斧头的柄,等把那柄削好之后,又在斧面上磨。那群女孩子在期待之中终于听文玉说了一声,好了。她们看到文玉手中斧柄的一头已被磨成了一个圆面。文玉说,好了,章坯成了。

大燕说,你用啥刻呢。

文玉看着大燕说,你不是带着钢笔吗?

大燕说,带着了。

文玉说,拿出来。

大燕就从兜里掏出一杆老粗的黑杆金星笔。文玉接过来把笔旋开,又把笔尖从笔舌上取下来,文玉把笔尖在溪水里洗净后又用一块小石头把笔尖砸平,他一砸有个女孩就说,别砸,砸坏了。

文玉停下手说,不砸坏能变成刀吗?我要用这笔尖磨成一把刻刀,我要用这刻刀刻章。

大燕说,这是恁大舅给我买的新笔。

文玉说,你是要介绍信,还是要笔呢?

大燕就不言语了。

一个女孩说,大燕,等回去我们兑钱再给你买一杆新的,好不好?

大燕叹了一口气说,那你磨吧。

文玉就小心地把笔尖砸平,又细心地在一块石头上磨,笔尖和石头摩擦的声音尖厉刺耳,但她们都觉得那是她们的希望,她们一直屏着气看着文玉把笔尖磨成了一把锋利的刻刀。文玉把刻刀在手上试了试,就把笔舌头砸断半截,文玉把余下的一半连同笔尖磨成的刀重新装回到笔杆上,这样那笔就变成了一把刀。文玉又按照刻章的程序把要刻的字反写在章坯上。文玉说,好了,这下就能刻了。

大燕说,文玉,你以前刻过章吗?

文玉看她一眼,但文玉没有说话,文玉坐在那里专心致志地刻章,一把用笔做成的刀在一个斧柄做成的章坯上发出声响,文玉一边刻一边想,有了这章就有介绍信了。大燕她们看着文玉刻几下就用嘴吹飞那些被刻下来的木屑,大燕想,这是谁留下的斧头呢? 真不可思议,斧头的柄还能刻章,有了这章我们就有介绍信了,有了介绍信我们就能坐火车了,能坐火车我们就能到红太阳升起的地方去了。

不知过了多长时间,文玉终于把章刻好了,大燕忙从兜里掏出一张纸来,大燕说,快试试。

文玉就把那枚章盖在白纸上,可是白纸上什么也没有出现。

大燕说,没有印色,我们没有印色。几个女孩子也都被新的问题弄得愁眉不展,我们上哪儿去弄印色呢?

文玉皱着眉头想了一下说,有了。

她们说,在哪儿?

文玉说,在我们身上,在我们的血管里。说着他就把左手的拇指放斧刃上,他一闭眼一用力,拇指就从斧刃上划过去。几个女孩一看就惊叫起来,文玉!

文玉不理她们,他把手指伸在眼前,文玉面带微笑看着那被划破的拇指一点点地浸出血来,女孩子们都被文玉的动作吓呆了。她们看着那血在文玉的手指上放出一种红光,文玉就把那血滴在刻好的章上涂均匀,然后盖在信纸上,纸上立刻就出现了一枚圆圆的章,几个女孩子惊呆的面容一下子又改成了惊喜,她们一起叫道,章,我们有章了。

文玉平静地说,有章我们就可以开介绍信了,有介绍信我们就可以走了。

她们一齐应和着,走!他们抬头看时,雾气已经散去了,他们通过薄薄的雾气能看到不远处朦朦胧胧的山梁了。

大燕说,我们咋摸到山里来了。

文玉说,我们还是顺着这条小溪拐回去吧,不然我们会越走越远。

他们就又顺着小溪拐回去,果然没有走出多远,他们就碰到了一个打柴的樵夫。樵夫惊奇地看着这几个扛红旗戴袖章的学生,樵夫说,你们从哪里来?

文玉说,我们从有铁路的城市来。

樵夫说。你们到这里来干啥?

文玉说,我们迷路了。我们怎样才能走到有火车的城市里去呢?

樵夫说,那你们就顺着这条小溪走吧,沿着这条小溪你们可以走到一条小河边,再沿着小河你们就能走到有火车的城市里去了。

文玉他们按照樵夫的指点真的又回到了那座有铁路的城市里,他们不仅用新写的介绍信得到了火车票,而且用那封介绍信他们又意外地在红卫兵接待站里得到了五枚他们渴望已久的毛主席像章,这使他们欣喜若狂。文玉看着那五枚毛主席像章说,介绍信上有一个人就能得到一枚像章,我们五个人就得五枚,那么要是我们的介绍信上有十个人呢?

大燕说,那我们就能得到十枚。

文玉说,那我们要是二十个人呢?

大燕说,那就不敢说了。

文玉说,这有啥不敢说的呢?我们就一定能得到二十枚。我们再写一封有二十人的介绍信吧,反正我们手里有章。

文玉就又写了一封介绍信,靠着那封介绍信,他们又得到了二十枚毛主席像章。我的天哪,二十枚毛主席像章!他们激动地拥抱在一起,他们个个热泪盈眶,他们就把得来的毛主席像章别在褂子上,开始了他们的征途。

他们每到一个城市,第一个任务就是寻找发放毛主席纪念章的接待站,他们在所到的城市里能得到样式不同大小不一的毛主席纪念章。文玉每得到一种毛主席像章就别在褂子上一个,这样他的胸前就别满了不同样式的毛主席像章,前面的衣襟上别满了他就拐在袖子上,袖子上别满了他就别在衣服的后襟上。他在阳光下行走,身上就发出耀眼的光芒,许许多多的陌生人都用羡慕的目光看着行走的文玉,行走在异地的文玉心里充满了自豪和幸福。行走的文玉使那些别在他衣服上的像章发出叮当叮当的声响,大燕她们跟在文玉的身后从心眼里发出由衷的赞叹,呀,这是多么美妙的音乐呀!就这样他们在一个闷热的黄昏穿过一个村庄之后终于登上了颍河大堤,他们立在河岸上,在淡淡的月光里他们再次看到了对岸朦胧的故乡。

大燕长长地叹了一口气说,到家了。

文玉放下背包,脱下他身上的褂子,那样挂满了毛主席像章的衣服像风铃一样叮当作响,可是文玉突然对大燕说,我听到文宝说话了。

大燕惊奇地说,文宝在哪里?

文玉说,他现在肯定就在对岸,我听到他说话的声音了。**风呀,你要到哪里去?你行走的样子就是我面前的月光吗?你行走的姿态就是月光下的堤岸吗?你吹动树叶的声音就是你的话语吗?我不知道我不知道,我只记得姥爷那如赤的面容,我只记得姥爷那如银的胡须,我只记得姥爷那朗朗的笑声,姥爷,你在哪儿?**

6. 裸露(续)

  在大街上,三爷看到一群又一群人往河道里走。由于人们忍受不住天气的闷热,他们要到颍河里去洗澡。在公社东边的一条小胡同里,三爷也拐向了河道。

  在小胡同里,三爷看到有两个女人走在他的前面,那两个女人一边行走一边高声地谈论着什么事儿,他听出其中就有他的二儿媳妇尹素梅,这使三爷不由得放慢了脚步。三爷极力地回忆着今天的晚饭她是不是在家吃的,他知道这个女人常常不回家吃饭。由于工作的需要,或者是一种借口,她很少回家,就是在夜间,她也常常在酱菜厂里度过。在三爷的感觉里,她身上的每一个毛孔都散发着甜面酱的气息。她现在要到哪儿去?三爷想,她去河里洗澡吗?这个不懂规矩的女人,这个不要脸的戏子!你以为你每月能为家里挣300个工分就不是你了?你竟敢连家也不进了!不要脸的东西,你以为你唱了几天戏你就可以用高嗓门说话吗?或许是和她同行的女人的柔声柔气怂恿了她,她的嗓门变得像一只发情的母狗那样放肆。那个柔声柔气的女人一边从兜里摸出几骨朵醋蒜瓣吃着一边随和着她的话题。三爷知道他的二儿媳妇常常用队里的醋蒜瓣去贿赂那些顺着她的意思说话的男人和女人。现在这个柔声柔气的女人正是运用了这一点从她手里得到了生产队里的醋蒜瓣的。妈那个×,连恁爹我也吃不上醋蒜瓣呢!三爷一边气恼地跟在她们身后看着她们吃着生产队里的醋蒜瓣,一边在闷热的空气里往河道里走,三爷听到她们谈话的内容慢慢地转向了他们老王家,这个不要脸的东西,她竟敢对别人谈论起家里的私事儿来了!

  尹素梅说,俺那个家呀,真是没法儿说。

  你还没法说?那俺还咋说?谁不知道恁家日子好过,一家人下去挣工分,分的粮食吃不完,要公家人有公家人,要干部有干部,有打里的有打外的,家里又有三爷撑着。

  别提那个死老头子啦。尹素梅说,都是他把着不让分家,你不知道,我早就想分家。

  另一个女人说,看你自在哩,说风凉话吧?

  唉,你不知道,那个死老头子偏心眼,你看俺老大家成年累月不去地里干活,都是俺两口子挣工分养活他一家。就说俺大哥吧,明里是个校长,一月几十块,问问谁见过他的钱?问问他给俺春玲添过一丝半寸没有?看看他家大燕穿的!就这,那个死老头子还向着她,我成天不在家,谁知道他天天都给她买啥好吃的。你不知道,那个死老头子特别喜欢俺大嫂,俺大哥整天在学校里忙,说不定……

尹素梅把话说了个半截就哈哈地笑了起来。

那个女人也一惊一乍地说,是吗,会有那样的事吗?

尹素梅说,那可说不准。

哎呀呀,你不说我还真不知道哩。

这不说,尹素梅说,还有他闺女,俺家的东西他都是偷着往他闺女家送。

是吗?那个女人说,我和文宝家是邻居,我咋就没有见过呢?

能会让你见吗?他白天敢去吗?他不敢去,看看给他闺女找了个多好的婆家。她自从进了刘家的门,享过福吗?一个开烧饼铺子的人家整天舍不得吃喝,挣俩儿钱就买地,结果打成了地主,现在地主成分能在人前说的话吗?你不知道,俺老三恨得就不让刘嘉生一家进俺家的门,你说那个死老头子还敢明打明里去给他闺女家送东西吗?

三爷咬牙切齿地跟在那两个女人的后面,他恨不得赶上去抓住那个狐狸精撕烂她的嘴。骚×,你就这样在外边编排我吗?你就这样在别人面前糟蹋我吗?你就这样在外边糟蹋这个家吗?有一股子火气从他苍老的鼻孔里喷出来,他觉得再不叫住她过去抽她的脸他就会恨得用头撞墙!可就这个时候,他看到那两个女人在前边的胡同里解开腰带,褪下裤子蹲下来解手。在月光下三爷看到了那两个女人蹲着的姿势,他不得不在一棵树后躲起来。

在寂静的夜空里她们说话的声音消失了,三爷躲在树后听到了哗哗的尿水击打路面的声音感到自己的老脸一阵燥热。他用手痛苦地捂着自己的耳朵,闭上眼睛。可是那尿水击打土地的声音却像一把锥子锥进了他的脑袋,他似乎闻到了那些顺风飘来的臊尿气,那臊尿气里还夹杂着一股死蒜的气味。这种混合的臊尿气使得三爷感到眩晕,他不得不把头靠在树干上,他看到自己的女儿在一场连绵不断的细雨里朝他走过来,她走得是那样的吃力,细雨打湿了她的衣报,细雨打湿了她的头发,她冻得嘴唇发紫、浑身发抖。他看到她手中那把红色的油纸伞已经被风雨吹打得千疮百孔。三爷忍不住就泪流满面,三爷说,英子,爹一定给你找个好人家,爹不会叫你受苦,走,英子,跟爹一块儿进镇吧,你知道镇里的刘老顺家吗?就是那家打烧饼的。刘老顺可是个过日子的好手,他已经给他儿子治下了几亩肥田,买的是谭家的地,谭家不正干,整天吃大烟,把家产都吃干了,没办法,就把地卖了,卖给刘老顺家了。刘老顺这样的人家上哪儿找呢?刘老顺的儿子正在许仙那里读书,我见过,一看就是个有出息的孩子,走吧,英子,跟爹一块儿进镇去看看吧,闺女,找个这样的人家起码一辈子不少你的热烧饼吃。

一个春光明媚的上午,英子羞答答地跟着她爹到颍河镇上去相亲。去相亲?不是,三爷说,我只是领着你到镇上看看人家那烧饼炉子有多红火!英子跟在爹后面,她看到前面土黄色的路面上到处都是金黄色的阳光,辽阔的土地刚刚复苏,像一个粗壮的汉子伸着懒腰,这就是男人的胸膛吗?英子想,男人的胸膛都是软软的吗?爹,你看那棵柳树发芽了,给我折下一枝做笛吧。爹就给英子做了一支柳笛,英子跟在爹的后面吹着柳笛到颍河镇去,那是多么遥远的梦境呀!爹说,你看,那就是颍河镇。英子停住吹笛。英子立足远望,在淡蓝色的天空下,英子看到了一座灰色的城墙,那就是颍河镇吗?是颍河镇。爹说,将来那儿就是你的家。英子说,爹,像做梦一样。爹说,不是做梦。爹说,你掐掐自己的胳膊看看是不是梦?英子就掐自己的胳膊,英子叫起来,爹,疼。爹就在阳光下朗朗地笑了,疼就不是梦。爹说,有好日子过了,我闺女有好日子过了,我闺女跟镇上打烧饼的老顺家攀上亲戚了。他们父女就在柳笛声中往前走,走到离城墙不远的地方爹在一块地边上蹲下来,爹掏出烟袋吸烟,爹狠狠地吸了一气烟用手指着路边的土地对英子说,你看看这块土地,这就是刘老顺刚刚买下来的,苍天有眼哪!不让我闺女受穷啦,我闺女有土地啦。爹的声音如天空一样晴朗,可就这时他们听到了枪声,枪声从镇子里传出来。接着他看到有几匹快马从镇子的寨门里奔出来,他急忙拉着英子躲进路边的破窑里,他们看着那几匹马在灰黄的土路上荡起一溜尘烟。英子说,爹,我怕。爹在窑壁上叩叩烟嘴说,别怕,闺女,有我哩。三爷说,闺女,别怕,有我哩。

三爷在眩晕之中站立不稳,他的头撞在了树干上,三爷睁开眼,用手抹拉一下自己撞疼的额头,三爷看到月光仍旧照着那条长长的胡同,可是咋看不见那两个蹲着解手的女人呢?整个胡同里没有一个人,她们到哪儿去了?那个不要脸的戏子!我刚才是不是在梦里?我现在是不是在梦里?

英子说,掐掐你的胳膊。

三爷就掐了掐自己的胳膊,疼呀,英子。

英子说,疼就不是梦。

不是梦?可是那两个女人跑到哪儿去了?三爷沿着胡同往前走,在刚才那两个女人蹲着尿尿的地方,确确实实有两片湿印子。那两片被尿水浸湿的土地在月光下和别的土地有着截然不同的颜色。三爷抬头看看前面,胡同里仍旧没人,三爷回头看看,胡同里同样没人,三爷就在那两片尿印子前蹲下来,他在那两片尿印子前犹豫了一会儿伸出手指在其中的一块上抠了一下,然后举到鼻子前,他闻到从那土里散发出的臊尿气里混合着死蒜气。三爷骂了一句,妈那个×!就在裤衩上抹了一下手上的泥,他知道了哪一片是那个柔声柔气的女人尿的尿,他用手把右腿上的裤衩子拉到腿根上,掏出家伙来踮着右腿朝那片尿印上恶狠狠地撒了一泡,三爷一边尿一边骂道,妈那个×,压压霉气!

可是由于年岁的缘故,三爷的这泡尿撒得稀稀拉拉,有一半是顺着他的大腿流下来的。但三爷的心情突然平静下来,三爷用手拨弄着他的尘根,沿着胡同往河道里走,不知为什么,再次行走的时候三爷又想起了文宝。文宝。你一个人正在河边坐着吗?三爷想,我今天一定要找到你。

从河道里吹过来的热风打在三爷的脸上,三爷感到四周像筑起了炉壁又燃起了熊熊的大火,空气热辣辣地灌进三爷的肺腑,周身的汗毛眼里都往外浸着汗水,河道里传来了女人们洗澡的嬉闹声。三爷想,那个不要脸的戏子就在她们当中吗?三爷立在河岸上往河道里看一眼,深深的河道里满是女人的声音,三爷感到那些声音有些刺耳,就把目光收回来。三爷想,文宝在哪里?文宝在西边的男人堆里吗?三爷这样想着往码头的西边走。

三爷顺着南门码头走下河道,南门码头西边的河道里全是男人们的世界。有个人从三爷的身后赶过来,在越过三爷的时候他说,三爷,您也来洗澡了?

是呀,三爷应和着,三爷看到和他说话的那个人是汪麻子汪裁缝。

裁缝说,三爷,街上来了一群红卫兵,都在茶馆门前。裁缝的话语里有些讨好三爷的成分,裁缝说,您知道了吧?

三爷说,我知道。

裁缝一边用褂子扇着风一边说,恁家大燕和春玲也该回来了吧?

该回来了。三爷说,这几个孩子出去快一个月了。

他们一边说着一边沿着码头来到河边,岸边的河水里几乎泡满了洗澡的男人。裁缝说,三爷,天都快立秋了,咋还恁热哩?

三爷说,秋老虎,热。三爷一边脱着裤衩一边往河水中的人群里瞅,文宝,你在哪里?可是三爷看到河水里全是一些模糊的人影,文宝,你在哪儿呢?

文宝立在河岸边望着那群在河水里洗澡的女人,你们是一些鱼吗?你们快到深水里去吧,一会儿渔夫要来了,渔夫拉着白船子要诱你们撞网了,你们快游到深水里去吧,你们是鱼,可是你们为什么还在这儿呢? 文宝有些为她们担心,文宝有些焦躁不安,**你们到深水里去吧**。文宝在月光下沿着河水往上走,他渐渐接近那些洗澡的女人,嘴里发出像赶鸭子一样的声音。

看到文宝走过来,河水里的女孩子惊叫起来,傻子,傻子来了!

你们快到深水里去!

傻子来了!女人们赤裸裸地蹲在河水里惊叫着,傻子来了!

文宝扬起胳膊对她们喊叫着,他的声音悠扬而缓慢,**你们是鱼,你们到深水里去!**可是,没有一个女人能听懂文宝的话语。

尹素梅在河水里喊,文宝,滚!

文宝仍旧扬起胳膊朝她们喊叫,可是回应他的却是从河水里飞上来的泥巴和砂礓。河水里的女人喊,砸!砸他个不要脸的!

砸呀!

砸呀!

码头西边的男人听到码头东边女人的叫喊都静下来,他们在月光下只看到一片朦朦胧胧的属于女人的世界。

女人在喊,砸呀,砸死那个傻子!

片刻,男人们也明白了那边所发生着的事,他们也在河道里叫喊起来,打呀,打他个流氓!

三爷说,是谁呀?

有人说,傻子文宝。

我的乖,三爷暗自苦叫一声,是你吗?你快跑呀,快跑呀!

然而文宝没跑,文宝立在那里,泥巴和砂礓雨点一样砸在文宝的身上和脸上,文宝被这突来的袭击给打晕了,他愣在那里,不知这个世界突然发生了什么样的变故,他停住了喊叫,他仿佛听到有林涛的呼啸声从远处涌过来,那声音夹杂着泥巴和砂礓滚过来,那声音越来越近,那真的是风!真的从西边的河道里刮起一阵下钻上扬的狂风,狂风卷起河滩里的黄沙飞打在人们的脸上,黑色的风团发出尖厉的呼哨。随后,铜钱大小的雨点击在河面上击在岸上的树叶上发出骇人的声响。女人们全都被这突来的情况给惊呆了,她们听到码头西边的男人惊叫道,雨来了——

男人们惊慌了。

女人们也惊慌了。惊慌的女人们忘记了立在水边的文宝,她们叫喊着爬上岸,可是河岸上却没了衣裤,衣裤哪里去了?我的天哪!衣裤哪里去了?

木了片刻,都明白过来是刚才的狂风把衣裤卷到河水里去了,衣服全都被卷到河水里去了，我的天哪！

　　河道里的风刮得更遒劲，把河水掀起巨浪，水浪有力地拍击着河岸，发出怵人的声响。黑云覆盖了天空，连灰暗的光都给吞噬了，雨声哗哗地从远处排山倒海似地压过来，天哪，老天爷这是要干啥呀？快跑吧，快跑回家吧！

　　赤裸裸的女人往码头上跑，赤裸裸的男人也往码头上跑，有的人摔倒了爬起来还跑，慌乱的脚步声里夹杂着女人们的惊叫声。

　　三爷也被这突来的风暴给弄得不知所措，三爷颤抖着身子走上岸来，三爷撅着光腚在岸上摸衣服，可是哪里还有衣服，全是一些烂泥。许多人从三爷的身边跑过去，三爷也顾不得更多，三爷也光着身子往码头上走。

　　三爷光着身子夹杂在人群里来到码头上的时候，天空里突然亮起了一道闪电，那闪电在一瞬间划亮了黑色的天空，拥挤在码头上的那些赤条条的男人和女人都被这突来的光亮吓傻了，他们停在那里，男人看着女人，女人看着男人，那些一丝不挂的男人和女人，那些拥杂在一起的男人和女人，都给裸露在光亮里了。我的天哪，闪电，闪电来了！接着便是震耳的雷声，雷声像从头顶上砸下来的一样强烈地震撼着大地。

　　三爷痛苦不堪地立在人群里，他感到有熟悉的目光在剜着他消瘦的裸体，他仿佛看到了他的二儿媳妇，这使他无地自容。三爷在不停地闪现的光亮里蹲下来，他一手捂着自己的羞处一手捂着自己的脸，他老人家忍不住哭泣起来，三爷的哭泣声在雷雨里显得是那样的微弱。

　　在闪电里，人们看到三爷慢慢地蹲下来，人们听到了三爷的哭泣声，三爷的哭泣声是那样的孤独无助，三爷就像一个无家可归的孩子，三爷的哭泣声强烈地震动着赤裸裸的男人和女人们的心。他们立在那里，在光亮里有人看到一只刚刚靠岸的小船，有一群扛着红旗的学生走下船来，那些面容黑瘦的孩子仿佛从梦中走来，为首的文玉走到三爷的身边停住了，他迟疑了一下就把身上挂满毛主席像章的褂子脱下来，披在了三爷身上。

　　三爷听到了像章叮当作响的声音，三爷抬起了头，又一道闪电亮起来，三爷在那光亮里意外地看到了立在河边的文宝，文宝像一尊铜像立在河水边。你们是一群孩子吗？一群做错了事的孩子。你们这个样子怎么走进你们的家门呢？接着，更猛烈的暴雨铺天盖地地就来了。

7. 缺席者

　　暴风雨突然来临的时候，渔夫正躺在自家院子里的小兜床上打盹。天太热了，热得人一身臭汗又一身臭汗地接着出，可是老鳖懒得动，他实在太累了,他闭上眼睛告诫自己说,睡吧睡吧,明天还得起早去起网。渔夫正要混混沌沌地入睡,就听到远处呼啸的林涛声。渔夫还以为自己是在做梦呢,风就来到了院子里,风卷起一些泥沙打在他的身上。

渔夫一边起身一边想,这老天爷,到底热出个结果了,风是雨的头,快回屋里去吧,雨就要来了。渔夫还没有走进屋里雨果然就来了,渔夫想,下吧,下了好凉快!

渔夫站在门里,望着暴雨夹着雷电倾泻在他的院子里,看着风在闪电里狠狠地按下他院子里的那棵小树。渔夫一看小树的样子就为它担心,渔夫在心里为它祈祷,慢点慢点,今年我栽了十几棵树就剩下这一棵了,其余的全都被秧子家的老母猪给啃死了。风呀,你慢些,我还指望这棵树长大了给我做棺材呢,风呀,你慢些,我没儿没女那树就是我的伴呀,我回到家里没有老婆没有鸡鸭就只有这棵小树在风中呼啦啦地拍着小手对我说话呢。可是那风不听他的话,那雨也不听他的话,风和雨翻过来倒过去地折磨那棵小树,一会儿把它的头按下去一会儿又摘掉它的几片叶子,渔夫就站在门边为那棵小树祈祷。风和雨渐渐赶走了闷热,风和雨渐渐地使天气凉快下来,风和雨也赶走了渔夫的睡意。雨小下来的时候渔夫突然想起了他的渔钩和系在河边的渔船。渔夫想,这一下雨,河里就会涨水,我得去把鱼钩起了。渔夫走到床头摸到他那把像宝贝儿子一样的手电筒,这把手电筒天天跟着他在河道里转悠。

渔夫走出家门,踏着积水来到河堤上。河堤上被暴雨冲得干干净净,他还能听到有雨水流动的声音。渔夫想,这雨下得真大。

渔夫走到东码头,用手电照了照生产队里的豆腐坊。豆腐坊的门开着,新民冲着门口放一张兜床守夜,床上的新民这会儿睡得鼾声如雷。渔夫想,这个鳖儿,年轻轻的睡觉就像拉大车一样,渔夫突然想看看新民睡觉的样子。渔夫朝豆腐坊的门口走去,把电筒光照在新民脸上,新民睡得像死猪一样,嘴一张一合的。渔夫弯下腰拾起床边新民的布鞋,渔夫说,我来给你治治病吧,说着就把一只臭烘烘的布鞋捂在了新民的鼻子上。新民在睡梦里伸手把鞋打掉了,他嘴里嘟囔了两下又睡去了。

渔夫骂了一句,就指望你这样的猪头看家吗?人家把东西偷光你也不知道!

渔夫一边嘟囔着一边用电筒光照着豆腐坊,渔夫看到那头拉磨的老驴正闭着眼睛在后院的棚子里孜孜不倦地吃草。渔夫的电筒光又落在了盛豆腐的合扳上,他看到那上面还有一些白天分剩的豆腐,渔夫就感到有些饥饿,他走过去掀开盖在上面的水布操刀切下了一块。渔夫一边吃着豆腐一边回头看着躺在门口的新民,渔夫想,鳖儿,就你这样看班吗?吃完豆腐渔夫就小心翼翼地走出来,他想,这个鳖儿装哩吧?他要是装的明天我可就说不清了。

渔夫走到门口,又用电筒光照了他一下,这回他看到新民的裤衩子被鸡巴顶得老高老高,渔夫暗自笑了一下在心里说,这货梦里还想好事。渔夫就在小兜床边蹲下来,小心翼翼地用手拉下新民的裤头,他看到了长在新民腿间的硬邦邦的鸡巴,渔夫回过头来在地上寻了半天才找到了一个合适的东西给新民的鸡巴套上。那是一只被人穿破的鞋底,鞋底上由于长时间的行走被磨出一个洞来,穿破的鞋又被人用来给拉磨的老驴垫背,后来垫背也用不着了就被人丢弃在门后边。渔夫想,说不定新民个鳖儿还想用这个鞋底到货郎那儿换一个糖豆呢,就这吧,就当个破×套在你鸡巴上吧!渔夫给新民套上那个破×就一边暗笑着走出豆腐坊。渔夫想,就你这样的熊人还想看家哩,就这你还天天多拿队里两个工分哩,人家把你抬卖了怕是你也不知道吧。

渔夫这样想着来到河道里,他的白船子还在,他那起渔钩的小渔船还在。他扬扬头,雨已经不下了,天也渐渐地露出脸来,一颗星星,又一颗星星。渔夫想,这就叫雨过天晴吧,天晴了我正好可以起钩了。渔夫一边打着电筒一边小心地来到河边,在起铁锚的时候,他看到铁锚亮在外边的爪子上挂着一件衣服,一件湿漉漉的衣服。渔夫想,这是谁的衣服?渔夫把那件衣服掂起来,用电筒照着看,发现那是一件女人的花褂子,好好的,连个补丁都没有,是哪个女人把褂子丢在这儿了?渔夫想着把锚起了跳上船,渔夫想,别讲谁哩,我先拾起来再说。

渔夫把铁锚挂在船头,他下到船舱里的时候,渔夫又看到船舱里丢着一件裤衩,一件女人的花裤衩。渔夫又把那件裤衩拾起来,左看右看真的是一件女人的东西,渔夫想,这就怪了,是哪个女人把裤衩子丢在我船上了?难道有个女人从这里投河死了?渔夫连忙用电灯往河里照,灯光照在河面上,他只看到了一些微小的水纹。渔夫想,不可能是投河了。投河就想死呀,想死也不至于把衣服都脱得光光的呀!我老鳖在河道里都快一辈子啦,啥事都见过还真的没有见过今天这样的稀罕事呢。

渔夫一边想一边划着他的小船去起钩,渔夫插在河边竹竿上的铃铛在不时地发出叮当叮当的声响。渔夫想,有鱼上钩了。渔夫刚拉起钩绳就看到有一个黑糊糊的东西泛上来,渔夫倒吸了一口凉气,他叫了一句,我的妈呀,那是啥东西?不是个死人吧。渔夫屏着气哆嗦着拉上来,那东西就哗哗地往河里淌水。渔夫把那东西放到船头,用灯一照,原来又是一件衣服,一件男人的大裤衩。渔夫想,我日他娘,这事就日怪了,哪儿来的大裤衩?渔夫把裤衩拧了一把水丢在船舱里,又去起钩。谁知还没拉两下又冒出来一件衣服,这是一件女人的衣服。老鳖想,我日他娘,这回怕是真的遇见鬼了。老鳖喃喃地叫着,鬼呀鬼,你是哪路幽灵呢?你前世和我有什么冤仇呢?你今天是不想让我捕鱼了?

　　渔夫一边喃喃自语一边慢慢地起钩,每拉一下钩绳都是沉甸甸的,可是他的钩上没有一条活蹦乱跳的鱼,他拉上来的全是衣服,一件又一件的衣服,男人的衣服和女人的衣服。老鳖把钩起完,头也有些木,他的小船失去了舵手在水里打转儿往下冲,渔夫想,我今儿个怕是真的见鬼了,要不我就是在梦里,我是在做梦吧。老鳖用手摸一摸自己的脑袋,脑袋上满是汗水,他的凉手一搭在脑门上就清醒了。清醒过来的老鳖突然明白了这是怎么回事了。老鳖一拍大腿站起来,老鳖说,我日他娘,是那场怪风吧?那场怪风把洗澡的人的衣裳全都刮到河里去了吧?没准是这样。渔夫想,如果是这样的话那这衣服就差的多啦,说不定有些衣裳刮到岸边的柳丛里去了。老鳖这样想着,就兴奋起来,他用力把船划到东码头上,然后锚在岸上,拿着手电筒就去岸边的柳丛里搜寻。渔夫果然在柳丛里发现了各种各样的衣服,男人的衣服和女人的衣服,那些衣服有的挂在树枝上有的像一片尿布摊在水边的沙地上。

　　渔夫这样从东码头一直找到南门码头边,就找了不下一百件衣服,那些衣服全是女人和男人的裤头,还有女人的花褂子。到了南门码头嘴那儿,老鳖又看到了许许多多的鞋子,在码头的东边全是女人的鞋子,在码头的西边全是男人的鞋子。渔夫这下乐了,渔夫想,怕是一辈子我也穿不完这么多的鞋子呀。那鞋子实在太多了,他没办法带走那些鞋子,渔夫想了想,就沿着河道走回到东码头那儿把他的渔船拉了上来。他把那些鞋子全都拾到船舱里。渔夫想,就算是我今天捕到的鱼吧。

　　渔夫把船锚在南门码头那儿的时候,天色已经发亮。渔夫想,我也该上岸了,每天这个时候我都提着鱼篓上街去,可是今天我提着啥上街呢?渔夫想着想着就笑了,要不我就把这些衣服弄到街上去吧,是谁的谁认走。渔夫这样想着就准备去收拾那些衣服上岸去,可是那些衣服上沾满了泥沙,渔夫想了一下就下到河水里,一件一件在河水里清洗起来。

　　那天清晨,许多早起过河赶集的外乡人还有一队从镇子里出来扛着红旗过河的红卫兵,都看到渔夫像个染坊的伙计在河水里摆衣服,一件又一件。由于老鳖干得全神贯注,他没有注意到昨天晚上他在三爷的茶馆门口看到的那群外地来的孩子坐在渡船上朝他观望,他洗净一件又一件,最后他把那些洗净的衣服全都搭在他的竹篙上,把那些鞋子用绳子像串鱼一样串起来挂在竹篙的两头,然后就挑着上了岸,那个时候,渔夫没有想到这些衣服这些鞋子会给他带来什么样的灾难,他甚至有些乐呵呵地挑着满竹篙的衣服和鞋子上了岸。在南街口靠近十字街那儿,渔夫遇到了起早在街上打袜子的涂二,涂二听到呱呱叽叽的脚步声,就用耳朵对着老鳖看一眼,涂二说,老鳖,逮恁些大鱼?

老鳖看看周围的人说,涂二你看清了,这是鱼吗?

涂二又看了一眼说,噢,你哪儿弄来这么多衣裳和鞋子?

老鳖说,昨夜刮风你知道吗?

涂二说,知道呀。

老鳖说,昨天晚上你去河里洗澡了吗?

涂二说,我没有去洗澡。

老鳖说,你没去洗澡别的人去了,洗着洗着就来风了,真是怪风呀,那风把岸上的衣服都刮到河里,落到我的鱼钩上。

涂二叫起来,呀,那些人都是光着屁股回家的吗?

老鳖说,你想哩,要不哪儿来这么多衣裳,哪来这么多裤衩花褂子?

涂二说,那女的是咋回家的?也是光着屁股吗?涂二对周围的人说,嘿嘿,新闻新闻,男的女的都光着屁股在大街上跑。这都是谁的衣裳呀?

老鳖说,不知道。他看一眼周围的人说,谁的谁来认吧。

可是那群围着的人没有一个出来认衣裳。渔夫就挑着往街里走。渔夫挑着衣服在十字街那儿拐向东街去,他在大队的铁匠铺那儿看到了秧子,秧子正在那儿生火打铁,老鳖说,秧子,这里有你的衣裳吗?

秧子停下手中的活儿说,衣裳,哪来的衣裳?

正说着汪麻子从裁缝铺里跑了出来,汪麻子说,我看看,我看看,有我的没有?汪麻子说着就在老鳖挑着的衣裳里去扒拣。

老鳖说,昨夜你去洗澡了?

汪麻子说,去了。

老鳖说,你咋回的家,就那样光着屁股吗?

汪麻子看一眼周围的人脸就红了。

秧子说,那一定,这货一定是光着屁股跑回去哩!

汪麻子说,龟孙光着屁股回去哩!我洗好上岸回家的时候还没有下雨哩。

老鳖说,那你还扒拣啥?想看看有没有恁媳妇的衣裳是不是?

一圈人听了都哈哈地笑起来。

汪麻子的脸就更红了,扭头朝裁缝铺里去了。

老鳖很是得意,就挑着继续往东走,一边走一边和一街两行的人打招呼。走到三爷的茶馆前,看到三爷正在街面上扫地,老鳖就叫了一句,三哥。

三爷停下手中的笤帚,他看到了挑着许多衣服的老鳖,他看到自己的大裤衩子就搭在最上面,他的脸刷地一下就火一样地发烫,他正想转身走进茶馆,却被老鳖叫住了。老鳖说,三哥。

三爷说,你这是玩的啥把戏?

老鳖说,从河里捡的衣裳。

三爷又看了一眼那些衣裳,他从中看到了一件白底红花的女式褂子。三爷想,这件衣裳好眼熟呀。三爷突然记起来了,这不是二儿媳妇的衣裳吗?那衣裳有好几次都晾在他家的后院里。是哩,就是她的衣裳,这个丧门星!这个野戏子!那件衣服还偏偏被压在他的裤衩下面,这成何体统?这个老鳖!

老鳖说,三哥,有你家的衣裳吗?

三爷心里憋了一口闷气,面上却不动声色,他朝老鳖摆了摆手说,没有,去转吧,谁的让谁拿走,这些人,都是咋回的家?

老鳖说,咋回的家?光着屁股,哪一个不是光着屁股回的家?

三爷不再理他,三爷又去扫地,三爷没扫两下就感到头晕,他险些倒下去。三爷忙回到茶馆边的棚子里坐下来,三爷想,这个鳖孙家儿就这样挑着那些衣服在街上走吗?这镇子里有谁不认得我的大裤衩子呢?这个杂种,他就这样挑着在镇子里走吗?

老鳖真的就挑着那些衣裳在颍河镇的大街上走,从西街到东街,又从东街到西街,可是镇子里的人却没有一个人出来认衣裳。老鳖想,我日他娘,这就稀罕了!这都是哪个鳖孙家儿的衣裳?这衣裳和鞋子是从天上掉下来的吗?

最后渔夫实在挑累了就在十字街东北角供销社的食品门口停下来,老鳖看了看食堂门前那副油腻腻的肉架子,就开始往上搭衣裳。老鳖对围着的人说,既然没人要,就当这些全是猪皮晾在这儿吧!

三爷站在自家门口望着许多人围着老鳖看他往肉架子上搭衣服,心里就有些慌。三爷想，还是把衣裳要回来吧。三爷这样想着就朝那堆人走去，走到那里却停住了，他看到老鳖每搭一件就说一句，又一件狗皮。

有人看见他搭了一件女人的褂子就问，这一件呢？

老鳖说，母狗皮。

众人就哄地一声笑了。

三爷看到老鳖拎起自己的裤衩子往上搭时又有人问，这一件哩？

老鳖说，公狗皮！

人们又哄的一下笑了。三爷立在那里，胸口好像被锥子狠狠地刺了一下，三爷有些头晕，三爷有些站立不住，三爷就转身往回走，三爷微微地闭上眼睛往回走。三爷没有看到迎面走来的文宝，那个他不停地想看到的文宝，可是这天的上午三爷却和文宝擦肩而过，他的脑海里满是那堆人的哄笑声。

老鳖终于搭完了衣服，他又把那两串鞋像食品店里卖剩的骨头一样挂在了肉架子的两头，然后他就在肉架子边蹲下来，他累得实在有些顶不住了。老鳖说，这些熊人，好心好意地给恁把衣服弄上来，却没有一个人敢认！这时老鳖看到了走过来的文宝，老鳖看到了文宝就像看到了他亲叔二大爷似的，就忙站起来兴奋地叫了一声，文宝！

许多人都转过身去，他们看到文宝正从阳光里走过来，文宝看到了那些晾在阳光里被风舞动着的花花绿绿的衣服。**那是鸟的翅膀吗？鸟的翅膀都被拆下来了，可鸟儿在哪？没有翅膀的鸟儿都死在树林里了吗？**老鳖走过去一把拉住了文宝，他说，文宝，上街了？

那些都是鸟的翅膀吗？

老鳖说，你来，去挑两件衣裳穿。

鸟的翅膀都被拆下来了吗？

老鳖拉着文宝走到那些衣裳面前，老鳖说，挑吧，想挑哪件挑哪件，想要哪件要哪件，反正这些衣服没人要。

可是鸟儿在哪？文宝伸手拉下来一件白底红花的女人褂子，这下围着的人又哄地一下笑了，老鳖也笑了。老鳖说，文宝也想女人哩，文宝，这褂子就是你的了。

这时突然有个人挤了进来，老鳖一看是刘嘉生。刘嘉生在阳光下黑唬着脸，他一把夺过文宝手中的褂子扔在老鳖的怀里，拉着文宝就往南街走。刘嘉生一边走一边对文宝训斥道，回家，谁让你出来了？文宝一边走一边回头去看搭在肉架子上随风摆动的衣裳，**没有翅膀的鸟儿都死在树林里了吗？**

8. 传播者

  鸡叫三遍的时候老鸡就醒了,老鸡每天都是这个时候醒来,老鸡醒来之后就拍了一下他女人的屁股说,醒醒。他女人赤裸裸地正躺在当门的破席上睡觉,连动都不动。老鸡骂一句,你这个猪!他站起来从水缸里舀一些水滴洒在女人的身上,那女人就被凉水激醒了,她侧身坐起来,揉着眼睛说,下雨了,下雨了。

  老鸡说,下星星了!起来尿泡!

  噢。女人就站起来走到门口往尿盆里尿尿。那女人的屁股蹲在尿盆上就像一个箩筐,一个白晃晃的箩筐。

  老鸡听到女人把尿尿得像开了水闸似的。

  老鸡就说,你就是个母猪托生的,一回不说你就尿在地上,就不会尿盆里吗?女人没理他,尿完了照旧回到苇席上去睡觉。老鸡说,起来,穿上衣服睡!老鸡说完就端起尿盆往厕所里走,他闻到尿盆里的液体散发着一股热乎乎的气息,他一边走一边嘟囔着,你就是个老母猪,一回不安排你就尿地上,就不会尿盆里吗?尿地上谁给你工分?没有工分你吃屎都没人给你屙!

  老鸡一边嘟囔着一边走到厕所里,他把盆里的尿倒进尿桶里,随后自己也褪下裤头尿了一气。等回到屋里,女人已经睡着了。老鸡蹲下来说,叫你穿上裤子听见没有?那女人翻了一个身,就那样四肢伸开,白白的一片。老鸡忍不住又在她的身上摸,那肉软软的,老鸡想,女人真是个好东西,女人让人销魂!老鸡想,再干一伙吧!老鸡一边用手抚摸着女人的肚子一边想,不中,夜里都干了两伙了,再干一伙还要命不要?我还得去挑水哩,再干一伙再挑一天水我就没命了!还是命要紧,命是青山,留着青山在,还怕没柴烧?老鸡这样想着就抓起老婆的裤子给她往腿上套,一边套一边说,我去挑水了,穿上裤子再睡。

  老鸡给他女人穿好裤子起身走到门外,伸手抓住放在门口的钩担,钩担上的钩子一下钩住了门边的木桶,他把水桶往前一甩,后边的钩子一悠又钩住了另一只木桶,右胳膊往上一抬,那副水桶就上了肩。老鸡挑着水桶走出院子,在渐渐明亮起来的天色里穿过北街到后坑里去挑水。

  老鸡沿着酱菜厂北边的小胡同来到后坑里,又沿着青砖台阶下到坑底。坑底有一个井台,井台的四周都用青砖砌住了,由于潮湿,井台四周的青砖上长满了粉绿色的青苔。井口的四周有四块长长的青石条,老鸡的脚步和水桶的叽扭声打破了这里的寂静。老鸡把木桶放在井台上,用钩担钩着一只桶下到井里去汲水。老鸡一边往井里放着钩担一边看着弥散着雾气的大坑,只听井里咚的一声响,水桶够着井水了。老鸡看也不看井里就用钩担左右一摇,身子往下一蹲,就听井里咂的一声闷响,桶里的水就满了。老鸡往上一伸胳膊一用力,又一伸胳膊一用力,满满的一桶水就拉上来了。接着又汲另一只,那动作比往他老婆腿上套裤子还熟练。

  老鸡担着水在淡淡的晨雾里攀着台阶往回走。过了胡同,来到大街上,老鸡想,今天先往酱菜厂里挑还是先往三爷的茶馆里挑呢?老鸡走到酱菜厂门口心里才打定了主意,往三爷的茶馆里挑吧,再去看看那些外地来的红卫兵。老鸡穿过北街在公社门口那儿拐向了西街。那个时候街上还冷清清地没有一个人,老鸡挑水走到茶馆门前看到那里并没有外地来的学生,老鸡想,或许是昨天晚上那场大雨的缘故吧。三爷的茶馆前冷清清的,只有几张桌子放在茶棚下,茶棚下还放着一只小兜床,小兜床上躺着一个人。

  由于老鸡挑着水桶,他没有看清躺在小兜床上的那个人是谁,老鸡只是想,三爷家的人怕是都在茶馆后面的院子里睡觉吧。老鸡这样想着就进了茶馆,茶馆的门在夏天或者在春天和秋天都是这样给打水的老鸡敞开着,三爷往往就躺在茶馆通往后面的过道里。老鸡挑着水桶来到水缸前,把水桶贴着缸壁,右胳膊一用力,那桶水就哗地一声倒进了水缸里。那些大水缸有一半埋在土里,老鸡把后面的水桶贴在缸壁上,抓着水桶襻子的手腕又一用力,又听哗的一声响,缸里的水就涨上来,水里漂动着一个老大的用竹筒做成的水舀子,那水舀子小船一样在水缸里荡动,咣咣当当地碰着缸壁。这个时候三爷就会在靠里边的小兜床上问一声,老鸡吗?

  老鸡就会说,是我,三爷。

  接着就没了言语。三爷仍旧躺在床上,老鸡就挑着水桶走出来,水桶襻子的叽扭声也一点一点地走远了。可是今天老鸡倒完水却没有听到三爷的问话,没有。老鸡渴望着三爷这个时候发出声音来,然后他就可以探听一下那些从外地来的红卫兵的去向了。老鸡想,三爷哪儿去了?三爷睡着了吗?不会,三爷啥时候睡着过?三爷啥时候都醒着,你看他躺在小兜床上闭着眼睛不说话,可是三爷醒着,这谁都知道,所以三爷茶馆里的门就可以不关,就是夜里从大街上过一辆驴车走过一个起早拾粪的人三爷也知道,夜里从大街上走过的人没有一个能躲过三爷的耳朵。可是三爷今儿个上哪儿去了?

  老鸡在水缸前犹豫了片刻还是走出来,他来到大街上。大街上已经开始有人走动了,可是老鸡没有看到那群外地来的红卫兵,这使老鸡很失望。

那群人上哪儿去了？都住到公社里去了？那也说不定,都住到对面的酒厂里去了？也有这个可能。老鸡正想担着水桶往回走,却看到了躺在茶棚下那个小兜床上的人,一看到小兜床上的人他就忍不住地叫了一声,咦,乖乖!

老鸡轻轻地放下水桶屏着气走到茶棚下,他看到躺在小兜床上的那个人身上盖着一件褂子,那件褂子上别满了大大小小各种样式的毛主席像章,看到那些毛主席像章,老鸡的心都快跳出来了,他忍不住又叫了一句,乖乖!老鸡激动地搓着双手情不自禁地小声说,咋恁些!接着他才看一眼那个躺着睡觉的人。他认识那个人,那是刘嘉生的二儿子文玉。一看是文玉老鸡心里就咚咚地跳个不停,文玉串联回来了？文玉从哪儿弄这么多毛主席像章？他轻轻地叫了一句,文玉。

可是文玉没醒。他想,可能是文玉走路走累的缘故吧。老鸡这样想着就伸手过去,一个又一个去抚摸那些毛主席像章。这么多像章,去掉一个他也不会知道。老鸡这样想着,他的手就有些哆嗦,他哆嗦的手一下又一下地抚摸着那些像章,他想,他不会知道,这么多,去掉一个他也不会知道。

老鸡这样想着又伸出了另一只手,他想让这只手帮一帮那只颤抖的手。

可就这个时候,老鸡听到一声轻轻的咳嗽,老鸡抬起头,他看到了三爷。三爷像个幽灵不知道啥时候出现在茶馆的门口,三爷一声不响地站在那里看着他。老鸡就把手收回来,他有些不安地搓着双手说,这么多像章。

三爷说,想要一个？

老鸡说,不是,我只想看看。老鸡又说,文玉回来了？

三爷笑了笑,三爷没有接老鸡的话,又转身回到茶馆里。

老鸡的脸燥燥地有些发热,他的目光从门洞里移到文玉身上呆呆地看了一会儿,只好挑起水桶往回走。走了几步,老鸡看到涂二从北街里走过来,他忙迎上去叫住了涂二。

涂二把耳朵对着老鸡看一眼说,老鸡呀。

老鸡把水桶放在地上去拉住了涂二。老鸡说,来来来,我让你长长见识。说着就拉着涂二来到茶棚下文玉躺着的小兜床边停住了,老鸡指着盖在文玉身上的衣服说,你看,你看看这是啥？

涂二就用耳朵对着躺在床上的文玉看。

老鸡激动地搓着双手说,看到了吗？

涂二说,真不少,他从哪儿弄这么多毛主席像章？

老鸡说,他去串联了。

涂二说,真不少。

老鸡说,想要一个吗?

涂二说,想归想,怕人家不给。

老鸡说,你又没要,咋知道他不给?你试试。

涂二说,试试?你咋不试试?想要也不是你这个要法。我对你说,万一张口说了人家不给,你脸往哪儿搁?这不是别的东西,这是毛主席。我对你说,你想要,就先去找刘嘉生。

刘嘉生?老鸡一下子就明白了涂二的意思,他拍了一下涂二的肩膀说,别看你眼斜,你这点子可不斜。说着他们走出了茶棚,老鸡朝茶馆里看一眼,那里没有三爷,他有些放心了。老鸡和涂二分了手回到放水桶的地方停了一会儿,他渴望着刘嘉生能从东边走过来,可是没有。等他挑着水桶走到公社门口的丁字路口前,却看到了铁匠秧子和汪麻子一前一后从东街里走过来,老鸡犹豫一下还是放下了水桶,等他们走近了他上去拉住了秧子的手。

秧子说,弄啥了,大清早。

老鸡说,走走,我让你长长见识。说着他又对汪麻子招了招手说,快两步,快两步。他拉着秧子来到茶馆前的茶棚下,指着盖在文玉身上的衣服说,看到了吗?

秧子和走过来的汪麻子都轻轻地喊叫起来,呀,这么多。

他们惊醒了文玉。文玉侧身坐起来,惺忪着眼睛看着眼前这三个面目灰暗的人正要说什么,三爷从茶馆里出来了。三爷对文玉说,去,回院里睡去。

文玉站起身来,拎着他的褂子穿过茶馆的过道,往后院里去了。他褂子上的毛主席像章在他走动的时候发出了叮当叮当的声响。

秧子和汪麻子都看呆了,他们被文玉褂子上的毛主席给镇住了。汪麻子停了片刻才说,三爷,卖吗?

三爷看他一眼说,卖?啥东西都管卖吗?

汪麻子忙应和着,不管不管。

三爷说,你睁眼看清了,那是毛主席,是恩人,是救星!

三爷说完就不再理他们,拿起竖在茶馆门前的笤帚开始扫地。

三个人看三爷扫地,就知趣地散开了。

三爷扫了几下,又停住了。三爷看看那几个走远的人,又把笤帚放到原处。

三爷穿过茶馆的过道回到后院,他看到文玉已经在自己刚才躺过的小兜床上睡着了。三爷想,这孩子太累了,说不定他有些日子没有睡好觉了,睡吧,好好地睡吧。

　　三爷搬个小凳子在文玉身边坐下来,他用手摸着文玉的脸说,乖乖,瘦了,在外边跑瘦了。

　　三爷这样说着目光又回到了盖在文玉身上的褂子上,看着褂子上的毛主席像章三爷说,毛主席。三爷用他苍老的手指去抚摸那些大大小小的像章,三爷说,毛主席……

　　三爷刚一张口,眼里就润满了泪水,三爷脖子里的老皮在咽喉上不停地滑动,三爷面前的毛主席就模糊。毛主席呀毛主席,我王老三是个大老粗,我王老三没有学问,可我王老三认死理,我王老三知道好歹。我老王家人老几辈都想在这镇上落户,俺爷王来福,是个穷种地的,成年累月背着箩头到镇上来拾粪,半夜里挎个箩头哒哒跑上十里地来到镇上,在大街小巷里转一圈,天不明就往回赶。俺爷苦呀,毛主席,俺爷一辈子没有穿过一双新鞋,毛主席,俺爷临死时拉着我的手说,乖,恁爷一辈子也没有领你去过一趟颍河镇,爷对不住你。俺爷说了这句话就咽气了。俺爹叫王多祥,给镇里的大地主雷九少家种了一辈子地,老实得连个屁都放不响,一辈子不赶集。赶集的都是俺妈。可是那一年俺妈赶集在半路上被两个土匪拉到玉米地里给糟蹋了,俺妈没脸见人就投河死了,俺妈丢下我们爷儿四个走了。毛主席,我命苦呀,俺爹辛辛苦苦拉着俺兄弟三个过日子,俺大哥没到十五岁就跟镇上的黄三狗子去当兵,一走几十年,到现在连个信儿也没有。俺二哥那年得了屙吐病,一天一夜没下来就死了,俺爹也是那一年死哩,临死的时候爹拉着我的手说,乖乖,往后的日子就全靠你自己了,乖乖,爹没有带你进镇吃过一顿饭,乖乖,爹对不起你呀。毛主席,我知道俺爷俺爹想的啥,俺爷跟俺爹都想到镇上落户,镇子里管做个小生意,可是俺老王家的人,在镇上连半寸地皮都没有,咋在镇上做生意呢?更别说到镇上来落户了。我就对我那仨孩子说,恁爹这一辈子啥都不求,就想挣钱在镇上买块地皮有间房子做个小生意。老大说,爹,别愁,不就是挣钱吗?他就跟着汪寨的汪老万出去打日本人去了,一去就是五年,回来就成了党了,还识了字。这不,一土改,俺大儿就把俺家的户口都改到镇上来了,还分了一处小院子,这我连做梦都没敢想,一下子我就成了镇上的人啦。我王老三托谁的福?我托共产党的福,我托您老人家的福。毛主席呀,没有您就没有我王老三的今天,毛主席,我对不起您,我真不知道文玉给我的衣服上挂满了您老人家,也怨天黑,也怨雨猛,我一时急得没办法,我一个老头子光着身子和那群男男女女站一块儿我咋有脸活人?谁知我这外孙刚好回来,咋恁巧哩,他和大燕出去快一个月了,早不回来,晚不回来,就偏偏昨夜下雨的时候回来?我说,文玉,给我一件衣裳。文玉就把这件衣裳递给了我,我就把衣裳围在下身上,谁知道这上面还有这么多的像章,天黑,看不见,要是看见了您就是打死我我也不会围在屁股上。毛主席,我对不起您,我有罪,我该死!我一边跑一边还听到叮当叮当地响,可我咋就没有想到是您老人家呢?毛主席,我对不起您……三爷这样想着就泪流满面,喉咙里发出哽咽的声音。

三爷说,毛主席,我对不起您!

三爷腿一软,就在床前跪下了,把头伏在文玉的身上,身子一颤一颤地发抖。三爷沉浸在深深的痛苦里,沉浸在因自责而引起的痛苦里的三爷没有看到从东屋里走出来的大儿媳妇。大儿媳妇一看三爷的样子就小跑着过来,拉着他说,爹,你弄啥了?

刚刚起床的大燕听到妈的叫声就和她哥丰收从东屋里跑出来。丰收说,妈,俺爷弄啥了?

丰收妈说,恁爷看到毛主席了。

丰收就帮着妈把三爷拉起来,大燕对丰收说,哥,叫咱爷坐那儿。

他们这一弄把文玉也给吵醒了,文玉说,姥爷,你弄啥了?

丰收妈说,想恁想的啦。

大燕说,这不回来了嘛。

丰收妈说,就差春玲了,恁俩也真是,咋不叫她跟着恁哩?

大燕说,她要去看毛主席嘛。

丰收妈说,她当家恁当家,走时不是说得好好的吗?马上她妈回来,我看恁咋说。

三爷这时抬起头来,三爷接过大儿媳妇递过来的毛巾擦一下鼻涕说,好啦,都别说了,丰收,你去把小明叫起来。

大燕说,小明没去上早自习吗?

三爷说,没去,他说肚子疼哩。

丰收就走进南屋,把正在睡觉的小明叫了起来。小明出来一见文玉的褂子上别满了毛主席像章,就对三爷说,爷,我要毛主席像章。

三爷瞪他一眼说,就我说哩,这像章谁也不能动!三爷顿了一下又说,大燕文玉回来了,咱今儿个也团圆团圆。

小明说,还有俺姐哩,俺姐咋没有回来?

三爷瞪他一眼,小明就不敢说了。三爷吩咐说,丰收,你去公社把恁三叔叫回来,又吩咐小明说,你去酒厂和酱菜厂把恁爹跟恁妈叫回来。

小明说,这就去吗?

三爷说,这就去。

小明和丰收听了三爷的吩咐就先后走出去,大燕说,我去叫俺爹吧?

三爷说,去吧,跟文玉一块儿。

文玉说,中,我跟大燕一块儿去。文玉对丰收妈说,大妗子,有褂子吗让我换一件。

三爷说,不中。三爷指了一下小兜床上那个挂满了毛主席像章的褂子说,就穿这个去。

文玉看姥爷一脸的认真,就穿上了他的褂子,文玉穿上那褂子在三爷眼里立刻变了样,文玉变得光彩照人。三爷看着文玉和大燕往外走,就自言自语地说,多好!

太阳这个时候刚刚升到树梢,大燕和文玉走在大街上,大街两旁的房顶和路边的树冠上都被昨天那场大雨冲洗得没了一丝灰尘,到处湿漉漉的,街道上到处散发着清凉的气息。

大燕长这么大还是头一次离开镇子这么长时间,现在展现在她面前的一切都是那样的新鲜,这里的一切好像都改变了模样,她用陌生而新奇的目光看着这一切。在过去的时光里,她几乎每天都背着书包沿着这条街道到镇西中学里去上学,她想,这条我不知走过了多少遍的街道咋会突然间变了模样呢?她和文玉一边沿着街道往西走一边想,这些房子和人的脸色咋都变成灰色的了?这些人的目光咋都变得躲躲闪闪的了。她看到一街两行的人都用新奇的目光看着她和文玉,大燕想对文玉说,文玉,你看这些人咋都变成了这个样子?

大燕看文玉一眼,文玉昂着头挺着胸往前走,他衣服上的毛主席像章在阳光下闪闪发光。大燕又看看别在自己胸前的那几枚毛主席像章,才突然明白了那些人的目光为什么会变得陌生而新奇,他们一定是被我们身上的毛主席像章给镇住了。大燕看到一街两行的生意人和赶集的人都停下手中的买卖看着他,有的还慌慌张张地给他们让路。大燕在走到大队理发部门口的时候看到玻璃后面有一双眼睛在向外窃视,她认出了那是她姑父刘嘉生,大燕拉一下文玉的胳膊说,俺姑父。

文玉停住了。文玉朝那个玻璃门看了一眼,他看到了他爹那双躲闪的目光,他对大燕说,走。他就拉着大燕继续往前走,他身上的毛主席像章在他走动的时候仿佛一支动听的曲子,那曲子像阳光一样洒遍了镇子里清晨的街道。

大燕说,你咋不给俺姑夫说话?

文玉说,不说。

大燕说,你还没有回家吧?

文玉说,我没有家。文玉说完把昂着的头低下来,低着头走了一会儿他又把头抬起来。他们就不再言语,他们走过十字的时候,看到老鳖挑着许多衣服和鞋子从西街里走过来,渔夫一边走一边吆喝着,谁的衣裳,谁的衣裳谁来拿,谁的衣裳——

可是文玉没有看到一个人到老鳖的竹篙上去认衣服,这个时候渔夫看到了身上挂满了毛主席像章的文玉,渔夫说,文玉,你回来了?

文玉和大燕站住了,文玉说,你不是打鱼吗,咋又改作卖衣服了?

大燕说,你从哪儿弄这么多衣服?

渔夫说,从河里钓的呀。

大燕说,从河里钓的?河里咋会有衣服?

渔夫说,天上下雨下的,你没听说过吗,天上下过鱼,下过铜钱,这回天上下衣裳了。

大燕说,下衣裳我咋不知道?

渔夫说,你咋会知道,女孩子家不知道,这事儿只有男人们知道,你不信去问问文宝,文宝就知道。哎,渔夫对文玉说,你见文宝了吗?文宝见天在河道里等你,他见天站在河边对着河水唠唠叨叨不知道说些啥。

文玉一听到文宝的消息脸上就没了光彩,文玉对大燕说,走,咱还得去学校。文玉一边走脑海里就浮现出了文宝的样子,文宝立在河岸边,河风吹拂着他的头发,河风吹拂着他的衣服,河风把文宝的声音四处传荡。**河水呀河水,你是一面镜子吗?你映照着太阳的脸蛋吗?你映照着月亮的脸蛋吗?你照着天的脸蛋吗?镜子呀镜子,是风打破了你吗?风打破了你你就变成了魔镜了吗?你让看到你的人都变成驴子吗?人都变成了狗吗?人都变成了蛇吗?镜子呀镜子,你快变回来吧,风呀,你快停下吧,太阳公公都被你吹哭了,你看,在镜子里,太阳公公的脸变得多难看,满脸都是皱纹。风呀风,你快停下吧,你把月姥姥的眼睛都吹瞎了。河水呀河水,你是一面镜子吗?** 文玉说,那不是镜子,那是河水。文宝,走,我们回家。家,可是家在哪里?文玉想,我没有家!我只有我自己,我只有一双会走路的腿,我这双腿走到哪儿,那里就是我的家。

大燕说,文玉,你不高兴了?

文玉说,我没有不高兴。

大燕说,你想文宝了吗?

文玉低下头,只顾走自己的路。大燕看他一眼就停住问话,她知道文玉一想到文宝就不高兴。他不是傻子,大燕在心里这样想,没谁说他是个傻子。大燕跟着文玉就这样穿过西街,来到镇子西边的学校里。

学校是在一所山陕会馆的基础上改建的,老师的办公室就设在正中央的大殿里。大燕和文玉来到学校里的时候刚下早自习,许多学生一看到文玉和大燕就惊叫起来,他们都被这两个突然出现在学校里身上挂满了毛主席像章的校友给镇住了,他们发出惊喜的呼叫,呼叫的声音过后就形成了有节奏的鼓掌声,哗——哗——哗——学生们激动地围在他们身边,他们走向哪里,哪里的学生就给他们让开路,有节奏的掌鸣声也就跟到哪里。如潮的掌声吸引着老师们走出高大的殿堂,他们站在高台上看到了身上挂着毛主席像章的文玉和大燕,有一个男教师激动地跑下去一把拉住了文玉的手,他激动得话语都有些颤抖,呀,他说,这么多毛主席像章!他对走过来的校长王洪良说,王校长,你看,这么多毛主席像章!

王洪良削瘦的脸上布满了皱纹,他脸上的皱纹被眼前的情景催放得像一朵盛开的菊花,他也搓动着双手说,呀,这么多像章!

这时有更多的学生围过来,围得密不透风,后面的学生看不到就跑到大殿前面的高台上。台上的老师就朝台下喊,把文玉架起来,让后面的学生看一看。

就有两个男生响应老师的话把文玉架起来,他们一人架着文玉的一条腿,又有两个女生把大燕也架了起来,让后面的学生看。被架起来的文玉和大燕出现在人们的视线里,他们眼里的文玉和大燕因为毛主席像章的缘故而变得闪闪发光,于是掌声再次响起来。

一个老师说,呀,多么激动人心呀!他就对王洪良说,王校长,要不咱上街去游行吧。

王洪良说,中,去游行!现在全国到处都在游行,咱也去游行!

于是他们找来锣鼓,让人架着文玉和大燕走出了校门,沿着大街往东去。

由于这种情况的出现,大燕和文玉都把三爷安排的话忘到一边了。他们坐在别人的肩头上,在喧天的锣鼓声里,在成队的学生的拥挤下要走遍镇子里的所有街道。

在那个雨过天晴空气清新的早晨里,镇子里的许多人都被突来的锣鼓声吸引到大街上来,他们远远地看到在涌动的人头之上有一个身上挂满毛主席像章的人,这种情景就像昨天那场突来的风暴一样深深地刻在了人们的记忆里。

9. 寻找

那么多的毛主席像章,老鸡想,要是我有一个该有多好呀!打完水无论如何我也得去找刘嘉生,找刘嘉生帮忙要一个,我打了水就去。

老鸡挑第二挑水走到酱菜厂门口的时候,突然想起了尹素梅。老鸡想,对了,我得去酱菜厂把这个消息告诉她,文玉回来了春玲就没有回来吗?春玲也一定回来了,尹素梅家的春玲也一定回来了。文玉有那么多毛主席像章春玲就没有吗?春玲也会有的,就求尹素梅帮着要一个吧。老鸡这样想着就挑着水桶往酱菜厂里去。老鸡挑着水走到酱菜厂门口的时候看到厂里的大门还关着,老鸡就把水桶放下来往里喊,开门。

老鸡喊门的声音常常这样在酱菜厂的门口响起来,那声音传进院子里就浸满了浓浓的酱气。看门的张氏是一个孤老婆子,无儿无女无男人,所以张氏的家就安在酱菜厂里,张氏以队为家。在这个镇上没有人怀疑张氏看门会比一条狗差,只是张氏有个早起屙屎的习惯。每天早晨起来她就搬着一只高脚凳子往厕所里去,她把凳子放倒在地,褪下裤子就在凳子上坐下来,这一屙就是俩小时,她一边屙还一边哎哟哎哟地喊叫。这个时候尹素梅就会在外边说,这个老婆子,屙屎像年轻的时候给她老头子办事一样快乐!张氏就一直这样坐在厕所里屙屎,尹素梅敲着大门在外边喊,你打算屙到太阳落吗?

张氏一边在厕所里用力一边说,快了。

尹素梅说,露头了吗?

张氏说,露头了。

尹素梅说,你说清楚,到哪了?嘴里含个驴屌一样。

一群妇女就哈哈地笑起来,尹素梅敲着大门说,我们下班走了!

张氏说,走吧。说完就专心致志地屙她的屎,每到这个时候老鸡就会挑着水桶走进来,老鸡说,水来了。张氏蹲在厕所里就听老鸡肩上的扁担咯吱咯吱地响。老鸡走到一溜带釉子的水缸前,这里的水缸也像三爷茶馆里的水缸一样全是从颖河里走水路运来的,然后又埋在这里让老鸡一天一天地往里面倒水。张氏坐在厕所里就听哗——的一声水响,又听哗——的一声水响,老鸡肩上担子的叽扭声就变得轻快起来。老鸡隔着一道墙对厕所里的张氏说,我走了。

张氏说,把门关好。

老鸡说,中。

老鸡说着把水桶放下来,张氏就在厕所里喊,老鸡,你想弄啥?

老鸡一边往条缸前走一边说,我叩叩鞋,我鞋里有砖头碴。

张氏说,老鸡,你要偷队里的菜,我告你。

老鸡说,你说我的思想就恁落后?

老鸡说着就在一口条缸前停下来,他伸手从缸里捞出一捧醋蒜瓣猛地往下抖了两下水,就捧着往回走。

张氏说,老鸡,我给队长说扣你的工分。

老鸡说,我弄啥了?我就叩叩鞋里的砖头碴,我叩砖头碴都不叫吗?他一边说一边把那捧醋蒜瓣放进水桶里,又从兜里掏出一片软绵绵的麻叶擦擦手,然后盖在水桶里,就挑起水桶往外走,一边走一边说,我倒倒鞋里的砖头碴你都不叫吗?硌坏了脚你替我挑水吗?

张氏一边用力屙屎一边说,老鸡,你别走。

老鸡说,不走你让我等你到太阳落吗?你屙屎比生孩子还难!

张氏就不理他,听着水桶叽叽扭扭地走远了。张氏想,别说你老鸡,就是再大的官来了也不能不让我屙屎,管天管地管不住屙屎放屁!张氏仍旧不紧不慢地屙她的屎。这时外边就是跑来一条狗,墙头上飞过一只鸡她都知道。听到有猪在门口哼哼地叫,她就在厕所里喊叫,嗨——那猪听到这一声喝,就在门口站住了,呆头呆脑地站在门口看一下,就又生生地转过头走了。张氏屙屎已经屙出了名气,连猪都知道。今天早晨张氏刚在厕所里坐下就听老鸡在外边喊叫,张氏想,这老鸡今儿个咋来这么早?张氏正这样想着,老鸡又在门外叫道,水来了——

张氏一边用力屙屎一边说,门开着哩。张氏屙出来的屎又干又结实,像一些算盘珠子。

尹素梅说,看你屙这屎,都能当点心卖了。你干脆别在这儿看门了,你去开果子店算了!

张氏被尹素梅说笑了,她说,还是你这唱戏的人会说。哎,她叹口气又说,这人,上了年纪啥都不好,样样不如人,连屙屎都不如人,我年轻的时候……

尹素梅说,你年轻的时候连屙的屎都是香的吗?

一群女人都笑得拍大腿,笑得张氏也不下劲屙了,干脆把腰直起来干坐着。或许是酱菜厂的气味,张氏从来都没有闻到过自己屙出的屎是个什么味。张氏想,人老了有啥好呢?连鼻子都瞎了。但是张氏的耳朵格外好使,这真是奇怪的事儿。张氏坐在厕所里就能清晰地听到老鸡挑水走进门的声音,就能凭声音判断老鸡把两桶水倒进哪条水缸里了。

老鸡把水倒进水缸里,就放下挑子往院子深处看,他看到一排又一排带釉的大彩缸整整齐齐地排在院子里,那缸上都反扣着一口大铁锅,由于长年露天,那些铁锅上都长满了红色的铁锈。在那一排排的菜缸中间有一条用砖铺成的甬道,由于酱菜厂要大量用水,在老鸡的印象里那条甬道似乎从来就没有晒干过,成年累月地含着汪汪的水,因而那些从砖缝里生长出来的小草和青苔也就格外的旺盛,那些绿色的小草和青苔就像常常从小道上走过的尹素梅一样诱人。她的脸蛋,她的脖子永远是那样的白净,在老鸡的感觉里她脸上似乎整天都散发着一股好闻的香粉气儿,就连酱菜厂里浓重的酱气也没能淹没那股好闻的气味。老鸡常常被尹素梅走路时那像唱戏时弄出的姿势逗得神魂颠倒。他有时会一直站在那里看着那个妖艳迷人的女人走过甬道还醒不过神来,老鸡在心里感叹道,我日他娘,我这辈子要是能睡一回这样的女人,就是死也算值了。老鸡这时看到尹素梅那间房门突然打开了,尹素梅从屋里走出来,尹素梅对他伸了个懒腰,老鸡就激动得不行,老鸡喊,唉—老鸡再定眼看时,尹素梅不见了,她那间在酱菜厂后面的房屋的门仍牢牢地关着。老鸡揉了一下眼自言自语地说,见鬼了!是我看花眼了?没有人呀。老鸡正这样想着,就听张氏在厕所里说,老鸡,你又上里面弄啥去了?

老鸡说,我去找尹队长。

张氏说,她夜里没在这儿,天一黑就下班走了。

老鸡想,坏了,她夜里一定回家了,她一定知道春玲回来了。但他嘴里却说,你骗我吧?

张氏说,我骗你能吃能喝?有那力气,还不如我用劲屙屎哩。

老鸡笑了。老鸡说,你屙你哩,我又帮不上忙,你对我说,她今儿啥时来上工?

张氏说,我又不是队长,我咋知道?张氏没听到老鸡搭腔,又接着说,你找她有事?

老鸡说,没事,问问。老鸡说着就掀开一口铁锅,他看到酱缸里满是暗红色的酱豆。

张氏就在厕所里喊,老鸡,你掀缸了。

老鸡想,这个老×,长着穿墙眼吗?他说,我看看成色。说着他伸手捏了几粒黄豆放在嘴里。这时老鸡听到身后传来了脚步声,他忙放下铁锅,回头就看到了小明。老鸡嘴里一边嚼着一边说,小明,你来弄啥?

小明说,我来找俺妈。

恁妈夜里没回家?

小明说,没有。

老鸡说,看看,我就猜这个死老婆子骗我。他对小明说,说不定你妈还睡着哩。

老鸡嘴里嚼着酱豆朝后面那排房子指了一下。

小明穿过酱缸走到那排房子前,他在一个门口停住,伸手敲了几下门,嘴里叫道。妈,妈。可是他等了一会儿没有听到里面有动静,就又转回来,小明说,没有,俺妈没在这儿。

老鸡想,这个女人,又给哪个男人去睡了?老鸡说,没在这儿,那她上哪儿去了?

小明说,可能在酒厂里吧,在俺爹那儿。

老鸡想,我日他先人,看看人家,光睡觉的窝就有几个,这一家人在镇上真有势力呀,我日他先人!老鸡说,恁姐回来了吗?

没有。小明说,俺姐上北京了,俺姐去见毛主席了。俺大燕姐回来了,还有文玉,他们带回来好多毛主席像章。小明一边说着一边从老鸡的身边走过去。

老鸡心里想,看来这回指望尹素梅是不行了,还得去找剃头的刘嘉生。老鸡这样想着就挑起水桶跟在小明的后面走出酱菜厂,他一边走一边说,恁爹也没有回家吗?

没有。小明说,俺爹也没有回家,俺爷叫我来喊他们回去。

他们来到大街上,小明从公社门口那儿转向西街往家走,当回到茶馆门前的时候,小明看到他爷正在跟扛着许多衣服和鞋子的老鳖说话就喊了一声爷。可是他爷只顾跟老鳖说话,没有听到他的叫喊声。小明站在那儿迟疑了一下就转身走进酒厂。在酒厂的大门里边小明看到了刚出锅的酒糟,那些酒糟摊满了空地,散发着热腾腾的水汽,小明在这里闻到了一种完全不同于酱菜厂里的气味,这里的气味辣辣的有些刺鼻。小明用手捂着鼻子站在那里,他看到雷货推着一辆斗车从酿酒作坊里走出来,小明就朝他喊了一声,哎。

雷货把斗车里的酒糟倒在空地上,停住手脚看着小明。

小明说,俺爹呢?

刚才还在这儿。雷货四处里瞅了一下又说,刚才还在这儿,你去后面看看,是不是在他屋里。

小明就先穿过一片宽阔的院子,又穿过了一道圆门,来到靠西边的院子里。小明看到他爹的房门开着就叫一声,爹。可是他没有听到爹的声音,他走进屋里,屋里没有他爹,屋里也没有他妈。小明想,都到哪儿去了?

小明只好转身回到圆门那儿,他茫然地望着空空的院子。往东小明看到雷货正推着斗车朝老大的酿酒作坊里去。在作坊的东边,小明知道那是几间圈酒的库房,作坊与库房之间有一道小门。小明曾经跟着爹穿过那个小门到过圈酒的库房里,库房里存放着一排又一排大肚子小口的釉瓮,那些甚至比他还高的釉瓮里存满了酿好的酒。在圈酒库房的东边,就是那座有三层房屋高的酒精楼。为啥叫酒精楼呢?小明曾经这样问过他爹。王洪民说,酒精楼就是酒精楼,问个啥!可是小明从来也没弄明白过酒厂里盖这么一座高高的塔楼干什么用,他只记得楼里有很陡很陡的楼梯,还有很厚很厚的楼板,长这么大他爹只让他上去过一回。这座每天都走进小明视线里的酒精楼常常给他带来许多幻想。小明正茫然地看着酒精楼的时候,有一个和他一般大小的孩子正躲在酒精楼南侧的树后朝他招手,他认出了那是雷货的儿子雷震雨。小明想,他也没去上早自习?这个家伙今天一定是逃学了。

小明这样想着就朝雷震雨走去,他穿过作坊的大门时朝里看了一眼,他只看到几个工人正在热气腾腾的作坊里干活,但他还是没有看到他爹。小明就来到了酒精楼那儿,他在那棵树后再次看到了雷震雨,雷震雨手里拿着一把弹弓子,他一下把小明拉了过去。

小明说,你在这儿干啥?咋没去上学?

雷震雨说,小声点。

雷震雨拉着小明来到酒精楼的东侧说,我起来晚了,没去,别让俺爹看见了。

小明说,你在这儿干啥?

雷震雨说,打麻雀。酒厂里的麻雀多得很。

小明说,我咋没看见?

雷震雨说,走,我领你去看,从那儿能看到好多麻雀。

雷震雨拉着小明走到酒精楼北边的小门边,轻轻地推开那扇小门,一闪身就进去了。小明跟着走进去,他看到楼里有许多管道,还有一个小门和那个圈酒的库房相通着,有些热气从作坊里穿过库房来到这里,弥漫着酒精楼里的第一层空间。在这里,小明闻到了浓重的酒气。雷震雨小声对他说,走。

小明跟着雷震雨沿着楼梯悄悄地往上爬,他们来到了二楼。二楼里同下面一样只有一些管道,接着他们又爬上了三楼。三楼里除了管道还有一些用油桶改成的盛液体的槽子。雷震雨对这些不感兴趣,他拉着小明来到朝南的一扇窗子前指着外边对小明说,你看。

小明站在窗子前,他最初看到的是镇子南边的那条河。绿色的河岸像一条带子摆在他的眼前,阳光里越往远去那带子的颜色就越淡,最远处的带子还没来得及散去就被淡雾给吞没了。小明看到有一条货船正从河道里驶过,货船的白帆涨满了风,他似乎听到了挂在桅杆上的白帆在风中发出吱吱扭扭的声响。接着,小明看到了许多灰色的屋顶错落有致地摆在他的眼前,有些屋顶上生长着翠绿色的瓦松,在房屋中间的街道里有很多走动的人。小明没想到从这里可以看到这么多新鲜的景致。最后小明看到了他家的四合院和他整天进出的茶馆,就激动地对雷震雨说,你看,俺家。

雷震雨说,我知道,你看到那些麻雀了吗?

小明顺着雷震雨的胳膊看到了一片麻雀在不远处的房顶上蹦跳。

雷震雨说,看到了吗?

小明说,看到了。雷震雨轻轻地推开一扇窗子,把手里的弹弓支起来,他的左手使劲往后拉,小明看到弹弓上那两根红色的橡胶皮越拉越细、最后只听嗖的一声,弹子就飞了出去。小明还没有明白过来,就听哄的一声,麻雀都惊飞了,那些麻雀在空中作了一段快速的飞翔,最后落到了更远处的房顶上。小明没有看到那颗子弹打没打着麻雀,只听到那颗子弹在瓦顶上滚动的声响,最后落下去了。小明说,打中了吗?

雷震雨说,没有。雷震雨拉了他一下说,走,换换地方。他们又来到了东边的窗子前。

在东边的窗口里,小明最初看到了公社的大门,而后看到了从公社门口往北去的那条大街,接着他就看到了酱菜厂。使他认出酱菜厂的是一排又一排的大缸和盖在缸上的铁锅,酱菜厂的格局在这天早晨清清楚楚地出现在他的视线里。那些工棚和作坊、那条他刚刚走过的小路和他刚刚敲过的门,他母亲住着的那排房子从这个高度看过去变得低矮和窄小,就在这个时候,小明看到他刚才去敲过的那扇门打开了,他看到他妈从屋里走了出来,这使他感到奇怪。她不是不在那儿吗?小明想,刚才我去叫门的时候她不在屋里呀,可她咋又从那屋里出来了?他一直站在那儿看着母亲走到大门边,然后走进大门左边的厕所里,小明这时才看到厕所里还坐着一个人。那个老女人一动不动地坐在那里正在屙屎。他看见他母亲脱下裤子蹲下去,脸就红了。他偷偷地看了雷震雨一眼,就他的目光所注视的位置,小明知道他没有看到他母亲和那个老女人蹲着屙屎的厕所,就把目光移开了,他去重新注视那片酱缸后面的那排小房子。这时有一个男人从他妈刚才打开的房门里走出来进入了他的视线,最初他想着那是他爹,但那个人不是他爹。他在早晨的阳光里清清楚楚地看清了那个人是他三叔。三叔?小明在心里叫一句,咋会是他?他在那儿干啥?是我离开之后妈和三叔才进去的吗?他们去那儿一定有事儿要办。

小明看着他三叔匆匆地走过酱菜厂的大门,走到街上混入人群消失了。由于小明沉浸在对事物的新鲜感觉里,暂时忘记了他出来的目的,他胡乱地应付着雷震雨的问话,他没有想到时隔不久,他就被一场大火困在了这高高的酒楼上,在最后的时刻,他突然想到了这个早晨,这个早晨的经历在他的脑海里一闪而过,就像那些被雷震雨打飞的麻雀哄的一下飞起来,然后又落到别处去了。这会儿他有些茫然地望着这片灰色的屋顶和撒在空中的阳光,头脑里被一些别的东西所困扰,因此他没有听到从西街里传来的锣鼓声。雷震雨在身后拉了他一下说,小明,你听,敲鼓呢。

敲鼓哩?小明回到现实里,他也听到了锣鼓声,他和雷震雨一块儿来到西边的窗子前,他们站在高高的酒楼上,看到了一溜长长的队伍从西街里潮水一样涌过来,他们看到有一个人被抬起来,那个坐在人群之上的人身上一闪一闪地映着太阳的光芒,他身上仿佛穿了一件镶满了珠宝的彩衣。

雷震雨说,那弄啥?

小明说,游行吧。

哪里游行,咱学校里吗?

小明说,是哩,你看那个人。小明朝那个一闪一闪的放着光亮的人指了一下说,那是文玉。

文玉?文玉在哪儿?

小明说,你没看到他身上一闪一闪的放光吗?那是像章,他衣裳上到处别的都是毛主席像章。

雷震雨说,是吗,在哪儿?

小明说,你没看到吗?就在那锣鼓的后面。

10. 把戏

咚咚锵咚咚锵。

姥爷说,锣鼓在响,要玩把戏了,咱镇上的把戏远近有名呀!

把戏,啥把戏?

姥爷说,就是正月十五玩把戏,西街的高跷肘阁,南街的龙灯,北街的旱船,东街的竹马,东北街的狮子,年年闹。

姥爷,我看把戏。

姥爷说好吧,走,咱去看把戏。姥爷就牵着我的手往街上走。天空里这时飞过一群鸟,那鸟在明亮的天空中盘旋。我说,姥爷你看,鸟。

姥爷说,那是鸽子。

鸽子不是鸟吗?

姥爷想了想说,鸽子也是鸟。我看到那群鸽子落在不远处一棵光秃秃的老树上。那棵树死了,姥爷,鸽子落在那棵死树上了。

姥爷说,乖乖,那树没有死,那树到春天里就发芽了,天一暖和就长出叶子来了。

树在装死吗?

姥爷停住了,姥爷拍一下我的头说,是的乖乖,那树在装死。突然,那群鸽子飞起来,那是有一种声音吓飞了它们。咚咚锵——咚咚锵——我和姥爷都立住了,我看到众多的人从西街里涌过来,像水浪一样,在那群人流之上是一些飘扬的彩旗,彩旗的后面是一群人,那些人全都穿着戏装,长的短的,红的绿的,让人眼花缭乱。姥爷,那些都是啥呀?

姥爷说,这是西街的高跷肘阁,你看见孙悟空了吗?还有他师傅,还有他师弟,还有妖怪白骨精。

哪个是妖怪白骨精?

姥爷说,就那个穿红衣服的,脸上白白净净的女人。

姥爷,妖怪长得好看。

乖乖,那是妖怪变的,妖怪吃人,妖怪是个害人精,她专门变成美人让人上当,你看乖乖,还有白蛇和青蛇,白蛇青蛇爱许仙。

姥爷,蛇咋会爱人?蛇咋会变成人呢?

姥爷说,乖乖,那都是古戏里唱的,都是哄人玩,你看他们的脸,黑脸的老包是忠臣,白脸的是奸臣。那都是人装扮的,让人开心的。

咚咚锵咚咚锵,人像水一样涌过来,把我和姥爷都淹没了。那些穿红着绿的人在我的头顶上晃动。姥爷说,好看吗?

好看。

姥爷说,晚上还有比这好看的。到了晚上一街里从东到西从南到北都是红红的灯笼,那才叫好看。姥爷,我看灯笼。

姥爷说,等着吧乖乖。于是我就在慢慢的时光之中等待着夜晚的来临,夜呀夜,你在哪儿?你快来吧。我就在等待之中慢慢地入睡了。睡着睡着我被一只手晃醒了,姥爷说,乖乖,来了。我出去一看,乖乖,果然是满街的红灯笼,那灯笼像活的一样,在黑色的夜空里一上一下,一上一下,像流动的水一样,四处都响着锣鼓声。姥爷说,来了,乖乖,你看竹马来了,东街的竹马来了。

我就看到一片高高低低的灯笼从东边一晃一晃地漂过来,那些灯笼下是一队骑马的人,那马身上挂满了铃铛,一走都咣咣当当地响,骑马的人全都穿着戏装,谁家的门前炮声一响,他们就在谁家跑阵势,丁丁当——丁丁当——还有二虎扮鳖,还有老头背老婆,还有一个算命的先生,戴着墨镜,穿着长衫,戴着礼帽,不知是个汉奸还是个地下工作者。姥爷说,你看那二虎扮鳖。那老头背老婆是两个人吗?姥爷说,那是一个人,那个鳖、那个老婆都是假的。姥爷说来了来了,乖乖你看,龙灯来了,南街的龙灯来了。

姥爷,那龙灯咋那样大呢?那龙灯咋那么长呢?那龙身上咋长那么多明晃晃的东西呢?那条龙浑身都在放着红光,那龙就在街上舞,就好像要飞起来一样,舞呀舞呀,龙呀,你飞吧,飞到天上去吧,飞到大海里去吧!龙呀,你家不是在大海里吗?龙呀,你咋回家呢?要不你就乘我的船吧,我们的船就停在南边的河道里,乘上我们的船就能到大海里去。龙呀,这都是姥爷对我说的。

姥爷说,来了来了,乖乖,你看,旱船来了,北街的旱船来了。

旱船来了旱船来了!姥爷,人家的船都在水里,可这里的船咋都撑到大街上来了?那些人在船上划呀划呀,这街道就是河吗?这街道里淌满了水吗?那人呢?对了,人都是一些鱼,男鱼和女鱼。那轿子里坐的是谁呀?那轿子里坐的是县官,县官的脸上贴着一个膏药。姥爷,你看那个县官,他的脸上贴着膏药。

姥爷说,那是个小丑。

小丑儿?县官都是小丑吗?

姥爷说,那是戏台上的小丑,戏里有黑脸红脸白脸花脸,都是扮的,是装的。

为啥要装呢?

姥爷说,唱戏。恁二舅和恁二妗子就会唱戏,他们一个演陈世美一个演秦香莲。

陈世美是谁?秦香莲是谁?

姥爷说,陈世美是个穷书生,后来中了状元就不要他女人了。

你看,她就是秦香莲,后来老包就把陈世美给铡了。

铡死了吗?

铡死了。

那我二舅死了吗?

姥爷拍拍我的头说,傻子,那是唱戏,哪能真铡。乖乖,你看,又来了。

东北街的狮子来了。东北街的狮子来了,那狮子真吓人哪,一个劲地往门头上扑,张开它的血盆大口,把我快给吓死了。姥爷,你在哪?把我吓死了,狮子扑过来了,姥爷你在哪儿?我咋找不到你?满街里都是红灯笼,像水一样上上下下地漂动,把天和地都映红了,姥爷,这些打灯笼的人在干啥,他们都疯了一样不停地跑动,姥爷,我怕。

姥爷从人群里挤过来把我抱在怀里。

我说,姥爷,我怕。

姥爷笑了,姥爷说,别怕,他们是玩把戏。

他们在玩把戏,玩把戏,姥爷你说玩把戏就不当真了吗?姥爷你说把戏都是假的吗?姥爷,人脸都是假的吗?男人的脸是假的吗?女人的脸是假的吗?你的脸是假的吗?姥爷。我的脸是假的吗?人都在玩把戏是吧?姥爷。姥爷,你看西街里过来的那群扛着红旗的人呢?他们敲着鼓来了,姥爷,他们也是假的吗?他们也是在玩把戏吗?姥爷,他们来了,咚咚锵咚咚锵,姥爷,你看,他们来了,你快看哪,把戏来了,姥爷。

11. 家

文玉坐在别人的肩头上,他没有看清那两个用肩膀扛着他的高个子学生是谁,他们一边用肩膀扛着他一边用手揽住他的腿,文玉用手抚摩着他们的头。或许最初文玉知道那两个人是谁,可能是别的东西吸引了他,比如走在前面敲锣打鼓的人,比如前面那些扛红旗的人,比如街道两旁不停地出现的房屋和人群,比如从人群里传来的惊奇的目光。这些都使文玉猝不及防,像许多好吃的东西一下涌到他的嘴里来,送到他的肠胃里,他还没来得及咀嚼没来得及品味没来得及消化就又被排泄出去了,那些东西没给他带来任何营养。就像现在他面对眼花缭乱的东西但实际上他一样也没记住一样,那些热烈的场景迎面而来,那两个扛着他在街上行走的人,那些扛着红旗和敲锣打鼓的人,那些房屋和惊奇的目光,他什么都没有记住。那些东西像从树枝里抖落的阳光,那光抚摸着他的面孔,抚摸着他疲劳的笑容,抚摸着他身上那些长方形或者正方形或者圆形的毛主席像章,可是他什么也没有记住,那光留给他的只是一种朦胧的记忆。光是什么样的呢?光是什么形状的呢?他从小到现在也没有弄清过这个问题。光是一种任何人都捕获不住的东西,光又是人人可以拥有的东西,可是光是什么样子的呢?对于那个早晨的往事就像那些光一样留在了他的记忆里,尽管那个早晨像光一样在他的记忆里恍惚不定,但他还是记住了两个人,那两个人,一个是他的表妹大燕,而另一个则是他的大舅王洪良。

王洪良在那个早晨行走在队伍的边沿,他倒剪双手,模样像一个老学究,他沉着脸昂着头,但他为突然出现的又是顺理成章的场景而暗暗得意。他觉得他的女儿和他的外甥在这天早晨以那样的形象出现在校园里这无疑给他增添了光彩。许多日子以前当他在学校里送走第一批去外地串联的学生时,就有人同他在这个问题上发生了分歧。在一次教务会上教导主任说,这学期的学习时间很紧张,学生再这样出去跑跑那不就完了?王洪良笑了,他点上一支烟而后拍了拍放在案头的半导体收音机说,我们应该多听听新闻。

在这所学校里,王洪良以固执己见而闻名。而他对问题和世事的思考全部来源于那部与他朝夕相处的收音机,在和他相处的日子里很少能有人看到他的笑脸,他的面容如同一幅永久性的木刻版画。但那天早晨他外甥和女儿的出现使他的脸变成了一朵菊花,但那朵菊花很快就在他的脸上枯萎了。他是一个很少言辞的人,就是在家里他也这样,固执而呆板,看到他你就能感觉到从他身上散发出一种古怪的气味,所以没有人愿意跟他多说一句话。在很多时候,他回到家里就在院里的小桌前坐下来听收音机,饭做好了给他端到小桌上。他看也不看给他端饭的人,站起来擦一把手扬扬胳膊往下晃一晃袖子就坐下来吃饭,吃完了用筷子当当地敲两下碗,他女人听到碗声就对大燕说,去,去给恁爹盛饭。待他吃完了筷子往碗上一放站起来就走,从来不问家中油盐酱醋的来路。三爷看着他的背影气得撅起胡子骂道,妈那个×,咋会有个这样的儿!

但三爷的大儿子从来不多花钱,每月的工资除去留够买烟的钱全都放到爹的面前,话也只有一个字:钱。

三爷说,妈那个×,钱会走路买东西吗?但他毕竟还是三爷的儿子,他毕竟为老王家的变迁立过汗马功劳。现在,他的老上级汪老万又在公社里当书记,三爷念着这一点也不给他过不去,三爷气了只是骂,妈那个×,咋会有这样的儿!三爷一生没有太高的想望,就想在他手里变出一个大家庭来,三爷会不断地把他的三个儿子叫到身边,三爷说,恁爹我不图吃不图喝,我就想过一大家人,有打里的有打外的,让人看着眼热,将来等我的眼睛一闭,棺材前白花花地跪下一片,恁爹这一辈子就值了。

王洪民说,现在不就一大家人吗?

三爷捋着胡子说,是呀,我就怕你们谁分心。

王洪涛说,爹,没谁分心。

三爷看一眼大儿子说,恁爹熬这一大家人容易吗?你爷死的时候拉着我的手说,乖,恁爹这一辈子没带你到镇上下过一回馆子,爹对不住你。恁爷一辈子都想着能在镇上做个小生意,现在我们全家人都来了,都到镇上来了,小良是校长,小民是厂长,小涛是营长,走到街上都是有脸面的人,咱靠谁呢?咱靠的是共产党,是毛主席!要是在旧社会恁会混到这一步?咱托谁的福?咱托毛主席的福,毛主席叫东咱不西,毛主席叫撵狗咱不打鸡,听毛主席的话,没错!

王洪民说,谁不听毛主席的话了?

三爷说,我是这样说,恁谁不听个试试?我打断他的腿!

王洪涛说,听,都听。

只有王洪良不说话,他一根接一根地吸烟。

三爷说,看你那样子,你有功是不是?

王洪良就说,我不听着的吗?你说啥我不是都听着的吗?

三爷说,我说啥你听就好了,整天黑着个脸,谁该你俩钱似的,走过去人家不说吗?看看王老三家的大儿子抖了,从前他爹扛个粪箩头,现在人家眼里没人啦,人家不说吗?

王洪民说,爹,这镇上的人谁不尊重我大哥?大哥是校长,是有学问的人,他嘴上不说全都在心里呢。王洪良就把手中的烟头丢在地上,用脚使劲拧一下,他说,我上学校了。站起来拉一拉他的褂子,又用手推一下他的背头,就穿过茶馆的过道,沿着窄窄的街道往学校里去。

学校是解放初在镇子西边的山陕会馆的基础上改建的,那个时候这里只是一所完小,王洪良跟着汪老万在镇子里搞土改,大地主雷九少给枪毙了,而他的家人在解放前夕都跑到台湾去了,可雷九少死活都不走,雷九少说,这把年纪了我怕啥。我不走。结果他被枪毙了。雷九少枪毙了,镇政府就安在了雷九少家的大院里。三爷暗自思忖,看看,还是人家那儿风水好,啥时候都住着老爷。王洪良说,啥老爷,是革命干部。后来革命干部王洪良就被派去管学校了。王洪良在学校里教不了语文,也教不了算术,他只有教体育,一教就是十几年,他一边当校长一边教体育,就这样他教成了学校的元老。

学校的元老王洪良住在办公室西边的厢房里。学校的办公室是以前山峡会馆的大殿,大殿高大,脊饰着各种动物花草,正吻是二龙戏珠,垂翼是丹凤朝阳,翼檐下挂着风铃。面南的正门有四根朱红色的明柱,柱间是透雕花格门,门前就是那个高台子。台上铺着尺大的方砖,台子往东往南往西都有宽宽的九级台阶,下了西边的台阶走不到二十步就是西厢房了。西厢房与高台之间长着几株奇树,一丛迎春,春日里开满了黄色的花朵。一株榕树,夏季里开得绒绒的粉红。秋天里就是那棵枫树了,秋天过一半的时候,那棵枫树就像一潭深红的泉水在空中。剩下的是一棵腊梅,腊梅的辉煌自然就在大雪纷飞的日子里了。这些都是在镇子里很少能见得到的树,由此看来当初这院子的主人是个很有学问的人,他一用心就把一年四季都栽在他的门前了。

王洪良常常沿着高台的台阶走下来,穿过那几株奇树到厢房里去。他上五级台阶,就进到厢房的正间里,正间里放着朱红方桌和太师椅,用来会客。南边和北边的偏房用来办公和歇息。沉默寡言的王洪良喜欢这个幽静的地方,他常常在星期天手拿半导体在房前的几株树前转悠,或者登上大殿前的高台去观望远在河岸边的飞鸟。王洪良站在高台上,从河道里过来的风,吹拂着他灰白的头发,也撞响了空中的风铃,那时他就会把头扬起来,去看高檐下的风铃。

每天王洪良都会穿过大殿与西厢房之间的脚门到后院去。后院里坐北有一排瓦房,用来做教师的伙房和住房,由于院子里生长着高大的梧桐树,因而那些老房子里的墙壁潮湿光线暗淡,显得阴气丛生,不说夜间,就白天里也闹过几回黄鼠狼。夜里有人常常见到爬动的大蛇,夜深了梧桐树上就落了猫头鹰,发出鬼一样的叫声,听来让人毛骨悚然。所以很少有人在这房子里住下来,就是下雨天,路远的老师没法回家他们也不到后院里住宿,而是几个人点着灯在大殿里瞎侃,侃着侃着就侃起一些有关鬼和狐的故事,所以那些分配给老师的住房更没人敢住,一间一间地空在那里,就连炊事员也是一吃过晚饭就封火走人。因而在夜间,在这所空旷的校园里往往只有王洪良一个人。有人问他,王校长,你就不怕吗?

王洪良说,我见过的死人比活人还多,我怕啥?

你就不怕夜间有鬼吗?

鬼?鬼不是死人变的?有一回在沂蒙山,我的腿打伤了,我和好多死人躺在一块儿一天一夜,有啥好怕的?王洪良说,我跟汪老万走过很多地方,我啥都不怕。他真的不怕,他常常一个人在夜间走过那个小脚门去后院取东西,去后院的厕所里大小便,在那些灰暗的光线里行走,这使他感到了一种快意,他仿佛突然间回到了以前行军打仗的日子。王洪良走过很多地方,可是他从来没有去认真记过那些他走过的地方,他一日又一日地穿过山区和平原,穿过乡村和城镇,可是那些地方对他来说却没有太大的区别。他对别人说,山,不就是山吗?山上有树,山上有水,山上有石头,都是那个样子。他对别人说,城镇不就是城镇吗?有房子,有人,还有啥呢?都一样。那些常年行走的路途和往事对于他来说只是一片模糊的影子,就像他常常在夜间走过的那个阴森森的后院。他也从来没有看书的习惯,他说看书太吃力,干脆不如每天听他的半导体,但他依然当他的校长,仍旧教着他的体育课。他上体育课不是一二一就是跑步走,一跑就是半个小时,谁对他不满意,他就会蹬着你说,体育课不就是锻炼身体吗?不就是将来行军打仗吗?你还想要啥?你还想打枪?你们又不是民兵,你们是学生!

没有人去跟他抬杠,如果有人跟他理论,他就会说,这在1957年,你就是右派!所以没有人给他抬杠,所以他仍旧教他的体育,十几年来一成不变,不是一二一就是跑步走,歇下来他就和学生们一块儿听新闻。新闻里说,文化大革命了!新闻里说,毛主席在北京天安门接见红卫兵了!新闻里说,红卫兵在串联闹革命了!于是他就动员学生去北京见毛主席,于是他就给学生们开介绍信到外地去串联,因为他手里有章。有人说,这样中吗?让学生到处乱跑?于是他就拍拍半导体说,多听听新闻!

多听听新闻。这成了王校长闻名于世的口头禅,这成了他思考问题的准则。他说,你说那不对?去听听广播!他语气里有几分气愤,广播里会有错吗?你知道那是什么?那是党的喉舌,是毛主席的声音!说完他转脸再不理你,他黑唬着脸,没有一丝笑容,就像他现在走在大街上一样,他看到一街两行的人那些惊奇的目光就在心里想,应该家家户户都装上广播,应该人人都有一部半导体,让党的声音传到每一个角落里去!可是他们家家都不安有线广播,也都不掏钱去买半导体收音机,他们成年累月不听广播,不了解国家大事,他们上哪儿不落后呢?他们的思想上哪儿能跟上形势呢?也好,现在让他们看看我们的游行队伍吧,让他们看看那个浑身挂满了毛主席像章的青年吧!王校长似乎有些激动。在十字街口,他看到了扛着一竹竿衣服的老鳖。

老鳖呆呆地立在路边看着那队学生穿街而过,他看到了王洪良,他看到王洪良只是瞟他一眼就走过去了。

在茶馆门口,王洪良看到了他的老爹。他的老爹激动地看着被人扛在肩头的文玉,而后他看到了走在人群中的儿子,他张口对儿子喊了一声,由于锣鼓的缘故王洪良没有听清老爹对他说了什么,他看看正在行走的游行队伍,犹豫了一下又跟着队伍往前走。他想,我是校长,我不能为了回家吃饭而提前离队。他就这样跟着游行队伍一直走到东边的红石桥边才折回来。当他回到家的时候,他的二弟和三弟都已经回来了,他们在后院摆弄一张方桌和几条长凳,他女人正往桌子上端菜。王洪良说,有客吗?

王洪民说,没客。

或许是兴奋的缘故,王洪良的话今天多了起来,他说,没客还摆桌子吃饭?

二弟说,爹安排哩。

王洪涛说,大燕和文玉回来了,爹高兴。

这时文玉和大燕回来了,文玉手里提着那个挂满毛主席像章的褂子。文玉一到家就被从堂屋出来的三爷喊住了。三爷对文玉说,把褂子给我。三爷从文玉手里接过褂子,三爷双手捧着,小心翼翼地搭在院子里晾衣服的绳上。等饭菜上齐了,三爷说,都坐吧,叫文玉、丰收、小明都坐下。说完三爷对老三说,去,叫你大嫂和大燕也过来。

王洪涛就对着厨房喊,大嫂,咱爹叫恁吃饭哩。

大燕她妈在厨房里说,恁吃吧,我在厨房里吃。

三爷说,出来吃,出来听听!说完又问老二,小明他妈哩?

老二说,还没有回来。

三爷说,小明,不是让你去叫吗?

小明看了三爷一眼,又看王洪涛,他说,三叔知道。

王洪涛的脸上掠过一丝慌乱,他看了小明一眼说,我咋会知道?

小明说,我看见你去酱菜厂了。

王洪涛说,这孩子,我啥时候去酱菜厂了?

小明说,我看见你了,还有俺妈。

王洪民说,你在哪儿看见的?

285

小明看爹一眼就不说话了,爹的问话使他突然想起了酒精楼,他有些慌乱地看看他爹,王洪民又要问时,却被三爷止住了。

三爷突然想起了昨天夜里的事儿,三爷说,不回来算了,不等她。三爷说,咱这一家人就缺春玲,三爷对大燕说,去,再拿一双筷子,就算春玲在家。等大燕拿着筷子出来,她妈也跟在后面出来了。

三爷说,文玉和大燕回来了,难得咱一家人有这样全。

三爷指着挂在绳子上的衣服说,这是咱家的宝贝,往后去谁也不能动。毛主席是咱的恩人,毛主席就是咱家的老天爷!毛主席叫东咱不能西,毛主席叫打狗咱不能打鸡!我说的都听见没有?

王洪涛说,听见了。

三爷说,为啥哩,我熬这一大家人不容易,要不是共产党、毛主席给咱分了这所院子,咱会有今天吗?这院子以前是谁的?是人家雷九少的,要不是毛主席共产党给咱穷人打了天下,他雷九少家会给咱这院子?咱是托了毛主席的福……

三爷正说着,尹素梅风一样从外边卷了进来,她一边喘着气一边问,春玲哩,大燕,春玲咋没回来?

大燕忙站起来说,她去北京了。

尹素梅一拍大腿说,看看,咋安排恁哩?无论上哪儿都让她跟着,恁都回来了,把她丢在外边了,看看这咋弄?

三爷生气了,三爷一看见尹素梅就生气,三爷一看见她就想起了那件挂在老鳖竹竿上的花褂子,三爷在心里骂一句,妈那个×,你还叽喳哩,我没扇你那脸就够你的啦。三爷说,咋弄啥?她又不是去死,她去北京见毛主席了,咋弄啥!

尹素梅站在那儿眼睛都红了,她转身在众人的目光下走进了南屋,大燕她妈脸上现出惊慌的神情,忙站起来跟着她走进了南屋。本来正在兴致上的三爷这一下也没了话。小明看了他爹一眼也跟进南屋去了。

三爷就对文玉说,去,给她说清咋回事儿。

文玉和大燕也站起来走进南屋里,老二想站起来,但被三爷叫住了。三爷沉下脸说,小民,你坐下,爹问你,是不是想分家?

老二就说,爹,看你说哩,我啥时候想分家了?

三爷说,你没想,怕是你媳妇想。是不是都有本事了?能挣钱了?能挣工分了?

老二的脸就红了,爹,我想都没往那上想。

三爷说，恁弟兄仨都在这里，想分家，中，除非我死了！

王洪涛说，爹，看你说哩，你放心，没人想分家。

三爷叹口气说，我操持这一家人容易吗？去吧去吧，都去吧，我没话了。说着，三爷站起来，三爷走回堂屋里去了。兄弟三人相对而视，无语。片刻，王洪涛站起来，跟着三爷进了堂屋。

进了屋，王洪涛看爹正坐在椅子上生闷气，就走过去给三爷捶背，一边捶一边说，爹，你生气了？

三爷说，我生谁的气？只要你不气我就中。

王洪涛小心翼翼地看了三爷一眼，说，我没气你呀。

三爷侧脸白了他一眼说，我最不放心的就是你，你要是有歪心眼给我丢人现眼，我勒死你！

王洪涛惧怕地说，我没有。

三爷说，你大哥、二哥都有老婆孩子，我要是死了不管也中了，就你，你得再找个媳妇。

王洪涛说，我知道，可这也不是急事，总得遇见合适的吧。

三爷说，你也不小了，不能再拖了。你离婚爹不管，因为她不能生。可你不小了，别挑挑拣拣的了，这能是上街买桃，哪个大哪个红要哪个？有个不差啥，知道洗衣服做饭，知道下雨往屋里跑就中。

王洪涛说，我知道，你去吃饭吧。

三爷站起来到屋外，听见尹素梅仍在南屋里哭哭啼啼，立刻就没了一点食欲。

三爷突然有些烦躁，三爷看看桌子上的饭，没有坐下来，而是走进茶馆穿过走道来到大街上。街上的行人已不像早晨那样挤拥，穿过人缝儿，三爷看到十字街边围着一群人，他看到了被老鳖搭在肉架上的那些花花绿绿的衣服，心里就一沉。三爷突然觉得天空有些暗淡。三爷想，这个鳖孙家儿，他要我难看哩！

三爷立在大街上，应和着众人的问候，可他总感觉那些人的目光里含些异样的东西，他真怕这个时候有人对他说，三爷，你的裤衩子在供销社食品店门口挂着，三爷真的承担不起那句话，三爷立在门前犹豫了一下，又回身走进茶馆里，在过道的小兜床上躺下来。

三爷躺在小兜床上，听到了从后院里传来的叮当叮当的碰撞声，那金属的碰撞声使三爷的精神立刻有了好转，从后院里传来的毛主席像章的碰撞声使三爷的脸色慢慢地恢复了平静，街上行人弄出来的声音渐渐地变成风在三爷的听觉里虚缈起来。

12. 沉迷

  临近上午,老鸡挑来了第二担水,他看见三爷半躺在茶馆过道里的小兜床上。三爷的后背倚着一床被子,由于昨天那场突然而至的暴雨的缘故,气温在很短的时间里就降了下来。老鸡一边担着水走进来一边对三爷说,三爷。

  三爷没有说话,三爷现在懒得对人说话。三爷看着他面前挂在空中的那个别满了毛主席像章的褂子。自那顿不欢而散的早饭过后,三爷就陷入了沉默之中,三爷不想说话,三爷只想着那些大大小小的毛主席像章,三爷对文玉说,去把那褂子请过来,挂在我看得见的地方。

  王洪涛听到三爷用到一个"请"字,王洪涛就忙帮着文玉把那件散发着汗味的褂子挂在了茶馆的过道里。他们在茶馆的东墙和西墙之间拉了一道铁丝,那件神衣就像一棵被锯掉了树干的树冠出现在三爷的视线里,那树冠上结出了各种形状的果子,但那果子的味道都是一样的,那些金属果子仿佛散发着一种任何果物在成熟之后都不可比拟的使人迷醉的气息,那气息如同沸腾的水汽一样弥荡在空中。有风从过道里吹过,那褂子上的像章就风铃一样叮当作响,风铃的响声四处传荡,引得从大街上走过的行人都要停住往茶馆里探一探头,于是有很多人都看到了三爷,看到了三爷面前挂在空中的那件迎风舞动的似风铃的东西,看的人就会说,三爷,你歇着哩?

  问话的人没有听到三爷吭声,三爷微微地闭着眼睛,三爷懒得说话,不知为什么,三爷突然间连一点说话的欲望都没有了。

  问话的人有些尴尬,就会自言自语地说,三爷睡觉了。

  那人知趣地给自己找个台阶下去了。三爷听着那人的脚步声渐渐远去,茶馆里恢复了平静,只有煤火上的茶壶发出吱吱的声响,只有他面前的风铃在响。那风铃声好像来自很远很远的地方,那声音穿过空旷而辽阔的田野来到他的耳边。英子,是风铃吗?英子说,是的,爹,你看,是风铃。风铃在哪儿呢?英子说,爹,你看,风铃就挂在船舱的外边。

  三爷微微地睁开眼,三爷看到了撒满阳光的河道,三爷看到了那只褐色的帆船。帆船在秋季的阳光里航行,三爷看到了船夫们那黑里透红的脊梁在阳光下闪闪发光,三爷听到了船工的号子声如水浪一样在他的耳边起伏。三爷扬起头,三爷用拳头轻轻地捶打着自己的后背,三爷发出了朗朗的笑声。三爷说,我的英子成了城里人啦!英子说,爹,等我在城里安顿好了就来接你,让你去享福。三爷朗朗地笑了,三爷说,爹不图那个,爹只图你能过得安稳。三爷说,走吧,到地方给爹来个信儿。那褐色的大船就在三爷的注视下离开了河岸,那船在河道里在船夫的号子声中升起了帆篷,那白色的帆篷在三爷的视线里渐渐地远去,但三爷的耳边仍旧响着从船上传来的风铃声。是风铃吗?英子说,爹,没有风铃,哪来的风铃呢?在冬日一个寒冷的日子里,三爷再次在河道里看到了英子,他的英子面黄肌瘦,他的英子身边站着两个孩子,两个孩子在遒劲刺骨的寒风里发抖,寒风刮得河水里的冰块发出喳喳的声响,三爷看着自己的女儿从木船的跷板上走下来,三爷的眼里就有些潮湿。三爷用手抚摩着两个孩子的头颅,三爷说,走吧,孩子。**那些白色的东西是什么呢?那是冰块吗?冰块在风中呵喳呵喳地说话吗?姥爷,那些冰块在说什么?姥爷,那些冰块在哭吧?姥爷,冰块为什么要哭呢?它们没有家吗?那些水鸟也没有家吗?姥爷,你看那水鸟,它们不冷吗?它们躲进水里才暖和吗?姥爷,我也到水里去,姥爷,我冷。**三爷解开衣服把小孩子抱在胸前,三爷说,走吧,乖乖,我们回家。三爷听到河道里的白帆哗地一下从桅杆上滑落下来,**姥爷,那帆是船的翅膀吗?船的翅膀合着了,姥爷,那船不能飞了,那船死了。**三爷说,船不会死,船只有破,船在水里破了就会沉下去。英子,没有风铃了吗?英子,你听不到风铃声了吗?三爷说,这不是风铃在响吗?三爷微微地睁开眼,三爷看到了挂在他面前的风铃,三爷看到了不停地丁当作响的风铃。

爹,你好点了吗?这时大儿媳妇悄悄地走过来,朝他小声地问道。

三爷又把眼睛闭上了,三爷懒得说话。

爹,你今儿个咋吃饭?

三爷叹了一口气说,叫文玉来。

大儿媳妇就走回院子里,一会儿文玉出现在他的面前,文玉说,姥爷。

三爷问,文玉,出去多长时候了?

文玉说,快一个月了。

三爷说,就不想你妈?

文玉不说话,文玉把头垂下去,用左手抠着右手的指甲。

三爷说,恁妈操持你不容易,恁爹的事儿是恁爹的事儿,可恁妈操你心都快操碎了,乖乖,世上有几个亲人呢?乖乖,不论你走到哪儿,恁妈的心就会跟你到哪儿,因为你是从她身上掉下来的肉。

文玉的眼里就含满了泪。

三爷叹了一口气,三爷坐起来伸出布满皱纹的手拍了拍文玉的胳膊说,去吧,回去看看恁妈。三爷说完又躺了下来,三爷微微地闭上了眼睛。三爷躺在那儿听着文玉的脚步声走出去,三爷就在心里叫道,英子,我的乖,你是爹的一块心病,爹现在最挂心的就是你了,你知道,爹一心一意地想让你过好日子,可是爹害了你,是爹害了你。三爷在风铃声中听着文玉的脚步离他越来越远,渐渐地变成了一种如风的东西在他的耳边久久不去。

走出茶馆,文玉感到眼前的阳光一点都不真实,他行走在大街上,但是那些行人那些树和那些飞动的鸟儿仿佛离他十分遥远,文玉仍旧觉得自己是在异乡的土地上行走,在陌生的城市里行走,一些往事连同昨天夜间的暴雨和今天早起游行的经历都退得很远,我这是往哪儿去呢?文玉心中怀着凄凉的情愫往前行走,但又对自己行走的目的发生怀疑。文玉想,我这是到哪儿去呢?文玉在公社门口和一个挑水的人擦肩而过,那个挑水的人叫了他一声。但是由于文玉沉溺在思想之中他没意识到那个人是在喊他,那个挑水的人如同许多在街上行走的人一样对他都如隔千里,但那个熟悉的名字还是使他抬头看了那人一眼。那个人的面孔模糊一团,留给文玉的只是一片奔射而来的阳光,文玉没同那个人说话,文玉仍旧继续往前走。

文玉的行为使老鸡很为恼火,老鸡想,我日他娘,现在这人真不得了,你看看他出去两天就不是他了,你一个毛头小子有啥傲呢?你再傲也是地主羔子!你再兴恁爹也是右派,恁爹不是见天去给人家剃头吗?恁爹要是天天坐到台子上讲话怕这个镇子里就装不下你了!老鸡一边这样气愤地想着一边挑水往街里走,来到茶馆里他听到了叮当叮当的声音,由于他刚从阳光里走进茶馆,他的眼睛一时没有适应屋里的光线,但他还是模模糊糊地看到在过道的小兜床上躺着一个人,老鸡想,那一定是三爷了,不是三爷躺在这过道里乘凉还会是谁呢?他把前边的水桶按在缸壁上,一用力只听哗——的一声响,转身把后面的那只桶也按在缸壁上,又听哗——的一声响,他肩上的担子就轻了。肩上的担子轻了老鸡就朝那个躺着的人叫道,三爷。

老鸡没有听到那个人的回应,老鸡想,不是三爷吗?老鸡站在那里渐渐适应了光线,他看清了那个躺着的人就是三爷。三爷为啥不理我?三爷睡着了吧?老鸡听到有叮当作响的声音,目光从三爷的身上移开,他再次看到了那个别满毛主席像章的褂子。看到那褂子老鸡就激动得不能自已,他脱口叫了一声,三爷。老鸡还是没有听到三爷的声音,三爷睡着了?老鸡想,或许这是个机会。老鸡这样想着就把水桶轻轻地放在地上,老鸡像个贼蹑手蹑脚地来到那件褂子前,老鸡被褂子上各种各样的毛主席像章照花了眼,老鸡侧头看三爷一眼,三爷躺在那儿一动不动。老鸡想,三爷真的睡着了,或许这是个机会。老鸡这样想着就把手伸出去,他的手还没有碰到那些像章,就听三爷说,老鸡。

老鸡吓了一跳,老鸡的手落了下来。老鸡说,三爷。可他心里却骂道,这个老杂毛,他醒着。老鸡心虚地说,我看看。

三爷说,看就看,伸啥手?

老鸡看着三爷说话,却不见他睁眼,三爷仿佛是在睡梦里同他说话。老鸡说,我想摸摸。

三爷说,摸摸,你那脏手也能摸?

老鸡伸出手看了看,老鸡想,我的手不脏呀。

三爷说,看啥,想摸就去洗净你的手。

老鸡很感动,老鸡说,洗洗手就让摸摸吗?

三爷说,想摸就去洗手。

老鸡一听就慌得猴似的,忙拿着盆去缸里舀水,洗了一遍看看盆里的水脏,又舀水洗了一遍。洗好后老鸡毕恭毕敬地站在三爷的身边说,三爷,我洗净了。

三爷说,去吧,摸摸吧。

老鸡就小碎步来到那件褂子前,他伸出的手都有些颤抖。老鸡想,咦,这么多!老鸡一个一个地看,老鸡想,这人咋恁能哩,做的毛主席就跟真的一样。

三爷说,你看过毛主席吗?

老鸡说没有没有。

三爷说,我家大燕见过,还有文玉。三爷停了一下又说,我家春玲现在还在北京呢,等着见毛主席呢。

老鸡说,那是那是,要是让我去见毛主席,叫我三天三夜不吃不睡我都愿意。

三爷说,你见毛主席?你上哪儿见毛主席?我还没有见过毛主席呢。

老鸡说是哩是哩,您先见,您见了我再见。老鸡说着又去摸褂子上的毛主席像章,看了前面的又看后面的,嘴里喃喃自语着,像,真像毛主席。老鸡看完了搓着双手立在三爷身边说,三爷。

三爷这回睁开了眼睛,三爷说,看完了?

老鸡说,看完了,这么多毛主席像章。

三爷说,我知道你心里想啥哩,别往那上想。就这谁有你有福?你见天往茶馆里挑水,见天都能饱饱眼福,你还想弄啥?

老鸡突然有些失望,老鸡说,我又没说要。

三爷说,挑水去吧,你今天才挑了两担水。

中,我去挑水。老鸡提起水桶走出茶馆。老鸡心里感到有些委屈,老鸡想,我日他娘,王老三家的人兴了。以前谁不知道你王老三?你王老三不就是个扛大粪箩头的吗?你能管给俺家比吗?俺爹以前开酱菜厂时你家能比吗?我日他娘,这人十年河东十年河西呀,我现在给酱菜厂里挑水,我现在给茶馆里挑水。我日他那先人。我挑一天水才跟人家使一样的工分。我日他那祖先。王老三家的人兴了,我给队里的茶馆挑水,也得管着恁一家人吃水。老鸡这样想着往后坑的水井走,老鸡越想越生气,越想越恼火,等他从水井里拉上来水的时候,就掏出鸡巴往水桶里恶狠狠地尿了一泡。老鸡想,我日他娘,我还得管着恁一家吃水,这回我叫恁喝我的尿!老鸡这样往水桶里尿了一气,心里就平静多了,现在他就一心一意地想着往茶馆里赶,想着赶紧把这两桶水倒进三爷家的水缸里去。

老鸡挑水到北街的时候,正赶上一群社员从地里收工回来,有人朝老鸡喊道,老鸡,放下喝口水。

老鸡说,喝水?这是队里的水!

老鸡生怕那些人把他拦下来,老鸡说这是茶馆里的水,谁也不能喝!老鸡几乎是一路小跑着走进茶馆,他把水往缸里一倒,心里就想,我叫你兴!这回恁一家都得喝我老鸡的尿啦!老鸡这样想着走出茶馆,过道里又传来了叮当叮当的声响,老鸡想,你不就是有几个毛主席像章吗?有像章你也得喝我的尿!老鸡这样想着就在街道里站住了,他有些得意地回头看了一眼三爷的茶馆。这个时候他看到了涂二,涂二一边走一边用手抹拉着他的光头,老鸡就说,涂二。

涂二把耳朵对着老鸡看了一眼,说,下班了,还挑吗?

老鸡说,不挑了,老子不挑了。你才剃的头?

涂二说,才剃的头。

老鸡想起了刘嘉生,想到了刘嘉生老鸡就想起了涂二早起对他说的话。老鸡说,刘嘉生还没下班吗?

没有,正给人家剃头哩。

老鸡说,趁空我也去剃剃吧。

老鸡说着转回身挑着水桶往西街里走。来到大队理发铺的时候,他看到刘嘉生正在扫地,满地的头发茬儿被扫成纷乱的一堆。老鸡说,刘嘉生,这头发能拿到收购站里卖钱。

刘嘉生说,卖了钱也是队里的收入。

老鸡说,你就不会偷着卖?

刘嘉生看他一眼说,这是队里的头发。

老鸡说,你现在觉悟真高,这就下班吗?

刘嘉生说,没人了,没人就下班。

老鸡说,我想剃头。

刘嘉生说,剃头?你才剃过几天?剃头是要扒工分的,你知不知道?

老鸡抹拉了一下自己的头说,那就等等再剃吧。

刘嘉生伸手推了一下眼镜说,你有事?

老鸡说,听说文玉回来了?

文玉?刘嘉生说,我不知道。

咦!老鸡就叫起来,你不知道?文玉回来了,还带回来好多好多毛主席像章,今天早上学生游行你不知道?文玉被他们抬着上街了。

刘嘉生说,我不知道。

老鸡说,这就怪了,你咋会不知道?不信你去三爷的茶馆里看看,都挂在过道里呢。

刘嘉生说,是吗?

刘嘉生和老鸡走出理发店,然后回身锁上门。刘嘉生说,我要回家吃饭了。刘嘉生像往常一样,他白天都是走过十字街往南走,在白天,刘嘉生从来不路过茶馆和公社的大门口,他都是沿着南街走到码头嘴上然后再沿着河岸往东走。刘嘉生这会儿路过十字街的时候,看到渔夫靠在肉架子上睡着了,太阳光照在他松弛的皮肉上,那张脸在睡梦中像一个干瘪的核桃。那些搭在肉架子上的衣服也都晾干了,在南来的风中一下一下地摆动。刘嘉生走过去了又回过头来,渔夫现在的样子使他想起一个人来,这个人现在很像他们学校里看门的老头,于是刘嘉生又回过身来,他来到老头的身边弯下腰来,他说,哎,醒醒。

渔夫睁开眼睛,可是强烈的阳光使他刚刚睁开的眼睛又闭上了,他没有看清喊醒他的人是谁。

刘嘉生说,哎,醒醒。

渔夫就用手罩住自己的眼睛,他看到那个人是刘嘉生。

刘嘉生说,老朱头,要开饭了。

老鳖一下打开刘嘉生晃动他的手,他站起来指着自己的鼻子说,刘嘉生,你再看看我是谁? 龟孙才姓朱呢! 我姓雷,我姓雷你知道吗?

刘嘉生拍着自己的脑门说,不是看门的老朱?

老鳖说,神经病,你当这还是在城里呀? 你还当这是在学校里呀?

刘嘉生突然清醒过来,刘嘉生看到站在他面前的是打鱼的老鳖,刘嘉生二话没说,就转身沿着南街往河边走。现在他常常沉浸在一些往事之中,把一些人错当成他在学校里的熟人,他往往把自己置身在往事之中,沉浸在对某一件事情的执迷状态里。比如说现在他看到了河道里的船,就会对这种东西作一个彻底的研究:船是一种在水上航行的工具,可是船为什么能在水中漂泊呢? 船能漂靠的是什么呢? 这种东西是用什么物质构成的呢? 这些物质又是从何而来呢? 是一些什么样的人把这些物质改变了模样做成现在的船呢? 船漂泊在水上,靠的是浮力,可什么是浮力呢? 等等。比如女人,女人是人吗? 女人当然是人。那么女人和男人有什么区别呢? 她的用处是什么呢? 性交、生育、哺乳? 那么人类的女性和动物的母性有什么区别呢? 人类的女性会思考,因而她有尊严、有羞耻感,她会选择比较隐秘的地方和异性做爱。但动物不行,比如狗,狗就可以在光天化日之下在众目睽睽之下交媾,所以人不同于动物和兽类,等等。比如生命。生命是什么东西呢? 生命只不过是一些肉体,什么是肉体呢? 肉体只不过是一些脂肪和水,等等。比如人的头颅。由于工作的性质他常常和人头打交道,因而他也会对人的头颅做一些思考和研究。他说,人的头颅是人体外部最为复杂的地理结构,他一边剃头一边对坐在椅子上的人说,你看看你自己,头发、胡子、眉毛,为什么头发和胡子会在不停地生长,而眉毛却不生长呢? 你说这是为什么?

坐在椅子上的人说,我不知道,你说为啥呢?

刘嘉生说,因为眉毛没有欲望。

眉毛为啥没有欲望?

刘嘉生说,因为它的欲望都被你的眼睛占有了。

人们对他这种似是而非的回答往往大失所望,从来没有人弄懂过他回答的意思,因为他的记忆常常处在混乱的状况里,比如他所解释的眉毛。或许在没有欲望这个词的前面应该换一个别的名词,而不应该是眉毛。如果眉毛没有什么欲望的话,那么头发和胡子会有什么欲望呢? 因而镇上的人都认为刘嘉生是那种具有精神病症的知识人,因而他也才会有像文宝那样的儿子,因而他也理所应当地会有被打成右派从城里迁回老家的结果,别的没有任何更多的解释。说他是对某种事物或事件执迷的人,这有很多例子可以佐证,只是这种执迷在他返乡之后更加明显,普遍地被颍河镇人所认识,这是颍河镇人看到的外在现象,实际在内心深处他是一个痛苦的清醒者,枯燥而机械的劳作使他难以承受,这使他产生了痛苦,在痛苦的时候他往往是一个沉默者。沉默使他改变了思考世界的方法,他使自己沉浸在对某种事物的思考之中,他逐渐培养自己这方面的才能,他想用这种执迷来摆脱现实生活中的痛苦,于是他就使自己常常沉迷在对往事的回忆之中,他想让一些幸福的往事来代替痛苦的现实。因而在天阴下雨的时候,在他面对一个头颅的时候他就微闭着眼睛,那个时候现实里的一切都离开了他,他的耳边就会响起一些很久远的声音或气味,比如孩子尿布上的臊腥气儿。那些陈旧的图片如动画片一样在他的脑海里翻过来倒过去。在清晨的梦境里,刘嘉生往往会听到姐姐拉动风箱的声音,往往会听到父亲因用力和面而发出的喘息声。睁开眼睛,透过低矮的房门他就能看到正在铺面上忙活的爹娘,就能看到在街面上行走的人。娘高声的叫卖声同芝麻的香味一起灌进屋里来,那香味使他懒懒地躺在床上,睁着眼睛望着被岁月熏黑的屋顶。他躺在床上,听到一个沙哑的声音出现在他家的烧饼铺里,他不看也知道他是谁。他想,这个杂种,他又来了。来人是镇上雷九少家的管家,管家戴着一顶瓜皮帽,穿着一件青色的长衫,右手里托着一个鸟笼子不紧不慢地走过来,他说,刘老顺。

爹就停下手中的活儿,爹微笑着对他说,您来了。

娘也停下手中的生意说,进屋吧。

管家就跟着刘老顺进屋来,屋里污秽的空气使管家皱了皱眉头。爹说,坐吧。

不坐了。管家说,那事儿想得咋样了?

爹说,我有啥想哩?只要九爷肯划给我五亩地,这事就成了。

管家说,九爷同意了。

爹激动得声音有些发抖,爹说,同意了?

管家从兜里掏出一张纸抖开,管家说,你看,契约我都给你带来了。

刘嘉生躺在被窝里,看到他爹那双接纸的手都在哆嗦。那天早晨雷九少的管家走过之后爹喜欢得有些发疯,爹抖着那张纸说,我刘老顺也有地啦!有地啦!刘嘉生在那个遥远的早晨听到那张纸在空中被爹抖得哗哗作响,那张纸抖动的声音在他后来的记忆里越来越清晰,在那张纸的抖动声中他姐被一顶花轿接走了,姐就成了雷九少的第五房太太,他也在那张纸的抖动声里去城里读洋学堂。那是一个春风习习的早晨,爹送他到船上,爹拍着他的肩膀说,乖乖,好好念书,等您爹像雷家一样挂上千顷牌,你就回家给爹管事。爹说完朝他扬了扬手说,去吧,上船吧!爹那天高兴得像个孩子,爹把一摞子烧饼递给一个矮个子船夫说,吃吧,让他们几个都过来趁热吃吧!吃了好赶路!爹从来没那样大方过,爹在那个早晨有些得意忘形,爹那个时候就在心里盘算着怎样把颍河镇一带的土地都买在他的名下,到那时他也可以像雷九少那样出门就坐轿了,他也可以像雷九少那样娶一房太太再娶一房姨太太再娶一房姨太太了!可是爹的好梦不长,爹在年后的冬季里就被划成地主了,那个想做地主的刘老顺手里捏着几张地契口吐鲜血就躺下了。刘老顺对前来看他的王老三说,亲家,看来这是命呀,命里只八升,别想得一斗。爹就那样一病不起,俩月没过就死了。爹死了姐走了,姐跟着雷家的人不知去哪了。姐走了,娘就没明没黑地想姐,娘就没明没黑地哭,结果娘就哭瞎了眼,娘瞎着眼拄着拐杖走出家门,娘的身子在秋风之中如一片树叶摇摇曳曳,刘嘉生就在后面喊,娘。

  娘就立住了脚。娘回过身来,娘回过身来也看不见她的儿子,娘一步一步地走回来,娘伸出手去摸儿子的脸,那手哆哆嗦嗦,那手冰凉,像一条爬动的蛇。娘说,娘出去走走。娘说完就走了,娘不知道走到哪儿去了。刘嘉生找了许多地方却从来没有打听到过他娘的信儿,娘,你上哪儿去了?娘同他姐一样没了音讯,刘嘉生常常在记忆的长路上呆望。刘嘉生想,说不定哪一天娘就回来了。

  刘嘉生现在行走在河岸边,可他眼睛里看到的却是满道的秋风,一个形如枯蒿的老人在飘动着黄叶的长路上行走,他想,那就是娘吗?由于他对往事的沉迷,他一直沿着河道往前走,他以为这就是那条飘落黄叶能走近母亲的路途,他就这样一直走到镇外,在路过家门的时候他仍旧没有清醒,他看到正坐在门口的柳树下等他归来的文宝想,这个人是谁呢?

13. 欲望

  你说这有味吗?

  有味。

  啥味呢?姥爷。

  姥爷就把那头老牛喝住了。姥爷说,你过来。我就朝那头牛走过去。老牛的尾巴在潮湿的空气里摆动着,老牛撅着尾巴叉开双腿哗地撒了一泡尿,那尿真有劲呀,就像山涧里的瀑布,老牛的尿液四下飞溅,姥爷伸手接住了一些牛尿,姥爷接住老牛的尿就洗脸。我也把手伸过去,呀,牛尿热乎乎的,姥爷,牛尿能洗脸吗?姥爷说,能,为啥不能。老牛接着又屙了一堆屎,牛屎热乎乎地摊在地上,姥爷就用手把牛屎一捧一捧地捧到刚犁过的土里埋起来。姥爷,脏吗?姥爷说,脏啥,牛粪不脏,牛一天三顿吃的都是草,不脏。老牛的嘴一错一错地倒沫,老牛鼻子里喷出的热气一下一下地打在我脸上,热烘烘,痒乎乎的。老牛拉起犁子来拼命地掏劲,一犁子又一犁子,一沟又一沟,湿润的土地在阳光下闪闪地发光,像一些碎破的陶片,像姥爷用脚搓净的犁铧。姥爷站起来看着我说,你捧一把土闻闻。

我就从刚犁过的地里捧一把褐黄色的土放在鼻子下,我闻了又闻,我说没有啥味呀。

姥爷说,你用劲儿闻。

我就使劲吸气,可是我怎样也闻不出那土里有什么味道。

闻到了吗?姥爷把牛鞭插进土里蹲下来,捧一捧松散湿润的土放在鼻子边,姥爷说,甜味,闻到了吗?

甜味?

是呀,甜味。

我咋闻不出来呢?

姥爷说,那是你不会闻。姥爷把手里的土使劲撒开,那些土粒就在空中飞翔。而后姥爷又捧起一捧泥土放在我的鼻子边,姥爷说,闻闻这,这里有点辣。

辣?

是呀,辣。姥爷说罢又换了一捧土放到我的鼻子下,姥爷说,闻闻这,酸味。

酸味?

是呀,姥爷说。姥爷又换了一把泥土放在我的鼻子前,姥爷说,闻闻是不是有点苦?

苦?

姥爷笑了,姥爷笑声朗朗,姥爷站起来拍拍手上的土,姥爷用手抚摸着我的头,姥爷说,这土里啥都长呀,乖乖,酸辣苦甜啥都长。姥爷说完又去犁地了。阳光是多么的温和,温和的阳光照着远处的村庄,村庄里看不到房子,村庄的四周都是绿色的树。绿色的树林里走出一群抬花轿的人,那些人滴滴答答地吹着响器,咚咚地放着三眼铳,三眼铳灰白色的烟气弥漫了那群人的面孔,可一会儿那群人又出现在阳光里,等灰白的烟气散尽了,那群人离我们越来越近,滴滴答答的响器声越来越响亮,三眼铳的声音越来越震耳。姥爷,那群人在干啥?

姥爷再次停住犁子,姥爷说,娶亲哩。

啥是娶亲?

姥爷说娶亲就是结婚。

啥是结婚?

姥爷说,结婚就是一个男人和一个女人过日子。姥爷说完蹲下来亲了我一下,你长大了也要结婚。

我也要结婚?

是的,姥爷说,等你长大了就给你找个女人。

找个女人干啥?

姥爷笑了,姥爷又在我脸上亲了一下,他拍拍我的头说,傻孩子,找个女人睡觉,等天黑把门一关就搂着女人睡觉。

姥爷,你搂女人睡觉吗?

姥爷说,搂。

姥爷,我爹搂着女人睡觉吗?

姥爷一听这话就生气了,姥爷站起来说,不搂女人睡觉你是从哪儿来的!人都是搂女人睡觉搂出来的。

姥爷,你也是吗?

姥爷这下真的生气了。姥爷丢下我独自耕地去了。姥爷说,不要耽误我犁地,过几天就要下种了!姥爷不再理我,姥爷把我一个人丢在了路边上,我望着那群渐渐走近的迎亲的人,那些花花绿绿的旗子和花轿吸引了我,那些锣鼓家什吸引了我,我离开姥爷朝那群人奔去。在那群人中间我看到了二舅,二舅正在兴致勃勃地放着三眼铳,咚——咚——咚——二舅被灰白的硝烟吞没了,一会儿二舅又出来了。我想,这么多的人都是男人搂着女人睡觉搂出来的吗?我跟着那群人一直往前走,我看到前面的镇子啦,镇子的上空满是红色的霞光,那群人就在红光之中走进了镇子,那群人一走进镇子就把家什停住了,响器没人吹了,三眼铳也没人放了,他们把那顶花轿遗弃在路旁,轿帘子被呼呼的晚风吹扬起来,花轿里没有女人,花轿里什么都没有。我抬头看看,那些人都不知了去向,镇子里到处飘动着暮色,因而一切都显得混混沌沌,人都到哪儿去了?我这样想着往前走,在公社门口我犹豫了一下,我想,我得去找二舅,二舅说不定去找二妗子了。我这样想着就朝酱菜厂走去。在酱菜厂里我看到了许多埋在土里的大缸,我闻到了浓重的酱气。可是院子里却没有一个人,我站在门口犹豫了一下还是朝院子里走去。我刚一走进院子里就有一个人说,谁呀?

我停住脚步,可是我没有看到说话的人,我不知道那声音从哪儿飘过来的,我正犹豫不决,那个声音又说,你找谁呀?

这次我听到声音是从大门左边的墙后边发出来的,我就朝那走过去,我穿过一个小门看到一个老女人正坐在一条凳子上屙屎,她屙出的屎又腥又臭,我就捏着鼻子对她说,我找俺妗子。

那个老女人正屙到关键的时候,因为用力她的脸都变了形,她一边用力一边朝我扬了扬手。我就捏着鼻子退出来,我沿着酱菜厂的小路往里走,在妗子的住处我没有看到人,我站在门口迟疑了一会儿就沿着四周的房子去寻找,可是每间房门上都上着锁,最后我来到了工棚里。工棚里放着许多小坛子,那里也没有我二妗子。我正失望的时候,听到了快乐的呻吟声。我循着声音,最后在右边的墙壁上发现了一个洞,从洞里我看到了另一间房子里有两个人,一个男人和一个女人,两个人脱得光光的,他们在苇席上扭成一团,他们一会儿男的压住女的,一会儿女的又骑着男的,他们不停地晃动,他们像两团白色的光在闪动,他们一边闪动还一边不停地发出叫声,叫着叫着他们就站了起来,脸对着脸,女的把腿架在男的腰上,他们脸对着脸一上一下地晃动,一会儿男的又把女的脸儿翻过去,那女的把腰弯下去,最后他们一块儿翻倒在席子上。他们好像很冷,他们因此浑身都在抖动,于是我就从那个洞里爬过去,拾起地上的衣服给他们盖在身上,我说三舅、二妗子怹冷吗,我给怹盖衣服。

他们被突然出现的我给惊住了,他们飞快地各自穿上衣服,三舅拉着我的手说,你跟谁一路来的?

我说我自己。

二妗子说,咋弄?

三舅说,不碍事,他是个傻子。

妗子说,文宝,不好好在家跑出来干啥?

我跟姥爷下地了。

三舅说,姥爷哩?

姥爷在犁地。我说,你们在干啥?

三舅笑了,三舅说,我们也在犁地。

我说,犁好地就播种吗?

三舅和二妗子都笑了。三舅说,你不懂,一边犁地一边播种。

我说,我也要犁地。

三舅在我头上拍了一下说,你还小,等长大了再犁。

二妗子从一口酱缸里捧出一捧醋蒜瓣放在我的面前说,吃吧,文宝。

二妗子和三舅说完就开门走出去,把我一个人丢在屋里。我回身看看他们刚刚劳作过的苇席,那里平平的,什么都没有,没有牛,也没有翻过的土地。我想,在这苇席上也能播种吗?我真有些不明白,看来我还得去找姥爷,我要找姥爷问个明白。我这样想着走出酱菜厂,在一片月光之中朝着我要去的地方行走。可是眼前的一切都变得荒芜,月光下莽莽地看不到尽头,我一直走呀走呀,到后来我就走得口干舌燥,筋疲力尽,于是我就在地上坐下来,我要歇歇。我在一块净地上坐下来,我听到身后传来了脚步声。我回头看看,就远远地看到了文玉,文玉在月光里独自一人慢慢地朝我走过来。

我说,文玉……

14. 家(续)

家,我的家在哪儿呢?我的家就在那场飘飘扬扬的大雪里,那雪下得真大呀,下白了街道下白了房屋,下白了校园里的大操场,下白了学校里当当的下课铃声。我沿着教室前的甬道往前走,踏着嚓嚓的积雪,我要到办公室去,我要去找爸爸,可是爸爸在哪儿?我找遍了所有的教室和办公室都没有爸爸的身影,爸爸,你在哪儿?可是没有人回答我。我拉着杨叔叔的衣服说,我爸爸在哪儿?

杨叔叔回过头来看我一眼,他的脸上冰冰的,他的脸为什么会像眼下的天气这样冷呢?他和爸爸是最要好的朋友,他们常常在一块儿喝酒,在我家里喝酒。妈妈把菜一盘又一盘做好了就会喊我,文玉,端菜。我就把菜端上来,让杨叔叔和爸爸喝酒。不喝酒的时候杨叔叔就跟爸爸说话。爸爸上厕所的时候杨叔叔就给我打鼻子眼,杨叔叔握住我的一只手打一下说,鼻子。我摸着鼻子的时候他却说耳朵。等他说耳朵的时候我的手又跑到眼睛上去了,我总是这样输。等我打他的时候他一下子就摸住了,他好像知道我要说啥似的。杨叔叔平时看我的时候脸上总是笑嘻嘻的,可今天杨叔叔怎么了?他的脸色为什么那样冰冷呢?我说叔叔,我爸呢?

他又看我一眼说,不知道。说完他就走开了,我急得想哭。每天都是爸爸在这儿等我呀,可是今天爸爸去哪儿了?这时候刘姨过来了,刘姨和爸爸教的是一门课,刘姨把我拉到门外说,小玉,你爸爸走了。

我爸去哪了?

刘姨说,你爸回家了。

爸爸为啥不等我?

他有事,你知道家吗?

我说我知道。我就走出了校园,沿着大街往家走。街上有好多行人,人们都在匆匆忙忙地走路。雪停了,太阳出来了,可是我觉得天更冷。路上的雪都被踏化了,路上的白雪都变了颜色。我就这样沿着街道往前走,等回到我家居住的大院里,看到我家门口围着好多人,那些人都在看啥呢?我走进家门,看到家里凌乱不堪,地上到处扔着书,到处都是纸,有几个我不认识的人正在往一辆板车上装家具。那些围看的人都用异样的眼光看着我,我就喊一句,妈。可是我没有听到妈的回声。我跑进屋里,屋里没有妈,屋里没有爸,屋里也没有文宝,他们都上哪儿去了?我拉着一个陌生男人的衣角问,我爸呢?

那个男人停下手中的活儿说,你是刘嘉生的儿子?

是哩,我爸呢?

那个男人说,你爸出去了。说完就不再理我,又去忙他的,那群人把家具都拉走了,留下一个空荡荡的屋子,留下满地的废纸。我就坐在地上哭,我哭一声就喊一句,爸。我哭一声就喊一声,妈。我坐在那个空荡荡的屋里一直哭,屋里好空荡呀,那就是我的家,屋子好冰冷呀,那就是我的家。

爸,你在哪儿?

妈,你在哪儿?

文宝,你在哪儿?

我一直等呀等呀,坐在寒冷的屋里等,可是总不见爸爸和妈妈。我看到邻居老奶奶走进来,老奶奶把我从地上拉起来,她为我擦一把眼泪说,孩子,去学校吧,说不定你爸在学校里等你哩。我就一边哭一边离开了那个院子,我一边哭一边往学校里走,可我走着走着就在街里迷了路,我不知道学校在哪儿,我背着书包一边哭一边叫着妈往前走,不知道走过了多少路,最后我来到了一条河边。那河好宽好宽呀,河道里泊着好多好多的木船,除了那些木船就是风和雪,寒冷的风和雪。我顶着风雪在河道里喊,妈——你在哪儿,我一边喊一边哭,爸——你在哪儿?我这样哭着叫着走向那些木船,妈说,我们要走好远好远的水路才能回到老家。妈妈,你们要回老家吗?你们为啥不带上我呢?妈妈。

一个老头从船舱里走出来,老头说,这是谁家的孩子?

我说,我找俺妈。

你妈是谁?

俺妈说回家要走好远好远的水路,

噢。老人说,你先上船来吧,说不定你妈还没有过来呢。

老人把我拉上了船。老人把我拉上船的时候暮色已经降临,对岸的村庄都已经看不清楚了。我在老人的船舱里一边流泪一边睡着了。第二天我醒来的时候天起了好大好大的雾,老人给我炖了一碗鱼汤让我喝完就领着我回城里。回到城里的时候雾也散了,雾都摸到大街两边的树枝上去了,满街的树枝上都挂着玉白色的雾凇和冰凌,我好像走进了爸爸给我讲过的童话故事里,在那个银白色的世界里我跟着一个白胡子老爷爷回到了我熟悉的学校,但是在学校里我仍旧没有找到爸爸。放学的时候我又挨着办公室去找爸爸,我又一次拉着杨叔叔的衣服说,我爸呢?

杨叔叔黑唬着脸说,你爸回家了,你回家去找他吧。

我又沿着大街往家走。一出校门我的后背上就挨了一下,我回头看,那是一蛋子雪。我还没看清怎么回事,又有几蛋子雪砸在了我身上,那是我们班上的一群同学,他们一边朝我砸雪蛋子一边朝我喊道,小右派——而后就哄地一下跑走了。我转身往家走,可还没等我走几步,他们又追上来用雪蛋子砸我。我站住了,我攥紧拳头看着他们,他们嘴里叫着小右派从我身边跑走了。看着他们喊叫着跑远,泪水就模糊了我眼前的街道,我往前走着,我不知道我要到哪儿去,我没有家了,我不知道爸爸和妈妈都到哪儿去了。我一边哭着一边往前走,走着走着我又回到了那条好宽好宽的大河边。这回我没有叫,我走到河岸边,走到老人的船边独自爬上船去,走进光线暗淡的船舱。船舱里没有人,船舱里静悄悄的,我在船舱的床铺上坐下来,我走得太累了,我躺在床铺上慢慢地睡着了。水浪撞击船舷的声音离我越来越远,我睡着了,可是我的眼角上挂着泪珠。我在睡梦里一次又一次地喊叫,妈——爸——我要回家。可是家在哪儿?家里空荡荡的,到处都是一些零乱的废纸,家留给我的印象是彻骨的冰冷。

在睡梦里我听到了船工的号子声,在睡梦里我听到了浪头击打船舷的声音。我躺在那里,感觉到有热乎乎的东西滴落在我脸上。我睁开眼看到了妈妈,我躺在妈妈的怀抱里,我哭着说,妈,我回家。

妈妈说,乖,别哭,咱回家,咱现在就回家。别哭,你看,你起来看。我从母亲的怀抱里站起来,透过船舱的窗口我看到了岸边的树丛在走动,我说,妈,我们要回老家吗?

妈说,是的,乖乖,要回老家。

我爸爸呢?

妈说,你爸也回家。

文宝呢？

妈说，文宝也回去。

我回过头，就看到坐在船舱里默默地抽烟的爸爸。爸爸像一棵霜打的茄子，爸爸坐在那里无精打采。在我们漫长的航行中，爸爸始终没有开口说过一句话。爸爸曾经是那样的开朗，爸爸空闲下来的时候常常给我讲述美丽的童话故事，可爸爸突然间就像换了一个人，爸爸变得沉默寡言。

在那个寒冷的冬季里我们回到了故乡，可是我的故乡和我的想象相差太远了，故乡在我的感觉里同我远在城市里的那个家一样地让人恐慌，我在人们异样的目光里每天沿着街道去学校，我默默地读书学习，我的成绩每学期在班上都是前几名，可我从来没有得过奖状。我去问大舅，大舅一边听着收音机一边说，因为政治问题。

我感到困惑不解，我看着大舅。大舅就进一步给我解释说，因为你爹是地主，因为你爹是右派。我感到蓝色的天空变成了灰色朝我压过来，压得我喘不过气来。地主？右派？班里的很多学生都戴上了红领巾，可是我却没有，我去找大舅，大舅指着大燕脖子上的红领巾说，你知道这是啥吗？这是红旗的一角，这是革命先烈用鲜血染红的，不是啥人都能戴的。

我为啥不能戴？

大舅说，因为你爹是地主，因为你爹是右派！

我爹是地主？我爹是右派？我突然感到面前的阳光被一片黑色的云彩覆盖住了，我感到那些绿色的叶子都枯黄了，春天渐渐离我远去，我的视线里没有了温和的色彩，我幼小的身体就被大舅的那两句话压得直不起腰。地主！右派！每一次走近家门我都这样想，我望着那两间用黄土垛成的房子，望着那两间用麦草苫成的屋顶，我就会想，我为啥会是这个家里的儿子？每当看到戴着眼镜的爸爸我都会远远地躲着他，我隐隐约约地感觉到那些凄惶都是他带给我的，他使我一次又一次想起那两个压在我身上的词。随着我日渐地长大我就越讨厌这个家，恨这个家。因为这个家在学校里我对什么都不敢妄想，我不敢去想入团的事儿，我不敢去想参军的事儿，我不敢提笔去填一些表格，我不敢在纸上写出地主和右派这两个词。我越来越厌恶这个家，这个给了我生命的家同时也给了我耻辱，连大舅都用异样的眼光看待我，那么别人呢？我常常躲在教室里，放学了我还不肯回家。大舅查校的时候看到了我，他会走过来拍着我的脑袋说，你还不回家？

我抬头看看他说，我不想回家。

大舅说，为啥不想回家？

我说,我讨厌那个家。

大舅笑了,大舅说,这样好,政治上要求进步。大舅说,要不你也同远路的学生一块儿住校吧。于是我就住校了,就连星期天我也不想回家,我一个人躺在大殿后面的院子里,一到天黑我就把自己蒙在被子里。在夜间,我常常听到猫头鹰的叫声,我吓得大气都不敢出,老鼠在我的床头奔跑,院里的梧桐树叶在风中不停地发出哗哗的声响,我怕,我怕极了,我好像在一个无底的黑洞里往下坠落,一直往下落往下落。我不知道我会落到哪儿去,我在黑暗里暗暗地祈祷着,让我落到地狱里也别让我落到家里去。可是姥爷却让我现在回家,我的家在哪里呢?我的家在颍河边吗?那两间黄土泥屋就是我的家吗?我沿着街道行走,穿过一条胡同我就看到了家,我怀着复杂的心情慢慢地走近它,我在院子里看到了文宝,文宝仍旧坐在那半截残墙上对着河道呆望。我走到他身边,文宝听到脚步声回头看我一眼,接着他又回头去看他的河道。**你是谁?你长得很像文玉,可是文玉飞走了,文玉是一只鸟,文玉飞到很远很远的地方去了,文玉需要的是蓝色的天空,文玉不要关他的笼子,文玉是一只鸟,文玉飞走了。**我回过身来看到了妈妈,妈妈正坐在门前打盹,妈妈的面前放着一个簸箕,妈妈在拣粮食,可是妈妈太劳累了,妈妈在队上干了一天活儿还要回来拣粮食,妈妈还要推磨磨面,妈妈还要到后坑的井里去打水,妈妈还要烧火做饭,妈妈太累了,妈妈睡着了。一看到妈我的眼睛就潮湿了,我走到妈妈的身边蹲下来,伸手拉住了妈的手。妈妈从睡梦中醒来,妈妈看到了我。妈一看到我就叫起来,文玉,我的乖,是你吗?

我朝她点点头,我说,妈,是我。

妈说,我的乖,真是你吗?

妈一边说一边站起来,妈说,乖乖,你回来了,妈去给你做饭。

就这个时候,我听到身后有脚步声,不用回头我也知道那是爸爸。我回过头来,果然是他,他的脸更加消瘦,他的眼镜使我看不清他眼里的目光,他的目光一片混沌,他用混沌的目光看着我,可是他啥都不说,他连句话都不给我说,就从我身边走过去。

妈说,看你,文玉回来了,就没一句话?

爸爸站住了,他转回身来,爸爸用挖苦的声调对我说,早起我看见你坐在别人的肩膀上,挺风光呀。

我说,你想叫我咋弄?不让我进步?

他说,没不让你进步,可是那样对你不好,知不知道?枪打出头鸟。

枪打的是地主,是右派!说完我转身就往外走。

妈说,文玉,妈做饭了。

我停下来对妈说,我到河边走走。

妈说,别走远,快点回来吃饭。

还吃饭,我一点食欲都没有!我一边沿着河道往前走一边在心里想。一看见爸我心里就窝着一团火,这就是家!爸爸永远是那个样子,整天沉着脸不说话,可是他心里啥都清楚,他是一个阴险的人,一个对社会心怀不满的人,我知道!我不能理解他现在所说的话,他的本质真的很反动,他是人民的敌人!他真的是贫下中农的敌人!他真的是个地主,他是个右派!可他又是我的父亲,是他生了我,想到这一点我就害怕,想到这一点我就恨他!你害我害得还浅吗?我真的不想见到他,我恨他!

我一边想着一边往西走,可我不知道我要到哪里去。在不知不觉之中我来到了学校,学校里现在空无一人,连大舅都不在。我知道今天是星期天,学生都回家去了,等到下午他们才会陆续回到学校,现在校园里静悄悄的,只有一群麻雀在大殿门前的高台上蹦蹦跳跳,我一走近,它们就哄地一下飞起来,落在大殿的屋顶上。我从地上拾起一片瓦朝大殿上投去,那群麻雀又惊飞了。那片瓦在大殿的房顶上滚下来,又落到了我的面前,我一脚就把它踢到台下去了。学校里空荡荡的,连大舅都不在,我到哪儿去呢?

我沿着台阶走下去,穿过大殿与厢房之间的小脚门,来到后院里。后院里依旧阴森森的,我走过一间屋门,又走过一间屋门,这都是学生的寝室,可是那些房子的门都锁着。最后我来到最东边的那间房子前,我顺着一棵树爬上去,然后又从树枝上接近那间房门上的门头窗,我从那个落满了灰尘的门头窗里爬进屋里,在一个床铺上躺下来。

躺在寂静的屋子里,突然间我好像又回到了许多年前那个远在城里的冰冷的家,我看到了满地的废纸,我在心里默默地叫着,妈妈——你在哪儿?爸爸——你在哪儿?我就这样在心里一声接一声地喊叫着,泪水忍不住从我的眼睛里流下来。我恍恍惚惚地在挂满了冰凌的大街上走着,我不知道我要到哪里去,我走呀走呀,我总想接近那条我幻想中的大河,可是那条大河总是在躲着我,无论我怎样走都难以接近它,我走得好累好累呀,后来我就在劳累和泪水之中沉睡过去。

15. 传播者(续)

那是大海吗?是海,到处都是黄色的皮肤,到处都是黑色的头颅,到处都是沸腾的激情。看到了吗？看到海上升起的红日了吗？看到了,红色的太阳升起在天安门城楼上,于是那海就开始涌动,发出经久不息的浪涛声。那戴着红袖章的手臂就是那红色的水浪吗？那涌动的黑发就是那黑色的水浪吗？那沸腾的声音就是阳光蒸腾起来的水汽吗？那水汽在蓝色的天空下传荡。

　　大海在汹涌！

　　红色的太阳升起在天安门城楼上！红色的霞光照耀着广阔的海洋！看到了吗？看到了,我看到了红色的霞光,太阳离我是那样的近,阳光刺得我睁不开眼,哗——海水退潮了,大海退潮了,没有了黄色的皮肤,没有了黑色的头发,没有了沸腾的激情。广场是一片辽阔的海滩吗？是的,那是一片退潮后的沙滩,沙滩上到处都残留着鞋子,各种各样的鞋子,从黄土地上从黑土地上从红土地上流来的鞋子,从北方从南方从东方从西方流来的鞋子,那鞋子是沙滩上的贝壳吗？是沙滩上的贝壳。一个年迈的清洁工人在沙滩上推着斗车捡贝壳,他把大大小小的贝壳都捡进斗车里。文玉赤着双脚站在夜幕之中的天安门广场上,文玉在广场上寻找他失落的贝壳。文玉想,我的贝壳在哪里？

　　文玉走到老人的面前说,你见到一对灰色的鞋子了吗？

　　老人抬起头来,他用疲倦的目光看着文玉说,孩子,这里有很多鞋子,可是我不知道你要找的是哪一种。

　　文玉指了指自己的赤脚说,你看看我的脚就知道了。

　　老人说,我又不是鞋匠,我怎么能看得出来？要不这样吧,那里有很多鞋,你自己去拣吧,你喜欢什么样的就拿什么样的。于是文玉就在老人的车斗里拣了两只鞋,他把鞋在脚上试一试就与老人告别。

　　老人说,快走吧,等到天亮这里又要涨潮了。

　　文玉就在黑暗中往前走,他在肥沃而空旷的原野上行走,最后他来到一片茂密的松树林,松树林里有一座寺院。他望着飘浮着蓝色雾霭的寺院犹豫不决,到后来他听到了钟声。那钟声吸引着他走进寺院,他穿过大殿和厢房之间的脚门来到一座阴森森的院子里,他感到自己的尿胀得很,他依稀记得这个院子里有一处厕所,可是他在那所光线灰蓝的院子里转来转去也没有找到厕所,最后他来到一间屋子里,屋子里没有一个人。文玉想,就在这儿尿吧。文玉正想尿泡,就听屋外传来了咚咚的脚步声,那脚步使他止住了尿泡的想法,他回过身来看到一个人朝他走过来。那个人过来拍了拍他的脸说,找了半天,你咋在这儿？

文玉被那只湿淋淋的汗手弄醒了,文玉睁开眼睛,文玉看到了他大舅弯腰站在他身边。大舅说,醒了吗?

文玉从床上坐起来,文玉说我要尿泡。

大舅说,想尿你去吧。

文玉下床走到屋外,他看到天色阴沉沉的,他一边走进厕所一边想,这是啥时候呢?是早晨还是傍晚?阴暗的天空使他失去了对时间的判断能力。他撒完尿跟着大舅来到前边的院子里,前院子里聚集着许多学生,他们排着队站在操场里,每个人手里都举着一面小红旗,有一面盘鼓放在大殿前面的台子上,台下是一支腰鼓队。大舅对文玉说,就等你打鼓了。

文玉说,干啥?

大舅说,游行,上街游行!

文玉说,又有喜讯了?

大舅拍拍手里的半导体说,毛主席的最新最高指示发表了,全国上下一片欢腾!大舅对台下的人一挥手,说,出发!

那支长长的游行队伍就出发了。文玉用力舞动着鼓槌,盘鼓发出震耳的声响,如同隆隆的雷声。天阴沉沉的,低低地压着狭窄的街道,天在不知不觉中下起雨来,那雨水从空中急匆匆地飘落下来,却没有阻挡住游行的队伍,在激扬的口号声中,游行的队伍没有一点要停下来的意思。雨水渐渐打湿了游行者的衣服,淋湿了游行者的头发,雨水顺着他们的面孔流下来,他们一呼口号雨水就流进了他们嘴里。淋湿的衣服贴在人们的肌体上,他们哆嗦着在大街上呼着口号,只有胸中的热情鼓舞着他们,这使许多站在街道两边房屋出厦下的人们受到了鼓舞,他们也冲进雨水里加入到游行的队伍里来。腰鼓队仍在敲着腰间的小鼓,由于雨水的缘故,她们敲出的鼓声已经暗哑。腰鼓队员是一群体形动人的女孩子,由于淋湿的衣服贴在她们身上,她们在街道的泥泞里舞动的身姿就更加感人。

雨水越来越大,但人们的热情却始终如一。游行队伍来到三爷茶馆门前的时候,三爷正躺在小兜床上看那件别满毛主席像章的褂子,三爷听到街道里传来的暗哑的鼓声,就折身坐起来问身边的二儿子说,这是在弄啥?

王洪民说,学生在游行。

三爷说,咋下着雨游行?

王洪民说,毛主席的最新最高指示下来了。

三爷说,扶我起来。三爷就在二儿子的搀扶下走到茶馆门口,三爷看到那些在雨水中高呼口号的孩子们像一群落汤鸡。三爷在队伍里看到了自己的大儿子,他的大儿子面容灰暗地走在游行队伍的前面,口号就是他带着呼喊的。接着三爷又看到了挥舞着鼓槌的文玉,这情景看得三爷热泪盈眶,三爷喃喃地说,毛主席……

三爷看着文玉一下又一下地挥动着鼓槌,可他却听不到鼓声。三爷说,咋没有鼓声?

二儿子说,可能是下雨吧,雨水把鼓皮淋湿了。

三爷说,没有声能中?去,去拿你的三眼铳,跟他们一块儿去,让所有的人都能听到毛主席的声音。

王洪民转身走向后院,一会儿他就取来一把三眼铳,后背上还挂着一个药葫芦,他站在三爷身边熟练地往铳眼里装着药,装完后对三爷说,我去了。

三爷说,去吧,去追上他们。

王洪民就出了门,他一出门就点了一枪,那声枪响惊天动地,从枪里散发出来的灰白的烟气很快就被雨水消融了。已经走到公社门口的游行队伍听到身后传来的枪声,都停下来,他们看到身背药葫芦手执三眼铳的王洪民冒雨走过来,这就更增添了他们的激情。他们在雨水里挺起胸膛,沿着狭窄的街道一边呼着口号一边继续往前走。

文玉停住手中的鼓槌,他看到了放铳的二舅。二舅戴着一顶发黄的草帽,后背上挂着一个灰黄色的药葫芦,手里持着一杆黑色的三眼铳,他的面貌从雨水里看去模糊不清。文玉就对走在身边的大舅说,你看,二舅。

王洪良也回头看了一眼,但他的脚步又开始移动了,他又一次举起胳膊高呼口号,但他的声音已经发哑,如同那些腰鼓发出来的声音。

王洪民今天不同往常,他没有一下点燃枪管上的捻子,而是把三枪一枪一枪地放。

嗵——,一声巨响。嗵——,又一声巨响。

等走到东街的红石桥上,他才把三枪放完。等放完后他就离开了游行队伍,躲到铁匠家的门楼下重新去装药。那个时候铁匠好像刚睡醒,铁匠惺忪着眼睛从屋里出来对王洪民说,你这是干啥?

王洪民只顾自己往铳眼里装药,没有理睬铁匠的问话。

铁匠又说,谁家死人了?要是死人,你可别在我门口装……

铁匠还没有说完,就挨了王洪民一脚。王洪民说,你想死哩!睁开你那狗眼看看。

铁匠挨了一脚正要发火,他看到了门外街道里的游行队伍,接着他又听到了口号声,他的脸刷地一下白了。铁匠缩着头像一条狗退回屋里去了,他听到王洪民在他身后骂了一句,再回头时,就看到王洪民已经提着三眼铳走到雨水里去了。

王洪民来到大街上,他在哗哗的雨水里把三眼铳支在地上,他点着捻子,把手平伸出去,脸转向一边。那支停下来的游行的队伍在雨水里等着王洪民的枪响,可是等了半天也没听到有动静。王洪民想,可能是雨水打灭了捻子吧,该响了呀?雨水真的打灭了捻子吗?王洪民回过头来,那杆枪十分平静,没有一点要响的意思,王洪民想,真是雨水打灭了捻子。他这样想着,就把三眼铳收回来,把脸凑过去,他想去验证自己的猜想。

那群游行的人站在雨水里看着他,等着那一声惊天动地的枪声。可是枪声却迟迟没有出现。王洪民只好把枪收回来查看,可就在那一瞬间,枪突然轰的一声响了,白色的硝烟四处散开。等那白色的硝烟散开之后,站在雨水里的人们都惊叫起来,他们看到那个执枪的人倒在了泥水里,他的脸像一朵在春光里盛开的鲜花。

16. 弥留

我日他娘,咋会不响哩?都怨秧子个龟孙家儿说的啦,谁家死人了,凭着这句话就管打你个龟孙现行反革命!抓你个龟孙去游街!他妈那个×!耶,这一枪咋弄的了?咋恁长时间还不响哩?炮捻子被雨水打灭了吗?八成是炮捻子被雨水弄灭了。这个雨下得还不小哩,把炮捻子都打灭了,我日他娘,说不好还得去换炮捻子,换炮捻子我还得去秧子家的门楼下,这回秧子你个龟孙再说傻话,我非用这枪给你一家伙不中,妈那个×!这么多人都在雨水里等着看我放枪,这回要是不响那可真丢人,看看吧,看看是不是炮捻子真的被雨水打灭了。真的灭了,连烟都不冒了,我日他娘,轰……

我这是在哪儿?我的脸在哪儿?我的头在哪儿?那么多乱糟糟的声音,像一窝马蜂飞过头顶。

快点,快点……

这是谁在说话,我咋一点都听不出来,快点干啥去呢?到哪儿去呢?我现在在哪儿呢?

那只腿,那只腿……

腿?谁的腿,腿咋啦?你们干啥要这样晃我呢?别晃呀,我疼。

快点,快点,就要到了……

到哪儿啦,这要到哪儿去?

老三,你先骑着车子过去,过去找人……

找谁呀,你们去找谁?你们别晃我呀,我这是在哪儿?在车上吗?你们为啥要这样不停地晃我,我疼呀,你们别晃中不中?

这儿这儿,到这儿来……

到哪儿去呢?

托起来,托着头,对对,把头托起来,我的天哪,这么多血,来来,放这儿,放这儿……

好了,这下他们总算不晃了,这下他们总算把我放下了。

快点,拿酒精,不是酒精,是碘酒,先擦清血迹……呀,我的天哪,这是咋弄的?脸都快打烂了,都分不清鼻子眼了,准备输血吧……

谁的脸烂了?秧子的脸烂了吗?我那一枪打在他脸上了吗?疼呀,疼呀,你们把啥东西放在我脸上了?

按住按住,别让他动,按住腿,对,按住腿。咋会伤成这个样子?

放铳。

铳,啥铳?

三眼铳。

这下雨天放啥铳呀……

谁放铳?是我放铳吗?是我放的三眼铳吗?是爹叫我放哩,爹平时不喜欢我放铳,一放铳他就烦,爹说那是你干的事吗?你现在是厂长了,你知不知道?你还能像以前那样天南海北地跟着人家剧团跑?那唱戏能是个正经事吗?你看看有几个唱戏唱发财哩?都是你呀,娶个媳妇也是个戏子,你看看戏子有几个是正经人,戏台上一会儿是这个人的老婆一会儿又是那个人的老婆,唱着唱着就唱到一张床上去了!可是爹今儿个咋啦?爹咋开恩叫我去放铳了?哎呀,疼呀,疼死我啦!谁在用刀子划我的脸?疼呀,疼呀,咋恁疼哩,是啥东西翻过来倒过去在我的脸上动,是啥东西,毛毛虫一样。

爹,爹你咋来了?

爹来了?

我的乖乖,这是咋弄哩?我的乖……

让他出去,先出去,把门关上……

爹,是爹吗?爹从哪儿来?爹不是在家吗?我想看看爹,可是我的眼在哪……

眼没希望了,两只眼都打流了……

这是谁在说话?谁的眼打流啦?我的眼吗?不是不是,我的眼要是流了那不就瞎了吗?那我不就成了一个瞎子吗?要是瞎了我还咋去厂里上班呢?要是瞎了逢年过节我还咋去唱戏,可是他们在说谁呢?……

我的娘呀,我的天哪……

这是谁在哭呢?在很远很远的地方哭,那是谁在哭呢?好像在梦里一样,我听着声音咋恁熟哩?是谁在哭?是素梅吗?是素梅在哭吗?素梅,真的是你吗?你哭得真好听,你哭得就像唱戏一样好听,素梅,真的是你在哭吗?真的是你在舞台上哭吗?你是在唱戏吗?你咋越走越远呢?我看不见你呀,天怎么这样黑,天还在下着雨吗?我这是要上哪儿去?这是啥声音呢?嗡嗡响,像马蜂,哪来这么多马蜂呢?这是啥声音呢?一会儿高一会儿低,一会儿远一会儿近,这是啥声音呢?那是一群人吗?一群人在街里走过来了,是吗?是一群人走过来了,他们的脸都是黑色的,我一个也看不清,他们从哪儿来?他们举着手,他们张着嘴,可是我听不见他们的声音,这是在哪儿呀,天越来越黑,人越走越远,我这是要到哪儿去呀,我咋啥都看不见呢?我这是要到哪儿去呀,无边的黑暗,没头没尾的黑暗,好大的风呀,哪儿来的风呢?风把我的身子都刮起来了,我的身子咋恁轻呢?到处都是混混沌沌的,像流淌的泥水,像流动的泥浆,泥浆把我裹在里面了,涂满了我的周身,堵住了我的耳朵,堵住了我的鼻孔,快闷死我啦,我啥都听不到了,人都到哪儿去了,你们都到哪儿去了?你们为啥丢下我不管了?你们都走了吗?你们把我丢在这黑夜里啦……哎呀,我咋飘起来了……哪来的风?这是哪儿来的大风呀?我被风刮起来了,我咋突然间变得这样轻呢?飘呀……飘呀……我是一片黄叶吗?我是一片旧纸吗?我是一缕青烟吗?我这是要飘到哪儿去呢?到处都是黑暗……漆一样的黑暗……我这是要飘到哪儿去呢……

17. 焚烧

文宝听到有一些细碎的声音从某个方向传过来,那些声音持续而平衡地穿过灰暗的空间把他惊醒了,屋里的光线使文宝一时弄不清那声音的来处,他看到母亲膝盖上搭着一件破旧的衣服坐在门边打盹,她的面前放着一个装满碎布的针线笸箩,有几只母鸡无精打采地站在母亲身边,他看到一只母鸡抬起一只爪子去抓自己的另一只腿,可是他依旧弄不清楚那声音来自何方,哗——经久不息,是风吗?是风吹打树叶吗?文玉,是风在吹打树叶吗?

是风,文玉说。他跟在文玉后面沿着长长的河道往前走,河岸的半坡上长满了绿色的柳丛。起初他们沿着河边的水浪往前走,文玉扛着一个大篮子,文玉弯下腰来从水边拾起一小块木头放在篮子里。文宝看到前面的河水里还有更大一点的木块,那木块被水浪撞击得一晃一晃的,像一只船。文宝跑过去,他的鞋子踩进河水里去了。

文宝——你的鞋。

文宝从河水里拾起那块小木板,他高兴地对文玉晃了晃。

你的鞋,文玉说,你的鞋湿了。

文宝笑了,文宝把木板放进文玉的篮子里。

文玉生气了,他一下子把文宝推坐在地上。乱跑,看看鞋湿没有?回家咱妈打你! 文玉就把文宝的鞋脱下来,使劲甩鞋子上的水,而后他把鞋子递给文宝。文玉说,掂着,别穿!

文宝就掂着鞋子跟着文玉在河边走,他们看到前边的河道里停着一只船,有几个人正在那儿往下卸粪。昨天他们来的时候这只拉粪的船还没有回来。文玉说,他们回来了。他们沿着河水一直走到那只装粪的木船边。木船被一只铁锚系在水边,那几个卸粪的人看到文玉兄弟就停下来。文玉认出他们全是从城里运粪回来的社员。他们其中一个说,这不是小右派吗,嗨,小右派羔子,干啥呢?

文玉拿眼盯着他,他一直拿眼睛盯着那个说话的人。那个人被盯得有些不好意思,就把目光移开了。他说,他妈的,这孩子眼里有毒呀,看得人心里发慌。

另一个人说,拾柴禾呀,拾吧,你们在粪堆里扒吧,粪堆里有好多木块呢。

文玉没理他,他转身拉着文宝继续沿着河道往前走,文玉的眼里含着泪,他一边沿着河岸往前走一边在心里诅咒那些卸粪的人,他感到河道里的阳光被蒙上了一层灰色的东西。

可是文宝却指着水里飘动的小木块说,那是船吗?

文玉有些心不在焉,他说,那不是船。

那是鱼吗?

那不是鱼,文玉心烦地说,那是柴禾,拾回家好烧锅。

起风了,风吹动了他们的头发和衣裳,风吹动着岸边的柳丛发出哗哗的声响,那风吹得少年的文玉心乱如麻。

文宝说,那是啥?

文玉说,风,风你就不知道吗! 走,快回家,天要下雨啦!

天要下雨啦,文宝想。文宝从床上下来,文宝走向门口,那几只鸡被文宝吓跑了。鸡飞动的声音惊醒了正在打盹的母亲,母亲醒过来,母亲说,咦,下雨了。母亲站起来就往外走,她要去院子里收衣裳。文宝也跟着出来,他突然明白了那声音的来处,原来那是雨点击打树叶的声音。

文宝,回屋来,母亲叫道。

可是文宝没有动,他望着被雨水弥漫的河道,河道里有一只渔船,渔船上有个人正在雨中起钩。雨水砸在文宝的脸上,**这就是雨吗?雨水为什么会从天上掉下来呢?天上哪来的雨水呢,那雨水都流到河里去了,雨水流到河里就变成镜子了吗?**

文宝,回屋来。

可是文宝没有动,文宝听到一种声音从雨水里传过来,那是锣鼓声。锣鼓声吸引着文宝,文宝突然跑起来,文宝在雨水里沿着他家院墙外边的那条小路奔跑起来,他没有听到母亲在他身后的喊叫声,最后他拐向胡同来到了大街上。

文宝在胡同口看到了那些在雨中游行的人,他看到一个人手里支着一个齐腰深的铁棍,他用烟火把铁棍上的一个细绳儿点着了,那根细绳冒着哧哧的灰烟,咚——声巨响,文宝被那声音吓得在街道里跑起来,泥水从他脚下飞起来溅到游行的人们身上。等那声音消失后,文宝才停下来,他回头看到那些人在呼口号,没有一个人关心他为啥奔跑,没有一个人责怪他把泥水溅了他们一身,因为那个时候他们早已都成了泥人。

文宝立在雨水里,他看到刚才发出声响的地方现在是一团灰白的烟雾,有一个人从烟雾里走出来,文宝看到他扛着那根铁棍,后背上挂着一个圆圆的东西,在雨水里,文宝把那个东西当成了渔夫的鱼篓了。**渔夫要去捕鱼了,渔夫就在街道里撒网吗?渔夫就在街道里划船吗?可是船在哪儿,我看不到呼呼作响的白帆呀,姥爷,姥爷,你拿的是什么?枪吗?姥爷,你要打那些水鸟吗?姥爷,你看那,那么多的水鸟,姥爷,快开枪呀,轰——可是姥爷,那些飞鸟为啥都不飞呢?**它们在河里惊叫起来了。文宝站在街道里,他又一次看到那团灰白的烟雾在他面前出现,但他再没有看到那个扛铁棍的人从烟雾里走出来。他到哪儿去了?文宝想,随后文宝看到有一个人躺在泥水里,许多人惊叫起来。文宝看到有几个人朝倒在泥水里的人跑过去,他们其中一个叫道,快,快送到医院里去!那几个人就把躺在地上的人抬起来,那个人满脸是血。几个人抬着那个满脸是血的人往回走,那个鱼篓吊在他的身下一晃一晃的。文宝回过头来看到了站在游行队伍前面的文玉,文玉拿着鼓槌走到呆呆地站着的王洪良的身边说,咋弄,大舅?

· 313 ·

王洪良说,继续游行吧。

于是那群人又在文玉的带领下继续往前走,他们在雨水中呼着口号。

文宝站在那儿叫一声,文玉。

文玉只顾扬着手中的鼓槌敲鼓,他没有听到文宝的叫声,他用力敲出的鼓声像一只吹足了气的猪尿泡摔在地上的声音。游行的队伍在鼓声里调过头来,跟着那个被抬走的人,长长的一队在雨水里,那情景像是在给那个人送葬。

文宝立在雨水里,他被游行的队伍遗弃在那里,他低下头,看到了他脚边的那根铁棍。那根铁棍丢在那儿,铁棍下是一片血迹,那些鲜血被不断落下来的雨水冲淡了,那些混合了血的水顺着街道往低洼处流动。

文宝蹲下来,他有些好奇,就伸出手摸了摸那根铁棍,那根铁棍还有些发热,上面沾满了血和头发。他把那根沾满了鲜血和头发的铁棍扶起来,**这就是枪吗?枪里有血吗?枪里有声音吗?妈妈,我要我的枪,妈妈,他把我的枪拿走了,你看呀妈妈,他把我的枪拿走了!**文宝看到那几个往车上装家具的人把他的枪扔在了车子上,文宝说,我的枪,为啥拿我的枪,妈那个×你拿我的枪!文宝看到那个人转过身来用凶狠的目光看着他。文宝说,给我的枪!那个人从车子上拿起那把木枪,他没有给文宝,却一下子折断了。他把那支木头枪恶狠狠扔在地上骂道,我叫你骂人!文宝哭叫着朝那支枪跑过去,文宝奔过去的时候被那个人伸出来的脚绊倒了,文宝的头一下子撞在了板车的小车把上。**这是血吗?血为什么是红的呢?天上的太阳是血做的吗?地上的花朵是血做的吗?**文宝扛起那根铁棍往前走。文宝沿着满是脚印子的泥泞街道往前走。走呀走呀,文宝记不得雨水是什么时候停下来的,文宝不知道太阳是什么时候出来的,文宝走在狭窄的街道里,从东街到西街,又从南街到北街,他对看到他的人说,这是我的枪。文宝扛着那杆用铁棍做成的枪,走累了就在路边的门台上坐下来歇歇,他对看他的人说,这是我的枪!有一回他走到一处房子前,他看到了一个老人,老人的手里拄着拐杖在一个妇女的搀扶下穿过街道往对面的酒厂里去,因为有许多人围在他的身边,那个老人没能看到扛着三眼铳的文宝,那个人就是三爷。三爷悲凄地叫道,我的儿呀……

三爷在大儿媳妇的搀扶下,在许多街坊邻居的注目下走出了茶馆。天气被昨天那场刚过去的秋雨转换得更凉了,有一些树叶被昨日的风雨吹落下来,然后被人们匆忙的脚步踏进泥泞里映射着太阳的光亮,那光亮折射在三爷痛苦的面容上,三爷一边慢慢地行走嘴里一边悲泣道,我的儿……

三爷老泪横流,鼻涕从他的嘴唇上流过在空中像银线一样摆动。三爷的大儿媳妇手里拿着一块粗布手帕,当三爷的鼻涕滑落下来的时候她就给他擦一下。三爷一边哭一边走进酒厂的大门。走进大门三爷停住了,三爷看到有两个木匠正在大门东侧的空地上做棺材。那两个木匠看到三爷就停下了手中的活,其中年长的木匠说,三爷。

　　三爷走过去,三爷在那口白茬棺材前停住了,他颤抖的老手扶着湿潮的棺木,三爷说,我的儿……

　　由于王洪民的突然死亡,三爷深深地沉陷在痛苦里,三爷在阳光里抬起苍老的脸,他的胡须在秋风里像几丛枯草在舞动,他的目光穿过酒厂前面那片空地,落到那个紧靠酿酒作坊搭起的灵棚上。

　　这个时候,有一群学生排着队从大门里走进来,他们个个表情悲痛,学生们在王洪民的灵棚前站好队。王洪良从队伍后面走到三爷身边停下来,他看到三爷扶着棺材的手在颤抖。他说,爹。

　　三爷悲鸣着说,恁二弟他死了。

　　王洪良说,人总是要死的。

　　三爷说,恁二弟死得惨呀,他就这样丢下他老爹不管了。

　　王洪良说,二弟死得值,二弟死得重于泰山。

　　三爷说,重于泰山也是死了。

　　王洪良说,毛主席说,人总是要死的,但有些人死得轻于鸿毛,有些人死得重于泰山。

　　三爷说,这是毛主席说哩?

　　王洪良说,是毛主席说的。

　　是毛主席说哩,死得值。三爷哭泣着说,儿呀,你死得值。

　　这时管事的许仙和汪麻子走过来,许仙对三爷说,三爷,你看,这棺木做好了,抬棺的架子现在拉不拉?

　　三爷说,去拉吧,人死了总得埋出去吧。

　　许仙回身对身后的老鸡、涂二、秧子和新民他们说,你们去吧,找辆车子把架子拉过来。

　　老鸡他们按许仙的吩咐去了,他们几个走到酒厂门口碰到了提着一桶油漆的王洪涛,王洪涛对他们几个扬了扬手中的漆桶来到了三爷的身边,他说,爹,漆来了。

　　三爷拍了拍棺材说,漆吧。

　　王洪涛把漆桶交给了木匠。王洪良说,爹,漆棺吗?

三爷说,漆棺。

王洪良说,漆黑色的吗?

三爷说,黑色的。

王洪良说,黑色不中。二弟是为革命而死,他的棺材咋能漆成黑色的呢?只有地、富、反、坏、右死了才把棺材漆成黑色。

三爷说,那咋弄?总不能让你二弟的棺材这样白茬吧。

王洪良说,我又没有不让漆。

王洪涛说,那你说漆成啥色?

王洪良说,你二哥是为革命而死,他就是革命烈士,革命烈士的棺材应该是红色的。

三爷说,你说把棺材漆成红色的?

王洪良说,是呀,这样我们才对得起他,才对得起毛主席他老人家。

王洪涛说,大哥说得有道理。

三爷说,那好吧,就漆成红色的吧。

在他们说话的时候,木匠一直提着漆桶站在那里,木匠最后说,那咋弄?这漆咋弄?

王洪涛说,你去供销社里换一桶红漆吧。

木匠说,人家换吗?

王洪涛说,为啥不换?就说是我说的。

木匠说,那我去了。木匠提着漆桶对身边的徒弟说,我去换漆了。

木匠的徒弟正坐在一条长凳上打盹,他的脚下堆满了白色的刨花,可能是劳累的缘故,工作一停下来他就睡着了,那么多学生和从灵棚里传出来的哭泣声也没能阻止他。木匠想,他太累了,让他歇会儿吧。自从昨天上午他们来到这里,他们一直干了一夜,到今天上午才算把那口棺材打成,他们几乎一刻都没有停止过。木匠一边走一边也感到自己的头有些发晕,但是木匠没有停下来,木匠提着那桶黑漆走出酒厂大门,沿着街道往前走,在路过供销社门口的时候他依然没有停下来,由于疲劳过度,他的头脑处在一种模糊状态,他忘记了自己出来的目的。

木匠就那样一直往前走,他穿过十字路口,在队里的保管室门前木匠他看到老鸡涂二他们几个正在往一辆架子车上装抬棺材的架子。

老鸡看到了手提漆桶走过来的木匠就说,哎,木匠,弄啥去?

木匠站住了。他看着老鸡他们几个说,弄啥?他站在那儿迟疑了一会儿,然后抬起胳膊看一看手中的漆桶,他这才突然想起了王洪涛的话,他一拍脑门说,哎呀,你看我这人,糊涂。木匠说完朝老鸡他们抬了抬手中的漆桶说,让我换漆哩,我咋跑到这儿来了?

新民说,这漆不管用吗?

木匠说,这是黑漆,老王家的人不同意用黑漆。

秧子说,那用啥漆?

红漆。木匠说完扭头就走,他要到供销社里去换漆。

涂二用耳朵看一眼走远的木匠说,红膝,怪了,自古以来哪有用红漆漆棺材的?

老鸡说,这你就不懂了,现在是啥年月?现在是革命年代,革命你懂不懂?

涂二说,革命也不能把棺材漆成红色呀。

老鸡说,你那老思想,你就没有听广播吗?人家城里早就破四旧了,人家把旧戏装旧招牌早砸了。

涂二说,那不可惜了?

老鸡说,你这熊货,整天就知道坐在那儿斜着眼扑打扑打织袜子,你就是井里的蛤蟆,你知道现在外边的人都在干啥?都在闹革命,都在破四旧,旧思想、旧文化、旧风俗、旧习惯,这些都要破你懂不懂?我看你要关心国家大事了,你看人家把棺材漆成红色就把你稀罕哩。

秧子说,光抬杠,还干不干活?

新民说,干活干活。

老鸡和涂二就接着干活。他们从生产队保管室里先把架子上的两根大梁抬出来,然后是架子上的小梁,一根根粗壮的木杠,还有一个罩棺材的罩子,最后他们抬出来了一个大箱子。涂二对老鸡说,老鸡,按你的说法,这用架子埋人也是旧风俗、旧习惯,这砸不砸?

老鸡说,按说也得砸。

秧子说,老鸡,你这货光会抬杠,砸了你用啥去抬棺材埋人?走吧,拉着赶紧走,那边还等着用。

他们拉着架子回到酒厂的时候,看到院子里聚集了许多人,那些人正在给王洪民开追悼会。许仙早到大门那边等着他们,许仙说,卸吧,卸吧。

秧子老鸡他们几个就开始卸架子。许仙说,先把罩子放好。几个人按照许仙的指挥把棺罩子放在一个平整的地方。许仙说,把那箱子抬过来。秧子和新民两个人就把箱子抬到罩子边。许仙从腰里摸出一把钥匙把箱子上的锁打开。老鸡探头看到箱子里有许多银光闪闪的金童玉女和各种色彩的流苏。

许仙对他们说,来,帮把手,咱先把这罩子扎起来。

老鸡、秧子他们就在许仙的指挥下,先用几块绘有诸如王祥卧冰求鱼之类故事的二十四孝图的彩布围挂在罩子的四周,随后他们就忙碌着把流苏和各种姿态的金童玉女和鸟类兽类插到罩子顶上去。

他们忙活的时候,东边的那些人正在继续给王洪民开追悼会。王洪良站在灵棚前举起右手,那些参加追悼会的人也跟着他举起了右手,他们跟着王洪良念道:

继承革命先烈遗志!

化悲痛为力量!

这时老鸡挤进人群拉了拉王洪涛的衣服小声对他说,王营长,你看那架子算不算四旧?

架子?王洪涛一时没明白他说话的意思,他说,是四旧。王洪涛说罢就明白了老鸡话里的含意,他想了一下走出人群来到大哥王洪良身边小声说,大哥,那架子是四旧,不能给二哥用。咱既然把那棺材漆成红色,这架子咱就不能用。

王洪良朝那个扎得花花绿绿的罩子看一眼说,那咱去跟爹说说吧。说完,他们一齐朝坐在灵棚边的三爷走过去。王洪良和王洪涛来到父亲身边。王洪涛说,爹,不能给二哥用那种东西。王洪涛说完指了指西边那个已经扎裹好的棺材罩子。

三爷说,为啥不能用?

王洪良说,那是四旧。

三爷说,不用架子咋埋你二弟?

王洪良说,总会有办法的。毛主席领导我们闹革命的时候,牺牲了那么多人,他们谁用过这样的东西?那是四旧,毛主席教导我们说,要破四旧立新功。

三爷说,是毛主席说哩?

王洪良说,是毛主席说的。

三爷说,毛主席说的我还有啥话说,那就破吧。

王洪良转身对那些学生说,你们看到那个花架子了吗?

学生们说,看到了。

王洪良说,那是四旧,毛主席教导我们说,要破四旧立新功!

文玉从学生中间走出来,他扬起胳膊喊了一声口号,砸烂旧世界!

正处在亢奋之中的学生们也随着文玉举起胳膊高呼着口号,砸烂旧世界!

老鸡在一旁搓着双手说,砸呀,你们咋不去砸呀!

王洪良对学生们说,你们不是要砸烂旧世界吗?王洪良说完朝不远处的架子指了指说,那就是旧世界!

文玉看到了大舅鼓励的目光,他就带头朝那架子冲过去,文玉身后的许多学生也都跟着冲过去,他们愤怒地去砸那顶花花绿绿的棺材罩子。

许仙被这突如其来的事变弄得不知所措,他说,疯了,你们疯了?

可是学生们谁也不听他的,他们用脚踹,用木杠砸。

许仙急得没办法就跑到三爷身边,他说,三哥,你看,你看,他们砸架子啦!

三爷坐在那里一动不动,三爷闭着眼睛。

许仙说,三哥,他们把架子砸了!

三爷睁开眼看着他说,毛主席说了,那就该砸,砸吧,我的儿呀⋯⋯

许仙急花了眼,他又转回去,可他还没有走到架子跟前就被几个学生拦住了。不知是谁在那堆被砸烂的东西上点了火,火苗就哗哗剥剥地在阳光下燃烧起来,那火势越来越旺,学生们把抬架子的木栏和短梁也都扔进火堆里,最后抬进火堆里去的是那两根大梁。焚烧的流苏片刻就化成了黑灰,燃尽的布片在火苗热浪的冲击下飞向了天空,像一群黑色的苍蝇在人们的头顶上盘旋,许仙像一条失去家园的狗坐在那儿嚎哭,架子,我的架子——

正在灵棚里守灵的丰收和小明听到外边的喧闹声也跑了出来,三爷对他们说,砸吧,去砸吧。丰收和小明立刻从悲伤里解脱出来,他们化悲痛为力量,他们穿着白色的孝衣也加入了学生们的队伍,他俩过去把那只装东西的箱子抬着扔进了火堆,学生们发出了无比快乐的狂欢声。

王洪良说,趁势吧。王洪良停顿一下对他身边的学生说,你们趁势把街上的四旧也都砸砸吧!

那群激奋的学生就在文玉和丰收的带领下,高呼着口号走出了酒厂的大门,镇上的许多人都被这突来的变故弄得很兴奋。老鸡说,人家外边早就砸了,走呀,跟着看热闹呀!

人们跟在那群学生后面涌到大街上,把正要进门的木匠堵在了大门外。等那群人走光之后,他才看到那堆正在燃烧的火。木匠走到坐在地上哭叫着的许仙身边说,咋啦,你这是咋啦?

许仙说,烧了,他们把架子烧了。

木匠说,那你还不赶紧担水救火。

木匠的话提醒了许仙,许仙从地上爬起来,他走到灵棚东边的作坊里找了一副水桶,他费了很大的劲才从水池里弄了一担水,他担过来把水浇在燃烧的火苗上,可是那些细小的东西都已经烧完了,只有那两根粗大的长梁还在生长着火苗。三爷走过来拉住了许仙,三爷说,算了。

许仙说,我的架子……

三爷说,我的儿……

木匠远远地看着两个老朽,然后转身回到做棺材的地方,他的徒弟仍在那儿打盹,木匠没有理他,他独自把漆桶打开,在那口白茬棺材前蹲下来开始了他的工作。他将要认真地把这口白茬棺材漆成红色。在他以往的经验里,他所漆过的棺材都是黑色的,他不知道一副棺材要是漆成红色那该是一种什么样的情景,把一个人装进红色的棺材里,然后再把他埋进土里去。

木匠想,一口红色的棺材。

木匠想了又想,哎,一口红色的棺材。

18. 破碎

在一个雨后天晴的上午,文宝立在大街上,他看到从酒厂的院子里飞起来一群黑色的蝴蝶,那群黑色的蝴蝶在明亮的天空中上上下下地盘旋,然后又四处飞落。文宝不知道在这个季节里为什么会突然出现这么多蝴蝶,蝴蝶的出现使文宝听到了一些纷杂的声音,**那是蝴蝶飞翔的声音吗?那是蝴蝶的翅膀在抖动吗?**文宝听到那声音越来越接近他,文宝看到有一群人从酒厂的门口里涌出来。由于那些在天空中飞翔的蝴蝶,文宝没有去追赶他们,他也没有看到走在人群前面的文玉。

文玉走在那群人的前面,丰收和小明跟在他身后,他们在大街上最先看到一个纸匠铺,文玉带头走进去,守在铺子里的驼背老女人从凳子上站起来说,你们要花圈吗?

文玉说,是的,我们要花圈。

老女人说,你们一下子来这么多,几个人就够了。

文玉说,我们把你的铺子全都买下了。说着他朝站在门口的学生们说,搬吧,把花圈和扎花圈的东西都弄出去。

学生们就一哄而上。

老女人有些惊慌,她说,怎这干啥?

文玉说,烧掉。

老女人说,干啥要烧掉?

文玉说,你这些东西不是早晚都要烧掉吗?我们就先替你烧了吧。说完他推开老女人,跟着搬东西的学生走出去。他们把花圈金童玉女小轿车摇钱树之类的东西还有那些扎花圈用的各种彩纸都堆放在大街当中,丰收从兜里掏出一盒火柴,只一下就把那些东西点燃了,那堆东西在阳光下发出哗哗剥剥的怪叫声。

扎花圈的老女人这时才明白过来,她叫一声跑过来,可是燃烧的东西热量太强大,烤得她近不了身,老女人往后一退就坐在了地上,老女人哭叫起来,她的声音尖细刺耳,随着那些燃烧后的纸的骨骸飞上天空。

文玉说,让她哭吧,让她为这些封建迷信的东西哭丧吧,我们走。

接着,他们来到了理发店。在理发店里文玉看到了一个戴眼镜的人正在给一个男人剃头,他走过去对那个剃头师傅说,刘嘉生,你停一下。

刘嘉生停住手里的推子,他看到了自己的儿子刘文玉。刘嘉生说,文玉,是你喊我吗?是你喊我刘嘉生吗?

文玉说,是呀,是我喊你刘嘉生。

刘嘉生说,我是恁爹!

文玉没有回答他,而是指着临街的玻璃门窗说,这些东西是不是地主雷九少留下的?

刘嘉生说,是呀,可现在这些都是集体的东西。

文玉说,集体的东西也是旧社会留下来的,你去砸烂它们,我们要砸烂旧世界!

刘嘉生说,这只是一些东西,一些玻璃,不是旧世界,砸烂了屋里要进风,那样就不能剃头了。

文玉说,你不砸是不是?你不砸我们砸!

丰收在后面叫道,砸!丰收上去一脚就踹烂了一块,玻璃破碎的声音使那群学生更加兴奋,他们一哄而上,只几下就把门窗上的玻璃给砸烂了。

小明高喊着,砸烂旧世界!

那群学生呼着口号离开了理发店。

刘嘉生怔怔地站在那里,他看到那些破碎的玻璃在阳光下闪耀。那个坐在椅子上的男人说,让他们砸吧,你没听广播里说吗?现在全国都在砸,砸完了看他们还砸啥。你还是来给我剃头吧。

那群学生在文玉和丰收的带领下,沿着大街一路砸下去,他们臂上的红袖章在颍河镇人的眼里是那样的醒目,人们纷纷给他们让路,最后学生们回到了学校里。他们先冲过去把大殿的花格门砸烂了,随后他们又来到了西厢房门前,文玉指着那几棵树说,这几棵树是不是四旧?

丰收说,是四旧,这是资产阶级的情调,迎春、榕树、枫树、腊梅,你们说说,我们贫下中农,我们无产阶级,谁家有这种树?只有地主资本家才有!

砸烂它!学生们又是一哄而上,没多大工夫他们就把几棵有着资产阶级情调的树都毁得面目全非,毁完之后丰收指着大殿的屋脊说,你们看那些盘龙飞凤,那些兽头,也是封建地主阶级的东西,是旧世界留下的东西!

学生们异口同声地说,砸烂它!

他们呼着口号奔到大殿前面的高台上,可是由于房子太高,不能一拥而上,他们只好把大殿里老师的办公桌抬出来两张撂到一起,又把刚刚砸下来的花格门当梯子利用上,才能接近房顶。最先爬上去的是丰收,丰收的手触到了潮湿的琉璃瓦,那些瓦的缝隙里生长着一些翠绿的瓦松,在瓦片上还生长着许多青苔。丰收穿着白色的孝衣小心翼翼地爬过房坡,最后来到了高高的屋脊上。丰收感到屋脊上的风比下面的大,风扬起他白色的孝衣,在下面看他的人觉得他就像一只正在飞翔的鸽子,他们在下面喊,丰收,动手呀!

丰收听到大殿四角的风铃叮叮当当地响起来,那声音使丰收有一种眩晕的感觉,他抬起头来,就看到了南边那条野野莽莽的颖河,颖河里正好有一只长长的木排慢慢地漂过。

文玉在下面喊,丰收,动手呀!

丰收坐在高高的屋脊上,他这才意识到自己双手空空。丰收想,我用什么东西砸烂这些盘龙飞凤呢?他看到身下的屋脊是由一块又一块雕刻着饰物的砖块砌成的,丰收想,我应该先搬下来一块,用它当武器,然后再去砸其他的。丰收正这样想着,下面的学生有些等不及了,他们叫喊着,丰收,砸呀!

丰收感到下面的呼喊声像风一样涌上来给他力量,他的屁股就离开了屋脊,他用力搬动屋脊上的砖块。可是屋脊做得非常结实,他不得不把身子移到一侧来,他伸开左腿,弓着右腿,双手抓着一块脊背砖用力地往下搬,最后他终于搬掉了那块饰有飞龙的砖块。可是由于他用力过猛,他的身子一下失去了平衡,丰收的身子像他手里的那块脊背砖一样在一片惊叫声中朝屋下滚落。丰收从房顶落下来的时候他身上白色的孝衣飘起来,那一刻他真的像一只在空中飞翔的鸽子。

那群围在大殿前的学生都被突然从房顶上滚落下来的丰收吓得惊惶失措,他们同时听到一声闷响,丰收的惊叫声消失了,一切都平静下来。他们看到丰收横躺在地上,他的脸在阳光的照耀下显得一片苍白。

19. 嚎叫

大燕的母亲抽泣着说,丰收,疼你就哭吧。

呀——我疼呀——呀——我疼——

三爷说,乖乖,你疼你就叫吧。

呀——我受不了呀——

三爷说,受不了你就叫吧,这样会好些。

呀——叫我死吧,叫我死吧……

丰收的双腿都摔断了,颍河镇医院里的骨科大夫祝老华正在给他上夹板。王洪涛、老鸡几个人像杀猪一样摁着躺在床上的丰收,丰收痛苦的嚎叫声从茶馆里传出来,像这个季节的风一样在镇子的街道里吹来吹去,像渐渐淡弱的阳光一样穿过树叶把街面打得斑斑驳驳,焦虑和痛苦像那些不该飘落却被风吹下来的树叶一样被丰收的嚎叫声吹扬着满街道里奔跑。

站在街道里的人都被这嚎叫声震住了,但那声音却没有止住木匠手中的漆刷子,木匠仍在专心致志地漆那口棺材。木匠把最后半碗红漆涂在棺材上才回过身来,这时他看到文宝坐在他身后的长凳上。由于眼睛在红漆上看得太久,最初木匠把坐在长凳上的文宝当成了自己的徒弟。木匠对徒弟说,总算漆好了,去给我弄点水来。木匠没有听到徒弟的回话,木匠以为他的徒弟还在那儿打盹。可是等视觉渐渐恢复正常后,他才看清那个人是文宝。

木匠说,你是谁?

文宝说,我不知道。

木匠说,你不知道你是谁?

文宝说,我不知道。

木匠突然明白过来,噢,我知道了,你是三爷的外孙吧?

文宝说,三爷是谁?

木匠笑了,你叫文宝是吧?你爹叫刘嘉生是不是?

文宝说,你爹叫刘嘉生。

木匠听文宝这样说不但没生气,反而高兴起来。木匠听别人说这个文宝从来不对谁说话,木匠不知道文宝今天为啥能和他说这么多话。木匠说,你是来看你二舅的吗?可是木匠再没有听到文宝对他说一个字,文宝只是看着他。木匠用一根小棍敲了敲红色的棺材说,看到了吗?这就是你二舅的棺材,你二舅死了,是被三眼铳给打死的,可他闺女春玲到现在还没有回来。爹死了,闺女却没有回来。

木匠停顿了一下又对文宝说,你不去看看你二舅吗?他就在灵棚后面的作坊里躺着,你去看看他吧。

木匠这样唠唠叨叨地对文宝说着。在他这样说话的时候,太阳落下去了,天色渐渐暗淡下来。木匠对文宝说,去吧,去看看你二舅吧,再不看你就再也看不到他了。

文宝仿佛听懂了木匠的话,他从板凳上站起来,文宝在暮色之中朝灵棚走去。

由于丰收的嚎叫声从前边的大街上传来,现在酒厂院里没有了一个人,连灵棚里也没有。文宝在灵棚里站了一下,就穿过灵棚旁边的空道来到酒厂的作坊里。作坊里到处散发着浓烈的酒气,文宝看到几个池子里堆放着正在发酵的东西,他看到一个女人坐在池子边上,她身上穿着白色的衣服,在她面前躺着一个人,那个人全身上下都被白布盖住了。那个女人听到脚步声,就小声地抽泣起来,她说,你真狠哪,你就这样撇下我走了,你叫我咋活呀,小春玲也不知道上哪儿去了,你的心真狠呀,你就这样一闭眼撇下我就走了。

文宝看着她,却听不明白她在哭什么,文宝说,你在和谁说话?

那女人突然止住了哭泣声,她抬起头来,等看清文宝的面孔,她说话的声音又恢复了原样。她说,是你呀,傻宝,看到了吗?这是你二舅。女人指着躺在地上的人对文宝说。

文宝说,二舅是谁?我不知道。

那女人说,你知道啥?你光知道蒸馍好吃肉好吃?

文宝说,蒸馍好吃肉好吃。

那女人说,是哩。女人说着站了起来,她上前捉住文宝的手说,想吃蒸馍啦?想吃肉啦?来吧,我让你吃。说完她就拉着文宝沿着池子中间的空道往东走,他们先穿过一个小木门,然后来到另一间房子里。

文宝在从窗子里透进来的暗光里看到了好多大酒缸,他跟着那个女人从散发着酒气的酒缸之间走过,又穿过了一道木门。在朦胧的光亮里,他跟着那个女人走过一些粗粗细细的管道,最后来到一个木质的楼梯前。那个女人回头朝小木门边看了一眼,然后又拉着文宝往楼上走。在寂静里,他们的脚步踏在楼梯上发出沉闷的声响,一些尘埃被他们的手和脚弄得飞扬起来,很快又融进了暗淡的空间里。

高高的楼梯被他们一级一级地丢在脚下,最后他们来到了酒精楼的顶层。脚步声消失了,那个女人四处看看,楼房里被昏黄如水的光线笼罩着,只有四周的窗子像几只刚刚睡醒惺忪无光的眼睛看着他们。那个女人有些迫不及待地脱去她身上的衣服,她像一个白色的精灵出现在文宝的面前,她上来抓住文宝的手放在她的乳房上,她说,吃吧,乖乖,吃吧,这就是蒸馍。

女人的声音仿佛一只在黄昏里飞出的蝙蝠,蝙蝠的翅膀在文宝的耳边发出呼呼的声响。文宝的心一紧一紧的,他有些害怕地抓住那两个肉蒸馍,那女人就发出一声尖叫,一种压抑的尖叫声。那女人把嘴摁在文宝脸上,这使文宝壮起胆来,那种像蝙蝠扇动翅膀时所发出的声音使文宝浑身发热,他本能地产生了一种冲动。文宝感到有一双手在哆哆嗦嗦地给他解裤子,然后有一只手伸到他的腿间,文宝的阳物很快膨胀起来。那个女人把身子贴在文宝的身上,她用手揽住他的脖子颤抖着声音说,肉肉,吃吧,你吃肉吧,傻宝,哎……我的天哪……

女人不由得呻吟起来,她差点忘记了自己身在何地。她常常这样压抑着自己,不让自己喊出声来,可是她总是会情不自禁地呻吟着。她的呻吟声在夜深人静的时候从窗子里传出去,一阵又一阵,那声音就会引起三爷从茶馆的过道里传来的咳嗽声,三爷就拄着拐杖在院子里走一趟,他会无缘无故地用棍把家里那只狗打得哇哇乱叫。三爷一边打狗一边叫,叫你吃嘴,叫你吃嘴!见天这样,我看你是不想要命了!三爷的叫骂声和狗的嚎叫声使得床上的王洪民一下子软下来,他一边从尹素梅身上滚下来一边用手拧着她的嘴说,叫你喊,叫你喊,明儿个我叫你好好地喊。后来王洪民就对三爷说,我得到厂里去看夜班。三爷说,去吧,上哪儿我不管,可你得知道那东西是血变的,那是精血,你知道吃多少东西才能变成恁些吗?你知不知道她在喝你的血?你就没有听说过狐狸精吗?

王洪民就到厂里看夜班去了,可是夜间尹素梅快乐的哼叫声仍旧从酒厂里传出来。

三爷睡不着,就在大街上不安地踱步,这个不要脸的浪女人,是个狐狸精!可是三爷的诅咒声没有用,尹素梅快乐的哼叫声仍旧随着夜晚的降临在夜色里传播。最后王洪民终于顶不住了,他就去酿酒作坊里接半碗酒来喝,他本想用酒给自己壮阳,可他却酒气熏天地趴在尹素梅身上睡着了。他就这样天天浸泡在酒精里,无论尹素梅怎样努力都不能使他的阳物强壮起来。每到这个时候王洪民就会像狼一样痛苦地嚎叫着,他从床上跳下来,目光真的变得像狼一样凶狠。他一手抓住她的头发,像捆猪一样把她捆在床头上,他用皮带一下又一下抽她雪白的身子,他一边抽打一边喊叫着,叫你浪,叫你浪……尹素梅的嚎叫声从黑夜里响起来,她那鬼一样的喊叫声在夜空里像被惊起的蝙蝠一样四处飞翔。王洪民打累了,就瘫坐在地上,他双手握着脚脖子像个女人似地哭泣起来。他一边哭一边述说着,你个狐狸精,你真的喝干了我,你喝干了我呀,你喝干了我——

在后来的岁月里,尹素梅的嚎叫声就消失了,她的身子像干裂的土地一样终日得不到灌溉,她变成了一个如饥似渴的女人,可是文宝是一个不大会吃肉的童子,他站在那儿不知所措,尹素梅匆匆把文宝弄倒在他们的衣服上,一迈腿,就像一只饿虎骑了上去。

文宝躺在地板上,他看到那团白光在他的眼前晃动,那是一团快乐的白光,他透过那团白光后面的窗子看到天上有半轮新月,**那是一只眼睛吗?那是谁的眼睛呢?**尹素梅停下来的时候,文宝突然伸出一只胳膊指着天上的月亮说,眼睛?

尹素梅说,眼睛?她本能地朝楼梯口望去,可她在朦胧的空间里没有看到眼睛,她惊慌地爬起来,最后她只看到楼梯口那个黑黑的门洞,她又朝文宝问道,谁的眼睛?

文宝朝窗外指了一下说,眼睛。

尹素梅仍不知道文宝指的是什么,她就在文宝的身边弯下腰顺着文宝的目光看到了窗子里的那枚红月亮,尹素梅就笑了,她拍了一下文宝的脸蛋儿说,傻宝,啥眼睛,那是月亮。说着她又把文宝的手拉到自己的乳房上,她说,蒸馍好吃吗?

文宝说,蒸馍好吃。

尹素梅就哧哧地笑了,她一边穿衣服一边对文宝说,饿了就来我这儿吃。

这时尹素梅听到有一个痛苦的嚎叫声从窗外很远的地方传过来。疼呀——我疼呀——

尹素梅接着听到另一个声音说,疼你就叫吧。

哎呀——我受不了——

一个男人说,受不了你就叫吧,这样会好些。

哎呀——叫我死吧,叫我死吧——

尹素梅自言自语地说,这是谁在叫呢?由于刚才周身都被欲火燃烧,她竟没有听到那骇人的嚎叫声。她一边穿衣服一边来到南边的窗子前,在朦胧的月光中她看到一些房顶铺展在她的面前,那些房子仿佛漂浮在混沌的河水里。尹素梅看到有个女人手里掌着一盏灯一手挡着风从茶馆里走出来。那个女人一边走一边透过光亮朝前边探望。由于灯光的缘故,洒满空间的月光在掌灯人的目光里变得深不可测,她一边探着灰红的空间一边走进酒厂的大门,在她的身后,跟着一群面目不清形如影子的人。

20. 奔丧

在一个秋高气爽的夜晚,有一群男人在一个女人的引导下穿过酒厂的大门,在灰红色的月光下他们看到了那口红色的棺材。手拿半导体收音机的王洪良对他的女人说,你去吧,你到灵棚里等着我们。

那个女人就按照她男人的吩咐,掌着灯往后面的灵棚里去。她走了几步停下来,转回头去,她看到男人们做着移动那口红色棺材的准备工作。那个手拿半导体的男人看见她停下来就有些生气,他说,看啥,走你哩。那个女人就回过头来继续端着油灯往北边的灵棚里走,可是她并没有在灵棚里停下来,她一直走到酿酒作坊里。黑暗的作坊由于灯光的出现显得更加宽大,她立在作坊门口,把灯举起来,她就看到了那具躺在苇席上盖着白布的尸体,可除此之外她没有看到任何人,她就叫了一句,他二婶。

喊叫过后,她听到的是一群老鼠逃窜的声音,那些从她脚边逃走的老鼠使她的耳根跳了几下,她又叫了一句,他二婶。

大嫂吗?她听到有声音从灰暗里传过来。

掌灯的女人说,你在哪?她这样问着就听到有脚步从作坊的深处响过来。她把那盏灯放在酒池齐腰深的墙壁上,在灯光里她看到尹素梅拉着一个人走过来,尹素梅说,大嫂,吓死我啦。

大嫂说,这不是文宝吗?文宝啥时候来的?

尹素梅说,谁知道,我正在这儿坐着,就听到里面的小门边有动静,吓得我魂都掉了。我说谁呀,是谁在那里?我就看到一个黑影站在小门边,我又问,谁呀?他还不吭声。我想能是春玲她爹的魂吗?我就说,春玲她爹,我是素梅,你可别这样吓我呀,你死了也不叫我安生吗?我这样说着回头看看,他还在这儿躺着,人死了还会有影子吗?我就说,王洪民,真是你吗?那个黑影听我这样说就嘟嘟囔囔地说话,他说我也一个字都听不清。我一想不对呀,不像王洪民的声音呀,再仔细听听,我就明白了。我想,八成是文宝,只有文宝会说谁也听不懂的话,我就壮着胆子走过来,一看,果真是傻宝。

燕她妈过来拍了拍文宝的脸说,这孩子,啥时候摸进来的?

尹素梅说,谁知道呢,叫人吓个半死。

燕她妈说,你是来看你二舅的吗?哎,真是,该来的不来,倒来个傻子。

她们正说着,就听外边有杂乱而沉重的脚步声响过来,只听老鸡喊,慢行一步。

她们就见一群人抬着那口红漆棺材拥进门来。

老鸡说,板凳!

涂二和新民忙从后面把手中的长凳送到棺材下。

新民说,放好了,落吧。

一群人就把抬着的棺材落在长凳上,他们纷纷放掉垫在手中的刨花。由于油漆还没有完全干透,有些白色的刨花就粘在了红色的棺材上,在灰暗的灯光下那口棺材的表面呈现出了各种各样的图案。王洪涛喘着粗气对抬棺的人说,歇歇吧,都坐下来歇歇。王洪涛对王洪良说,大哥,烟哩。

王洪良把手中的半导体放在酒池的墙壁上,然后把一盒烟撕开散给众人。他们点着烟静下来的时候,就听到女人的悲泣声从里面传过来,他们在灰暗的灯光里看到一个身穿白孝衣的女人坐在那具尸首前哭泣,在她身后站着那个常常自言自语的傻子文宝,这使他们感到新奇,文宝咋会在这儿呢?难道他知道他二舅死了吗?他们这是干啥呢?他们在这儿做游戏吗?他们玩累了就回去吃蒸馍吃肉吗?王洪涛也看到了文宝,他似乎有些生气,就朝文宝走过来,他说,这个傻子,你咋在这儿?快出去!

文宝站在那儿没动,他好像没有听到王洪涛说的话。这使王洪涛真地动起气来,他厌恶地用脚踢了他一下说,滚!整天在外边逛悠,咋没有饿死你!

文宝看他一眼,反而在哭哭泣泣的尹素梅身边蹲下来,尹素梅止住哭泣,她回头对他说,傻宝,快回家吃饭吧。

文宝说,蒸馍。

王洪涛说,你还要肉哩,蒸馍?谁给你吃呀?

文宝说,蒸馍好吃。

尹素梅对他说,回去吧,回家吃饭吧。

文宝说,蒸馍好吃。文宝说着伸手就去抓尹素梅胸前的奶子。文宝说,蒸馍好吃。

王洪涛过来一把抓住了文宝,他用力往前一推,文宝倒在了地上,他的头险些撞在棺材上。

燕她妈忙上来拦住了王洪涛,她说,看你,他是个傻子。

涂二看一眼倒在地上的文宝,走过来把他拉起来说,文宝,回家吧,说不定恁妈正在到处找你呢？涂二拉着文宝往外走，他一边走一边说，走，我把你送到大街上。

涂二拉着文宝走到门口时，他在灰暗的灯光里看到从外边走过来一个身材高大的陌生人，那个陌生人在门口站住了，他对涂二说，王洪良在这儿吗？

那时候王洪良正倚着池壁吸烟，蹲在他身边的老鸡说，有人找你。

王洪良扭过脸来，但他没有看清那个人的面孔。他说，谁找我？

那个人走过来站在王洪良面前，他说，老王，你不认识我了？我姓金。

王洪良突然叫了一句，噢，是你呀，你从哪儿来？

老金说，我从县里来。你过来一下，我有要事对你说。

王洪良就跟着老金在众人的注视下走出了作坊的大门。

汪麻子说，这个人我好像在哪儿见过。

王洪涛说，这不是金百义嘛，以前在咱这儿教过学，后来调到县上去了。

老鸡说，是他呀，我知道，他水性好，那年夏天颍河里涨大水，他就敢游过去。老鸡说着就往外走。

汪麻子说，老鸡，你弄啥去？

老鸡说，我去尿泡，尿泡还不叫吗？

老鸡说着走出去，老鸡来到月光里，可是他没有看到金百义和王洪良。老鸡就悄悄地走到灵棚后面，他果然听到他俩在前面的灵棚里悄悄地说话。

金百义说，现在省里成立了，县里也成立了。

王洪良说，我也在广播里听了，不光有个"二七公社"，还有个"八一兵团"，到底哪个是正确的？

金百义说，当然是我们"二七公社"了，我们"二七公社"才是真正的造反组织，"八一兵团"是保皇派！我们"二七公社"全是教育系统的，我们要行动起来，我们要夺权。

老鸡正听得起劲，可前面说话的声音突然小下去了，老鸡听不清他们又在说些什么，有些按捺不住，就悄悄地回到了作坊里。他一进作坊就对王洪涛叫了一句，乖乖，不得了。然后他压着嗓子对王洪涛说，要造反了。

王洪涛说，谁要造反了？

老鸡说，他们要成立"二七公社"，要夺权！

王洪涛说，谁呀，你说的是谁呀？

老鸡说，还会有谁，那个老金，还有你大哥。

王洪涛沉思了一下说，真的吗？

老鸡说,当然真的,他们刚才说哩,现在他们还在那儿说呢,不信你去听听。

王洪涛说好吧。王洪涛说着就朝外走。

看王洪涛走了,老鸡他们几个人忙都跟过去。可等他们蹑手蹑脚地来到灵棚后面,并没有听到前面有人说话。王洪涛走出去,灵棚里连个人影也没有,他回身朝老鸡的屁股上踢了一脚说,熊货,人哩?

老鸡说,耶,刚才还在这儿呀。老鸡突然指着大门那边说,那儿,他们走了。

众人朝酒厂大门看去,在月光里他们果然看到有一高一低两个人走出了大门。

王洪涛说,我得去看看。说着他也朝大门那边走去。

老鸡他们相互看一眼,也悄无声息地跟在王洪涛的身后走出去。

在那个月光清明的夜晚,王洪良和金百义一前一后走进了茶馆。那个时候三爷正躺在小兜床上看他面前悬空挂着的毛主席像章。高大的金百义走进来的时候一头撞在了褂子上,褂子上的毛主席像章就发出了丁当丁当的响声,他回头看一眼那些像章,又看了一眼躺在床上的三爷,怔住了。他想张口说话,却见三爷微微地闭上了眼睛。三爷说,入殓了吗?

王洪良说,还没有。

三爷说,还等啥?

王洪良没有回答爹的问话,却指着金百义说,爹,这是县里来的老金。

三爷这才睁开眼睛说,来了。

金百义说,老同志您好。

王洪良说,爹,老金是毛主席派来的造反派。

三爷一听这话,忙从床上坐起来。三爷说,是毛主席派来的?

金百义忙弯腰伸手搀扶三爷,金百义说,您还躺着,是毛主席让我来这里成立"二七公社"的。

三爷说,毛主席让成立,那就成立。还等啥?这就成立。

王洪良说,爹,我们还有许多准备工作要做。

三爷说,那就去做。

王洪良说,我让大燕去准备袖章。

三爷说,那就去吧。

王洪良说完穿过茶馆的过道来到后院里,他在月光下看到自己的儿子躺在床上,两条腿都上了夹板,可是他没有去管他,只对坐在他身边的大燕说,大燕,你过来。

大燕来到爹的身边,她的情绪依旧沉浸在弟弟痛苦的呻吟声里。她听爹说,大燕,我们要成立"二七公社"了,我们是造反派。

大燕说,爹,我也参加。

王洪良说,你当然得参加,你现在就去做袖章。

大燕说,红袖章吗？我会做。

王洪良说,这个任务很艰巨。

大燕说,不就是做袖章吗。

王洪良说,是呀,可是有很多很多的袖章要做。

大燕说,我不怕。

王洪良说,那好,你跟我来。说着他们父女同站在过道门口听他们说话的金百义一块儿走出去,在大街上他们看到了从酒厂里出来的那群人。王洪良对站在三弟后的汪麻子说,哎,我正要去找你,我想用一下你的裁缝铺。

汪麻子说,裁缝铺是生产队的,要用你得问王营长。

王洪良就对王洪涛说,你听到了,借我们用一下。

王洪涛说,你干啥？

王洪良说,你别问。

王洪涛说,你不对我说我也知道,但我不能借给你。

王洪良说,随你吧。他又对汪麻子说,走,你跟我一块儿走。

还没等汪麻子说话,王洪涛就指着汪麻子说,你要去我扣你的工分。说完他扭头又往酒厂里走去。

汪麻子就对王洪良说,老大,真是对不起,我不能为了你不要工分,我还得指望工分分粮食,你说是不是？

说完他也跟着王洪涛往酒厂里走。那几个人一看也都跟了回去,他们中间只有老鸡站在那儿没有动。老鸡对王洪良说,他们不去我去,带我去吧,我要造反。

王洪良说,那好吧,咱们走。说完他就带着他们往西街走。没走几步,老鸡看到从西边走过来一个人,老鸡看到那个人是刘嘉生。但是王洪良没有理他,他带着金百义和大燕走过去,只有老鸡停下来,他小声地叫住了刘嘉生。老鸡说,刘嘉生,你干啥去？

刘嘉生说,剃头呀,总是有人要剃头。

老鸡说,王洪民死了你知不知道？

刘嘉生说,我听说了。

老鸡说,那你还不叫你老婆来奔丧?好歹她还是他姐哩,你不叫你老婆去倒叫你那个傻儿去,我看打你右派是真不亏你。

刘嘉生觉得老鸡的话似乎有些道理。他看着老鸡去追赶那几个人时这样想到,好歹英子还是王洪民的姐呢,哪有弟弟死了当姐的不来奔丧的道理呢?刘嘉生一边往家走一边反反复复地思考着这个问题,等他回到家,他看到他老婆仍旧坐在灯光里打盹,刘嘉生过去就把她晃醒了。刘嘉生说,你老是这样睡,醒醒。

英子被他推醒了,她揉了一下眼睛说,你咋才回来,饭都凉透了。

刘嘉生说,现在吃饭是小事,你二弟死了你知不知道?

英子说,二弟死了?英子突然清醒过来,她抓住刘嘉生的手说,小民死了?

刘嘉生说,他被三眼铳打死了。

英子叫道,我的天哪。说完她就往外跑,她一边跑一边哭叫起来,我哩那二弟呀,我哩那二弟呀……

英子的哭叫声随着她的奔跑从街道里一路响过来,在那个有月光的夜晚,很多颍河镇人都听到了一个陌生女人的哭声。他们不由得相互发问,这是谁在哭呢?后来有人终于想到了文宝的母亲。他们说,这是三爷的闺女,三爷的闺女回娘家来奔丧了。于是他们走出家门,他们在街道上看到了一个一边奔跑一边哭叫的女人,那个女人的身影是那样的不真实,仿佛是在梦中遇到的情景。英子哭叫着奔到茶馆里,在茶馆那忽明忽暗的油灯下她看到了躺在床上的老爹,她一下子在爹的小兜床前跪了下来,她哭着说,爹,小民哩?

三爷躺在床上,他叫了一声我的乖,泪水就从眼眶里涌出来。

英子哭叫着,我那苦命的二弟呀……

这时王洪涛走过来把她拉了起来,他说,你在这儿哭啥,二哥又不在这儿。

英子说,他在哪儿?

王洪涛说,他在酒厂里。

英子就从茶馆里出来,她哭着穿过洒满月光的街道,可是当她来到酒厂门口的时候,酒厂的大门却关上了,她就拍着大门哭喊,小民呀,你死得好惨呀……

王洪涛走过来说,你不能进去,你也别在这里哭,要哭你回家去哭,你在这儿哭,影响多不好,我二哥是为革命死的,你这一哭……

英子仍在哭叫着,小民,我的二弟呀……

王洪涛说,你别哭了好不好?你得注意点影响,你这种身份在这里哭……别哭了中不中,我们王家差不多就毁在你的身上了。就说我吧,要不是你,我在部队早提干了,现在至少也是个真营长了,可我现在只是个民兵营长,连大队支书都不是。你别哭了中不中,你还哭,要不是你,我从部队回来也能转个国家干部,可你还在这儿哭,你哭啥?别哭了!

英子的哭泣声就渐渐地小下来,她看着眼前这个她从小背着抱着的三弟,身子就软软地顺着身后的大门滑坐在地上。她哽咽着,压抑的哭泣声像一条无家可归的野狗在冰天雪地里发出的哀鸣。她泪眼蒙眬,月光如浑黄的河水在她面前倾泻,这是无边无际的黄河水吗?是的,是黄河水,这黄河水从哪儿流来的呢?黄河水淹没了无边无际的土地,淹没了无数的村庄,淹没了我们的家园。娘,你看呀,咱的草房被水泡塌了,娘,你看呀。走吧,走吧,娘说,这里留不住人啦。爹就挑着筐在前面走,爹的挑子里前面坐着小民,后面的筐里就坐着你,小涛,你忘了?娘背着一个破被子,我和哥跟在娘身后,我们就这样走呀走呀,走进一片月光里。是月光,月光照着无边无际的荒凉的土地,我们不知道走到了哪里。哥说,娘,我走不动了。爹说走不动就歇会儿吧。我们就在月光里坐下来。小涛,咱娘咱爹还有咱哥就坐下来歇着,可是那一歇咱娘就再没有站起来,娘死了,娘没有气了,娘就那样死在南乡了。小涛,我和哥就哭,在月亮地里哭,爹也哭。爹哭着说,乖乖,恁娘她死了,无论如何也得扒个坑把恁娘埋了,不能让野狗把恁娘拉吃了呀。小涛,爹就跟哥在月光地里用手挖坑,那会儿我就搂着你坐在那儿,你连哭的力气都没有了,小涛,你像傻子一样坐在地上,我就不停地哭,娘,娘呀,你就这样走了,俺兄妹几个咋活呀,娘,你死了,俺兄妹几个咋活呀。小涛,没事的时候我就会想起那片很远很远的月光,一想起那月夜我就会想起娘,一想起娘我就觉得我是个无家可归的孤儿,我无家可归呀。这是那个月夜吗,小涛,这是那个很远很远的月夜吗?那个月夜里爹挑着你和小民在前边走,我和咱哥跟在娘后面走,走着走着咱哥就说走不动了。咱爹说走不动就歇会儿吧,那一歇咱娘就没有再起来,小涛,娘死了,一想起那个月夜我就觉得我成了无家可归的孤儿,小涛,这是那个月夜吗?是那个你傻傻地坐在我怀抱里的月夜吗……

21. 种人

姥爷,你看,那辆马车。

我和姥爷立在狭窄的街道上，街道上没有风，街道上没有人，街道里的光线，混混沌沌，街道像被河水淹没了一样。我和姥爷站在水底看着那群人跟着那辆马车走过来，那群人走路的时候没有声音，他们仿佛是一些影子，只有缺油的车轴的叽扭声，只有那匹疲惫的老马的喘息声。

姥爷，那辆马车从哪儿来的？

姥爷说，从很远很远的地方来。

他们走了很远很远的路吗？

是的。姥爷说，他们走了很远的路。

那辆马车碾着凸凹不平的街道从我们的面前走过，那辆马车上摆放着一口红色的棺材。我说，姥爷，那马车上放的是什么？

姥爷说，那是棺材。

棺材？他们从很远的地方来就拉这一口棺材吗？

姥爷说，是的，就拉这一口棺材。

他们拉棺材干什么？

姥爷说，睡人。姥爷叹口气说，人走累了就要躺在棺材里睡觉。

那你呢，姥爷，你走累了呢？

姥爷的手颤巍巍地，他抚摩着我的头说，我累了也躺在棺材里。

那我呢，姥爷，我累了呢？

你也是。姥爷说，你还不知道累，你还有很远很远的路要走。

我要穿过很多村庄吗？

是的。姥爷说。

还要坐好多日子的船吗？

是的。姥爷说。

那辆马车在我们的交谈中慢慢地走远了，那群人仍像一些影子跟在马车后面。姥爷拍拍我的头说，走吧，乖乖，我们走。我就跟着姥爷在混沌不清的光线里沿着那条狭窄的街道往前走，在快走出镇子的时候我们终于赶上了那辆缓缓而行的马车。现在那辆马车走在田野的土路上，土路的两侧全是一些成熟的庄稼，庄稼焦躁的气息灌进我们的肺腑，最后那辆马车在一块谷地边停住了。那群跟在后面的人把那口红色的棺材从马车上卸下来。起初他们试图把那口棺材抬进谷地，可是由于棺材沉重他们不得不放弃那种方式。他们又在棺材的下面放上了圆木，一根又一根，最后他们推动棺材，那口红色的棺材就在圆木上滑动了，棺材在滚动的圆木上发出了隆隆的声响，沉闷如同远方滚过的雷声。

那群人把棺材推过了谷地,接着又碾过了一片豆地。在那口棺材被推过豆地的时候,地里的豆荚就发出扑扑的声响。最后他们把那口棺材推到了一块高粱地边,在高粱地里我和姥爷同时看到有几个人正在挖墓坑,他们用铁锹把黄土甩出来,他们个个挥汗如雨。当那口棺材出现在他们面前的时候,他们就从墓坑里爬上来,他们对那几个推棺材的人说,好啦,挖好了。然后,那两帮人合起来就把那口棺材送进墓坑里去,那些挖墓的人又开始往棺材上封土。一会儿那口红色的棺材就不见了,那些人在我们面前隆起一个土堆就走了。我对姥爷说,姥爷,他们都走了。

姥爷说,走吧,叫他们都走吧。

那群人沿着他们刚才的来路跟着那辆空空的马车慢慢地走远了,在广阔的田野里就剩下我和姥爷了,我们的四周到处都是成熟的庄稼。姥爷在那堆黄土上坐下来。我说,姥爷,你累了吗?

姥爷说,我累了,可我还不想睡。

我指着那堆黄土说,这土里的人,他睡着了吗?

姥爷说,他睡着了。

他要睡很长时间吗?

是呀。姥爷说,他要睡很长时间。

可是,谁叫醒他呢?

姥爷看着我,姥爷对我轻轻地摇了摇头。姥爷的目光混沌不堪。

我说,是鸟吗?是鸟来叫醒他吗?

姥爷说,鸟儿不能。

是风吗?风来叫醒他吗?

姥爷说,风也不能,他被埋进土里了,他听不到风声和鸟的叫声了。

那你说只有春天才能叫醒他了?

春天?姥爷对我点点头说,是的,春天。

他是一粒种子吗,姥爷?

姥爷从地上站起来,他拍了拍屁股上的黄土说,走吧,我们回去。我跟在姥爷身后,一边走一边回头去看那堆黄土,我说,到春天他真的能发芽吗?

姥爷说,能……

姥爷说着就哽咽起来,姥爷一边走一边哭,他哭得像一个孩子。我们就这样一直在田野上行走,我们的四周都是成熟的庄稼,可无论怎样我们也找不到回家的路,四周都是一望无际的庄稼。

我说,姥爷,我们迷路了,我们这是往哪儿走呢?到了春天我们还能回到这里来吗？我们还能看到那棵从黄土里长出来的小树吗？

22. 欲望（续）

屋外的风铃声离他越来越远，老鸡手里的剪子已经有些抬不起来了，他感到手脖子酸疼酸疼的，老鸡实在顶不住就放下手中的剪子，看着堆在用十张课桌对成的案子上的红袖章，他想，这干革命真不容易。他看着那几个坐在案边缝袖章的女孩子说，天又快亮了，我们都干了两天三夜了，我们啥时候才算干完呢？

大燕神了一个懒腰说，我们要一鼓作气。

老鸡说，我们两天三夜没有睡觉了，我们啥时候才能干完呢？

大燕说，干革命能有干完的时候？大燕说着把缝好的袖章扔在案子上，她们几个的动作越来越迟钝。她们个个眼睛通红，但是她们仍旧没有停下来，她们互相鼓励着，她们要一鼓作气把案子上的红袖章缝好。可是案子上还有一大匹很厚很厚的红布没有裁剪，老鸡想，我的老天爷，这啥时候能缝完呢？

这时有个女孩说，我口渴得很，要是有碗水喝就好了。

水。老鸡突然想到了水，老鸡想，我已经有两天没有去打水了，三爷茶馆的水缸和酱菜厂的水缸说不定早已经干了，我不打水他们就喝不成。说不定三爷和尹素梅正在派人到处找我呢，我都两天没打水了！两天没打水我就两天没有工分了。三爷一生气肯定会对王洪涛说。王洪涛肯定会让会计扣我的工分，他们扣了我的工分我就分不到粮食，分不到粮食我喝西北风呀？看来这革命造反还真不容易，我咋能跟这些学生娃子比着呢？我还得去打水，去挣工分，我还得养家糊口呢。老鸡想到这里就对她们说，你们渴了不是？要不我去给你们弄水吧。

大燕说，你去吧，你去给我们弄水，我们都快渴死了。

老鸡说，中，我去给你们弄水。老鸡就走出那间亮着油灯的房子，老鸡走到门口又回头看了一下那几个女孩。老鸡想，和她们在一块儿真快乐呀，不能摸一摸起码也饱了眼福了，我日他娘，三夜两天了，这三夜两天我啥时候想看就啥时候看，几个小雏鸡，呼出的气都是好闻的，我日他娘，这革命难是难了点，可要不是这革命造反，她们会坐在我身边让我看个够吗？不会！怕是我这辈子也没有这个福分，她们哪一个不比我家那头老母猪强上一百倍？可是我得回家担水呀。

老鸡这样想着走出门来，他又听到叮当叮当的风铃声。老鸡抬头看看那座高大的殿堂,就匆匆地沿着那条潮湿的青砖甬道穿过大殿西边的小脚门,来到了空荡荡的操场里。在渐渐明亮的天色里,他看到校门边的墙壁上贴满了大字报,这引起了老鸡的兴趣。他在那些大字报上看到了公社党委书记汪老万的名字,还有社长谭万祥的名字,其中有一些是有关民兵营长王洪涛的,老鸡看着那些名字兴奋得有些不能自已。这时候他听到从学校大门口传来了纷乱的脚步声,接着他看到两个学生抬着一个空桶走进来,在他们身后跟着一群学生,在他们之中,老鸡看到了文玉。老鸡就朝文玉扬了扬手说,文玉。

文玉站住了,文玉的眼皮有些虚肿。文玉说,老鸡,你叫我?

老鸡说,你们这么早干啥去了?

文玉说,这么早?我们都两天两夜没有睡觉了,我们一直在写大字报,我们在一夜之间,就把镇子街道里所有的墙壁都贴满了。

老鸡更加兴奋,老鸡说,那我得赶紧去看看。

老鸡像一只发情的公狗沿着大街往东小跑着走去。在大街上他果然看到了许许多多的大字报,那些大字报几乎在一夜间改变了镇子里的模样,老鸡好像走进了梦境里。老鸡想,我这是在哪儿呀?他一直这样走到三爷家的茶馆前头脑才清醒过来。老鸡想,说不定三爷还不知道哩,我去给三爷报个信吧。

老鸡这样想着就走进茶馆,老鸡看到三爷依旧躺在过道里的小兜床上。三爷闭着眼睛,三爷好像睡着了。老鸡悄悄地来到三爷身边,老鸡说,三爷。

三爷说,老鸡吗,你的水桶哩?

老鸡说,水桶?一听三爷的话老鸡就有些害怕,三爷果然生气了。说不准他已经对他的三儿子说了,王洪涛那货肯定不会放过我,我只有等着扣工分了。老鸡这样想着又说,三爷,我正给您说哩,水桶掉到水井里啦。

三爷说,这两天你都在捞水桶吗?

老鸡说,是哩,这两天我都在捞水桶,三爷,老鸡小心翼翼地问道,夜里您听见街上有啥动静吗?

夜里?三爷说,夜里有啥动静?

您真的没听见夜里有动静?

三爷说,没有。我一夜都在听毛主席说话。三爷指了指他面前悬挂着的毛主席像章说,我一夜都在听毛主席说话。

老鸡说,大街上贴满了大字报。

三爷说,大字报?谁贴的大字报?

老鸡嘿嘿地笑了,老鸡说,有汪老万的,有谭万祥的。哎……老鸡停顿了一下又说,我虽说不识几个瞎字,不过姓王的王我还是认得的,王,你们老王家的王。老鸡说着说着就长长地出了一口气,那口气一出,他也敢认认真真地看三爷一眼了。他看到三爷的面容灰黄,呼吸也有些困难。老鸡想,这老家伙怕是没有几天的活头了。他二儿子死了,三儿子马上又揪出来了,看他还给谁神气。他这样想着就退出了茶馆。

当老鸡重新来到大街上的时候,他看到已经有人在走动,老鸡看到那些走动的人都像他一样持着新奇而不安的目光。在街道里,老鸡看到了铁匠和汪麻子,他们匆匆忙忙,一边用眼睛扫着街道里的大字报一边在公社门口那儿拐向了北街。老鸡想,这俩熊货慌哩,就像抢孝帽子一样。老鸡就朝他们叫了一句,哎——

铁匠和汪麻子站住了,他们回身看到了老鸡。

老鸡说,恁俩慌的,大清早弄啥去?

汪麻子说,老鸡呀,我想你掉水井里了哩,你是从哪儿冒出来的?

老鸡说,我去学校了,做了两天三夜的红袖章。

铁匠说,噢,我说这两天咋没见你,你老婆找你都找疯了,想着你掉河里喂老鳖了哩。

啥时候了,还说笑话。老鸡有些神秘地指了指墙壁上的大字报说,看到了吗?

汪麻子说,看到啥了?

老鸡说,要打倒汪老万和谭万祥了,还有王洪涛。

汪麻子说,看你高兴哩。王洪涛正在酱菜厂里,已经被打倒在地了,你不去看看?

老鸡说,真的吗?走,看看去。

老鸡就跟着汪麻子和铁匠秧子走进了酱菜厂。老鸡想,王洪涛,你小子也有今天?他们来到酱菜厂里,老鸡看到了正搬着凳子往厕所去的张氏,老鸡就说,又去屙屎呀?

张氏驼着腰说,不叫吗?管天管地,管不住屙屎放屁。

老鸡说,谁管你屙屎放屁?多少大事还管不过来呢,我管你屙屎放屁?毛主席说的话你知不知道?要关心国家大事,就是去给狗挠蛋,我也不会管你屙屎放屁……

老鸡正在贫嘴,屁股上却挨了一脚,老鸡回头看见了王洪涛。王洪涛满脸的杀气,王洪涛说,你来这儿干啥?你不是参加"二七公社"了吗?

老鸡说,"二七公社"？我没有参加呀？

王洪涛说,没有？没有你这两天跑哪儿去了？

老鸡说,我是来给你报信的,大街上贴有你的大字报。

王洪涛说,还能用你来给我报信？说不定你是"二七公社"派来的探子。

正说着,老鸡看到尹素梅、新民、涂二还有几个街坊从酱菜厂的作坊里走出来,他们的胳膊上都戴着红袖章,袖章上写着"八一",新民手里还拿着用纸糊的高帽子。

老鸡惊奇地说,你们成立"八一"啦？

王洪涛说,我们这儿就缺牛鬼蛇神。

汪麻子对王洪涛说,王司令……

老鸡吃惊地说,王司令？

汪麻子说,王营长现在是我们"八一兵团"的司令！汪麻子说完对王洪涛说,司令,这牛鬼蛇神,我看老鸡管算一个。

汪麻子说着接过新民手里拿着的高帽子就往老鸡头上戴。

老鸡吓得脸色苍白,他忙用手捂着自己的头说,我不戴我不戴。众人看他的样子,哄地一下都笑了。

王洪涛说,你不戴谁戴？你参加了"二七公社",你就是保皇派,你就是坏蛋,你就是地富反坏右,你就是牛鬼蛇神！

一群人起哄道,对,你就是牛鬼蛇神。

老鸡慌忙否认说,我没有参加"二七公社"。

王洪涛说,没有？你能骗得了我吗？

秧子说,老鸡,你这货真傻,你参加"二七公社"有啥好？我们参加"八一"天天有工分,"二七公社"能给你工分吗？

老鸡一听说参加"八一"还有工分,就后悔得要命。他就朝王洪涛央求道,王司令,你就叫我也参加"八一"吧。

王洪涛朝老鸡的屁股上又踢了一脚,说,你想的美,你想参加就参加了？你是"二七公社"派来的探子,你滚回去吧！你告诉他们,他们要打倒我,我还要打倒他们呢！我们革命者就那么容易被别人打倒吗？你让他们等着,看我们怎样有力地回击他们吧！看看我王洪涛是怎样大义灭亲的吧！看看我王洪涛是真革命还是假革命！

汪麻子说,老鸡,还不走？再不走,就把你当成牛鬼蛇神拉街上去游斗了。

老鸡吓得出了一身冷汗。老鸡像一条癞皮狗在众人的叫喊声中夹着尾巴逃走了。老鸡走在大街上,突然感到头昏脑涨,天色在他的感觉里也灰蒙蒙的。老鸡想,我日他奶奶,这是咋啦?老鸡回到家里推开屋门,看到他老婆仍然像一头猪躺在当门的破席上睡觉,就上去踢了她一下,说,妈那个×,起来!

那女人翻身坐起来,迷糊着眼睛说,尿泡吗?

老鸡骂道,尿你妈那个×,起来做饭去。说着他自己脱鞋上席,他感到浑身的骨头都快散架了。老鸡想,管你妈啥家伙"八一"还是"二七",我先好好地睡一觉再讲,我瞌睡死了!老鸡这样想着倒头便睡,清晨从街道里传来的震天的锣鼓声和口号声也没能把他从睡梦里惊醒。但最终老鸡还是被那些锣鼓声和口号声弄醒了,老鸡从苇席上坐起来,他看到西天里灰红色的霞光从门口里涌进来,他叫一声老婆,却没有听到回声。老鸡想,是哪里响起的喧闹声呢,那个猪一样的女人一定是看热闹去了,他感到肚子里叽叽咕咕地乱叫,就站起来从馍筐里抓了两个馍大口大口地吃起来,他伸长脖子把嘴里的干馍咽下去,又到水缸边舀了一瓢水咕咚咚咚地喝下去,然后有些迫不及待地走出院门。

老鸡来到大街上,抬头看到整条街道都被西天里红色的晚霞所笼罩。老鸡看到有一群人朝北街里走去,就急忙跑过去,跟在那些人的后面。

老鸡看到汪麻子、新民、涂二和秧子他们正押着头戴高帽子的汪老万、谭万祥,还有许仙和刘嘉生他们游街,他的骨头缝里都开始发痒。他小跑着追上正在敲锣的涂二说,涂二。

涂二用耳朵看他一眼说,老鸡,你拉我弄啥?

老鸡说,我来替你敲吧。

涂二一下推开老鸡的手说,我都快敲一天了,二十个工分眼看就要到手了,你替我敲算老几?要让王司令看见了,我工分还要不要?

老鸡说,你们押人游街还有工分?

涂二说,那当然,闹革命也得吃饭呀。

涂二一边走一边说,你真的参加"二七"了?老鸡,我看你是能过头了。"二七公社"能给你工分吗?涂二说完不再理他,慌里慌张去追赶前面游街的队伍去了。

老鸡站在那里,仿佛才从梦中醒来,他想,我真的参加"二七公社"了吗?这几天我咋就像做梦的一样?

老鸡望着渐渐涂染着空间的暮色,突然感到了恐慌。老鸡想,人家都在挣着工分闹革命,可我却在家里睡大觉,我已经有三天没有去挑水了,要不是去学校给他们剪袖章,说不定我也是"八一"的人了,我也能押着人去游街,我也能得到工分,这都怨王洪涛个龟孙,好像"八一"就是他家的一样,说不要谁就不要谁!王洪涛你也真够狠的,无论咋说刘嘉生也是你姐夫呀,你咋把你姐夫都拉出来游街了?

老鸡看着那群人在暮色里往前走,看着他们胳膊上戴着的红袖章就想,这些龟孙都戴上红袖章了,可是我老鸡剪了两天三夜的袖章还没有戴上呢?他看着自己的胳膊,就在心里骂道,妈那个×,真有点亏。可是人家不要我,说我是"二七"的人,妈那个×,我啥时候参加"二七"了?我不就是给他们干了两天活吗?老鸡正这样想着,又看到一支游行的队伍从公社门口那儿拐向北街来,他看到那群队伍里有人举着一面红旗,旗上写着"二七公社"几个字。"二七公社"的人也在游行,老鸡想,妈那个×,不让我跟恁去游行,我就跟"二七公社"的人去游行,你们说我是"二七公社"的人,我就是"二七公社"的人,"二七公社"也是造反派!他这样想着就加入到那群人里去了,他对扛旗的文玉说,文玉,我来替你扛一会儿吧。

他们的游行队伍和从北街里折回来的"八一"的人擦肩而过,在暮色里,老鸡看到汪麻子他们都用异样的目光看着他,老鸡就得意起来,老鸡想,妈那个×,你说我是"二七"我就是"二七","二七"也是造反派,我们"二七公社"的人把大字报贴满了镇子,你们"八一"的人都干的啥?不就是押着几个人游街吗?那汪老万、刘嘉生谁不认识?老鸡这样想着腰就直了起来。

夜幕降临的时候,老鸡跟着游行队伍再次来到学校里,学生们在教室里点上灯,他们还要加班写大字报。老鸡前后转着,怎么也帮不上手。他看到那些学生写着写着打起盹来,瞌睡像瘟疫一样传染给了每一个在场的人,他们都趴在桌子上睡着了,他们太劳累了,他们已经三天两夜没有睡觉了。老鸡想,让他们睡吧。

老鸡走出教室,在院子里,他走到每一个教室的门前都看到有学生在屋里睡觉。老鸡来到大殿里,他看到那些老师也都睡着了。王洪良也趴在桌子上睡着了,从他嘴里流出的口水浸湿了还没有写完的大字报。老鸡想,他们都睡着了,他们太劳累了,这干革命真不容易。

老鸡这样想着走出了大殿,这时他突然想起了那几个缝袖章的女孩子,他就穿过大殿西边的小脚门来到后院。在夜色里,缝制红袖章的那间屋子里有灯光透出来,老鸡走过去看到那几个女孩仍在缝制红袖章,只是她们的眼睛都快睁不开了。老鸡走到大燕的身边说,还没有缝完吗?

大燕嘟囔了一句,一鼓作气。

老鸡说,缝完了,你们全都缝完了。

那几个女孩子一听老鸡这样说,那股气儿就泄了,她们都像在水中浸泡过久的泥胎一样瘫倒在地。

老鸡说,就这样睡吗?

老鸡说着走到大燕身边拉着她的手说,地上凉。一抓住大燕的手老鸡浑身就像触了电一样,他哆哆嗦嗦地说,醒醒,醒醒。可是无论他怎样叫不醒她。

老鸡站起来,他回身走到屋外,在灰暗的院子里他没有听到有人走动的声音,只有大殿上的风铃在夜色里叮当叮当地响。老鸡哆嗦着身子在院子里站了一会儿,就又回到屋里,他重新在大燕的身边蹲下来,他用力把她抱起来,然后把她放到那个堆满红袖章用课桌对成的大案子上。接着他又去抱第二个女孩子,抱了第二个女孩子他又去抱第三个女孩子,他就这样把四个女孩子并排放在铺满红袖章的大案子上。老鸡想,她们太劳累了,她们已经干了三天三夜了,她们太劳累了。老鸡想,就让她们好好地睡一觉吧。

老鸡吹灭了油灯,老鸡走到门口,又一次来到院子里。

院子里仍旧很静,只有风铃声从老鸡的头顶上传过来,叮当叮当……老鸡想抬头看看那个黑色的建筑,可是他却看到了从树叶里穿过来的月光,月光像一些碎银子撒在寂静的后院里,撩拨着他的心。老鸡回过头来,他死盯着那个灰色的屋门,他的身子突然又开始抖动起来,到最后他实在难以忍受就又哆哆嗦嗦地走回屋里去。

老鸡立在案子边,他伸手去摸第一个女孩子的脸,接着又去摸第二个女孩子的脸,接着他又去摸第三个女孩子的脸,最后他在大燕的身边停下来。老鸡用双手捧着大燕的头,大燕的面容朦朦胧胧,他感到有一股子热辣辣的东西在他身上滚动,最终用他那张臭烘烘的嘴在大燕的脸上乱啃起来。大燕伸手推了他一下,他吓得忙丢开她,可是大燕的手一垂又睡着了。老鸡又去亲第二个女孩子的脸,他一个个地亲,亲到最后他停住了,他站在那里呼呼地喘着热气,感到头涨得难受,他的身子也胀得难受。老鸡想,我不能活了,我要死了……他就这样低声地叫着,像一头看到了香甜食物的困兽,他抱住自己的头在墙根蹲下来,一下又一下用拳头砸着自己的头。他说,我不能活了,这回就是死我也得弄呀,这回就是枪毙我我也得弄呀!

老鸡噌的一下子从地上站起来,一步蹿到案子边,他的双手摸住了大燕软和和的身子,开始给她解扣子,给她脱裤子,他像条疯狗趴上去压住了大燕,大燕在他的身子底下动两下又睡着了,只有他们身下那些桌子发出叽扭叽扭的惨叫声。老鸡弄完了,就喘着粗气在大燕的身边坐下来,用他粗糙的手去抚摸她赤条条的身子,他从头上开始抚摸下去,一直摸到她的脚。

老鸡回过头来看看另外三个熟睡的女孩子,他想,这都是那嫩笋呀!老鸡这样想着就转回身来,他连想都没想就开始脱第二个女孩子的衣裳,脱了第二个他又开始脱第三个。在给第四个女孩子脱完衣裳之后他从案子上跳了下来,他把她们粉白的身子一一在案子上摆好,看着月光从门头窗里穿过来照在她们身上,老鸡想,皇帝老子也顶多这个样吧!这回就是死了也值了。老鸡一边这样想着一边干下去。最后老鸡在那几个女孩子中间躺下来,恍恍惚惚地听到夜风吹动风铃的声音从外边传进来,叮当叮当……

23. 杀手

在渔夫的印象里,他已经有许多日子没有见到文宝了。没有文宝的河岸上总是显得空荡荡的。渔夫每天夜里划着白船子从上游下来的时候总希望能在河道里看到坐在河边喃喃自语的文宝,可是他总是很失望。见不到文宝,他心里就有些空落落的。别看他是个傻子,他站在河岸边我心里就踏实,渔夫想,可是这个傻子到哪儿去了呢?

渔夫提着鱼篓往岸上走,他想在东码头嘴上看到管豆腐坊的新民,问问新民这几天见没见着文宝,可是豆腐坊里也没有灯光,他就站在豆腐坊的门前叫一声,新民。

渔夫站在夜色里,他望着豆腐坊黑黑的门洞希望新民能伸着懒腰走出来,但等了好一会儿也没有听到脚步声,他只听到那头拉磨的老驴在后面棚子里的嚼草声。渔夫感到他也已经有几天没有见到新民了,渔夫想,这个新民哪儿去了?这种情况的出现使渔夫久久不能入睡,他躺在小兜床上,听着老鼠在他的房梁上赛跑,那些老鼠没有一天不去啃那堆他从河道里拾来的衣服和鞋子。起初那些衣服和鞋子使他生气,渔夫想,日他先人,这么多衣服就没有一个人来认吗?他对着在街上走动的人指着那些搭在肉架子上的衣服恶狠狠地说,怎不要我可真当狗皮卖了!可是他一直在街上守了五天也没有见人来取衣服,即使下雨天他也守在那儿,希望有人过来问一问,可是到后来由于镇子上出现了一些其他事情,就更没有人理睬他了,人们像对待那些衣服一样对他视若无睹,这就使渔夫更生气,渔夫骂道,我日他那先人,我白费了几天工夫!

在一个细雨濛濛的夜晚,当一队游行的学生从他面前走过的时候他彻底地丧失了信心,他就把那些花花绿绿的衣服重新搭在竹篙上挑回了家,把衣服和鞋子一股脑儿地全部堆在了墙角。在夜里，老鼠就开始在那些衣服和鞋子上磨牙，在衣服里屙屎撒尿，在衣服堆里钻窟窿打洞，那些衣服渐渐地开始霉变，散发出一种难闻的气味。可是渔夫已经懒得去理它们了，渔夫躺在床上闻着从那些衣服里发出的污浊气味，就会从心里发出一种舒心的笑意，渔夫恶狠狠地说，烂吧！都烂掉吧！等想要这些衣服的时候，你们谁也别想再从这里拿走一件！

　　由于渔夫的宽容，那些老鼠变得更加肆无忌惮，它们在渔夫的床边跑来跑去，到后来有的老鼠竟敢爬上渔夫的小兜床。由于渔夫的脑海里一直在恶狠狠地想着那些不来取衣服的人，就没有感觉到那些老鼠爬上了他的小腿，他只是把腿收回来搔一下痒痒就躺着不动了。躺着不动的渔夫听着河道里的风呼呼地摇动着树丛吹起口哨就突然想起了文宝。渔夫想，他已经有好些日子没有见到文宝了，文宝在他打鱼的时候常常坐在河边喃喃自语，可是他听不懂文宝的话语，镇上很多人都听不懂文宝的话语，文宝的话语就像河道里的风在渔夫的感觉里吹来吹去，那风越来越大刮满了整个河道，那风掀动着河水翻动着白色的浪花。文宝，这是你在说话吗？你现在就站在河边说话吗？渔夫这样想着从小兜床上坐起来，他想，我应该到河边去看一看，说不定文宝就在河边站着呢。

　　渔夫这样想着就穿衣下床，渔夫来到河岸边，在渐渐明亮起来的夜色里渔夫并没有看到文宝，他只听到了渔钩上的铃铛在潮湿的河道里发出叮叮当当的声响，这使渔夫很失望。那些叮当作响的铃声也没能提起他的兴趣，他有些麻木地来到船上，他一边划船取钩一边还想着文宝，现在就连他自己也弄不清他为什么那样想见文宝。我为啥要见这个傻子呢？等渔夫把那挂渔钩从水里取上来他也没有弄明白自己为啥想见文宝。他一边提着鱼篓一边沿着河道往西走，他想，或许文宝正在街上吧。文宝说不定在三爷的茶馆里，文宝被三爷叫到茶馆里去了吗？

　　一想到三爷，渔夫突然明白了他为什么那么渴望着能在河道里见到文宝了。看到文宝在河道里他就可以提着鱼篓到茶馆里去了。他知道三爷不爱吃鱼，但是他知道三爷希望从他那里听到有关文宝的消息。有文宝那个傻子站在河道里，他就可以提着鱼篓去见三爷了，见了三爷他就可以把这些天来的苦恼一口气地讲给三爷听了。他觉得在这个镇上只有三爷才能理解他的心情。他想，见了三爷他一定会问他，你说说，那些人为啥都不去认领衣裳呢？我一心好意把衣裳给他们捡回来可是他们为啥都不来认呢？难道那些衣裳真是从天上掉下来的吗？渔夫这样想着往前走，在河道里他突然听到岸上传来了脚步声。渔夫想,是谁起得这么早?渔夫抬起头来,在晨光里,渔夫看到汪麻子、秧子、新民还有涂二他们几个出现在河岸上,他们沿着河岸走到刘嘉生的家门口停住了。秧子用脚咚咚地踢了几下门,他随口叫道,刘嘉生,起来,起来!

汪麻子在一边说,还没有起来吗?起来上班了!人家许仙天不明就在门口等着,你还得来请呀?

说着刘嘉生家的门开了,刘嘉生的女人迷糊着眼睛头发纷乱地出现在众人面前,她说,还游街吗?

秧子说,当然游,这回不但他游,还有你。说着秧子一伸手就把她拉到了院子里。

英子挣扎着说,我不去,我一个女人家游啥街?

汪麻子说,你不去谁去?你是地主的老婆,你是右派的老婆,你不去能让我老婆去吗?

涂二说,这不怨俺,这都是尹队长安排的,你要不去俺这工分可就不好挣了。

汪麻子朝涂二的屁股上踢了一脚说,妈那个×,你就知道工分工分,这是阶级斗争!

新民也说,涂二、你个龟孙不想干了是不是?回去我给王司令说说把你开除了!

他们正说着刘嘉生从屋里出来了。英子央求着说,别让我去了,他去我就不去了

汪麻子说,这能是你给刘嘉生在床上睡觉?想弄就弄,不想弄就不弄?这是阶级斗争!这是无产阶级专政!你们都是牛鬼蛇神,我们造反派叫你怎样你就怎样。

英子说,就是去也得让我洗洗脸呀。

汪麻子说,你还讲究个啥,这不是你坐绣楼的时候!

他们说完就推着刘嘉生和他女人沿着胡同往街里走。他们一群人来到酱菜厂的时候,尹素梅刚提着裤子从厕所里出来。尹素梅看着勾着头的英子说,王英子,你也有今天?尹素梅对涂二说,把高帽子给她戴上。

涂二就拿来用纸糊的高帽子给英子戴上,谁知英子一把扯下来撕了个稀烂。英子说,你欺负人!她这一撕把所有的人都给吓住了。

尹素梅说,你们看,阶级敌人的气焰多么嚣张!王英子,你以为你是老王家的人是不是?我给你说,我们老王家的人恨不得恁那一窝子都死光死

净才好哩！

英子朝尹素梅吐了一口唾沫骂道,你个不要脸的东西!

尹素梅用手背擦去脸上的唾沫,上去就给了英子一个耳光,她说,反了!我不要脸,你要脸?我给你说,这不是旧社会,这不是用你×换地的时候!

尹素梅那一巴掌把英子的嘴打出血来了,英子叫着朝尹素梅扑过去,可是她被汪麻子和秧子给扭住了。尹素梅上来又给了英子一个耳光,尹素梅说,我叫你骂,你以为你是谁?你是地主的小老婆!你是右派的小老婆。

刘嘉生戴着一顶高帽子被两个造反派押着,尹素梅指着他们说,这回我叫你们尝尝无产阶级专政的厉害!说着她用脚把英子的两只鞋子踢掉了,她找来一根绳子,把那对鞋子绑住挂在了英子的脖子里。尹素梅对英子说,你知道这是啥?这是破鞋!你知道啥是破鞋?破鞋就是给这个男人睡了再给那个男人睡,你知不知道?我给你打个比方吧,就是你先给汪麻子睡,给汪麻子睡了又给秧子睡,给秧子睡了又给涂二……

尹素梅还没有说完,就见英子头一垂就昏过去了。尹素梅说,你还装死了,装死也得游街,掐她的人中,汪麻子,掐她的人中。

他们七手八脚地刚把英子从昏迷中弄醒,王洪涛就领着一群人从外边走进来。

尹素梅说,汪老万哩?

王洪涛骂骂咧咧地说,他妈的,让这几个资本主义当权派跑掉了!

尹素梅说,那还游不游?

王洪涛说,游,继续游!

于是锣鼓家什就响了起来,他们的锣鼓声使颍河镇清静的街道又喧闹起来,那些鼓声口号声带着浓重的酱气融进了颍河镇每一个人的耳朵里。尹素梅一队人马押着许仙、刘嘉生和赤着双脚的英子走近茶馆的时候,渔夫刚好从三爷的茶馆里出来,他回头看了看挂着拐杖站在茶馆门口的三爷说,他们来了。

三爷一看到脖子里挂着一对破鞋的英子脸色就像铅一样灰暗,三爷颤抖着挂着拐杖走到街中,把那群游行的人拦住了。涂二他们手中的锣鼓家什也都停住了,他们屏着气看着三爷,三爷伸手指着那群人的脸看了一圈,半天才说出两个字,你们……

三爷走到英子身边,他那双老手哆嗦着在英子的肩上抚摩了一下,英子就抬起头来。三爷看到英子脸上的泪和嘴角上的血流在了一起,三爷脸上的肌肉抽搐了一下,三爷那花白的山羊胡子就在空中抖动起来。三爷伸手去取挂在英子脖子里的那双鞋,可是他刚取了一半就被一只手按住了。

三爷回过头来,他看到了他的三儿子王洪涛。

王洪涛说,不能取。

三爷说,她是恁姐!

王洪涛说,她不是,她是我们的阶级敌人!

三爷一扬手给了王洪涛一个耳光,三爷说,你再说!

王洪涛说,她是地主的老婆,她是右派的老婆!

三爷又给了王洪涛一个耳光。三爷用手指着他说,你……

王洪涛站在那儿一动不动,他说,毛主席教导我们说,千万不要忘记阶级斗争。

三爷那只扬起的手落了下来,三爷的腰驼得更狠了。三爷突然哽咽起来,三爷说,她是恁姐呀……

王洪涛说,爹,阶级敌人妄想变天哩,他们想让我们回到万恶的旧社会,他们白天黑夜都在盼着蒋介石回来,他们想让我们的人头落地……

这时不知是谁带头呼起了口号,千万不要忘记阶级斗争!

于是群情激奋,都跟着喊,千万不要忘记阶级斗争!

三爷像是犯下了弥天大罪,他在震天的口号里低下了头。

这时渔夫走过来,他拉着三爷说,三哥,你先回屋歇着吧。

三爷在渔夫的搀扶下离开那群人,回到茶馆里去了。

汪麻子指着渔夫的后背说,这货也不是个好人,他把我们贫下中农的衣裳当狗皮卖!

尹素梅一想起她那件搭在老鳖竹竿上的花褂子,就咬牙切齿地说,就是,把他也拉过来游街!

听她这样一说,汪麻子和秧子就跑过去,拉住了正要往茶馆里去的老鳖。

汪麻子说,站住!

渔夫和三爷都站住了。

汪麻子对渔夫说,你别往里去了,贫下中农都说你是牛鬼蛇神,你也去游街吧!

渔夫说,我是牛鬼蛇神?你问问三哥,我祖孙三代都给雷九少家种地!

秧子说,你给地主种地咋还拿着贫下中农的衣裳当狗皮卖?

三爷一听说那衣裳,胸口就更堵得慌,三爷对老鳖说,那些衣裳哩?

渔夫说,没人要,都在我家堆着。

三爷说,你把那衣裳当狗皮谁还要?

汪麻子说,对,三爷说得对!走,这回我非把那些狗皮都给你穿上不可!

汪麻子说着就和秧子拉着渔夫往东街里走,他们一群人来到老鳖家里,有好几个曾经在河里洗澡衣服被暴风吹到河里去的人也跟在后面,那些因狗皮事件而积存在他们心中的仇恨终于找到了一个发泄的机会,他们不管三七二十一把所有的男男女女的衣服都穿在了老鳖的身上。有一些女人的裤衩穿不上,他们就套在了渔夫的脖子里,最后他们又把所有大大小小的鞋子用绳子串起挂在老鳖的脖子上。

这回老鳖真地成了老鳖了,老鳖被众人押到街上,和许仙、刘嘉生、英子几个人一起游斗。他们从东街到西街,又从西街到北街,快晌午的时候,游街的人群来到了南街里。游街的队伍正走时被一个人拦住了,那个人手里提着一架渔网,渔网上挂满了杂草,他立在那里,扎着马步,一个随时都要把网撒出去的架子。众人一看都停住了,锣鼓家什也停了。英子抬起头来,她看到了她的大儿子,脱口就叫了一声,宝儿。

可是文宝没动,文宝用一种谁也不懂的目光看着他们,**这些鱼,这些离开水的鱼类呀,要我把你们一网打尽吗?** 这时尹素梅从队伍里走出来,她上前拍了拍文宝的脸说,文宝,你在这儿干啥?你饿了吗?你想吃蒸馍吃肉吗?

文宝没有吭声,文宝看着她。

尹素梅说,想吃你就过来吧。

文宝收起渔网跟着尹素梅来到了英子面前,她指着英子的胸膛说,去吧,蒸馍肉都在这里,去吃吧。

文宝看着他母亲。这时英子身后的秧子敲了一下鼓,那鼓声引起了文宝的兴趣,他丢下手中的网走过去,从秧子手中接过鼓槌。

秧子说,会敲吗?敲个试试。

文宝就敲了起来,文宝敲出的鼓声有板有眼,这使许多人都暗暗吃惊。

秧子说,你就敲着走吧,正好我累得要死,敲着走吧。

汪麻子把文宝丢掉的渔网拾起来,他对老鳖说,你的渔网你还背着吧。说完就把那副渔网挂在了渔夫的后背上。那群人后来又回到了公社门口,不知是谁从酒厂里找来了一条长凳,让许仙、刘嘉生和老鳖都站了上去,一条长凳上站不下四个人,他们就让英子站在下面陪着。汪麻子把文宝拉到那几个人的面前,把文宝按坐在地上,把那面鼓放在他面前。

汪麻子说,你不是好敲鼓吗?这回你就敲个够吧。

文宝就坐在大街上,面对那几个牛鬼蛇神不停地敲起鼓来,而余下的那些人,都退到大街边上的房阴里去了。

秋日中午的阳光像火一样撒下来,把那几个牛鬼蛇神晒得汗流浃背。渔夫像受刑一样,他身上一下子穿了几十件大大小小男男女女的衣服,那些衣服像绳索一样勒着他,那几串挂在他脖子里的鞋子和那挂渔网变得像石块一样沉重,焦毒的阳光使他口渴难忍,他吃力地扬起手去拉脖子里的衣服,他觉得那些衣服变成了一只手把他的脖子卡得死死的,使他的呼吸越来越困难,他感到他的头越来越涨,哄地一下变得像一只船那么大,变得像河一样宽阔。渔夫在恍惚之中看到满河道里都飘荡着白色的水汽,那水汽越来越浓,把他眼前的世界都覆盖住了。

那些坐在阴凉地里的造反派们正有一句没一句地说闲话,看见渔夫像一个装满粮食的布袋从凳子上栽了下来,躺在地上不动了。

汪麻子说,这货装赖哩,别理他。

可是他们等了半天也不见老鳖有动静,涂二就站起来走过去,他先用脚踢了踢渔夫,说,老鳖,装赖的不是?起来起来。可是渔夫没动。涂二弯下腰挡了挡他的鼻孔,涂二的脸就吓得蜡白,他慌里慌张地站起来对王洪涛说,他死了。

一群人一听涂二这样说就围了上来,王洪涛也弯下腰挡了挡老鳖的鼻子,而后站起来说,这货,真不顶斗,还没斗呢就死了。死了就是自绝于人民,这牛鬼蛇神,死了还不如一条狗,狗死了还能吃肉呢!他回身对涂二和新民说,你们找辆车子把他拉走埋了吧。

新民说,就俺俩?

汪麻子对王洪涛说,让我和秧子也去吧。

王洪涛说,好吧,今天每人多给你们加十分。说完他又对仍旧站在凳子上哆嗦的许仙和刘嘉生说,你们要老老实实地接受无产阶级专政,不然这就是你们的下场!

在他们说话的时候,文宝一直坐在那儿敲鼓,可是那鼓声越来越难听,那鼓声像锥子一样刺进了每一个人的耳朵里,刺进他们的头皮里,使他们感到疼痛难忍。

王洪涛对着文宝叫一声,别敲了!

可是文宝没有停下来。王洪涛企图从文宝手中夺回鼓槌,可是那鼓槌就像长在了文宝的手上。他又想搬走他面前的鼓,可是鼓带却套在了文宝的身上。王洪涛在文宝的鼓声里感到头疼欲裂,他朝文宝踢了一脚,可是文宝仍旧没有停下来,他双眼看着他,一下一下地敲。

　　王洪涛又要去踢他,却被尹素梅拉住了。尹素梅说,一个傻子,叫他敲去,敲累了他自然就不敲。他们就在文宝的鼓声里押着几个牛鬼蛇神走回酱菜厂里去了。

　　文宝仍旧坐在那儿敲鼓,文宝敲出的鼓声一直响到那天深夜,几乎所有的颍河镇人都听到了那刺耳的鼓声。那天最后一个看到文宝在街上敲鼓的人是从学校里回来的王洪良。王洪良在那天深夜里寻着鼓声走来,最后他看到了那个像木偶一样一下又一下举起胳膊又落下的文宝。

24. 夜半鼓声

　　王洪良沿着光线暗淡的街道往前走,他的心情被一种焦虑困扰着。由于种种原因,他们"二七公社"的夺权斗争没有得到顺利的进行,他在某些策略问题上和从县里来的老金发生了冲突。

　　老金说,我们夺权最主要的标志是啥呢?就是把这里的当权人物掌握在我们手里,不光是贴贴大字报,不光是游游行,这你知道吗?

　　王洪良说,广播里说要先制造无产阶级革命舆论嘛!

　　金百义说,是呀,可夺取政权又用啥来证明呢?就是必须把当权者抓过来,把他打倒,给他戴高帽子,让他游街!让他在无产阶级面前抬不起头来!可是你去看看这里的当权者都被谁弄走了,都被保皇派弄走保护起来了!

　　坐在一边的老鸡说,他们光押着几个牛鬼蛇神去游街,走资本主义的当权派都被他们放跑了。

　　王洪良说,那你说怎么办?

　　金百义说,先把他们从保皇派手里夺过来,人在我们手里他的权就没有了。

　　老鸡说,不好夺呀,他们人多,汪麻子、铁匠、新民,都是能打仨擒俩的主儿。

　　王洪良白了他一眼说,我们说话呢,哪有你的事?

　　老鸡嘟囔了一句,我也是"二七公社"的人,咋不让我说话?说着,他自己感到心虚,就把头勾下去了。

　　王洪良没再理他,他对金百义说,这样吧,我看还是智取,让我先回去试一试,看看能不能把汪老万他们弄来,这样我们不动一刀一枪就能把权夺下来。

　　金百义说,这样也中,那你啥时候行动呢?

王洪良说,我现在就动身吧。

王洪良说着站了起来,他整了整身上发皱的衣服,他的面孔在灯光下显得特别憔悴,像一个重病在身的人。他对坐在灯光里吸烟的金百义说,那我去了。说完他走出大殿,大殿屋角上的风铃仍在叮当作响,他在渐渐转凉的夜风里走下大殿南边的台阶,在穿过空荡的操场时他回头看了一眼仍旧亮着灯光的大殿,他想,这就是革命的策源地呀!想当年南湖上的灯光就是这样彻夜闪亮的吗?想当年八角楼上的灯光就是这样彻夜闪亮的吗?

王洪良这样想着走出校门,在灰暗的街道里往前走,就是这个时候他隐隐地听到从前面街道里传来的鼓声。王洪良想,这是谁在敲鼓呢?他穿过十字街口,又路过茶馆门口,最后在公社门前的大街上看到了那个敲鼓的人。他走过去蹲下来看到了那个敲鼓的人是文宝,他伸手把文宝拦住了。文宝在灰暗的光线里看他一眼,然后朝他身上一歪就睡着了,鼓声随着也消失了,整个街道和镇子在一瞬之间陷入到寂静里。

王洪良叫一句,文宝。

王洪良试图把文宝拉起来,可是由于连日的劳累,王洪良已经感到自己没有那个力量了,他只好就势把那面鼓支在文宝的身下,他拍了拍文宝的头说,你睡吧,我还有重要的事儿要做。王洪良说完就把文宝丢在那里,站起来往回走,他回到了茶馆里。在茶馆的过道里他站住了,灰暗里传来了三爷的声音,三爷说,你回来了?

王洪良说,我还以为你睡着了。

三爷说,我能睡吗?我问你,你还回来干啥?

王洪良说,我回来看看。

三爷说,你们都不要家了,你二弟死了,我也没有几天的活头啦,你们没一个人想要这个家了,大燕、小明、你,还有小涛,你们都不要家了!你说,我操持这个家容易吗?

王洪良说,我这不是回来了。

三爷说,你还回来干啥?丰收的腿都断了,你回来看过他一眼吗?春玲到现在还没有从北京回来,你问过一句吗?这个家你是不想要了,小涛押着他姐游街,他在割我的心,我知道这都是老二家的点子,那个不要脸的东西,我早知道这个家要败在她手里,她是个狐狸精,我早知道,小涛被她教坏了。

王洪良说,我回来就是找小涛。

三爷说,去,你去把他找回来,我要好好地教训他!难道革命就这个革法?

王洪良没有回答爹的话,他固执地问道,他没在家?

三爷说,没有,他有好几天没进家了。

王洪良说,我得去换件衣服,我的衣服已经好多天没换了,都有气味了。

王洪良说着回到院子里,在院子里他没有听到任何动静,他推门走进东屋,摸索着掏出火柴点上灯。在灯光里他看到了他的儿子,他的儿子丰收腿上打着绷带躺在那儿睡着了。他的妻子坐在儿子的床前也趴在那里睡着了,她的肩膀在王洪良的感觉里明显地消瘦了,她趴在床上睡觉的姿势就像一个卧在娘胎里的婴儿,她的头顶上是她儿子白色的下肢,她像一个虔诚的信徒在儿子的雕像前睡着了。

王洪良站在床前,就那样在灯光里注视着他的儿子和妻子,他伸手在儿子的脸上摸了一把。他的儿子也瘦了,他在灯光里仔细地端详着儿子,猛然意识到自从儿子出生以来他就没有像今天这样仔细地看过他的面容,他也从来没有像现在这样立在妻子的身边看她睡觉的姿势,儿子和妻子在已逝的时光里离他是那样的遥远,他似乎总是那样忙忙碌碌,他真的没有过好好地静下来陪一陪儿子和妻子的时候,不是他没有空,而是他从来就没有这样想过。他就这样在他们身边立着,他不知道该不该把他们从睡梦里叫醒。这样不知过了多久,他听到爹的咳嗽声从外边传过来,那咳嗽声一阵强过一阵。听到爹的咳嗽声他没有再犹豫,他一下子把趴在床帮上睡觉的女人拉了起来。他的妻子醒了,她混沌的视线里出现了一个脸型消瘦面色苍白的男人,那个人说,你没有听到吗?爹咳嗽了!

女人听到那个人这样说,就挣脱了他的手往外屋走,王洪良也跟着她走出去,爹的咳嗽声使他忘记了回屋的目的,他跟着女人来到茶馆里,看着她点上油灯,然后把手伸到爹的嘴边,爹就把嘴里的浓痰吐在了她的手心里,那个女人小心翼翼地捧着那口痰走了出去。

王洪良对爹说,我去找小涛了。

王洪良一边说一边走,可是他没有注意到三爷面前那件别满毛主席像章的褂子,那个褂子被他的头撞得叮当作响。这种声音使他再次想起学校大殿上的风铃,风铃的响声使他又一次记起了他肩负的重任。

王洪良重新来到寂静的大街上,由于他的沉思,他在路过公社门口的时候也没有看到趴在鼓上沉睡的文宝,他走进公社大门,沿着一条道往前走,他在一个花坛前停住了。二十年前的那个秋天在这个花坛里他看到过许多盛开的菊花。那个时候他就是在这里最后一次看到大地主雷九少的,雷九少被五花大绑,后背上插着一个亡命牌被一群人押赴刑场。可是现在他眼前的花坛已经破烂不堪,他在花坛前迟疑了一下最后还是拾级而上,走进了一座过厅。这座过厅两边的花格门早在许多年前就被拆除了,只有几根明柱立在前后。他站在过厅南边的明柱前往南院观望,这座四合院里没有一丝灯光,在夜色里,这座宽大幽深的院子显得阴气丛生。

王洪良想,小涛在哪一间房子里住呢?由于近来某些政治观点的不同,使他很少去关心他三弟的私人生活。在日常生活中,他似乎从来也没有为别人着想过,这包括他的妻子和儿女,他很少有像今天这样在半夜里出来寻找别人的经历。

在夜色里,王洪良还不能确定他的三弟现在住在哪一间房子里,在他走下台阶沿着房廊去敲响一个又一个房门的时候,他产生了另一种想法,现在小涛一个人住在当年地主雷九少的宅院里吗?看来小涛的骨子里已经发生了根本的变化,他已经像当年的雷九少那样妄想过腐败的生活了,他已经想着像当年的雷九少那样骑在人民的头上作威作福了,他已经真的成了地主阶级的继承人了!尽管我们是一母同胞,可现在我们已经是走在两条道路上的人了!他真的已经蜕化变质了,他怎么能一个人住在这样空旷的院子里呢?

在王洪良这样思考的时候,他敲完了所有的房门,可是所有的房门上都落了锁,他没有听到三弟的回声。他想,这样一个和我势不两立的人躲到哪里去了呢?当沿着甬道重新来到大街上的时候,王洪良突然失去了行走的方向,他想,我到哪儿才能找到汪老万和王洪涛呢?

就在王洪良迷惘的时候,他看到一个人从北街里走过来。当那个人走近的时候他问了一句,谁?

王洪良听到了一声模糊不清的回话,那个人一边说一边在他面前站住了。他凑近了才看清那个人是渔夫。王洪良说,是你呀,你咋从那边来?

渔夫说,我去打鱼了,可是一觉醒来不知咋在地里躺着。

王洪良笑了,他很难得有这样一笑。他说,地里会有鱼吗?

渔夫说,是呀,地里没鱼,这不,我才提着渔网回来了。

王洪良说,噢,是这样。王洪良突然又想起了自己的事情,他对渔夫说,你见到王洪涛了吗?

渔夫想了想说,他没有在公社院里吗?

王洪良说,没有,所有的门我都敲过了。

渔夫说,那他可能在酱菜厂里吧。

渔夫突然好像想起了什么,他说,他肯定在酱菜厂里,早起他们那帮人就是从那里出来的。

王洪良说,那好吧,我去找找他。说完他就往酱菜厂走去。

渔夫手里提着渔网站在那里看着王洪良走远才转身继续朝前走,他在公社西边的大街上看到有个人坐在那里,渔夫走过去在那个人的身边蹲下来,他看到了沉睡的文宝。渔夫放下手里的渔网,伸手就把文宝摇醒了。

文宝醒过来,他看到汪麻子对秧子和新民说,恁俩去找个家伙吧。

秧子说,找啥家伙?

汪麻子说,啥家伙都中,要不你们去老鳖家把他的门板或者小兜床抬来,咱总得把他抬到地里去呀。

秧子就回头看着王洪涛。

王洪涛说,那就去吧,总不能把这只死鳖丢在街上吧。

王洪涛看着秧子和新民向东街里走去,就对其他人说,咱走吧,让汪麻子和涂二在这儿守着,咱还要去开批斗会。那群人就在王洪涛和尹素梅的带领下押着几个牛鬼蛇神离开街道,朝酱菜厂那儿去了。

汪麻子过来用脚踢了踢仍在敲鼓的文宝说,别敲了中不中,头疼死了。

可是文宝没有停下来。涂二说,让他敲吧,敲累了他就不敲了。涂二说着走到躺在地上的渔夫身边,他用耳朵看一眼渔夫自言自语地说,死了就别背这么多东西了。说着他就在渔夫身边蹲下来,开始给渔夫脱身上的衣服。

汪麻子说,涂二,你个龟孙啥心思我能不知道?你是想落老鳖的东西哩。

涂二说,埋也是埋了,多可惜,还不如留下来,说不定哪一天河里过鱼就能用得上。

涂二一边说一边把渔夫身上的鞋子和渔网去掉了,最后他又开始给渔夫脱衣服。他吃力地把老鳖的上身扶起来,用一只腿跪在那里支着他的后背,一件一件地给老鳖脱衣服,涂二一边脱一边喘着气对汪麻子说,你就不会过来帮帮我吗?

汪麻子说,我又不打算要死人的东西,我不帮你。

涂二说,你不帮去个伙!等我脱完了谁再想要他可是妮子将的。涂二这样说着就在文宝的鼓声里给老鳖脱衣服,等脱完了上衣他就把老鳖放下来,转到另一面把老鳖的双腿抬起来搭在自己的双肩上开始给他脱裤衩,他一边脱一边嘟囔着,老鳖你真是个老鳖孙,你穿这么多裤衩子干啥?你把你老爹都快累死了。等他脱得还剩最后一件的时候,秧子和新民抬着老鳖的小兜床回来了。

汪麻子站起来朝涂二的屁股上踢了一脚说,这下你发财了吧?起来咱走!

涂二说,走?走也得等我先把衣服收起来。

汪麻子说,涂二,你要是敢要这些东西我就对王司令说,一不给你工分二拉你去游街,你也想像老鳖这样,穿着这些衣服去游街吗?

听了汪麻子的话,涂二害怕了,他用耳朵看了看汪麻子,手中的东西就掉在了地上。

汪麻子说,来吧,咱把这死鳖抬上床吧。

说着四个人就把老鳖抬到了床上。涂二仍不死心,等他们一人抬着一个床角往地里走的时候,涂二把那挂渔网背在了肩上。涂二说,总不能一样都不要吧?

汪麻子说,快走吧,我的头疼死了。

他们这样说着,四个人就抬着老鳖在文宝的鼓声里疾走如飞,文宝的鼓声在他们的身后越来越小了。他们沿着北街一直往前走,他们在镇外穿过一条公路来到了田野里。

新民说,咱把他埋在哪儿呢?

汪麻子说,走吧,抬着走,走到不想走了就埋在那儿。

秧子说,中,谁要是先说顶不住了,谁就去打墓。

新民说,中,这办法不错。

可是涂二不同意,涂二说,那不中,我比不过你们。

汪麻子说,你说不中就不中了?我同意秧子的主意,我们民主集中制,少数服从多数。

涂二没办法,只得和他们抬起渔夫沿着田间小道往前走,他们先穿过一片玉米地,又穿过一片高粱地,再穿过一片谷地,最后到了一块豆地和红薯地之间,涂二真的顶不住了,他一手抓着肩上的渔网一手抬着小兜床的一角,汪麻子他们都是双手,抬累了可以换一换。涂二感到自己的那只胳膊都快掉下来了,涂二终于顶不住了,他喘着粗气说,停吧停吧。

他们刚放下小兜床,秧子就说,涂二,去挖墓吧。

涂二喘着气说,用啥挖?用手挖?

他们突然发现忘了带铁锨,涂二就得意起来,涂二说,说呀,叫我用啥挖?

汪麻子说,你用头拱也得拱,咱说好的,谁先说放下谁挖墓坑嘛!

涂二说,我没说不挖呀,用啥挖你说?要不把你那十个工分给我吧。

355

汪麻子说,我的工分为啥给你?

涂二说,不给我你就回去拿铁锨。

汪麻子说,找一把铁锨你挖不挖?

涂二说,有铁锨我就挖,可有一点咱得说到头里,这挂渔网就是我的啦。

汪麻子说,中,是你哩。他又对秧子说,你回去拿铁锨。

秧子白了他一眼说,我不去。

汪麻子又对新民说,新民你去。

新民说,咋该我去?这小兜床就是我跟秧子去抬的,你都干的啥?

汪麻子,我是副组长!

秧子笑了。秧子说,你那组长算个屁!要知道我们现在都是造反派,都是"八一",一样高的肩膀头,你还想比谁尿得高吗?去吧,你赶紧回去拿铁锨吧,你不去谁去?要不叫涂二去吧,涂二去扛铁锨你等着挖墓坑?

汪麻子听了这话就没理了,汪麻子从地上站起来生气地拍了拍屁股上的土向镇子里走去。汪麻子走后,秧子他们就在豆地里躺下来,那个时候太阳渐渐地落下去了,风也清爽多了。

等汪麻子扛着铁锨回到地里的时候,那枚太阳已经落得看不见了,片刻间暮色四起,远远地看上去有一带白色的雾霭轻轻地悬挂在镇子那边的树林上。汪麻子和秧子他们看着涂二在那儿一下一下地挖坑,秧子突然说,我有些饿了。

新民说,我也饿了。

汪麻子说,要不咱们烧红薯吃吧?

秧子和新民都同意汪麻子的意见。汪麻子对涂二说,涂二,你先别挖墓坑,先去挖一个烧红薯的窑子吧。

涂二擦了擦头上的汗水说,我不挖,我都快累死了。

新民说,你不挖我挖。

新民站起来从涂二手里接过铁锨,新民一边挖烧红薯的窑子一边对秧子和汪麻子说,我挖窑子刨红薯,恁得去弄柴禾。

汪麻子说,上哪儿去弄柴禾?

新民说,去场里,场里不是有一大垛麦秸吗?

秧子站起来对汪麻子说,走吧,不去还有啥话说?他们两个说着就穿过豆地到东边的打麦场里去背麦秸。等他们把麦秸弄回来的时候,新民已经挖了一堆红薯架在刚挖好的土窑上,他们就点火开烧了。

那个时候夜幕已经降临,红红的火光从红薯的缝隙里穿出来,在夜色里闪亮。汪麻子坐在地上看着被火光映得半明半暗的涂二,涂二正抱着一块生红薯坐在那里像一头老母猪咔嚓咔嚓地啃着吃,他弄出来的声音使汪麻子有些心烦,汪麻子说,涂二,挖你的墓去。

涂二说,我饿了,一点劲都没有了,等我吃了再去挖吧。

他们几个就坐在那儿看着新民撅着个屁股烧火,火光把他们的脸映得花花达达。

在这些时光里,他们没有一个人去看躺在小兜床上的渔夫。不知在那片飘荡着白色水汽的世界里飞行了多长时间,昏死过去的老鳖渐渐地苏醒了,他感到那水汽又淡下去了,感到了自身的重量。或许是由于出汗过多的缘故,他感到口干舌燥。老鳖睁开眼睛,他看到了满天的星光,他想,我这是在哪儿?

渔夫躺在那里感到有习习的凉风吹到了身上,他听到有一种细微的声音从某个方向传过来,他挣扎着从小兜床上坐起来,就看到了那几个离他不远的人。那几个人的身影被忽明忽暗的火苗映照得摇摇晃晃,渔夫想,这几个人在干啥呢?他们在烧红薯吗?是的,他已经闻到了红薯的香气了。渔夫不由得放了一个屁,渔夫感到肚子里有些饿,他想,我也去吃一块红薯吧。渔夫这样想着就从床上坐起来,摇摇晃晃走到他们的身后停住了。渔夫说,烧好了吗?

汪麻子他们同时听到了渔夫说话的声音,就顺着声音转过脸来。他们看到了被火光映照的渔夫,渔夫的脸在火光里忽明忽暗,他们同时惊恐地喊叫起来,鬼——

汪麻子他们从地上爬起来,个个丧魂落魄地嚎叫着逃走了,他们奔跳的脚步把豆地里的秧子踢得哗哗作响,一会儿四个人都逃得无踪无影了。

渔夫想,这几个货今儿是干啥了?鬼?哪儿有鬼呀?

渔夫四下里看看,他什么也没有看到。渔夫想,我在河道里打了一辈子鱼,啥样的鬼没见过?我才不怕鬼呢,恁不吃我吃。渔夫就在那堆烧熟的红薯边上坐下来,他拣着熟的吃了几块,又感到口渴得很。渔夫想,要是有口水喝就好了。渔夫站起来,沿着田间小路往前走,走着走着他来到了一口水塘边,他看到有一面老大老大的灰镜子放在水塘的底部,他就走下去,来到水边,他用手捧着塘里的水喝了几口,头脑就有些清醒了。渔夫坐在水塘边想起了梦中的许多事情,我现在还在做梦吗?我现在是在哪里呢?我得回去呀。渔夫又走上塘来,沿着那条田间小道往回走,他在一块红薯地边看到了一张小兜床,他想,这是谁护秋用的小兜床呢?怎么没人睡呢?没人睡就让我坐下来歇歇吧。渔夫现在感到了劳累,浑身的筋骨都是疼的,他就在小兜床上躺下来睡着了。

等渔夫醒来的时候,在朦胧的星光里,他看到床头上还搭着一挂渔网,渔夫摸到了网绳,渔夫想,是谁把我的渔网拿这儿来了?我的网不是在院子里挂着吗?他抬头看看天色,天色似乎已经有些发亮了。渔夫想,该下河打鱼了。渔夫这样想着站起来提着渔网就往镇子里走去。来到公社门口时渔夫看到一个黑色的人影,那是谁呀?黑更半夜他在那儿干啥了?他看着那个人朝他走过来,走近了才看清那个人是三爷的大儿子王洪良。

王洪良说,是你呀,你咋从那边走过来?

渔夫说,我去打鱼了,可一觉醒来,不知咋在豆地里躺着。

王洪良说,地里有鱼吗?

渔夫说,是呀,地里没鱼。这不,我又提着渔网回来了。

噢,是这样。王洪良顿了一下说,你见到王洪涛了吗?

渔夫说,他没有在公社院里?

没有。王洪良说,所有的房门我都敲过了。

这时渔夫恍惚地记起发生在白天里的一些往事,他想,我好像在做梦一样,真的是个梦吗?接着,他就清楚地回忆起他在梦中的许多行为。渔夫说,那他可能在酱菜厂里。他停顿了一下说,他肯定在酱菜厂里,清早我看到他们好多人都是从那里出来的。

王洪良说,那好吧,我去找找他。说完他就沿着街道朝酱菜厂走去。

渔夫站在那里一直看着王洪良走进夜色里才回过头来。在公社门口西边的大街上,渔夫看到有个人坐在那里,渔夫走过去在那个人的身边蹲下来,他看清了那个人是文宝。渔夫放下手中的渔网,伸手就把文宝摇醒了。

文宝睁开眼来,文宝看到了蹲在他身边的渔夫。渔夫伸手摸了一下文宝的脸说,文宝,你醒了吗?**你从哪儿来?你是从天上掉下来的吗?你是一场雨吗?雨是你的手吗?你的手是抹布吗?你在为我擦脸吗?**文宝,走吧,文宝,咱们到河边去。

渔夫拉起文宝,文宝把那面鼓和鼓槌遗弃在黑暗的街道里。文宝跟在渔夫的后面往前走,**我们在穿过水淋淋的树林吗?我们在穿过水淋淋的房屋吗?我们在穿过水淋淋的目光吗?我们一直就这样在雨中行走吗?从清晨到黄昏,我们是自由自在的鱼吗?**渔夫领着文宝在黑暗里穿行,他们要到河道里去。渔夫回头看看身后的文宝,他心里突然感到了安稳。在他们拐进一条胡同的时候,他听到了从北边传来的敲门声。渔夫知道那是王洪良已经找到了酱菜厂的大门,王洪良正用手掌击打着那两扇关闭的大门呢,那敲门的声音真有些像文宝敲出的鼓声,像梦中的鼓声。在渔夫的感觉里,那鼓声是那样的遥远,好像在河道的另一边。

25. 造反者

外面的敲门声惊醒了梦中人,王洪涛折身坐起来,他和几个被惊醒的人从安身的作坊走到院子里。小明惺忪着眼说,谁在敲门?

王洪涛说,不管是谁,拿上家伙。

他们一群人来到大门边,王洪涛对小明说,你先上墙头上看看。

小明就爬到厕所的墙头上往外观望,在酱菜厂的大门外他只看到一个面目不清的人,那个人站在门前一下又一下拍打着大门。小明就跳下来对王洪涛说,就一个人。

王洪涛说,就一个人?去把门打开。

说着就有人过去把大门打开了,开门的人对敲门的人说,你找谁?

敲门的人说,我找王洪涛。

王洪涛?那个人说,王洪涛也是你叫哩?他现在是我们的司令!

敲门的人说,他不是司令。

开门的人又要说话,被王洪涛拦住了。他已经听出来那个敲门的人是他大哥。他走过去对王洪良说,你找我干啥?

王洪良说,我要往你头上泼一桶凉水,让你清醒清醒。

王洪涛说,还需要泼水吗?你不泼我就清醒了。

王洪良说,你不清醒,你要看清当前的大好形势,全国都在夺权。

王洪涛说,你夺谁的权?

王洪良说,夺党内走资本主义道路当权派的权,你把汪老万交出来。

王洪涛说,我们才是造反派,我们夺得的红色政权为啥要让给你!

在那个黎明前的黑暗里,这对亲兄弟因为立场观点的重大分歧展开了激烈的辩论,在他们的辩论声里,黎明悄悄地降临了,于是他们就把辩论的地点从酱菜厂转移到大街上,最后来到了茶馆门前。他们互不相让,各自指着对方的鼻子,唾沫星子喷到了对方的脸上都顾不得去擦一擦。大燕站在她爹的立场上,而尹素梅站在王洪涛的一边,她们同样面对面争论得不可开交。小明由于他母亲的情况被"二七公社"开除了,小明就加入到"八一兵团"里来,他当然要支持母亲和三叔的观点。两派之间几乎所有的人都参加了辩论,在街道里,辩论者越来越多,学校里的学生和镇子里的居民大都加入了各自的阵营,这样人们就拥挤在一起,相互指着面孔,嘈杂的声音使许多麻雀都不敢落在街道的房顶上。

辩论的人们一直从清晨持续到黄昏,他们渐渐地感到了口干舌燥。等到黄昏降临的时候,人们的喉咙里几乎都发不出声来,他们沙哑的声音变得像一群在空中飞动的苍蝇。

在夜色四合的时候,已经有许多人顶不住饥饿和劳累,他们悄悄地停下来逃离了现场,但仍有许多辩论者互不相让,其中王洪良和王洪涛就是一对儿,他们站累了就在街上蹲下来,蹲累了就在地上坐下来。他们面对面坐着,王洪良说,你是一个蜕化变质分子!

王洪涛说,你是一个漏网的右派!

王洪良说,你是资产阶级的孝子贤孙!

王洪涛说,你是国民党的残渣余孽!

王洪良说,你是资产阶级的害人虫!

王洪涛说,你是资产阶级的吸血鬼!

王洪良说,你是反革命两面派!

王洪涛说,你是大工贼!

王洪良说,你是大内奸!

王洪涛说,你是无产阶级的叛徒!

王洪良说,你是资产阶级的走狗!

王洪涛说,你是日本鬼子!

王洪良说,你是美国鬼子!

王洪涛说,你是蒋介石!

王洪良说,你是赫鲁晓夫!

……

从他们喉咙里发出的声音越来越微弱,即使坐在茶馆门前的三爷也听不清他们在说些什么了。在三爷漫长的一生里,他从来没有见到过这样的阵势,三爷起初被那些拥挤在一起的人们互相拉扯着指着对方的脸大声吵架的场景给镇住了,那些乱糟糟的声音如雨水一样从天上落下来发出经久不息的声响,那声响一刻不停地敲击着他的耳鼓,使他的听觉也渐渐地麻木起来。他拄着拐杖站在那里,那些熟悉而陌生的面孔不停地在他面前像雾气一样涌来涌去,最后他感到有些支持不住就在茶馆门前的小凳上坐下来。

临近傍晚的时候,三爷看到丰收从他身边爬过去,丰收身后跟着他妈。丰收他妈啧啧地叫着,你不要命啦?小丰收,你不要命啦?

可是丰收不理她,丰收依旧残着双腿在地上爬。丰收妈无奈地来到三爷身边对他说,他不要命了。

三爷说,丰收,谁叫你出来的,回去。

丰收停住他的爬动,丰收说,我也要辩论!

三爷说,你回去,你的腿不中!

丰收说,爷,你老糊涂了,腿不中就不能革命了?毛主席教导我们说,你们要关心国家大事,要把无产阶级文化大革命进行到底!爷,你不让我革命吗?

三爷说,谁不让你革命了,你的腿不是还没有好吗。

丰收说,我又不怕疼,革命不怕死,怕死不革命。丰收这样说着,头上就有豆大的汗珠滚落下来。他妈忙上来用手巾给他擦汗,可是丰收把她的手推开了。丰收说,你不要管我。说着就朝人群里爬去,他拉着一个人的裤子,抬头看到那个人是他的堂弟小明。

小明说,你拉我干啥?

丰收说,你不是"八一"吗?你蹲下来,我跟你辩论!

小明说,辩论就辩论,我还能怕你吗?

三爷坐在那里,三爷很想听听他们到底都在辩论些什么,但是他们的声音在三爷听来全都像一些苍蝇在颤动翅膀时所发出的声音。三爷想,他们一定是口渴了吧?三爷这样想着就站起来走回茶馆,他提了一壶水拿着两个茶碗来到大街上。这个时候好多人都已经停住辩论,只有他的两个儿子还在发出嗡嗡声,于是三爷就来到他们身边,三爷把茶壶和茶碗放在他们的面前然后蹲下来,三爷想听听他们到底都在辩论些什么。

王洪涛说,你是猪!

三爷生气了,三爷朝王洪涛脸上吐了一口说,谁是猪?

王洪涛说,你是猪!

三爷叭一下把一只碗摔在了王洪涛面前,三爷指着王洪涛对王洪良说,你听见他说啥了吗?

王洪良说,你是狗!

三爷一阵心疼。三爷颤抖着站起来。三爷悲痛欲绝。三爷把脸扬起来悲哀地叫道,老天爷,你要灭我老王家呀,你要灭我老王家呀⋯⋯

夜幕陡地在三爷的感觉里降下来,四周顿时漆黑一团。三爷一手捶胸一手拄着拐杖在夜色里行走,三爷倒在了茶馆门前的小兜床上。可是王洪涛和王洪良两个谁都没有站起来,他们仍然用手指着对方的脸,王洪涛说,你个鳖孙!

王洪良说,你个鳖孙!

这时候,只见从西街里涌过来一群人,待他们快要接近茶馆的时候,汪麻子和秧子从酒厂大门那儿蹿过来,他们跑到王洪涛身后,一边一个伸手把他架了起来,拖着王洪涛就往酒厂里跑。汪麻子一边跑一边对身边站着的人喊道,"八一兵团"的人,都撤到酒厂里去!

听到汪麻子的喊声,许多人都跟着涌进酒厂的大院里,汪麻子喊,门,把门关上!

有几个人随手就把酒厂的大门关上了。

从西边街道里涌过来的人群在三爷的茶馆门前停住了,坐在地上的王洪良在茶馆里射出来的灯光里看到了金百义和老鸡。金百义来到王洪良面前说,你咋还不起来?

王洪良说,我站不起来了。

由于声音沙哑,他说的话金百义一个字也没有听清。金百义对老鸡说,你去把他拉起来。

老鸡过去把王洪良从地上拉了起来。金百义对王洪良说,王洪良同志,你犯了严重的政治路线错误。伟大领袖毛主席教导我们说,革命不是请客吃饭、不是绣花、不是做文章、不能温良恭俭让,革命是暴动,是一个阶级推翻另一个阶级的暴力活动!你这样对待资产阶级当权派是不行的,你这样是助长他们的威风!

王洪良说,我要说服他,让他回到无产阶级的一边来。

这回金百义听懂了王洪良的话语。金百义说,你是多么的无知呀,他是反动派,毛主席说,凡是反动的东西,你不打,他就不倒。

王洪良说,那你说咋弄?

抢!把他们抢回来!金百义握着拳头说,抢到我们手里,就能把他们打倒,就能把政权夺过来。

王洪良说,那不是要武斗吗?毛主席说,要文斗不要武斗。

金百义说,毛主席说,枪杆子里面出政权!

他们这样说着,老鸡就在一边等不及了。老鸡说,我看恁净是瞎磨嘴皮子,打吧,把"八一兵团"的狗崽子都打跑,这酱菜厂这酒厂都是咱的啦。

金百义说,好!

老鸡说,金司令,正好他们都在酒厂里,我们把他们围起来?

金百义,好,把他们围起来!

老鸡转身对街道里黑压压的学生说,上呀,把酒厂的大门砸开!

学生们听到老鸡的呼喊声都朝酒厂大门涌去,他们不知从哪儿找来了一根粗大的木头,十几个学生把那根粗大的木头抱起来,喊着一二歌着号子往大门上撞,撞门的声音在黑暗里发出了沉闷的声响。

酒厂院里的人听到撞门声都有些害怕,汪麻子对王洪涛说,那门怕是守不住了。

王洪涛说,去把发电机弄开,其余的人都到作坊里去。

王洪涛就带着人们退到作坊里。一个工人跑到机器房里把发电机发动开,酒精楼上的灯泡猛地一下亮了。灯光照亮了酒精楼前的那片开阔地,也照亮了围在酒厂门前的"二七公社"的造反派,他们在突来的灯光里停顿下来。老鸡说,别停,撞呀,撞!

造反者在老鸡的喊叫声里又抱起木头朝大门撞去。

守在作坊里的王洪涛说,上楼。

"八一公社"的人就穿过酿酒作坊东边的木门,来到那间宽大的窖酒的库房里。在灯光里,他们发现了堆放在北墙边上的墨绿色的酒瓶子,王洪涛说,带上手榴弹!

那些人一拥而上,尹素梅、汪麻子、秧子、新民、小明一群人都过去抱着酒瓶子往楼上去。到了楼上他们把二楼和三楼面朝开阔地的窗子都打开了,王洪涛说,搬吧,把所有的酒瓶子都搬上来。

那些人就开始上上下下地往楼上搬运装了酒的酒瓶子。王洪涛在三楼的窗子前停住了,在明亮的电灯光里,他看到了那些正在攻打酒厂大门的人群,在人群的后面他看到他大哥正挥动着手对站在他面前的金百义说话。王洪良指着那群抬着木头撞门的人群对金百义说,我不赞成这样的打法,好歹那都是社会主义的财产。

金百义用嘲讽的口气说,那你赞成啥方式呢?

王洪良说,我们要运用舆论,运用我们的宣传工具,比如广播,让他们自己在事实面前向人民低下头来。

金百义说,可是你已经浪费了一天的口舌,他向你低头认罪了吗?

王洪良说,只要我们手里有铁一样的事实,他们会在人民面前低头认罪的!

金百义说,可你的证据在哪里?在这里,我们没有人知道汪老万和王洪涛在外地所干的反革命勾当!

王洪良说,那好吧,我会拿出足够的证据,让他老老实实地向人民低头认罪的。

王洪良说完沿着街道朝西走,他对那群攻打酒厂的人看都不看一眼。

由于斗争方式的分歧,王洪良和他的战友从此分道扬镳,他沿着街道走到十字街时毫不犹豫地拐向了通向河道的南街。在灰色朦胧的河道里,他看到了一只顺水漂过来的木排。

木排的前面亮着一盏马灯,后面也亮着一盏马灯。一个掌舵的人正坐在马灯下吹唢呐,凄凄悠悠的唢呐声如风一样灌满了河道。王洪良沿着河道随着漂流的木排往下游行走。在东码头那儿,王洪良看到了正在河里下网的渔夫,他对渔夫说,你能把我送到木排上去吗?

渔夫停下手中的活,由于从上游突然漂来的木排,他的渔钩被挂断了。他对岸上说话的人咒骂道,这木排上的人要去找死,你也去吗?

王洪良说,我不是去找死,我要到外地去调查一个人。

渔夫仍旧咒骂着,你听他吹那唢呐,就像给死人送葬一样。这木排上的人,早晚会被淹死的!

王洪良说,我不管这些,我只要你把我送到那只木排上。

渔夫说,那好吧,只要你不怕死,我就把你送到那只棺材上去。

在他们说话的时候,那木排的前半部分已经漂过去了,等渔夫把王洪良送到河心里的木排边,渔夫划过来的渔船正对着木排的尾巴,王洪良站在船头上一跃,就跳到木排上去了。

由于木排尾上的那盏马灯,渔夫始终没有看清那个跳到木排上去的人是谁,那个人留给他的只是一个影子。那个影子像一张纸人在渔夫的感觉里飘到木排上去了。渔夫看到那个人在木排上坐下来,他黑色的背影被晃动的马灯摇摆着,随着木排上传来的如梦如幻的唢呐声沿着河道渐渐地漂远了。那时渔夫被眼前的情景所吸引,他没有听到从镇子里传来的杀喊声。

26. 焚烧(续)

姥爷,你看,他们在撞门哩。

姥爷站在秋风里,从酒精楼上照下来的灯光把他的脸涂得一片死灰,姥爷的山羊胡子在风中像一撮麻缕子在飘动,姥爷的胡子是安上的吗?姥爷的胡子是假的吗?姥爷你为什么不说话?你看,姥爷,他们把大门撞开了!姥爷,你看呀,那群人手里拿着木棍在往楼边跑哩,姥爷,你快看呀!

冲呀!杀呀!

可是他们的头顶上突然飞下来一些酒瓶子,那些酒瓶子在地上炸开了,瓶子里的酒洒了一地,有的酒瓶子砸在人头上,那人立刻就倒下了。

姥爷,你看,他们又跑回来了,姥爷,你咋不说话呢?

姥爷伸手在我的头上抚摸了一下说,乖乖,别说话。

姥爷,为啥不让我说话,你看他们在干什么?

他们在武斗。

他们为啥要武斗?

姥爷说,我不知道,你去问风吧。

风呀风,他们为什么要武斗?风在我面前一队又一队地走过,没有一丝停下来回答我为什么,它们都在匆匆忙忙地赶路,风呀风,他们为什么要武斗?姥爷,你看呀,他们又朝楼边跑过去了,姥爷,你看呀,又有酒瓶子从楼上扔下来了,一个、两个、三个……

姥爷,我数都数不及。

姥爷说,数不及就别数了,你就数数躺在地上的人吧。

一个、两个、三个。姥爷,一共三个,你看,姥爷,他们都爬回来了。

姥爷说,他们受伤了。

谁受伤了?

那些爬回来的人。

谁把他们打伤的?

姥爷说,楼上的人。你看他们从窗口里把酒瓶子扔下来,砸着他们的头了,他们的头就流血了。姥爷说,去呀,快去救他们呀。

我就跑过去,大门边的人把那几个爬回来的人抬过来,他们黑乎乎地站了一片。我听人群里有人说,这样不中呀,得用火攻。

有人说,用火怎样攻?

那酒库里都是酒呀,一大坛子一大坛子,只要用火就能把酒烧着,酒一着,那楼上的人就不攻自破。

有人说,这个主意好,可是谁去砸烂那些坛子呢?

我去吧!一个声音从我的腿下响起来,我低头看到一个双腿缠着绷带的人。姥爷,是丰收。姥爷没有说话,姥爷像一根木头站在那里。

丰收,你不能去,你的腿不能走。

丰收说,不能走我爬着去。

你不要命了?

丰收说,我不怕,革命不怕死,怕死不革命。我两条腿都断了我还怕个啥?

有人说，那好吧，革命考验你的时候到了。等你把酒坛子砸烂了，我们就可以用火攻了。

丰收说，好吧，我去了。

你看姥爷，丰收他去了。

姥爷不说话，姥爷看着那些人给丰收让开路，看着他爬过那片开阔地。姥爷，你看，丰收的脚和手都被地上破碎的酒瓶子划破了，流出血来了。丰收，你就不疼吗？丰收说，我不疼。姥爷，你看，丰收爬到窖酒的库房里去了。那是谁？那是三舅和二妗子他们吗？是的，是他们，姥爷你看呀，是三舅他们，他们从酒精楼上下来了，他们在黑暗里来到了窖酒的库房里。

三舅说，灯呢？灯怎么灭了？可是没有人知道库房里的灯是什么时候灭的，是怎么灭的。三舅说，丰收，你不要命了？

姥爷，丰收怎么不说话？丰收在砸酒坛子，姥爷你看，丰收在拼命的砸酒坛子。他不说话，却一个劲地用手里的砖头砸酒坛子。那个酒坛子被丰收砸了一个洞，你看姥爷，坛子里的酒哗地一下就流出来了，那些酒冲着坐在地上的丰收流下来了，姥爷，你闻到酒气了吗？那酒气能把人呛死。丰收，你就不呛吗？可是丰收不理我，姥爷，你看，丰收又去砸第二个酒坛子了，姥爷你看，他砸破了第二个酒坛子又去砸第三个酒坛子，他为什么要砸那些酒坛子呢？哗——姥爷，丰收又砸破了一个酒坛子。

可是姥爷灰黑着脸就是不说话，姥爷不想理我了。

二妗子说，丰收，你疯了？

二妗子对三舅说，他疯了，快去把他拦住。

可是三舅站在那里没有动，三舅听到外边传来的喊叫声，姥爷，你看，酒厂门口站着的人拿着火把开始往里冲了，姥爷，他们拿着火把，一个，两个，三个……他们拿着火把往里冲了，姥爷，你看，他们冲到库房那儿了，姥爷你看，他们用砖头把库房的窗玻璃砸烂了，姥爷你看，他们把手里的火把从窗口扔到库房里去了。

轰——

库房里遍地流淌的酒被火燃着了，蓝荧荧的火苗迅速地四处蔓延。

火——

姥爷，你看，火呀，姥爷，你快看呀，火把丰收身上的衣服燃着了，丰收，你快跑呀，你快跑呀——可是姥爷，丰收为什么躺在那儿不动呢？你看那火，姥爷，丰收身上着火了。那火真大呀，好像是一下子就着了起来，整个库房里到处都是火，库房里的酒坛子被火烧裂了，酒坛子在蓝色的火光中一个接一个地爆裂,酒从爆裂的坛子里流出来,那酒没有泼灭火,那火势反而更大了。姥爷你看,那火已经烧穿了屋顶,那火已经烧到了酒精楼上。姥爷你看,酒精楼上的人都在挣着往下跑,二舅,三妗子,还有小明。

姥爷你看,小明怎么不跑了?别人都跑下楼去了他怎么不跑了?

小明,你怎么不跑呀,火已经着上来了!

小明说,我跑不动了,你看,我的腿陷到楼板里去了,文宝,疼死我了,那楼板挤住了我的蛋子儿,疼死我了,火着上来了,你看,火把我的衣服都烧着了,火烧着我的头发了,妈妈——妈妈——

姥爷,你看小明,你快看小明呀,他身上也被火烧着了,像丰收一样,他身上也被火烧着了,姥爷,你听,小明在喊叫,可是,怎么就没有一个人听得见呢?没有,没有一个人听见小明在那大火里呼喊……

姥爷,你看呀——

在火里,小明绝望地把头抬起来。小明,你看到什么了?是窗子吗?是呀,是窗子,从那窗口里能看到远处的河道,从那窗口里能看到镇子里的大街,能看到从空中飞过的麻雀,还能看到东边的酱菜厂,还能看到姥爷的茶馆。小明,你看到姥爷的茶馆了吗?姥爷,你看呀,你看那火——

姥爷终于从痴呆中清醒过来,姥爷说,火,着火了——

姥爷在小兜床上坐下来,姥爷像个孩子嚎啕起来,姥爷一边哭一边说,火,火呀,天火呀,老天爷要灭我老王家啦……

27. 审判

老鸡和文玉他们,在酒厂的大火燃烧起来的时候,沿着大街往东走,他们手里提着棍棒和砖头,他们奉了金百义金司令的命令要去酱菜厂里捣毁"八一"总部的老巢。酒精楼上的电灯灭了,但是从酒精楼上燃起的大火使夜空充斥着红色的光芒,在文玉的视线里一切都被红色所笼罩。在行走的时候,他被眼前这神秘的气息所吸引,这使他想起了在电影里看过的有关战争的画面,他不知道这种神秘的红色要把他带到哪里去,但他感受到了那红色巨大的力量,那种向上发出的吱吱声,那种物体燃烧时所发出的光亮,几乎就要把他的肉体融化了。那火光发出的热量使人不可抗拒,那种火光在引导着人们前进。这使文玉再次想起电影里那些有关战争的画面。文玉兴奋地想,我也成了战斗中的一员了,现在我正拿着枪朝敌人的老巢进发。

眼下这种特殊的气氛引诱着文玉体内的一种欲望,一种潜伏在人体之内像动物兽性的欲望,那欲望在火光的引诱下慢慢地滋长。从空中辐射过来的红色光亮照着那群人兴奋而紧张的脸庞,一种疯狂的热情被那红光燃烧起来了,他们像一群暴动者在红光的照耀下砸开了酱菜厂的大门,他们像一群丧失了理智的狂人用手中的武器击打酱菜厂里那一排又一排的条缸,条缸破裂的声音仿佛进攻的号角使他们一个个冲锋陷阵,那些黑色的酱油和醋液四处流淌。

在刺鼻的酱气和醋气里,造反者打开了酱菜厂里所有的门,但是他们没有发现一个要寻找的敌人。最后他们敲响了张氏的门。张氏哆哆嗦嗦地从屋里走出来,文玉朝她问道,人呢?这里没有人吗?

张氏说,没有人,都走了。

老鸡走过来推了张氏一把,老鸡说,你就会屙屎,你啥都不知道是不是?

张氏说,是老鸡呀。

老鸡说,闭上你那鸟嘴,啥老鸡老鸡,你还当我是挑水的老鸡吗?我现在是副司令,是"二七公社"的副司令。你再这样对我说话,我就把你的屁眼子剜了,给你解决解决屙屎的问题。

张氏一听这话,就吓得缩成一团。

老鸡说,你是不是把牛鬼蛇神藏起来了?

张氏说,没有……

老鸡说,没有?他对身边的两个造反者说,到她屋里看看。

造反者果然在张氏屋里发现了两个人,他们把那两个人押出来,那是一男一女,在远处红光的映照下,文玉看到了他的爹和娘,在这种场合看到刘嘉生和英子使得文玉的情绪一下子低落下来。

老鸡嘿嘿地笑了,老鸡看着刘嘉生对文玉说,文玉,你看,没找到"八一"的人,倒找到两个牛鬼蛇神。

英子说,文玉,我是恁妈。

老鸡说,文玉,听到没有,这个地主婆说她是你妈,那你就是地主的狗崽子啦?

文玉说,你是地主的狗崽子!文玉的心里立刻涌出了一种莫名的仇恨,那种沉落的情绪又在他的血液里慢慢地沸腾。

老鸡说,好,你不是地主的狗崽子,那你就把这对狗地主押回去吧。光兴汪麻子那群王八蛋押着他们游街吗?也兴咱押着他们游街。

文玉说,押就押。

文玉说着朝刘嘉生的腿上踹了一脚,他说,走。

造反者押着刘嘉生和英子离开了酱菜厂。在大街上,他们和那些从大火里逃出来翻墙而过的人相遇了,那些处在惊恐之中的"八一兵团"的人一看到手拿棍棒的人就四处逃散了。汪麻子在逃跑的时候被脚下的砖头绊了一下,险些摔倒在地。

老鸡高叫一声,汪麻子,哪里逃!

汪麻子回头看到老鸡那张映在红光里变了形的瘦脸,吓得兔子一样逃走了。

老鸡在他身后发出了哈哈的笑声。老鸡说,汪麻子,你妈那个鸡巴,看你个龟孙还神气!

那个不同寻常的夜晚,"二七公社"的造反者由于使用了武力,在那场两派的争斗中取得了初步胜利。在当天晚上,他们就占领了公社大院,他们打开公社大院里所有的房门,让他们的斗士驻扎进去。他们把司令部从镇西偏僻的学校里迁移到这所当年地主雷九少家的宅院里,他们在院子四周和大门边都布下了岗哨,一副戒备森严的模样。

第二天,造反者又派出巡逻队在镇子里四处搜寻,抓来了许多"八一公社"的人,他们按照宽大政策,释放了大部分,让他们成为"二七公社"的战士。他们只是把少数几个像汪麻子、秧子、新民这样的"八一兵团"的骨干看押起来。可是造反者在当天几乎找遍了镇子的角角落落,也没有抓到"八一兵团"的司令王洪涛和副司令尹素梅,他们两个去向不明,这一时成了颍河镇里的重要新闻。好在一些更重要的新闻从广播里传过来,使得造反者更加振奋,他们又开始动用舆论工具,把大字报重新贴满了大街小巷。他们押着汪麻子、新民和秧子几个人游街,开批斗会,而刘嘉生、英子,还有被抓回来的许仙都成了次要的批斗对象。而文玉却被造反者列入了黑五类的名单。

在一个晴朗的上午,文玉被老鸡叫到了金百义的司令部。

金百义对文玉说,刘文玉,请你把胳膊上的红袖章取下来。

文玉说。为啥要取下来?

金百义说,你不能戴红袖章!

文玉说,我为啥不能戴?

金百义冷笑一声说,这你还不清楚吗?你是地主的狗崽子,你是右派的儿子,你爹你妈都是牛鬼蛇神,你就是黑五类!

文玉也冷冷地看着金百义说,我早就和他们划清了界线。

金百义说,划清界限?你是怎样划的?你知不知道刘嘉生时时刻刻都想变天?他有一本变天账你知不知道?等蒋介石过来了,我们这些革命党就有人头落地的可能。可现在这本变天账他还没有交出来,这你会不知道?

文玉说,变天账?我不知道他有变天账。

金百义说,他是你爹,你会不知道?看来你还是想包庇他。

文玉说,你想包庇他!

金百义说,没有包庇他?那你就让他把变天账交出来,让他把变天账交出来才能证明你和他划清了界线。

文玉把头低下来。

金百义说,你不敢吧?他对老鸡说,去,去把他的袖章摘下来。

老鸡走到文玉的面前,文玉用冰冷的目光看了老鸡一眼,然后他对金百义说,好吧,让我试试。

文玉说罢走出了金百义临时居住的西厢房,来到了铺满方砖的院子里。由于一棵又一棵高大的梧桐树的树冠遮住了阳光,文玉一走出那间房子就感到浑身发冷。他来到过厅前拾级而上,在过厅的明柱前文玉立住了,他回头看一眼那所被梧桐树罩得花花达达的院子,那些高大陈旧的房舍,在风中叮当作响的风铃,那些枝叶茂密的梧桐树,还有那些被树叶打得粉碎的阳光,一切在他的视线里都突然变得那样虚假。当他穿过过厅重新来到阳光里的时候,那些倾泻而下的阳光使他感到眩晕,他的神志一下子变得模糊起来,眼前的房子和树木都在他的感觉里飘飘欲动。

文玉来到大街上,他看到那几个脖子里挂着大招牌的人如同一些在风中飘忽不定的纸人,这种感觉像头顶上的阳光穿过他的皮肤渗透到他的血液里去了,他走到那群站在街头头戴高帽子的人面前,然后对看守牛鬼蛇神的造反者说,你们都到一边去!然后,文玉挨个去审视那些人,最后他在刘嘉生的面前停住了,他用手托起刘嘉生的下颌看着他说,变天账呢?

刘嘉生说,啥变天账?

文玉说,你推迷呀!把变天账交出来,你个杂种!

刘嘉生说,文玉,我是恁爹!

文玉说,你把变天账交出来!

刘嘉生看着他的儿子,看着他的儿子从腰里解下那个带铜环的腰带放在手里。

文玉又说,变天账呢?

刘嘉生说,文玉……

刘嘉生还没有说完,文玉扬起皮带就兜头打下去,那个铜环抽打在刘嘉生的头上发出了沉闷的声响,刘嘉生一下子就被打晕了,他在文玉面前晃了两下就倒了下去。

文玉用脚踢了他一下,文玉又要踢,被英子拉住了。英子说,文玉,他是恁爹呀!

文玉说,他是恁爹!文玉拿皮带的胳膊往后一用力,胳膊肘就撞在英子的胸口上。

英子叫一声松开了手。

文玉又朝躺在地上的刘嘉生踢了一脚说,你还装死了!他又要去踢,刘嘉生的身子被扑过来的英子护住了。英子一边哭一边说,文玉,他是恁爹呀,文玉……

英子的哭喊声像一把锉刀锉着文玉的神经,他看着地上的刘嘉生,血从他头上流出来,那血像一把刀刺着文玉的眼睛,文玉感到他的眼睛疼痛难忍,就转身朝街里走去。在街道里,文玉看到了许多恍惚不清的人,最后他在酒厂门口停住了,他犹豫了一下走进了酒厂。

文玉在酒厂里看到了一个陌生的景象,那是一片大火过后的废墟。黑色的墙壁在阳光下仿佛一具烂掉了肌肉只剩下丑陋不堪的骨架的巨龙,风在穿过空洞的窗口时所发出的声音如同巨龙的悲鸣。文玉站在那里,他听到了一种声音,那是一个女人的哭泣声,女人的哭泣声和那风声扭缠在一起穿过那片空地来到了文玉的听觉里,文玉不知道是谁在那废墟里如此揪心裂肠的哭泣,他想走过去看看,可是遍地的映射着太阳光芒的破碎的玻璃酒瓶的骨骸挡住了他的去路。那些墨绿色的酒瓶碎片在他的视野里闪烁不定,慢慢地变成了一场大火,那大火在夜空里熊熊地燃烧不止,他仿佛看到他的表哥那个双腿缠着白色绷带的青年在那大火里站了起来,他浑身通明地走在黑暗里,他的身体把黑暗的路途都照亮了,文玉眼睁睁地看着那个浑身通明的人走进了自己的躯体,和他的灵魂混搅在一起,他知道他从此再难以把他从自己的身体内清除出去,他成了他躯壳的另一半。文玉感到他火热的身体现在已经烤得他头昏脑涨,他感到了眩晕,他对这种眩晕束手无策。

文玉痛苦不堪地再次抬起头来,他又一次看到了那具黑色的骨架,这使他有一种强烈的冲动,他想朝那骨架冲过去,他想用他的头颅去把它撞倒。

这时,文玉听到身后传来了脚步声。文玉转回身来,他看到了金百义和老鸡,在他们的身后还有两个手拿硬纸牌的人。文玉在那个纸牌上看到了自己的名字,他的名字下被粗粗地划了一条黑线。

金百义指了指那个牌子说,你应该把这个牌子戴上。

文玉没有吭声，他的目光里有一种冰冷，他眼睛里刚才的迷茫渐渐地像水汽一样被阳光蒸发掉了，留在他眼睛里的只有冰冷，他用那冰冷看着那个上来给他戴纸牌子的人。

金百义说，你应该和那些牛鬼蛇神站到一块儿去，你这个革命的逃兵。

文玉慢慢地把那个纸牌子从自己的脖子上取下来，他用力撕成了两半，扔在金百义的脚下。

金百义说，刘文玉，你想干啥？

文玉冷冷地笑了，文玉说，我让你看着！

文玉说着从自己身上脱下褂子，他把褂子铺在地上，蹲下开始去捡地上的酒瓶碎片，他把那些墨绿色的酒瓶碎块堆放在他的褂子上，那些带着泥土的酒瓶碎片落在褂子上的时候发出了一些短暂刺耳的声响。

老鸡说，文玉，你个鳖儿玩啥鬼把戏？老鸡要去踢文玉，但被金百义拦住了。

金百义站在那里一声不响地看着文玉把捡满了酒瓶碎片的褂子四下里兜起来，文玉谁也没看，就提着那兜碎玻璃瓶往酒厂大门边走去。金百义几个人跟在他身后一直来到大街上。

一群人走在大街上，文玉在前，金百义他们在后，文玉在秋日的阳光下在众多目光的注视下朝公社门口走去。在那群牛鬼蛇神面前，文玉把那兜酒瓶碎片倒在了地上。那会儿刘嘉生已经清醒过来，他坐在地上目光有些木呆。

文玉对刘嘉生说，你把变天账藏在哪儿啦？

刘嘉生张了张嘴，但他的嘴里没有发出任何声音。

文玉又把他的腰带取下来，对刘嘉生冷冷地说，变天账？

英子爬过来抱住了文玉的腿，她说，文玉，你这不是逼你爹吗？哪儿来的变天账？

文玉一脚就把她踢开了。文玉说，你会老老实实地交出来的。他对刘嘉生摇了摇手中的皮带然后指着那堆酒瓶碎片说，跪上去！

刘嘉生用惊惧的目光看着他，他看到文玉突然扬起了手中的皮带，那皮带叭的一下就抽在了他的后背上，文玉指着那堆酒瓶碎片说，跪上去！

刘嘉生看着文玉手中摇动的皮带哆哆嗦嗦地从地上爬起来，在那堆酒瓶碎片上跪了下来，刘嘉生感到有无数把锋利的尖刀刺进了他的双膝里，片刻就有血从他的膝盖上流出来，豆大的汗珠布满了他蜡黄的面孔。

文玉在刘嘉生面前盘腿坐下，文玉看着他说，你说，变天账在哪里？

刘嘉生的身体开始像中风的病人一样在文玉的面前哆嗦不止。文玉说,变天账呢?

英子哭着扑过来,可是她被别的造反者抓住了。

英子说,哪来的变天账呀,文玉,他是恁爹呀……

那个秋日的午后,许多颍河镇人都看到了那惊心动槐的一幕。人们像看玩猴似的把文玉和刘嘉生围住,他们像面对梦中的场景一样默默无语,这样一直到刘嘉生在那堆酒瓶碎片上昏倒在地。

28. 弥留(续)

他死了。一个人这样说。

有人把手伸到我的鼻孔上说,他还有气。

他会死吗?另一个人说,他不会死。能让他就这样轻易地死了吗?他不是还等着蒋介石回来吗?他不是还想着让我们贫下中农人头落地的吗?

谁呀?谁想让贫下中农的人头落地呢?我吗?我想叫贫下中农的人头落地吗?我用什么去让他们的人头落地呢?我咋就没有想过这样的事呢?都是熟脸熟面的乡亲,和和气气不好吗?爹说,和气生财。爹说,烧饼,买几个烧饼吧。

这货还装死哩!

谁在踢我?这是谁踢我?你为啥要踢我?我浑身疼得很哪,头疼,腿疼,我的心也疼,我这是在哪儿?

让他爬起来!

这是谁在让我爬起来?是叫我吗?这是谁在说话?这声音我咋听着这么熟呢?是文玉吗?儿子,是你吗?我咋听着是你的声音呢?是你的声音,儿子,儿子,儿子,看你的手,看你的小手有多脏,这样能吃东西吗?吃了会生病的,来,站好,我给你到河里打桶水洗洗手,洗了手才能吃。我们这是在哪儿?在船上,是的,在船上。儿子你看,河边的那群羊多白,像云彩一样。儿子,你看到那个放羊的牧童了吗?你听到他的柳笛声了吗?听到了吗?儿子,听到了吗?儿子,生活多好!要好好地生活,你看儿子,阳光多么灿烂,儿子,等你长大了要干什么呢?放羊?哈哈哈,傻小子,放羊不行,你要好好地上学,好好地读书,将来做一个对社会有用的人。放羊没用吗?放羊也有用,我没说放羊没用,只是用太小了,就养几只羊,对社会有多大用处呢?你长大了要当工程师,要当科学家,要会发明创造,像鲁班一样,鲁班发明了锯,看看现在哪里没有锯?就像黄道婆一样,发明织布,看看现在的人谁不穿衣服？就像毕昇一样，发明活字印刷，你看看现在谁不看书，儿子，你说是不是？怎样才能做一个有大用处的人？儿子，想做一个对社会有用的人就要好好地上学，好好地读书。爸爸，我们到城里去就是为了读书吗？是的儿子，我这就是带你到城里去上学去读书的。爸爸，哥哥上学吗？哥哥也上学。妈妈呢？妈妈上学吗？儿子，妈妈不上学，妈妈给你们做饭。爸爸，你也上学吗？爸爸不上学，儿子，爸教你们。爸爸，我们这船要到城里去吗？是的，儿子。儿子，我这是在哪呢？儿子，是你在说话吗？

把他架起来，架到司令部去。

是谁把我架起来了？我的腿，你们别把我的腿在地上拖呀，我的腿疼呀，我的腿，我的腿要断了，你们这是拖我到哪儿去呢？好刺眼的光呀，我咋睁不开眼呢？好刺眼的光呀，是那堆破碎的酒瓶吗？那些墨绿色的玻璃碎片在刺我的眼吗？那个小青年要我跪上去，他拿皮带的手在我的头上晃荡，我的头疼呀，那皮带又要朝我的头上抽下来了，别抽啦，别抽啦，我的头疼，我跪，我跪。那个拿皮带的青年是谁呢？我看着他的面孔咋恁熟哩？他是我的儿子吗？不，不是，他不是我的儿子，儿子咋会这样来对待我呢？他不是我的儿子，他不是文玉，他只不过是长得和我的儿子一样罢了，他不是我的儿子，是我的儿子他能忍心让我跪在那如刀一样的酒瓶碎片上吗？世上哪有这样的道理？自古哪有这样的道理？不是，那不是我的儿子！呀，好疼呀，我的腿要断了，我的腿要断了，他们这是在拖着我往哪儿走呢？是谁在哭呢？是谁在跟着我哭呢？那是个女人在哭，女人的哭声好熟悉呀，那是我的妻子吗？那是英子吗？你哭啥哩？你不要哭，我又死不了，你这样在别人面前哭哭啼啼多让人瞧不起。哭啥哭，别哭。好刺眼的光呀，他们这是在把我往哪儿拖呢？

放在过厅里吧，就把他放在过厅里。

地上好凉呀，我好像躺在冰块上。

他醒了。

这是在哪儿呢？好高好大的房子呀，你看房子上的垛子梁有多粗，椽子，方砖，可是这些东西咋都在不停地旋转呢？风，这哪来的风，发凉的风呀，这风带着阴气呀。

刘嘉生，你醒了？

这个人是谁？好像是老鸡，老鸡，不去打水你在这儿干啥？

刘嘉生，我还以为你死了哩，你看看这是谁，这是你老婆。

是英子，英子站在我身边，可是她的胳膊被两个人架着，那哭声就是从她嘴里发出来的。英子,你哭啥?有啥好哭哩,我们犯罪了吗?我们没有,我们是地主吗?我们不是,爹用俺姐换了几亩地就成地主啦?看看人家这房子,这是雷九少家的房子吧,人家才是地主,就算俺是地主,地主就有罪了吗?俺又没有剥削人,有几亩地就有罪了吗?俺杀人了还是放火了?俺爹是个卖烧饼的老实人,我真不明白,这世上的事真是让人不明白,没有地咋种粮食?没有粮食这人咋活命?

老鸡说,你看这是谁,这是文玉。

是文玉吗?一点都不像,是文玉手里拿着皮带在我面前晃吗?让我死我都不信,这不是文玉,文玉是我的儿子,文玉会是这个样子?那个青年人手里拿着皮带在我面前晃,他说,变天账,变天账放在哪啦?

英子哭诉着,哪有变天账,哪来的变天账?没有呀,你们这不是逼人吗?

可是没人理她,她哭叫着,那声音是从她的嘴里发出来的吗?那声音凄惨呀,就像谁家死了人似的,那声音离我是那么远,那哭声离我越来越远,你们要把她架到哪里去呢?我挣扎着抬起头。

你想起来吗?来吧,让我帮帮你吧。

我好像驾云一样,他们把我架起来了,他们让我坐在一把椅子上,他们把我的手倒背过去,他们在用绳子拴我,你们为啥要拴我?为啥要拴我呢?我真不明白,我到底犯啥罪了?

说,变天账。

那个青年人站在我面前,他好像一个影子,无论如何我也看不清他的脸,可是他的声音好熟呀,他是我的儿子吗?不是,他不是我的儿子。

你真不说吗?你装哑巴吗?好,好,叫你装哑巴!

我是哑巴吗?我不是哑巴,我是说得太多了,我要不是说得太多我会被打成右派吗?我是右派吗?右派,我咋就成了右派呢?你们咋硬要把我的东西给拉走呢?你们为啥要我搬家?让我搬回老家去?你们为啥要这样呢?你们讲不讲道理?道理?什么道理?叫你搬回老家去才是道理!你回去好好地改造你的反动思想才是道理。他说着就把儿子的一本连环画撕烂了。有理你说你为啥要撕我的书呢?我撕呀,我就撕你的书,我还要给你扔出去呢!满地都是儿子的小人书,儿子,你别哭,儿子,你别哭,你别跑呀,儿子,儿子,你慢着呀,儿子的头撞在了车把上了,儿子的头流血了,儿子的头流血了,血,血,我脸上是什么?我的脸上是干涸的血吗?不是呀,好浓的油漆味,那是啥?那是一把油漆刷子,好难受呀,他们在干什么呢?

漆呀,文玉,继续漆呀!漆他的脸,把他的脸全都漆成黑色!

这是谁在叫喊呢？这是老鸡吗？是老鸡,可是那把漆刷子停住了。

变天账呢？你说,你把变天账藏在哪了？

没有变天账,你这不是在逼他吗？文玉,他是你爹呀,你用油漆漆他的脸,文玉,他是你爹呀……

真是文玉吗？真是我的儿子吗？不是,他不是我儿子,我儿子会用油漆漆我的脸吗？

漆呀,文玉,他不交出变天账就漆呀！

好难受呀,老天爷,真的好难受,那油漆漆到脸上真的好难受。

你说,变天账在哪？

文玉,你别逼他……

这是英子在哭吗？是英子,他们没把她弄走,她就在离我不远的地方,我真想睁开眼睛看看她,可是我睁不开眼呀,我的眼睛被油漆漆住了,好难受呀,比疼都难受。

文玉,他是你爹呀……

他是你爹！那个熟识的声音说,他不是我爹,他是恁爹！

对！他不是你爹,给他脱了裤子,看看他那东西是啥样。

这是谁在说话,是谁要脱我的裤子？他们真的在脱我的裤子,他们把我的裤子脱下来了,我的下身被他们脱得光光的,有一只手在拨弄我腿根子上的东西,那个人嘻嘻地笑了,他说,文玉,他就是用这个东西做的你吗？

他用这个东西做的你！

他是你爹！

他是你爹！

好好,也不是俺爹,也不是恁爹,来吧,咱就把他那东西上的阴毛用火燎了吧。

燎就燎！

他们在燎什么？我听到有东西燃烧的声音,他们要干什么？呀,有东西在舔着我大腿上的肌肉呀,好疼呀,那是什么？是什么东西在发出哧哧的声响,那是火呀,那是火在烧我的肉呀！

变天账,你把变天账藏在哪儿啦？

呀,疼死我啦,老天爷,疼死我啦。

你说不说,你说不说,不说今天我就把鸡巴给你烧熟。

文玉,他是你爹呀……

呀,疼呀,疼死我了,真的是文玉吗？文玉,是你在用火烧我的阳物吗？

我是你爹呀,没有那东西哪来的你呀,文玉,真的是你在用火烧你爹的阳物吗?疼呀,疼呀……文玉,我受不了了,我是你爹呀,你就这样脱掉我的裤子用火烧我的阳物吗?你妈还在你身后呢,你不让她活了?你不叫她出门见人了?文玉呀,我的儿子,真的是你吗?不是不是,绝对不会是你,你会对你爹下这样的毒手吗?你就是用火烧我的头发烧我的脸也比烧我那儿强呀,文玉,疼呀,我疼呀,哎呀,我的老天爷,让我死吧,我受不了啦……

说,变天账……

他们在说什么呢?我一点都听不清了,风离我远了,光离我远了,空气也离我远了,我什么都听不到了,我的鼻子被什么东西给堵住了,我出不来气了,我的耳朵一下子轰鸣起来,我什么都听不到了,只有嗡嗡的声音,那声音越来越响,那声音要把我的头劈开了,把我的头劈开吧,疼死我了,疼呀……

一切都在慢慢地离开我,风走了,光也走了,空气也走了……

29. 叛逆

文玉坐在那里,坐在宽大的过厅的明柱边,他的背靠在油漆剥落的门柱上,望着西天里那似雾似霭的红色霞光,文玉想,到了晚上,天空就会出现这种像血一样的光彩,那光彩就像蒙上了一层纱布。有些混沌的霞光映照在那人的后背上,他坐在椅子上头垂在胸前,不知是背光的缘故还是油漆的缘故,他看到那个人的脸像一个烧了许多年的黑锅底。文玉想,他睡着了吗?他为什么坐在那里一动也不动呢?

文玉从地上站起来,文玉想,你不能就这样睡着了,我还有话要问你。

文玉顺手抓起那根丢在地上的皮带,他走过去用手托住他的下颌,说,醒醒,告诉我,你把变天账放哪儿了?

文玉没有听到他的回声,文玉感到他的头有些沉重,文玉说,好吧,你真地不说吗?他把手从他的下颌下抽回来,可是他的手上已经涂满了黑色的油漆,那油漆涂在他的手上使他感到难受,他就顺势把油漆抹在了那个人的衣服上。接着,他看到了他那赤裸裸的双腿,他双腿之间的那一嘟噜东西由于火的烧燎已经改变了颜色,在渐渐暗淡下来的光线里那个东西越来越看不清了。

文玉回过头来,刚才的那些人不知道都到哪里去了,还有那个哭哭啼啼的女人。那个女人,她不是我娘,我怎么会有这样的娘呢?她总是在别人的面前这样说,文玉,他是你爹呀!

谁是我爹呢？就是这个人吗？就是这个面容丑陋的人吗？就是这个光着屁股双手被绑在椅子上的人吗？他是我爹吗？不，不是，他是我们的敌人，他是地主，他是右派！可你却当着那么多人的面不停地这样对我说，他是你爹！他真的是我父亲吗？是我自己动手把我的父亲绑在椅子上的吗？要是这样我应该给他把绳子解开，是不是？

文玉这样想着，来到那个人的身后动手给他解绳子，文玉刚把绳子解开，那个人就扑通一声跌倒在地上，他就那样四肢伸开躺在两个明柱之间，空中那些就要散去的光亮照在他的身上。他睡着了，文玉想，他睡得真死，他真的瞌睡了。这个丑陋不堪的男人就是我的父亲吗？那个女人总是当着许多人这样对我说，他是你爹！他真的是我爹吗？他真的是我爹吗？

文玉在那个人的身边蹲下来，他想借助从天空中照过来的最后一点光亮看看这个人的真正模样，可是他看不清他的脸，他的脸漆黑一团，他的脸被油漆涂住了。

我的父亲怎么会是这个样子呢？我会在我父亲的脸上涂油漆吗？不会。他不是我的父亲，所以我才往他脸上涂漆，我并没有想让他怎样，我只是想让他对我说出那本变天账藏在什么地方，可他就是不对我说，他们老说我是他的儿子，我就要让他们看看，我到底是不是他的儿子，他是不是我爹，所以我用皮带抽了他的头，难道世上还会有儿子用皮带去抽他父亲的头的？哪有儿子用油漆去漆自己父亲的脸的？哪有儿子让自己的父亲跪在破碎的酒瓶上的？你们还不信吗？我不是他的儿子，也不是地主右派的狗崽子，也不是黑五类，不是，我不是，我就是让你们看看他是不是我的父亲。可是他们仍要这样说，他是我的父亲，他不是我的父亲，我就是要让你们看看，我要用火去烧燎他的阴毛去烧燎他的阳物。他是我的父亲吗？他就是用这个东西创造了我吗？他就是用这个东西让我来到人间的吗？这可恨的东西，我要用火燎燎他，我要让你们看看。可是那个女人却在我身后哭泣，文玉，那是你爹呀！

那个女人挣脱了架着他的人，他们都以为她会朝着这个光屁股男人扑过去，可是她却捂着脸跑走了，她的哭泣声像那些绿头苍蝇一样渐渐地飞远了。苍蝇，天快黑了哪儿来这么多苍蝇呢？那些苍蝇好像早就叮在了他身上似的，那些绿头苍蝇，它们叮在他的腿上，叮在他那满是血迹的膝盖上，这个丑陋不堪的男人就是我的父亲吗？就是他创造了我并把我养育成人吗？不，不是的，他不是我的父亲。

文玉在灰暗的光线里看着男人双腿之间那个黑不溜秋的东西想，真是这个东西让我来到了人世上吗？如果要是这样,我真恨你,你这么个丑陋不堪的东西,怎么可能给我生命呢？不,你不是我的父亲！可是那个女人为什么还要这样说呢？他真是我的父亲吗？我的父亲真的就这样像一条死狗躺在别人的视线里吗？这多么让人难堪呀。

文玉这样想着站起来,他试图找到从他身上脱下来的那条裤子。可是他找遍了空荡荡的过厅,也没有寻见。或许是因为天色渐暗的缘故吧,最后他只找到了放在明柱边上的漆桶,他弯腰把漆桶提在手里,他想,没有裤子就往他那里涂些漆吧,这样天明以后或许会好看一些。

文玉这样想着,就提着漆桶来到那人的身边蹲下来,开始往他光光的下身一点点地涂漆,他从他的腰部开始涂起,一直涂到他的脚上。涂完之后文玉想,这样会好一些,这样明天别人再看见你也不会像今天这样难看,文玉想,这下你可以放心地去睡了。文玉又想,不行,你现在还不能睡,你应该醒一醒,你得告诉我变天账在哪里,你告诉我变天账放在什么地方,就可以证明我们之间的关系了,今天的一切都是因为那本让人讨厌的变天账！你要是把那本变天账拿出来就可以证明我们之间的关系了,你说是不是？文玉不停地推着地上的那个人说,你醒醒。

可是那个人始终没有醒来。

在黑暗里,文玉一直在那个人的身边坐着,他说,你咋就不肯醒一醒呢？你咋就不肯告诉我那本变天账放在哪里呢？你要早早地告诉我就能证明我们之间的关系了,可是那个人始终不愿意醒来。文玉最后失去了耐心,他从地上站起来,用脚踢了踢那个躺在地上的人说,你不说我可是走了,我可是自己回家去找了,家就那些地方,你能放到哪里去呢？就是挖地三尺我也得把那本东西找到,只有找到那本东西才可能证明我和你的关系。文玉这样想着,就离开了那个人,他穿过空荡荡的过厅,把那个人独自丢在黑暗里,他要到那个能找到变天账的地方去。文玉想,他能把那个东西放在哪儿呢？

文玉穿过街道,他在一条胡同里拐向了河道。他站在河岸上,由于河水,河道里似乎比镇子里明亮了一些,但整个河道里仍然朦胧混沌,从那朦胧里有一些微微的风吹过来,从那混沌里还有一些被船夫弄得咚咚作响的声音传过来。

文玉抬起头,他看到在很远很远的河道里有一盏灯,那盏灯不知在船上还是在木排上,那盏灯不知往远处去还是往他身边来,那盏灯仿佛是在梦幻里,那盏灯的光线无力地在空间里伸展,绝望地在黑暗里挣扎,那是什么呢？那是一个生命吗？那是一个魂灵吗？那一星点的灯光离他是那样地遥远,又仿佛近在眼前,那灯光让文玉感到一点都不真实。那是什么呢?或许那是一只小小的萤火虫吧,可现在这个季节怎么会有萤火虫呢?没有,萤火虫只藏在爸爸的手心里,爸爸在黑暗里朝他叫着,他看到爸爸手心里的萤火虫了,那萤火虫在他的眼前一闪一闪,就像河道里那盏很远很远的灯,那灯是爸爸手中的萤火虫吗?不是,不是。

在黑暗里,文玉立在他家的院子门口,他想在黑暗里看到父亲手中的萤火虫,可是没有。文玉想,他把那本变天账放在哪了?或许那个女人知道,那个女人是谁?那个女人真的是我妈吗?就算是我妈吧,只要她能告诉我那本变天账在哪里,就能证明我和他们没关系了。

文玉这样想着来到院子里,在房门口,他看到有一个人站在那里。她在那儿等我回来吗?文玉想,是在等我回来。他立在她的面前,文玉说,你们到底把变天账放在哪儿了?

那个黑影没有回答他。

文玉说,拿出来吧,放那还有啥用呢?这里是人民的天下。

那个女人仍不吭声。

文玉说,你为啥这样顽固呢?顽固有什么好处呢?顽固到底只有死路一条。

文玉仍然没有听到那个女人回答他。文玉又说,你要不说,我可自己找了。文玉想走进屋去,可是那女人站在门口一动不动。文玉说,让我过去。那个女人仍然没有动,文玉实在等不下去,他就用手推了她一下,她的身子就在门洞里前后晃动起来。文玉抬头看看,他看到有一根绳子从她的脖子里吊到了门框上。文玉被这种情景惊住了,他的腿一软就坐在了地上。

文玉在黑暗里坐着,看着那个立在门口的黑影。他听到从河道里传来了悲悲凄凄的唢呐声,那些放排的人常常在夜里吹唢呐,唢呐声一直沿着灰暗的河道往下漂流。在文玉的记忆里,他常常能在夜间听到这如泣如诉的唢呐声,一听到这唢呐声他就知道有木排从上游漂下来了。可是在感觉里他好像已经有许多日子没有听到这唢呐声了,这唢呐声只存于他的幻觉里,这唢呐声像那盏在远处河道里晃动的灯光一样不真实。

文玉坐在地上,望着门口那个黑影,不知道该怎样来对待这突然出现的情况,他只是呆呆地坐着,到最后他又想起了他来这里的目的。文玉想,你是想阻挡我吗?你是想用这样的方法来阻挡我寻找你们那本罪恶的变天账吗?如果是这样,那你可就想错了,我不会因为你吊在那儿就停下来,我会一直找下去,一直到找到为止。文玉这样想着就站起来,走到她的身边,他用手推推她,她的身子就晃到一边去,文玉一闪身,就从她身边挤进屋里去了。

在那个黑暗的秋夜里,左右邻居都听到了从刘家传出的挖地声。他们想,这家人黑更半夜在干什么呢?起初这种声音使他们有些恐慌不安,到后来他们就慢慢地习惯了,他们在那种咚——咚——的挖地声里又慢慢地睡着了。

30. 沉没

夜间的河道已经有些寒冷了,渔夫在河道里起网的时候干不到一半就要停下来蹲在船舱里抽袋烟烤烤里火,他感到自己的身体大不如以前了,还有他的眼睛,他的耳朵。以前他总能清楚地看到站在河边的文宝,即使在没有月光的夜间他也能看到文宝远远站着的身影,能听清他怎么也听不懂的喃喃自语,而现在他却看不清二十米以外的东西,面前的河道在他的视线里变得漫无边际,视线之外的一切他就只能靠想象来完成。比如文宝。在他的想象里文宝始终都在他的视线之外站着,于是他就提着鱼篓往前走,他总觉得文宝就在他的前边,可是沿着河道走出很远他也看不到文宝的身影。在河道里,渔夫只看到那两只停靠在河边的木船。

那两只木船刚从城里运粪回来,船上散发着粪臭的气息。渔夫知道在冬天来临之前和在冬天来临之后那两只船就会一直停靠在河岸边,再也没有人肯拉它去城里装粪了。现在他听到了水浪拍击船头的声音,由于他的听力下降,他以为那是文宝在河边的喃喃自语。于是他就叫了一句,文宝。

渔夫并没有听到文宝的回话。渔夫知道文宝是从来不给谁说话的,他只是转过脸来用风和光一样的目光看着你,看得你有些不好意思。渔夫在黑暗里又叫了一句,文宝,是你吗?说完他继续行走,可是在岸边他只看到了那两只停靠在一起的运粪的船。船上空空如河道。渔夫想,夜里是谁在这里守着队里的船呢?

渔夫想到船头舱里看一看,就这时他听到文宝的声音又从远处传过来,于是他放弃了到船上去看看的想法,又沿着河道往前走。他又把前面水浪撞击河岸的声音当成文宝的说话声了。

在黑夜里,渔夫就这样一直在河道里寻找文宝。由于视力的明显下降,他就在路途中迷失了。在这个时候,渔夫就会重新回到河边把手伸到河水里,用他的手来感知河水的流向,以此来测定自己行走的方向。有些时候他走着走着就会看到一个码头,码头的出现会使渔夫感到劳累。渔夫想,我已经走了很多的路啦,我已经很累了,可是文宝在哪里?或许文宝被三爷找回去了吧。渔夫这样想着,就沿着码头走上河岸。

在码头嘴上,渔夫再次看到冷冷清清的豆腐坊。渔夫想,我已经有很多日子没有吃到豆腐了。于是他就把鱼篓放在豆腐坊门口走进去。豆腐坊里到处织满了蜘蛛网,那些蜘蛛网在黑暗里一个又一个网到了渔夫的脸上,渔夫想,看来这里已经有很多日子没有来人了。渔夫站在豆腐坊里,听到了一种非常微弱的声音从后面的棚子里传出来。他想,这是什么声音呢?渔夫顺着声音来到后面的棚子里,在那里渔夫看到了一头形如枯蒿的驴,那头驴正立在那儿睡觉,但它的嘴还在不停地发出咀嚼声。渔夫把手放在驴子身上,他感到驴身上已经没有肉了,支撑着它的只是那些骨头和包在外边的那层皮。渔夫摸着老驴的身子说,你醒醒。渔夫从老驴身上想到了自己,渔夫突然泪流满面。

渔夫对老驴说,你真是可怜,你已经有好多日子没有吃上草了吧?

渔夫就从外边给老驴抱来一些草,他又从地上拿起一个盆,走到水缸边汲了半盆水放在老驴的身边。渔夫说,你喝吧,看你有多可怜。他这样说着给老驴解开了系在脖子里的绳子。渔夫说,你吃吧,吃了你就会有些力气,有了力气你也可以出去到外边走走,到街上转转,现在街上跟以前不同了。

渔夫这样说着就离开了棚子,他觉得已经对老驴无话可说,他还能对它说些什么呢?驴子又不是人,我能对它说些什么呢?还是让我去找文宝吧。尽管我听不懂文宝的话,可他毕竟还是个人,他还有眼睛。可是文宝到哪儿去了呢?或许文宝被三爷找回去了。

渔夫这样自言自语地往前走,他把鱼篓忘在生产队豆腐坊的门口了,鱼篓里那些已经死亡的鱼会在以后的日子里渐渐腐烂,释放出腥臭的气息融合在空气里。

渔夫来到镇子里,可是街道上没有一个人。渔夫想,人都到哪儿去了?人都去睡觉了吗?他一边行走一边看着街道两边的房屋和树木,那些房屋和树木都变得灰黑一团,那些房屋之间已经没有了太大的区别。渔夫想,这是什么地方呢?这是我常常走过的街道吗?不是,真的不像,这里就像一条长长的甬道,一条通向墓坑的甬道。

渔夫来到公社门口,在公社门口他的脚踢到了一堆东西,那堆东西在寂静的深夜里发出了清脆的撞击声,这是什么东西呢?渔夫这样想着就在那堆东西面前蹲下去,他从地上拾起一片半圆的酒瓶,渔夫说,是谁把这些烂酒瓶堆在街上,真是缺德。当他正准备把那些破碎的酒瓶一片一片地捡起来的时候,他隐隐地听到了一种声音。起初他以为那是夜风摇动树梢的声音,到后来他才听清那是一个女人的哭泣声。渔夫站起来,他想,是谁在黑更半夜里哭泣呢?他又沿着街道往前走,在茶馆门前他看到一个慢慢行走的身影,那个身影从茶馆里走出来往酒厂里去,那个驼驼的身影很像三爷。于是渔夫就叫了一句,三哥。

三爷停住了,三爷看了渔夫一眼没有理他,又继续向前走。

渔夫不敢确定那就是三爷,他立在街道上,听着一根拐杖击打路面的声音在他耳边响起,那声音越来越响最后渐渐地变成了一股流水的声音,那声音在他的耳边经久不息。渔夫不知道那是他耳朵里发出的耳鸣,他只觉得那声音从四面八方响起来,有铺天盖地的感觉。渔夫不停地转动自己的身子,他想弄清那声音的来源。他转了一圈又转了一圈,到后来他迷失了方向。

在街道里,渔夫不能像在河边那样去用河水来使自己清醒过来,他就沿着街道往前走,在那个夜间他再没有找到三爷的茶馆,更没有找到文宝。渔夫沿着街道一直不停地来回行走,他像一个夜游神,他一边走一边叫着文宝的名字。在那个秋天的夜间,文宝的名字像树叶一样在寂静的空间里在人们的睡梦里飘落。

在那个黑夜里,正走向那片焦黑废墟的三爷听到了有人呼叫文宝的名字,听到那声音三爷停住了,可是那个声音却渐渐地离他远去。三爷想,是谁在找文宝呢?由于多日以来过度的悲伤,三爷的身子已经显得很虚弱。他整天躺在小兜床上,可是家里却不见一个人影。人呢?人都到哪里去了?

白天里,三爷躺在那里看着成群的游行队伍不停地走过,可他感觉到那些熙熙攘攘的说话声和口号声离他十分遥远。到了夜深人静的时候,他却能清晰地听到一个女人的哭泣声从对面的酒厂里传过来,他知道那是他大儿媳妇。他对守在他身边的大燕说,去,去把你妈叫回来,人死了哭就哭活了?可是大燕去了那女人的哭声仍然没有停止,他就不得不挣扎着站起来,拄着拐杖走出茶馆。

夜确实已经很凉了。三爷感到街道里的风使他打了一个冷战。三爷在茶馆门前迟疑了一会儿,还是朝对面的酒厂走去。酒厂的大门破碎不堪,像一个断腿的人瘫倒在地上,现在任何人在任何时候都可以自由地在这里出入了,可是现在却很少有人来到这里,这里的一切都毁于一场熊熊的大火,这里到处都被涂上了一层让人惨不忍睹的色彩,那色彩有一股让人心惊的煳焦气味,那种糊焦的气味像一团无形的黑云笼罩在这个大院的上空,压得看到它和想到它的人都喘不过气来,连三爷的腰都被那巨大的阴云压弯了,再也直不起来了。

三爷在那团黑云下面艰难地行走,他穿过空荡荡但到处布满了酒瓶碎片的开阔地,最后来到那片废墟里。黑色的墙壁四面对立,他听到他大儿媳妇的哭泣声在黑色的墙壁中间响起来。三爷小心穿过一些破碎的坛子来到她的身边,用拐杖敲了一下身边的破坛子,那破碎的坛子发出了一种比哭泣更难听的声音,那声音压住了她的哭泣声。她坐在地上,双手摁着自己的脚脖子,她的女儿大燕蹲在她身边。可是三爷敲击残坛子的声音刚一消失,她又哭道,我的儿呀——

三爷又敲了一下残破的坛子,三爷说,别哭了,哭得让人心焦。

我的儿呀——

三爷说,人总是要死的,可人死得有轻有重,他死得重于泰山。

他的儿媳仍在哭,我的儿呀——

三爷说,这是毛主席说哩,毛主席闹革命,家里都死了六七口人,也没见他老人家哭,你就别哭了,哭得让人心焦。三爷说,大燕,扶恁妈回去吧。

三爷的声音有些哽咽,三爷突然老泪横流。三爷知道他已经不能再待下去,再待下去说不定他也会像他的儿媳妇那样嚎啕大哭起来。三爷转身朝回走,他的脚步有些蹒跚,三爷的脚步把地上那些破碎的酒瓶踢得叮当作响,三爷没有再去注意那些声音,他的心里充满了悲伤。他的二儿子死了,他的孙子也死了。这是咋了?老天爷,你这是要毁我王老三吗?小民死了,小良和小涛也不知道到哪儿去了,现在家里连个人都没有了。

三爷立在茶馆门前,三爷想,我回家还有啥意思呢?最后三爷挂着拐杖沿着街道往东走,在公社大门边他犹豫了一下还是走进去,他想去找他的小儿子。三爷想,以前这是雷九少家的院子呀,那时候谁敢走进这深宅大院呢?从大门往里一看就让人感到害怕,可是现在这里是集体的啦,这里谁想进谁都可以进了,哎,这人,这光景,谁也说不定会怎样,雷九少会想到挨枪子吗?雷九少会想到他这么大的家业说完就完了吗?就像秋天里刮了一场大风,雷九少的家业就像那树叶一样吹落在地上了,吹落在地上的树叶都被人给扫走了,我王老三不也扫了一大篮子吗?我王老三做梦也没有想到能在这镇子上分到一个院子,把全家老少都搬过来,我王老三做梦也想不到会到雷九少家的大院子里来分浮财,这都是共产党毛主席给我王老三哩,没有共产党没有毛主席,我王老三说不定这会儿正扛着粪箩头拾粪呢,我王老三在镇上也熬成说话算数的人啦,可是现在干啥了?这咋就像做梦一样?这人真是十年河东十年河西吗?难道这回又轮到我王老三了吗?我的家该破了吗?我王老三就这几年的好时运吗?毛主席呀毛主席,我王老三下辈子就是做牛做马也给您耕地干活,毛主席呀毛主席,现在这是咋了?我的儿子死了,孙子也死了,大儿子小儿子都不知道上哪儿去了,还有我那孙女小春玲,她到北京去看您了,她咋就一直没有回来哩?她上哪儿去了?咋就不见了哩?毛主席呀毛主席,我王老三家的人活是您的民,死是您的鬼,毛主席,您快来救救我吧。

  三爷这样想着往前走,可是他在那个大院子里没有找到他的儿子,那个大院子里一个人也没有,他想着儿子会在这里,可是这里一个人也没有,小良也不在这里。大燕说"二七公社"的人又都搬回镇西头的学校里去了,那小涛的人都到哪里去了?他们还在酱菜厂里吗?三爷一边想一边去敲院子里的房门,可是连个瞎鬼也没有。最后三爷来到过厅里,他意外地在那儿看到了一个人,那个人躺在地上睡着了。那个人身上散发着一股油漆味,三爷用拐杖敲了敲他的腿说,小良吗?

  三爷没听到那个人说话,三爷又敲了敲他的腿说,是小涛吗?

  三爷仍然没有听到那个人说话,他只好在他身边蹲下来,他想仔细看一看那个人的模样。可是由于那个人的脸太黑,三爷没有认出来他是谁。三爷想,这不是我儿子,他们谁也没有这样黑的脸,这个人长得就像书上说的李逵,像书上说的张飞。这个人睡着了,这个人睡觉睡得真死,他咋就躺在地上睡着了呢?睡吧,你睡吧,你睡不睡不关我的事儿,我还要去酱菜厂找人呢。

  三爷这样想着就离开了那个人,来到酱菜厂里。酱菜厂的大门也像酒厂的大门一样倒在了地上,不用敲就能走进去。三爷沿着小路往前走,他的脚下全是酱缸的碎片,全是一些软乎乎的东西。三爷蹲在地上,三爷看到有一些还没有腌好的酱菜摊了一地,三爷想,这不是作孽吗?三爷直起腰来把手上的酱液在自己的衣服上抹了抹,接着又去找人。

  三爷几乎找遍了酱菜厂的每一个作坊,他既没有见到他儿子,也没有找到二儿媳妇。二儿媳妇?三爷很自然地想到了他的二儿媳妇,三爷突然意识到他已经有好多日子没有见到她了,自从小民死后他就再也没有见到过她。扫帚星,小民一死她就不进家了,说不定我老王家的这场灾难就是她带来的,你想想,哪朝哪代会有戏子的天下?满朝文武帝王将相都是假的,都是唱戏!我老王家说不定就是破在了她身上,这个不要脸的东西,这么多天不回家她到哪儿去了?你男人死了你咋还有心思遍地里跑呢?那造反干革命都是男人的事儿,你一个女人家跟着瞎掺乎啥?女人都是头发长见识短,啥事只要一有女人掺和那就非砸不可。三爷就这样恨恨地想着,三爷真的很生气,三爷一气就不知道自己该到哪儿去,我这是要到哪儿去呢?我这是在哪儿呢?

三爷停下来仔细辨认着他所在的地方,他看到自己是在一条小胡同里,一条通向河边的小胡同里,三爷突然清楚地记起了那个夜晚他跟在那两个女人往河道里走的情景,只是现在这里没有了月光,三爷现在就站在他用手去抠那女人尿液的地方了,三爷好像突然间就明白了什么,三爷一跺脚扬脸悲叹道,完了,老天爷!我这是霉气呀!我用手抠了女人的尿了,我想用自己的尿去压压那邪气,可是我的尿一定是溅到那个不要脸的尿液上了,我这是霉气呀,哪有老公公的尿压到媳妇的尿上去的?老天爷呀,我这是霉气呀!天理不容呀!老天爷……

三爷用手狠狠地砸着自己的头,三爷一边蹒跚着往前走一边从内心里发出绝望的哀鸣,老天爷,你真的要毁了我老王家吗?

三爷最后来到了河边,三爷想,老天爷呀,你真的要毁我老王家吗?我咋想点子去压那个该死的女人的尿呢?老天爷,你都看见了吗?你就晴天里打一个响雷吧,你让我死吧!是呀,老天爷,你打过雷了吧?是的,老天爷打过雷,三爷突然想到了那个闷热的夜晚,想起了那场突来的暴风雨,说不定老天爷就是派了天兵天将来打我的吧?或许是因为有那么多人才没忍心下手,所以他就把我的衣服刮走了,老天爷,你真的要灭我老王家吗?不,不会呀,我王老三一辈子也没有害过谁,就那溅出去几星点尿就有死罪了吗?

三爷这样想着来到河道里,三爷在河边蹲下来,三爷痛不欲生。三爷一边用河水洗手一边说,老天爷,我的手脏,我的手摸了女人的尿,我好好地洗洗手。三爷恨不得把他那双老手用刀砍去,三爷拼命地用沙子搓着他的手心,最后三爷朝后退了两步,咚的一下在河道里跪下了。

三爷说,老天爷,我真要是有罪你就惩罚我吧,请你保佑我老王家的后代平平安安,你就让我死吧!我给你磕头啦!三爷就在沙地上连着磕了三个响头。三爷站起来拍了拍手,他的心突然平静下来。

三爷拄着拐杖立在河道里,听着水浪撞击河岸,听着风在河道里走。三爷从那风声里从那浪声里渐渐地听到了另一种声音,一种女人的呻吟声,那声音他感觉是那样熟悉,三爷想,这是谁的声音呢?三爷就沿着河道往前走,那女人的呻吟声越来越清晰,他突然想起来了,那是他二儿媳妇的声音。在过去的许多黑夜里,他躺在茶馆的过道里就常常听到这种呻吟声从他二儿子的房间里传出来,那声音使他心情烦躁,他忍不住就会拄着拐杖在院子里走来走去,去打卧在门口的黑狗,他嘴里还会不停地叫骂着,你不要命了,你个吃嘴的东西!现在三爷又听到了这呻吟声,在这河道里,在这黑夜里,我的二儿子死了,可是她……

三爷来到生产队的木船边,三爷听到她的呻吟声从船头舱里发出来,那个不要脸的女人几乎在喊叫起来,我受不了啦……哎……哎……那种没遮没掩的呻吟声像火一样燎着三爷的心,三爷从那呻吟声里听到了一个男人的喘息声,听到了一种不同于水浪撞击河岸不同于风吹树叶的声音,那是肌肉的撞击声,三爷差一点就被那声音给击倒了。三爷用双手使劲捂着自己的耳朵,可是那声音越来越强烈,那声音像刀子一样剜着他的心,三爷想,是她!是这个该死的女人毁了我老王家,这个该死的扫帚星,一切都是她带来的呀!从船头舱里传出来的声音一下又一下剜着三爷的心,三爷的心鲜血淋淋,那声音在三爷的体内渐渐地变成了仇恨,恨得他的牙根都发痒。三爷想,都毁在你的手里呀!都毁在你个不要脸的女人手里!三爷真想过去一棍子打死她!

三爷用眼睛恶狠狠地盯着那两条在水中晃动的船,他朝船走过去,他的脚趟到水里也没有停下来,三爷来到船边,他吃力地爬上了船,三爷走到发出呻吟声的船头舱边停下来,他弯腰把船头舱上的门鼻从外边挂死了。

由于三爷在船板上发出的声音,船舱里的呻吟声消失了。

三爷来到船头,他把两条船上的铁锚都从河水里取上来,而后把两条船连在一起,三爷从船舱上掀下一块木板,他用木板把那两条船撑到河心里。三爷把一只铁锚扑通一下丢进河水里,他回去又去掀船舱上的木板,三爷把船舱上的木板一块一块地掀到河里去,三爷最后把另一条船上的铁锚拉到船舱里,铁锚后面的铁链被三爷拉得呼呼啦啦响,三爷掂起铁锚的爪子去撞击船底,咚——

三爷一下又一下地撞着,铁锚撞击船底的声音在寂静的河道里发出如鼓一样的声音,那声音一下接一下地在河道里回响。

咚——

咚——

三爷在掂起铁锚的时候听到有人拍打船舱,三爷停住了。有一股东西从三爷心里涌上来,他一阵猛咳,三爷咳得有些站立不住,他不得不放下铁锚扶着船帮,最后他说,有话就说吧。

船头舱里的男人胆怯地说,爹,是我呀。

三爷的心被那声音割了一下,三爷说,我知道是你。

三爷说罢又掂起铁锚朝船底狠狠地砸下去,咚——

那个男人又哀求道,爹,是我呀。

三爷举在空中的铁锚又停住了,三爷颤抖着说,她好歹也是你嫂子,你哥才死几天呀,天理难容呀!

三爷手中的铁锚又狠狠地落了下去。

爹,那个男人哀求着,我是你儿呀。

三爷举在空中的铁锚又停住了,三爷的手哆嗦着,三爷突然扬起脸,三爷从内心深处发出一种绝望的哭泣声,嘿嘿嘿……老天爷呀——你这是真的要灭我老王家呀……

三爷的手一抖,那铁锚又落了下去,咚——

那铁锚终于把船底击穿了,河水哗哗地涌进船舱里来,三爷手里提着那只铁锚,他嘿嘿嘿地哭着离开了那只进水的船,三爷把那只铁锚扔进水里,三爷的腿一软就在船头上跪了下来。三爷的双手搭在膝盖上,泪水顺着他的面颊流下来,三爷嘿嘿嘿的哭嚎声压住了从船头舱里发出来的哀求声,三爷嘿嘿嘿的哭嚎声在寂静的夜空里走动。三爷一直跪在那里哭嚎,他听着那条船一点一点地沉进河水里去。

31. 劳动

姥爷说,坐着别动。姥爷提着茶壶来到水缸边,那缸真大呀,满缸里都是清亮亮的水,水上一荡一荡地漂着一个用竹筒做成的水舀子。姥爷提着一个老大的水壶来到水缸边,姥爷用水舀子舀满了水,哗——水舀里的水就倒进了茶壶里。姥爷的身子被外边的强光映照得一团黑,我看不见姥爷的脸,只听见姥爷活动的身影在我面前一动一动地弄出许多声音来。我说姥爷,你干啥了?

姥爷说,干活。

我说,干啥活?

烧茶。姥爷说着就把手中的茶壶提到煤火上,煤火上的那壶水已经咻咻地冒白气了,姥爷就把那壶烧开的水倒进茶桶里,茶桶里蒸腾着热气。姥爷倒完之后走过来拍了拍我的肩膀说,走吧,乖乖,走,咱去送茶。

往哪儿送茶?

姥爷说,往地里,很多人都在地里干活。

姥爷,都是谁在地里干活呢?

姥爷说,你大舅,你二舅,你三舅,还有你的表哥表弟,走吧,到地里你就知道了。

姥爷说着就用一根钩担挑起一对盛满茶水的木桶,姥爷的身子在光亮里显得十分高大,姥爷白须飘飘,姥爷笑声朗朗。姥爷担着两桶茶水领着我来到大街上。大街上正在飘飘扬扬地下着大雪,那雪好大呀,那雪下白了街道,那雪下白了街道两边的房子,那雪下白了我所看到的每一样东西,我和姥爷的脚步踏得地上的积雪发出咯吱咯吱的响声,我跟在姥爷后面,沿着街道走出了镇子。我说,姥爷,这就是和那帆篷一个颜色的白雪吗?

白雪?姥爷停住了,姥爷把那担茶换了换肩,姥爷用手抚摩了一下我的头颅说,傻孩子,这哪里是雪呀,这是杏花呀,你看,春天来了,你看那满地里都是白雪一样的杏花。

我顺着姥爷的胳膊,真的看到了道路两边都是开满了杏花的树林,哪里有雪呢?那些杏花在春天的微风下悠悠地飘落,呀,多白的杏花呀。

姥爷说,你闻到香味了吗?

啥香味?

花的香味呀。姥爷说,花吐出的气,杏花吐出的香气,你看这会儿花都在飘落,花儿一落树上就要挂果了。

挂啥果?

杏子呀,杏子长熟了就能吃。

姥爷,啥时候杏子才能长熟呢?

姥爷说,到麦黄梢的时候,这满树都结满了黄色的大杏子。

姥爷,杏子好吃吗?

姥爷笑了,姥爷说,好吃。吃了杏子还有杏核,杏核能刻成小东西戴在手脖上,避邪。

姥爷,我吃杏子。

姥爷就把肩上的茶水放在地头,姥爷说,好吧,姥爷走进树林,他抬头看看,那树上挂着许多金黄色的杏子,姥爷伸手抓住树干。姥爷回头对我说,来吧,过来拾杏子。姥爷一用力,树干就晃动起来,那树上的杏子就纷纷地落下来,我蹦着跳着跑过去,呀,满地都是金黄色的杏子。姥爷说,把你的小褂子脱下来。我就把褂子脱下来展开抻在地上,把满地的杏子拾上去。姥爷说,走吧,把杏子送到地里去。我提着杏子跟在姥爷的后面,那兜杏子好沉呀,累得我都快走不动了。我说,姥爷,我走不动了。姥爷说,到了,你看,就要到了。

我果然看到了一望无际的金黄色的麦田,麦田里有好多人正在收麦子,他们手里的镰刀一闪一闪地发出光芒,镰刀在他们的身下发出嚓——嚓——的声响。我说,姥爷,他们在干啥?

姥爷说,他们在割麦。

他们割麦干啥?

姥爷说,割麦子就能磨面蒸蒸馍,你好吃蒸馍吗?

好吃蒸馍。

是呀,好吃。姥爷说,好面馍跟肉一样好吃,所以我们要种麦子,种了麦子就要收麦子,等麦子收下来我们就要种玉米了。

种玉米?玉米是啥东西?

姥爷说,粮食,也能吃。

姥爷,为啥种了麦子才去种玉米呢?为啥不一块儿种呢?

傻孩子,那咋能呢。

为啥不能呢?

不能就是不能,你这孩子问话,打破砂锅问到底,姥爷也不知道,这都是老祖宗传下来的规矩。

老祖宗是谁?

老祖宗就是人祖爷。

人祖爷在哪呢?

姥爷又停了下来,姥爷把茶水放在地上,姥爷有些累了,姥爷擦一把脸上的汗四下里看看,他自言自语地说,人祖在哪儿呢?姥爷抬头朝天上看看,姥爷的目光有些迷惘,姥爷说,可能在天上吧,人祖在天上,和老天爷在一块儿。

姥爷,他们为啥要住在天上呢?

天上干净。姥爷的目光变得有些痴呆,谁知道他们为啥要住在天上呢?反正他们都住在天上,土地爷,灶神爷,龙王爷,关老爷。

姥爷……

我还没有说完,姥爷就用手拍了拍我的头说,别问了乖乖,姥爷学问浅,姥爷只知道吃饭干活,姥爷是个粗人,姥爷说不明白这天底下的事儿到底是咋回事,这都是老一辈子传下来的,老一辈子咋样说姥爷就咋跟着做,祖先说麦后种玉米,我们就种玉米。祖先说麦后种豆子,我们就种豆子。祖先说麦后种高粱,我们就种高粱。反正人活着就是为了干活,为了吃饭,人活着就是这样吃吃干干,干着干着就老了。乖乖,你看,我都老成这个样子啦,可我活这些年都在哪里呢？一眨眼工夫就老了，就长了白胡子了，乖乖，这人活着就跟做梦一样，几十年说没有转眼就没有了，一点都看不着了，说不定哪一天姥爷我脱了鞋就再也穿不上了，乖乖，这人，就是一场梦，一茬人跟着一茬人，一个梦接着一个梦，祖祖辈辈都是这样，俺爹，俺爷，俺老太爷，俺老太爷的爹，俺老太爷的爷，一茬人跟着一茬人，乖乖，都上哪儿去了？都化成土了，都变成黄土了。姥爷说着就在地上蹲下来，姥爷用手捧一捧湿润的黄土说，这土里就有俺祖宗的梦呀。姥爷说，有土就有梦呀！我们祖祖辈辈的梦都埋在这土里了，春一茬，秋一茬，乖乖，没人能说得清，说不定哪一天我就会变成这土了。

姥爷，我也会变成土吗？

是哩。姥爷说，终有一天你也会变成这土，让你的子孙种麦子，种玉米。

姥爷，玉米到啥时候才能成熟呢？

到秋天，到了秋天玉米就熟了。走吧，姥爷说，干活的人都渴了，我们快去送茶吧。

我跟在姥爷的身后，我们走进地里，那满地的玉米和大豆都已经成熟了。姥爷把茶桶放在庄稼地里，那些人都纷纷停下手里的活儿来这儿喝茶。姥爷拉着我的手往地里走，我们穿过一堆又一堆玉米棒子，走过一片豆地，走着走着土地上就一片苍白了，阳光从头顶上照下来，干裂的土地上没有了一点生机。姥爷停下来，姥爷扬起头，姥爷凄惶地说，老天爷，下吧，下了好种麦呀。姥爷喉咙上那片灰黄色的皮肤在上上下下地滑动，姥爷凄惶地说，老天爷，你就下吧——

阳光消失了，天阴暗下来了，天果然下起了雨，秋雨浩浩荡荡延绵不断，下湿了我们归家的道路。

32. 调查者的旅行

在绵绵不断的秋雨之中，王洪良所乘坐的木排终于抵达了他所企盼的水域，他望着岸边浸泡在雨水中苍凉的树木和房屋，对身边那个矮个子说，到了吗？

由于长时间地在水上航行，那个矮个子脸上的胡子变得像一把水中的杂草，他正在用一根竹篙努力地使木排慢慢地靠岸，由于水浪和稀稀拉拉的雨水声，他没有听清那个终日一言不发用迷惘的目光望着河道的人对他所说的那句含糊不清的话语，他停下手中的竹篙，回过头来看了他身边这个消瘦的男人一眼，说，你说啥？

王洪良说，到了吗？

那个矮个听到他潮湿的声音像河道里飘忽不定的雨水，那声音仿佛是一个人在睡梦中的喃喃自语，但这次他听清了他问话的意思，他对他说，到了。他把竹篙下到水里然后回头对他说，好了，这下你可以到岸上去了。

在一个秋雨霏霏的日子，王洪良终于登上了堤岸，站在雨水里他回头望一眼，河道里的木排和那两个放排的人已经被雨水冲洗得失去了本有的颜色，他听到唢呐声又从河道里传上来，那声音如雨水遍布空中凄凄泣泣地压在他心上，他有些讨厌这总让人想哭的唢呐声了，在过去昼夜不停的航行中，这种唢呐声几乎使他喘不过气来，他对矮个子说，你能不能换换曲调呢？

矮个子停下唢呐说，换啥曲调呢？

王洪良说，换一个让人高兴的吧。

矮个子说，高兴的？我不会，师傅教了我这个曲子他就死了，我不会吹别的调。

王洪良说，那你就别吹了。

矮个子说，不吹又干啥呢？你看，前面是水，后面还是水，天上是水，脚下也是水，这稀稀拉拉的雨水声能有我的唢呐好听吗？再说，哪有啥高兴事呢？没有高兴的事儿，你就将就着听吧，总比你睡不着觉胡思乱想强得多。

矮个子说完又吹起来，矮个子的唢呐声总想让人痛哭一场。

王洪良实在受不了，就钻出那个搭在木排上的低矮的帆布棚。王洪良就在淅淅沥沥的雨水里逐渐接近那个他要去的城市，他在行走的时候极力想摆脱那个矮个子的唢呐声，可是那唢呐声总是像雨水一样紧紧地跟着他不离左右，这使他感到胸闷，有一种惶恐不安的感觉，他不得不在路上停下来回头看看。他的身后早已没有了木排，早已没有了那宽阔的雨雾茫茫的河道，他的视线里只有满是泥泞的路途。现在他浑身的衣服都湿透了，被雨水淋湿的衣服仿佛他的皮肤一样紧紧地包在他身上，这使他感到难受。他用手掂了掂贴在身上的衣服，可是那衣服立刻又回到他的皮肤上去了，他对这场连绵不断的雨水感到无可奈何。王洪良想，我总不能在这个地方停下来呀，我总得先找到我要去的那个地方，或者先找个地方躲躲雨也行呀。

王洪良在满是泥泞的街道上行走，他看到街道两边墙壁上的大字报和标语都已经被雨水淋湿了，他看到一个又一个陌生的名字被鲜红的颜色打上了×，由于雨水的缘故，那些黑色和红色溶在一起顺着墙壁往下流淌。王洪良望着街道里一些陌生的建筑，不知道他要找的地方在哪里，他看到一些打着雨伞的行人从他身边匆匆走过，有一辆汽车从对面飞快地开过来，王洪良急忙躲到一边去,但是那车轧起的泥水还是溅了他一身。他有些不知所措地望着那辆远去的汽车,当他回过头的时候,在路边一幢灰色的建筑下,他看到一个脖子里挂着大牌子低头站着的人。王洪良想了想就朝那个人走去,那是一个秃顶男人,他对那个站在出厦下面的秃顶男人说,哎。

那个男人没有动。

王洪良说,叫你啦。

那个男人仍旧没有抬头,他却说,我听着呢。我已经在这儿站了两天两夜了,我的头都抬不起来了,我的腿也硬了。

王洪良说,这我不管,我只问你,39167往哪儿走?

39167?我没有听说过。

王洪良说,你咋会没有听说过呢?是一个部队的番号,这支部队就驻扎在这所城市里。

部队?那个人伸出胳膊朝前指了指说,好像就在前面吧。

王洪良说,怎么好像呢?你这个牛鬼蛇神,你这个地富反坏右,你这个走资本主义道路的当权派,你这个修正主义分子!怎么好像呢?王洪良说完回过头来,陌生的街道上有一些打着雨伞看不清面目的人在雨水中匆匆忙忙。王洪良想,看来只有这样了,他就按照那个无产阶级的敌人指引的方向朝前走去。

在街道的某一边,他看到了一所关闭的大门。王洪良想,或许这个地方就是吧。他犹豫了一下走过去,抬起手来敲了敲大门。眼前的大门仿佛一副在地下埋了许多年刚刚被扒出来的棺材一样水渍斑斑,他敲在上面的声音沉闷而短促。王洪良站在门前停了一会儿,那门始终没有动静,他也没有听到有脚步声从门里传出来。这是什么地方呢?这就是39167的驻地吗?

王洪良往大门两边的墙壁上瞅了瞅,他只看到一些字迹模糊的大字报,他企图在墙壁上找到某种标志的希望破灭了。他想,无论如何我也得进去看看。他这样想着就用力推了一下大门,那扇沉重的门在他的推动下闪开了一道缝,他急忙像只耗子从门缝里钻了进去。

由于从门后刮来的风,那门在他进去之后就关闭了。在淅沥的秋雨中,王洪良看到了一个老大的院子,院子里没有一个人,只有一排又一排的房子,那些房子的格局使王洪良产生了疑惑,他想,这是一座兵营还是一所学校呢?在门口的右边,他看到了一间房子,那房子的门口挂着一个牌子,牌子上写着传达室三个字。王洪良想,还是先到传达室里去问一问吧。

王洪良走过去推开传达室的门,在随手关上房门之后王洪良就与那场绵绵无期的秋雨隔开了。他站在那里,目光渐渐适应了屋里的光线,他看到除了一大堆纸这里什么也没有,他不知道这堆破碎的纸是从哪里来的。他站在那里看着那堆纸发愣,这时,他突然听到纸堆里发出了吱吱作响的声音,是老鼠吗?王洪良有些害怕,他低头察看,却看到从纸堆里露出来一双脚,那两只光脚在相互蹭痒痒。王洪良想,那是一个人。他咳嗽了一声,随着咳嗽声他果然看到从纸堆里钻出一个人,那是一个孩子,孩子的脸上到处涂满了墨汁,那个孩子睁着一双黑亮黑亮的大眼睛看着他说,你是谁?

王洪良说,我从外地来。

孩子说,外边还下雨吗?

王洪良说,还下着。

噢……哎,你的衣服都淋湿了。孩子说着从纸堆里站起来,他说,你快点把衣服脱下来吧,要不你会冻着的。前几天我就冻着了,一会儿热一会儿冷,好难受。

王洪良看着这个话语连篇的孩子,最后接受了他的建议,脱掉了身上所有的衣服,他站在那里冻得发抖,连牙齿都在磕动着。

孩子说,你快钻到纸堆里去吧,钻到纸堆里就暖和了。

王洪良想看来只有这样了,他就钻到纸堆里。纸堆里果然很暖和。

那个孩子把他脱下来的衣服使劲拧了拧,然后抖开搭在一根绳子上,他做这些的时候样子很像个大人。那孩子做完这一切之后就在王洪良身边坐了下来。

王洪良这会儿身上也暖和多了,他说,你是从哪儿弄来这么多纸?

孩子说,大街上呀,大字报,这些全是我从大街上拾来的大字报。

噢,原来是这样。王洪良说,你知道这是啥地方吗?

孩子说,我知道,这是一所学校。可是学校里的学生都不来上课了。

噢,这里不是兵营。

兵营?在这儿不远的地方有一座兵营,我去过那儿。

是吗?王洪良说,你在这儿干啥,你为啥不回家?

孩子说,我的家不在这里。

那你的家在哪里?

我的家在很远很远的城市里。

那你是怎样来到这里的呢?

我出来找妈妈,我妈妈被人家抓走了,我爸爸也被人家抓走了,我的家被封了,所以我没了家,我就出来找妈妈,我找了很多城市,找了很多地方也没有找到。我不知道他们在哪里,你知道我妈妈在哪里吗?

王洪良说,我不知道。

那个孩子很失望,他说,我问了好多好多的人,可是他们都说不知道,你也不知道。

王洪良心里生出一丝同情来,他说,孩子,我真的不知道,我也是出来找人哩。

孩子说,你也不是这里的人吗?

王洪良说,不是,我也不是这里的人。

你是乘火车到这里来的吧?我就是乘火车来的。

王洪良说,我不是,我是乘船来的。

乘船?你家离这儿远吗?

远。现在连我自己也不知道走了多少天。

那你找谁呢?你也找妈妈吗?

王洪良苦笑了一下说,不是,我是来调查一个人。

调查一个人?

是的,一个人民的敌人,那个时候他在外边做了很多坏事。

孩子用黑亮的大眼睛看着他,但那眼睛里渐渐地蒙上了一层迷惘的色彩,他不再言语,王洪良也没有了说话的欲望,现在他确实感到了劳累,他很快就在那纸堆里睡着了。等他再次醒来的时候,那个孩子正在用一只破碗一点一点地喂他水喝。看到他睁开眼,那个孩子就惊喜地叫起来,他放下手中的碗说,你终于醒过来了。

王洪良躺在纸堆里,他感到四肢疼痛。他说,我睡了好长时间了吗?

孩子说,你都睡了三天三夜了,你一直在发烧,你现在终于醒过来了。

王洪良说,你一直守在我身边吗?

孩子说,是的,我除了出去讨点吃的,弄点水回来,我都在这儿守着你。

王洪良的眼睛一热,眼里就盈满了泪水。他突然有一种想拥抱那个孩子的渴望,他挣扎着坐起来,他的身子把左右两边的碎纸弄得沙沙作响,那些沙沙的声音使他想起了一些其他的事情,那些事情改变了他去拥抱他的念头。他挣扎着坐起来,穿上干衣服,对孩子说,我不能在这儿待下去了,我还有很多重要的事情要去做。

孩子说,你到哪里去?

王洪良说,我要去搞调查。

孩子说,你病成这个样子,还能走吗?

王洪良说，不要紧，多么艰苦的岁月我都经历过，我在死人堆里躺过一天，我的腿都被敌人的子弹打穿了，可是我还照样能站起来走，走不动了我就爬着走。

听他这样说，孩子不再说话。

看着他的样子，王洪良忍不住过来拍了拍孩子的头。他说，有些事情你还不懂，这是干革命，革命就不能怕死，你知道吗？说完他就毅然地走出了那间他一直待了三天的屋子。现在他的身体确实很虚弱，他走上几步都要停下来拼命地喘息，但是在穿过那条长长的满是泥泞的街道之后，他仍然没有找到他要找的地方。他想，或许39167压根就不在这座城市里，39167是一个什么样的数字呢？为什么会是这样一个编号呢？或许我要找的不是这个数字，如果不是这个数字那又是一个什么样的数字呢？39267，或者是39367？他对此感到有些恍惚，他真地记不清那个他要寻找的部队的番号了。他就这样一边想一边走，最后来到了一片旷野里，他在不知不觉之中已经离开了那座城市。他想，到别的城市去看看吧，我要寻找的部队或许就在那个将要到达的城市里。

在他行走的过程中，天又下起雨来。他在雨中吃力地行走着，最后在他前面出现了一片茫茫的水泽。由于绵绵的秋雨，存积的雨水把大片的土地淹没了，同时也淹没了他要行走的道路。王洪良真有些想不通，天气都快到了冬季，哪儿来的这么多雨水呢？他站在水边，顺着路边的树木朝前望去，那些树木整整齐齐地排在水里，一直伸向远方。王洪良想，走吧，沿着这排树就能穿过这片水域，穿过这片水域就能抵达我要去的那个城市啦。王洪良这样想着，就沿着那排水中的树木往前走，可是那水却越走越深，最后都淹到他的胸口了。他想，我就这样一直走下去吗？

那些冰凉的雨水冻得王洪良嘴唇发紫，他的身子就像水中的树那样在风中摇晃不止，他感到自己的腿和胳膊都不存在了，眼前的水变得无边无际。王洪良想，我要在这水里走到什么时候呢？

这时王洪良的身子突然失去了水中的土地，他的身子往下沉去。在他下沉的一瞬间，他看到了无边无际的黄水像浪潮一样朝他压过来。

33. 离乡

由于那场连绵不断的秋雨，天气变得寒冷起来，可是三爷仍然不肯离开茶馆过道里的那张小兜床。他一阵紧似一阵的咳嗽声使大燕她妈不得不放下手中的磨棍，来到他的身边，她几乎是在哀求他了，她说，爹，你回屋里去吧。

三爷已经有好多日子没有从床上起来了,他一抬头就感到头晕眼花,茶馆里似乎也有许多日子没有来过人了。由于天气的转换,这个时节已经很少有人过来提茶水了,就连三爷自己也说不清他的煤火已经灭了多少天了。煤池里早已没有煤了,连水缸也已经干涸了好多日子啦,在三爷模糊的记忆里,老鸡仿佛有几个月没有挑水上门了。三爷挣扎着从小兜床上坐起来,通过茶馆的门口,他看到了一片划落着雨线的天空,在雨水里,他还能看到几个时不时走过那片空间的身影。三爷想,我的家人都上哪儿去了?小良他到哪儿去了?三爷想,现在我只有指望小良了,可是他的大儿子已经有很多日子没有回来了。他问身边的大儿媳妇说,他到底去哪儿了?
　　大儿媳妇说,我不知道。
　　三爷狠狠地用拐杖捣着地面说,你咋会不知道他去哪儿了。
　　大儿媳妇胆怯地看他一眼说,他上哪儿从来不给我说。
　　三爷更生气了,三爷说,他是恁男人,他会不给你说?
　　大儿媳妇就不说话,她的眼睛里盈满了泪水。三爷说完猛地咳嗽了一阵,大儿媳妇忙把手伸到他的嘴边,三爷把痰吐到她手里然后说,去,去把大燕叫来。大儿媳妇就忙回去喊大燕。现在家里已经没人可叫了,现在家里只有大燕一个人了。三爷对大燕说,你出去找你爹。大燕就撑开一把发了霉的油纸伞走进雨水里。三爷躺在那儿一直望着朝街的门洞,等待着他儿子的归来。天气越来越冷了,三爷因寒冷已经抖得说不出话来。
　　大儿媳妇说,爹,你就回后院里去吧。
　　三爷虚弱地说,我不回。
　　大儿媳妇已经听不清他说的话了,三爷的声音仿佛一只就要死掉的苍蝇在振动翅膀,但她明白他声音里的含义。多年以来、这个终日伺候老爹的女人已经摸透了他的脾气,她就不再强求他,她走到门口,把那扇用秫秸和谷草夹成的小门堵住了那个呼呼进风的门口。可是三爷却用拐杖捣着地说,拿开,我要看着他是咋走回来的!
　　大儿媳妇没办法,只好搬开那扇小门,然而三爷等回来的还是那个手撑雨伞走出去的大燕。
　　三爷说,恁爹哩?
　　大燕说,没有找着。
　　三爷说,你都是上哪儿找了?
　　大燕说,镇里我都找遍了。
　　三爷说,小明哩,你找小明了吗?

大燕说,小明我也找了,没有人见过他。

三爷扬着的头又落下去了,三爷闭上了眼睛,三爷痛苦地叫到,都死在外边吧!一个也别回来!都别要这个家了,全当没有我这个爹!全当没有我这个爹!老天爷呀,我操这个家容易吗?死的死了,走的走了,咦嘿嘿……

三爷的哭泣声从喉咙里挤压出来,使得四面透风的茶馆更加寒冷。站在他身边的大燕突然呕吐起来,她的一只手按住胸口,由于呕吐的剧烈,她不得不弯下腰去,大燕的呕吐声把三爷的哭泣声都压住了。

三爷停下哭泣对大儿媳妇说,她一直这样吐好几天了,咋还不见好?

大儿媳妇说,那谁知道哩。

三爷用拐杖捣着地说,你啥都不知道,回去吧,都回去吧。

大儿媳妇说,爹,你也回去吧,这儿冷。

三爷说,别管我,死不了我。

三爷挣扎着站起来,拄着拐杖往外走。

大儿媳妇说,爹,下着雨你弄啥去?

三爷却头也不回地往外走,他的腰驼得更厉害了。三爷说,我去找许仙来,让他给大燕看病。

大儿媳妇过来拦住了他,你这个样子咋管去请大夫?还是我去吧。

三爷说,怕是你叫不来他。

大儿媳妇说,咋叫不来,以往不都是我去叫的吗?

三爷说,那你去吧,就说是我叫他。

三爷立在茶馆门口,他感觉到街道里的一切都变了样。对面酒厂里的酒精楼已被雨水冲刷得不那么焦黑了,可在三爷的感觉里,它仍不停地在风中晃动,发出嗖嗖的哀鸣,给人一种随时都可能倒下去的感觉。

许多日子以来,在三爷的眼里,天色都是这样的灰暗,低低地压得人喘不过气来,雨水使得一切都变得潮湿而寒冷,外边的树仿佛是在一夜之间就落光了叶子。那些叶子由于雨水的缘故变得沉重起来,重得已经不能随风飘摆,它们像瓦块一样落在地上又被来往的行人用脚步挤进泥水里去了。三爷看到一个披着破麻包片的人一跐一滑地从他面前走过,由于专心致志地对付脚下的泥泞,那个人没有看到站在茶馆门口的三爷。三爷形如枯蒿,三爷灰暗的身影像一片纸立在风中等待着。三爷想,都不要这个家啦!小良,你个龟孙真不要这个家了吗?现在我真有点想你了,你到底上哪儿去了呢?小明,你一个孩子家能到哪儿去呢?丰收死了,丰收被烧死了,可是你去哪儿啦？你一个小孩子家。

三爷抬起头来,在渐渐灰暗下来的天色里,他再次看到了那个已经变得有些模糊的酒精楼,酒精楼在风中发出的哀鸣清晰地传过来,可是三爷听不懂那声音,所有的颍河镇人都听不懂那种声音,他们不知道那就是三爷的孙子小明的冤魂在哭嚎,在夜间,许多人都会因为这种声音而久久不能入睡,半夜里,从睡梦中醒来的人也会因为这种声音再也不能入睡。白天里,镇里的人们就会相互地询问,你听到夜里的声音了吗？

啥声音？

哭泣的声音,那声音一夜都不停。

听到了,最初我还以为是谁家死了人呢,可是不像,那哭泣声好像是随风从天空中飘来的。

说不定是哪个冤死的魂灵吧。

是王洪民吗？

不会吧,他已经入土了。

是刘嘉生吗？

也不会。他和英子埋在一块儿啦,无论如何两口子也死到一起了,活着在一块儿,死了又在一块儿,也算烧到高香了,他还有啥话可说的呢？

八成是丰收,丰收是生生被大火烧死的呀。

可是他妈和她姐每天都去酒厂里去哭呀？她们的声音都哭哑了,也够他的啦,白发人哭黑发人,他还能怎样呢？

那能是谁呢？你听那声音就像一个无家可归的孩子。

是呀,像一个无家可归的孩子。

八成是三爷吧,三爷的家一下子成了这个样子,是三爷在夜间为他的家人叫魂吧。

不像,只有冤死的人才会发出这样断人心肠的哀鸣。

是呀……

许多在一块儿议论的人都同意这样的结论。到了夜间,人们都躺在床上在渐渐沥沥的雨水里仔细地倾听着那鬼魂的哀鸣,大人会对身边哭闹的孩子说,别哭,你没听到冤死鬼又出来了吗？

可是镇上的人都不知道那声音是从哪里发出来的,也没有人知道那是哪个冤死鬼的哀鸣,他们听不懂那个冤死的人在说些什么,在这个镇子上,只有一个人能听懂这种哀鸣,这个人就是文宝。文宝立在河岸上对着光线暗淡的镇子说,你是雨吗？你从天上来吗？你会摇动树梢吗？你会淋湿人的心吗？是的，人的心都被你淋湿了。你还要怎样呢？你这没头没尾的雨呀，你总是这样哭泣，可是谁能听懂你说的话呢？没有人能听得懂呀，你就歇歇吧，你一定很累很累，你就歇歇吧。

在那个傍晚来临的时候，风真地停了，雨也真地停了，人们再也听不到那让人心悸的哀鸣了。许仙跟着三爷的大儿媳妇来到茶馆里，去掉草帽，他对三爷说，雨停了。

三爷说，晴吧，要不人就没法活了。

许仙说，三哥，你叫我有事儿？

三爷说，有事儿，想叫你看病。

许仙说，不敢不敢，我可是牛鬼蛇神呀。

三爷说，你是鬼是神我还不清楚？大燕都病了好几天了，我叫你过来看看。

许仙说，三哥，还是去医院吧。

三爷说，你看不起我王老三了？

许仙说，看三哥你说哩。大燕呢？大燕在哪儿？

大燕来了，许仙就给大燕号脉。号完脉许仙对大燕她妈说，掌灯吧，让我看看她的气色。大燕就跟着许仙来到了后院里，在灯光里他看了看大燕，然后说，伸出你的舌头。大燕就伸出了舌头，许仙说，胸闷吗？大燕说，胸闷。许仙说，想吃饭吗？大燕说，不想吃，只想吃酸哩，心里不是味。

许仙心里想，这哪儿是病呀。许仙就从后院来到茶馆里，茶馆里没有掌灯，许仙在灰暗的光线里看不清三爷的脸。

三爷说，看完了？

许仙说，看完了，许仙又说，大燕今年多大了？

三爷说，过了年就十八了。

许仙就不再往下说。三爷说，有啥就直说吧，要不我会把你喊到家里来？

许仙说，三哥，我说了你可别生气呀。

三爷说，你说吧，我不生气。

许仙说，按说这也是喜事，她有身孕了。

嗵的一下，三爷手中的拐杖倒在了地上，三爷像一尊水中的泥胎慢慢地瘫坐在地上。

许仙一看就慌起来，忙朝后院喊叫，大燕和她妈都跑过来，他们把三爷从地上拉起来，扶到后院的堂屋里去。

许仙不停地叫着,三哥,三哥。

三爷在灯光里怔怔地看着许仙,三爷说,我没事儿。

许仙说,我就怕你受不了。

三爷说,我真的没事儿,我只是求你,这事儿可不敢往外说。

许仙说,三哥,你放心。

三爷说,有你这句话,就是给我王老三面子啦,大燕她妈,做饭。

许仙说,不麻烦,我得回去,黑了我还得到公社里去听人家训话哩。往后有用着我的地方你只管说。

三爷说,那我就不送你了,麻烦你跑这么远。

许仙说,三哥,你说这话就外气了。他说完,就走出门去。

三爷坐在那里听着许仙的脚步声渐渐地小下去,后墙桌子上的灯光映得他灰黄色的脸忽明忽暗,三爷说,大燕,去把我的拐杖拿过来。

大燕按照三爷的吩咐,到茶馆过道里把拐杖拿过来,三爷接过拐杖,对大燕说,面朝北站好。大燕不知道爷爷要干啥,她就看着妈。她妈说,恁爷叫你站你就站吧。大燕就面朝北站好了。这时三爷突然扬起手中的拐杖狠狠地朝大燕的腿弯里打去,只听大燕叫一声就双膝落地,跪在了那里。

大燕她妈被惊吓住了,她看到三爷又扬起了手中的拐杖,忙上去拦住了。她说,爹,你这是弄啥哩?

三爷伸出他的老手指着大燕说,你说,你肚子里的孽种是谁的?

大燕惊恐地看着爷爷,可是她不明白三爷的话。倒是她妈明白了三爷的意思,她一下子坐在了地上,她拉着大燕说,你说呀,是谁的?

大燕说,啥是谁的?

她妈说,你还叫我咋有脸出门呀,你说呀,到底是谁的,你到底跟谁好了?

大燕说,没有跟谁好呀。

她妈说,没跟谁好,那你肚子里的孩子是从哪儿来的,你说呀!

孩子?大燕终于明白了妈的意思,她像当头被谁击了一棒,一下子晕倒在地上了。三爷站在一旁一下又一下捶打着自己的胸口,三爷嘿嘿地哭嚎着,他一边哭一边往外走,呀,这个家,这个家……

三爷捶着自己的胸膛回到茶馆里,一下子倒在了小兜床上。

冬天已经来临,寒冷像大燕低低的哭泣声占满了三爷家院子里的角角落落。三爷躺在茶馆过道的小兜床上,听着从后院传来的大燕痛苦的呻吟声默默无语,他对那痛苦的呻吟声已经麻木不仁。他看到大儿媳妇从后院里走过来,三爷就说,还没有见红吗?

大儿媳妇说,没有。老天爷,这可咋弄呀,药都吃了十几副了,啥法都用上了,孩子都快受罪受死了,还不见红,你说咋弄哩?

三爷闭着眼睛躺在那里,久久地一言不发。

大儿媳妇说,爹,你看咋弄哩,要不就别折磨她了,要生就让她生吧。

老天爷呀——

三爷终于从喉咙里挤出一句话来,我王老三前世做了啥孽呀,老天爷——

爹,再这样下去,就会出人命了。

三爷说,去吧,把大燕叫来。

大燕妈急忙把大燕叫过来。大燕在三爷身边跪下来,三爷伸出他那枯干的老手抚摸着大燕的头。三爷说,燕儿,不是爷心狠,这样的事儿出在咱老王家,咱老王家的人就再也没脸出去见人啦。爷不是不疼你,是爷没办法,事儿到了这一步……

三爷说着伸手从枕头下摸出一叠钱来,三爷把钱递到大燕她妈手里,三爷说,去吧,你跟大燕走吧,随便到外边找个地方,找个人家把孩子生下来,去吧……

大燕妈说,爹……

大燕哭泣着说,爷……

三爷说,去吧,到了这一步,也只有这个办法啦。

大燕妈说,你咋弄,家里没有一个人。

三爷说,别管我,走吧,别管我,小良、小明、春玲,他们会回来的,我在家里等着他们。

大燕妈说,爹,就你一个人……

三爷说,我没事儿,走吧,我啥样的罪没受过?啥样的苦没吃过?去吧……

在一个大雪纷飞的上午,大燕妈和她的女儿各自背着一个包袱走出了茶馆,由于她们身上各披一条粗布单子,在街上和她们相遇的颍河镇人没有一个认出她们来,他们看着这对母女走过飘扬着雪花的大街,误认为那是一对路过颍河镇的外乡人。

34. 动物

那个大雪纷飞的上午,文玉从地洞里扒上来最后一箩头黄土,他实在已经没有力气了。许多日子以来他都不停地在地下挖掘。最初他用铁锨翻遍了家中所有的地方也没能找到他要找的东西,他就对那些前来料理他父母后事的人们问到,他们到底放在哪儿了?

你这孩子,恁爹妈都死了,你还找啥东西?

变天账呀。文玉说,他们把变天账放哪儿了?

街邻们相互无奈地摇着头说,这孩子,傻了。他老刘家就有这样的根,文宝傻了,文玉又傻了。他爹妈都死了,他还在这儿翻啥变天账,哪有啥变天账?

文玉说,谁说没有变天账?没有变天账他还叫什么地主?地主都有变天账。

文玉固执地拿着铁锨立在那里望着那群人抬起他的母亲。

一个街邻过来说,你得去哭你妈呀。

文玉看他一眼没有动,文玉想,他们把变天账放在哪儿啦?肯定就在这个家里,他们肯定埋在了某个地方。文玉想,我一定要把它挖出来。可他把屋里屋外翻遍了也没有找到。文玉想,是不是他们埋得很深?或者挖了一个地洞?文玉有些茫然地看着被他翻松的泥土,他想,我该从哪儿下手去寻找那个地洞呢?要不这样吧,我就顺着一个地方挖下去,一直挖到与那个地洞相通为止吧。

随后,文玉就开始了漫长而持久的挖掘。他的地洞倾斜着伸向地下,在挖掘劳累的时候,文玉就想起一个名叫《地道战》的电影。那些延绵不断的地道在他的脑海里不停地伸展,渐渐地他忘记了寻找的目的,对那些延绵不断的地道的幻想使得他不停地忘我地劳动。地洞一点一点地在他的挖掘下朝前伸展着,他挖出的黄土像小山一样堆满了他家的院子。

现在文玉吃力地把一篮子土扛上来,由于长期待在地洞里,他的眼睛已经不能适应地上的光亮了,哪怕是傍晚时灰暗的光亮也刺得他睁不开眼睛。他站在那里,雪花儿纷纷地飘落下来,这使他感到难以忍受,他已经有些不适应地面上的生活了,他像一只老鼠急忙逃回洞里去了。在洞里,文玉感到了温暖,他的情绪渐渐地平静下来,四周都是松软的黄土,由于长久的劳作,他感到了异常的劳累,他在黄土上坐下来,背靠在地洞的墙壁上慢慢地睡着了,他渐渐地适应了在洞中作息,眼睛也渐渐地适应了洞中的光亮。在漆黑的地洞里,他也能靠感觉使用眼睛了,他看到有一群老鼠在他不远的地方盯着他,那些老鼠正在叽叽喳喳地议论他。

一个老鼠说,他睡着了。

另一只老鼠说,他怎么这样睡觉呢?

使文玉感到惊奇的是,他现在竟能听明白老鼠说出的话,文玉就接着和它们说话,文玉说,我不这样睡还能怎样睡呢?那些老鼠一听他说话都惊慌地四处逃走。文玉坐在那里朝它们说道,你们跑啥呢?我有啥可怕的?

那群老鼠听他这样说就在远处停下来。

文玉说,我不会伤害你们,我现在只是有点饿。

那些老鼠相视了一下,有个老鼠说,那好吧,我们去给你弄些吃的。说着有几只老鼠就往洞里走去,它们一会儿拖来了一个瓦罐,它们把瓦罐放在文玉面前,说,你吃吧。

文玉看到那只瓦罐里放着一些冬眠的昆虫,比如蝉的幼虫呀,比如蚯蚓什么的,满满的一罐子。文玉想,这些东西咋能吃呢?

那些老鼠好像看出了他的心思,一个老鼠说,这是世上最好吃的东西,你不是饿了吗?你为啥不吃呢?

文玉说,是吗?那我就试试吧。文玉实在抵不住饥饿对他的折磨,他就试着吃了一个蝉的幼虫,他感到那真是世上最好吃的东西。他看了老鼠们一眼,就大把大把地抓着那些东西吃起来。吃完之后他站起来伸了个懒腰,他觉得这些老鼠很可爱,就和它们平安地相处在一起。那些老鼠每天都给他弄来许多好吃的东西,吃完之后他们就在一起交谈,文玉从老鼠那里知道了许多他不知道的事情。

后来洞里又来了一条蛇,那是一条有两尺来长的小花蛇,蛇来到洞里也感到非常舒服。蛇说,我在寻找一个睡觉的地方,没想到你们这里有这么一个温暖的地方,那我就只好在这个地方待下去了,你们欢迎我吗?

文玉说,为啥不欢迎呢?你又不会伤害我们。

蛇说,我为啥要伤害你们呢?你们这里挺安全。

那些老鼠也有同感,它们说,是的,这里挺安全,这里要比地面上安全多了。

文玉说,地面上就不安全了吗?

老鼠说,当然不安全,因为地上有许多人,人比任何动物都可怕。

蛇也有同感,蛇说,是这样,人比什么都可怕。

文玉说,我也是人,你们为啥不怕我?

蛇和老鼠都被这个问题难住了。停了一会儿老鼠说,反正我们觉得你和他们不太一样,你在这里为我们修建了这么大的房子,又能听懂我们的语言,又和我们吃一样的东西,所以我们觉得你没有啥可怕的。

文玉想,那我成了啥?我和这些老鼠与蛇有了共同语言,又能和它们待在一起生活,那我成了啥了?文玉百思不得其解。他正这样想着,突然有一只老鼠从外边惊慌地跑回来,老鼠说,不得了了,吓死我了。

文玉说,你为啥这样惊慌?

老鼠说,外边传来了吓人的声音。

文玉也听到了一种刺耳的声音从地面上传进来,那声音使他们感到惊慌不安。蛇和老鼠们说,这可怎么办呢?

文玉想了想说,这样吧,我们一起去把洞口堵上,堵上洞口那声音就传不下来了。

蛇和老鼠们都赞同文玉的意见,于是他们就一块儿来到了洞口,开始用土屯洞口。洞口在他们的囤积下越来越小,那些难听的声音也就越来越小。文玉想,那是一种什么声音呢?他没有听出那是人说话的声音,那是三爷在洞外呼叫他的声音。由于某种器官的退化,文玉已经听不懂人类的语言了。

三爷立在他女儿家的院子里,他看到一个老大老大的雪堆,那堆雪几乎都快把他女儿家的房门给埋住了。三爷想,难道雪都下到她家院子里来了?三爷在寒风里用拐杖捣捣那堆雪,却弄出了雪下的黄土。三爷想,原来这是一堆黄土。三爷想,哪儿来的这么多黄土呢?三爷立在那里,用苍老的声音凄哀地叫着。

文宝——

文玉——

可是三爷听到的只是寒风吹动树梢的声音。在那个大雪纷飞的上午,三爷立在茶馆门前,望着媳妇和孙女在风雪中渐渐远去的背影,他突然感到了绝望。三爷再也忍不住心中的悲伤,强忍着回到院子里,在一张落满了积雪的凳子上坐下来,三爷像个孩子那样抽泣着,三爷一直哭到黑夜的降临。三爷抬起头来,三爷望着他面前纷飞的雪花自语道,都走了,都走了,我也走吧。

三爷站起来,拄着拐杖往外走,在茶馆的过道里,他又听到了叮当叮当的声响,三爷站在黑暗里,三爷再次想到了那个挂满了毛主席像章的褂子。三爷想,不能把这东西丢在这儿。

三爷走近前去,他把那件叮当作响的衣服取下来。三爷想了想又回到后院里,在雪光里三爷看到那些毛主席像章上落满了灰尘。三爷在那条板凳上坐下来,他小心翼翼地把那褂子上的毛主席像章一个个取下来,然后用积雪把上面的灰尘擦干净,再哆哆嗦嗦地别在自己的棉袄上。他一枚一枚地别,到最后他棉袄的前襟上几乎挂满了毛主席像章。三爷说,毛主席,您老人家放心吧,我王老三走到哪里就会把您带到哪里。

三爷最后从板凳上站起来,三爷感到肚子里有些饥饿。三爷想到他已经有些日子都没有好好地吃过饭了。三爷在厨房门口迟疑了一会儿走进去,在厨房里三爷没有找到一点能吃的东西。在雪光的映照下,三爷看到锅台上放着一摞瓦碗和一把筷子,三爷想了想就把那摞瓦碗和筷子搬到外边,三爷把碗在雪地上放成一排,三爷每放一个就自言自语地说一句。

三爷说,小良,这个是你哩。

又放一个三爷说,小民,这个是你哩。

又放一个三爷说,小涛,这个是你哩。

又放一个三爷说,丰收,这个是你哩。

又放一个三爷说,小明,这个是你哩。

又放一个三爷说,大燕,这个是你哩。

三爷接着又放了一个,然后说,这个是你妈哩。

又放一个三爷说,春玲,这个是你哩。

三爷迟疑了一会儿又放了一个,说,春玲,给你妈也放一个吧,别讲好赖,她也算咱王家的媳妇。

三爷说完又说,英子,你离开老王家,就不能算咱老王家的人啦,这里就没有你的位了。

三爷说着就泪如泉涌,三爷嘶哑着声音说,别讲死哩活哩,咱一家人就在这儿吃顿团圆饭吧,一人一个碗,一双筷子,都有份,吃吧。三爷含泪而饮。三爷把手中的碗举到脸前,三爷说,吃吧,吃个团圆饭。可是那只碗却从三爷的手中脱落下去,掉在了雪地上。

三爷木木地站着,三爷突然感到自己真的像一个被遗弃的孤儿。三爷这个时候渴望着能有一个人突然回到他的身边。哪怕是一个。可是没有,三爷久久地立在雪地里,他都变成一个雪人了。

最后,三爷突然想起了文宝,在三爷的记忆里他已经有许多年没有见过文宝了,这些年来他一直都在寻找文宝,可是他一直都没有找到过文宝,三爷想,我去找文宝吧。三爷这样想着就蹒跚着离开了家。

三爷立在大街上,回首看了一眼他的家,又慢慢地朝前走。

大街上已经落满了白色的雪,他沿着街道往前走,最后拐进一条胡同。三爷慢慢穿过胡同来到了他女儿的家,女儿家的院子里不知啥时候堆满了黄土,那黄土像一个老大老大的坟头。在那里他没有找到文宝,也没有找到文玉。三爷又回身走向河道,河道里的飘雪茫茫无际,三爷一边沿着河道往前走一边用微弱的声音喊叫着。

文宝——

文玉——

三爷就那样一直沿着河道往前走,他胸前的那些毛主席像章在风中不停地叮当作响。

35. 飘失

这年春日的某个上午,一个陌生男人出现在颍河南岸。他放下手中的旅行箱,在灿烂的阳光下他看到了对岸的镇子里泛着一片清新的绿色。由于那个男人风尘仆仆,或者是长途旅行的结果,他脸上的胡须看上去已经有好多日子没有刮了,因而使得摆渡的艄公没有弄清他的实际年龄,三十?四十?五十?但艄公有一点可以肯定,他从来没有见过这个人。这个操着外地口音的男人看一眼摆渡人,然后说,这就是颍河镇吗?

艄公说,是的,是颍河镇。你是来这里看病的吧?

那个陌生男人看了他一眼,没说话。

艄公说,我们这里有几家名医,有专治黄疸肝炎的,有专治聋哑的,还有专治不育症的。

陌生男人说,噢,这是一个很有名气的镇子,许多年前我就听说过。

艄公说,那你准备看啥病?

那个男人说,我不看病。说完他就不再言语。

在阳光下,艄公看到那个陌生男人紧锁眉头注视着对岸,满腹心事的样子,就不再问话。他用竹篙把船撑开,然后摇开了船尾的机器。那只渡船在叶轮的推动下快速地朝对岸驶去。

那个陌生人站在船头,一只胳膊上搭着银灰色的风衣,他长长的头发被风扬起来,从后面看上去倒像一个女人,但他立在船头上的身影显得十分高大。在船靠岸之后,有几个在河边洗衣服的年轻女人注意到了这个陌生男人,但是由于码头上来来往往的行人,这个陌生男人很快就从她们的记忆里消失了,她们在河道里弄出的敲打衣服的声音从那个男人的身后响起来,他在码头嘴上停住脚,回身朝河道里看了一眼,又继续沿着街道往前走。

那个陌生男人走过一段有些坡度的南街,来到了十字路口,他看到东西大街的两侧全是一些贴了白色瓷砖的两层小楼,小楼的下层开着各种各样的铺子。在阳光里,他看到了许多陌生的面孔,最后他看到了一个摆烟摊的老者,就走过去。

老者看他一眼说,买烟吗?

男人说,不买烟,我想打听一个人。

打听人?谁呀?

王老三。

王老三?王老三……没有这个人哪。

人家都喊他三爷,三十年前他在镇子里开茶馆。他有三个儿子,大儿子是学校的校长,二儿子是酒厂的厂长,三儿子是民兵营长……

噢……老者连声叫起来,他说,想起来了,三爷,想起来了,是三爷,有这个人,开茶馆,我知道。可是没有人知道他上哪儿去了。那一年他二儿子被三眼铳给打死了,他的孙子也被一场大火烧死了,后来有人在河里发现了生产队的沉船,在船舱里找到了他三儿子和二儿媳妇的尸体。从那以后,就再也没有人见过他。

那个男人怔怔地看着那个老者,他说,他的大儿子一直没有回来吗?

没有。没有人见过他回来,还有他的大儿媳妇,他的两个孙女都没有回来过,没有人知道他们到哪里去了。你光说,一转眼都三十年了,许多人都死了,汪麻子、老鸡、秧子、涂二、许仙、老鳖,他们都死了,还有许多人都死了。哎,快得很哪,那一年我才三十多岁,给队里看豆腐坊,在东码头嘴那儿,这一转眼可都三十年了,哎,真快呀。

那个陌生男人一直站在那里等他发完感慨,然后他才说,三爷家的房子还在吗?

房子?那个老者说,哪还有啥房子,你没看这一街两行都盖成小楼了吗?那房子早就扒掉了。

那个老酒厂呢?

老酒厂?就是那年烧掉的那个酒厂吗?他随手朝前指了一下说,就在前边。不过也早扒掉了,好多年前就被扒掉了,现在那儿建起了影剧院。

噢。那个陌生人提起了旅行箱,说,麻烦你了。说完他沿着街道往前走。

老者站在那里看着这个背影有些熟悉的男人渐渐地走远,他竟一时想不起来这个男人像谁。老者想,他是谁呢?看着有些面熟,可是他又肯定自己从来没有见过这个人。他来找三爷家的人,那他是谁呢?说不定是三爷家的亲戚吧。

老者这样想着,就走到大街上,他想再看一眼那个离他而去的男人。可是等他在大街上站定,就再也看不到那个手提旅行箱的陌生男人了。在他有些昏花的视线里,满眼都是在阳光下行走的涂着红嘴唇的年轻女人,从影视厅里传来的枪击声像风一样充满了他所看到的街道。

1996 年作,原载《大家》1998 年第 6 期。

序言、后记与随笔

我为什么而动容[1]

在过去的时光里,我们人类所拥有的苦难真是太多太多,天灾、人祸,每一件细小的事情都会使我们的良心为之所动。

1986年1月28日,在佛罗里达州卡纳尔角肯尼迪航天发射中心,来自美国新罕布尔州康德中学37岁的女教师克里斯塔·麦考利夫是最引人注目的人物,因为她将要和另外两名宇航员乘即将发射的"挑战者"号进入太空。11时38分,"挑战者"号腾空直搏云霄,而在五秒钟后,航天飞机突然化成了一个火球,从碧空中传来一声闷响。在远离发射架4英里的看台上,一千多名观众目睹了这场人类的空中灾难,片刻从惊愕之中回过神来,不觉凄楚难当。那个时候这位女教师的父母都在看台上,当她的父亲明白过来后就伸手搂住了老伴,她神色迷惘,继而鼻子一酸,苦泪夺眶而出。在康德中学的礼堂里,一张张笑脸顿时呆若木鸡,片刻沉寂过后,响起了一片不可抑制的哭泣声……

2000年某月的10日凌晨10分,江苏省睢宁县一个名叫孙超的青年骑着自行车往家赶路,在他走到县城北高速路睢魏入口时,与一辆车号为苏C06540的大客车相撞,致使孙超头部受到重伤,大客车的左后轮压住了他的腹部之后才停下来。孙超凄厉的惨叫声划破夜空,但车上的司机和车上的28名乘客却无动于衷,没有一个人下车相救,任凭他在车轮下惨叫一个多小时。等凌晨1时20分交警赶到现场的时候,孙超已在车下昏死过去,那个时候司机和那28名乘客仍旧坐在车上,有的甚至在呼呼大睡……

是的,那些来自大自然的灾难让我们感到恐惧,而更沉重的灾难是来自我们的灵魂,来自我们人类本身。我不知道当孙超凄厉的惨叫声从车下传来的时候,那些坐在车上的人是怎么想的,我不知道如果自己当时要是在那辆车上该怎么办,我的良心为那件事儿在很长一段时间里都得不到安宁,我痛苦不堪。我心里清楚,在未来的时光里,人类仍然会为一些意料之外和意

---

[1] 小说集《事实真相》序言,四川文艺出版社2001年版。

料之内的苦难所心痛,将要和那些已经过去的苦难成为我们难以回首的往事,成为我们的记忆。

但是我不得不承认,正是那些往事和记忆才构成了我写作的生命,为了使过去的每一件难以忘怀的事情被深刻记忆,为了使我麻木的心灵得到苏醒,为了使每一个我自认为有新鲜感有意义的想法重新生存于现实中,我不得不进行回忆和写作。我的写作是靠回忆来完成的。

我们的生命只存在于一瞬之间,除此之外,我们的一切事情,就连刚刚过去的一些事情,都要依靠回忆来完成。现实也存在于一瞬之间,只有在这一瞬之间被称做浩瀚的历史才显示出她的意义。而回忆使我们首先颠覆了时间的意义,在回忆之中,时间变得不可依靠,和现实出现了距离。发生于1986年1月28日的远在大洋彼岸的那场空难和2000年某月10日凌晨的那件让我们心痛如裂的往事可能会先于昨天的事情来到我的笔下,时间在我的回忆之中丧失了秩序。无数的往事会每时每刻进入我们瞬间的生命,进入我们的现实之中,回忆使我们废除了现实与过去的距离,而回忆之中的一切又都是正在进行时,回忆就是现实。对于我来说,现实始终是我们写作的基点,我的写作,我笔下的一切都是正在进行时。

我们使用语言和文字使记忆和幻想变成某种画面或情绪直接呈现在读者面前,使历史、时间和未来超出虚幻,变成一种固定的能给读者留下记忆的东西,我们成了创造历史的人。由于回忆使时间丧失了秩序,因此时间对于我们的生命而言就变得没有起点和终点。在这样的时间里,我们就可以用不同的视角来回忆和审视某一件往事。由于视角的不同,同样一件往事或人物就会使我们得到不同的感受和认识,这就使得我们的写作显示出她的复杂性和多层次性,这就成了历史。历史的真相是什么?历史就是某个人从某个带有主观意识的侧面所看到的某个事件的某个方面,历史就是某个人的好恶。

那么我们靠什么来完成这种对回忆(历史)、现实(生命)和未来(时间)的定型呢?对于我们写作者来说,毫无疑问,我们需要独立的人格和诗性的叙事。在技术上,现在我们所面临的最重要的问题就是叙事。我所说的叙事当然不是单单地去讲述一个故事,绝对不是,故事只是使读者进入回忆内部的一种手段,叙事的灵魂应该是一座巨大的宫殿,一座迷失在时间和历史之中的宫殿。我们在这座迷宫里所看到的应该是用肉体和灵魂建成的没有尽头的充满阳光或者光线暗淡的小道,我们沿着这些小道去漫游这座宫殿,在小道的两侧我们应该使来漫游的人看到他们从来都不曾看到过的花朵或野草,那就是我们对历史、生命和时间的独到的认识和见解。

1976年的春天,我高中没毕业就外出独自谋生。而在这之前,在我的颍河岸边,在那座我出生的小镇上已经接受了苦难对我最初的洗礼。我父亲在1966年因为四清运动中的所谓经济问题,被判三年徒刑,这就决定了当时我们家的社会地位。为了生存,我在幼小的年龄就学会了许多农活。我的童年和少年时代是在恐慌和劳苦之中度过的。在我出外流浪的几年时间里,我当过火车站里的装卸工,做过漆匠,上山打石头,烧过石灰,被人当成盲流关押起来。那个时候我身上长满了黄水疮,头发纷乱,皮肤肮脏,穿着破烂的衣服,常常寄人篱下,在别人审视的目光里生活。我的青年时代是在孤独和迷茫之中开始的。苦难的生活哺育了我并教育我成长,多年以来我都生活在社会的底层,至今我和那些仍然生活在苦难之中的人们,和那些无法摆脱精神苦难的普通劳动者的生活仍然息息相通,我对生活在自己身边的那些人有着深刻的了解,这就决定了我写作的民间立场。我可能是这样一种人:对世间苦难的人类充满了同情心,或者悲悯之情。我想这应该是我的本质,一个作为具有人道主义精神的普通人应该具有的一种本质。但是当我作为一个作家出现的时候,我需要的是用另一只眼睛来正视人类真正的苦难和精神的迷惘,而不应该是一般意义上的悲悯和同情。我希望世上的每一个人都生活得很幸福,正因为这一点我的写作才正视苦难,我应该记住人类的苦难,人类肉体和精神上的苦难,并且以小说的形式使这苦难再现出来,使我们已经麻木的心灵慢慢地觉醒。

1995年7月27日的黄昏,一个名叫凯文·卡特的南非青年开着他的红色卡车来到了布莱姆方特恩斯的普洛河畔,这是他小时常常来玩的地方。在这里他用银色的胶带把一截从花园里弄来的软管固定在排气管上,又从车窗送进车内,他穿着没洗的牛仔裤和T恤衫,然后启动了车子,打开身边的随身听,用一只袋子枕在脑袋下面慢慢地结束了他年仅35岁的生命。后来人们在他的座位上找到了一张条子,条子上这样写道:"真的,真的对不起大家,生活的痛苦远远越过了欢乐的程度。"这使我震惊,这使每一个熟悉凯文·卡特的人感到震惊。凯文·卡特在两个月前刚刚获得了普利策新闻摄影大奖,他那张再现1993年苏丹大饥荒的《饥饿的女孩》的摄影作品使我们所有读到的人都得到了心灵的惊颤。卡特为了让自己从成堆的快要饿死的人的悲惨景象中放松一下,他走进了灌木丛,就这时他看到了一个骨瘦如柴的小女孩正在哭泣着艰难地向前爬着,正当卡特要拍下这个女孩时,有一只大鹰落在了小女孩的身边,卡特拍下了这张照片,然后驱赶走那只鹰,他注视着那个小女孩继续往食品发放中心爬行,卡特在地上坐下来,点上一支烟,念着上帝的名字放声恸哭。卡特使我对人类的苦难得以更深刻的认识,并使我为此而动容。

人类的苦难在不断的发生,在这个即将过去的世纪里我们的肉体承受了太多的苦难,我们的心灵承受了太多的苦难。战争饥饿自然灾害疾病充满了我们的记忆,而更多的苦难是来自我们人类自己,来自我们的精神世界。我们不能对此而麻木,我们不能为一些鸡毛蒜皮的小事儿津津乐道,我们不能忽视我们自身的那些不堪忍受的凄苦的心灵,我们不能忘记人类的苦难,应该深刻地揭示我们人类自身的孤独和痛苦,深刻地揭示对现实生活的恐惧感和对未来的迷惘。叙述我身边的那些忍受着生活苦难和精神苦难的底层人的生存状态和精神状态,是我写作《事实真相》里的几篇小说的初衷。

1998年夏季的法兰西,当我们看到取得冠军的法国足球队的队员们只顾欢呼胜利,把站在领奖台上的法国总统希拉克淹没在屁股后面而不顾的时候,我感到吃惊,我坐在那里久久地沉默不语。我在想,我们自身到底缺少什么?我们这个民族到底缺少什么?把总统都视为平常人,那才是真正的平等,人的平等,人精神上的平等!我们身上的枷锁太重了,我们每个人都被流传下来的伦理道德压得直不起腰来,难道这不是我们的灾难吗?拍拍我们的心口问一问,在那样的场合如果是我们,有人允许你那样做吗?就是允许,你能做得到吗?

是的,文学的问题首先应该是心灵的自省和自救,然后才是形式,那种把纷乱的记忆塑造成某种特定的文学形式,令人难以忘却的形式。在人格自建的完成过程中,在艺术上为读者提供一种新的,具有创造性的叙事形式是我在《事实真相》这部集子中所追求的目标。

《梦游症患者》后记[1]

　　《梦游症患者》写于1996年3月19日至4月19日,在那整整一个月的时间里,我闭门不出,终日被一种痛苦所折磨。我常常一直到凌晨还不能入睡,第二天黎明来临的时候又在噩梦中惊醒,在那些春天的清冷的时光里,我坐在黎明的黑暗里持着一双惺忪的眼睛发呆。等4月19日的那天下午我写完草稿上最后一页最后一个字的时候,紧绷的心一下子松弛下来,我感到十二分的劳累,我像条狗一样窝在沙发上倒头就睡,等半夜醒来的时候,我浑身热得发烫。接着,我就病了一场。

　　1996年距离无产阶级"文化大革命"的开始已经整整30年了,距离文革的结束也20年了,文革那一年我还不满十岁。当噩梦在一个还不满十岁的孩子身边发生的时候,他身不由己地用一种幼稚的眼光注视着梦境里的一切,他身不由己地去经历梦境中的一切。兴奋、向往、迷茫、恐惧……梦是那样的漫长,足足做了十年,或者更长一些时间,一直到他长大成人,那场噩梦几乎构成了他的血肉和精神……当他从梦境里醒来的时候,当他爬到一座山顶或者走到一望无际的大海边回头朝他的来路观望的时候,他受到震惊的灵魂真的很难用语言来表达。

　　半个世纪以来,以第二次世界大战为题材的文学作品层出不穷,这些作品使我们对产生这场战争的思想根源和人类的劣根性以及战争的本质有了更深刻的认识。日耳曼人对犹太人肉体上的残忍丝毫不亚于白种人对黑种人精神上的歧视。他们的行为从本质上与动物没有什么区别,正是因为他们有思想,所以他们对付起同类来比动物更加残忍。

　　中国在本世纪走过的1966~1976年代与第二次世界大战在人权和人性上有着许多相似之处。文革使我们整个民族丧失了自我,我们所存在的只是肉体,我们的思想是别人给予的。这场剥夺人类独立意识崇拜神像的运动和封建社会里的任何一个封建帝王唯我独尊的本质没有什么区别。当然

---

[1] 《梦游症患者》后记,河南文艺出版社2002年版。

我们不能一味地去指责这场运动的发动者,我们要做的是应该更多地从我们自身找一找原因,找一找这场运动的思想根源和土壤在哪里,我们应该拿起手术刀来咬着牙对着自己身上的恶疮或脓疱狠狠地划去,这样对我们自己有好处。对文革的反省,不是已经结束,而是刚刚开始。文革对于我们这个民族来说应该像圆明园里的废墟一样,它不光是耻辱,更重要的是警世。

文革对于我们这些经历过的人来说,就像昨天刚刚过去的往事一样清晰而又让我们不堪回首。可我们又总是去不掉它留在我们内心深处的阴影,它似乎仍然和我们每一个经历过它的人血肉相连,它常常勾引起我们的无奈和惆怅,勾引起我们的恐惧和噩梦。可是我们不能因此而不去回忆它。我们只有不断地回头看一看,这样才可能使我们从梦中醒来,才可能使我们远远地离开它。对于现在没有经历过文革的青年人来说,它又是那样的遥远而神秘,那神秘和难以使人相信的事实深深地吸引着他们。在我们的讲述中,他们会睁大眼睛看着我们说,会有这样的事情吗?是的,就是这样的事情。

真实地再现那个年代人们的生存境遇,再现一个丧失精神自我的年代,是我的梦想。在叙事语言里隐含一种诗性,使整个作品隐喻着一种象征性的主题,也是我的梦想。我不知道我的这种梦想实现没有,但有一点毫无疑问,我的目光已经穿越了那个遗留在时间腹部的偏僻的乡间小镇,来到了现实之中。在公交车上,在烩面馆里,在你生活的每一处地方,只要你留心,或许你就会重新遇到这本书里的一些人的影子。是的,是他们,他们还生活在我们的身边,那些经历过文革的人还都生活在我们的身边。

《怀念拥有阳光的日子》后记[①]

  选入这本集子里的小小说写于 1984 年到 1999 年,细细算来有整整 16 年。16 年,说起来是那么轻松,可 16 年的时光对于生命的个体,对于一个经历者来说,却是十分漫长的。人生能有几个 16 年呢?

  1984 年我已经在故乡的小学里呆了五个年头了,前途的无望常常使我处在一种凄伤的情绪里。就在这年的年初,《画像》像一只燕子带着墨香从很远的南方飞回来,这篇短小的处女作给我带来了春天的气息,尽管那个时候还是冬季,但我已经感受到了阳光的温暖,我已经闻到了从远处某个地方飘来的鲜花的芬芳。我像一个在海上漂泊了无数个日夜的囚徒,终于看到了在海洋的尽头出现了一线陆地。多年以来,我都在努力地朝着那线陆地靠近,尽管现在那陆地离我仍然十分遥远,但我的内心充满了希望。我知道给我希望的就是这些文字,这些像淡水一样的文字为我补充着能源,使我有力量渐渐靠近那线远方的陆地。

  现在我把这些维持我生命的淡水一样的文字,按照写作的时间顺序排列下来,我想这是一种既偷懒又讨好的方法。你看,把丢失的时光和对生命的感悟像流水一样摆放在一个小小的河床里,她就有了起伏,真的像水,像流动的溪水。水一流动就有了声音,就有了浪花,就有了姿态,就会在阳光下闪闪发光。

  我想,假如你乐意沿着这条水流一路走下来的话,你会看到,这些小说从初始到后来,在语言和叙事上发生了怎样的变化。当然,尽管有了变化,但我自认为她们仍然有着共同的品质,那就是我想极力地使这些文字穿透社会和生命的表层,到达内部去。

[①] 《怀念拥有阳光的日子》后记,河南文艺出版社 2006 年版。

一个人,一座小镇和一条河流[①]

一个生活在墨脱的门巴人,可能他一辈子也走不出雅鲁藏布江大峡谷,一辈子见不到汽车。因为那里至今还不通公路。一个生活在巴黎的现代人,他可以使用人类最先进的交通工具游遍世界,但巴黎人却不能代替门巴人,不能代替门巴人去感受雅鲁藏布江大峡谷里的冰川河流,鱼兽鸟虫,春暖冬寒。

一个生活在颍河镇上的人,他的一生可能只到过远在四十里开外的县城,但那个巴黎人同样不能代替他去感受生活。在这个世界上,没有谁能代替另外一个人去感受世界的存在。谁能代替我生活?谁能代替你生活?谁能代替一个精神病患者、一个厚颜无耻的政治小流氓、一个坐在监狱里的死囚犯的生活?不能。一个给有钱的女人当面首的男青年有着他自己的精神世界,一个漂亮的不幸做了妓女的女孩同样有着她自己的精神世界。每一个在现实里生存的人,都是以他自己的存在,以他自己的感觉为中心的,这包括你,包括我,也包括我小说里出现的每一个人。

在这本小说集里出现的人物,大多都生活在颍河岸边的小镇里。他们长年在镇子里生活,日落而息日出而作,或者从镇里出发到很远很远的地方去,或者再从外地回到生他养他的土地上,他们用不同的方式与内部或外部的世界沟通着。在颍河镇人的头脑里,世界的存在,是以他们为中心的。无论外边的世界有多大,都是以颍河镇为中心点向四面八方辐射的。颍河镇是一只小麻雀,她不是非洲大象,也不是北极熊,但她却五脏俱全,鼻子眼心肝肺,一样不少。就像一个人,颍河镇以她自己的方式感受着世界的存在,承载着过去和现在,她还将要承载源源不断的未来,感受着人类发展的历史,她有自己的存在方式,大象不能代替她,北极熊也不能代替她。她在颍河的身边不断地成长和变化。

在我童年的记忆里,颍河是神秘的。12 岁以前,我从没离开过镇子,我

[①] 小说集《霍乱》序言,群众出版社,2004 年版。

与外部世界联系的唯一通道,就是镇子南边的那条河。在我幼年的视线里,颍河无比的宽阔,每年雨季,浑浊的河水就会涨满河床,浩浩荡荡仿佛从天而降。那个时候,我想象不到世界上还会有比这更汹涌的河流了。洪水去后,河道里就会出现张着白帆的商船,就会出现长长的木筏和竹排,就会出现粗犷的颍河调子和牧羊少年的竹笛声。我常常坐在河道里看着驼背的渔夫拉着白船子逆流而上,那个时候我不知道这条河从何而来,也不知道她要流到哪里去,我常常幻想着这条河流之外的世界。颍河是我幻想的翅膀。在后来我弄清了颍河的地理位置和走向时,也悟出了另一层道理,这条河同时是从过去流来的,她一直流到现在,她还会一直流下去。这条河流,承载着历史、现实和未来。

对于一个出生在颍河镇的人来说,颍河镇的存在,在他的生命历程中留下了不可磨灭的痕迹。对于颍河镇来说,没有从远方流来的颍河,她也就不存在。颍河是淮河的一条支流,她们是女儿与母亲的关系,是儿子与父亲的关系,他们具有相同的血液和本质。

梦境、幻想与记忆①

在梦境里出现的事情，常常与我们现实生活里发生的事情有着某种关联，梦里的情境总是使我们感到新奇，梦使我们获得了另外一些看待世界的方法。

夏加尔有一段名言，他说："什么样的画都可以，请把它倒过来看看，这样才可以了解其真实的价值。"我把夏加尔的这句话理解为他的艺术宣言，他这句话的实质是：艺术需要创造。而对于夏加尔来说，他的绘画天才是来自于梦境和幻想，来自他对童年的记忆。不同的动物、植物、物体、人类，比如鸟、时钟、情侣、花束、鱼、牛和羊、马戏演员和新娘，都能飞跃在他绘画的天空中。在他的笔下，花束如星空中的烟火，倒置的小屋使人产生离地凌空的梦想，但这些却都能使我们真切地感受到人间的爱情、温柔、罪恶、痛苦和快乐的存在。夏加尔的绘画真实地切入了我们的现实生活，他使我们感动，使我们感到梦境就是我们生活的一部分。

我常常在梦境里飞翔，飞越河流和丛林，在梦境里和一些我曾经爱过或没有爱过的女性做爱，常常回到我曾经生活过的乡村小学。可是使我感到不可理解的是，每次的梦境里，那所我熟悉的乡村小学的格局都会发生一些变化，而梦里的天空也总是昏暗无光，一切都是那样的模糊不清。当我醒来之后，我都能清醒地记起梦中的情景，梦里的情景留在了我的记忆里。这个时候，梦境与我们过去所经历的现实生活，与我们的阅读经验在大脑里具有同等的位置，它们都成了我们记忆里的一部分。同样，幻想也具有这种特征。幻想和梦境成了我们最真切的精神载体，这是不争的事实。

梦带给我们创作的灵感。1928 年，超现实主义大师布努艾尔②和达利，用他们在梦境里见到的情景拍摄了对人类艺术进程有着深刻影响的短片

---

① 《映在镜子里的时光》后记，群众出版社，2004 年版。
② 布努艾尔（1900～1983），超现实主义电影大师，出生于西班牙特鲁埃尔省卡兰达镇的一个天主教家庭。一生拍摄了 32 部影片。

《一条安达鲁狗》①。时隔七十年后,当我看完《一条安达鲁狗》时,仍然感到震惊。对梦境的热爱,对梦的内容的关注,可以说是20世纪那些超现实主义艺术家们的重要特征。布努艾尔电影里的许多细节都来自他的梦境,而达利的绘画更多地来自于他那颗奇特的头颅对世界的幻想。幻想无疑是人类思想自由的种子,不管在什么样的状况下,幻想都属于我们自己。梦境也具有同等的性质,所以幻想和梦境是我们精神最重要的组成部分。梦境和幻想对于我们来说同米油酱醋茶一样,是一种物质,只不过它们分属物质和精神两个领域而已。

记忆使我们能回忆过去,回忆过去那些我们亲身经历的事情,同时也能让我们回忆起我们的梦境和幻想的内容。在塔可夫斯基②的电影里,我们能强烈地感受到这一点。在《乡愁》③里,油画般冗长的画面,浓雾笼罩下的田园,贯穿始终的汩汩流水声,在雨水里不知道从什么地方传来的刺耳的电锯声,这一切都仿佛来自于梦境;在《镜子》④里,现实与梦境,来自不同时期和不同国度的历史影像资料与记忆,真实事件与幻想,潜意识与自然现象,这一切都成了塔可夫斯基表达记忆的手段。对战争反人民性的反思,我们现实生活里的每一个人对世界所承担的责任,都通过他对梦境、幻想与记忆的陈述变成了一种衡量世界精神的尺度,同时他还告诉我们,那些我们所经历的,现实的和将来的,这一切与时间有关的精神和物质的内在的联系。

当我们的生命走到尽头的时候,或许会突然发现,原来我们一生所走过的道路,实际上只不过是一个长长的梦境而已。到那个时候,或许我们才能清醒地认识到,梦境和幻想对我们是多么的重要。现在,我们有理由认为,过去的一切,都是我们的梦境,谁也没有办法回到像我们现实里一样的真实的真实,我们只能依靠记忆回到那些时光的某一刻,或者某个事件的片断,我们不可能复制过去真实的一分一秒。我们现在所看到的一些文字,或者图片,或者影像,都是那些我们无法复原的历史片断,也就是这些片断,成了我们所谓的历史。但我们知道,有时候记忆是靠不住的,有时候记忆会偏离事实的真相,太多的主观记忆把已经远去的客观世界切割得支离破碎,我们

---

① 布努艾尔和达利编剧,布努艾尔导演。
② 塔可夫斯基(1932~1986),苏联电影大师,剧作家。他遵循的创作原则是"诗的电影"、"作者电影"和"理性电影"。他的电影关注的是在历史上没有地位的普通人,其电影带有强烈的个人特色,结构复杂,隐喻性强。
③ 1983年作品。
④ 1974年作品。

现在所看到的历史都已经经过了我们人类个体的主观意识的改造,这样的历史已经远离了客观事实。历史常常用一种假象来迷惑我们这些无知的人。

夏加尔说,生命的终点只是一束花。我说,生命的终点就是我们的梦醒时分,只有到那个时候,我们才会彻底明白,人生就是一场十分漫长的梦。尽管如此,塔可夫斯基仍然坚信:做你认为正确的事,时间会作证。这也是我们既然看清了人生是梦但并不悲观的原因,因为我们曾经存在过,作为一个有着独立人格的人存在过、思考过、创造过。

《映在镜子里的时光》写于1998年,应该说这是我对梦境、幻想、记忆与我现实生活之间的关系的一种理解和认识,也是我对时间的理解和认识,同时也是我的历史观。那个时候我只看过达利的一些作品,对布努艾尔、夏加尔还有塔可夫斯基还都不甚了解,当然对梦境、幻想与记忆的认识还没有现在这样清晰,当我重新阅读《映在镜子里的时光》的时候,我才感悟到,实质上,她已经具备了这种特质和精神。

小说的叙事语言[①]

尽管我们说小说是虚构的艺术,但这种虚构是由语言来呈现的,所以小说的第一要素不是结构或故事,而是语言。小说的存在就是语言的存在,是由语言呈现的现实。无论是虚构的现实,还是想象的现实,我们记忆里的一切都是由语言构成的。所以语言就是形式,小说的任何文本形式,都是由语言开始和呈现的。

语言是人类生活和精神的容器,但并不是人类所有的语言都具有文学性。从小说一出现,叙事语言就踏上了探索的路途,而且从未中止过。所以小说的叙事语言不是日常生活的模仿,而是提炼和创造。说它是探索和创造,就是在我们的小说里出现的语言在现实里还不曾出现过,把没有的变成现实,是我们叙事语言探索和创造的最终目的。我们视这种创造和探索为一个小说家的语言风格,这样的小说家十分稀少。因为稀少而成为先锋,所以先锋是孤独的,是与世俗为敌的,是一种艰苦的精神劳动。小说家的精神立场在他的语言里呈现得淋漓尽致,他用独特的语言形式来表现人生和社会经验,并站在人性的高度对历史和生命进行拷问,为读者提供一种极具个性的叙事文本。当然,好的小说叙事语言不是空穴来风,而是个人的语言经验与社会大众的普遍的语言经验所达到的高度契合。

所以说,叙事语言是衡量一个小说家的重要标尺。即使我们从小说的一个章节里抽出来一段文字,也能看到一个小说家对语言的感觉。小说的结构技巧、对事物的感觉、小说的意味、对生命的思考和追问、对精神的探索等等,都能从他的叙事语言里体现出来。

从 2000 年开始,我断断续续用去了十年时间把收在这套文集里的中篇小说又重新看了一遍。当然,这种看不是那种粗粗地阅览,而是在语言上认真地做功课。在这漫长的提炼过程中,我对小说的叙事语言有了切肤的感受和明晰的体会。

[①] 墨白中篇文集《航行与梦想》卷后记。

生命在时间里燃烧[①]

1956年,在我出生的这一年冬天,我的家被一场大火给吞没了。当大火封住房门的时候,母亲冒着生命危险冲进屋里,把我从火海里抱出来。那时我还在床上熟睡,母亲在惊慌之中连包裹我的被子都没能拿出来,除了我,家被烧得一干二净。后来,我常常在母亲的讲述里或者梦境里走进那场我想象中的大火,走进那个被大火映红了天空的寒冷的冬夜。那个时候,我出生还不到一个月,幼小的我躺在母亲的怀里,尽管还不能从母亲的眼睛里感受恐惧和悲伤,但,生活在我还是个婴儿的时候,就显现出了它的无情和残酷。我敢肯定,当时我对此没有丝毫感觉,面对灾难,我的脸上还露出了快乐的微笑。

后来,当我用写作来证明一个人的存在的时候,才渐渐地意识到,其实这就是生活的本质,而我们的生活,又根植在常常被我们忽视的时间里。

时间是无边无际灰色的雾霭,有时我们就像一个婴儿面对灾难时的态度,对它的残酷茫然无知。时间是另一种形式的大火,随时随地都在无声的燃烧。我们作为一粒煤一根柴将在时间燃起的大火里变成灰渣,却总以为那是生命自身在消亡。当我们渐渐地认识到衡量我们的生命实际就是时间长短的时候,生命的无奈生命的凄伤生命的恐惧就像春天的野草一样在我们的头脑里生长,为此我们常常在恐惧和无奈之中寻找一种留住生命和时间的方法。

当我编辑这本集子的时候,我才突然意识到,《情与仇》写于1987年3月,是我最早的一部中篇小说,而《尖叫的碎片》则写于2009年2月,是我目前中篇小说里的最后一部,这真是一种巧合。从1987年3月到2009年2月,时光已经过去了整整22年,那些已逝的时光,真是恍如隔世。如果不是这些小说,我去哪里寻找昔日的时光?不错,写作被我们认定是梦想延续生命的一种方法,同时也构成了我们企图延长时间的梦境。应该说,写作就是

---

① 墨白中篇文集《尖叫的碎片》卷后记。

我们对生活对生命对时间的认识过程,我无法避开那些在我生命的历程里失去的时间,那些被我正确利用的时间,已经构成了我失去的生命的一部分,变成了一些文字。那些像水一样的文字,就在我的小说里流动。

内心里,我时常像个孩子,总觉得自己还年轻。可是在这篇后记的开头,我写下了一个对我十分重要的年份:1956年。现在已经是2010年的4月,即使我怀着一个孩子的心,即使掌管我们生命的上帝允许那个名叫墨白的人再活上一些年头,即使到了七老八十他仍不服老,但是,眼前的这个数字他却无法避开。实际,我已经是个年过半百的人了。一个年过半百的人,他还需要什么呢?不管别人想要什么,但我只想要时间。属于自己的时间。还有什么能比干自己想干的事儿重要呢?如果生命厚爱,就让我自由地分配属于我的一分一秒吧!

从1984年发表第一篇小说到眼下,我的写作已经历了25年。不说这些年所写下的文字对别人有什么用处,就我个人的生命历程而言,这却有着不同寻常的意义。对于一个自然的人来说,时间是不会再生的,对生命有限的个体来说,还有什么能比把时间留给自己,去做自己想做的事情重要呢?我想,世上的每一个人,都希望自己活得精彩。就像你也渴望自己的人生精彩一样,我也有这样的想法。

但愿您能从我的小说里,感受到我对生活对生命对时间对欢乐和痛苦,对孤独和寂寞等诸多情感的体验和认识。毫无疑问,您的阅读,就是进入我生命时间里的阳光,它能获得延续爱的奇迹,对此,我十分感谢您,就像感谢关心我和我的写作的人们一样。

写作的精神实质[1]

我常常把现实中的城市想象成一个男性空间,耸立在城市上空所有的建筑都像男性的生殖器。你看,它们是那样的庞大,那样霸道,即使在光天化日之下,它们也不愿意让充满自身的血液退出去,把自己打扮成永远处在亢奋之中的样子。当夜晚降临的时候,它们又用灯光从内部把自己改变成一个透明的晶体。城市就是在这样的欲望之中无休止地膨胀着,空气中充满了铜臭的气味,但又是那样的冰冷,那样的缺少情感。世俗在肆无忌惮地强奸着我们的灵魂和思想,这就是我们的精神世界在现实生活中的真实写照。

这种状况同样使目前的汉语写作处在尴尬的境地之中。在这样一个到处都挺着阴茎的社会里,在这个崇尚金钱和权势的媚俗的男性空间里,人们都在试图给自己营造一个性爱的空间。生活在这个空间里的作家如果缺少独立人格和自由精神,那么他就可能随时被世俗的欲望所强奸,或者不用别人强迫,在他的皮肉里就生长着那样的媚骨。但是,这并无可厚非,因为在这个貌似思想自由的社会里,他们有这样的权力。

而真正的写作,与这些显然是不相同的。我理解的写作应该是这样的:无论世风怎样变化,无论在任何情景下,他们独立的人格都不会被权势所奴役,他们自由的灵魂都不会被金钱所污染;那是因为他们的写作是来自他们的心灵深处,是对自己行为的忏悔与反省;他们对媚俗的反抗、对社会病态的揭示、对人间苦难和弱者的同情、对人类精神痛苦与道德焦虑的关注等等,这些因素构成了他们的姿态;而更重要的是,写作应该充满对旧有的文学叙事的反叛精神,充满对惰性的传统阅读习惯的挑战意识;他们的写作充满了想象力,充满了创造的激情;他们的写作是在为人类认识自己和世界提供一个新的途径;这些,都显示出了写作者们的精神品质,一种人类精神领域里最为可贵的品质。

收在这个集子里的《光荣院》、《白色病室》、《讨债者》、《迷失者》、《局部麻醉》和《七步诗》,应该说充分体现了我对写作精神的理解和追求。

---

[1] 墨白中篇文集《局部麻醉》卷后记。

精神蜕变与人格尊严[①]

1992年初,我离开生活了36年的故乡,离开了我工作11年的乡村小学,我身上带着泥土气息目光里充满了胆怯进入了城市人的视野,到颍河上游的周口地区文联的文学期刊《颍水》任编辑。从某种意义上来说,我经历了20世纪80年代中期以来中国农民进入城市的运动,从那一刻起,我就开始像候鸟一样在农村和城市之间不停地迁徙。

作为一个农民的后代,我饱尝了由长期的城乡二元对立所构成的人格的不平等而引起的精神歧视,我深刻地体会了由精神蜕变所产生的痛苦。在无处不在的蔑视的目光里,我用力地寻找着作为一个公民应有的尊严,化解着多年来由社会的不公所带给我的自卑心理。后来我发现,在我们的现实生活里,更多的人开始意识到人的尊严和人格平等的问题。在一个文明的社会里,尊严对任何人,哪怕是一个残疾人,一个精神病患者,一个被判了死刑的囚犯,都应该是平等的。但是我们还应该意识到,虽然我们身处一个开放的时代,同时有着各种各样的法律条文作保障,但是,我们要想从被禁锢的精神牢笼里摆脱出来达到精神自由,从被歧视的阴影里摆脱出来建立人格尊严,路途还十分漫长。这就像1954年美国的《宪法》做出了种族隔离是违法的规定一样,《宪法》虽然已经修正,而黑人真正要想摆脱种族歧视还得从自己做起,让自己的内心必须强大起来。我们自身的解放,才是至关重要的。作为一个人,最深的恐惧可能不是来自外部,而是来自我们内心深处。

收在《瞬间真实》这部集子里的小说,应该说就是我对生活在身边的那些我熟悉的同胞精神蜕变历程的关注。当然,这些痛苦和不安的精神蜕变过程,首先是从我自身开始的,或者说我始终都把自己看成是他们之中的一员。这些小说产生的过程,应该说就是我在光线暗淡的长夜里寻找人的尊严和追求人格平等的过程。

---

① 墨白中篇文集《瞬间真实》卷后记。

写作与历史的关系[①]

在我们的教科书里,或者历史学家那里,常常会把人类的发展历程分成古代史、近代史、现代史和当代史,等等。然而,在小说家这里,这种界线被模糊了,小说家们对历史学家们对历史做出的定义提出了疑义。小说家有自己看待历史的方法,有自己独特的历史观。一些刚刚发生的事件,一些已经十分遥远的事情,在我看来都是我们的记忆,一些丧失了物理时间的记忆。比如发生在20世纪初的五四运动和20世纪末的一些事件,它们对我来说没有先后之分;比如发生在20世纪60年代的无产阶级文化大革命,和比这个年代更早一些的大跃进,在我写作的时候,它们只存在于我现实中的一瞬之间。

在塞纳河的左岸和右岸,我们不说像卢浮宫这样的博物馆,单说民间,各种各样的博物馆就有数百家。在那里,在每一个地方,你可以清楚地看到法兰西这个民族的发展史。当然,巴黎本身,就是一个天然的博物馆。许多人至今还都生活在具有百年历史或者更悠久的楼房里。每当星期六,教徒们还都会赶往位于斯德岛上的巴黎圣母院去望弥撒。在这里,法兰西的历史和当代巴黎人发生着千丝万缕的联系。巴黎是一面镜子,她可以使我们看清我们自己的面目,在我们的现实生活里,有些历史是断裂的。如果现在你对身边的孩子讲起无产阶级文化大革命,他就会睁大眼睛看着你说,这是真的吗?我们这些经历过文革,但还没有逝去的人会说,是的,是真的!可是在我们的现实里,在我们这个曾经经历过灾难深重的文革的国度里,去哪儿能找到文革所留下的痕迹呢?幸好,现在还有我们这些文革的活化石存在着;幸好,我们还有权力拿起笔来写下深藏在我们内心的文革,写下那些我们的父辈对我们讲述过的更远一些的他们的生命经历,比如20世纪50年代的大跃进。这样,等一些年过去后,当我们这些活化石变成骨灰的时候,我们的后代或许可能会从我们留下的文字里寻找到20世纪五、六十年代我

[①] 墨白中篇文集《雨中的墓园》卷后记。

们这个民族一次又一次荒诞而真实的经历。

  我们知道,我们是一个太善于忘记的民族。因为善于忘记,我们失去了太多的自尊。我们还知道,有许多事,仿佛只有当她变成历史的时候,我们才有勇气去面对它的真相,比如像发生在20世纪三、四十年代里的抗日战争和解放战争。所以,在一个小说家的历史观里,我心甘情愿地把文革这样的我们民族的经历当成历史来看待,并希望我们不要忘记它,使这"历史"成为对我们的警示。所以,在这部小说集里,除去像《同胞》、《霍乱》、《民间使者》这些描写我们用通常的观点认定的历史的小说之外,我还把《雨中的墓园》、《风车》、《苍凉之旅》这些描写文革和大跃进的"历史"小说收在这里。这些作品,不但体现了我讲述历史的方法,而且还表达了我的历史观。

颍河镇与世界的关系①

1989年的深秋，我参加了《清明》杂志举办的创刊10周年庆祝活动。在合肥，我有幸见到了我的中篇小说处女作《兽医、屠夫和牛》的责任编辑孙叙伦先生。在那次会议上，我还认识了《北京文学》的主编林斤澜先生，《钟山》的主编刘坪先生（在这之前，1989年第四期的《钟山》杂志刚好发过我一篇小说，责任编辑是小说家苏童），《百花洲》的主编蓝力生先生（后来我有幸成了他的作者），还有《花城》杂志的主编李士非先生（这些年来我与花城出版社的关系十分密切，《花城》发过我十余部小说，王虹昭、黄蒲生、田瑛、申霞艳、颜展敏、林宋瑜诸位都编发过我的文字）。

记忆里的那个远去的深秋，我还在故乡的小学里任教。在寂寞、孤独而冗长的乡间岁月里，我开始用文字构造颍河镇，然后把我创作的小说通过邮局寄出去，和外部世界保持着某种联系。因为小说的缘故，在后来的岁月里我有幸和《当代作家》的周百义，《电视·电影·文学》的孙建成，《漓江》的鬼子，《莽原》的钮岱峰和李静宜，《大家》的马非，《山花》的何锐、李寂荡和冉正万，《芙蓉》的龚湘海，《十月》的赵兰振诸位先生得以相识，他们都是我中、长篇小说的责任编辑。还有《长城》的艾东、赵玉彬，《峨眉》的唐宋元，《飞天》的李禾，《山西文学》的星星，《人民文学》的朱伟，《小说林》的何凯旋，《江南》的谢鲁渤、简爱，《东海》的王彪，《黄河》的谢泳，《作品》的温远辉，《四川文学》的冉云飞，《上海文学》的徐大隆等等诸位先生，虽然他们也都编过我的中篇小说，可我们至今仍然无缘相见，这让我常常心生遗憾。

我时常有一种想抛开一切，启程上路去拜访他们的念头。而在这些我想拜见的老师中间，我深怀内疚的是《收获》杂志的李国煣老师。1988年我第一次给李国煣老师投稿时，把李国煣老师的名字写成了"李同煣"。老师的名字是从她给我大哥孙方友的来信中看到的，我当时把"国"字看成了"同"字。在后来，因为小说的关系我和李国煣老师有过多次通信，可是她从

---

① 墨白中篇文集《幽玄之门》卷后记。

来没有给我提起过这件事儿。我心里清楚，对一个生活在偏僻乡村热爱文学的小学教师的处境和向往，老师有着深刻的理解和同情，这让我时常感动。每当想起这件事，我都会对李国燊老师深怀歉意。

多年以来，我都对编发过我小说的各个文学期刊的老师们心怀感激之情，可是，我一直没有机会对他们表达我的这个心愿。现在，我在这里向为我付出过辛勤劳动的编辑先生们深深地鞠上一躬。诸神在上，墨白这厢有礼了。是你们，才让我小说里的颍河镇走出我地处偏僻的故乡，和外部世界产生了关系，使我和读者通过颍河镇在精神上得到交流和沟通。

三个内容相关的梦境[①]

狗　　心

　　光线从窗子里像混沌的水一样悄无声息地流进来,映照着我黄色的面孔。我低着头,坐在一只上了年岁的旧木凳上,手里捧着一本崭新的杂志,正在一心一意地阅读。木凳不时地在我的身下发出叽叽扭扭的抗议声,寒冷的空气在我翻动的书页里水一样流来流去,那个时候我的整个注意力都倾注到那些白色的书页上,思想被黑色的字体所淹没。从校园里传来的读书声和着铺天盖地的雪粒抽打泡桐树枝的声音似乎离我十分遥远,那个时候我不知道自己身在何方,是在我任教的颍河镇小学里,还是在1924年冬季的莫斯科的大街上?我不能确定。

　　镇外那条河流悄悄地退到远处的积雪里,在我的对面坐着一个留着像高尔基[②]那样浓胡子的中年人,当时我没能力确定他的实际年龄,他有五十多岁的样子,或者更大一些。他当时用一种知识分子特有的缓慢的口气对我说,你知道,那条狗当时就卧在冰冷的门洞边,身上被开水烫伤了,样子很可怜。听它喘息的声音,我断定它得了肺炎,它就要死了。那个时候我在莫斯科一家医院里任外科大夫,人家叫我菲利普·菲利波维奇[③],有时候也喊我教授,当时我是出于同情,才救下了这条狗。我不但给它治好了烫伤和肺炎,而且在某一天同我的助手把一个突然死去的28岁的男子的脑垂体,还有一对睾丸移植进了狗的头颅和身体里。我忘记告诉你,这条狗名叫沙里克,在后来的一段时间里,沙里克的身体里发生了变化,它会说人的语言,也就是说,它变成了一个人。沙里克在变成了人之后,就开始要求自己的权力,要求报户口,要求成为一个合法的公民。在这一切被满足之后,人类所有的

---

　　① 原载《世界文学》2006年第2期。
　　② 高尔基(1868～1936),俄罗斯作家。主要作品有《母亲》、《阿尔塔莫诺夫家的事业》等。
　　③ 菲利普·菲利波维奇,小说《狗心》的主人公。

恶习都在这条狗的身上表现了出来,他的嘴里一天到晚都是骂人的粗话,他调戏妇女,随地大小便,睡在厨房潮湿的地板上,偷东西,说谎话……最后他竟然当上了莫斯科公用事业局清除无主动物科的科长……由于这个人的出现,我的整个生活都被打乱了,我成了最重的受害者。

教授说到这里停了下来,他看着我无可奈何地叹了一口气。

我说,这人长着一颗狗心。

不,教授说,你得明白,问题的可怕在于,他现在长的恰恰是人心,而不是狗心。

教授停顿了一下又说,在自然界,各种各样的心脏里就数人的心最坏!难道你在现实生活里没有遇到过这样的人吗?

看着教授,我无言对答,我不能不承认教授说的是事实。我说,后来呢?

教授说,后来他竟敢用手枪指着我,出于万般无奈,我的助手打昏了他,我只好把那条狗的脑垂体重新移植回去,那个人最终又变成了一条狗,一只在人腿下钻来钻去的狗。

我说,你的故事使我对人性有了新的认识。我不是恭维你,从某种程度上,你改变了我的思想。首先,我被你所讲述的故事而震惊,随后,我又为这个故事所装载的不可言说的深刻而感到不知所措。

教授笑了笑说,我只是个外科大夫,有关这方面的问题你还是和他说吧。教授说着指了指坐在他身边的布尔加科夫。

说实在的,我是这个时候才注意到布尔加科夫,他面色凝重,留着一头短发,他说,当年在写《狗心》①的时候,我压根就没考虑多年之后,会和你坐在这里因为那条狗而对话。

我说,我并没有说什么,我只是在听你讲述,这次对话是以你独自的讲述构成的,我只是一个心灵的参与者。真的,刚才我深深地被你的讲述所震惊,我的思想在你的话语里悄悄地发生着变化,但对此你却浑然不知,你根本不看我的面部表情所发生的变化,是不是当初你写作的时候,就没有考虑那些来自外部的客观因素?

布尔加科夫说,是这样。我当时压根就没有考虑读者是不是能接受我,也没有考虑到我的写作会不会受到当局的认可,我考虑的是我自己,考虑到我的写作是否忠于自己对生命的真实感受,我要真诚地面对自己的灵魂。

我说,我查过你的几部重要著作的写作与出版时间,是能证明你刚才说

---

① 《狗心》,曹国维译,作家出版社1998年版。

的话。你看……

说着,我拿出了一份资料给他看:写于1923年至1926年间的《白卫军》①,到1966年才出版全本。写于1925年的《狗心》,到了1987年才在大型刊物《旗》上发表。写于1928年至1940年间的《大师和玛格丽特》②的全本,到了1973年才得以出版。

布尔加科夫看完把那份资料还给了我。他说,你知道,我出生在1891年,从那时起一直到1921年,我的大部分时间都是在基辅③度过的。我的父亲在我十六岁那年死于肾硬化,后来我考入了基辅大学攻读医学。最后我做了白卫军的军医……

我打断他的话说,是不是你在医学方面的经历和知识,才使你写出了这部不朽的《狗心》?

布尔加科夫说,不能说不朽,关键是一个作家不论处境何等困难,他都应该忠于自己的原则,如果把文学用于满足自己过上更舒适、更富有的生活的需要,那种文学是可鄙的!

布尔加科夫对我讲完这些之后,就突然和教授一起不辞而别,甚至我连他的神色都没有看清楚。这使我十分懊丧,我想肯定是因为我打断了他的话,他才生气离我而去的。

1987年11月底的一天,那个天色灰暗的下午,我独自一人坐在那里,有些茫然地看着我手上那本当年最后一期的《苏联文学》,我清楚地知道,布尔加科夫的《狗心》就发表在那上面。

地　　槽

在另外一个场景里,我见到了普拉东诺夫④。

那是春季的一个傍晚,应该是春季,1989年的春季。《苏联文学》在1988年的第二期开始连载普拉东诺夫的《地槽》,译者是陆琰和奚瑶。后来我见

---

① 《白卫军》,许贤绪译,作家出版社1998年版。
② 《大师和玛格丽特》,戴骢、曹国维译,作家出版社1998年版。
③ 基辅,一座建立在第伯河岸的历史名城,苏联解体后为乌克兰的首都。
④ 普东拉诺夫(1899~1951)是非凡的俄罗斯小说家,出生在沃罗涅日一个铁路家庭。普东拉诺夫命运坎坷,他写于1926年的长篇小说《切文古尔镇》,迟至1988年才得以问世。另一位俄罗斯作家帕乌斯托夫斯基(1892~1968)说,假如普东拉诺夫和布尔加科夫这些作家的作品,写完之后就能和读者见面,那么,我们所有人的思想就会比现在不知道要丰富多少倍了。

到徐振亚的译本时,《地槽》被译成了《基坑》①。那是1989年春天的一个下午,我拿着几本连载《地槽》的杂志,翻过当年我任教的颖河镇小学西边那堵被雨水冲出了一个缺口的泥墙,来到一所被人遗弃的房屋里。房子的部分墙壁已经坍塌,我就坐在那废墟前,在春天午后阳光的照耀下,随着普拉东诺夫一起走进了那口深不可测的土坑。

那是一口在冻土上挖出来的土坑,我们来到的时候,看到有十几个面色蜡黄精神疲惫的人正在土坑的背风处休息,普拉东诺夫指着他们一一向我介绍,这位是沃谢夫,这位是工程师普罗舍夫斯基,这位是区工会主席帕什金……当时我注意到,还有一位坐在轮椅上的残疾人,我知道人们叫他扎切夫②。

我说,我知道,他们准备在这里建造一座供普天下劳动人民永久而幸福地居住的高塔。

可是,普拉东诺夫并没有为我明白了他们劳动的目的而感到高兴,相反,他的脸上却出现了一种忧郁的神情。他说,是呀,可是这里的人们,并不知道那座未来的高塔是个什么样子。

他停顿了一下接着说,你没有感受到,这里的一切都是荒诞的吗?在这里,就连马匹也被分成两个阶级,动物也有组织性和阶级性,也有贵贱之分。你看,他们把那些吃剩下的,霉烂的食物才肯分给那些属于资产阶级的马。

但是,有些问题我还是不太明白,我清了清嗓子,朝普拉东诺夫问道,你说他们建造这座高塔是为了让全世界的无产阶级和劳动人民来居住,那么他们准备让那些富农和坏分子住在哪儿呢?

普拉东诺夫说,那里的无产阶级为他们扎了一个木筏,让他们顺着河流任意漂流。

我说,他们去什么地方呢,哪里才是他们的目的地?

普拉东诺夫说:灭亡!无产阶级的关键目的就是要消灭他们!

听了他的话我的心情十分沉重,我说,你所描述的真是一个荒诞的世界。这样的情景我也十分熟悉,因为我们也经历过,反右运动、大跃进、人民公社、无产阶级文化大革命……我们所做的,决不次于在你们这里发生的事情……

---

① 《坑基》,徐振亚译,见《美好而狂暴的世界》第134页,浙江文艺出版社2003年版。

② 本自然节出现的几位均为小说《坑基》里的人物。

普拉东诺夫用怀疑的目光看着我,他说,是吗?

我说,是的,我们现在身处的地槽仿佛一面镜子,你让我们看清了我们自己的面孔,只是……

我停顿了一下说,只是我们从来没有谁像你这样来认识我们经历过的荒诞,没有谁能用你这样的文字来描写这样的荒诞。你看,在你这里,在你的文字里,一切都有了情绪。羞答答的树叶在自言自语地说着有关生命的话题,莫斯科的狗的叫声也是为了表达自己的勤于职守,就连人们穿的衣服也患了资产阶级的伤寒症,食物也带有强烈的情感色彩。从你的叙事里,我能明显地感受到你的情绪,像流水一样的情绪,你的情绪像风一样来抚摸着我,你看,就像这照在树叶上的霞光一样,你的语言在我的眼前闪闪发光。在你的叙事里,我觉得你的外视角和小说主人公的内视角的转换是那样的自如,你对未来的那些近似精神病患者的狂想,对意识流的运用,使得你的语言十分的独特和丰富。同时,你小说里的细节像梦境一样的奇特,她使我有一种无名的兴奋和压抑。我仿佛在无边无际的田野里看到了一只飞翔的鸟,那鸟飞翔的姿势是那样地牵动着我的目光,让我一直注视着她,从而使我忘记了时间的存在,让我感受到整个世界都是寒冷的,你让我看到了一个临近末日的世界!你使我感受到了无边无际的迷茫。和你交谈,我始终被这种情绪笼罩着,你使我伤心,使我忧郁,使我绝望,这就是你所生活着的那个社会吗……

我就这样滔滔不绝地表达着自己对《地槽》的看法,可是当我抬起头的时候,普拉东诺夫已经不见了踪影。太阳也落到西边的树丛里去了,但是霞光仍旧弥漫在天空中,普拉东诺夫,你是什么时候走的呢?你是沿着废墟前面这口水坑的边缘离开的吗?你回到那个名叫沃罗什的城市里去了吗?

是的,你应该回到那里去,因为你属于那里。1899年你从那里出生,然后才有了《切文古尔镇》①,有了《基坑》,有了《初生海》和《幸福的莫斯科》,才有了我们这个对话的下午。我坐在那里,茫然地看着你走过的那个水坑的边缘,即使是学校里下课放学的铃声也没能使我清醒。我茫然地看着那口水坑,那口水坑里长满了绿色的浮萍草,像一块毛茸茸的毯子,使我意外的是,在那片绿色的毯子上,还浮着两只白色的鹅,在傍晚红色的霞光里,那真是一幅绝妙的画面。

---

① 《切文古尔镇》,古扬译,漓江出版社1997年版。

盐

由于花城出版社1992年9月版的《骑兵军》，我认识了巴别尔①。那年的秋天，我已经从故乡的小学调到周口地区文联。在我住室的窗外，有两棵高大的小叶杨，小叶杨的树叶在凄凉的秋风里像我的情绪一样飘落。就是那个秋天的下午，巴别尔乘坐的那趟列车随着飘落的黄叶从窗子里开进来，然后在我的床边停下。

巴别尔头戴一顶鸭舌帽，从冒着白色蒸汽的机车里走出来。他很随和，他推了推架在鼻梁上的眼镜对我笑了笑，随手朝列车里指了指说，她就坐在上面。

我知道他说的是那个怀抱婴儿的妇女。在她上车之后，车上的哥萨克战士给她让出了座位，但后来他们发现她抱着的是一个没有呼吸的婴儿，并在婴儿的身上找到了食盐，原来她是一个盐贩子。

这就是那天巴别尔给我讲的第一个故事：《盐》②。接下来，他又给我讲述了许多故事，其中的《家书》③，使我难以忘怀。由于政见不同，老子亲手把他的一个儿子杀死了。后来，老子的另一个儿子抓住了他在旧政府当警察的父亲，并亲手把父亲给杀掉了。

讲完《家书》之后，巴别尔对我说，你注意到没有，这个故事是那个被杀的父亲的另一个儿子，在给母亲的信中讲述的。

我说是的，我注意到了，你似乎喜欢用书信体来讲述故事，包括《盐》。你为什么喜欢这种形式呢？

巴别尔说，能增强小说的真实性和艺术感染力，使小说的叙事语言达到口语化。你可以再看看这篇《盐》。

是的，《盐》里的故事就是一个战士给报社主编写的信，在信的结尾，那个战士用平静的语气对报社的主编说，我们把那个盐贩子从飞快的火车上扔了下去……

我知道，巴别尔在无情地咒骂着战争，他用悲绝的目光审视着遍体鳞伤的俄罗斯，同时也在审视着我们。我清楚地知道，在《家书》里，在《盐》里，能

---

① 巴别尔(1894～1941)，犹太裔俄罗斯作家。国际文坛将他誉为"苏俄时代的莫泊桑(1850～1893，法国小说家)"。巴别尔小说独特的叙事风格和人性深度使他备受博尔赫斯、罗曼·罗兰(1866～1944，法国小说家)等大师的推崇。
② 《盐》，戴骢译，见《红色骑兵军》，浙江文艺出版社2003年版。
③ 《家书》，戴骢译，见《骑兵军》，人民文学出版社2004年版。

看到我们民族的身影,看到在我们生活过的土地上曾经发生过的战争与他小说里描写的是多么的相似。

　　当然,这次我没像上次和普拉东诺夫谈话那样,只顾自己夸夸其谈,我想更多地了解巴别尔的内心世界。我知道,1905年大革命时期,在俄罗斯许多城市里有无数的犹太人被屠杀,那一年巴别尔已经十一岁,这必定对他的灵魂产生过深刻的影响。可是让人感到不解的是,这个犹太人的儿子,后来却参加了仇视犹太人的哥萨克轻骑军。面对那群并不承认他的哥萨克,他的内心是多么的矛盾,多么的孤独和悲伤,这情绪就像冬天里那枚挂在天边的寒月。你想,一个对哥萨克有着敌对情绪的犹太青年,却投身到哥萨克的骑兵队伍中,这就像20世纪50年代一个被革过命的地主资本家的后代去参加革命,那该是一种怎样的心情和处境?

　　后来我问巴别尔说,你叙事的冷酷,那种带着强烈的情感色彩,又极端个人化的冷酷,是不是与你的这种经历有关?

　　巴别尔说,不,你说的个人化,指的不是我本人,而是我作品里人物的个性化。

　　巴别尔想了想又说,严格地说,我把自己融化在小说的人物和事件里了,我是真正地进入了小说人物的生存环境,进入了小说人物那有着强烈的主观意识的精神世界。

　　对巴别尔的观点我有同感,我说是的,从你的小说里,我们能感受到你切肤的疼痛,感受到你对世界的态度和看法。像你这样的作家,在经历了漫长的时间考验之后,为什么仍然具有这么大的魅力?我想,一方面是你与自己民族的命运有着不可分割的关系,你的作品深刻理解和表达着这个民族的命运和情绪;而另一方面,就像布尔加科夫和普拉东诺夫一样,是你对以往的文学形式的叛逆,正是这种叛逆,文学才有了新的生命。

　　但巴别尔对我的评价不置一词,他似乎不太愿意和我讨论这些有关文学的话题,他转身上了那台机车,消失在白色的蒸汽里,然后在窗外满地的黄叶里离开了。

三个内容相关的梦境

　　这三个不同的梦境,曾经出现在我不同时间的生命里,现在我把她们连在一起,组成一个新的梦境。他们是我的梦,我的阅读之梦,我的记忆之梦。不是吗?我用什么样的方法才能回到那不同的阅读现实里去呢?我没办法,我只能把那经历看成是三个内容相关的梦境。

是的,他们有着许多相关联的地方,比如,他们对当局都持有不同的政见。普拉东诺夫的小说《疑虑重重的马卡尔》因为被怀疑影射斯大林而遭到严厉批判,他真实地反映农业集体化和农村生活的《立此存照》更是激怒了斯大林。斯大林不仅骂他是"混蛋"、"畜生",剥夺了他发表作品的权力,而且他还上了安全部门的黑名单。巴别尔也曾经在言谈中两次冒犯过斯大林。后来斯大林为了转移人民因为大清洗而产生的对最高政权的痛恨,在1939年4月下令逮捕了当时的内务人民委员叶若夫,巴别尔也因此受他的牵连而随之被捕。而布尔加科夫则拒绝了斯大林让他修改《逃亡》一剧的要求,他不同意斯大林在《逃亡》的八个梦之外再加上一两个能"使观众了解布尔什维克做得完全正确"的梦的要求。他在1931年给斯大林的一封信中这样说到:"在苏联俄罗斯文学的广阔原野上,我是唯一的一只文学之狼。有人劝我在狼皮上涂点颜色,这是个愚不可及的劝告……"还有什么比这更能说明一个作家的艺术良心呢?

正是布尔加科夫的这种不妥协,才决定了他晚年生活的凄凉和寂寞,他穷困潦倒,靠变卖家产过日子。他就是在这样的状况下写着不朽的《大师和玛格丽特》。他是那样的孤独和寂寞,而他又是那样的富有,在这个庞杂的世界上,他拥有自己的语言和声音,他把自己的胸膛真诚地剖开,于是他的写作便产生了意义。相应的情景也出现在普拉东诺夫和巴别尔的身上,他们在身陷囹圄和不幸的时候,都表达了同样的愿望。巴别尔在被宣判的时候,曾苦苦哀求法官给他一些时间,让他完成他"最后的作品"。而普拉东诺夫也多次写信向高尔基求助,以求得发表作品的权力。

1940年3月10日,布尔加科夫枕着我们的《大师和玛格丽特》离开了那个忽视他的世界,他的遗体被安放在远离故乡的莫斯科的新圣母公墓。他的坟墓不是大理石,不是花岗岩,也没有石刻的雕像,那是一座用黑土堆成的坟墓。而在这之前,1940年1月27日,巴别尔在莫斯科被枪决后,连一个黑土堆成的坟墓也没有给我们留下,他把自己的肉体化成了泥土,变成了营养,然后被植物所吸收。同布尔加科夫一样,在普拉东诺夫生命最后的那些日子里,他失去了经济来源,成为一名清洁工,1951年1月5日,他在贫病交加中走完了自己崎岖的人生道路。这些生前命运坎坷被世俗埋没的人,在他们的身后,他们的文学成就都得到了应有的辉煌和尊重。

俄罗斯同我们一样,在上世纪经历了战争、苦难和荒诞,可他们仍然产生了这些伟大的作家。原因就是,无论在什么时候,他们都保持着独立的人格。由于皇权,我们恰恰就缺少独立的人格。一个优秀而健康的民族,要有优秀而健康的精神来滋养。他们留下的语言和思想，就是优秀而健康的那一部分。他们的文字就像那些毛茸茸的白色的蒲公英种子，一年又一年，散落得满世界都是。随着漫长的时间推移，他们用他们的人格和作品，获得了通往现实和未来的通行证。他们是人类的灵魂。我们从他们的身上，看到了相同的东西，那就是他们对人、人性、文学和社会独到深刻的认识与理解，我们看到了他们的创造性。

更重要的是，他们使每一个阅读者都看清了自己。他们留下的文字和语言，在不断地被后人接受，这不但是他们的精神财富，也是人类的精神财富。随着时间的推移，这精神的财富会像河流一样，日夜不停地注入大海，使之更加辽阔而深广。

《洛丽塔》的灵与肉[①]

出　生

最初,《洛丽塔》是由巴黎某家报纸上刊登的一则新闻引起的。植物园的一只猴子,经过一名科学家几个月的调教,创作了一幅画:画中涂抹着囚禁它自己的那只笼子上的几根铁条。这和我们现在看到的《洛丽塔》有什么关系?我们不敢断定当时有多少巴黎人注意到了这则消息,但在纳博科夫这里,这则消息却化成了一种意境,这意境在纳博科夫的笔下,成了一个男人在自己的妻子去世后企图诱奸他的养女的故事。可是,这个在纳博科夫本人看来有些丑陋的故事,在1940纳博科夫移居美国后的某一天,被扔进了燃烧的烈火里。

往往是这样,从一部小说在小说家意识里产生的那一刻开始,有可能会在他的头脑里孕育许多年。小说家的头脑仿佛母亲的子宫,当孩子怀上之后,时间就成了供养孩子成长的营养。但不同的情景是,小说家的胎儿要靠虚构来完成,有时可能是十年怀胎。当然,还有另外一种情景,随着时间的推移,小说家很可能会对此失去兴趣。如果纳博科夫在烧毁了那部手稿之后,就像我刚才所说,他对这部小说从此失去了写作的兴趣,那么,人类就有可能失去一部《洛丽塔》。但所幸的是,那个受孕于纳博科夫大脑里的婴儿并没有完全死去,事过9年之后,也就是1949年,她又重新复活了,并开始在纳博科夫的笔下渐渐成长。

但是,写作的过程十分漫长。纳博科夫呆在时间的监狱里,整日打量着他的《洛丽塔》。有些时候,《洛丽塔》就是绘在一张纸上的动物,一只羊,或者是一只狗,随时都有被纳博科夫擦去身上某个部位的可能。而时间,就是纳博科夫手中的橡皮。在纳博科夫的意识里只要轻轻地移动手中的橡皮,《洛丽塔》的容貌就会有所改变。纳博科夫在自己的大脑里虚构亨伯特,虚

[①] 原载《莽原》2008年第3期。

构洛丽塔,虚构夏洛特,虚构奎尔蒂。虚构是小说重要的特征之一。因了这虚构,未来的作品在小说家的头脑里出现了不稳定性。随着时间的推移,小说里的事件和人物会在小说家的头脑里清晰起来。某个人物或事件可能来自小说家的记忆,可能是他在梦境中遇到的,也可能是他在某一本书里看到过的,也有可能是一个历史人物和事件的影子。对于小说家来说,一切现实都是伪装,现实会随时被小说家的叙事所改变。《洛丽塔》的写作过程,就印证了这一点。

纳博科夫在他51岁的时候,开始写《洛丽塔》,但写作的过程并不顺利。纳博科夫曾经想到再次烧毁他已经写好的手稿,甚至连他头脑中的橡皮都不想用。在痛苦和犹豫的时候,"我曾在思想中返回——我返回时思想毫无希望地越来越窄——到遥远的地带,在那里摸索着某个秘密的出口,最终仅仅发现时间的监狱是环形的并且没有出路。"[①]是的,纳博科夫沿着球形的时间监狱一直走了5年。5年后,也就是1955年9月,《洛丽塔》终于在法国巴黎出生,那个时候我们的小说家已经56岁了。

在这之前,《洛丽塔》曾经遭到美国4家出版社的退稿,在巴黎出版后的半年之内,也几乎没人问津。当《洛丽塔》广为人知的时候,又多次遭禁,有人认为这是一部矫揉造作、华而不实、在装模作样之中让人觉得乏味和令人厌恶的作品。《洛丽塔》最初的经历,恰恰证明了一部优秀的小说就像一个穷人家的孩子,在她的成长过程中需要接受尘世的磨炼,需要经风雨见世面,接受世间那些不公正的待遇,然后她才能在人类的精神世界里慢慢地成长,慢慢地被越来越多的人认识并喜欢。

序　　文

在我最初读序文的时候曾经推测过,小约翰·雷博士可能会在阅读这部手稿的时候随时进入和走出,随时插话并进行议论,随时把我们从记忆的深度或者说亨伯特的讲述里拉出来。我想象着,由于序文的介入,纳博科夫会使《洛丽塔》形成双重的第一人称的叙事结构,在亨伯特以第一人称的叙述之外,还应该站着一个小约翰·雷,就是在"我"之外,还有另外一个"我",存在着另外一双眼睛正在阅读和评判,也就是说,并不是你或者我在阅读《洛丽塔》,而是我们在借用小约翰·雷的眼睛在阅读。这样一来,就使《洛丽塔》成了双重的第一人称的叙事结构。但事实与我的想象和推测南辕北

[①] 纳博科夫《说吧,记忆》,第2页,陈东飙译,时代文艺出版社,1998年版。

辙,除去这篇序文,在《洛丽塔》里,纳博科夫再没有让小约翰雷出来和我们见面。但,《洛丽塔》里的序文,却有着不可忽视的作用。

首先,小约翰·雷让我们知道,我们即将开始阅读的是一部回忆录。回忆录作为一种真实的记事文体,使我们相信这是一个真实的故事。小约翰·雷博士接着告诉我们,这部回忆录的作者亨伯特确实在我们曾经生活过的现实里生活过,并在他受审的前几天,也就是1952年11月16日在法定监禁中因冠状动脉血栓症而去世,他在临死前还留下了遗嘱,让一个和他相关的人来整理出版他留下的《一个白人鳏夫的自白》,也就是《洛丽塔》手稿的事宜。负责整理这部书稿的小约翰·雷博士,不但告诉了我们亨伯特的结局,而且还告诉我们小说里另外一个主要人物洛丽塔在现实生活里的最后结局。在离开亨伯特之后,洛丽塔嫁给了一个退伍军人,1952年的圣诞节,也就是在亨伯特离开人世没有几天,这位理查德·F·希勒太太因为分娩而离开人世。为了使我们相信他所说事件的真实性,他还让我们去查一查为时不远的有着具体日期的当地报纸,用来证实。

接着,小约翰·雷博士对《洛丽塔》里的道德观作了一些解释,他让我们相信,小说里所讲述的病态心理在美国社会具有普遍性。很显然,这也表达了纳博科夫本人的文学主张。使小说的序文成为正体,这精巧的小说结构达到了出人意料的艺术效果,它使我们对《洛丽塔》里所讲述的故事深信不疑。让序文成为小说有机的部分,显然具有结构学上的意义。

视 角

从《洛丽塔》第一部第一章开始,亨伯特作为第一人称开始对我们陈述,他自言自语的文字里充满了情绪,这就奠定了整部作品的叙事风格。亨伯特在现实当中,凭借记忆来对往事进行回忆,叙事的跳跃结构因记忆而产生。记忆是不承认时间秩序的,所以亨伯特可以想到什么说什么。记忆,梦想,幻觉,思辨。他可以任意对陪审团的女士们先生们打招呼,也可以从深邃的记忆里回到现实里来,和阅读者进行沟通,直接邀请我们进入他的生活,同他一道观察他是怎样接近并引诱洛丽塔的。在序文里,小约翰·雷博士富有理性的叙事到了亨伯特这里就有些放任自流了。亨伯特一次次地对陪审团的成员们、对每一个阅读者呼喊,这应该是《洛丽塔》的叙事最有感染力的手段之一,亨伯特让读者参与到事件的进程里来,让读者和他一起来评判是非,一起来思考,一起想象事件的进展。当然,读者会因此而被感染,成为作者的同谋,从而达到艺术真实的目的。但是,读者所信赖的,却是一个靠不住的叙述者,就像靠不住的记忆来到我们的小说里一样,却成为我们生活的现实,从而达到小说应该达到的目的。亨伯特直接对读者的对话是《洛丽塔》叙述的重要特征。

在《洛丽塔》里,所有的事件只存在于亨伯特的感觉里,所有人物的言行举止,只存在于他所能看到的有限的视线里。亨伯特从来没有把另外一个人的内心里的想法写出来,因为他不知道,他所能做的只是不停在猜想,推理,就连洛丽塔,他也没办法控制她,亨伯特从头到尾都不知道他的洛丽塔真实的内心世界到底是个什么样子,不知道这个幼小的人,这个性感少女对世界,对他,对生活的感受是什么。当然,他也没法弄清她是什么时候产生要离开他的念头,怎样策划从她身边逃走。也就是说,他不知道存在于洛丽塔内心的秘密,不知道她的生活中的隐私。说到底,他只是知道他在生活中所看到的极小极小的一部分,这就是他的叙事视角。他严格地遵循着生活的现实来表达自己的感受。是的,他没法看清存在于别人心中的秘密,不但亨伯特不能,我们也不能。你能吗?哪怕是你身边最亲近的那个人,你能看透他或者她在想什么吗?不能。可是,在我们所谓的现实主义小说里,却是无所不能的。看看《洛丽塔》吧,这才是真正的现实主义,真实而无边的现实主义。

是的,亨伯特没法进入洛丽塔的内心世界,因为他确实没有这个能力。他无从知道洛丽塔在知道她母亲离开这个世界的消息时的真实感受,他不知道她是怀着一种怎样的心情和渴望要离开他去寻找自己的生活的,更不知道洛丽塔在离开他的那三个年头有着怎样的经历。当然,他也不可能知道夏洛特在给他写信时的矛盾而痛苦的心情,他也不可能知道她在被汽车撞起来又落到地上的那一瞬脑海里到底闪现着什么。不能,亨伯特不能,我们也不能。我们必须承认这个事实,我们永远也没有办法进入别人复杂的内心世界,我们只能面对自己,我们所看到的只是事件的外部,我们只能通过人们的片言片语去想象,去感受。纳博科夫十分明智,他不但懂得,并让我们清楚地感受到了这一点。是的,纳博科夫,你让我们明白了这一点,不是你不能,而是生活中的亨伯特不能,只有在我们的生活之外的上帝,才可能知道洛丽塔和夏洛特到底在想什么,这就是我们的生活现实。

所以,整部《洛丽塔》的叙事都建立在亨伯特的生活经历上,都是亨伯特在生活中感受到的,都是他看到的,都是他想象到的,是他幻想到的,梦想到的,推测到的。他看到大海像云彩飘在空中,那么,大海就飘在空中。对此,纳博科夫也没有丝毫的办法,他说,"我的亨伯特这个人物是个外国人,一个无政府主义者,除了性早熟女孩这一点之外,还有许多事情我与他的看法也不一样。"①事实就是如此。

情　结

亨伯特十三岁那一年,认识了和他同岁的安娜贝尔。在一个夜晚,亨伯特和安娜贝尔在他家的后花园里偷偷地约会,正当他们接吻的时候,他们被家人的呼唤打断了。后来他们又在海边一个隐秘的地方,哆哆嗦嗦相互被诱惑的时候,突然有两个留着胡须的人从海水里冒出来,朝他们高声喊叫着下流话,两个对性处在朦胧之中的孩子都被惊吓住了。就在这次惊心动魄的经历过去不久,亨伯特心目中的安娜贝尔死于斑疹伤寒。那种神秘的,刺激的,有些冒险的近似游戏的对异性的渴望,因为安娜贝尔的突然去世,在亨伯特这里戛然而止,在他的精神世界里停留下来。没有人注意到他内心所隐藏的这个巨大的秘密,没有人给他带来驱散阴影的阳光,他童年的心被我们这些过来人给忽视了。

当然,如果安娜贝尔没有去世,他们一直交往,并在长大之后成为他的情人或妻子,对于亨伯特来说,那将是另外的一种情景。但事实却是,由于安娜贝尔的突然消失,亨伯特的内心深处对异性的渴望就停留在安娜贝尔十三岁那年留给他的那种无可替代的激情里。那个充满刺激的夜晚,那个让他感受到兴奋而惊慌的海边经历,那种带有犯罪感、有些探险味道的对性的好奇和向往,成了亨伯特永远的怀念和向往,由于一次次地回忆和想象,那些经历叠化成一幅清晰的画面,永远存在了他的记忆里,成了亨伯特内心挥之不去的情结。

在现实生活里,亨伯特和一些成年女性保持着一种所谓的正常的性关系,后来并和她们其中的一个结了婚。但是,这一切离他的内心深处的那个情结十分遥远,安娜贝尔成了衡量来到他面前的每一个女人的标尺。作为一个成年人,亨伯特的精神世界却是一个少年对异性的渴望所构成的。他对每一个经过他身边的性感少女都怀有一股地狱烈火凝聚起来的淫欲,他一直都在这个世界上寻找着他的安娜贝尔。即使是在监狱里他写这部回忆录的时候,他还在寻找历史文献中各种各样9到13岁的少女能成为人妻或者情人的法律条文来做他的证据,用来证明他内心里那个情结存在的合理

---

① 《洛丽塔》,主万译,第494页。上海译文出版社2006年版。本文下面的引文均出自这个版本。

性。亨伯特在论及 9 至 13 岁性感少女的时候,称这个年龄段的少女是"时间的魔岛"。亨伯特企图说服我们他的证据是人性化的,即便那些能证明他精神存在的文献已经十分陈旧,亨伯特想从那些陈旧的法律和习俗里寻找人与人在本能上的平等。

"人人生而平等,造物主赋予他们一些不可剥夺的权利,其中包括生命权,自由权和追求幸福的权利。"用《独立宣言》中的这句名言来看亨伯特,他应该有追求自己幸福的权力。然而,什么是让亨伯特感到幸福的事呢?"读者必须理解,在占有并奴役一个性感少女的时候,那个着魔的旅客可以说是处在超幸福的状况中。因为世上没有其他的幸福可以和抚爱一个性感少女相比。"(第 257 页),这就是亨伯特的幸福观,缺少道德的幸福观,只有身体的欢乐。显然,这是一种病态。但是,他却是真实的,至少亨伯特本人认为他的幸福观是正确的。这种停留在少年时代,缺少道德标准的幸福观,和我们世间太多的男人们所经历过的是那样地接近。

亨伯特怀着一个不再成长的少年的心,不停地寻找着他心中的情人,亨伯特寻找的过程,正是他精神构成的过程,他用自己的经历和经验,对世界产生认识。而精神一旦形成,要想改变已经十分困难。在生活里,即使安娜贝尔重新复活,可是长大成人的她是否能把亨伯特带回那个他向往的世界里去呢?不能,她已经结婚生子,已经变了模样,对于亨伯特来说,这是一个永远没办法完成的事实,少年的安娜贝尔是他人生的遗憾,同时也是他活下去的理由,也是他的追求和向往,是他的梦想。但是他清楚地知道,他永远也没有办法再回到十三岁,除非安娜贝尔重新复活,而且不再长大。

在亨伯特三十七岁那一年,当他在黑兹太太家的后花园的阳光下,看到趴在草地上看书的洛丽塔的时候,那个在海边光胳膊光腿,舌头炽热的小女孩儿,那个一直萦绕在他心头的安娜贝尔,终于化入另外一个人的身上。一切都是那样的顺理成章。那个他向往的被隔断了二十五年的美好的梦境,又重新来到了他的眼前。是的,洛丽塔出现在了他的眼前,一切都复活了。洛丽塔在这里代替了安娜贝尔,洛丽塔是亨伯特多年的梦,她重新回到了他的生命里。对于亨伯特来说,为自己的梦想和生命而不顾一切,是那样的合情合理,又是那样的自然。

审 视

亨伯特是一个喋喋不休地在他的回忆录里讲述女人的男人。坐在铁窗里,望着窗外那一线蓝天,亨伯特的脑海里所想到的,都是一些能使得他生命有些意义的女人们,那些他所经历的能让他记住面孔和名字的女人,那些记不住面孔和名字只记住肉体的女人们,那些连肉体也记不住只记住数字的女人们。在这一点上,体现了亨伯特的人性的另一面。难道纳博科夫是在写亨伯特吗?不,他是在写他自己,是在写你,是在写我,是写在这个世界上生存着的每一个人。纳博科夫锐利的笔锋直指我们灵魂深处最隐秘的那一部分,纳博科夫把围在人类最真实的内心世界上的幕布拉开了。通过亨伯特,他让我们敢于面对自己。可是,我们最缺少的就是面对自己的勇气,面对灵魂,就连纳博科夫也有些犹豫。纳博科夫写出了《洛丽塔》,但最初的时候,他却没有勇气写上自己的名字。在亨伯特身上,体现了人性的光芒,那些被我们认为最肮脏的想法,那些深藏在我们每一个人内心深处的本性,都被亨伯特毫不客气地晾在阳光下。或许,我们不是没有勇气承担人性深处肮脏的那一面,有些时候,我们压根就不愿意承认那肮脏的存在,我们压根就排斥对灵魂的自省。这就是我们与西方人的不同,作为人的个性,或许我们还没有苏醒,我们这个被封建权力意识浸泡了太久的民族,我们所处的不主张个性的文化背景,恰恰缺少了亨伯特的这种直视内心世界的勇气。

是的,常常是这样,亨伯特坐在空间窄小的监狱里,用冰冷的却十分客观的目光看着那个已经成为过去的亨伯特。有些时候,现实中的亨伯特并没有把过去的亨伯特当成自己,而是当作一个和他没有关系的人去看待,去评说,以人类道德的标准,以人类的良心为尺子来衡量他。他哪儿来的这种勇气?或者,亨伯特教会了我们一种自审的方法,他把过去的那个我抛弃了,仿佛过去的那个我和现在的我是两个人。所以,他才有勇气面对过去的我,发现过去的那个我在以前自己没有看清的地方,看清了过去的那个我的另一面。难道这样不好吗?这种方法可以使人们去审视过去的自己,在你摆脱了过去的那个我之后,你才有勇气去忏悔,亨伯特常常是这样,现实中的亨伯特,坐在监狱里的亨伯特,审视着另一个已经成为过去的亨伯特和洛丽塔在一起的情景。他从旧的深井里逃了出来。所以他看到了更为辽阔的天空。"一定有好多次,如果我了解我的亨伯特的话——我曾经把下面这样一个念头提供给自己超然地检阅……"(第 109 页),这个被我们认定为流氓的人,或者说精神病患者,亨伯特在这一点上,不知道要比我们强多少倍。至少,他敢于正视,或者说敢于面对自己丑陋的灵魂。可是回到我们这些正人君子这里,如果我们和亨伯特有同样的经历,并在心里像亨伯特有些同样的幻想和欲望,我们能面对吗?在这里,亨伯特完全可以成为我们的一面镜子,一副能照见我们自己的镜子。他敢于撕掉自己脸上的面纱,他是那样的真实,丑陋的真实。他让我们看清了我们自己的嘴脸,他比那些生活在虚伪之中的人不知道要强上多少倍。

尽管如此,亨伯特仍有不敢面对自己的时候。绝望的夏洛特拿着她在绝望之中写成的三封信离开了家,奔向草坪街那个忧伤的邮筒,同时奔向那辆为了躲避一条狗而让她连一句话都没有留下来的汽车,到了另外一个世界。亨伯特,你没有勇气面对夏洛特那双绝望的眼睛吗?不,你不是已经脸不变色心不跳地告诉她,她看到的那些记录了你对洛丽塔的爱意的日记只不过是你小说里的一些片断吗?当你端着斟给夏洛特的酒从楼梯上下来的时候,你怎么就没有勇气面对了呢?甚至连她死后留下的那三封还没有来得及寄出的书信,你也在自己裤兜里悄悄地给撕碎了。是的,即使在后来,你也只是让我们看到了那些书信的只言片语。纳博科夫,我觉得这很不妥当,你应该让你的亨伯特去面对,让他面对更尴尬的处境,让他更加淋漓尽致地表演,可是,你却把这个机会给放弃了。你想让你的亨伯特逃避吗?是亨伯特没有勇气面对还是你没有勇气面对呢?你是不是不忍心让亨伯特再这样表演下去了?你轻而易举地就让这样一个悲剧结束了。

我们现在设想一下,如果夏洛特没有死的话,亨伯特应该怎样面对呢?如果亨伯特内心的一些想法变成了现实,那么夏洛特又该怎样面对呢?哦,太残酷了!纳博科夫,或许,你让夏洛特在这个关键的时候离开我们,你是有道理的,但是,我真地有些遗憾,总觉得你是在逃避什么。我甚至怀疑你的能力,对此,你是不是没有太大的把握?在处理夏洛特、亨伯特和洛丽塔关系的时候,你总给人一种躲避的感觉,你很少让他们三个一起处在同一个环境之中。其实,他们是有着太多的机会的,可是你却避开了。是的,夏洛特就这样离开了人间,带着无法排解的痛苦,带着她和亨伯特两个人的秘密离开了我们的视线。即使在后来,在亨伯特和洛丽塔相处的日子里,亨伯特也很少提及她,而写在那三封信上的秘密,也被亨伯特在裤兜里给撕碎了,我们同亨伯特一样,只看到了那些信的只言片语。"我手掌心里这三封仓促写成的书信形状各不相同的碎片,就跟它们的各条内裤在可怜的夏洛特的头脑里一样混乱。"(第155页)是的,纳博科夫和亨伯特联起手来,他们同时避开了一个十分棘手的问题,亨伯特把一切都归结于命运。当他恐惧的内心为夏洛特的死找到理由之后,"与丰盈的命运的正式握手使我不再麻木不仁;我哭了。陪审团的女士们和先生们——我哭了。"(第160页)亨伯特,你那缺少审视的眼泪为谁而流呢?

情　绪

　　亨伯特二十岁那年和一个名叫瓦莱丽亚的女子在巴黎结婚,这次婚姻一直延续到1939年亨伯特的舅舅在美国去世,并留给他每年有几千美元的收入。就在他要移居美国的时候,突然发现那个已经变得肥胖臃肿、短腿巨乳、毫无头脑、邋遢而粗俗的妻子,竟然同一个身材矮胖的白俄前上校合伙给他戴了一顶绿帽子。当他们离婚后,瓦莱丽亚和那个上校一起来拿了她的东西离开,这时,亨伯特突然在卫生间里闻到了一股让他感到恶心的气味,"我非常厌恶地发现那个沙皇的前顾问在彻底解除了他膀胱的负担后,竟然没有抽水冲洗马桶。这汪阴沉的外国的尿以及在其中分解的一个潮乎乎、黄褐色的烟头叫我感到似乎受到了奇耻大辱,我狂怒地四下寻找武器。"(第47页)为什么给亨伯特戴绿帽子的偏偏是一个旧俄的军官呢?我们有什么理由不相信亨伯特对那个旧俄军官难以遏制的仇恨不是来自纳博科夫的内心呢?虽说纳博科夫的祖父是两朝沙皇的司法大臣,他们的家族也因此在1919年流亡德国,过着寄人篱下的生活,但是,他父亲却是排犹运动的死敌,1929年在柏林被保皇分子所暗杀。纳博科夫在流亡期间做过各种各样的工作,那个最初学习医学,后来攻读英语文学,并写了一本《英国诗歌简史》,又编了一本《法国文学比较史》的亨伯特似乎和纳博科夫有着相同的生活经历,他不但做过英语教员,而且还业余做过洛丽塔的网球教练。这当然不是巧合,我们相信,任何一部真正的小说,她里面的人物都会流淌着小说家的血液。当然,亨伯特也不例外。

　　一个小说家的出现,并非偶然,家庭和社会的影响都起着潜在的或者说关键性的作用。我以前曾经在一篇文章里举过一个例子,如果一个人,他的父亲如果是个木匠,那么,他将来所做的工作可能与建筑有关,如果他的父亲是个医生,那么他长大以后可能就去读医科大学。纳博科夫特殊的社会经历和家庭环境的影响,是他成为一个小说家的根本原因。一部小说为什么能如此强大,那是因为小说家把他对世界太多的感受赋予他作品里的人物,并使他具有鲜明的情感色彩,使我们真切地感受到他情绪的波动。

　　在前往草坪街的路上,亨伯特的情绪十分不好,"再朝前一点儿,黑兹家的住宅,一所白色构架,令人厌恶的房屋出现了。"(第56页)等见到黑兹太太的时候,他仍然持着敌对的情绪,就像以前对待他所遇到的那些风尘女子一样,他对黑兹太太同样没有好感。三十五、六岁的黑兹太太在亨伯特的眼里,容貌长得相当平凡,这种女人没有一点幽默感,他甚至想到,"我完全清楚丸一荒唐地我成了她的房客,她就会有条不紊地着手对我做出接受一位房客对她可能所意味的一切。我就又会陷入我十分熟悉的那种令人厌倦的私情之中。"(第58页)亨伯特觉得,在每张椅子上都放着翻脏的旧杂志的黑兹太太的家里,他决不会感到快乐,他甚至一边应付着黑兹太太的谈话一边偷偷地从兜里掏出火车时刻表,想找到一班可坐的火车迅速离开这里,并在心里坚决地对自己说,还是让我离开这里吧。可是,当他跟着黑兹太太来到她家的后花园,在看到趴在阳光里的洛丽塔的那一瞬间,一切都发生着急剧的转变。"突然,眼前出现了一片苍翠——'这是外面的门廊,'在前面给我领路的那个女人大声说。接着,事先一点没有预兆,我心底便涌起一片蓝色的海浪。在布满阳光的一个草垫上,半光着身子,跪着转过身来的,正是从黑眼镜上面瞅我的我那里维埃拉的情人。"(第60页)

在这里,安娜贝尔和洛丽塔,在经过亨伯特25年的幻想之后,"她们所共同具有的一切使她们成为一个人。"(第61页)由于洛丽塔的出现,亨伯特眼里的世界发生了本质的转变,当黑兹太太对他介绍花园里的百合花时,亨伯特25年来由衷地说出了第一句心里话:噢,看上去很美,很美,很美。

隐　喻

在亨伯特来到美国的前三年时间里,他写过香水广告,参加了去加拿大北极地区的探险队,在那里度过了异常空虚和沉闷的日子,在那段日子里,他的精神错乱症却神奇般地好了。然而,当他回到文明世界里不久,他的忧郁症和一种难熬的压抑症又发作了一次。也就是这一次,他的病好之后,又继续在医院里待了一个月。他为什么不愿意离开医院?很显然,那是人生的孤独所致。亨伯特在意识到他作为一个人存在的时候,这孤独就已经无法排解。好在少年的亨伯特在还没有意识到孤独的时候,就认识了安娜贝尔,并把他们相识的那一刻存在记忆的屏幕上,所以他还有希望,他还要不停地寻找。因而,亨伯特的孤独、压抑和他的忧郁,是性造成的。因而,亨伯特的精神错乱可以称为:性的困境。这是隐喻。纳博科夫用这种方法告诉我们,亨伯特的一生都很难逃脱性带给他的困境。

是的,亨伯特所忍受的孤独、寂寞、痛苦、煎熬,等等这一切,都是因性的压抑而构成的。他孤身一人,在一个陌生的世界里,除去生存,他不谈论女人还能说什么呢?在《洛丽塔》里,用隐喻来表达自己的观点,是另一个明显的叙事特征。亨伯特和洛丽塔最初的合欢是在那家名叫"着魔的猎人"旅店的第342室,在他们第一次游历美国大陆的时候,他们在旅途中住过342家旅馆和饭店,而342正是草坪街夏洛特·黑兹家的门牌号。这当然不光是巧合,这个看来平常的数字像一片不散的乌云,始终漂浮在亨伯特的心头,让他无法摆脱,使得他的生活暗淡无光。那种揪心的焦虑使我们闻到了亨伯特的心灵因煎熬而散发出来的煳焦气息。

在第一部的第八章里,亨伯特看到了一份《舞台名人录》,在这里,亨伯特所提到的演员、制片人、剧作家和静态的场景照片,这张名单不但对读者预示着这部小说后来的情节,而他所录的三个条目,又暗示着《洛丽塔》里的三个重要人物亨伯特、奎尔蒂和洛丽塔之间的关系。而从亨伯特和洛丽塔第一次合欢的"着魔的猎人"旅馆,到洛丽塔参加排练奎尔蒂编剧的《着魔的猎人》话剧,使我们感受到在亨伯特的身上必定会发生一些不祥的事件。在亨伯特和洛丽塔这一老一少之间,他们因这"着魔的猎人"而相互成为对方的囚徒。他们相互囚禁在一辆又一辆的汽车里,囚禁在一间又一间旅馆的房间里,但是他们却又像着魔的猎人一样,各怀心事,拿着猎枪注视着对方的一举一动,而他们的心灵又相距如此的遥远。

语　　言

亨伯特从医院出来之后,很想找一个安静的地方呆一阵子,于是他接受了朋友的建议,要到一个名叫麦库的人家去住上几个月。他在前往麦库家的火车上渡过了想入非非的一夜,他幻想能在那里遇到一个性感少女,并用自己独特的方式爱抚她。然而,等他到了地方,麦库家夜里却遭了一场大火,"也许是整夜同时在我的血管里肆虐的那场烈火所造成的。"(第56页)接着,有人帮他介绍了另外一户人家,这户人家就是黑兹太太。尽管有人开车把他送往草坪街342号,但当时亨伯特的情绪已经坏到了极点,在前往草坪街的路上,他的脑海里却在幻想着飞往百慕大,或者巴哈马群岛。"在色彩缤纷的海滩上可能会有一些温柔旖旎的艳遇,这种念头先前一段时间一直从我的脊骨里缓缓地向外渗透,而麦库的远亲实际上用他的善意的、但如今看来绝对愚蠢的提议使我的那种思路急剧地转变方向。"(第56页)在叙事的过程中,有时亨伯特还会加上一句形容某个正在进行的事物的比喻,或者具有特定的形而上的语言,来表达更高一个层次的精神活动。"你的孩子需要好好地睡一阵子。睡眠像一朵玫瑰。正如波斯人所说的那样。抽烟吗?"(第198页)"我该去喝口酒的。紧张开始产生了影响。假如一根小提琴弦也能感到疼痛,那我就是那根琴弦。不过……"(第199页)

在阅读《洛丽塔》的过程中,你无法避开像"睡眠像一朵玫瑰"或者"假如一根小提琴弦也能感到疼痛,那我就是那根琴弦"这样充满诗意的叙事语言,平淡的文字在纳博科夫这里像调进了蜂蜜,你会感到爽口,从内心深处感受到味道的纯正。你看,"可是,那个星期四,一滴难得的蜂蜜倒确实落进了橡果的壳斗。黑兹预备一大早开车把她送到营地上去。"(第102页)洛丽塔离家前往夏令营的那个上午,处于绝望的亨伯特突然看到洛丽塔跑回房间,并意外地扑进了他的怀里。事情的突然转折和惊喜,只有用"一滴难得的蜂蜜倒确实落进了橡果的壳斗"这样的充满诗意的语言来盛载了。这种诗性的语言,这种充满张力的叙事语言,在《洛丽塔》里俯拾即是,使我们的阅读充满了愉悦。每当读到这些句子,你就会忍不住地轻轻地击打一下你手里的书本,你会禁不住地轻轻地说道,纳博科夫,纳博科夫。

《洛丽塔》叙事语言的另一个特征是重重叠叠的复句。你看,"她所做的每一个动作,每一次摇曳和起伏,都帮助我遮掩并改进兽性与美之间——我那受到压制、快要憋不住的兽性与她纯朴的棉布连衣裙里微微下洼的身躯的美之间那种凭着触觉感应的神秘的系统。"(第90页)纳博科夫用这种句式来表达复杂的事态和心理,来描述复杂的难以道明的情感,并使语言携带着丰足的信息。在复句的叙事语言里加入诗意,这构成了《洛丽塔》独特的语言风格。每当读到这样的语言,会有一种意味无穷的感觉在心中漫延,我们没法拒绝《洛丽塔》这有着独特魅力的语言的引诱。纳博科夫把这种语言的魅力赋予了亨伯特,这种语言成了亨伯特情绪的载体。在叙事的过程中,亨伯特随意地在句子里加上括号,或者使用破折号,用此来陈述同叙事相关的,但又是叙事之外的一些话题,一些动作,或者自己的看法,或者一声叹息。各种叙事手法的混合,使得《洛丽塔》的叙事丰富而复杂,构成了《洛丽塔》的灵魂。这是一片飞翔着各种各样的鸟类、生长着无数动物的森林,这森林莽莽无际,一直延续到我们的视线所不及的地方。《洛丽塔》的叙事语言就像一条夏季里的河流,我们一旦置身其中,就很难自已。他太多的精彩让我们由衷地感叹。

细　　节

亨伯特来到了黑兹太太家,在客厅里,他听到了从楼梯口传来的黑兹太太的女低音。"她伏在楼梯栏杆上,悦耳动听地问道,'是亨伯特先生吗?'一小撮香烟灰也跟着从那儿落下来。不一会儿,这位太太本人——凉鞋、绛紫色的宽松长裤、黄绸衬衫,四四方方的脸依次出现——走下楼梯,她的手指仍在弹着香烟。"(第57页)这真有点王熙凤出场的味道,而这里对香烟灰从楼梯上落下的细节,和她那还在弹着香烟的手,真是让人过目难忘。"她一边说话,一边在沙发上舒展身子,一边又不时地起身凑向三个烟灰缸和近旁的火炉围栏(那上面放着一只苹果的褐色果心),随后身子又靠到沙发上,把曲起的一条腿压在身子下面。"(第58页)对黑兹太太动作的描述,使用语言的准确成度让人信服。而对"一只苹果的褐色果心"这样细节的描写不光是作者对事物观察得细致,而且也暗示了主人公的生活习惯,对情节的铺垫起到了极强的渲染作用。在后来,当亨伯特和洛丽塔一起坐在客厅的沙发上,洛丽塔把吐出的果核投向火炉的时候,上面那个"一只苹果的褐色果心"的细节突然在这里闪放出耀眼的光芒。

纳博科夫是一个十分注重细节的人,这不光表现在他的现实生活中,同样也表现在他的小说中。看来,这不光是一个人的性格问题,这一点,还可能影响一个小说家和他的作品。知识渊博的纳博科夫的心既可以被严肃的问题所吸引,也可以被琐细的事情所陶醉。他可能会把在现实生活中随时产生的思想、经历或者观察到的细节写进自己的小说中去。在黑兹家,在亨伯特没有见到洛丽塔之前,他给我们提供了下面两个重要的细节:"……好些软绵绵的衣服悬挂在那个有问题的浴缸上面(里面有一根弯成问号的毛发)……"(第59页)"我发现地板上有一只白色短袜。"(第59页)成问号的毛发和一只白色的短袜,这不单单是亨伯特对黑兹太太家的不良的感受,而且是在暗示洛丽塔的即将出现。

在这里,准确的叙事语言是一个载体,而细节则推动着事件和情节的发展。"她在沙发上挨着我坐下,凉快的裙子下摆先鼓起来又落下去,手里仍然在玩着那个光滑的红苹果,我的心不禁像击鼓似地呼呼直跳。她把苹果抛到充满阳光和尘埃的空中,再用手接住——苹果落到窝形的手掌中时发出一声清脆的啪嗒声。"(第88页)《洛丽塔》的叙事语言充满了真实可信体察细微的小细节,这些细节像血液一样融化在亨伯特的叙事里,看似没有波澜,却有着惊心动魄的力量。细节是纳博科夫叙事的血肉。众多的细节的运用,使得《洛丽塔》像春天里生长的植物,一片生机盎然。

成　　长

黑兹·多洛蕾丝出生于1934年,等十二年后,亨伯特在她家的后院那个充满阳光的草地上第一次看到她的时候,她已经出落成一个性感少女了,亨伯特称她为我的洛丽塔。而在我的感觉里,这对年龄相差25岁的情人,却是同一天受孕于纳博科夫的子宫的,是纳博科夫养育了他们,让他们来到我们的身边，并成为我们之中的一员。我深信亨伯特在这个世界上生存着，在草坪街那幢最初令他厌恶的牙医家的白房子里生活过，并在那里认识了他生命之中的洛丽塔。当然，我们从亨伯特片片断断的叙述里，也真切地感受到洛丽塔的存在。性感少女洛丽塔就像熊熊燃烧的烈火，一方面煎熬着亨伯特内心的黑暗和欲望，另一方面，那欲望之火使他变成了一个诗人，他身上的激情熊熊地燃烧，从此无法熄灭。

亨伯特把自己比成一只灰色的蜘蛛，他小心翼翼地对那个性感少女织着挂着露珠的欲望之网，他要用那网罩住洛丽塔生活的每一片空间。为了捕获那蝴蝶，亨伯特头脑里曾经产生过一些极为可怕的想法。一次他和黑兹太太在海滨浴场游泳的时候，甚至产生了要淹死她的念头。他渴望着发生灾难，希望他身边所有的人都在混乱中消失，这世界上只留下他和他的那只就要捕获的蝴蝶。而那个快乐飞舞着的蝴蝶，在他的吸引下正渐渐地接近他。是的，他悄悄地等待着那颤动的网丝给他带来渴望已久的信息。可是亨伯特没有意识到，他要捕捉的那只蝴蝶也有可能同他一样是一只丝网，或者他在那个性感少女的眼里，是一只毛茸茸的灰蛾子。当洛丽塔从背后蒙住亨伯特的眼睛时，我们无从知道她终究出于一种什么样的目的，是对成年异性的好奇，还是少年的一种游戏？当洛丽塔坐在汽车里悄悄地握住亨伯特的手的时候，我们终于明白了一点，那是对她母亲的反抗，一种少女对同性的朦胧的逆反心理。

在这里，纳博科夫关注了人类普遍面临的社会问题，成长，一个从少年成长过渡到青年的社会问题。不但少年的亨伯特和安娜贝尔遇到了这个问题，黑兹太太也就是少年的夏洛特也同样面临着这个问题，她不但注意到了而且同亨伯特谈论过这个话题。可是，她不但没有意识到少年的洛丽塔在成长过程中遇到的问题，反而成了洛丽塔的对立面，成了堵水的沙滩。洛丽塔所遇到的和25年前的安娜贝尔十分相似，她对异性的世界那样地好奇，只是她们所面对的对象不同。安娜贝尔面对的是和她同样年龄的亨伯特，而洛丽塔面对的是年长她25岁的亨伯特，于是，她在母亲敌对的情绪里开始了反抗。她在去镇里的汽车上主动把手伸到了亨伯特的手里，她觉得，亨伯特送给她的欣赏的目光远远比自己母亲敌视的目光温暖，这使少年的洛丽塔感到安慰，逆反心理由此而生，于是就有了反抗（母亲不让她到镇上去，那一刻她显得是那样的孤独，而亨伯特的目光却是邀请），于是就有了后来她从身后偷偷地捂住了亨伯特眼睛的做法。这个动作看似一个孩子似的调皮，实际这是一种表达，是她内心世界的展现。

夏洛特对待洛丽塔的态度是一种普遍存在的潜在的权力意识,这种普遍的权力意识不光来自前辈,同样也来自社会道德的习惯势力。少年的亨伯特和安娜贝尔在海边正在经历性的启蒙的时候,那两个突然从海水里出现的貌似社会道德的成人惊吓了正在好奇之中的少年,对少年的亨伯特无形地就构成了一种道德暴力,而这暴力一直深藏在少年的内心并形成了一种心理障碍。当然,在黑兹和女儿之间,同时还存在着一种女性对女性的嫉妒心理,哪怕是母亲和女儿,在她们面对一个异性的时候,也会产生不同程度的嫉妒心理。同样,当两个男人面对一个女性的时候,不但会产生嫉妒,而且会因嫉妒而产生仇恨。如果说,带洛丽塔出走的不是奎尔蒂,而是另外一个什么女人,或许发生在亨伯特和奎尔蒂之间的悲剧就可能会避免。

亨伯特从外表上看是个成年人,但他对异性的心理情结仍然停留在少年时代,那个隐藏的受到堵塞的人性,和洛丽塔是相同的,他们各自怀着一颗正在成长的少年的心。是的,一个少女的内心世界,可能永远不为我们所知,她那扇藏满了隐私的房间,永远不可能对你开放,除非你自己是个少女,你正从那里朝我们走来。但是,你同样也不会对我们说起那些难以启齿的秘密。亨伯特接触洛丽塔的过程,实际就是亨伯特解剖自己精神的过程,就是他那仍然停留在少年时代的心灵的成长过程。

冲 突

成人和处在成长之中的少年的冲突,根源在成人们对孩子们所处的世界的视而不见。黑兹太太曾经这样对亨伯特说,"我是孩子的时候也有过这种经历,男学生们扭伤我的胳膊,拿着一大摞书撞我,拉我的头发,弄疼我的乳房,掀起我的裙子……"(第71页)明白这一点的黑兹太太却忽视了洛丽塔正有着她少年的经历。而在夏洛特眼里,自己的女儿是一个什么样的少女呢?"黑兹在'你的子女的个性'一栏下面的四十个形容词中的下列十个下面划了线:寻衅生事的、吵吵闹闹的、爱找岔子的、多疑的、不耐烦的、动辄生气的、爱打听闲事的、无精打采的、不听话的(划了两道线)和固执的。"(第127页)这就是黑兹太太,不,现在已经成了亨伯特太太的夏洛特眼里的洛丽塔,这就是他们产生冲突的焦点。

我们这些自以为是的成年人,我们这些媳妇熬成公婆的成年人,我们这些独断专行的成年人,我们这些被权力意识所俘虏的成年人,往往把孩子们当作自己的私有财产。成年人和孩子们的冲突,恰恰是成年人们忽视了孩子和他们同样是人,是一个单独的个体,尽管他受你的恩荫,但他有自己的天地,你无法剥夺。洛丽塔在离开了亨伯特三年之后,在亨伯特来到她的家里,把她需要的钱递给她并希望她跟着自己离开的时候,洛丽塔仍然坚定地对他说,不! 为什么就不呢? 即使你能让她过上神仙一样的日子,但如果没有自我,这种冲突在任何时候都不会得到解决。洛丽塔需要自己的生活,哪怕日子像海水一样的苦涩。或许亨伯特至死也没有明白这一点,他的悲剧正是他的自私形成的,他不但占有了洛丽塔少年的身体,而且还梦想着为他终身所有,而不是从人性上去考虑。

亨伯特和洛丽塔的冲突不但有着成年人对少女的潜意识的暴力倾向,而且还有另外的一种情景。在她们的旅途中,亨伯特和洛丽塔的争吵从来就没有间断过,在弗吉尼亚州的"花边木屋",在小石城的派克大街,在科罗拉多州的米尔纳山口,在亚利桑那州菲尼克斯市的中央大街的转角处,在洛杉矶的第三街……他们的争吵几乎遍布了20世纪50年代美国所有的州。我们抛开这种争吵的喻义不说,体现在亨伯特和洛丽塔的冲突上,洛丽塔对亨伯特说的一句话使我们看到了问题的核心,她说,"我们这样在闷热的小木屋里生活,一起干着龌龊的勾当,行为举止始终不能像正常人那样,究竟还要过上多久?"(第245页)一个外表优柔寡断内心却被疯狂的欲望所控制的男人,要把另一个人的生命占为己有,而要被他占有的却是一个正处在对未来世界有着好奇的豆蔻少女,她要到一个崭新的世界去生活。人的独立与否,这就是他们产生矛盾和冲突的焦点。

恐　　惧

亨伯特带着洛丽塔在美国的土地上流浪了一年之后,出于各方面的考虑,他接受了一所名叫比尔兹利女子学校的邀请去任教,洛丽塔同时也成了这所学校的学生。由于洛丽塔的学习成绩差,学校的老师请他去谈一下。亨伯特用酒壮了胆,才敢去面对这次会谈,"我心怀鬼胎,慢慢地走上绞刑架的梯级。"(第301页)亨伯特用这句话来概括他这个时期的生活和精神状态,极为准确。我"仍然被一种感觉困扰,生怕什么地方留下泄漏天机的污渍",(第276页)他小心翼翼地生活着,提防着每一个接近洛丽塔的人。在他的生活里充满了恐惧,因欲望而产生的恐惧。这就是亨伯特恐惧的起因,也是他精神病的起因,而这恐惧的根源,则是洛丽塔,由洛丽塔而产生的欲望之火。亨伯特担心这个渐渐明白一些事情的少女终有一天会偷偷地离开他,所以他整天疑神疑鬼,看到一个人在路上和洛丽塔说话,就想到那人会有某种企图。亨伯特只能带着洛丽塔从一家旅馆到另外一家旅馆,终日过着焦虑的生活。即使他坐在监狱里来回忆这一切的时候,他仍然无法摆脱因欲望而产生的恐惧。

"在这个坟墓般的监狱的晦暗的空气中,每天这样头痛搅得人心神不安,但我必须坚持下去。我已经写了一百多页,还没有取得多少进展。我的日程表全都乱了。那是一九四七年八月十五日前后。不要以为我还能继续写下去。心脏,头脑——一切。洛丽塔,洛丽塔,洛丽塔,洛丽塔,洛丽塔,洛丽塔,洛丽塔,洛丽塔,洛丽塔。印刷工人,重复下去吧,直到把这一页全都排满。"(第 171 页)一个痛苦不堪的灵魂,一个绝望到顶的人。亨伯特丝毫不掩饰自己的爱和恨,这个身陷囹圄的心灵面对着灰白色的墙壁发出无望的呐喊,洛丽塔,他一千次一万次地呼喊,洛丽塔,痛苦是那样的真切,备受折磨!无边的痛苦因为爱的丧失而产生,因欲望而产生的恐惧竖立在亨伯特内心深处的任何一个地方,就像秋雨漫过无边的田野。

一个人在内心深处装着无边的恐惧而无法解除,那该是一种怎样的生活呢?一个因良心的自责而产生痛苦的人,说明他还有些良心,说明他还有救。我们眼睁睁地看着他痛苦不堪地生存着,并用痛苦来折磨自己,但是,他比起那些变得麻木已经感受不到痛苦,那些生活在所谓幸福之中的人们不是更真诚吗?连痛苦都感觉不到的人,内心哪里还有什么欲望?

现实生活中的亨伯特,他内心的恐惧像他的欲望一样,遍布在他身上流淌着的每一滴血液里,恐惧和欲望像两种不同的液体,把深陷回忆之中的亨伯特浸泡起来,我们通过无声的纸页,就能真切地感受到他指向我们的手指在颤抖,我们能看到他那因无法摆脱的欲望和恐惧而变得绝望的目光仿佛一片乌云,正悬浮在我们的头顶之上。

创　　造

现实生活有着明显的虚构特征,很显然,这种特征和我们的记忆有关。由于现实的虚构特征,小说家自己走进了他所创作的小说之中。纳博科夫常常把自己想象成一个生活在虚构环境里的人,他是一个靠不住的叙述者,就像靠不住的记忆来到他的小说里一样,虚构的小说构成了他现实生活中的一部分。

现实里的亨伯特并不匆忙,他要把他应该说清的事情都说清楚。可我们都知道,事情的结果早已存在于他的脑海里,因为这是一部回忆录,一切结果早在纳博科夫,或者说在亨伯特的头脑中形成。可是他并不着急,他要在关键的时刻停下来,说一些忏悔或者为自己辩解的话,或者为自己的行为寻找一些充分的理由。你看,现在他让洛丽塔一个人躺在那个名叫"着魔的猎人"的旅馆的第 342 号房间里,自己却把门钥匙装在兜里,下楼去了。他一边想象着她的样子,一边和你讨论着有关道德的问题,亨伯特往往避开一些我们十分感兴趣的事件,而当我们跟着他慢慢接近那些我们关心的事件的时候,他却突然走开,避而不谈。他内心的欲望明明像大火一样在熊熊地燃烧,而他却和我们讨论着一些社会问题,把太多的想象留给我们。而在下一节里,你所关心的那个事件在突然间会有一个结果。这就是亨伯特,他说,我是永远也无法找到跟我的记忆里完全一样的地方的。纳博科夫把这样的随意性赐给了亨伯特,而他自己也常常会把在现实生活中产生的思想和感受随时写进他的小说中去,把他的记忆或幻想用文字变成我们能看得到的事实。

有些时候,亨伯特往往省去一些不必要的过程,这有些像电视剧或者电影里的手法,从这一个场景直接转接进入下一个场景。"……由于她(洛丽塔)那孩子气的步态,或者由于我记得她一向总穿平底鞋,如今她穿的那双鞍脊鞋不知怎么对她显得太大,鞋跟也太高了。再见了,奎营地,欢乐的奎营地。再见了,清淡的,不卫生的食物,再见了小伙子查利。在热烘烘的汽车里,她挨着我坐下,啪的一声把迅速飞到她可爱的膝头的一个苍蝇打掉……"(第 175 页)这就是记忆,亨伯特坐在监狱里所想起的一些自己经历的往事。他的记忆从洛丽塔呆着的夏令营一步跨到行驶的汽车里。我们无法阻止亨伯特的思维,我们无法把他记忆里的心理时间梳理成现实中的物理时间,他从奎营地一步来到行驶的汽车里,就是他的现实。"不管约翰·雷说了什么,《洛丽塔》并不带有道德说教。对于我来说,只有在虚构作品能给我带来我直接地称之为美学幸福的东西时,它才是存在的。"(第 494 页)纳博科夫用文字把记忆里的一切都固定下来,他的行为,他的梦想,都融在了他小说里的人物身上,纳博科夫参与了他的虚构作品中的人物的生活,并让我们清晰地看到了他的存在。

"我们终于创造了自己。"对雷蒙·格诺小说里的人物所说的这句话,我深信不疑。

博尔赫斯的宫殿①

草原黑了下来,
狮子饮水时周围一片寂静。
——雨果《沉睡的博阿兹》

现实寥落孤寂,
回忆构成了时间。
——博尔赫斯《瞬间》

书籍的现实

我把你所有的小说看成一座宫殿。你可能注意到我使用的这个词:宫殿,而不是迷宫。在我看来,你小说里的各种迷宫,比如时间、记忆、历史、梦境、现实、生命等等,只是构成你小说宫殿的一种建筑材料。就像我们的故宫。你的小说就像故宫,而时间、记忆等等这些只是故宫里的房间,九千九百九十九间半,仅次于上帝居住的天堂。我想通过这些建筑材料,或者说是具体的房间,来分析你这座由文字建构起来的宫殿,最后得到一个清晰的建筑结构。当然,这只是我一厢情愿的设想。我知道,你肯定不以为然,因为想使你的小说一目了然是件极不容易的事情……

不。博尔赫斯先生打断我的话说,起码他后来的小说,你可以使用一目了然这个词。比起博尔赫斯的前期作品,我更喜欢他后期的那些简洁的小说,比如《第三者》。

你在《布罗迪报告》的序言里声称这个集子里最精彩的小说是《马可福音》,有些时候你认为你最好的小说是《南方》,而在同费尔多南·索伦蒂诺

---

① 原载《花城》2010年第5期。

的谈话里,你又认为自己写得最好的小说是这个集子里的《第三者》。我觉得,你的这种说法并没有错。有些时候,我们评判自己作品的标准会发生变化,就像你在《扎伊尔》里写到的那枚面值二十分的普通硬币一样,好的小说都应该有着不同的两面。你认为《第三者》是你最好的小说,这表明这部小说已经具备了多重的话题,我说的是话题,而不是主题。但是,我对你说的《第三者》是你最好的小说的说法有些不同的看法。你前期的小说——我指的是《虚构集》和《阿莱夫》里的小说——具有创新精神,对一个小说家来说,我觉得这才是最为重要的。正是你的这些小说,才改变了我们许多人看待小说的观念。或许,我没有完全理解现在的你;或许,随着时间的流逝,将来我会改变自己的这种看法。但是,至少在眼下,我仍然固执地坚持自己的观点。

许多见过博尔赫斯先生的人都有这种感觉:他确实是一个平易近人的天才。在我看来,博尔赫斯先生说起话来热诚而不失坦率。在2008年的整个夏季,我都在做着同一项工作,那就是和博尔赫斯先生进行交谈。你知道,在炎热的天气里,空气潮湿的鸡公山是一个比较适合阅读和交谈的地方。六月下旬一个阳光很好的下午,在我们别墅的廊台上,我对博尔赫斯先生说起了我准备把他的小说当成一座宫殿来解读的想法。我的目的很明确,就是想争得他的认可。可是,你已经看到,当我们谈论起评判他小说的标准时,我们之间出现了一些分歧。

你说得不错,博尔赫斯先生看我一眼,他像个顽皮的孩子笑了笑,然后接着说,我想我年纪比较轻的时候,喜欢创新,现在我觉得不再需要创新了,或许我想创新而做不到,我不配创新了[①]。

在他带有英格兰语音的语气里,有一丝让你难以察觉的智慧与幽默,这多少缓解了我紧张的心情。同时,我也理解他后来写《布罗迪报告》和《沙之书》里那些小说时的处境[②]。后来,他在1982和唐纳德·耶茨谈过同样的话题。我知道,那个时候,先生已经是一个在昏暗的光线里渡过三十多年的老人。我说,我没别的意思,我只是想拿你前后两个不同时期的小说作比较,

---

[①] 唐纳德·耶茨:《博尔赫斯:哲学家?诗人?革命者?》。见《博尔赫斯谈话录》,第257页,王永年译,上海译文出版社,2008年版。

[②] 1955年,博尔赫斯出任阿根廷国立图书馆馆长的时候,他的眼睛已经不能阅读,那一年他56岁。后来他对访问者说,我在时间里逐渐丧失视力,仿佛黄昏缓缓来临。漫长的夏日黄昏。我失明的过程没有戏剧性的剧烈时刻,事物在我的眼前一点一点消失。慢慢降临的黄昏,对我来说不是特别地痛苦。

想从中得到一些启示。我很希望能得到你的帮助和理解……

我可能会使你失望……

博尔赫斯先生回答我说,我不会对我的小说作任何解释。萧伯纳①曾经说过,要求一个作者解释其作品的意义是荒谬的,因为这种解释可能就是他的作品所要寻找的。

不不,我说,你误解了,我决不会让你对你的小说作任何解释。同时,我本人也不准备对你的小说进行复述。我知道,想对你的小说进行复述那是十分困难的,就像你在介绍胡利奥·科塔萨尔②的《故事集》时说过的那句话,若想对其中的哪一篇作个简述,我们就会明白总有一些宝贵的东西被丢弃③。我主要是想向你请教一些问题,我们之间的谈话越随意越好。当然,我的要求可能会使你反感。但是,就我的经验,到了晚年,谈话这种形式你是比较认可的,因为你曾经接受过许多来自世界各地的作家、学者和新闻记者的访问,所以我才冒昧向你提出这样的要求。

坐在我对面藤椅上的博尔赫斯先生淡淡地笑了笑,算是对我请求的认可。由于时光的侵蚀,他长满老人斑的手下扶着的藤条呈现出菠萝皮一样的色彩。先生的态度给了我信心,我说,我的有些话题可能会使你感到意外。比如刚才我把时间、记忆等等看成是构成你小说宫殿的元素,现在,我把书籍也看成是你建筑宫殿的元素,就像时间、记忆一样,我把书籍也看成是你小说宫殿里的一座单独的迷宫。

书籍的迷宫?

对,书籍的迷宫。在你建造的众多的迷宫中,由书籍构成的迷宫被人们忽视了。或许我孤陋寡闻,就我所见,至今我还没有看到谁把书籍当成你叙事的迷宫单独提出来。如果事实像我说的这样,这确实是一种遗憾。我看了先生一眼,然后用强调的语气对他说,对于你来说,书籍就是一种像海洋一样浩瀚、取之不尽用之不竭的建筑材料。

哦……

博尔赫斯先生思考着,他喃喃地说,确实是一种很重要的材料。

我有这样的想法,也是从你的文字里得到的启发。你在《论书籍崇拜》

---

① 萧伯纳(1856~1950),英国剧作家,评论家,1925年诺贝尔文学奖获得者,主要作品有《圣女贞德》等。

② 胡利奥·科塔萨尔(1914~1984),阿根廷小说家,主要作品有长篇小说《跳房子》等。

③ 《私人藏书》,第4页,博尔赫斯著,盛力、崔鸿儒译,浙江文艺出版社,2008年版。

一文里说过大意如下的话：我们是虚构的书本，是一首诗，一段话或一个字，而这没有终止的书本就是没有终止的世界的唯一见证，确切地说也就是世界本身……

你记错了，博尔赫斯先生打断我的话说，那是布洛瓦①的名言。你说得不错，书籍对于我们来说，确实是一座迷宫。一座巨大的迷宫。当我们走进图书馆里，看着一排又一排的图书，我们就会感受到书籍的浩瀚。但是，一本书不过是万物中的一物，是存在于这个与之毫不相关的世上的所有书籍中平平常常的一册，直至它遇到了它的读者，找到那个能领悟其象征意义的人。

但是……我是一个固执的人，尽管我同意他的说法，但对于书籍，我却有不同于先生的感受。我说，大多的情景是，更多的书籍很难遇到能领悟它的人。你曾经说过，一个好的作家，首先应该是一个好的有眼光的读者。然而作为一个个体的人，在我们的一生里，谁也没办法穷尽图书馆里那些藏书的内容。当然，你也一样。尽管你整天和书籍待在一起，但我肯定，你也漏掉了许多对你有价值的好书。我们人类的祖先留给我们无数的书籍，就像你在《小径分岔的花园》里写到的崔朋一样，他也留给我们一本。现在，崔朋留给我们的书籍——这本在你小说里虚构出来的书，存在于你的小说《小径分岔的花园》里，在我看来，比起更多的存在于书架上的书更具有真实性——随着你的《虚构集》就躲藏在某个图书馆里，隐藏在我们曾经看到过的书架里，这本书和成千上万的书籍一起，给我们构成压力。有些时候，我们会对这座巨大的由书籍构成的迷宫产生恐惧和迷茫。可是，我们又不得不走进这迷宫，我们心甘情愿地在这迷宫里迷失，并把这些书籍当作我们的血液和呼吸，我们试图从中找到一条能引领生命从这迷宫里走出去的通道。可是那通道总是不停地分岔，无穷无尽。有些时候，我们从这些书籍里得到灵感，像我们的祖先一样，写出另外的一些书籍，就像你的《恶棍列传》……

你说得不错。我在 1935 年出版的《恶棍列传》一书的最后，还特意附录了那些小说的来源。比如《心狠手辣的解放者莫雷尔》，我是从马克·吐温②在 1883 出版的《密西西比河上》和伯纳德·德沃托 1932 出版的《马克·吐温的美国》里得到的；《难以置信的冒名者汤姆·卡斯特罗》是从菲利普·戈斯

---

① 莱昂·布洛瓦(1846～1917)，法国作家。
② 马克·吐温(1835～1910)，19 世纪美国杰出的批判现实主义作家，主要作品有《哈克贝利·费恩历险记》、《镀金时代》等。

1911出版的《海盗史》里得到的,等等,就像你刚才说的,《恶棍列传》里的灵感,都是来自书籍,有的故事甚至就是对原有故事的改写。后来我用这样的方式还写了一篇关于中国的文字……

《长城和书》?

对。那是一篇关于空间和时间的文字。

修筑长城属于空间范畴,焚书属于时间的范畴。始皇帝企图废止过去的时间,在这里,书籍成了一种装载时间的器具。

从书籍里我们看到了人类那些已经失去的时间。我们自己也是这样,我们在时间里用文字书写,就等于把自己的时间放进了书籍里。这样,书籍就构成了我们的生活现实。博尔赫斯先生对我微笑着,他总是对我微笑,他很少有动气的时候。在他微笑的时候,他雪白的牙齿即使在潮湿的空气里,仍然给人一种异常的印象。他说,博尔赫斯的现实,就是对书籍的阅读,就是让那些沉睡的书籍苏醒过来。阅读就是博尔赫斯的记忆和想象的延伸。

在我们交谈的时候,我喜欢博尔赫斯先生常常把自己当成另外一个人的叙述风格。我说,我认为阅读使你的目光不再只局限于阿根廷的现实,而是整个人类的文明,书籍成了你精神的源泉。因为阅读,你变得十分富有。可以这样说,你阅读书籍,并使这些书籍成为你的生活,构成你写作的素材。虽然你的许多小说都是从书籍里获得创作灵感。但在我看来,你从来没有否认过你的小说与现实的关系。应该这样说,你的小说都是建立在现实生活的基础上,阅读就是你的小说进入现实生活的切口。

博尔赫斯先生说,很小的时候,我就在父亲的书房里养成了阅读的习惯。父亲的藏书十分浩瀚。你看,我使用了浩瀚这个词。是的,是浩瀚,少年时期的阅读影响了我的一生。尽管我后来在图书馆里做过图书管理员,就像哲人李耳一样,担任过拥有八十万册图书的国家图书馆的馆长,但我仍然认为我父亲书房里的图书是浩瀚的。书籍是父亲给我的最大恩泽,书籍成为我丰富的创作源泉。我生命里的时间就是在阅读、思考和写作时一分一秒地流失的。可以这样说,书籍构成了我存在的一种形式,书籍成了我生命的一部分。

按照你对记忆和时间之间关系的理解,对书籍的阅读,就是我们存在的现实。然后,我们又把自己的生命和时间融入用文字构建的书籍里。

写作彰显了我生命的意义,博尔赫斯先生说,我总是把从现实生活里得到的感受移到我的小说里。比如我在一个黄昏走过布宜诺斯艾利斯街头的情景,都有可能置换成我小说里的人物所生存的背景。然后我把我的书,我的《布宜诺斯艾利斯激情》,我的《另一个,同一个》,或者一本别的什么书籍插进书架,和图书馆里那些原有的书籍混成一团,构成另一条小径。你说得不错,书籍确实构成了一座让我们无法走出的迷宫。

就像你在《沙之书》里写到的那本沙之书一样,没有首页,也没有末页,有着无穷无尽的页码。

我们自己就是那书籍迷宫的制造者。博尔赫斯先生说,我们用书籍构成的迷宫,就是对我们现实生活的隐喻。

很多人都认为你的小说源于幻想,可是我总认为你的所有小说都来自你的生活,来自你的阅读,来自你对社会、人生、哲学、宗教等等一切问题的思考。你生命里的所有一切都存在你的记忆之中,无论是幻想和梦想,无论是你亲身经历的还是你从书籍里得到的,这些都混淆在一起,让我们一时无法分辨他们的真伪。这就是你的小说。我知道,你对过度分析你的小说的做法十分反感,但是我所做的不是你说的那种所谓的文学评论,而是我的阅读感受。我真实的目的是想寻找一种简洁的认识你小说的方法。

或许……

博尔赫斯先生看我一眼说,你一开始就错了。

先生的话使我感到意外,我愣愣看着他。博尔赫斯先生说,你不应该把博尔赫斯的小说、散文和诗歌分开来谈。

我知道,在你的短篇小说、诗歌和散文之间,它们的差异是微乎其微的。我的阅读感受是,你的散文读起来像小说,你的诗歌又往往使人觉得像散文。而且有些诗歌、散文和小说的主题是相同的。有些时候我在想,你是用什么来沟通这三者之间的关系呢?

时间。

时间?

对,时间。博尔赫斯先生随口说到,时间是一切哲学的核心。

我理解你的意思。更多的时候,接通你诗歌、散文与小说之间的桥梁,就是你刚才说的哲学的核心:时间。但是,我说,尽管如此,我还是想把你的小说提出来,作为一个独立的话题来谈。

博尔赫斯先生拿起靠在腿前的拐杖,然后说,这是你的自由。不过……他一边从藤椅上站起来一边说,任何事情都不要说得这么绝对。

想象与幻想

鸡公山是座拥有200多幢别墅的避暑胜地,这些别墅是分别来自美国、瑞典、英国、德国、俄国等20多个国家的牧师、传教士、富商巨贾和中国官僚军阀在20世纪初期建造的。作为避暑胜地，鸡公山在民国时期的地位十分显赫，当时的许多显要人物，包括蒋介石和宋美龄在内，都常来这里消夏。鸡公山上各种建筑风格的别墅大多坐落在地形复杂的山梁间，在别墅之间，有曲曲弯弯的用石板铺成的台阶小径相连，那些灰墙红顶的别墅隐蔽在茂密的树林之中，形成了神秘的格局。这种格局和博尔赫斯的小说《小径分岔的花园》中的那座花园里的情景十分相似。我知道，不说那些像迷宫一样的别墅，就因为这些曲曲弯弯的石板小径，就能吸引住博尔赫斯。果然不出我的预料，当我们在山上安顿下来的时候，为人随和的博尔赫斯先生立刻喜欢上了这里。

我们居住的十八栋别墅位于北山的一个山坡上，是一位名叫马丁逊的美国传教士在1907年修建的，而和十八栋相邻的十九栋别墅，则是一位名叫威廉·格纳诺的德国牧师在1908年修建的。我们离开进山的公路，沿着石板台阶，先越过山坡下的一条小溪上的石桥，然后拾阶而上。在登上60级台阶后，就来到了位于山腰的两栋别墅之间的平台上。由于长长的台阶，年迈的博尔赫斯已经走得有些气喘。博尔赫斯先生看着我们脚下的石板小径继续向上引申到茂密的树林里去，然后说，还长吗？

我说，没有尽头。

没有尽头？

对，因为这里所有的小径都是相通的，然后又分岔，往返重复。

我看博尔赫斯先生掏出手帕擦汗，就试探着说，我们再往上走走？

不。博尔赫斯先生把身子依在平台栏杆上，他说，我要留下来用于想象。你知道，所有处在想象之中的事物都是无穷无尽的。同时，想象又是无所不能的。

先生的话让我有许多感触。阳光穿过空中树叶间的缝隙，照在先生的额头上，使先生的头发更加灰白。我们在两幢别墅之间的平台上休息了一会儿，然后往左又上了十几个台阶，回到我们别墅的廊台下。我扶着博尔赫斯先生在藤椅上坐下来，然后沏了两杯毛尖。我一边在先生的身边坐下来，一边继续我们刚才的话题。

我说，你说得不错，我们只有想不到的事情，没有办不成的事情。比如，你想象着自己能成为一个国家的总统。比如，你想象着自己成为一个富翁，或者在山溪间修建一座像流水别墅①那样的建筑,并在那里生活。这些想象对于一个小说家来说,都是成立的。在这之前,我曾经想象过你来鸡公山和我一起居住的情景,我们一起沿着台阶散步,一起谈论你的小说,一起坐在廊台上看从山林间生出的云雾。最初,我以为这种想法是痴人做梦,但是我的想象已经变成了现实。你看,现在我们就坐在廊台上看风景。我认为,想象并不是空穴来风。而是有根之木。应该说,**想象和幻想有着本质的不同。**

我端起杯子喝了一口水,然后说,为此,我曾经查过辞海。辞海里对想象是这样解释的:第一,想象在心理学上指在知觉材料的基础上,经过新的配合而创造出新的形象的情理过程。第二,想象是对于不在眼前的事物想出它的具体形象,也就是设想。而辞海里对幻想的解释则是这样的:幻想是以社会或个人的理想和愿望为依据,对还没有实现的事物有所想象,比如科学幻想。在这里,我之所以把想象和幻想单独提出来,是因为许多人都认为你的小说属于幻想文学。比如陈众议②先生在他的《博尔赫斯与幻想文学》③一文里,在综合了一些观点之后,就明确地把你的小说归为幻想文学。可是在我再次阅读你的小说之后,就对把你的小说归为"幻想文学"的定义产生了不同的看法。

我起身往我们各自的杯子里加了一些水,然后接着说,按照辞海上对幻想的解释,你的小说不能归于幻想小说,准确地说,应该是充满想象的小说。我不止一次仔细阅读过你的小说,比如《小径分岔的花园》,我都记不清自己看过多少遍。我从阅读经验里得出一个结论,你的小说,哪怕是历史题材的小说,也是建立在你对现实生活的感受之上。在你的小说里,你对街道、建筑、餐馆、车站、行人等等这些的描写,肯定是来自你对现实生活的感受,来自你对你所生存的环境的认识,而你所做的,只不过是把那些发生在历史上的虚构的事件移到你的生活现实里来而已。

我一向对那些把现实和文学分开来谈的人感到恼火,博尔赫斯先生说,仿佛文学不是现实的一部分。你知道,我尽量不写自己不熟悉的事情。

我的观点是,你把想象变成一种生活,即便你所描写的是从阅读中来。在我看来,书籍就是现实的存在,阅读本身就是生活。你的写作是扎根在书

---

① 流水别墅是美国第一代"现代主义者"建筑大师费兰克·劳埃德·莱特(1867~1959)在1935年设计修筑的,位于匹兹堡远郊的阿利根尼河流域的山林里。其建筑风格是与自然和谐相处,为西方二十世纪别墅建筑的典范。

② 陈众议(1957~),浙江绍兴人,翻译家。

③ 《博尔赫斯文集·小说卷·序言》,海南国际出版社,1996年版。

籍土壤里的树木,这只能是想象,而不是幻想。我认为是想象给你的写作带来了无限的空间,而不是幻想。书籍带给你的想象可以使你的思索渗透到你所写下的每一行文字里。书籍就是我们的记忆,书籍就是我们的历史,已失的现实深藏在我们熟悉的文字里。由书籍产生的灵感和文字,是有根之木,是想象,而不是幻想。即便是从哲学的意义来把你归为"幻想型"小说家,我认为也是不准确的。我们通过阅读你的小说,比如在对时间的认识上,你使我们明确地意识到,时间可以作为一个哲学话题来认识和理解。我们可以说你从柏克莱①的不可知论里,从休谟②的循环时间说里,从叔本华③的唯我论里发现和认识了生活,但是你的哲学是最具有文学意味的哲学。你是通过自己的文学实践,把你对形而上的哲学思考变成了形而下的现实,你是通过时间、记忆、镜子、沙粒、迷宫等等这些隐喻,赋予哲学以形象。你的小说是建立在一些哲学的命题之上,然后进入人类精神层面、从人性的角度来展开的。因而我认为你的小说是真实的。精神层面的真实,这是文学的根本。这种真实只能属于想象的范畴,而非是幻想的范畴。

可是博尔赫斯先生对我的观点却不置一词,我知道这种有关想象和幻想,有关哲学的话题容易让人乏味。尽管如此,我为先生能耐心听完我的谈话感到安慰。我知道这只能是我的一家之言,但是我自认我说得有理。

在我和博尔赫斯先生交谈的时候,时不时会从对面十九栋别墅里传来洗麻将的声音。博尔赫斯先生在哗哗作响的洗麻将声里看了我一眼说,你看,他们要比我们这些常常思考的人幸福得多。

我笑了笑说,打麻将和我们的谈话,应该是属于不同的语境,前者属于手谈,后者则是语言的交流。

博尔赫斯先生微笑着说,是的,不同的语境。不过,他们是幸福的,而我们这些思想者,则是痛苦的化身。

语境的差异

十八栋别墅的内部结构是三室一厅,为了方便,我和博尔赫斯先生住在临近廊台的一间卧室里。博尔赫斯先生有午睡的习惯,而我常常利用这段

---

① 柏克莱(1685~1753),英国哲学家。
② 大卫·休谟(1711~1776),英国哲学家,在其《有关自然宗教的对话》的第八章里,阐述了循环时间之说。
③ 叔本华(1788~1860),德国哲学家,唯意志论的创始人。认为意志是人的生命的基础,也是整个世界的内在本性。

时间阅读他的著作,为我们的交谈作准备。在一个细雨蒙蒙的午后,我独自坐在廊台上阅读《圆形废墟》。在对比几个译本之后,我发现了它们之间的一些差异:

在那伸手不见五指的夜晚,谁也没有看到他上岸,谁也没有看到那条竹扎的小划子深入神圣的沼泽……①

谁也没有看见他是在其中哪个晚上上岸的,谁也没有看见那艘竹筏是怎样深入神圣的沼泽地里的……②

谁也没有看见他是在哪一天晚间上的岸,谁也没有看见那艘竹舟是怎样沉没在神圣的泥沼里……③

我们从第一个译文里看到,译者对那个人上岸的时间,是肯定的;而在第二个和第三个译本里,那个人上岸的时间却是模糊的……

正在我感到迷惑的时候,我身后传来了脚步声,我知道是博尔赫斯先生起床了。等博尔赫斯先生在藤椅上坐定之后,我把刚才的发现告诉给他。

博尔赫斯先生说,多年前,曾经有人问我说,要把莎士比亚译成西班牙文简直不可能。我回答他说,译成英文也同样不可能。因为,如果我们把莎士比亚译成一种不是莎士比亚英文的英文,很多东西就会丧失殆尽。

我明白先生的意思,我说,我不准备问你这三个译本哪一个更准确,也不想和你讨论翻译的问题,我是想向你请教,如果要是有三个作家同时来写《圆形废墟》里的这个故事,会出现什么样的情况?

天壤之别。这不但取决于他们对生活和现实的理解,也取决于他们的

---

① 《环形废墟》,王永年译,见《博尔赫斯全集·小说卷》第99页,浙江文艺出版社,2006年版。

② 《圆形废墟》,陈众议译,见《博尔赫斯文集·小说卷》第99页,海南国际新闻出版中心出版,1996年版。

③ 《圆形废墟》,王央乐译,见《博尔赫斯短篇小说集》第51页,上海译文出版社,1983年版。

文学观念。如果你挑出的这三个作家分别是巴尔扎克①,卡夫卡②和纳博科夫③,他们写出的《圆形废墟》肯定会有很大的差异。

这种差异具体体现在哪个方面呢?

首先体现在叙事策略上。现实主义、现代主义和后现代主义分别属于不同的文学流派,他们对生活的理解和认识的方法有着本质的区别,这就会直接影响他们的叙事文本。不同的叙事文本有不同的语境。语境的差异也会出现在翻译家的文本里。

是这样,我在《刀疤》这篇小说的开头部分,发现了不同译本之间更为明显的差异:

他的脸上横着一道怨气冲天的伤疤,一道灰白的弧线,从一侧的鬓角一直横贯到另一侧的颧骨④。

他的脸上有一道铭刻着仇恨的伤疤:它从一侧面颊延伸到太阳穴,再回到另一侧面颊,宛如一把灰色的弓⑤。

他的脸上有一条险恶的伤疤,一道灰白的,几乎不间断的弧线,从一侧太阳穴横贯到另一侧的颧骨⑥。

对这个人脸上的伤疤,三个翻译家分别用了三个意思不同的词:一是怨气(辞海上对这个词的解释是:怨恨的神色或情绪;而对怨的解释有两个:一是怨恨;二是责怪);二是仇恨(辞海对这个词的解释是:因利害冲突而产生的强烈的憎恨);三是险恶(辞海对这个词的解释是这样的:一是指地势,情势的危险可怕;二是阴险恶毒);怨气冲天说的是小说主人公的主观意识;而险恶则是形容主人公的外部形态。我不知道在这三个词里,哪一个更接近博尔赫斯先生在小说里表达的意思。当我把这个发现讲给他听时,没想到

---

① 巴尔扎克(1799~1850),法国小说家,19世纪现实主义小说大师,主要作品为系列小说《人间喜剧》。

② 卡夫卡(1883~1924),奥地利小说家。现代主义的探险者,被尊为20世纪现代派文学的鼻祖,主要作品有《城堡》、《审判》等。

③ 费拉基米尔·纳博科夫(1899~1977),俄裔美籍人,20世纪公认的杰出小说家和文体家,代表作有《洛丽塔》、《微暗的火》等。

④ 《博尔赫斯短篇小说集》,第84页,王央乐译,上海译文出版社,1983年版。

⑤ 《巴比伦的抽签游戏》(《刀疤》在这个集子里的题目是《剑疤》),陈凯先译,第86页,花城出版社,1992年版。

⑥ 《虚构集》,第100页,王永年译,浙江文艺出版社,2008年版。

博尔赫斯先生对我说起的却是另外一个话题。他说,你不要太相信辞海。

博尔赫斯先生用有些嘲讽的表情看着我说,你要清楚,辞海上的所有词语都是人编著的,而且是在词语产生了多年之后。他停顿一下接着说,这是英语和汉语的不同,或者说是西班牙语与汉语的不同。比如你曾经说过的流水别墅,流水别墅的英文名是:Edgar J. Kaufmann House on the Waterfall,瀑布上的考夫曼宅。你看,这个译名比起你们中文译名"流水别墅"就逊色多了。这方面我本人就有亲身体会。我初看《堂吉诃德》的时候是英文译本,那是我经常盘桓的我父亲书房里的书籍之一。后来,当我看塞万提斯①的西班牙原文时,我感觉好像是在看一本不太确切的从英文翻译过来的译本②。

在我们这儿,人们把从别的语种翻译过来的文学称之为:翻译文体。这种说法是想把由翻译所营造的语境同汉语原有的叙事语境区别开来。但我本人认为,这种人为的分离和对抗不利于汉语的叙事发展。这里有一个根本的问题,他们说的所谓的翻译文体,同样是用汉字组成的,是汉语,而不是英语,也不是西班牙语。我们为什么就不能用汉语写出像他们说的所谓的翻译文体一样的叙事文本呢?好的翻译文体丰富了汉语的叙事写作,并且帮助我们摆脱了传统的汉语叙事语言对我们的束缚。

博尔赫斯先生说,我本人从小就受不同语境的影响,我出生在布宜诺斯艾利斯,在那座城市里,人们使用的是西班牙语。而我的母亲有英国血统,并受过良好的英语教育。除此之外,我们家住着一个名叫丁克的英国小姐,还有一个英国老太太,所以我往往用两种语言和别人进行交流。应该说,不同的语境对我后来的写作产生了深刻的影响。

这是一个细雨蒙蒙的午后,我和博尔赫斯先生坐在廊台上说话,风雨不停地吹着廊外枫杨树上的叶子发出沙沙的声音,从湿漉漉的麻石台阶上望过去,除去被细雨染灰的树林和对面山坡上的红顶别墅,我们看不到一个人影,只有一些被雨水打湿的黄色的枫叶从空中时不时飘落下来。

在细雨飘落的声音里我们沉默了一会儿,我清了清嗓子对博尔赫斯先生说,我想把整个论述你小说宫殿的切入点,放在《小径分岔的花园》这部小说上,把这部小说当作我们谈话的纲领来理解你小说里的一些关键性问题。

---

① 塞万提斯(1547~1616),西班牙文艺复兴时期的小说大师,代表作《堂吉诃德》。
② 威利斯·巴恩斯通:《和博尔赫斯一起在布宜诺斯艾利斯》,见《博尔赫斯谈话录》,第182页,王永年译,上海译文出版社,2008年版。

比如,当论及《小径分岔的花园》里的时间时,我可以切入《等待》,来进行求证;在论及记忆时,我可以切入《永生》,来进行分析;在论及迷宫时,我可以切入《两个国王的两个迷宫》来寻找相应的话题;在论及主观自我时,我可以把《阿莱夫》拿来作为佐证;在论及循环往复的问题时,我可以引用《圆形废墟》里讲述的故事……

可是……

博尔赫斯先生打断我的话说,这是一项十分危险的工作。

这我明白。我说,为了找到通往你所建造的这座宫殿的道路,请你允许我借用余准在他关于那场战争推迟原因的证言里说过的那句话:我又不得不铤而走险。

如果这样……

博尔赫斯先生抬手做了一个手势,我看到潮湿的空气像雾一样在他的指间荡来荡去。他说,那你就先从时间和记忆开始。我现在告诉你,时间和记忆,就是你所说的那座宫殿的核心。

时间与空间

说到时间,我注意到,即使在虚构的小说里,你也运用了具体的时间:

1934年9月30日,他从巴荣纳写信告诉我说:"我的目的只是惊世骇俗……"①

1939年3月14日,亚罗米尔·赫拉迪克在布拉格市泽特纳街的一栋公寓里梦到一局下了很长时间的棋……②

这个故事还有待补充细节,调整修改;有些地方我还不清楚;今天,1944年1月3日,我是这样设想的:……③

你曾经说过,我们任何人都无法阻挡时间的流失。你还说,时间是我们所有的人都无法解决的问题。

我们没办法永远拥有时间。我在小说中运用具体的时间是我曾经有过

---

① 《〈吉诃德〉的作者皮埃尔·梅纳尔》,王永年译,《虚构集》,第30页,浙江文艺出版社,2008年版。
② 《秘密的奇迹》,王永年译,《虚构集》,第128页,浙江文艺出版社,2008年版。
③ 《叛徒和英雄的主题》,王永年译,《虚构集》,第108页,2008年版。

的经历,也就是卡莱尔①所说的过程。卡莱尔说,人类的任何成就都不值一提,取得成就的过程才有价值。从记忆的性质来说,虚构的小说和源于具体环境的小说有着同样的真实,也许更真实。说到头,环境瞬息改变,而象征始终存在。假如我写布宜诺斯艾利斯的一个街角,那个街角说不定会消失。但是,假如我写一些具体的数字来象征时间,比如刚才你说的1934或者1944年,那么这些数字就不会消失。数字就是时间的象征。有了象征性的时间就会像迷宫、镜子等等那些东西一样,具有持久性。

就像你在《小径分岔的花园》里写到的那个花园一样。

那个花园并非是真正意义上的花园,而是像我小说里的镜子和沙粒一样,是象征,或者说是隐喻。

在你的小说里,你通过事件和人物来表明时间所存在的几种不同方式。一个名叫余准的效命纳粹的谍报员,为了获得情报,杀死了居住在迷宫花园里的一个名叫斯蒂芬·艾伯特的人,殊不知此人的名字就是他要寻找的暗号。余准杀害了艾伯特博士,以此利用报纸的报道来通知德军轰炸位于艾伯特的英军炮兵阵地,最后被马登逮捕。你在《小径分岔的花园》里讲述的这个故事只是一个载体,而故事的核心却是斯蒂芬·艾伯特这个汉学家,在余准到来之前破译的余准祖先崔明的那部通过证明时间的分蘖、交叉和平行达到因果关系的错位和颠倒的遗作。在这里,余准、蒂芬·艾伯特和马登在各自的时间河流里流动,可是当两条时间的河流由并行的状态转换成交叉状态时,事件的因果关系就出现了颠倒和错位。你用小径分岔的花园建造了一座时间的迷宫,那么,时间对于我们到底是一种什么东西呢?

是一座无法逃离的迷宫。博尔赫斯先生毫不迟疑地说,我们无时无刻不在时间这座迷宫之中旅行,正像我们现在所做的事情一样,我们在讨论时间,可是我们又在时间的迷宫之中迷失。但是话又说回来,我们要走出时间的迷宫,最终的出口是时间。因为时间是我们过去、我们现在和我们未来的总和。

时间的总和到底有多长呢?

无法计算。因为我们不知道在有生物之前,时间已经过去了多少亿年,而我们也无法知道在我们失去了生命(时间)之后,时间还会延续到何时。时间的长度,远远超出了我们这些凡人的想象力。时间是永恒的。时间的永恒包含了过去、现在和未来。永恒是所有的过去,这我刚才已经说过,过

---

① 卡莱尔(1795~1881),英国作家、哲学家。

去不知道从何时开始；永恒是所有的现在,这包括了宇宙中所有空间,包括我们人类居住的所有城市和乡村,当然也包括我们现在停留的廊台；永恒是所有的未来,尚未到来但永远存在着的未来。

苏珊·桑塔格①认为你具有与众不同的时间感②,她说的这种时间感应该就是你关于"时间是一切哲学的核心"的哲学论断,这论断已经影响了我们人类的现实生活。我注意到,在《小径分岔的花园》里,你经过斯蒂芬·艾伯特之口,把我们人类和时间的关系概括成以下几个方面：

一、时间是永恒的,是延续不断的；

二、时间是无数条无处不在并行的河流。时间的河流有时是交叉的,有时是重叠的；

三、时间的河流属于我们每一个生活的人。所以,时间是我们生命存在的根本问题；

四、我们无法阻挡时间的流失,因此,我们将永远处在焦虑不安之中；

五、我们存在于时间之中,无法回避时间带给我们的困惑。

我认为时间是组成我的物质。③ 看着从我眼睛里流露出的迷惑,博尔赫斯先生接着说,我这话似乎有些难以理解。其实,说明白了也很简单。对于我们来说,我们所有的生活都存在于现实的一瞬之间。而现实的一瞬,很快又会变成过去。所以,失去的时间构成了我们过去的经历。但是,过去对于我们来说却是不真实的,因为过去只存在于记忆里；对于我们来说,未来也是不真实的,因为未来只存在于我们的希望之中；只有现实的瞬间,对我们才是真实的。我曾经写过这样的诗句：

任何一个瞬间都比海洋,
更为深邃,更为多种多样。④

---

① 苏珊·桑塔格(1933~2004),20世纪美国声名卓著的"知识分子",和西蒙·波伏娃(1908~1986,法国作家,女权主义者)、汉娜·阿伦特(1906~1975,原籍德国,20世纪最重要的政治哲学家和社会理论家之一)并称为西方当代最重要的知识分子,被誉为"美国公众的良心"。

② 参见《给博尔赫斯的一封信》,张媛译,《重点所在》第136页,上海译文出版社,2004年版。

③ 《博尔赫斯谈话录》,第11页,王永年译,上海译文出版社,2008年版。

④ 《另一个,同一个》,第293页,王永年译,浙江文艺出版社,2008年版。

可是,这个我们赖以生存的瞬间,又是不确定的,是在变化之中的。因此我认为,我所写的小说都具有虚构的本质。时间构成了我们存在的迷宫。迷宫之所以会成为迷宫,那就是它的不可破译性,我们只有在其中迷失。所以,面对时间,我们都是束手无策的囚徒。

我为博尔赫斯先生精辟的论断所折服,我说,你在《小径分岔的花园》这部小说里,还说到由相互靠拢、分歧、交错或永远不干扰的时间所织成的网状结构,时间包含了多种可能性。你将关于时间相对性的深奥、复杂的哲学问题诉诸到你的这部小说的事件里。在这部小说里,蒂芬·艾伯特还给余准分析了时间对于人们产生的多种可能性:

第一、在大部分时间里,我们并不存在;对于这一点,我是这样理解的,在你开始写这部小说的时候,我们是不存在的;

第二、在有些时间里,有你没我;在斯蒂芬·艾伯特破译崔明所写的那部关于时间的分蘖、交叉和平行达到因果关系的错位和颠倒的著作时,余准和马登是不存在的;

第三、在另外一些时间里,有我没有你;在余准前往斯蒂芬·艾伯特所在的花园的路途中,斯蒂芬·艾伯特和马登是不存在的;

第四、在一些时间里,你我都存在;这一点就很好理解了,当余准开枪杀死斯蒂芬·艾伯特,马登出现的时候,他们三个都是存在的。

博尔赫斯先生笑了笑说,你是在用衡量空间的尺度来衡量时间。

我说,是利用空间来解释时间。我认为,这样能让时间变得可以触摸。就我的理解,时间应该存在于空间之中,如果没有空间,我们怎样才能解释时间的存在呢?比如你刚才谈到我们现在坐着的廊台。就像你说的,时间的河流无处不在,我们同在一个时间段的河流里平行流动,当世界上所有人都在各自的时间河流里流动的时候,他们在做着一些毫不相干、内容各异的事情。

生活在别处。博尔赫斯先生说,时间就像我在《特隆、乌克巴尔、奥比斯·特蒂乌斯》里写到的那枚铜钱。

我拿起《虚构集》,找到《特隆、乌克巴尔、奥比斯·特蒂乌斯》里关于那枚钱币的文字:

11"世纪"的一个异教创始人想出了九枚铜币的似是而非的理论,在特隆引起了轰动。那个"骗人的推理"有许多说法,铜币的数目和找到的数目个个不同;下面的说法流传最广:

星期二,某甲走在一条冷僻的路上,遗失了九枚铜币。星期四,某乙在路上捡到四枚,由于星期三下过雨,钱币长了一些铜锈。星期五,某丙在路上发现了三枚铜币。星期五早上,甲在自己家的走廊里找到了两枚。异教创始人想从这件事中推断出九枚钱币失而复得的真实情况——即它的连续性。他断言,假设星期二至星期四之间四枚铜币不存在,星期二至星期五下午之间三枚铜币不存在,星期二至星期五清晨之间两枚铜币不存在的这种想法是荒谬的。合乎逻辑的想法是,在那三段时间中的所有瞬间钱币始终存在,只是处于某种隐蔽的方式,不为人们所知而已。①

博尔赫斯先生看到我放下手里的书,他说,其实,这就是我们生活的现实。当我1914年跟随家人从故乡移居日内瓦的时候,我对布宜诺斯艾利斯图库曼大街②上的生活就不甚了解,有时候甚至把生活在那里的人们给遗忘了,仿佛他们就不存在一样。而事实的情况是,在我们缺席的情况下,那里的人们照样日出而作,日落而息。

就像现在我在鸡公山上和你交谈,而对发生在郑州的事情就所知甚少,那里的事好像与我没有太大的关系。也就是说,当我们不在某个地方的时候,那里的人仍然照样生活着,这就像一个人在他永远离开之后的情景是一样的。假设我已经离开了这个世界,那么这个世界不会因为我的离去而停止生活。

我从时间里抽身而去……

博尔赫斯先生说完笑了起来,然后他接着说,但是,我仍然在时间之中。由于记忆,仍然存在着的人们并没有把我从他们的生活里清除出去,相反,我更加自由。比如这段时间,我就能离开日内瓦的寓所③,到这里来和你相处,谈论一些我们感兴趣的话题。

我认为,空间存在于时间之中,而时间又是在空间中展开,也就是说时间是在空间中流动的。

按照牛顿的说法,时间现在正流动在空洞的地方,你看……

博尔赫斯伸手指了一下我们面前的森林说,时间正在远处的树林里流

---

① 《特隆、乌克巴尔、奥比斯·特蒂乌斯》王永年译,《虚构集》,第15页,浙江文艺出版社,2008年版。

② 1899年8月24日,博尔赫斯出生在这里。

③ 1986年6月14,博尔赫斯在日内瓦去世。从此,他的寓所永久地建在了那里。在他寓所的门前,雕刻着源自古英语诗《奥尔登战役》里的一句诗句:不应恐惧

动。时间在任何时刻,都正在以统一的方式流动。也就是说,时间在世间,在宇宙的任何一个地方都在流动。时间是河流。现在,每时每刻,我们都在流淌的时间的河流之中。而当我们行走在自己的时间河流里的时候,就没法进入别人与我们并行的时间河流之中。不说别人,就我们自己,也没办法重新回到已经流失的河流之中去。就像赫拉克利特①所说的一样:人不能两次踏进同一条河流。这就是时间问题,我们无法解决这个问题,因为我们自己就是一条河流,我们自己也无法阻止自己的流动。

是的,我们各自生活着。我说,现在我想和你谈谈时间的交叉和重叠问题。当然,现在我们坐在这儿交谈,就是时间的两条河流的交叉。如果这样理解,当我们看电视的时候,当我们在网络上交谈的时候,也应该被看做是时间的交叉。而当我们在不同的地方阅读你的《小径分岔的花园》的时候,就应该是你说的时间的重叠。在你写这本书的时候,我们所有的人都不在场,后来我们在另外的时间里进行阅读,我认为这就是你所说的时间的重叠。应该说,我们的时间是在多年之后重叠的,因为我们在做着同样的事情。总之,关于时间的交叉和重叠,我是这样理解的:时间的交叉,是时间在平面上流动时产生的,是前后方向和左右方向的交叉;而时间的重叠,则是指时间的深度,是上下的,竖向的。你所说的时间的重叠,是来解释时间深度的。我认为,时间不但是哲学的核心问题,同时也是现代小说叙事的核心问题。明白时间的并行、重叠和交叉的特征,这对于我们写作者来说,不但是打开现代小说叙事的另一个核心——**记忆**——的钥匙,同时也是解决现代小说叙事的关键。

记忆的本质

你的《阿莱夫》是一篇关于自我主义反应论的小说。小说里的博尔赫斯在年轻的时候暗恋过一个名叫贝雅特丽齐的女人。那个女人去世后,在接下来的许多年里,博尔赫斯每年都会在她生日的当天,来到她表兄家,真正的目的是为了看一眼墙壁上那个女人的画像,并在和她的表兄卡洛斯·阿亨蒂诺·达内里接触的过程中渐渐成为朋友,博尔赫斯有一次进入了他的地下室,在黑暗里见到了阿莱夫。关于阿莱夫,你在小说里是这样写的:

阿莱夫的直径大约为两三厘米,但宇宙空间都包罗其中,体积没有按比

---

① 赫拉克利特(公元前540~前480年),古希腊哲学家。

例缩小。每一件事物(比如说镜子玻璃)都是无穷的事物,因为我从宇宙的任何角度都清楚地看到。我看到浩瀚的海洋、黎明和黄昏,看到美洲的人群、一座黑金字塔中心一张银光闪闪的蜘蛛网,看到一个残破的迷宫(那是伦敦),看到无数眼睛像照镜子似地近看着我,看到世界上所有的镜子,但没有一面能反映出我,我在索莱尔街一幢房子的后院看到三十年前在弗赖本顿街一幢房子的前厅看到的一模一样的细砖地,我看到一串串的葡萄、白雪、烟叶、金属矿脉、蒸汽,看到隆起的赤道沙漠和每一颗沙粒,我在因弗内斯看到一个永远忘不了的女人,看到一头秀发、颀长的身体、乳癌,看到人行道上以前有株树的地方现在是一圈干土,我看到阿德罗格的一个庄园,看到菲莱蒙荷兰公司印行的普林尼《自然史》初版的英译本,同时看到每一页的每一个字母(我小时候常常纳闷,一本书合上后字母怎么不会混淆,过一宿后为什么不消失),我看到克雷塔罗的夕阳仿佛反映出孟加拉一朵玫瑰花的颜色,我看到我的空无一人的卧室,我看到阿尔克马尔一个房间里两面镜子之间的一个地球仪,互相反映,直至无穷……①

博尔赫斯先生用手中的拐杖敲了一下廊台边上的花岗岩石板,朗读的声音消失了,我有些不安地看着他。先生说,这足以能说明问题。你知道,我必须在一段文字里制造出记忆里那无穷无尽的感觉。不管怎么样,我在这篇小说里总算解决了。不过……

博尔赫斯先生接过我手中的书翻动一下说,这篇东西给我添了不少麻烦。上帝或者一个神秘主义者在一瞬间感知我们所有的昨天,正如莎士比亚所说,所有的过去、现在和将来。我说为什么不把那种虚构应用到别的范畴,不用于时间,而用于空间呢?为什么不假想空间有一个能观察到其他各地的点呢?我从那个抽象的观念出发,随后形成了这个相当有趣的故事。②

阿莱夫来自你的主观世界,是来自你亲身经历、你的幻想和梦境、你的阅读和道听途说的所有内容。你在阿莱夫里所看到的,就是你记忆的呈现。在这里,那个被称作为阿莱夫的圆球,只是把我们引入记忆的一个切点。在现实里,切入我们记忆的点有许多,比如你在《另一个人》里写了这样一个故事:1969年的2月,我在波士顿以北剑桥的查尔斯河,碰到了一个人,当时我

---

① 《阿莱夫》,第146页,王永年译,浙江文艺出版社,2008年版。
② 约翰·比格奈、汤姆·惠伦:《访问豪尔赫·路易斯·博尔赫斯》。见《博尔赫斯谈话录》,第240页,王永年译,上海译文出版社,2008年版。

们两个都坐在河边的长凳上,他吹着我十分熟悉的口哨,那曲子是《废墟》里的配乐。那曲子使我感到亲切,我们进行了如下的一些交谈:

"先生,你是乌拉圭人还是阿根廷人?"
"阿根廷人,不过从1914年起我一直住在日内瓦。"他回答我说。
静默了好久,我又问他:
"住在马拉纽街十七号,俄国教堂对面?"
他回答说不错。
"那么说,"我满有把握地说,"你就是豪尔赫·路易斯·博尔赫斯。我也是豪尔赫·路易斯·博尔赫斯。我们目前是在1969年,在剑桥市。"
"不对,"他用我的声音回答,声音显得有些遥远。
过了片刻,他坚持说:
"我现在在日内瓦,坐在罗纳河边的一条长凳上。奇怪的是我们两个相像,不过你的年龄比我大得多,头发也灰白了。"①

很显然,你在这里写到的他,就是年轻时代的你。随后,你又对他说起你们的父亲和祖母去世的事情,对他讲起你们的妹妹早就是两个孩子的母亲,你还对他讲了二战时期的一些事情,可是他对此一无所知。而年轻的他,则给你讲起了他正在读的一些书,给你讲到了陀思妥耶夫斯基②和约瑟夫·康拉德③,可是你们在某个问题的看法上发生了分歧。由于先前的你没有后来的你那些经历,所以你们在对某些事情的认识和看法上发生了差异。有人评论说这是你的一个梦境。但是在我看来,这应该是你的记忆。你在这个关于记忆的故事里,讲述了你过去和现在的两种不同的生存状态。

博尔赫斯先生说,随着年龄的增长,我们的观念会发生某些变化。可是在和他谈话时我发现,年轻的我当时并没有认识到这一点。

这个现象其实很普遍,存在于我们世间的每一个人身上。我们都将会在不久的将来步入老年,但是我们这些固执的人,都在匆匆忙忙地赶路,很

---

① 《另一个人》,王永年译,见《博尔赫斯全集·小说卷》第388页,浙江文艺出版社,2006年版。
② 陀思妥耶夫斯基(1821~1881),"俄国"小说大师,作品以反映人类存在的精神痛苦而著称。主要作品有《卡拉马佐夫兄弟》、《白痴》、《罪与罚》等。
③ 约瑟夫·康拉德(1857~1924),英国小说家。主要作品有《黑暗深处》、《吉姆老爷》等。

少有时间静下心来反思我们曾经走过的道路,并以此来关照我们的现实。

你说的反省需要记忆来帮助完成。记忆是无序的,是交叉的。我们所有流失的昨天,前天,或者更远的一些日子,1914年,或者1969年,这些都留在我的记忆之中,这些时间来到我记忆里的先后,已经失去了它原有的物理秩序。当我想起1914年我在日内瓦的经历时,1969年的2月我在波士顿的查尔斯河的经历就退到其后。

应该说,你在查尔斯河边碰到的那个人并不是你自己,他只不过是你记忆里的这个世界上你最熟悉的一个人而已。

普罗提诺①说,有三个时间,这三个时间都是现在;一个是当前的现在,即我们说话的时刻,这一刻在一瞬间就会成为过去;第二个现在是过去的现在,即我们说的记忆。第三个现在是未来的现在,未来只存在于我们的想象之中,而我们的想象又是在现实里来进行的,所以,未来同样属于我们的记忆。记忆是一个巨大的容器,它在现实的瞬间不停地摇动着,所以我们记忆里的内容每时每刻都在发生着变化。

是这样,记忆对于我们来说,就是一个无所不能的魔术师。你在《两个博尔赫斯的故事》里就写到了这样一件奇特的事儿:

我丢下笔,跑上楼梯。19号房间在二楼,面对一个凄凉的破平台,平台上有一道栏杆,我记得还有一条广场上摆的那种长凳。那个房间是旅店里最高的。我推了一下门,门开了。梯形吊灯还没有熄。在强烈的灯光下,我认出了我。那个更老的我面朝上躺在狭窄的铁床上,身材消瘦,面色苍白,眼睛茫然地望着高高的白色贴缝板条。我听到了说话声。那声音肯定不是我的。是我经常在我的录音带上听到的那种声音,有点刺耳,且很单调。

"真怪,"那个声音说。"我们是两个人,又是一个人。不过,在梦里,这毫不奇怪。"

我恐惧地问:

"那么,这一切全是梦吗?"

"我确信,这是最后一个梦。"②

---

① 普罗提诺(204~-270),出生于埃及,父母是罗马人。古罗马帝国时期唯心主义哲学家,新柏拉图学派最著名的代表。

② 《两个博尔赫斯的故事》,朱景冬译,见《博尔赫斯文集·小说卷》第622页,海南国际新闻出版中心,1996年版。

1977年的某个夜晚,你在一个旅店里见到了生活在1983年8月25日的你自己。一老一少两个博尔赫斯,在未来的时间隧道里回忆着他们曾经的经历。这确实是件十分有趣而奇妙的事情。这不光是一个梦,你是在提醒我们,世上的任何人都没有办法拒绝时间把我们变成一个年迈的老人。在我看来,在《两个博尔赫斯的故事》里,最主要的是你写到了未来,你在梦里看到了自己的未来。所有的未来都是我们即将到来的梦,而所有的过去都是我们已经做过的梦,梦中的情景是那样的清晰。我们在现实的瞬间所做的一切,只能是那梦境的重复,是那一晃即逝的梦过程。在我们的记忆里,我们的想象和梦境,同我们亲身经历的过去一样,具有平等的地位。柏格森①认为,在时间的长河里,现在和过去都与意识和记忆不可分。而我认为,**记忆的本质是虚构**。

融入虚构的生活,那就意味着艺术。博尔赫斯先生用他有些鼓凸的灰蓝色眼睛看着我说,人们认为作家应该写各种各样的事物,事实上我们自己发现,最后剩下的只是我们的记忆。写作也一样,我真正关心的是打动一个人,而到最后,那个被打动的人就是你自己。这就是记忆②。由于记忆,我们无法摆脱我们自己③。

从某种意义上说,回忆就是我们的现实。因为回忆是要以占用我们当下(现在)的时间作为前提的。当我们进行回忆的时刻,现实的事实已经产生。虽说记忆的本质是虚构,但**记忆又是真实的,是建立在现实一瞬之间的真实。所以我认为,记忆是现代小说叙事的核心问题。**

是这样。博尔赫斯先生说,我们的存在要由记忆来确认。当我们进入睡梦的时候,我们暂时失去了记忆。我们一旦醒来,要确认自己的身份,我们只有依靠记忆。有些人把现实只看做是日常生活,认为其余一概不真实,这种想法是错误的。感情、概念、沉思、冥想也能产生日常事件。我认为世上所有的梦想和哲学家都在影响着我们当前的生活④。

你的小说是对记忆秩序的反映。在你的小说里,过去的一切都是真实的存在,这包括一个人从各个方面获得的生活经验和知识信息,比如他的梦境和幻想、他从历史事件或者从书本上获得的知识,还有自己亲身经历的这

---

① 柏格森(1859~1941),法国哲学家。
② 参见《博尔赫斯谈话录》,第69页,王永年译,上海译文出版社,2008年版。
③ 参见《博尔赫斯谈话录》,第6页,王永年译,上海译文出版社,2008年版。
④ 参见《博尔赫斯谈话录》,第69页,王永年译,上海译文出版社,2008年版。

些一旦进入记忆,就构成了记忆的真实,梦想不再是梦想,幻想也不再是幻想,这些精神层面的活动和我们在现实生活里所经历的一样,成为了我们记忆的真实。柏拉图①认为一切知识都只不过是记忆。在《另一个人》里,你讲的是过去,是记忆;而在《我和博尔赫斯的故事》里,你讲的是未来,是想象,由于我们想象需要现实的那一瞬作为点,所以想象也会在瞬间转变成记忆。其实,想象就是我们的经历,只不过想象属于精神层面的活动而已。

历史与真实

在《小径分岔的花园》里,不但时间是分岔的,小说里所讲述的事件也是分岔的;你让我们明白,一件事情可能会有多种不同的结果,而每一个结果,又可能是引起另外事件的起点。我们同样可以用这种观点来看待历史。历史对于我们来说,就像你小说里描写的那场战争。余准的证言和利德尔·哈特在《欧洲战争史》里所提供的关于影响那场战争进程的原因是截然不同的。也就是说,我们现在所看到的任何历史,都具有人的主观性,就像你在《关于犹大的三种说法》这部小说里所表达的。

20世纪初,一个名叫尼尔斯·吕内贝格的宗教学者在一本名叫《基督与犹大》的书里,对犹大出卖耶稣的动机提出了疑问。其中第一种说法是这样的:耶稣每天在犹太人的聚会上宣传教义,在几千人面前创造奇迹,根本用不着由一个出卖他的门徒来指认。接着他分析到,为什么指认的事实还是发生了?那是犹大出卖耶稣的事件并非偶然,而是预先安排好的、在耶稣舍身救世的过程中占有神秘位置的事件……

这部小说是你对历史事件的虚构和再现,而你真正的目的,是你按照你的道德观、人生观和历史观对《圣经》里所讲述的这个历史事件的质疑,是立于现实生活中的个体对历史的思考和疑问。克罗齐②说,一切历史都是当代史。在这里,你所表达的就是对人类由集体记忆所传承下来的历史的疑问,是通过尼尔斯·吕内贝格之手对历史的事实考证,更是对这种历史的人性修正。

博尔赫斯先生朝我点了点头,他说,卡莱尔认为,世界历史是我们被迫阅读和不断撰写的文章,在那文章里,我们自己也被别人描写着。

---

① 柏拉图(公元前427年~前347年),古希腊哲学家。
② 克罗齐(1866~1952),意大利哲学家、历史学家,新黑格尔主义的主要代表之一。

历史就是我们无数的祖先写下的关于生命经历的回忆,就是过去多年前未被我们体验过的我们的祖先带有强烈主观色彩的个体记忆,就是由无数的个体记忆所构成的集体记忆。由无数的充满主观性的个体记忆所构成的历史,反过来又深刻地影响着我们这些后人的个体记忆。罗素①认为,历史是循环性的,今天状态的世界,包括其最微小的细节,早晚都会重现。历史的延续,就建立在我们后代对祖先留下的集体记忆的阅读和理解上,就建立在一代又一代的个体记忆的疑问和修正上。在集体记忆所构成的历史中,我们很难接近它的真实。那是因为我们所有的历史都来自个体记忆,就像利德尔·哈特在《欧洲战争史》里和余准在他的证言里说到的那场战争一样。同时,也是因为记忆是无序的。记忆把你亲身经历的,把你的幻想和梦想、把你从别人那里得到的人生经历并置于同等的位置上。现在我把我们已经说过的关于记忆的话题重新提出来,是因为历史和记忆血肉相连。同样,记忆也把我们今天的经历和《圣经》里讲述的故事并置在同等的位置上。我们一经进入记忆,记忆就没有先后和真假之分,记忆就具有虚构的性质。所以,历史的真相在充满主观的个体记忆中被覆盖。就像你在《关于犹大的三种说法》这部小说里让尼尔斯·吕内贝格指出的一样:

圣子成为肉身之后,便从无处不在到了有形的空间,从永恒到了历史,从无限幸福到了生老病苦;为了同这样的牺牲相匹配,一个代表全体人类的人必须作出应有的牺牲。所有的门徒中间唯有以色加略人犹大觉察到了秘密的神性和耶稣的意图。既然圣子可以屈尊成为凡人,圣人的门徒犹大当然也可以降格成为告密者(最卑鄙的罪恶)……②

在小说里,关于犹大出卖耶稣的不同说法有三种,历史之所以能让我们重新找出这三个疑点,我认为,只有记忆能完成这种使命。我们提出不同的疑问,但却无法找到历史的真相。因为记忆,我们一代又一代人所做的努力,只能是更接近历史的本质。集体记忆所构成的历史从个体的记忆中来,《圣经》的历史,耶稣的历史,犹大的历史,吕内贝格的历史,我们已经很难确

---

① 罗素(1872~1970),英国哲学家,20世纪的思想大师。1950年诺贝尔文学奖获得者。
② 《关于犹大的三种说法》王永年译,《虚构集》,第139页,浙江文艺出版社,2008年版。

定哪一种历史是正确的。也就是说,历史在任何时候都是具有主观意识的历史。所以说,历史没有绝对的真实。我们所做的一切,只能是更接近它的本质。所以我读你的小说,读《小径分岔的花园》,读《关于犹大的三种说法》,你不但不能为我们打开历史的窗子让我们看到其真相,而你所给我的,只是在原有的历史基础上演绎出来的新的、有趣的带有你生命体温的另外一幕。

博尔赫斯先生笑了笑,他脸颊上垂直的纹路使他本来就瘦长的脸更长了。他说,正是这种带有个人体温的对历史的回逆,才构成了我们人类迤逦而生动的精神世界。

在历史中,任何重大历史事件对于一个作家来说,只能是一种发生在现实中,产生精神生活的有关文化、政治的背景;而且,由于历史记忆者的观点不同,我们后人所遇到的迷宫也会不同。比如,你在《死于自己迷宫的阿本哈坎—艾尔—波哈里》里,很显然,邓拉文所讲述的阿本哈坎的死和昂温所讲述的阿本哈坎的死,是两种不同的历史结果。在这里,细节、情节、故事都发生了极大的变化。这种现象在我们所看到的历史里触目即是,比如我们民族所经历的抗日战争。从有关资料里,我们可以看到一些战役中日军伤亡人数的统计有很大的差别:

淞沪会战:国民党战报为日军伤亡6万余人,日军战报为伤亡40672人;

太原会战:国民党战报为日军伤亡4万余人,日军战报为伤亡2.6万人;

平型关战役:八路军战报为日军伤亡1千余人,日军战报为日军亡167人,伤94人;

百团大战:八路军战报为日军伤亡2万余人,日军战报为日军亡302人,伤1719人;

……

你看,这和利德尔·哈特在《欧洲战争史》里和余准的证言里所提供的关于影响那场战争进程的原因有什么差别吗?这和邓拉文和昂温分别讲述的阿本哈坎的死有什么不同吗?没有,在我们所看到的历史事件中,可能都有两种或两种以上的解法。也可以这样说,有一百个人,可能就有一百种不同的结果。历史,是人为的,比如你在《小径分岔的花园》里写到的那个花园,那个传说中的花园,就是我们了解历史的一个入口,但我们会不会在其中迷失方向,失去寻找历史真相的机会?历史是一座巨大的我们置身其中的迷宫,我们所有的人都渴望进入这座由我们的先人所建造的迷宫,并做出自己带有强烈主观色彩的对历史的解读,然后留下来影响和迷惑我们的后人,使自己成为那迷宫的一部分。因而可以说,我们每一个参与思考的人,都是历史迷宫的建造者。所以我们看到的历史有着极大的不可靠性;而我们的现实,恰恰是建立在这个错综复杂的历史迷宫之上。所以我们也有理由这样说,现实同样是一个不可解的迷宫。既然现实是一座不可解的迷宫,那么我们的小说为什么不可以成为这个迷宫的映象呢?你在《关于犹大的三种说法》这篇小说里,你在"把他遭受的苦难仅仅限于被钉在十字架上的一个下午的临终痛苦,乃是对他的亵渎"这句话的后面,加了如下的注解:

莫里斯·阿布拉莫斯茨指出:"根据那个斯堪的纳维亚人的看法,耶稣干得十分出色;由于印刷术的发展,他的事迹已译成多种文字;说到底,他在人间待了三十三年并非休闲度假。"埃尔菲尤德在《基督教学说》的附录三中驳斥了这段话。他指出耶稣的受难并未结束,因为在时间范畴里发生一次的事情,在永恒中不停重复。迄今为止,犹大仍在收取三十枚银币;仍在吻耶稣基督;仍在寺庙里投银币;仍在血泊里解绳索。(埃尔菲尤德为了证实这番话,引用了亚罗米尔·赫拉迪克的《永恒辩》。)[1]

你在告诉我们,其实,无论是在生活层面,还是在精神层面,现实和历史都有着惊人的相似之处。

历史是一部供世人创作和阅读的漫无止境的书。博尔赫斯先生说,我们在这部书里,既是读者也是作者,我们不停地在这本永远也读不完的书里寻找和解释存在的意义;我喜欢在短篇小说里营造不很确定的地点,而且故事总是发生在许多年前,在时间和空间上与现实保持着一定的距离。但这并不是说我不注重现实,恰恰相反,我认为,文学必须涉及现实,但是,我们不能被现实束缚住手脚。我的观念是,要把现实建立在想象之上,想象要求我们在时间和空间里面寻找永远的题材。

这就是你这个注解的真正意义。是的,我们从集体记忆里回逆历史的目的,就是为了观照我们生存的现实,观照我们自身的存在。生活在两千多年前的耶稣和犹大,其实,他们现在就生活在我们身边。

---

[1] 《关于犹大的三种说法》王永年译,《虚构集》,第141页,浙江文艺出版社,2008年版。

马可·奥勒留①认为,任何人失去的不是什么别的生活,而只是他现在所过的生活;任何人所过的也不是什么别的生活,而是他现在失去的生活。最长和最短的生命就如此成为同一。虽然那已逝去的并不相同,但现在对于所有人都是同样的。所以,那丧失的看来就只是单纯的片刻。因为一个人不可能丧失过去或未来——一个人没有的东西,有什么人能从这里夺走呢。马可·奥勒留还说,生命最长者和濒临死亡者失去的是同样的东西。因为,唯一能从一个人那里夺走的只是现在。如果这是真的,即一个人只拥有现在,那么一个人就不可以丧失一件他并不拥有的东西。②

现在是存在的,但现在在不断地把未来变成过去,我们没办法抓住这个现在。

我们自己谈论历史,研究历史,解读历史,可是我们自己最终会成为历史的一部分,我们破解迷宫,可是我们自己最终却成了构成迷宫的一块砖,或者一片瓦,我们的后来者,在某一天会在这迷宫的墙壁上看到我们的身影。

梦中的情景

博尔赫斯先生的起居很有规律,大致和我的习惯相同,当然,交谈的时间主要是看我们的兴致,有时我们在半夜醒来,会谈论起刚刚失去的梦境。

梦里的情景各不相同,我对博尔赫斯先生说,但也有一些规律。就我本人来说,我常常梦到自己像一只鸟在飞翔。有些时候,我还会梦到一条爆满河水的河流;有些时候,我还会做一些很恐怖的梦。有一次,我在梦中把我已经去世的二伯父杀死了,把他深埋在他家堂屋的地下。其实,在现实生活里,我非常孝敬他。他老人家在世的时候,是我们镇上的搬运工人,由于年轻时过多的体力劳动,到了晚年他老人家的背有些驼,他的腿上长满了成坨成坨的青筋。那个梦一直不能让我忘怀。在梦里,我还常常回到家乡的小学……

那天夜里,我和博尔赫斯先生说起了我曾经拥有过的梦境。我说,我在那所小学里工作过十一年,可是在梦里,他们仍然要我教课,仍然要占用我的时间,这让我十分烦恼,而且……

我披上衣服说,我每次梦到学校的格局都不相同,在梦里,那些我所熟

---

① 马可·奥勒留(121~180),古罗马哲学家,晚期斯多葛学派代表人物之一。
② 参见《深思录》第20页,何怀宏译,中央编译出版社,2008年版。

悉的教室会移动,这是我始终弄不明白的事,为什么我熟悉的学校来到我的梦境里,会不停地发生变化呢?

博尔赫斯先生说,那段生活肯定曾经对你构成过压力。我也有这样的经历和感受。在梦里,有时我发现自己呆在一座非常大的房屋里,砖砌的房屋,有许多空荡的大房间,我从一个房间到另外一个房间,仿佛都没有房门。我怎么也找不到通往院子的路,我走来走去,大声呼喊,一个人也没有。那座缺乏想象力的大房子空无一人,我暗忖道,嗨,这就是迷宫之梦①。

或许这就是你在小说里用文字建造的宫殿。

不错,梦里的情景往往会和我们思考的问题相关。比如迷宫、写字和镜子,这三种梦魇我经常有,几乎每夜都有。尤其在我丧失视力以后。有时候我老是梦见自己在阅读,可奇怪的是我阅读的那些字母都活了过来,每个字母都变成了别的字母,我正要细看,开头的文字又缩掉了,那些字是元音重复的,很长的荷兰字。再不然,行间的空白逐渐变宽,字母长出枝丫,全部是黑红两色,印在光泽度很高的纸上②。就像你刚才说的你常常在梦中回到你工作过的小学一样,这样的梦境常常压得我喘不过气来。

谈起梦中的情景,刚从睡梦里醒来的博尔赫斯先生来了精神。他也披上衣服在沙发上坐下来,然后说,说到底,梦是一种创造。以梦的情况来说,你梦中所见全部来自你本身,以清醒状态来说,你遇到的许多东西可能不来自你本身,除非你信奉唯我论。在那种情况下,无论你处于清醒或者睡眠状态,时时刻刻都是梦想家。当你构思一首诗的时候,睡眠和清醒状态没有什么区别,不是吗?它们代表的是同样的东西。如果你在思考,发明,或者梦想,梦中所见可能和幻想或者睡眠相符③。

在日光灯下,博尔赫斯先生的脸色苍白,看上去显得有些虚弱。但他的嗓音仍然深沉而响亮,说话的声音远远要比他的形象年轻得多。他说,有些时候我的写作受梦的影响,有的就是直接记录了我的梦境,为了真实,我加了一些细节。在别的情况下,我可能受到梦的影响而不自知。就像你梦中的经历一样,我梦里的情境也是多种多样的。我梦见一面镜子。我看到自己戴着面具,或者看到镜子里有一个人不是我,而是我不认识的人。我到一个地方,有迷路的感觉,太可怕了。那地方和任何地方一样。是一个有家具

---

① 参见《博尔赫斯谈话录》,第239页,王永年译,上海译文出版社,2008年版。
② 参见《博尔赫斯谈话录》,第240页,王永年译,上海译文出版社,2008年版。
③ 参见《博尔赫斯谈话录》,第249页,王永年译,上海译文出版社,2008年版。

的房间,样子并不可怕。可怕的是感觉,不是形象。另一个时常做的梦魇是遭到小孩般的生物的攻击;他们人数很多,身材极小,但孔武有力。我试图自卫,但我的打击是软绵绵的。①

我随手拿起身边的《虚构集》,翻到《圆形废墟》,对他拍了拍说,这也是你做过的梦吗?

博尔赫斯先生看了看那小说的题目说,是的,一个生活在别人梦境里的人。

《圆形废墟》是你小说里最具有梦境特质的一部。魔法师在梦里培养那少年的经历,不光是他自己的经历,其实也是我们所有人生命的经历,我们同样是别人的影像。也就是说,我们生活在别人的梦境里。

也可以把这理解为生命的循环。博尔赫斯先生说,每一个生活在现实里的人,可能都是我们父亲未来的梦境,那么我们的后代,我们的儿子,也将是我们的梦境。我们的儿子是生活在我们梦中的人,而我们自己则生活在父辈的梦境里。

梦里的情景总是和现实有着很大的差异,比如刚才我给你说到,我总是在梦中飞翔,但是我并没有像鸟一样长了翅膀,而是像一只皮球那样从一个山坡上滑落下去,每当我在空中落下去的时候,又会弹跳起来,就像一个人在不停地做着引力向上。

梦和现实有着很大的差异,但是一个人到了生命的最后,他终于会明白,原来我们的一生就是一个漫长的梦境。我们从梦中醒来,然后离开这个世界。那么我们到哪里去了呢?我们仍然在人的梦境里,成为他们的记忆,成为他们的幻影。

这就是你在《圆形废墟》里要表达的人生哲学,浮生若梦。

浮生若梦是事实的存在。博尔赫斯先生说,在这部小说里,我想赋予这个哲学观一个形象,把形而上的思考融入一个可以触摸的思想。我们都注意到,梦确实对我们很重要,梦会像风一样鼓动起我们想象的翅膀,给我们带来另外一个世界的景象。它会让我们想到一些容易忽视的问题。但是在现实生活里,太多的梦境都被我们忽略了。

怎样才能让梦境起到你刚才所说的作用呢?

你有记录梦境的习惯吗?

记录梦境?

---

① 参见《博尔赫斯谈话录》,第 314 页,王永年译,上海译文出版社,2008 年版。

对。博尔赫斯先生改变了一下坐姿,然后说,在你刚刚从梦中醒来的时刻,在那个梦还呈现出清晰图像的时候,你应该把那梦境立刻记下来,看看你的脑海里曾经产生的是一种怎样的情境。梦就像我们见到的沙漠里的沙粒一样。沙粒可以从一个变成无数,直到把我们埋葬;沙粒就是我们的梦,一颗沙粒靠着另一颗沙粒,形成了我们无法走出的沙漠,梦的沙漠;梦中的沙粒就像我们使用的文字一样,具有滋生的能力。所以我认为文学和梦没有太大的差别。在这里,梦,包括记忆与想象,这些和现实都是无秩序的交叉,或者混合。

你处理梦境的方法,就像你在小说里处理现实与记忆的关系一样?

梦境存在于我们的记忆里,而我们的现实和梦境有着千丝万缕的联系。就拿构思一部短篇小说的情况来说,你一旦开始,事实上就是在梦,而且你是以相当自觉的方式在铸梦。①

瞬间的变化

你曾经说过你的小说《南方》有许多的层次,自传性(主人公想起了他祖父的横死,和你祖父的经历相似)、一个人毁灭了他喜爱的东西、梦境(主人公因病住院,小说在这里暗示他可能已经死去)、主人公对南方的热爱以及那把匕首的象征(他爱匕首,结果匕首送了他的命)。在我看来,《南方》这个看似没有结果的故事里,隐藏着一个深刻的主题,那就是现实的偶然性,或者说是人生命运的偶然性。

现实里的生活在不停地变化着。博尔赫斯先生说着端起茶杯,但他不是喝水,而是看着在茶水里翻动的茶叶说,就像这些茶叶……

博尔赫斯拿水杯里翻动的茶叶来隐喻现实生活,这是他在小说里常用的手法。我说,如果那天达尔曼不是走楼梯,而是坐电梯,他的额头就不会被擦伤;额头不擦伤,他就不会感染发烧住进医院,也不会因此得上败血症;不是败血症医生可能也不会建议他去疗养;如果他所坐的列车不更改停车的地点,他也不会到那个店铺去寻找马车前往疗养院;如果不是天色将晚,他也不会选择去饭馆吃饭;如果不是吃饭,他就不会碰到那个向他挑战的醉汉;如果不是一个人叫出他的姓名,不是一个他不认识的老头扔给他一把匕首,他就不会去接受那个陌生人的挑斗……所有这些,就构成了一个人的命运。在事件的过程中,哪怕是一个细小的事件的更改,那个最终发生的事件

---

① 参见《博尔赫斯谈话录》,第114页,王永年译,上海译文出版社,2008年版。

的结果就会被更改。一个小小的被更改的事件可以就会影响到一个人的一生。人的命运就是这些细小的,不轻易被我们察觉的事件所构成,而在我们的现实生活中,事件的结果常常会被一个偶然的事情所改变。

无论如何,归根结蒂……

博尔赫斯先生把手中的茶杯放到茶几上,午间的阳光穿过茶杯照在白色的墙壁上,先生指着茶杯映在廊台墙壁上那个淡黄色的图案说,你看,就像这个,那就是一个人的命运。

我说是的,如果不是茶杯里的茶水,如果没有阳光,那杯子映到墙壁上可能就是另外一个情景。你这样说过,从不认错的命运对一些小小的疏忽也可能毫不容情。

不过,博尔赫斯先生说,任何命运,不论如何漫长复杂,实际上只反映于一个瞬间。

但我们无法更改已经产生的结果。发生的事件已经发生,没有发生的事件我们又无法确定,世间的人都面临着这个问题。现在的时刻,就是由部分的过去和部分的未来所组成。勃朗宁①认为:现在是一个瞬间,未来在其中回溯到了过去。所以,让我们最难捉摸的就是现在。在现实中,我们每一个人,都能感觉到时间的通过;可是我们又无法捉住它,因为现在只存在于过去和未来之间的一瞬间。这些话题我们已经谈论过,可是当我们说起现实,我们没办法避开时间和空间,我们没有办法不回到时间这个话题上来。其实我们的一生,就是由时间的河流组成的,时间的问题是我们自身的问题,时间和我们每一个存在于现实之中的人息息相关。当我们从过去的河流通过现实的瞬间过渡到未来的河流时,我们的自身已经发生了某些变化,因为时间的演变,你已经变成了另外一个人。如果你不想变成另外一个人,想得到永恒,唯一的办法就是永远拥有时间。时间就是永恒的形象。可是,有这种可能吗?我们无法摆脱时间带给我们的焦虑和不安,因为我们不能永远存在于现实的一瞬之间。

一个人想得到永恒,那你就必须离开时间,到时间之外去。博尔赫斯先生说,时间和记忆是流动的,但世界上的物质是固定的。比如……

博尔赫斯先生指着我们对面的山梁说,就像这些隐藏在茂密树林里的别墅。小说家用这些固定的物质来盛载那些流动的人物。比如在《玫瑰街

---

① 罗伯特·勃朗宁(1812～1889),英国诗人。作品着重心理分析,创造了"戏剧独白"的诗歌形式。主要作品有诗剧《巴拉塞尔士》、长诗《环与书》等。

角的汉子》里,布宜诺斯艾利斯大街上的街角是固定的,但汉子是流动的。街角固定之后,在街角流动的人可以随便发生变动,有时可能是个妓女,有时可能是个军人,有时是来自平原上的高桥人,有时可能是来自山区里的高桥人,有时候他可能是个黑种人,有时候他可能是个黄种人……

　　博尔赫斯先生的话给了我很大的启示。我说,你在小说里处理现实生活的手段和你处理历史事实的方法有着相同之处。在小说里,你常常把现实生活中的环境变成历史事件的背景,哪怕是一些具有形而上的哲学话题,你也赋予它一个真实的环境。你常常把历史事件变成在现实生活中正在发生的事实。比如在《圆形废墟》里,废墟是固定的,那个在废墟上做梦的人就不一定是那个魔法师,我们可以把魔法师换成另外的人,或者换成我,我们都有可能成为那个做梦的人。你常常从书本中获得写作的源泉,同样,你也常常把现实生活当成一本书来阅读。一个作家,如果他能把生活的现实当成一本自己正在阅读的图书,并产生想象,那是一种无法言表的丰富。比如在《南方》这部小说里,你用第三人称的方法叙事,但是你的叙事视角始终没有离开过达尔曼,没有离开达尔曼看到的一切,没有离开达尔曼思考的一切。你的叙事在外视角和内视角之间不停地自由转换,在视角和思考间转换时,我几乎看不到他们之间存在的界线。你转换频繁,却又使他们混为一体。

　　小说里没有我,只有达尔曼。

　　不,我固执地说,我能从中看到你的影子,能看到你喜欢使用的那些具有哲理和象征的语言:"现实生活喜欢对称和轻微的时间错移。""经过夏季的闷热之后,初秋的凉爽仿佛是他从死亡和热病的掌握中获得解救的自然界的象征。""在早晨的黄色光线下,往事的回忆纷至沓来。""因为人生活在时间和时间的延续中,而那个神秘的动物却生活在当前,在瞬间的永恒之中。""孤寂达到十足的程度,甚至含有敌意,达尔曼几乎怀疑自己不仅是向南方,而是向过去的时间行进。"

　　这没什么不同,博尔赫斯放下手中的茶杯说,有些时候,因为我和达尔曼就是一个人,达尔曼的现实和我有着许多的相似之处。

　　这是你叙事的智慧。我说,你处理现实生活的不寻常处在于,你把现实生活同样当成一本正在阅读的书。这我刚才已经说过,你把你经历的依附在了达尔曼的身上。这样,你所经历的现实生活,你所思考的问题,就像图书一样呈现在你的眼前,你可以清晰地像阅读图书一样来阅读你的现实生活。

但是,在我们没有使用文字把现实生活中的一些事件固定下来的时候,现实对于我们来说,充满了神秘性和偶然性,所以我们的写作在还没有完成的时候,叙事的结构、事件的结果都是不确定的。这些我们可以从历史事件里,从先于我们存在过的作家那里得到启示。有些时候你会发现,现实和历史是那样的相似,我们可以说历史是现实的镜子,我们从历史事件里可以看到在现实生活里发生的事件的结局。

现实是历史的重复。关于历史,有些时候,在我们的理解中,文学也是我们赖以生活的历史,是人类的精神史,文学的历史已经和人类的历史混为一体,无法分开。在小说中,你让发生在达尔曼身上的平庸事物和事件产生意义,这就是小说特有的功能。在你的小说里,我们很少见到你描写所谓的大人物或者所谓的震耳欲聋的事件,你常常把日常生活中的人作为自己的描写对象。

我们说过的时间、空间、记忆、历史、梦境等等这些同样发生在那些小人物身上,这些发生在他们身上同样是不可捉摸的,要想把这些在现实生活中不可捉摸的事件、现象固定下来,依靠的是文字和叙事,而不是人物的大小,也不是你写了多么大的社会问题。**说到底,叙事,才是小说要解决的最根本的问题。**

叙事的策略

那我就从《小径分岔的花园》①的叙事语言开始。在阅读这部小说的时候,我曾经在不同版本的天地与空页间,写下过密密麻麻的类似读后感之类的文字,我认为这部小说基本上能体现你小说的叙事风格。我先读一读小说的第一自然节:

利德尔·哈特写的《欧洲战争史》第二百四十二页有段记载,说是十三个英国师(有一千四百门大炮支援)对塞尔-蒙托邦防线的进攻原定于1916年7月24日发动,后来推迟到29日上午。利德尔·哈特上尉解释说延期的原因是滂沱大雨,当然并无出奇之处。青岛大学前英语教师余准博士的证

---

① 博尔赫斯的这部小说目前共有三个不同的译名:一、《交叉小径的花园》,王央乐译,《博尔赫斯短篇小说集》,第69页,上海译文出版社,1983年版;二、《曲径分岔的花园》赵德明译,《外国文学》第20页,1992年第3期;三、《小径分岔的花园》,王永年译,《虚构集》,第70页,浙江文艺出版社,2008年版。

言,经过记录、复述、由本人签名核实,却对这一事件提供了始料不及的说明。证言记录缺了前两页。①

你在这里写了两个人物。利德尔·哈特是确有其人,他的生卒年月是1895~1970。利德尔·哈特曾经两次参加世界大战,是英国的军事学家。这里提到的《欧洲战争史》,就是他的一部主要著作;把历史中真实存在的人物写进自己的小说,是你小说的一个叙事手法。这种叙事手法你在许多小说里都运用过,比如你在《特隆、乌克巴尔、奥比斯·特蒂乌斯》这部虚构的小说里,你让比奥伊·卡萨雷斯②和你共进晚餐。在同一篇小说里把虚构人物和真实人物并列,是你惯常的做法;在同一篇小说里,如果你先引用了一部杜撰的书籍,那么下一部要引用的书籍肯定是真实的,或者是另外一种情况,那就是书名是虚构的,而书的作者却真有其人。这种叙事十分有意思。我当然明白,你把真实的历史人物写进小说,不光光是为了小说的真实,而这些人物大多都是为小说中的虚构人物来服务的。比如这一自然段里出现的余准,就是你虚构的人物。在这里,你直截了当地设置了故事悬念,他们对发生在1916年的一场战事中的推迟原因,提出了两种截然不同的说法。这截然不同的说法,就是读者通往你故事的通道,然后进入语言构成的迷宫,这是其一。其二,余准的证言所缺的那两个页码,则体现了你小说叙事的另外一个特征,那就是小说的空间感。这部小说接下来的整篇文字,都是由余准的证言所构成,而你却悄然退出,小说的叙事转入另外一个第一人称。但是下面的这段文字在告诉我们一些另外的事情。

……我挂上电话听筒。我随即辨出那个用德语接电话的声音。是理查德·马登的声音。马登在维克多·鲁纳伯格的住处,这意味着我们的全部辛劳付诸东流,我们的生命也到了尽头——但是这一点是次要的,至少在我看来如此。这就是说,鲁纳伯格已经被捕,或者被杀。③

在这里,在小说的文本之外,你为我们作了一个注解。注解的内容是这

---

① 《虚构集》,第70页,王永年译,浙江文艺出版社,2008年版。
② 比奥伊·卡萨雷斯(1914~1999),小说《莫雷尔的发明》的作者,阿根廷当代作家,博尔赫斯密友。
③ 《虚构集》,第70页,王永年译,浙江文艺出版社,2008年版。

样的:

> 荒诞透顶的假设。普鲁士间谍汉斯·拉本纳斯,化名维克多·鲁纳伯格,用自动手枪袭击持证前来逮捕他的理查德·马登上尉。后者出于自卫,击伤鲁纳伯格,导致了他的死亡。①

在这个注解里,你想告诉我们两点,一是你对余准的说法提出了疑问,二是你在告诉我,你和我们一样,也在阅读余准的这份证言。这是你的叙事手段,在第一人称的叙事文本里暗含着另外一个叙事者:我。这样,就使文本构成了双重的第一人称叙事。双重的第一人称叙事,是构成你小说迷宫的一个重要手段。而在你的小说叙事里,第一人称叙事的使用,十分的频繁。在1941年你出版的《小径分岔的花园》这部集子里,总共收入了七部短篇小说,在这七部小说里,除去《圆形废墟》,其余六篇你全部使用了第一人称的叙事手法。当然,你小说里的第一人称,在不同的故事背景下,可能是多个不同身份的我。那个名叫博尔赫斯的人,作为小说的主人公也常常出现在你的小说里,而在《巴比伦彩票》里,这个"我"不再是博尔赫斯,而是一个被别人剁掉了一个手指在喃喃自语的巴比伦人。在《神的文字》里,"我"则成了生活在15世纪末和16世纪初一个名叫齐那坎的巫师,他从年轻的时候,就被敌人关到一个石牢里,而他又不愿意对敌人说出埋藏宝藏的地方,所以,他被永久地关在了这里,直到他生命的最后一息。在《小径分岔的花园》里,这个"我"则成了我们刚才说过的那个名叫余准博士的汉人。我一直在思考你为什么这样频繁地使用第一人称来讲述故事,我认为,用第一人称的叙事手法,可能对小说的真实性有着很强的说服力。但是,后来你在你的小说《特隆、乌克巴尔、奥比斯·特蒂乌斯》里,在和比奥伊·卡萨雷斯一起吃晚饭的时候,你则道出了使用第一人称叙事的另外一个秘密:

> 小说用第一人称,讲故事人省略或者混淆了某些情节,某些地方不能自圆其说,有的读者——为数极少的读者——从中猜到一件可怕或者平淡的事。②

---

① 《虚构集》,第71页,王永年译,浙江文艺出版社,2008年版。
② 《虚构集》,第5页,王永年译,浙江文艺出版社,2008年版。

在我看来,在小说的叙事里使用第一人称,起码有两点好处:第一是更加容易达到艺术真实;第二是更容易接近一个人的记忆和内心世界。换句话说,也就是更容易进入人这个迷宫之中。**人本身才是这个世界上的最大迷宫**。其实,你曾经在许多部小说里表达了这个主题。我曾经把人比作一个神秘的房间,这个神秘的房间,外人是根本没法完全进入的,无法知晓这个房间里的全部秘密。一个人没法代替另一个人,没法代替他去感受世界。我刚才说的是第一人称,其实刚才还有一个叙事手法我只随便提了一下,那就是在你的叙事文本之外加上注解。**在文本之外使用注解**,这种叙事手法你使用的也比较频繁。我们来看一看你的小说《通天塔图书馆》里的最后几行文字:

……假如一个永恒的旅人从任何方向穿过去,几世纪后他将发现同样的书籍会以同样的无序进行重复(重复后便成了有序:宇宙的有序)。有了那个美妙的希望,我的孤寂得到一些宽慰。①

就在小说的结尾,你加上了下面内容的注解:

莱蒂齐亚·阿尔瓦雷斯·德托莱多指出,庞大的图书馆是无用的;严格说来,只要一本书就够了,那本书用普通开本,九磅或十磅铅字印刷,纸张极薄,页数无限多。(17世纪初,卡瓦列里说任何固体是无数平面的重叠。)丝绢似的薄纸印的袖珍本阅读时不会方便:可见的每一页和别的页面相映;中央的一页没有反面。②

虽然注解是放在文本之外,但是注解作为一种叙事手段,成了小说不可分割的一部分。而在小说的文本里我还注意到你的另外一种叙事的策略,那就是括号的运用。在我上面举例的那段文字里的括号中的文字,是对前一个词语作的另外一个解释。而注解里的括号中的文字则和前面的文字内容平行,说出了被陈述对象的另外的一种形态。这样我就发现,在你小说的叙事里,和注解一样,括号的运用也十分频繁,即便是在我刚才举例的注解里,你也使用了括号。我们来看看你在《通天塔图书馆》里是怎样使用括号的:

---

① 《虚构集》,第69页,王永年译,浙江文艺出版社,2008年版。
② 《虚构集》,第69页,王永年译,浙江文艺出版社,2008年版。

……根据这一验证,早在三百年前就形成了图书馆的总的理论,并且顺利地解决了任何猜测所没能解释的问题:几乎所有的书都有不完整和混乱的性质。我父亲在一九五四区的一个六角形里看到的一本从第一行到最后一行全是 MCV 三个字母翻来覆去的重复。另一本(在该区中查阅频率很高)简直是一座字母的迷宫,但是倒数第二页却有一行看得懂的字:噢,时间你的金字塔。由此可见,无数荒唐的同音重复、杂乱和不连贯的文字里只有一行看得懂的或者直截了当的信息。(我知道一个未开化的地区,那里的图书馆员认为寻找书中意义是迷信而虚妄的做法,同解梦或看手相一样不可取……他们承认发明文字的人模仿了自然界的二十五个符号,但又认为文字的应用纯属偶然,书籍本身毫无意义。我们将在下文看到这种意见并非虚妄。)①

我在朗读到括号里的文字时,还特意降低了自己的声音,使括号里的那些文字和前面的文字有些不同的语调。我看着博尔赫斯先生说,在这一自然段的前一个括号中的文字,是说前一个物体在现实生活中的状况;而后一个括号中的文字则脱离了前面文字的叙事内容,陈述出另外的一种内容。

在我看来,在小说叙事里使用括号,一是使叙事变得有情趣,二是有着如下的叙事功能:一是增强叙事信息的转换;二是对前种事物或事件的注解;三是思维的转换;四是丰富和增强了小说的叙事能量。除去对括号的运用,还有一种叙事手法不容忽视,那就是引文的运用。运用引文在你的小说里也十分普遍。比如在《阿莱夫》这部小说集里,共收入了你的 18 篇小说,你在 7 篇小说的正文前,使用了不同的引言。你在小说《塔德奥·伊西多罗·克鲁斯小传》这部小说的正文前面,引用了叶芝②在《扭曲的星》里的两句诗:

我寻找自己的真实面貌
世界形成之前安已形成

你在小说的正文前使用的这些引言,在我看来,就是引起你创作这篇小

---

① 《虚构集》,第 62 页,王永年译,浙江文艺出版社,2008 年版。
② 威廉·勃特勒·叶芝(1865~1939),20 世纪最伟大的爱尔兰神秘主义诗人,1923 年获诺贝尔文学奖。

说灵感的来源。当然,这种观点只是建立在我自己的写作经验上,或许这些引言早在你写这篇小说之前就存在你的记忆里了,是你进行了多次思考的结果。我私自认为,你放在小说开头的引言,使你要表达的主题复杂起来,在某种程度上,这些引言给我们提供了两种不同的思维方式,或者用你自己的话来说,给读者提供了两种不同的阅读途径,或者说是构成你小说迷宫的一个元素。在你运用的小说叙事手段里,还有一个让我感兴趣的,就是你放在小说后面的后记。**后记是构成你小说叙事迷宫的一条不易被我们察觉的路径**,我觉得,在这里你做得不动声色,却充满了智慧。

比如在《特隆、乌克巴尔、奥比斯·特蒂乌斯》这篇小说的后记里,你记录了两件这样的事情:一个带有特隆文字的罗盘和一个特隆宗教里使用的沉重非凡的小圆锥体这样的实物出现在现实生活里,这也就是说,一个虚构的特隆星球在现实生活里出现了。在我看来,这种后记体现了你在小说写作上的策略,使我们看到了某种被我们忽略了的真实,那种来自我们内心深处(已经超越了我们正常的思维方式的)真实。对于写这样小说的你来说,那些不曾存在的世界,也有可能成为我们的记忆。一旦成为记忆,那么按照我对记忆的理解,我认为那就是一种真实,一种和记忆里我们亲身经历过的事件一样的真实。小说是建立在虚构之上的艺术真实。综上所述,你小说里的叙事策略大致有我刚才说过的几个方面。应该说,我从这几个方面,认识了你小说叙事语言构成的迷宫,这为我进入你小说的其他叙事迷宫打通了一条道路。现在我再回到你的小说《小径分岔的花园》……

我一直这样喋喋不休,对博尔赫斯先生说着我对他小说的看法,可是先生对我以上的说法却不置一词,而是用一种嘲讽的眼神看着我。我一时不知所措,停顿下来。

博尔赫斯先生说,你自食其言……

我明白先生的意思,还真让他说准了。我曾经对他说过,在我们的谈话里不对他的小说进行复述,你看,现在我不但违背了自己的原则,而且,我竟然逐字逐句地分析起他的小说来,看着他嘲笑我的表情,我无话可说,就像他说的那样,我是自食其言。可是,话又说回来,为了说清他的小说,我又不得不这样做。

这时,我们看到有一对青年男女背着旅行包挂着相机沿着台阶走上来,在接近我们别墅上边的平台时,可能是看到了我们廊下的开满了紫红色的绣球花丛,那个头发被染成棕红色的女孩叫了起来,她紧跑几步来到平台上,在花坛边的石墙下站住,一边闻着花香一边做出拍照的姿势。那个跟上来的男孩子取下相机,开始给她拍照。而坐在廊台上的我们,对于他们仿佛不存在似的。

博尔赫斯先生说,或许他们还没有看到我们。

你说得不错,当一个人到达一个新的环境时,他所看到的东西肯定是有先有后。其实被他先后看到的东西都是平衡存在的,就像我们这房子,我们房子外边的枫杨树,我们廊下的绣球花,还有坐在廊下说话的我们,可是,他们却先看到了那些绣球花,把我们这些活生生的人给忽视了。

博尔赫斯先生说,这就像我们写小说,我们要有秩序地写。先写什么后写什么,是有层次的。这种层次就是语言的构成。这种由语言构成的层次,我称之为语言的秩序。

简洁与复杂

关于先生小说故事的简洁与语言的复杂这个话题,是我和博尔赫斯先生路过一段曲折的石板小径时提起的。我说,我十分喜欢你讲述故事的方法,我一边走一边打开手里的那本厚厚的书,你看,这是你小说《南方》的开头:

1871年在布宜诺斯艾利斯登岸的那个人名叫约翰尼斯·达尔曼,是福音派教会的牧师;1939年,他的一个孙子,胡安·达尔曼,是坐落在科尔多瓦街的市立图书馆的秘书,自以为是根深蒂固的阿根廷人。①

这就是你讲故事的风格,简洁。说到这儿,我看了一眼走在前面的先生说,我说的是你小说里的故事……

博尔赫斯先生停下来,回过头来居高临下看着我说,短篇小说最基本的长处在于,能使人一眼就看到全貌。先生说着,伸手拍着路边那棵高大的银杏树说,就像这棵树,它十分高大,枝叶茂密,身上长满了苔藓,尽管如此,我们还是能一眼看清它的模样。

是这样,这就是你小说里的故事,简洁。但你小说里讲故事的语言却是复式的,就像音乐里的四重奏。你小说里的故事,关注的是事件的进展,尽管有些时候,你会对故事发生的环境做一些细微的描写,但更多的时候,那些与小说故事进展无关的东西,你往往舍掉,从这个事件直接进到另外一个

---

① 《博尔赫斯全集》,第185页,王永年译,浙江文艺出版社,2006年版。

事件里来。比如你在小说《刀疤》里讲述的故事。你在一次旅行时……

不是我……

博尔赫斯先生打断我的话说,是小说里那个名叫博尔赫斯的人。

是他。在我们的交谈中,他常常不厌其烦地纠正我的这个说法。我们一边沿着台阶往上走一边接着说,由于河水上涨,他留在了一个名叫红土的农场里过夜。他和场主,那个脸上留有刀疤的人一起在酒后谈话,博尔赫斯问起他脸上刀疤的来历,他就对他讲述了一个发生在爱尔兰争取独立时期的故事。那个时候,农场主讲到,我遇到了一个名叫文森特·穆恩的人,在一次战斗中他负了伤,是我救了他,并不顾性命把他庇护起来。可是这个懦弱的人,到后来他却出卖了我,成为一个告密者,一个叛徒。在皇家警察来抓捕我之前,我用军刀在文森特·穆恩的脸上留下了一道伤疤。讲到这里,农场主指着自己脸上的刀疤对博尔赫斯说,我就是那个卑鄙的告发了庇护自己的人。一个用别人的口吻讲述自己卑鄙行径的故事,他把自己比作那个出卖了耶稣的犹大,真的让人震惊。我喜欢这个故事,我不止一次阅读这部小说,这部小说的第一自然节,我几乎都能背下来。

博尔赫斯先生说,你最好还是朗读,那样听起来会更轻松。

那好吧。我找到《刀疤》那一页,清了清嗓子,开始朗读:

他脸上有一条险恶的伤疤:一道灰白色的、几乎不间断的弧线,从一侧太阳穴横贯到另一侧的颧骨。他的真实姓名无关紧要,塔夸伦博的人都管他叫做红土农场的英国人。那片土地的主人,卡多索,起先不愿意出售。我听说那个英国人出了一个意想不到的主意:他把伤疤的秘密故事告诉了卡多索。英国人来自南里奥格朗德边境地区,不少人说他在巴西干走私买卖。红土农场的土地上荒草丛生,河水苦涩,英国人为了改变这种情况,跟雇工们一起干活。据说他严厉到了残忍的地步,不过办事十分公道。还说他爱喝酒,一年之中有两三次躲在那个有凸肚窗的房间里,猛喝两三天,再露面时像打过一仗或者昏厥之后苏醒过来似的,脸色苍白,两手颤抖,情绪很坏,不过仍旧跟先前一样威严。至今我还记得他冷冰冰的眼神,瘦削精悍的身躯和灰色的小胡子。他跟谁都不来往,他的西班牙语也确实差劲,讲起话来像巴西人……①

---

① 《博尔赫斯全集》,第145页,王永年译,浙江文艺出版社,2006年版。

我再次合上手中的书,对博尔赫斯先生说,这段文字,大致能领略到你讲故事的风格。我个人认为,正是你这种简洁的讲述故事的风格,才是你的小说写不长的重要原因。就我的阅读经验,你全部的七十余篇小说,文字都不长,大多都在 5000 字左右。你超过 10000 字的小说只有两部,一部是《代表大会》,12000 字;一部是《特隆、乌克巴尔、奥比斯·特蒂乌斯》,10000 字。当然,我指的是汉语的译本。我注意到,一些你比较喜欢的小说,比如《第三者》,比如《南方》,字数大都不长,在 3000 字左右。你的小说还有更短的,像《两个国王和两个迷宫》,还不到 1000 字。

博尔赫斯先生说,吉卜林的有些短篇小说,就像一部长篇小说一样厚重。

你的短篇也一样。在这些小说里,虽说故事简洁,但你表达出的主题却是丰富的。在我看来,像《小径分岔的花园》这部只有 6000 字的小说,如果要来论述它的丰富性,分析它的叙事手法,恐怕要用比这部小说多出许多的文字,也未必能说得清楚。你常常在短小的篇幅里,讲述一个复杂的故事,就像《塔德奥·伊西多罗·克鲁斯小传》这样只有两千来字的小说,你也讲述了两代人的故事,你讲故事的时候,常常是立足现实去观看历史,用你喜欢的故事来表达你的思想和主题。当然,这和你的叙事手法有着密切的关系,就像你在《塔德奥·伊西多罗·克鲁斯小传》里引用叶芝的诗作为题记一样,你的用意很明白,我们每一个人,他的一生都在寻找他自己的真实面目。或者说,就像小说里那个追杀他的人就是他自己一样,我们从别人那里看到了我们自己的身影;或者说,在现实生活中,我们的对手就是我们自己。你的小说之所以丰富,那就是你的文字里充满了哲学玄思。我私自认为,你的小说非凡之处在于,你从许多哲学家那里得到形而上的思想,把那些哲学家的思想化成自己观察世界,观察人类的眼光,然后把哲学融化在自己的文学实验里,融化在自己的小说里,这就是你小说故事简洁而主题丰富的原因。当然,你小说的丰富还和你的叙事语言有关。和你小说里简洁的故事相比,你小说的叙事语言却呈现出复杂的景象,你非常喜欢运用复式语言来叙事。

说着,我打开手中的书,随便翻到一页,读道:

虽然隔了两代,他的意大利口音和说话时的大量手势依然存在。[1]

---

[1] 《博尔赫斯全集》,第 297 页,王永年译,浙江文艺出版社,2006 年版。

在这个句子里,你没有直接告诉我们这个人是意大利人,你说是:他的意大利口音……在我看来,这才是真正的叙事——我说的是叙事,而不是讲述——你是从叙事的语言里让我们明白这个人的身世,而不是直接告诉我,他是意大利人。我再来读一句。说着,我翻到另一页,从文字里随便找出一段来:

我们好不容易才找到一张空桌。那个"酒吧沙龙"现代化得没治,糟糕的程度比我想象的稍低一些。这边几张桌子的顾客兴奋地谈论着苏尼诺和松格里的毫不吝啬的巨额投资。①

在这里,你让我明白,对不重要的场景,叙事不要面面俱到。叙事的转换,要直接省去没有必要的过程。而且,你把现实中发生的事件或者人物融入小说里来,作为小说事件发生的背景材料,使小说更具有真实性。这给我带来了启示,如果我要写一篇虚构的小说,把故事发生的时间定在 2008 年,那么,我就可以让我小说里的人物谈论这年我的身边发生的诸如冰冻、火车出轨、西藏的 3·14 事件、汶川的 5·12 地震等等,当然,这些事件可能和我要写的小说内容没有直接的关系,但是作为时代背景,一是增强小说的真实性,二是增强了小说的内涵。你小说的叙事语言在许多方面给了我启示,比如语言的诗意……

诗意不属于那些写作的人……

博尔赫斯先生打断我的话,然后在台阶上坐下来。他显然走得有些劳累,他又接着说,诗意属于那些需要它的人。②

先生的话让我想起了和这句话有着关联的聂鲁达③。我说,聂鲁达认为你是影响欧美文学的第一位拉丁美洲作家……

阿莱夫就是我们的记忆……

博尔赫斯先生脱下脚上的鞋子,一边在石板上磕着一边打断我的话,他

---

① 《博尔赫斯全集》,第 301 页,王永年译,浙江文艺出版社,2006 年版。
② 意大利电影《邮差》里的台词。《邮差》是英国导演迈克尔·雷德福(1946~)1994 年执导的作品,诗意电影的典范之作。剧中饰演马里奥的是意大利著名的喜剧演员马西莫·特洛西,在最后一个镜头杀青后不到十二个小时,特洛西就因心脏病去世,年仅 41 岁。
③ 聂鲁达(1904~1973),智利诗人。1971 年获得诺贝尔文学奖,主要作品有《情诗·哀诗·赞诗》等。

说,我们所有的人生经历,我们所有的关于世界的、幻想的、想象的,所有这一切,都被记忆所包罗……

我对他打断我关于聂鲁达的话题感到迷惑,在我看来,他刚才说的有关记忆的话显然有着另外的含义。博尔赫斯先生笑了笑,他穿上鞋子重新站起来,他头发柔软的长脑袋探到我的面前接着说,我们是在谈论小说,不是在谈论诗歌。你应该注意到,我们眼睛看到的事是同时发生的,而我们记叙下来的却有先有后。为什么?因为语言有先后的顺序,这一点我们已经谈论过。所以,我们谈论的话题也应该有先有后,就像我们在小说里使用语言。小说里的叙事语言必须有先有后,才能把我们看到的事情叙述清楚。

小说里的故事元素呢,有没有秩序呢?

当然有,不过……

我们随着台阶拐过一个山坡,博尔赫斯先生说,每一篇小说里的故事,都会有它自己呈现的方法,它们各不相同。

故事的元素

你的小说《第三者》讲述的是两个男人和一个女人的故事,这是一个人性在亲情和性爱之间游荡的故事。一对亲兄弟面对一个女人,第三者不是两个男人之间的一个,而是女人进入了一对亲兄弟的生活。因此嫉妒之火常常在这对亲兄弟之间燃烧。由于血缘,两个男人把欲望之灾归属到那个女人身上,他们都爱那个女人,但是又不能忍受世间的冷言。从人性的角度出发,你小说要表达的是一种恐惧,一种来自他们内心的恐惧。我注意到,这部小说里有三个人物,但说话的始终只有一个人,其他人物也说话,不过我们是通过克里斯蒂安的转述得知的,克里斯蒂安是导引这个故事的人。

他是故事里所有事实的幕后人物。

你曾经在不同的场合说过,这是你最好的小说之一,你的理由是这个故事的简洁。但就我看来,其实这个小说的故事元素仍然是分散的。把事件打碎,分散到整部小说里的各个环节里去,我认为这一点在你小说叙事艺术中占有重要的位置,正是你这些被分散的故事元素,构成了你叙事迷宫的骨架。现在我们来看《第三者》。面对那个女人,克里斯蒂安和爱德华多最初选择了逃避,兄弟俩把那个名叫胡利安娜的女人卖到小镇上的一家妓院。可是欲望之火已经把这对亲兄弟推到烦躁不安的境地,于是两人常常找一些站不住脚的,或者过分充足的理由,分别外出。有一天这对兄弟先后又来到小镇上的妓院,把那个女人弄了回来。生活似乎又恢复到了原样,可是两个男人之间相互的折磨又开始了。但是,故事的结局并非像该隐①在面对兄弟之间的困境因嫉妒而产生的后果,兄弟之间的老大把那个女人杀死了,并把女人拉到荒野,和弟弟一块儿把那个女人埋掉了。小说在荒野上戛然而止,你什么都没有说。其实,故事的结果,你在小说开头就已经明确地告诉给我们:

有人说,这个故事是纳尔逊兄弟的老二,爱德华多,替老大克里斯蒂安守灵时说的。②

当我回过头来再看小说的开篇这句话时,突然间,一切都是那样的明晰。

爱伦·坡③曾经说过……

走在我身边的博尔赫斯停下脚步然后说,在一部小说里,前面所有的一切都是为了最后那一行。

那些被你安放在小说各处的故事元素,最初在我看来有些是无关紧要的,可有可无的,可是在我读到小说结尾的时候,前面的那些元素突然显得重要起来。

在一部小说里,博尔赫斯先生说,整个故事的元素是都存在的,只是你不会轻易地发现他们被安放的位置。但是我相信,只要你细心阅读,你还是会得到一个完整的故事。

这是你小说叙事迷宫的一个重要的特征。比如在《结局》这部小说里,你通过一个得了半身不遂整天躺在床上名叫雷卡巴伦的人的目光,讲述一个为了尊严而等待的故事。一个黑人在等了七年之后,终于等来了当年杀死他弟弟的一个名叫马丁·菲耶罗的人,并和他决斗。在叙事里,你把这个故事的元素打碎分布在不同的部位,使我们不能一眼看清事情的真相。就我的阅读经验,在你的小说里,你从来不给读者讲述一个看上去十分明晰的故事。

但是我特别看重一部小说故事的完整性。我之所以把事件打碎,安放

---

① 该隐,《圣经·旧约》中亚当和夏娃之子,出于嫉妒,杀死了亲兄弟亚伯,被上帝判处终身流浪。
② 《恶棍列传》,第91页,王永年译,浙江文艺出版社,2008年版。
③ 爱伦·坡(1809~1849)美国诗人、批评家,小说多为恐怖和推理小说,被视为侦探小说的鼻祖。

在不同的部位,是为了增强小说的故事性。这涉及到小说的叙事。问题是,你一定要把一个故事的所有元素提供给读者,有的元素是明显的,而有的元素则是被叙事者隐藏起来,隐藏在叙事的语言里。

说话间,我们来到一座隐秘在树丛中的别墅前,由于走了一段山路,博尔赫斯先生的体力显然有些跟不上,我们就分别在通向别墅的台阶上坐下来。先生一边喘息着,一边伸手抚摸着身边用花岗岩石砌成的墙壁。他说,一天傍晚,马丁·菲耶罗骑马沿着山路朝我们走过来⋯⋯

马丁·菲耶罗?

对,如果我乐意,我可以让马丁·菲耶罗,或者让克里斯蒂安从这条山路上走过。你应该明白,一个虚构的故事,或者一个虚构的人物,我们都可以把他放在我们觉得可以安放的地方,并有可能被另外的事件,或者不同的时代所代替。比如《小径分岔的花园》里的故事,可以是发生在第一次世界大战的欧洲,同样也可以发生在你们中国,背景可以放在你们的抗日战争时期,或者发生在红军长征时期,故事发生的地点也可以放在鸡公山上,你看⋯⋯

博尔赫斯先生伸手指着我们刚刚走过的石板小径说,这就是那些交叉分岔的小径。

你是说,一个虚构故事的背景,是可以置换的。

同样,故事也可以置换。比如《关于犹大的三种说法》里的故事,可以置换成《罗生门》①里故事。这里有一个关键的问题,这不是题材的问题,而是讲述故事的方法问题,是艺术观念的问题,也是价值观念的问题。比如卡夫卡的《变形记》,我们都很熟悉,一个小职员变成土鳖的故事。人变成动物这种故事,在你们的《搜神记》里早就讲过,一个在浴室里洗浴的老妇人突然变成了一只鳖②。

我明白你的意思,这两个相同的故事所要表达的主题是完全不同的,叙事的方法也是截然不同的。伯恩哈德③曾经说过,重要的不在于写什么,而在于怎样写。你的小说打破了我们对小说惯有的理解,也就是说你打破了小说惯有的结构方式,创造了自己独特的小说叙事结构,这个结构就是人们

---

① 《罗生门》,日本著名导演黑泽明(1910~1998)1950 年拍摄的作品。

② 《宋母化鳖》,见《搜神记全译·卷十四》第 399 页,(晋)干宝著,贵州人民出版社,1994 年版。

③ 伯恩哈德(1931~1989),奥地利小说家、剧作家。20 世纪后半叶德语文坛风格最独特、最具有影响的作家之一,主要作品有小说《历代大师》等。

常说的迷宫结构。你小说的内涵往往都是隐藏在那些充满形象的文字后面。你的小说给小说叙事带来了一场革命。你的小说不但虚构故事,有些时候情节也是虚构的。

博尔赫斯先生说,当一个人的思想完全存在于虚拟的生活里的时候,那么,他的小说就是他的生活。

虚拟的生活在你的小说里变成了现实,我说的是小说的艺术真实,也就是说,小说的艺术真实是一部小说是否能长久生存的根本。我们要注意小说的艺术真实,哪怕是一部虚拟的小说。尽管你的叙事对读者的阅读构成了挑战,其实,在我看来,你的小说还是很注意可读性的,比如你常常设置悬念。为了小说的艺术真实,那个名叫博尔赫斯的人常常出现在小说里,不光是你,你还把你现实生活中的朋友带进小说里,你和他们在一些具体的时间里来到一些真实的地点,但是,这一切仍然是为了你虚构的小说,为了给读者设置迷宫。

任何迷宫都是为了更好地讲述故事。你只要给读者一个可能的解释,或者你认为是可能的陈述,读者自己当然会动脑筋①。

对你的阅读是对我智力的考验。我知道,如果企图从你的小说里读出一个明朗的故事,确实是一件十分费力的事。我认为,这恰恰是你小说生命力之所在。我对你说过,你的有些小说我不止读一遍,比如《小径分岔的花园》,我真的已经记不清读过多少遍。我记得加缪②在论述卡夫卡时曾经说过,卡夫卡的全部艺术在于他的读者重读他的作品,并且促使读者去重读读者以为已经读过的作品。我想,加缪关于卡夫卡的评论,用在你这里也十分合适。

对于我的话,博尔赫斯先生并没有作出直接的回答,他停了片刻说,卡夫卡经历了许多磨难,他把这种痛苦化成了诗歌。博尔赫斯先生说话的语气十分的平静,他的表情符合卡夫卡的某些精神特质。是的,卡夫卡一贯用他平静的风格写作。

那是七月中旬的一个下午,我和博尔赫斯先生坐在台阶上说话,阳光穿过茂密的树林照在我们的脸上。博尔赫斯先生说,你别把博尔赫斯看得那么神秘。如果你细心就会发现,其实,在他的小说里,他把什么都说的非常

---

① 参见《博尔赫斯谈话录》,第10页,王永年译,上海译文出版社,2008年版。
② 加缪(1913~1960),法国小说家、评论家。主要作品有《局外人》《鼠疫》等,1957年获得诺贝尔文学奖。

明白。有些时候……

博尔赫斯先生说到这里停了下来,他从台阶上站起来,伸了一下懒腰说,我所有的叙事策略,只不过是为读者留下阅读的空间,这才是我所有小说叙事的秘诀。

镜子与隐喻

隐喻是构成你小说宫殿的另一个重要元素,像迷宫、镜子、沙粒等等,这些隐喻的象征体常常出现在你不同的小说里。在小说《特隆、乌克巴尔、奥比斯·特蒂乌斯》的第一节里,你写了你和你的朋友对"乌克巴尔"这样一个地名的考证过程。你们在各种各样的书籍里查来查去,这个词条既没有目录,也没有正文。但是在《英美百科全书》第26卷多出的四页里,你们找到了关于"乌克巴尔"这个地名。但是"乌克巴尔"这个地名是一个模糊的地方,它同时指向的是河流、火山口和山脉等不同的地形。作为隐喻,镜子出现在下面的文字里:**走廊尽头的镜子虎视眈眈地瞅着我们。我们发现(夜深人静时那种情况是不可避免的)凡是镜子都有些可怕。**① 接着,你的朋友在《英美百科全书》里查到的有关镜子的内容是:镜子和男女交媾是可憎的。而《百科全书》里关于镜子的文字则是这样的:对于那些诺斯替教派信徒来说,有形的宇宙是个幻影,后者(说得确切些)则是一个似是而非的理由。镜子和父亲身份是可憎的,因为它使宇宙倍增地扩散。② 你在《神学家》这部小说里这样写道:仿佛到处都一样,据说不列颠教区里的十字架颠倒了过来,塞萨勒主的主耶稣像已经为镜子所取代。镜子和古希腊银币成了新分裂派的标志。③ 在《永生》这部小说里,关于镜子的文字是这样的:经过无数面镜子的反照,事物的映象不会消失。④ 很显然,出现在以上几个句子里的镜子,有着恐慌、繁殖、分裂、永恒等等不同的隐喻。我这只是随便举几个例子,其实,作为隐喻,镜子还让我们想到更多的东西。比如历史的虚假、宗教的虚伪、人性的两面、事件的重复等等。

那天我和博尔赫斯先生谈论隐喻这个话题时,他刚午睡起来,他一边活动着自己的腰身一边听我说,这时他停住对我说,人类发明了镜子,镜子改

---

① 《虚构集》,第5页,王永年译,浙江文艺出版社,2008年版。
② 《虚构集》,第6页,王永年译,浙江文艺出版社,2008年版。
③ 《阿莱夫》,第32页,王永年译,浙江文艺出版社,2008年版。
④ 《阿莱夫》,第15页,王永年译,浙江文艺出版社,2008年版。

变了我们对生活的看法,并让人类认识自己。就像你刚才所说,镜子让我们看到一些真实的映象。

但镜子的本质是虚假。我说,我和几个朋友常常到一个茶社里去聊天。因为那家茶社在六楼,所以我们上下都要坐电梯。在电梯的墙壁上镶嵌着一面镜子,来回上下的时候,我发现显示楼层的电子数字并不是我们正常看到的那样,在电梯上到第二层的时候,镜子里的"2"会变成"5",而到了第五层,镜子里的"5"又变成了"2",我们看到的映在镜子里的所有东西,都是现实生活中的反面。你在《特隆、乌克巴尔、奥比斯·特蒂乌斯》这部小说里分析乌克巴尔的文学和语言的特点时说,乌克巴尔文学有幻想的特点,它的史诗和传说从不涉及现实。我认为,这句话恰恰印象了镜子的特征,同时我也认为,镜子同时也具有虚构的本质,这和你的小说一样。镜子既然是虚构的母体,也可能同时具有小说虚构的特征。我们认为镜子里的东西是虚假的,但镜子恰恰呈现了事物的另一面,而且镜子虚构出的内容,恰恰又是建立在真实的事物之上。这确实是一件十分有意思的事。我们可以说,所有的人在欲生欲死交媾的时刻都是同一个人,所有的人在重复莎士比亚诗句的时候,都是威廉·莎士比亚,那么,当我们在面对不同的镜子的时候呢?会出现什么样的情景呢?

博尔赫斯先生笑了笑说,亚里士多德[①]认为,所有的隐喻都产生于两个不同事物之间共之处的直觉。的确,镜子是个非常奇特的东西,镜子给我们双重的感受。比如我在《我和博尔赫斯的故事》里写的两个博尔赫斯,那种观念就起源于镜子。当我们照镜子的时候,我们看镜子,镜子里的映象则看着我们。至于两个博尔赫斯的问题,我深切地意识到确实有两个,因为我想到自己的时候,就想起一个相当隐秘、相当迟疑、摸索着的人。因此,我认为这两个人有很大不同:一个是私下的人,另一个是公共的人物。如果你高兴的话,为什么不谈谈那个私下的人,那个腼腆的,看到什么仍旧像小时候那么惊讶的人,以及那个有书籍出版,出版书籍受到分析(就像我们现在一样),并且为他召开专题讨论的人——为什么不把这两种人当成不同的人呢?我是把他们当成不同的人的[②]。

博尔赫斯先生说话的时候,有一只色彩斑斓的瓢虫飞到廊台上来,并落

[①] 亚里士多德(公元前384年~前322年),古希腊思想家、哲学家。
[②] 唐纳德·耶茨:《博尔赫斯:哲学家?诗人?革命者?》,见《博尔赫斯谈话录》第259页,王永年译,上海译文出版社,2008年版。

在了博尔赫斯先生的衣袖上。博尔赫斯先生看着他衣袖上的瓢虫说,不知道还有没有另外一只和它外表相同本质却不同的瓢虫。

我被博尔赫斯先生风趣的话语逗笑了,我说,肯定有。只不过,那只瓢虫肯定像你虚构的那个名叫特隆的星球一样,正等待着我们去考证。当然,需要考证的是多方面的,我们要从那个虚构的特隆星球的东西两端的不同语言开始,然后再涉及到心理学、视觉几何、触觉几何、哲学、唯物主义、唯心主义、文学等等各个方面来对这个虚拟的世界进行考证。正是通过这个不存在的星球的考证,表达了你对世界思考的过程,那些所有的论点其实都和现实生活里的论点有着关联,你把你对世界的思考依托在一个虚构的世界里。应该说,你在小说里虚构出来的特隆星球,就是一个不可解的幻想的迷宫。幻想就是我们生活中一座永远无法走出去的迷宫,你想象得到的和想象不到的,你意料之中和意料之外的事情都会在这个迷宫里发生,而且你又没有办法找到真正的出口。可以这样说,我们人类自身,我们人从一开始有思想,一开始有幻想,我们就已经迷失在幻想这个宫殿里,所有的意义、概念、历史、真实和虚幻等等这些纠缠在一起,让我们难以自拔。可以这样说,只要幻想存在,我们就再也没有办法走出这个迷宫。就像你在《两个国王和两个迷宫》里写到的阿拉伯国王所拥有的沙漠一样,幻想使我们永远处于煎熬之中。

面对疯狂的世界,博尔赫斯先生说,作家的反应只能是用自己虚构的世界,对现有的秩序进行否定。

你的意思是说,在你虚构的小说里,你自传式的内容,或者说是个人的情感,都隐藏在事物的隐喻里?

我不知道,先生摇了摇头说。不过,博尔赫斯先生接着说,昨天我做梦梦见了博尔赫斯,他是这样对我说的,隐喻是建立在我们对现实的认识之上的。当然,不同的形象会让我感受到不同的意义,比如我们用盘旋的梯子隐喻生命的神秘性;比如我们用从沙漏里流淌出来的沙粒隐喻现实生活的不确定性;比如一块黑白相间的瓷砖向我们暗示自然的某种规律;比如当年的一件红色家具现在蜕变成了玫瑰色隐喻了流失的时间;比如两面相对的镜子里的映象隐喻了生命的迷宫,等等,这些都会让我们想到不同的东西。但同时这些隐喻又是建立在哲学的基础上。应该说隐喻就是暗示。艺术想获得永恒,只能暗示,不可明言。

沙粒的世界

即便是阳光很好的日子，也会有叶子从我们廊台前那棵高大的枫杨上落下来。叭一声，在寂静里，那脱离母体的声音清脆得有些凄伤。有时，博尔赫斯先生常常一个人坐在廊台上，抬头观看黄色的树叶从空中摇曳下来。这也是我一直没有弄懂的事。我们都知道，秋天离我们这儿还有一段距离，现在还不是落叶的季节。对面十九栋别墅里洗麻将的声音消失了，那些来这儿避暑的人们已经下山。是的，连绵的细雨确实使得天气不像前段日子那样炎热了。在雨过天晴的日子里，恰恰是散步交谈的好时光。

世人都生存在同一情形的迷宫里，这迷宫往往会挡住我们的视线，使我们看不到迷宫之外的世界。我们阅读的目的，就是为了从这迷宫里走出去，去看看那个为我们所不知的世界的模样，然后再重新回过头来，看一看常常迷惑我们的迷宫。可是，在我们的身边，迷宫不止一座。有些时候，我们费劲从一座迷宫里走出来，可一不小心，又走进了另外一座迷宫里。比如生与死，比如宗教信仰，比如历史，比如我们常常用来炫耀的权力和财富。财富对于个体生命从本质上讲是一种抽象的东西。比如一个拥有许多土地的农场主，从长久来讲，是农场主拥有土地呢还是土地拥有农场主呢？土地肯定会长久地存在着，而那个最终要死去的农场主可能最后被埋在他曾经拥有过的土地里。财富是未来的时间，财富也可能是我们未来不能确定的生活，财富会给我们带来各种意想不到的事情……

一路上我夸夸其谈，而博尔赫斯先生则显示了他的涵养，他很有耐心地听我说话。我说，比如在小说《死于自己的迷宫的阿本哈坎－艾尔－波哈里》里，你让阿本哈坎－艾尔－波哈里自己关进自己建造的石牢里。其实，我们有时候都可能会成为阿本哈坎－艾尔－波哈里，会被财富所迷惑，因为财富会以不同的形态出现在我们的面前。有时候，财富可能是一枚钱币；有时候财富可能会是一枚证明权力至上的玉玺；有时候，财富可能会是一朵使你鬼迷心窍的玫瑰花。我们一生，始终被贪婪织成的网所迷惑。贪婪深藏在我们每一个人的内心深处，让我们不能轻易察觉它。为了贪婪财富，阿本哈坎－艾尔－波哈里杀死了自己的表兄萨伊得，为了贪婪财富，阿本哈坎－艾尔－波哈里把自己困死在自己建造的迷宫里。其实，从某种意义上来说，我们都是阿本哈坎－艾尔－波哈里。也就是说，在某种程度上，是我们自己杀死了我们自己。我们死在自己的贪婪里，死在自己无边的欲念里，而不是死在仇恨我们的敌人手里。我们设法杀死我们的敌人，可是我们最终成了那敌人自己。有些时候,我们记不起来自己是谁,有着怎样的经历。有时候,我们用语言记录我们自己的生命历程,可记录我们生命的文字一旦形成,那些文字就像我们在图书馆里看到的每一本书,深藏在不易被我们查到的书架里。我们自己就是那迷宫,我们像沙漠上的沙粒一样拥挤在一起,就像你在《沙之书》里写到的那本没头没尾的书一样。在这世上,我们所遇到的最大的迷宫,就是我们还没有来得及完全认识的我们自己。

博尔赫斯先生说,你说得不错,我们是沙粒。就像我们看到的树叶一样……

先生说着,伸手拉住路边一棵杜鹃花的枝条,然后轻轻地把枝条拉过来,使我把枝条上树叶的结构看得更清晰,刚刚被雨水清洗过的卵状椭圆形的树叶,在阳光下显示出一种异常的绿色。你看,他说,这些树叶看上去很相似,可是当你仔细观察它们的时候,你就会发现它们有着很大的不同。

博尔赫斯先生说着把树枝放了回去,在那长满叶子的树枝在空中摇曳的时候,博尔赫斯先生接着说,漫长的宇宙也没有两个完全相同的灵魂。沙粒与沙粒的不同,树叶与树叶的不同我们很难用肉眼分辨它。但它们放在一起就组成了沙漠,就组成了这一望无际绿色的海洋。先生说着,指了一下我们脚下的山梁。

我们说话的时候,刚好来到一个山冈上,呈现在我们眼前的是像波涛一样的山林。博尔赫斯先生说,如果你把一些沙粒放进玻璃器具里,只要你稍稍摇动,你会发现器具里沙子的层次随时都会发生变化。对于沙粒来说,这种变化是无穷的。沙粒的这种状况,就像我们使用的文字。我们写作就是把文字像沙粒一样放在一起使其发生不停的变化。

博尔赫斯先生精彩的比喻启发了我,我接着先生的话说,这种情景和我们人组成的社会很近似,我们每一个人都是一粒沙子,我们人类所组成的社会就是一个巨大的沙漠。是的,我们人类与沙粒没什么不同。其实,世界就是一个走不出去的迷宫,就像你在《两个国王和两个迷宫》里写到的那个阿拉伯国王的沙漠一样,所有的道路最终都是通往一个地方,那就是死亡。我们从某个地方出发,不论我们走到哪里,走出多远,而最终我们还要回到我们最初出发的地方,我们人类的生命就像海水里的一些微生物,在自然界里,人十分的渺小。

说话间,伏在路边的一只蝉叫起来,博尔赫斯先生指着它幽默地说,我们就像那只蝉。

我说,庄子在《逍遥游》①里就说起过这种蝉。庄子说,古代有一个叫彭祖的人活到了八百岁,但是草间有一种叫"朝菌"的小虫,它朝生暮死,根本不知道什么叫一个月。还有一种虫子,就是你刚才说的这种蝉,这种虫子春生而夏死,它根本不知道什么叫四季。在我们古代的楚国南方的海上,有一种巨大的灵龟,五百年对它来说只是一个春季;而远古的时候有一种椿树,八千年对它来说只是一个秋季。尽管庄子把人的生命延长到八百岁,但对于大自然来说,仍然是短暂的,是有生死的。

　　所以,博尔赫斯先生说,死亡并没有那么可怕。我的朋友,当你我年轻的时候,世界已经很老了,可是当我们一天天变老的时候,你会突然发现,已经很老的世界竟然还是那样的年轻,这真是一件很奇怪的事情。我的英国祖母临终前把我们都叫到她床边说,没有什么特别的事。我只不过是个死得很慢的老太婆;家里上上下下没有理由担心。我得向你们大家道歉。多么美好的情景②。所以死亡没什么可怕,你知道,我把死亡看成是睡眠③。你说得不错,我们是沙粒,我们的一生都被不知从哪里吹来的风吹来吹去。有时那风是贪婪,有时那风是信仰。

　　我曾经看过一部名叫《时间之轮》④的纪录片,讲的是佛教徒在印度的佛教圣地博特加举行的盛大的"金刚灌顶"的法会,有50万佛教徒会不辞辛苦地从几千公里之外的西藏、蒙古赶来参加这一宗教活动。而法会仪式的中心是一幅用沙粒绘成的马德拉沙图。沙图是用被染成各种颜色的沙粒通过精制的长长的小漏斗,通过轻轻的击打绘在方案上的。马德拉沙图要在一个封闭的房间里完成,由最高级别的喇嘛亲自主持,通常都是由那个最高级别的喇嘛画第一笔线,然后由8个和尚不分昼夜地连续制成。佛教认为马德拉沙图是人内心世界的真实存在,是世界存在的中心。在图里,居住着720个佛,佛各不相同,他们象征着人们的身体和宇宙。等沙图制作完毕,在喇嘛的念经和祈祷声里接受无数信徒的跪拜。最后,制作精美的沙图会被最高级别的喇嘛亲手推掉,图作为象征的一切事物都会流逝,然后把所有制图的沙粒倒进流淌的河水里去。在我看来,马德拉沙图就是一个隐喻。宗教

---

① 《庄子全译》,第3页,贵州人民出版社,1991年版。
② 丽塔·吉伯特:《豪尔赫·路易斯·博尔赫斯》,见《博尔赫斯讲话录》第58页,王永年译,上海译文出版社,2008年版。
③ 约翰·比格奈、汤姆·惠伦:《访问豪尔赫·路易斯·博尔赫斯》,见《博尔赫斯谈话录》第275页,王永年译,上海译文出版社,2008年版。
④ 《时间之轮》,德国电影导演沃纳·赫尔佐格2003年拍摄的作品。

把每个信徒变成沙粒,然后被染成不同的色彩,被精心地绘成一个图。可是那个精心制作出来的图,在一瞬间就被一只手给毁坏了。到了下一次,又有许多沙粒被染成各种不同的彩色,用来绘成受人跪拜的沙图,这就是宗教。其实,我们人类就是那些被染成各种颜色的沙粒,然后被一种器具制作成不同形状的图。我认为,任何党派,任何团体都是性质不同的宗教,因为它们分别有自己的章程,有自己的信仰,有自己的目标和行为准则。我们都是被用来制作某种图形的沙粒。就像历史,那沙图制成后被毁坏,毁坏后再重新制作,没有完结的那一刻。

这就像历史构成的迷宫一样,被风吹动的沙漠仿佛浩瀚的历史。现实往往会吹动历史,并改变历史原有的面貌。风会不停地吹动沙漠,使沙漠构成新的形态,只要有有头脑的阅读者参与进来,这座迷宫的建造就不会完工。

对,这就像你的小说。你小说的宫殿就像你在《两个国王和两个迷宫》里写到的那个阿拉伯国王的沙漠一样,那宫殿无墙无壁,无梁无殿,广阔无边,你的宫殿由无数像沙粒一样的文字组成,如果有人企图想把那些隐藏在文字背后的东西弄懂,真是一件不容易的事。我认为,阅读你的小说,主要是领悟和感受,领悟和感受你那些隐藏在文字背后深奥的思想。

不。是我的思想,是博尔赫斯的思想。

博尔赫斯先生再次告诫我说,博尔赫斯的真实,不是物质层面上的,而是精神层面上的真实。我曾经在《沙之书》的前言里写过这样的文字:我写作,是为了我自己和我的朋友们;我写作,是为了让光阴的流逝使我安心。

先生停顿了片刻又接着说,在现实里,我想把自己忘掉,你知道,遗忘是记忆更深沉的形式,遗忘是神的文字。先生停顿下来,指着我们面前的自然说,是这群山、是这河流,是这些我们无法读出声的文字。这些文字,只能随着我们每一个人的感悟而存在,我们一旦离开这个世界,我们对这文字的感觉就会随着我们的失去而消失。我们生活在现实里的每一个人所要做的,就是自己去感悟生命,而不是依靠别人,感觉生命只能是我们自己的事情,任何人都无法帮助你。

这就是我阅读你小说的最大感受。我认为,由于你的小说,博尔赫斯已经成为了我们历史中或者现实生活中的每一个人,我们借用博尔赫斯的思想或者以博尔赫斯的名誉进行思考或者对世界发问。因为博尔赫斯是我们每一个人,就像你在《小径分岔的花园》这部小说里思考的问题一样,我们对你关注的由物质和精神、现实和梦幻、生命和死亡构成的二元并立的现实也进行思考;你用你的文字赋予笛卡尔①的哲学观以形象,你通过斯蒂芬·艾伯特对崔明写的那部关于时间的分蘖、交叉和平行达到因果关系的错位和颠倒的著作的破解,通过余准的内心世界所表达的关于对世界的探寻、猜测、假设、想象等等这些,也正是我们要面对的,所以我们每一个人可能都是博尔赫斯,所以博尔赫斯使由博尔赫斯写下的文字所构成的世界有着无限的可能性。当然,你是谦逊的,作为一个你最熟悉的人,你曾经为他写下了如下的文字:豪尔赫·弗朗西斯科·伊西多罗·路易斯·博尔赫斯,作家和自修学者,1899年生于当时的阿根廷首都布宜诺斯艾利斯城。去世日期不详,因为作为当时的文学类的报纸在当地的历史学家们如今正在评述的那场大乱期间全部遗失了。……在文学方面,他给我们留下了一些作品,从这些作品中我们可以看到他的某些致命的局限……受北方作家的作品的影响,博尔赫斯将散文提高到了融入幻想成分的境界②。你以另外一个人的口吻写下的这些文字,是你对记忆中——不属于现实生活里的——那个博尔赫斯的认识的结果……

在我说这些话的时候,我注意到先生的眉宇间轻轻地划过一丝不易察觉的表情,我一时没有弄清那表情的含义。但是我知道,对于我给他的一些评价,先生未必高兴。但是你也知道,我是一个十分固执的人,即便博尔赫斯先生那一丝不易察觉的表情是嘲笑,我也要把心里话说出来。我清楚地知道,我这样做并没有妨碍任何喜爱博尔赫斯小说的人,也不妨碍任何喜欢研究博尔赫斯小说叙事技巧的人。无论对与错,这只不过是我个人对博尔赫斯先生小说的看法和理解,在这个夏季里我所做的一切,都要归罪于我对博尔赫斯先生小说的喜爱。

在2008年的夏季,在鸡公山潮湿的空气里,我每天都要同博尔赫斯先生一起度过一些寂静的时光。我们的交谈有时是在曲径分岔的山道上,有时是在被雾气弥漫的廊台上,有时是在阳光很好的白天,有时是在被深蓝的天空笼罩下的夜晚:

在黑夜里显得格外空旷的广场

---

① 笛卡尔(1596~1654)法国哲学家。
② 博尔赫斯在1974年写下的这些文字的片断,曾附在埃梅塞出版社出版的三卷本《博尔赫斯全集》的文末,作为全集的结尾,而在浙江文艺出版社2008年2月出版的《博尔赫斯作品系列》中,被移作为序言。

仿佛是荒废宫殿的深深庭院,
而那些汇向广场的街道
则像是模糊的恐惧和梦幻的走廊。①

---

① 《循环的夜》,《博尔赫斯全集·诗歌卷·上》,第 223 页,王永年译,浙江文艺出版社,2006 年版。

后　　记

　　2012年5月19日,在参加河南大学出版社和郑州师院联合举行的"田中禾新作《在自己心中迷失》①新闻发布会暨作品研讨会"的瞬间,张云鹏先生向我为"新人文"书系约稿。事过一个多月,也就是在7月13日举行的"老张斌作品研讨会"的相聚间,云鹏和我再次说到了"新人文"书系的话题。我为云鹏的敬业与友情而感动,并十分珍惜他对我作品的赏识与器重。

　　自1984年到眼下的28年间,我创作了百余篇短篇小说、40多部中篇小说、6部长篇小说和近百篇散文与随笔,对于我来说,要从这些著作里选出一部50万字左右能体现自己对文学的追求与创作轨迹的集子来,确实是一件很吃力的事情,这也是我没有及时着手编选的原因。随后,我去鸡公山开始新的长篇小说《漂移的大陆·寻父记》的写作,选编的事情就延误下来。到了这年的10月间,我回故乡看望年迈的父母时,抽空去颍河边拍摄了一些照片,回郑州后,我挑选了一部分以《颍河上的船》为题发在了博客上,并随手在每幅照片的下端附了一些说明性的文字:

　　1. 颍河在20世纪初至60年代,是河南境内最为繁忙的航运河流。到了70年代,由于河道上修筑了水闸,颍河的航运一度中断。进入21世纪,颍河在不同的河段修筑了水闸及船闸,航运逐渐恢复。

　　2. 20世纪初,在颍河上航行的大多是木船,现在却是多到800吨位的船舶。这些船舶都是从淮河里驶上来的。由于大坝,河水一般情况下都是平静的,所以那些货船都一艘一艘地连着,快停泊到河心的航道上去了。如果在《三国演义》里,这可是大忌。

　　3. 颍河港上的汽艇。我童年记忆里的汽艇比这小,拖着长长一溜国营货船,冒着白烟吭吭哧哧从下游往上游走,很吃力。我从汽艇甲板上走过的时候,透过船舷上的窗子,看到几个操着皖地口音的汉子和妇女正在共进晚餐。

---

① 《在自己心中迷失》,田中禾著,河南大学出版社,2012年版。

4. 我和一位40岁左右的船工交谈,他来自安徽凤台,以前是粮食局的干部,现在还开着单位的工资。他已经在船上干了10多年,老板一个月能给他开出2000多块。他说,像这样的船舶在10年前造下来需要50多万。现在这个数肯定不行了。他随着这船队从淮河至洪泽湖,然后从大运河进入长江,到过杭州,到过上海,就像我小说里写的那样。他说,我们的船大多是运煤碳,因为淮南产煤。现在淮南的煤已经快采完了,但是人们又在凤台境内发现了更大的煤矿。他还说,他有一个儿子,现在合肥读书,他不希望自己的儿子将来像他这样整天在水上漂泊。

5. 在船的前面,是渠首的废墟。渠首是我的小说《雨中的墓园》、《映在镜子里的时光》里的故事发生地。可是由于河道里常年有人采沙,把河底掏空了,渠首就倒掉了。好在以前我还拍过一些关于渠首的照片,如果你想看一眼那渠首的模样,就在这个博客里往前搜寻。

6. 船的上沿,就是我耕种过的河滩地,那片现在你看不到已经被荒废的让我流过汗水的土地,曾经多次出现在《父亲的黄昏》、《迷失者》、《梦游症患者》等等多部我的小说里。

……

后来我才意识到,在为那些图片写下上面的文字时,这本书的选编已经悄悄地开始了。我小说里的人物,要么是在故乡生活,要么是带着故乡刻在他们身上的痕迹去闯世界,但他们都与我文学地理上的"颍河镇"有关,在他们的人生经历里,都无法避开颍河镇。这个集子,我侧重了本土,也就是那些在"颍河镇"生活的或者从外部世界闯入颍河镇的人们的故事。篇目编排的顺序,大体上是按照创作时间;集子里的小说大多写于20世纪90年代,而"序言、后记与随笔"一辑里的文字,大多写于新世纪以后。应该说,这些作品基本上能体现出我的文学观和美学追求;同时也再现了20世纪后半叶中国历史在"颍河镇"留下的痕迹:《风车》的背景是50年代;《梦游症患者》的背景是60年代;《幽玄之门》的背景是70年代;《父亲的黄昏》的背景是80年代;《讨债者》、《光荣院》、《告密者》的背景则是新世纪前后,上上下下近70年的风雨。

书稿编好后,为了方便阅读,我打印出来寄给云鹏。2013年元月间,也是春节前夕,刘恪先生放假离开河南大学回北京前,给我带来了关于书稿的信息。刘恪先生说,前天他和云鹏聚会时谈到这部书稿,他想让我增强理论方面的文章,这样更接近"新人文"书系的指导思想。最后刘恪先生又说,等过了年,云鹏会就书稿一事专门过来同我商榷。由于出版社一大摊子的事,我和云鹏约过两次,他不是在外地,就是有其他的事情缠身,这样一晃就到了2013年4月下旬,云鹏从海口参加这年的图书会回来后,我们终于再次相聚,然后就这本书的编辑做了深入且详细的交谈,云鹏一一记下关于图书出版的具体事项。云鹏的文雅与谦虚,他严谨而有条理的工作状态让我再次感到温暖。

现在,你看到的这本书已经和最初的编排发生了一些变化,我删掉了中篇小说《同胞》《霍乱》《告密者》和短篇小说的部分,这些短篇是:《影子》、《秋日辉煌》《失踪》《某种自杀的方法》《一个做梦的人》;增加了《三个内容相关的梦境》《〈洛丽塔〉的灵与肉》与《博尔赫斯的宫殿》三篇随笔。并把原来的书名《梦游症患者》,更换成现在你所看到的《梦境、幻想与记忆》。

作者
2013年4月26日